Diskurs, Geschlecht und Literatur

Ergebnisse der Frauenforschung
Band 40
Begründet und im Auftrag des Präsidenten der Freien Universität Berlin
herausgegeben von

Susanne Opfermann

DISKURS, GESCHLECHT UND LITERATUR

Amerikanische Autorinnen des 19. Jahrhunderts

Verlag J. B. Metzler
Stuttgart · Weimar

Gedruckt mit Unterstützung der Freien Universität Berlin.

Die Deutsche Bibliothek – CIP-Einheitsaufnahme
Opfermann, Susanne:
Diskurs, Geschlecht und Literatur : amerikanische Autorinnen des 19. Jahrhunderts / Susanne Opfermann. – Stuttgart ; Weimar : Metzler, 1996
(Ergebnisse der Frauenforschung ; Bd. 40)
ISBN 3-476-01439-8
NE: GT

Gedruckt auf säure- und chlorfreiem, alterungsbeständigem Papier.

Einbandgestaltung: Willy Löffelhardt
Satz: Wallstein Verlag, Göttingen
Druck: Franz Spiegel Buch GmbH, Ulm
Printed in Germany

Verlag J. B. Metzler Stuttgart · Weimar

Inhalt

Für Catharine (1789-1867) und Susanne (1925-1956)

Danksagung

Die vorliegende Arbeit ist die überarbeitete Fassung meiner Habilitationsschrift, die im Frühjahr 1994 von der Philosophischen Fakultät II der Universität Erlangen-Nürnberg angenommen wurde.

Über etliche Jahre hinweg haben verschiedene Institutionen diese Arbeit gefördert. Neben der Universität Erlangen-Nürnberg, die mich beschäftigt und zu Forschungszwecken beurlaubt hat, gilt mein Dank dem John F. Kennedy-Institut der Freien Universität Berlin für ein Stipendium, das mir erste Materialsichtungen ermöglichte. Ein Stipendium des American Council of Learned Societies erlaubte es mir, fast ein Jahr lang in den Bibliotheken verschiedener amerikanischer Universitäten und Archive in Boston, Cambridge, Northampton, Mass. und New York City Manuskriptsammlungen zu sichten, Material zu sammeln und vielfältige Anregungen aufzunehmen. Der Deutschen Forschungsgemeinschaft danke ich für ein einjähriges Habilitationsstipendium, in dessen Rahmen die schriftliche Ausarbeitung stattfinden konnte. Danken möchte ich auch der Zentraleinrichtung zur Förderung von Frauenstudien und Frauenforschung der Freien Universität Berlin für die Aufnahme der Arbeit in ihre Reihe „Ergebnisse der Frauenforschung" und die Finanzierung der Drucklegung.

Weiterhin danke ich der Boston Public Library, der Massachusetts Historical Society, der New York Public Library, Smith College und – last not least – James Parton II für die freundliche Genehmigung, unveröffentlichtes Manuskriptmaterial aus ihren Sammlungen zu zitieren.

Der Dank, den ich den vielen Individuen in Deutschland und Amerika schulde, die mit Fragen, Zuspruch, Widerspruch und anderen Hilfeleistungen am Entstehen dieser Arbeit Anteil hatten, ist mir eine bleibende und angenehme Verpflichtung, selbst wenn ich nicht alle Namen hier nennen kann. Ohne Erika von Pokorny, Ingeborg Rentsch, Detlef Leistner, Hans-Joachim Lang und Helmbrecht Breinig wäre dieses Buch nicht möglich gewesen.

Erlangen, 1995
Susanne Opfermann

And perhaps there actually is no right position to be found while in midair, as well as no right way to begin. Simply to be in midair will suffice. Simply to begin.

Carol Emshwiller, „Mental Health and the Alternative“ 89

The page is never blank. It is (even if apparently white) already written with conventions, discourses, prior texts, cultural ideas, reading practices.

Rachel Blau DuPlessis, *The Pink Guitar* 151

1. Theorie und Geschlecht

1.1. Einleitung

Im Jahr 1830 enthielt der Almanach *The Atlantic Souvenir* eine satirische Erzählung von Catharine Sedgwick, die den Titel „Cacoethes Scribendi“, zu deutsch etwa ‚Schreibwut‘, trug.[1] Im Dorf H. in Neuengland, das vor allem wegen der dort herrschenden Ereignislosigkeit bemerkenswert ist, leben ausschließlich Frauen. Die unverheirateten jungen Männer sind in den Westen gegangen, die verheirateten sind alle gestorben. Die Frauengemeinschaft lebt in bescheidenem Glück und paradiesischer Zufriedenheit. Am Rande des Ortes wohnt der Farmer Ralph, ein junger Mann, den die Natur mit aller Schönheit und allen praktischen wie künstlerischen Talenten ausgestattet hat, die sie sonst auf eine Vielzahl junger Männer verteilt. Ihm gehören die Herzen der jungen und die Hoffnungen der älteren Frauen des Ortes. Ralph schleppt den Keim der Krankheit ein, als er seiner Cousine Alice von einem Besuch in Boston zwei besonders hübsche Almanache mitbringt.[2] Aber nicht Alice, sondern ihre Mutter, Mrs. Courland, erliegt als erste der Schreibwut. Als Mrs. Courland nämlich sieht, daß einige der Beiträge von Gefährten ihrer Jugend stammen, da erwacht in ihr der literarische Ehrgeiz. Sie studiert die Werke bis in die Satzzeichen und fühlt sich selbst berufen: „[S]he *felt a call* to become an author, and before she retired to bed she obeyed the call, as if it had been in truth, a divinity stirring within her.“ (171; Sedgwicks Kursive). Bald zieren ihre eigenen Werke die Seiten eines Almanachs. Fortan besteht für sie die Welt nur noch aus Textproduzenten und potentiellen Sujets: „Mrs. Courland divided the world into two classes, or rather parts – authors and subjects for authors; the one active, the other passive" (174). Mrs. Courland literarisiert, durchaus auch imitativ, was ihr vor die Feder kommt: „At first blush one would have thought the village of H. rather a barren field for such a reaper as Mrs. Courland, but her zeal and indefatigableness worked wonders" (174).

Erfreulicherweise verbindet sich die Lust am Schreiben auch noch auf das Angenehmste mit der Möglichkeit, ein wenig Geld zu verdienen. Die uneigennützige Mrs. Courland möchte diesen Quell materiellen und ideellen Glücks auch ihren Lieben erschließen und sie von den Vorzügen schriftstellerischer Tätigkeit überzeugen. Es gelingt ihr, ihre Schwestern anzustecken, die nach ihren Neigungen botanische, erzieherische und meditative Schriften verfassen. Doch sind andere Personen immun gegen die Krankheit. Mrs. Courlands Mutter beharrt darauf, daß sie nicht recht schreiben und auch nicht rechtschreiben könne. Der vielbegabte Ralph läßt sich ebenfalls nicht überreden, und Alice fürchtet die Presse gar wie den Pranger.

Dennoch wird Alice zum bevorzugten Opfer der Schreibwut und zwar gleich in mehrfacher Hinsicht. Zunächst als Konsumentin: Sie liest die Bände, die Ralph ihr schenkt, „as if an annual were meant to be read, and she was honestly interested and charmed" (170). Alices Begeisterung läßt allerdings schnell nach, als sie selbst zum literarischen Gegenstand wird. Mutter und Tanten beschreiben die geliebte Tochter bzw. Nichte, bis sie sich kaum mehr zu bewegen wagt aus Angst, neuen Stoff zu liefern. Sie sieht sich im Zerrspiegel der Literatur:

> [S]he felt like a modest country girl when she first enters an apartment hung on every side with mirrors, when, shrinking from observation, she sees in every direction her image multiplied and distorted; for, notwithstanding Alice's dutiful respect for her good aunts, and her consciousness of their affectionate intentions, she could not but perceive that they were unskilled painters. She grew afraid to speak or to act … (176)

Zu ihrem Unglück wird Alice schließlich auch noch als Autorin an die Öffentlichkeit gezerrt: Mutter und Tanten sorgen heimlich dafür, daß ein Schulaufsatz von Alice veröffentlicht wird. Sie sind überzeugt, Alice werde ihre Scheu verlieren, wenn sie erst einmal sieht, daß auch ihre Texte gern publiziert werden. Konfrontiert mit ihrem gedruckten Werk rebelliert die sonst so sanfte Alice jedoch und wirft das Buch ins Feuer. Alice wird nicht Autorin, sondern die glückliche Ehefrau von Ralph und Herrin seiner Farm. Angesichts dieses Glükkes söhnen sich Mutter und Tanten damit aus, daß Alice für die Schriftstellerei verloren ist: „they relinquished, without a sigh, the hope of ever seeing her an AUTHOR [sic]" (181).

Die Geschichte von den Frauen, die die Tinte nicht halten können, läßt sich lesen als milde Satire auf den amerikanischen Literaturbetrieb des frühen 19. Jahrhunderts mit seinen geringen Qualitätsansprüchen.[3] Der Spott richtet sich gegen Bücher, deren Ästhetik sich im Einband erschöpft, und deren Zweck es gerade nicht ist, gelesen zu werden. Er gilt den Schriftstellern, die ohne jede Selbstkritik alles literarisch ausbeuten und ihre Texte allen Ansprüchen zugleich anpassen – „‚all founded on fact, all romantic and pathetic'" (178) – ohne sich der Realität verpflichtet zu fühlen: „‚do you suppose it is necessary to tell things precisely as they are?'" (178) fragt Mrs. Courland rhetorisch. Belächelt werden auch, eher implizit, Verleger, denen die Inhalte der von ihnen vertriebenen Bücher egal sind, solange sie sich verkaufen; und schließlich das Publikum, das dieses Spiel nicht durchschaut und zudem auf der Erfüllung seiner stereotypen Erwartungen besteht. Eine Liebesgeschichte entzückt Alice wegen des Happy-end: „‚[T]wo such tried faithful lovers, and married at last! It ends beautifully: I hate love stories that don't end in marriage'"(170). So beschrieben ist der Text nicht ungewöhnlich. Indem er zudem den Mann als vernünftig darstellt, die Frauen in ihrem Ehrgeiz als ebenso unvernünftig wie geschwätzig, fügt er sich ein in eine misogyne Tradition.

Ungewöhnlicher ist schon, daß der Text in einer Beziehung auch als realistisch gelten kann, jedenfalls wenn wir den Aussagen einer Schriftstellerin glauben dürfen: „When Caroline Gilman discovered that one of her poems had been secretly passed to a Boston paper for publication, she cried half the night. Later she admitted to being ‚as alarmed as if I had been detected in man's apparel'" (zit. nach Walker, *Nightingale's Burden* 34).[4] Von anderen Autorinnen des 19. Jahrhunderts sind ähnliche Bemerkungen überliefert. Wie sind solche Aussagen zu bewerten? Handelt es sich um Bescheidenheitsposen oder reale Ängste? Woher kommen sie? Im Laufe dieser Arbeit will ich versuchen, diese Fragen zu beantworten.

Interessant ist der Text vor allem in seiner Verknüpfung von Literatur und Geschlecht. Das Porträt des Autors als Frau lange vor den von Fred Lewis Pattee so einprägsam getauften „feminine fifties" scheint mir bemerkenswert. Folgenreich auch, denn die literarisch ambitionierte Frau setzt sich dem Spott der Gesellschaft aus. Zwar macht sich Mrs. Courland nichts aus der Bezeichnung „blue stocking", doch Alice treibt schon der Gedanke die Schamröte in die Wangen (171).

Der Text deutet bevorzugte „Frauenthemen" an: „Mrs. Courland's new passion ran most naturally in the worn channel of maternal affection. Her boys [sie hat 5 Söhne] were too purely boys for her art – but Alice, her sweet Alice, was pre-eminently lovely in the new light in which she now placed every object" (175). Mrs. Courland bedauert nun sogar zum ersten Mal, daß Alice keinen

Liebhaber hat, der sich literarisch verwerten ließe (175). Dargestellt wird ein auch entstehender moralischer Konflikt zwischen Weiblichkeit und Schreiben. Mrs. Courlands neues literarisches Verhältnis zur Welt erzeugt einen Gegensatz zwischen ihren Empfindungen als Frau und ihren Gefühlen als Autorin; für die Autorin ist der Tod nicht mehr Trauer- sondern Glücksfall: „a sudden calamity, a death, a funeral, were fortunate events to her. ... She wept as a woman, and exulted as an author" (175). Die Schriftstellerin will veröffentlichen, was die Frau den Augen der Öffentlichkeit entziehen will. Mrs. Courland schreckt allerdings vor manchem noch zurück: „[S]he had not quite merged the woman in the author" (175). In dem Moment, als Ralph um Alices Hand anhält, triumphiert Mrs. Courlands weibliche über ihre schriftstellerische Natur: „She forgot her literary aspirations for Ralph and Alice – forgot she was herself an author – forgot every thing but the mother; and rising, embraced them both as her dear children" (181). Der Konflikt Frau *versus* Literatin war einer, den Autorinnen des 19. Jahrhunderts auf individueller Ebene mit sich selbst auszutragen hatten, dem aber auch reichlich gesellschaftliches Konfliktpotential innewohnte. Kein Wunder, daß hieraus ein wichtiges Thema der Literatur wurde, z.B. in Werken wie Fanny Ferns *Ruth Hall* (1854), Elizabeth Barett Brownings *Aurora Leigh* (1856) und Elizabeth Stuart Phelps Wards *The Story of Avis* (1877).

Im Gegensatz von Mutter und Tochter wird ein Spannungsverhältnis sichtbar. Während Alice von Ralph zur Frau gemacht wird, die ihren Platz an seiner Seite hat und ihre soziale Identität durch ihn erhält, weist der Text der Schriftstellerin einen anderen gesellschaftlichen Ort zu: Sie ist die Frau ohne Mann, selbständig in einer Gemeinschaft von Frauen. In Sedgwicks Satire ist das Dorf der Frauen ein „guter Ort": „[I]ncredible as it may be, there was no great diminution of happiness in consequence of the absence of the nobler sex" (165-166). Doch der Ausbruch der Schreibwut wird zum Sündenfall in diesem Garten Eden.

Wenn wir das Satirische des Textes ernst nehmen, stellt sich die Frage nach der Relevanz der Verfasserschaft. Spielt es eine Rolle und wenn ja, welche, daß dies der Text einer Frau ist? Einer Frau, die bei Erscheinen dieser Erzählung eine hochgeschätzte und nach damaligen Maßstäben höchst erfolgreiche Autorin war? Wer schreibt eigentlich? Mokiert sich Sedgwick über ihre eigene Tätigkeit, impliziert die satirische Kritik ein anderes, positives Bild von der Frau als Schriftstellerin, die mit künstlerischem Anspruch und mit Sorgfalt arbeitet, oder geht der Witz auf Kosten der Lesenden? Welche Rolle spielt die soziale Kategorie Geschlecht überhaupt?

Sedgwicks Erzählung problematisiert den Zusammenhang von Literatur und Geschlecht, Frauen und Texten. Das ist das Problemfeld, um das es (im kulturhistorischen Kontext der USA im 19. Jahrhundert) im folgenden gehen wird. Nach der Etablierung des historischen Rahmens für die literarische Produktion werden in weiteren Schritten US-amerikanische Autorinnen und ihre Texte in den relevanten gesellschaftlichen, biographischen, literarischen und literarhistorischen Kontexten situiert und diskutiert. In Teilen überlagern diese Kontexte einander und wirken aufeinander ein.

Im nächsten Teil dieses einleitenden Kapitels werde ich zunächst theoretische Grundlagen und mein Verständnis von Begriffen wie Geschlecht, Text, Diskurs erläutern. Um die Argumentation klar zu halten, sind die vor allem soziologischen Detailinformationen zum erheblichen Teil in Anmerkungen bewältigt, wo sie im einzelnen nachprüfbar sind. Anschließend diskutiere ich literaturwissenschaftliche Ansätze, die sich mit dem Phänomen der Literatur von Frauen im 19. Jahrhundert beschäftigt haben. Ich beschreibe diesen literaturwissenschaftlichen Diskurs des 20. Jahrhunderts als einen Alteritätsdiskurs innerhalb der Amerikanistik, dessen Funktion zunächst die Hierarchisierung der amerikanischen Literatur des 19. Jahrhunderts über die Kategorie Geschlecht war. Versuche, insbesondere auch feministische, diesen Diskurs umzuschreiben und den Autorinnen weder sie aneignend noch sie überhöhend zu begegnen, sind oft noch sichtlich anfällig für den Alteritätsdiskurs und seine Stereotypen.

Das zweite Kapitel ist dem historisch-konkreten Phänomen des sich wandelnden Literaturbetriebs in den USA im 19. Jahrhundert gewidmet. Der historische Kontext, der im ersten Teil dieses Abschnitts entwickelt wird, stellt den Geschlechtsdiskurs und seine Auswirkungen auf Frauen zunächst an Beispielen aus den Bereichen Bildung, Rechtswesen und Wahlrecht dar. Damit werden Querverbindungen zwischen dem Geschlechts- und dem Literaturdiskurs sichtbar. Ich skizziere dann die gesellschaftliche Debatte, die das 19. Jahrhundert über Jahrzehnte hinweg über die Frau als Literatin führte. Das historische Phänomen des Aufschwungs von Literatur im 19. Jahrhundert, ihr Aufstieg zum Berufsfeld für Männer und Frauen vor allem der weißen Mittelklasse, wird von den Zeitgenossen mit einer gewissen Verzögerung konstatiert und rationalisiert. Bemerkenswert ist ihnen vor allem die Vielzahl von Frauen in diesem Feld. In fiktionalen wie metafiktionalen Texten wird mit Ausdauer debattiert, warum Frauen schreiben, was sie schreiben, für wen sie schreiben und auch warum, was und für wen sie schreiben sollten; ihre Stärken, ihre Schwächen als Literatinnen; was sie lesen, was sie lesen sollten. Die Brisanz dieser Debatte erklärt sich daraus, daß im Bereich der Literatur die Arbeitsteilung der Geschlechter fehlt, die ansonsten wesentliches Merkmal der symbolischen Ordnung des 19. Jahrhundert ist. Literatur wird damit zum „Grenzfall", insofern hier die Grenzen der ideologischen Gewißheit der US-amerikanischen Gesellschaft des 19. Jahrhunderts sichtbar werden.

In ihrer ersten Phase bis etwa zur Jahrhundertmitte erzeugt diese Debatte, so meine These, einen Begriff von einer spezifisch weiblichen Literatur. Die Geschlechterdifferenz wird in der Literatur verortet. Damit kann die Grundannahme der symbolischen Ordnung gerettet werden, daß die Geschlechter nämlich ihrer Natur nach verschieden seien, was in ihren unterschiedlichen gesellschaftlichen Aufgaben seinen wiederum natürlichen Ausdruck findet. In einer zweiten Phase der Debatte wirkt das diskursiv erzeugte Konstrukt weibliche Literatur dann als Erwartungshorizont und Maßstab auf die Literatur zurück. Erkennbar wird dies in literarischen Darstellungen, die die Frau als Autorin verhöhnen, bewundern, problematisieren, ebenso wie in Rezensionen, die Weiblichkeit oder Unweiblichkeit eines Textes feststellen. Die Wirksamkeit des Konstrukts weibliche Literatur manifestiert sich auch in der Etikettierung literarischer Genres als „männlich“ oder „weiblich“; so werden etwa Satire und Humor zunehmend zu Männerdomänen deklariert.

Was mit der Debatte um Frauen und ihre Literatur geleistet wird, ist die diskursive Erzeugung eines Bildes der Literatin, das von dem des Literaten prinzipiell verschieden ist; diese Differenz zeichnet dann auch die literarischen Produkte aus. Die Einführung der Geschlechterdifferenz in der Literatur erlaubt eine Hierarchisierung der Literatur nach Geschlecht. Die Ausformulierung einer weiblichen Literatur, also einer Literatur, die als Ausfluß der Natur der Frau gilt, ist die normative Oberfläche des Diskurses. Zunehmend ergibt sich damit für Frauen eine Einengung und Beschränkung des ihnen eingeräumten literarischen Spielraums. Die Konnotierung bestimmter literarischer Themen und Genres als weiblich konstituiert die „weibliche Schreibweise“, ein literarisches Verfahren, das freilich beiden Geschlechtern zur Verfügung steht und von Männern und Frauen genutzt wird oder eben nicht. Die Macht des Diskurses zeigt sich in den Disziplinierungen hin zu einer weiblichen Schreibweise und im Aufbegehren dagegen, was an verschiedenen Textbeispielen vorgeführt wird. Die Wechselwirkung von Diskurs und Subjekten läßt sich einerseits darin sehen, daß Frauen die in sie gesetzten Erwartungen im Hinblick auf ihre Texte erfüllen, aber auch daran, daß Autorinnen in ihren Texten die weibliche Schreibweise reflektieren, ironisieren und dekonstruieren. Im Protest gegen die Doppelmoral der Literaturkritik, wie in der Kritik an solchen Grenzziehungen überhaupt, artikuliert sich der Widerstand gegen die Festlegung auf eine weibliche Schreibweise. Die Bruchstellen des Diskurses werden dort faßbar, wo die Differenzierung über Geschlecht außer Kraft gesetzt scheint, dann nämlich, wenn im Falle eines „Meisterwerks“ von einer Frau eine Dissoziierung von Geschlecht und Autorin stattfindet, wenn die sonst gültige Verknüpfung von Geschlecht und Natur aufgehoben wird.

Während das zweite Kapitel der Versuch ist, das literarische Klima und seinen Wandel in den USA im 19. Jahrhundert allgemeiner zu beschreiben, will ich im dritten Kapitel an einzelnen Autorinnen untersuchen, wie sich die literarische Großwetterlage ihrer Zeit auf sie auswirkt und wie sie sich zu ihr verhalten. Ich gehe dem Problem Weiblichkeit und Literatur, das sich auf individueller Ebene als Konflikt zwischen literarischem Anspruch und den Anforderungen an Weiblichkeit darstellt, anhand von verschiedenen Textsorten wie Briefen, Tagebucheinträgen, Essays, Vorworten, aber auch fiktionalen Prosatexten und Lyrik nach. Dabei wird ersichtlich, wie sich ein Konflikt, in dem sich die Autorinnen im 19. Jahrhundert aufgrund der gesellschaftlichen Situation befanden, durch private und öffentliche Äußerungen fiktionaler und metafiktionaler Art hindurchzieht. Das Individuum zeigt sich als Schauplatz konfligierender Diskurse (des Geschlechts- und des Literaturdiskurses), deren Reibungen von den Subjekten als Hin- und Hergerissensein erlebt werden, dem sie durch wechselnde Identitätskonstruktionen zu entgehen suchen. Die Widersprüchlichkeit der Selbstaussagen muß nicht mehr „wegerklärt" werden, wenn Identität als ein Prozeß verstanden wird. Das Textmaterial dieses Abschnitts wird anhand der Verfahren organisiert, mit denen Autorinnen ihre gesellschaftlich bedingten Konflikte textlich angingen.

Ich beschreibe zuerst die textuellen Verfahren und Strategien, mit denen der Konflikt zwischen angemessener weiblicher Zurückhaltung und öffentlicher Schreibe gelöst oder vermieden wird. Danach diskutiere ich Texte, die die ambivalente Situation der Autorinnen aufzeigen und thematisieren. Neben Aussagen von Schriftstellerinnen über ihr Selbstverständnis sind an dieser Stelle auch literarische Texte besonders aufschlußreich. Schließlich widme ich mich solchen Texten, in denen die Autorinnen literarischen Ehrgeiz und künstlerisches Selbstbewußtsein zeigen.

Das vierte Kapitel befaßt sich mit dem Rezeptionskontext für die Literatur von Frauen und geht der Frage nach, inwieweit der Literaturdiskurs die Wahrnehmung der Rezensenten prägt und wie sich dies auswirkt. Immerhin ist nicht zu leugnen, daß eine Reihe von Autorinnen sehr erfolgreich waren, obwohl die Kritik sie schmähte. Zwar werden Fragen der Rezeption auch in den anderen Kontexten angesprochen, doch geht es hier spezifischer um das Entstehen von Verwerfungen im Diskurs nach der diskursiven Konstruktion einer weiblichen Literatur und darum, wie diese geglättet werden; insbesondere durch selektive Wahrnehmung, Schweigen und Verschweigen. An zwei individuellen Beispielfällen, der Rezeption von Catharine Sedgwick und Elizabeth Stoddard, wird die Rezeptionsproblematik dann im einzelnen nachvollzogen. Die Wahl dieser Autorinnen bietet sich an, weil Sedgwicks Rezeption, die durchweg sehr positiv war, besonders die weiblichen Qualitäten ihrer Texte hervorhebt, wohingegen

Stoddard gerade in diesem Punkt als defizient empfunden wurde. Der Schwerpunkt der fiktionalen Produktion dieser Autorinnen liegt im Falle von Sedgwick zwischen 1820 und 1835 und bei Stoddard in den 1860er Jahren; die Transformationen des Literaturdiskurses spiegeln sich auch in der Rezeption dieser Schriftstellerinnen.

Im fünften Kapitel interpretiere ich ausgewählte Werke dieser beiden Autorinnen. Keine der beiden schrieb einen Künstlerinnenroman; der Bezug zu den anderen Kontexten dieser Arbeit liegt nicht in einer Thematisierung der Frau als Literatin, sondern genereller in der Problematik des Eingebundenseins von Identität in soziale Beziehungsnetze. Am Werk dieser beiden Autorinnen läßt sich ein komplexer Umgang mit dem Konstrukt Geschlecht nachweisen. Natürlich konstituiert der Literaturdiskurs auch den Sinn dieser Texte, aber die Texte leisten eben auch die poetische Befreiung vom Diskurs. Jeweils zu ihrer Zeit und mit unterschiedlicher Schwerpunktsetzung unterminieren diese Romane tradiertes und gewohnheitsmäßiges Verständnis. Sie führen die Lesenden aus vertrautem konzeptuellem und imaginativem Territorium – weg von der gewöhnlichen Vorstellung, der akzeptablen Idee, dem erwartbaren Blickwinkel. Der literaturwissenschaftliche Diskurs des 20. Jahrhunderts ebenso wie der Literaturdiskurs des 19. Jahrhunderts, die die Rezeption dieser Texte jeweils weitgehend reglementierten, lasen sie in Gehorsam gegenüber den etablierten Vorstellungen von Weiblichkeit und Literatur und verdeckten dadurch, daß und wie sie den Umgang mit dem/der Anderen im Blick haben.

Die hier skizzierte Arbeit ist in vielen Aspekten interdisziplinär. Ich nutze historische, ethnomethodologische, psychologische, philosophische, soziologische und textkritische Ansätze und Methoden für meine Fragestellungen und lese literarische Texte gelegentlich auch als soziologische Quellen. Die „Neugier auf alles, was der Erkenntnis auf die Sprünge hilft" und „eine Art offensiver Eklektizismus" kennzeichnen nach Gudrun-Axeli Knapp und Angelika Wetterer die Frauenforschung:

> Aus der Position der Dissidenz gegenüber dem sogenannten „male-stream" der Wissenschaften und der immer wieder Probleme aufwerfenden „Ortlosigkeit" feministischer Fragestellungen in der Alma Mater rührt eine spezifische Mischung aus Antidogmatismus und Entschiedenheit, den wir für ein Charakteristikum feministischer Wissenschaft im besten Sinne halten. (10)

Ziel meiner Arbeit ist es, unter Einbeziehung neuerer theoretischer Überlegungen zur Strukturkategorie Geschlecht, US-amerikanische Autorinnen des 19. Jahrhunderts und ihre Texte in den oben erwähnten Kontexten zu situieren. Ich hoffe, auf diese Weise ein Bild zeichnen zu können, das die Relevanz dieser Texte und ihrer Verfasserinnen sichtbar macht. Die Materialien zu einzelnen

Schriftstellerinnen, die ich im Laufe der letzten Jahre einsehen konnte, sind unterschiedlich umfangreich, woraus sich unterschiedliche Gewichtungen ergeben. Die Autorinnen, die ich in den Mittelpunkt stelle, habe ich im Zuge längerer Selektionsprozesse ausgewählt, weil sie jeweils ungewöhnlich *und* typisch sind. Es sind dies Catharine Sedgwick, Harriet Beecher Stowe, Sara Parton, besser bekannt unter ihrem Pseudonym Fanny Fern, Elizabeth Stoddard und Rebecca Harding Davis. Auf andere werde ich gelegentlich Bezug nehmen. Zusammengenommen reicht die Publikationsphase dieser Frauen, die zwischen 1789 und 1831 geboren wurden, von den 1820er Jahren bis ins 20. Jahrhundert. Sie kannten einander über ihre Werke, manchmal auch persönlich wie Stowe und Fanny Fern. Ich habe mich auf Prosaautorinnen konzentriert, weil ihnen – und vor allem den Romanschriftstellerinnen – in der Debatte um Frau und Literatur besondere Aufmerksamkeit gewidmet wurde. Ihre Situation ist insofern besser vergleichbar; zudem sind ihre Texte leichter zugänglich als etwa die über viele Zeitschriften zerstreute Lyrik. Bis vor kurzem gab es nicht einmal eine neuere Anthologie zur amerikanischen Lyrik von Frauen im 19. Jahrhundert; jetzt hat Cheryl Walkers *American Women Poets* den Anfang gemacht.

Der Ansatz, die Materialien mit leichter Gewichtsverschiebung in verschiedene Kontexte zu stellen, sie sozusagen aus der Totale, aus der Nähe und aus der Mitteldistanz, mit Betonung des Vorder- oder des Hintergrundes zu betrachten, soll das Risiko von Verzerrungen durch einseitige Klassifikationen mindern. Unter den jeweils gewählten Blickwinkeln wird augenfällig, wie fiktionale und nichtfiktionale Texte an politisch relevanten Diskursen ihrer Zeit teilhaben und durch sie mitgeformt sind. Geschlecht als Analysekategorie erlaubt auch zu literarischen Texten einen Zugang, der diese als sprachliche Kunstwerke in einem gesellschaftlichen Zusammenhang erkennbar macht. Komplexe literarische Verarbeitungen müssen deswegen nicht auf simple Erklärungsmuster reduziert werden. Die unter ästhetisch-künstlerischen Gesichtspunkten weniger gelungenen Werke bleiben nicht mehr als individuelle Fehlschläge außerhalb des literarhistorischen Interesses, sondern werden in ihrer kulturellen Funktion deutlich. Die in den unterschiedlichen Kontexten als Problemzuspitzungen diskutierten Autorinnen und Texte erlauben eine differenzierte Ausleuchtung von Grenzfällen.

Daß ich den Schwerpunkt meiner Untersuchung auf Autorinnen und ihre Texte setze, bedarf einer Erläuterung. Der gegenwärtige Trend in *gender studies* ist eher die vergleichende Untersuchung von Männer- und Frauentexten, wie sie Myra Jehlen schon 1981 zur Aufgabe feministischer Literaturwissenschaft erklärt hat. Jehlens „radical comparativism“ (575) hat sicher seine Berechtigung, doch macht gerade ihr eigener Aufsatz die Probleme evident, die dem Geschlechtervergleich innewohnen. Jehlen nämlich homogenisiert die Texte von Frauen und sieht sie als Abweichung von einer nicht problematisierten Qualitätsnorm, die durch Texte von Männern gesetzt ist. Damit werden die Differenzen zwischen Frauen von der angeblich relevanteren Differenz zu Männern überdeckt. Es rückt die Frage in den Vordergrund, worin die Differenz zwischen Männern und Frauen besteht. Damit ist aber Differenz bereits vorausgesetzt. Mich interessiert dagegen auch, wie Differenz hergestellt wird. Ich habe mich dafür entschieden, in dieser Arbeit Frauen vorrangig in Bezug zu einander zu setzen, weil dies andere Einsichten eröffnet. Männer kommen auch vor, vor allem als Kritiker der Literatur von Frauen, aber auch als begeisterte Leser, als Verleger und Herausgeber, die auf die Gestaltung der Texte Einfluß nehmen, als Rechtsvertreter, als Ehemänner.

Ich möchte auch einen Beitrag leisten zu der Rekonstruktionsarbeit, die für Autorinnen des 19. Jahrhunderts immer noch sehr notwendig ist, selbst wenn in den letzten Jahren die Aufarbeitung dieses lange vernachlässigten Gebietes Fortschritte gemacht hat. Bisher können nur wenige für sich in Anspruch nehmen, „the total range of fiction volumes, pamphlets, and periodical literature" (7) einer Periode untersucht zu haben, wie es David Reynolds sich für den Zeitraum von 1800 bis 1860 zuschreibt.

Ein schichtenspezifischer Aspekt muß noch erwähnt werden. Die Debatte über Literatur und Geschlecht wird im 19. Jahrhundert allein von der weißen Mittelschicht geführt. In den USA ist es ganz überwiegend diese soziale Gruppe, die Literatur macht, technisch wie imaginativ. Dieser Gruppe entstammen nicht nur Autoren und Verleger, sondern auch die Leser der vielen literarischen Zeitschriften, in denen über Literatur debattiert wurde. Die Beiträge zur Literaturdebatte ignorieren die Existenz anderer, die nicht zur weißen Rasse gehören. Sie verschweigt dieser Diskurs. Diese anderen kommen darin auch nicht zu Wort. Differenz, sofern sie thematisiert wird, ist Geschlechterdifferenz.[5] Auf die Literaturreflexionen weißer Autorinnen der Mittelschicht trifft dies ebenfalls zu. In ihren theoretischen Äußerungen machen sie keine Unterschiede zwischen weißen, schwarzen oder indianischen Autorinnen; sie reden von solchen Frauen einfach nicht als Literatinnen.[6]

Dabei gingen viele weiße Mittelstandsfrauen das Rassenproblem literarisch an. Sie schrieben für die Erhaltung der Sklaverei wie Mary Eastman[7] oder dagegen wie Harriet Beecher Stowe, sie schufen Zugangsmöglichkeiten zum Literaturbetrieb für Afroamerikanerinnen, wie es Lydia Maria Child als Herausgeberin von *Incidents in the Life of a Slave Girl* tat, einem Werk von Harriet Jacobs. *Slave narratives* wie dieser Text hatten als Tatsachenberichte einen anderen Status als etwa Romane und konnten daher aus der Literaturdebatte ausgeblendet bleiben. Außerhalb der Anti-Sklavereiliteratur gab es für afroamerikanische Autorinnen und Autoren allerdings kaum ein Publikum. Dem-entsprechend gering war ihre Zahl in der Zeit vor dem Bürgerkrieg. Erzählliteratur afroamerikanischer Schriftsteller wie William Wells Brown und Martin R. Delaney wurde nur gelegentlich rezensiert (Gates xxx). Die einzige Romanautorin, die wir heute kennen, war die lange vergessene Harriet Wilson. Ihr Roman *Our Nig* erschien 1859. Über die zeitgenössische Rezeption dieses Textes wissen wir nichts. Wie Henry Louis Gates Jr. in seiner Einleitung zum Reprint dieses Werkes feststellt, ließ sich nicht eine einzige Ankündigung oder Rezension des Buches finden, auch nicht in afroamerikanischen oder abolitionistischen Zeitschriften (xxix-xxx). Gates spekuliert, daß der Text vielleicht unterdrückt und ignoriert wurde, weil die dargestellten Themen zu brisant waren: die funktionierende Ehe zwischen einer Weißen und einem Schwarzen; ein Schwarzer, der vorgibt, ein entlaufener Sklave zu sein. Daß Texte oder Aspekte von Texten, die die Fundamente der symbolischen Ordnung gefährden, schlicht nicht erwähnt werden, läßt sich nicht nur an der Rezeption literarischer Texte von Frauen im 19. Jahrhundert beobachten. Ein besonders eindrucksvolles Beispiel für den Versuch zu negieren, was nicht ins Weltbild paßt, nennt der Ideenhistoriker Lucien Febvre, wenn er von der Gleichgültigkeit jener Kosmographen spricht, „die auch vierzig Jahre nach der Veröffentlichung französischer Übersetzungen der Reiseberichte Vespuccis in ihren Büchern, die der Beschreibung des Globus galten, die beiden Amerika weiter mit Stillschweigen übergingen“ (zit. nach Lévi-Strauss). Dieses Verschweigen ist eine Manifestation diskursiver Macht und sie wird mich im folgenden beschäftigen.

The earth is round and flat at the same time. This is obvious. That it is round appears indisputable; that it is flat is our common experience, also indisputable.

Jeanette Winterson, *Sexing the Cherry* 81

1.2. Theoretische und begriffliche Überlegungen

In seinem Werk *Die offene Gesellschaft und ihre Feinde* nennt Karl Popper die Ansicht, die Vergangenheit ließe sich darstellen, wie sie gewesen ist, naiv (314). Ebenso naiv sei es zu glauben, eine Reihe historischer Quellen ließe sich auf nur eine Weise interpretieren (313). Objektivität ist unerreichbar, da Beschreibungen immer selektiv sind und damit notwendig standpunktgeleitete Interpretationen: „ein Gesichtspunkt ist eben unvermeidbar; und der naive Versuch, ihn zu umgehen, kann nur dazu führen, daß man sich selbst täuscht und, *unkritisch*, einen *unbewußten* Gesichtspunkt anwendet" (306). Feministische Wissenschaftskritik argumentiert in dieser Tradition des kritischen Rationalismus, wenn sie gegen den Objektivitätsanspruch der (männlichen) Wissenschaften den Einwand erhebt, deren angeblich unbeteiligter Standpunkt sei einer, der seine eigene (männliche) Perspektivität nicht begreift (vgl. Bleier 196). Hieraus folgt die Notwendigkeit der kritischen Reflexion des eigenen Standpunkts und der eigenen Erkenntnisinteressen. Für Popper rechtfertigt sich die Beschäftigung mit Geschichte aus dem Recht und der Pflicht jeder Generation zu erfahren, „in welcher Beziehung unsere Schwierigkeiten zur Vergangenheit stehen" (315). Der Gegenwartsbezug historischer Forschung ist für ihn unabdingbar. Er bezeichnet dies als die „‚Scheinwerfertheorie der Wissenschaft'" (305). „Jene [historischen] Interpretationen, die nötig und berechtigt sind, ... können ... mit einem Scheinwerfer verglichen werden. Diesen Scheinwerfer lassen wir über unsere Vergangenheit streichen, und wir hoffen durch seinen Widerschein die Gegenwart zu erhellen" (315). Im folgenden will ich, um in Poppers Bild zu bleiben, die Bauteile meines Scheinwerfers und seine Fokussierungen erläutern.

Ich gehe davon aus, daß die Kategorie Geschlecht ein wesentliches Strukturmerkmal von Gesellschaften ist. Geschlecht ist ein soziales Konstrukt, das die meisten euroamerikanischen Gesellschaften spätestens seit der Aufklärung als ausschließliche und naturgegebene Zweigeschlechtlichkeit konstruieren; es gibt zwei und nur zwei Geschlechter, Männer und Frauen, und sie unterscheiden sich voneinander. Mit der Konstruktion der Geschlechterdifferenz wird zugleich ein hierarchisches Gefälle zwischen den Geschlechtern in diesen Gesellschaften institutionalisiert.[1] Was die Geschlechter jeweils ausmacht, wird in einem auf gesellschaftlichen Mikro- und Makroebenen ablaufenden Prozeß ständig umgeschrieben, z.B. im Wandel der gesellschaftlich sanktionierten Frauen- und Männerbilder, indem Frauen in ehemals Männern vorbehaltene Berufsfelder gelangen, Männer verstärkt mit Kleinkindern in der Öffentlichkeit auftreten usw. Trotz vieler Veränderungen im Geschlechterverhältnis ist die Annahme der Geschlechter*differenz,* daß Frauen und Männer sich unterscheiden, relativ konstant geblieben. Ebenso hat sich das Machtgefälle zwischen den Geschlechtern recht konstant gehalten, obwohl es eine Reihe von Verschiebungen gab. Es stellt sich daher die Frage, was die Stabilisatoren sind, die für Konstanz in einem dynamischen System sorgen, und wie sie funktionieren. Im Vorgriff auf eine Antwort seien hier genannt: 1. Die Praxis der Naturierung sozialer Klassifikationen (d.h. soziale Klassifikationen werden als natürliche erklärt); sie geht vor allem über Analogiebildung vor sich. 2. Die normative Wirkung von Diskursen. 3. Die ebenso wichtigen Praktiken der aktiven Verdrängung, der Unkenntlichmachung, der Negation; die Spuren des Verdrängten bleiben jedoch sichtbar oder auffindbar, und an ihnen zeigt sich auch die Anfälligkeit des Systems, zeigen sich Widerstandsmöglichkeiten. Damit sind einige sehr allgemeine und grundsätzliche Aspekte von Vergesellschaftung thematisiert.[2] Eine solche Darstellung läuft zwar Gefahr, zu stark zu generalisieren, bietet aber den Vorzug eines allgemeineren Beschreibungsrahmens, innerhalb dessen sich einzelne Wirkungsweisen am historisch konkreten Phänomen des Literaturbetriebs in den USA im 19. Jahrhundert aufzeigen lassen.

Es ist guter wissenschaftlicher Brauch, das eigene Verständnis von Klassifikationen und Begriffen, die in einer wissenschaftlichen Untersuchung eine Rolle spielen, vorab zu klären. Insofern ist erwartbar, daß ich Ausdrücke wie ‚Text' und ‚Diskurs' erläutere. Anderseits entspricht es unserer kulturellen und wissenschaftlichen Praxis, bestimmte Unterscheidungen vorauszusetzen. Üblicherweise wird nicht ausdrücklich expliziert, was eine Frau, was ein Mann ist. Wie das vermeintlich Selbstverständliche zustande gekommen ist, wird nicht reflektiert. In der selbstverständlichen Verwendung bestimmter Klassifikationen reproduziert Wissenschaft die gerade geltende „Ordnung der Wahrheit" ihrer Gesellschaft. Regine Gildemeister und Angelika Wetterer formulieren dies folgendermaßen:

> [D]er Denkfehler auch wissenschaftlicher Untersuchungen [liegt] genau darin, daß i.d.R. die Klassifikation als Ausgangspunkt der Forschungen gesetzt und damit zugleich der unsichtbar gewordene Prozeß ihrer In-

stitutionalisierung bloß reproduziert wird, daß nicht gesehen wird, daß die Klassifikation selbst ein Ergebnis interaktiver Attribuierungs- und Herstellungsprozesse darstellt. (243)

Nach Gildemeister/Wetterer klassifizieren Wissenschaftler das Phänomen, das untersucht werden soll, von vornherein so, daß die Klassifikation den bekannten Institutionen entspricht. Damit ersparen sie sich die Schwierigkeit, ihre Klassifikation rechtfertigen zu müssen – das Begriffsschema ist allen vorab vertraut (243).[3] So werden beispielsweise in der Geschlechterforschung bevorzugt die Unterschiede zwischen Frauen und Männern erforscht und nicht die Frage, die dieser bereits vorausgeht: wie wissen wir denn, was Frauen und Männer sind?

In einem Denkansatz, der konsequent von der sozialen, interaktiven Konstruktion von Welt ausgeht, sind solche Fragen notwendig und aufschlußreich, da sie die Machtwirkungen sozialer Klassifikationsprozesse einer Diskussion öffnen. Dies liegt im Erkenntnisinteresse feministischer Forschung, die für sich beansprucht, „Theorie in praktischer, emanzipatorischer Absicht zu betreiben und Anstöße zur Selbstreflexion zu geben" (Knapp/Wetterer 9). Feministische Theorien beziehen sich dabei auf poststrukturalistische Theorien[4], die davon ausgehen, daß Bedeutung nicht außerhalb einer sozialen Formation existiert, als etwas *a priori*, das beispielsweise durch Wissenschaft entdeckt werden könnte. Schlüsselbegriffe im Poststrukturalismus wie Sprache, Subjektivität, Macht bezeichnen jeweils permanent stattfindende, interaktive Prozesse, die sich innerhalb historisch spezifischer symbolischer Ordnungen ereignen. Der Begriff „symbolische Ordnung" meint dabei das gesamte Bedeutungssystem einer sozialen Formation, die Totalität all ihrer Zeichensysteme. Dazu gehören neben Sprache beispielsweise Bilder, soziales Verhalten, Körpersprache, Kleidung, Rituale etc. (vgl. Belsey 45).

Sprache als prominentester Teil dieser Ordnung ist, wie Ruth Seifert zusammenfaßt, „kein Zeichensystem, das wir benutzen, um einer ‚realen' Welt Ausdruck zu verleihen. Sie ist vielmehr ein Zeichensystem, mit dem wir Bedeutung produzieren und reproduzieren. Bedeutungen existieren nicht vor der Sprache – sie werden vielmehr erst von ihr geschaffen" (270-271). Damit ist nicht die Existenz einer materiellen Welt bestritten, sondern es ist nur gesagt, daß wir keinen Zugang zur „Natur an sich" haben. „Wenn wir uns mit Natur oder Gesellschaft … beschäftigen, haben wir es nicht mit Essenzen, sondern immer schon mit Repräsentationen von etwas zu tun" (Seifert 270). Denken, sprechen, wahrnehmen sind Vorgänge innerhalb eines symbolischen Systems, das gesellschaftlich produziert wird. Die Sozioanthropologin Mary Douglas drückt dies so aus:

> [A]lle Klassifikationen, in denen wir denken, [werden uns] fertig geliefert, zusammen mit unserem sozialen Leben. Wenn wir über die Gesellschaft nachdenken, benutzen wir die Kategorien, die wir als Mitglieder der Gesellschaft verwenden, wenn wir miteinander über uns selbst sprechen. ... Unser Denken bewegt sich immer schon in eingefahrenen Gleisen. Wie sollten wir jemals uns in der Gesellschaft denken, ohne dabei auf die in unseren Institutionen niedergelegten Klassifikationen zurückzugreifen? (162-163)

Aus der Logik dieses Ansatzes ergibt sich, daß das denkende und wahrnehmende Subjekt ebenfalls ein gesellschaftliches Konstrukt ist. Fremdwahrnehmung und Eigenwahrnehmung sind innerhalb einer symbolischen Ordnung erlernte, andauernde Prozesse. Dasselbe gilt für Identität, die Kurt Röttgers als „reflexives Selbstverständnis" bestimmt (336). Folgt man dieser Argumentation, so ist es nicht mehr sinnvoll, „von einem menschlichen Subjekt als souveränem Handlungsträger auszugehen, dessen Wesensmerkmal die Freiheit der Wahl ist" (Douglas 205). Stattdessen sollten wir den Vorschlag von Michael Sandel bedenken, „den handelnden Menschen als jemanden zu begreifen, der seinem Wesen nach darauf angewiesen ist, seine Ziele zu entdecken (nicht zu wählen), wobei die Gemeinschaft für ihn die Mittel zu dieser Selbstentdeckung bereitstellt" (Douglas 205). Schließlich ist Gesellschaftlichkeit nicht ohne Kommunikation denkbar.

Die symbolische Ordnung wird gelehrt und gelernt im Spracherwerb, dem wichtigsten Teil des Kulturerwerbs. Der Erstspracherwerb als Teil des Erstkulturerwerbs kann ohne Kenntnis der Grammatik der Sprache und Kultur stattfinden (und tut dies meist auch). Die Regeln werden implizit gelernt und gelehrt und müssen als solche nicht bewußt werden, d.h. sie müssen nicht als Regeln explizit vermittelt werden. Wir lernen, Sprache korrekt zu verwenden, ohne daß wir dazu die Regeln benennen können müßten. Was nicht heißt, daß sie der Erkenntnis oder Analyse notwendig entzogen blieben.

Die symbolische Ordnung, in der Sozialisation stattfindet, ist strukturiert durch Diskurse, die Macht- und Herrschaftsverhältnisse produzieren und stabilisieren. Aus ihnen ergibt sich eine herrschende „Ordnung der Wahrheit", wie Michel Foucault das genannt hat:

> Die Wahrheit ist von dieser Welt; in dieser wird sie aufgrund vielfältiger Zwänge produziert, verfügt sie über geregelte Machtwirkungen. Jede Gesellschaft hat ihre eigene Ordnung der Wahrheit, ihre ‚allgemeine Politik' der Wahrheit: d.h. sie akzeptiert bestimmte Diskurse, die sie als wahre Diskurse funktionieren läßt; es gibt Mechanismen und Instanzen, die eine Unterscheidung von wahren und falschen Aussagen ermöglichen und den Modus festlegen, in dem die einen oder anderen sanktioniert werden; es gibt bevor-

zugte Techniken und Verfahren zur Wahrheitsfindung; es gibt einen Status für jene, die darüber zu befinden haben, was wahr ist und was nicht. („Wahrheit und Macht" 51)

Funktion der Ordnung der Wahrheit einer sozialen Formation ist es, die Welt zu erklären, zu sichern und zu rationalisieren; kurz: die Welt, „wie sie ist", als sinnvoll zu begründen. Damit sind Trennlinien gelegt, die Sinn von Unsinn unterscheiden.[5] Diese Trennlinien können sich im Laufe der Zeit verschieben; wahr ist etwas nur, solange es Geltung hat.[6] Ein weiteres kommt hinzu: Diskurse betonen Kontinuitäten stärker als Brüche und Widersprüche. Was im Widerspruch zur geltenden Wahrheit steht, läuft eher Gefahr, verdrängt zu werden.[7] Auf die Machtwirkungen von Diskursen komme ich später zurück.

Wahrheit ist eine Manifestation von Macht; sie steht nicht außerhalb der Macht und ist nicht ohne Macht (vgl. Foucault, „Wahrheit und Macht" 51). In diesen Zusammenhang gehören auch die sogenannten „non-decisions". Röttgers erklärt diesen Begriff, den er aus den Community Studies der amerikanischen Politologie übernimmt, wie folgt:

> Gemeint sind … damit diejenigen Vor-‚Entscheidungen', die oftmals niemals irgendjemand persönlich getroffen hat und für die es auch keine ‚Rechtsgrundlage' gibt, die aber gleichwohl vorab filtern, was überhaupt auf die Tagesordnung der zu fällenden Entscheidungen gelangt. (373)
> …
> Bevor es nämlich zum Handeln oder Verhalten kommt, werden eine Reihe von abstrakt-logisch möglichen Verhaltensweisen oder Handlungen vorselektiert, genau so wie in der Sprache agrammatische oder im Diskurs diskursiv unzulässige. Es gibt da niemanden, der solche Selektionen ‚macht', der hier selegierend handelte, den man folglich bloß abzusetzen brauchte und alles wäre anders. Bestimmte Themen – darüber ist man sich allgemein einig, wie man so sagt – gehören gar nicht erst auf die Tagesordnung. Es gibt auch niemanden, der es versuchen würde und bei dem Versuch von den Tagesordnungs-Machthabern daran gehindert würde. Auf dieser Ebene gibt es vielmehr keine verantwortliche Subjektivität für das Wirken solcher Macht in non-decisions. (407)

Um zu verstehen, wie eine Ordnung der Wahrheit mit den ihr eigenen Trennungen von wahr und falsch, Sinn und Unsinn, zustande kommt, sind die Überlegungen hilfreich, die Douglas in *Wie Institutionen denken* anstellt. Sie argumentiert, daß die Aufteilungen der Welt bis hin zu den komplexen Zeichensystemen einer symbolischen Ordnung von Institutionen geleistet werden. Sie bezieht sich auf Andrew Schotter, der Institutionen als „Einrichtungen zur Verringerung von Entropie" darstellt (nach Douglas 83). „Im Minimum ist eine Institution lediglich eine Konvention" (81). Konventionen ermöglichen Koordination. Sie erleichtern das Zusammenleben, indem sie es regulieren. Damit funktionieren sie zugleich als Leitfäden für das, was in Zukunft erwartbar ist; sie kodieren Erwartungen.

> Je vollständiger Institutionen Erwartungen kodieren, desto besser gelingt es ihnen, Ungewißheit unter Kontrolle zu bringen, mit dem weiteren Effekt, daß das Verhalten nun zur Konformität mit der institutionellen Matrix tendiert. Wenn dieses Maß an Koordination erreicht ist, verschwinden Unordnung und Verwirrung. (83)

Douglas nennt als Beispiel die Verkehrsregelung: ob rechts oder links gefahren wird, ist gleichgültig, wesentlich ist, daß eine Regel existiert, die Handlungen koordiniert und die Orientierungen der Erwartungen für zukünftiges Handeln liefert. Allerdings ist zu berücksichtigen, daß selbst weitgehend funktionierende Konventionen leicht gestört werden können. Schon einzelne Fußgänger ignorieren gelegentlich eine rote Ampel und eine größere Gruppe von Fußgängern kann die Autofahrer zum Anhalten zwingen. Insofern brauchen Konventionen ebenso wie andere Institutionen ein stabilisierendes Prinzip, das ihre Auflösung verhindert. Sie müssen sich legitimieren und dies geschieht in modernen Gesellschaften am wirkungsvollsten, indem sie ihre Übereinstimmung mit der Natur der Welt erklären und so wahrgenommen werden:

> Wenn eine Konvention sich in eine legitime soziale Institution verwandeln soll, bedarf es der Unterstützung durch eine parallele kognitive Konvention. … Eine Konvention gilt als institutionalisiert, wenn die Antwort auf die Frage: ‚Warum macht ihr das so und nicht anders?' zunächst zwar im Sinne allgemeiner Annehmlichkeit, bei weiterer Nachfrage jedoch letztlich mit dem Hinweis auf die Art und Weise beantwortet würde, wie die Planeten in ihrem Lauf bestimmt sind oder wie Planeten, Menschen oder Tiere sich von Natur aus verhalten. (81-82)

„Von Natur aus" ist hier der Schlüsselbegriff: denn indem etwas als natürlich angesehen wird, ist es per definitionem kein gesellschaftliches Konstrukt.[8] Natur kann dann zwar noch auf ihre Genese und Wirkungsweisen hin untersucht werden, sie auf ihren Begriff zu hinterfragen, ist jedoch unangebracht. In unserer Ordnung galt beispielsweise die Existenz von zwei und nur zwei Geschlechtern und ihre Differenz lange als etwas Natürliches. Geschlecht schien eindeutig, körperlich begründet und unveränderbar. Solange dieser Satz wahr war, d.h. solange seine Geltung andauerte, löste die Frage, woher wir wissen, was Männer und Frauen sind, bestenfalls Kopfschütteln aus; die Antwort schien zu offensichtlich.

Ich hatte oben schon gesagt, daß Natur nur im symbolischen Raum der Kultur wahrgenommen und klassifiziert werden kann. Unsere Wahrnehmung basiert auf den kognitiven Konventionen unserer Ordnung und ist insofern an diese gebunden. Der Wahrnehmungsvorgang selbst ist ein komplexer Selektionsprozeß, der als solcher weitgehend unbewußt bleibt.[9] Das Erkennen und Zuerkennen von einem Status ‚Natur' ist ein sozialer Akt: „Auf diese Weise überstehen die Institutionen die erste Phase, in der sie lediglich zerbrechliche Konventionen sind; man gründet sie in der Natur und damit in der Vernunft. Durch ihre Naturalisierung werden sie Bestandteil der natürlichen Weltordnung und stehen dann als Argumentationsgrundlage zur Verfügung" (91). Dies geschieht über Analogiebildung, wie Douglas schreibt:

> Es bedarf einer Analogie, dank deren die formale Struktur eines wichtigen Komplexes sozialer Beziehungen in der natürlichen Welt, in der übernatürlichen Welt, im Himmel oder sonstwo wiederzufinden ist, wobei es allein darauf ankommt, daß dieses ‚sonstwo' nicht als gesellschaftlich erzeugtes Konstrukt erkennbar ist. Wenn die Analogie von der Natur auf einen Komplex sozialer Beziehungen und von dort auf einen anderen Komplex und von dort wiederum auf die Natur übertragen wird, dann gräbt sich diese wiederholt auftretende formale Struktur ins Bewußtsein ein, und das Hin und Her dieser Übertragungen stattet sie mit einer Wahrheit aus, die für sich selbst spricht. (84-85)

Dies mag salopp formuliert sein, beschreibt aber doch zutreffend den wesentlichen Vorgang der Rechtfertigung sozialer Verhältnisse. „Gesellschaftlich begründete Analogien fassen disparate Dinge zu Klassen zusammen und verleihen ihnen einen moralischen wie auch politischen Gehalt" (Douglas 107). Man denke an die bekannten Gegensatzpaare, die sich entlang der Opposition männlich-weiblich eingebürgert haben. Häufig wird bei dieser Paarbildung auf physische Phänomene Bezug genommen, die als komplementär aufgefaßt werden und dann rückwirkend wiederum den Geschlechtergegensatz mit weiterer Naturhaftigkeit ausstatten. So stützt beispielsweise die Gleichung „Mann und Frau sind wie Tag und Nacht oder wie die rechte und die linke Hand des Körpers" das gesellschaftliche Prinzip der Geschlechterdifferenz. Über solche Analogieketten lassen sich dann sogar politische Hierarchien ableiten, etwa über folgende Reihe: weiblich – männlich, links – rechts, passiv – aktiv, Objekt – Subjekt, Volk – König. Bei Tzvetan Todorov läßt sich in *Die Eroberung Amerikas* nachlesen, daß die Spanier im 16. Jahrhundert die Inferiorität der Indianer mit solchen analogen Oppositionsketten entwickelten. Die Indianer seien gegenüber den Spaniern wie Kinder gegenüber Eltern, Frauen gegenüber Männern, Tiere gegenüber Menschen, Begierde gegenüber Vernunft, böse gegenüber gut. Die Unterwerfung des Anderen wird, darauf weist Todorov hin, über die Assimilierung an das Andere in der eigenen Kultur geleistet: Der spanische Mann setzt die Indianer mit den Frauen (und den Tieren) gleich. Der Übergang von einer Alterität zur nächsten gelingt spielerisch (vgl. 185-186). „Die Anwendung desselben Prinzips in den verschiedensten Kontexten führt ... zu dessen Festigung. Am Ende gründet das ganze System in der Natur, in der Überlegenheit der rechten über die linke Hand ... Die Institutionen klinken sich in die Struktur einer vom Körper ausgehenden Analogie ein" (Douglas 86). Mit solchen Analogien erhalten die sozialen Beziehungen den Rang von natürlichen Beziehungen.[10]

Voraussetzung für wirksame Analogiebildung ist ein Konsens darüber, was als gleich oder ähnlich, was als verschieden gelten kann. Douglas beantwortet die Frage, worauf Gleichheit beruhe, wiederum mit dem Verweis auf Institutionen: „Gleichheit wird dem gemischten Bündel von Dingen beigelegt, die als derselben Kategorie angehörig gelten; und festgelegt wird dies durch Institutionen. ... Ähnlichkeit ist eine Institution" (92-93). Und: „Gleichheit ist keine Qualität, die an den Dingen selbst erkannt werden könnte; vielmehr wird sie den Elementen innerhalb eines kohärenten Schemas beigelegt" (100).[11] Erst die Einbindung in einen theoretischen Rahmen erlaubt es, aus der Gesamtheit der möglichen Merkmale eine Hierarchie zu bilden, über die Gleichheit oder Differenz, Identität und Alterität festgestellt werden können. „Sinnvolle" Merkmale von Gleichheit sind über die geltende Ordnung der Wahrheit etabliert. Nach ihren Regularitäten wird Verschiedenheit oder Gleichheit erkennbar. „Die Idee, daß Ähnlichkeit eine Qualität sei, [die den Dingen selbst innewohnt] ist deswegen so hartnäckig, weil die Klassen ähnlicher Dinge innerhalb einer Kultur derart fest etabliert sind, daß die Ähnlichkeit dieser Dinge fast aus sich selbst heraus evident erscheint" (Douglas 101). Aus der Logik dieser Argumentation folgt, daß auch Basisklassifikationen wie die Einteilung in Männer und Frauen gesellschaftliche Leistungen sind und eben nicht „natürlich". Es ließe sich eine Geschlechtereinteilung beispielsweise auch anhand der verrichteten Tätigkeiten denken, und die müßte sich nicht auf zwei Geschlechter beschränken. Die geltende Konvention, die Unterscheidung der Geschlechter anhand der Geschlechtsteile der Körper vorzunehmen, ist ebenfalls nur eine institutionalisierte Praxis. Carol Hagemann-White ist zuzustimmen, wenn sie schreibt, „daß es keine notwendige, naturhaft vorgeschriebene Zweigeschlechtlichkeit gibt, sondern nur verschiedene kulturelle Konstruktionen von Geschlecht" („Wir werden nicht zweigeschlechtlich geboren" 230). Indem wir von der Naturhaftigkeit und Unveränderbarkeit von Geschlecht ausgehen und dies körperlich begründen, haben wir die Geschlechtsklassen mit einem Höchstmaß an Stabilität versehen. Sie sind damit so stark naturiert, daß ihr Zustandekommen gewöhnlich nicht mehr Gegenstand der Reflexion ist; sie sind offensichtlich und selbstverständlich. Daher eignen sie sich besonders gut, ihrerseits zur Rechtfertigung etwa geschlechtlicher Arbeitsteilung genutzt zu werden, die damit wiederum naturiert werden kann. Die Legitimationsprozesse greifen ineinander und stützen einander in wechselseitigen Rückbezügen. Die Begründungsstruktur ist zirkulär: Frauen sind anders als Männer, weil sie Kinder gebären, und dieser Umstand bestätigt wiederum ihre Andersartigkeit. Die Geschlechtsklassifikation ist es jedoch, die die Gebärfähigkeit zur Grundlage einer Statuszuweisung nimmt, und nicht umgekehrt, wie Judith Lorber schreibt: „Gender makes women's procreative physiology the basis for a separate (and stigmatized) status, not the other way around" („Dismantling Noah's Ark" 356).[12]

Die Bedeutung der Basisklassifikation Geschlecht ist gegenwärtig kaum zu überschätzen. Sie ist der wesentliche Stabilisator der symbolischen und sozialen Ordnung, da sie diese auf allen Ebenen durchzieht. Obwohl die Inhalte von Weiblichkeit und Männlichkeit immer nur historisch spezifisch faßbar sind, ist die Tatsache, daß unterschieden wird, konstant geblieben.[13] Gildemeister/Wetterer sprechen von einem „Gleichheitstabu" der Geschlechter (227). Über die Geschlechtsklassifikation kann der Zugang zu gesellschaftlichen Institutionen (Universität, Militär) und Räumen (Herrentoilette, Frauenhaus) geordnet werden. Zwar unterliegen die Institutionen und Räume historischem Wandel, doch wird über die jeweils geltenden Geschlechtssegregationen Eindeutigkeit im Hinblick auf Geschlecht gefordert und geleistet. Geschlechtszugehörigkeit wird dadurch abgefragt und bestätigt.

> Das heißt auch, daß in einer Gesellschaft, die auf der Polarisierung der Geschlechter und der Generalisierung von deren Effekten beruht, sich die gesamte Lebensgeschichte einzelner vom ersten Tag an auf dieser Grundlage errichtet. Und insofern gibt es keine Möglichkeit des Identitätserwerbs jenseits eines Bezuges auf die Geschlechtskategorisierung. (Gildemeister/Wetterer 236)

Hieraus ergibt sich die grundlegende Bedeutung der Geschlechtszugehörigkeit auf individueller Ebene. Über das ihnen zugeschriebene und das von ihnen dargestellte Geschlecht sind die Individuen gesellschaftlich verortet.

Der Omnipräsenz von Geschlecht im sozialen Leben, selbst wenn es nicht in allen Situationen in gleicher Weise im Vordergrund steht, entspricht eine sprachliche Praxis, die den Geschlechterdualismus in sich trägt, auch wenn sie Geschlecht implizit negiert oder explizit thematisiert: ich meine die Rede „von menschlichen Verallgemeinerungen und geschlechtlichen Besonderungen" (Honegger 1). Wird allgemein gesprochen, sind Frauen kein Thema; ist spezifisch vom Geschlecht die Rede, so vorwiegend vom weiblichen.[14]

Das gesellschaftliche Wissen über Geschlecht, ebenso wie die Praktiken der Geschlechtszuschreibung und -darstellung stabilisieren die soziale Ordnung. Mit Foucaultscher Terminologie wäre dies als Diskurs des Geschlechts zu bezeichnen. Denn Diskurse lassen sich, in der Formulierung von Röttgers, als „Konventionalisierungen von Rede- und Handlungspraktiken" auffassen (361).[15] Diskurse können als strukturelle Rahmen für verbale und nonverbale Kommunikation bestimmt werden; sie garantieren Kommunikationsstrukturen.

> Wenn wir zur Kommunikation Sprache benötigen (und die Sprache uns), dann benötigen wir für die die Kommunikation garantierenden Strukturen mehr als Sprache (und sie mehr als uns), Zusatzeinrichtungen zu Sprache, die in der Regel in ihrer eingeschränkteren Domäne verbindlicher, insgesamt aber flexibler sind als Sprachsysteme: das, was man die *Diskurse* nennen darf. Auch Diskurse verwenden Symbole, erstens die sprachlichen, die in ihrem Bereich vorkommen (etwa eine Fachterminologie), zweitens aber unsprachliche, z.B. Darstellungsrituale, die durchaus unsprachlich in Texten verwendet werden können. (Röttgers 328-29)

Der Diskurs steht demnach zwischen Sprache und Text. Seine Konstitutionsbedingung ist nach Foucault der Ausschluß des Anderen, die Grenzziehung – zwischen Sinn und Unsinn, wahr und falsch, gleich und different, Identität und Alterität (vgl. *Ordnung des Diskurses*). Insofern wirken Diskurse zugleich deskriptiv und normativ. Sie organisieren Bereiche des Wissens über die Bereitstellung von Materialien, Regeln, Terminologien und Methoden zur Wissensproduktion, und damit ist zugleich die Ausschließung bestimmter Gegenstände, Umstände und Personen organisiert. Dies läßt sich als Machtwirkung des Diskurses bezeichnen: „Man weiß, daß man nicht das Recht hat, alles zu sagen, daß man nicht bei jeder Gelegenheit von allem sprechen kann, daß schließlich nicht jeder beliebige über alles beliebige reden kann. Tabu des Gegenstandes, Ritual der Umstände, bevorzugtes oder ausschließliches Recht des sprechenden Subjekts" (Foucault, *Ordnung des Diskurses* 7). Wer spricht und wer nicht reden darf, das ist eine Machtfrage.

Diskurse erzeugen also Gegenstände des Wissens; z.B. habe ich argumentiert, daß der Diskurs des Geschlechts Geschlecht erst erzeugt. Wie über diskursiv erzeugte Wissensgegenstände gesprochen wird, das unterliegt historischem Wandel. Weiterhin ist zu berücksichtigen, daß nie nur in einer einzigen Weise von Wissensgegenständen wie Geschlecht gesprochen wird. Im Alltagswissen wird anders geredet als etwa in der Wissenschaft, und in der Wissenschaft streitet man auch noch um unterschiedliche Theorien. Aber selbst die zunehmend spezialisierten Diskurse können sich mit anderen Spezialdiskursen oder deren Elementen überschneiden und verknüpfen und auf diese Weise sich wieder allgemeinerer Kommunikation integrieren. Jürgen Link hat für den Bereich, in dem Elemente verschiedener Spezialdiskurse miteinander gekoppelt werden, den Begriff der Interdiskursivität vorgeschlagen. Gerade die Literatur sieht er als ein „interdiskursives Netzwerk", das Elemente verschiedener Diskurse verarbeitet (vgl. 285-286).

Die vielfältigen Redeweisen konkurrieren miteinander um Geltung, d.h. um Anerkennung als Wahrheit. Diesen Status hatte lange Zeit etwa die institutionalisierte „natürliche" Zweigeschlechtlichkeit, die Geschlechterdifferenz und Geschlechterhierarchie stabilisiert. Sie fungierte so lange als wahrer Diskurs im Foucaultschen Sinne, bis ihr der Ansatz, Geschlecht als interaktiv gesellschaftlich konstruiert zu denken, den Wahrheitsstatus streitig machte. Welche Wahrheit Geltung erlangt, ist ebenfalls eine Machtfrage.

Für Foucault ist Macht nicht ausschließlich ein Unterdrückungsinstrument. Er faßt sie vielmehr als etwas Produktives, als einen Mechanismus vor allem der Produktion von Wahrheit. Wahrheit wird diskursiv produziert und ist damit Veränderungen unterworfen. Sie kann immer nur relativ gesichert sein. Wenn wir, wie Röttgers vorschlägt, Macht als grundlegende soziale Relation sehen, die in Kommunikationsprozessen notwendig mitentsteht[16], so wird einsichtig, daß auch Macht nicht auf Dauer gesichert werden kann. „Macht ist kein Besitz, den man ... für bessere Zeiten aufheben kann .... Macht ist eine Relation und an den Widerstand gegen sie gebunden" (365). Auf die Widerstandsmöglichkeiten gegen die Macht (der Diskurse) komme ich noch zurück. Zuvor sollen die wichtigsten Verfahren genannt werden, mit denen Macht ihre eigene zukünftige Sicherung betreibt: positiv gefaßt sind dies die diskursiv produzierten Wahrheiten; negativ gefaßt das, was mit Unkenntlichmachung und Negation verdrängt wird.

Mit Negation ist das Nicht-Wahrhabenwollen eines anderen Standpunkts oder allgemeiner des Anderen gemeint. Etwas ignorieren oder für unwesentlich oder langweilig zu erklären, sind Variationen davon. Negation muß nicht aktiv und vorsätzlich von Individuen oder Gruppen betrieben werden. Wenn wir Kategorien wie Geschlecht oder auch Klasse und Rasse als grundlegende soziale Organisationsformen begreifen, so meint Renate Hof,

> werden auch die *Widerstände*, die den Forderungen von Frauen und ‚anderen Minoritäten' entgegengebracht wurden (und werden), verständlich – und zwar nicht als individuelle ‚Boshaftigkeit' einzelner Personen, sondern als Reaktion einer sozialen Ordnung, die durch diese Forderungen erheblich gestört wird (Hof, zit. nach Seifert 263-64)

Anderseits sind Individuen sehr wohl zu individueller Boshaftigkeit fähig; die Verteidigung des Status quo kann durchaus bewußt und in voller Absicht betrieben werden. Es wäre jedoch falsch anzunehmen, daß Negation eine Verschwörung der Mächtigen gegen die Machtlosen *voraussetzt.* Die Politologin Joan Cocks hat darauf hingewiesen, daß die Herrschaft *in* einem System nicht gleichbedeutend ist mit der Herrschaft *über* das System. Wer seine Herrschaft auf eine Ordnung der Wahrheit stützt, die er als Unterdrückungsinstrument geschaffen hat, der steht, das ist logisch, selbst außerhalb dieser Ordnung, denn er weiß, daß sie ein Konstrukt ist.[17] Prozesse der Negation, die die bestehenden Machtverhältnisse sichern, können implizit, als tradierte, unhinterfragte gesellschaftliche Praktiken funktionieren, aber auch über Verbote explizit werden, beispielsweise als Ausschluß von Frauen von den Universitäten (und allgemeiner als verfaßtes Recht überhaupt).

Unkenntlichmachung als aktive Negation oder Vergessen als scheinbar zufällige, passive Negation tendieren zur Stabilisierung bestehender Machtstrukturen. Vergessen und Verdrängung finden nicht nur auf der Ebene des Individuums statt, sondern auch auf der Makroebene der Gesellschaft.[18] Mit dem kollektiven Erinnern geht das kollektive Vergessen einher. „Wenn ein kognitives System funktionieren soll, dann müssen immer irgendwelche Dinge vergessen werden. Es ist unmöglich, allem und jedem ständig volle Aufmerksamkeit zu schenken“ (Douglas 124). Niklas Luhmann folgend kann Sinn als die „Reduktion von Weltkomplexität“ (116) bestimmt werden: „Sinn ist Selektion *aus* anderen Möglichkeiten und damit zugleich Verweisung *auf* andere Möglichkeiten“ (116). Verdrängung, Vergessen ist ebenfalls Reduktion von Weltkomplexität; vergessen wird jedoch nicht wahllos ein Zuviel an Information, sondern am ehesten das, was in bestehende Ordnungs- und Denksysteme nicht paßt, also das, was ihnen zuwiderläuft und damit ihre Sinnfälligkeit, und das heißt auch: ihre Machtstruktur, destabilisiert.[19] Die Privilegierung des Sinnvollen gegenüber dem dazu Widersprüchlichen gründet sich darauf, daß Wirklichkeitsbewältigung nach den Prinzipien narrativer Sinnkonstitution stattfindet; sie wird über das Erzählen von Geschichten (im weitesten Sinn) geleistet.[20] Theodore Sarbin formuliert umfassend: „I propose the narratory principle: that human beings think, perceive, imagine, and make moral choices according to narrative structures“ (8. Vgl. Barry). Auch Vergangenheitsbewältigung findet über Erzählungen statt, die den Jetzt-Zustand als Ergebnis retrospektiv erkennbarer Entwicklungen erklären.[21] Auf individueller wie auf kollektiver Ebene wird auf diese Weise diskursiv Identität etabliert (und bei Bedarf korrigiert), denn Identität ist ja „reflexives Selbstverständnis“ (Röttgers 336).

Wenn zutrifft, daß die institutionalisierte und naturierte Geschlechterhierarchie ein wesentlicher Stabilisator der bestehenden sozialen Ordnung ist, dann ist zu vermuten, daß dem sozialen Vergessen besonders das anheimfällt, was dieser Hierarchie widerspricht.[22] Da Hierarchie nicht ohne Differenz möglich ist, stünde auch die Auflösung von Differenz im Widerspruch zur Hierarchie. Nun ist die Geschlechterdifferenz zu verschiedenen Zeiten inhaltlich unterschiedlich ausformuliert, beispielsweise in dem, was als Männer- und was als Frauenarbeit gilt. Studien zum Wandel von Berufsfeldern sind deshalb besonders aufschlußreich, weil sich in solchen Umbruchphasen Unstimmigkeiten und Verwerfungen in den diskursiven Begründungen der Geschlechterdifferenz häufen. Wie Gildemeister/Wetterer schreiben,

> kommt es auf der Ebene der einzelnen Inhalte in Phasen historischer Veränderungen des Geschlechterverhältnisses zu z.T. eklatanten Widersprüchen, zu Prozessen der Um- und Neudefinition „der" Differenz, die nicht mehr bruchlos ins Bild passen – bis das sozial strukturierte Vergessen es neu zu Wege gebracht hat, daß auch in der Gewerkschaftsgeschichtsschreibung Setzerinnen ein nie gekanntes Phänomen in der Geschichte des Männerberufs Schriftsetzer darstellen, oder wir mit Staunen zur Kenntnis nehmen, daß in den 20er und 30er Jahren knapp ein Drittel der PilotInnen in den USA Frauen waren. (246-47)

Da innerhalb der symbolischen Ordnung die Machtverteilung wesentlich über die Kategorie Geschlecht organisiert ist, folgt, daß sich auch die Rationalisierung der Machtsicherung stark auf diese Kategorie stützt. Dieser Sachverhalt wird weitgehend negiert, doch das ist „schließlich nur eine der vielen Strategien der Macht, nämlich sich in die Unsichtbarkeit zurückzuziehen" (Röttgers 411). Die bestehende gesellschaftliche Arbeitsteilung wird vielmehr über die „Natur" der Geschlechter begründet. Weil diese Natur als konstant gilt, entsteht beim Wandel eines Frauenberufs zum Männerberuf und *vice versa* potentiell ein Erklärungswiderspruch, dem beispielsweise damit begegnet werden kann, daß der Wandel verdrängt wird.

Hier stellt sich nun die Frage nach den Widerstandsmöglichkeiten gegen die Macht der Diskurse.[23] Sie ließe sich auch als Frage nach den kreativen Zwischenräumen formulieren, die die Diskurse übrig lassen. Welche Rolle spielt das Subjekt bei der Diskursformation, welche umgekehrt der Diskurs bei der Subjektformation? Wieviel kreatives Potential bleibt diskursiv erzeugten Subjektivitäten?

Diskurstheoretische Ansätze beschreiben Subjektivität nicht mehr essentialistisch im Sinne cartesianischer Subjektvorstellungen. Die liberal-humanistische Vorstellung eines freien Menschen, der Herr seiner Gedanken und seines Willens ist, hat sich, wie u.a. die feministische Forschung gezeigt hat, als theoretische Überhöhung und Alleinvertretungsanspruch des weißen, männlichen Subjekts der westlichen Welt erwiesen (vgl. Seifert 272). Poststrukturalistische Theorien sehen Subjektivität dagegen als diskursiv erzeugt, als einen diskursiven Prozeß, der wie alle solche Prozesse historischem und kulturellem Wandel unterliegt.[24] Damit sind nicht die Subjekte über Bord geworfen, wohl aber die alten Gewißheiten über sie. Das Interesse gilt nunmehr der Frage nach „den Entstehungskontexten und Produktionsbedingungen einer historisch wandelbaren Subjektivität" (Seifert 273). Wenn man diese Überlegungen akzeptiert, ist es sinnlos, nach dem „wahren Wesen" der Frau oder des Mannes zu forschen. Vielmehr ist zu fragen, welche Subjektpositionen die kulturellen Konstruktionen von Geschlechtsidentität, also Männlichkeit und Weiblichkeit, zu einem spezifischen Zeitpunkt zur Verfügung stellen, welche Funktionen sie erfüllen, welche Macht solche Diskurse stützen.[25]

Gerade die Überlegungen zur Kategorie Geschlecht, die in hohem Maße relevant für die Identität des Subjekts ist und aus der es im Normalfall kein Entkommen gibt, scheinen die Allmacht der Diskurse zu bestätigen. Doch Diskurse überschneiden sich und dabei kommt es zu Widersprüchlichkeiten. Da sie im Ablauf der Zeit stehen, bleiben sie auch nie völlig glatt. Sie bekommen Fissuren, Brüchigkeiten, Stellen, an denen sich Subjekte reiben können.

> In dem Maße, in dem identitätsrelevante Vorstellungen von Freiheit und Gleichheit auch die weibliche Subjektivität mitkonstitutieren, wird der Widerstand gegen Verhältnisse, in denen Weiblichkeit auf Subalternität und auf ein Defizit hin konstruiert wird, wachsen. Innerhalb gewisser Grenzen kann also das Subjekt eine Wahl zwischen verschiedenen Diskursen treffen, die entweder vorgegeben sind, oder aus dem Vorhandenen zusammengebaut werden. (Seifert 277)

Über Seiferts Formulierung hinausgehend weise ich darauf hin, daß Diskurse bereits in sich widersprüchlich sind, denn ihre oberflächliche Kohärenz verdeckt nur ihre unterschwellige Inkonsistenz. Insofern bedarf es gar nicht unbedingt des Konflikts mit anderen Diskursen, da Sinnkonstitution ja bereits Ausschluß anderer Möglichkeiten ist, auf die damit zugleich verwiesen wird, wie Luhmann gezeigt hat. Man kann also sagen, daß jeder Diskurs bereits Positionen der Macht und der Gegenmacht enthält, Disziplinierung und Aufbegehren.

Obwohl es zutrifft, daß Diskurse die Realität und die Subjekte, auf die sie sich beziehen, zum Teil erst produzieren,[26] folgt daraus nicht die völlige Determinierung der Subjekte oder der Ordnung, in der sie sich befinden. Joan Cocks schreibt:

> The reverse truth of the inevitability of every individual's situation inside a specific cultural order is the possibility of any individual's making its way out, to some different and perhaps antithetical tendency of thought and ac-

> tion. This possibility is rooted in the human capacity for not merely going on in the same direction as before but for critical reflection and creative transformation. Its significance for us is that a member of a dominant social group never is precluded logically from coming to think and trying to act outside the pale of an order that has elaborated and justified the terms of its dominance to it. A break from the dictations of Masculine/feminine [sic], to take up our specific subject again, is not women's prerogative alone, as though only bodies of a certain sort could have outlawed desires or disloyal ideas, or as if subordination were the only position from which criticism and rebellion could come. (190)

Subjekte können die wahren Diskurse ihrer Ordnung in Frage stellen. Ob sie sie ersetzen können, hängt davon ab, wie stark ihre Gegenmacht die bestehenden Machtverhältnisse destabilisieren kann. Naiv wäre es anzunehmen, daß eine gewandelte Ordnung frei von Machtstrukturen sein könnte.

> [T]o the extent that it [a counter-culture] acquires any real coherence, complexity, and strength, what began as an anarchic *melange* of shifting conceptions and practices will harden into a counter-cultural hegemony in its own right. This is only to say that every vigorous counter-culture is bound to end up exerting its own discipline over life. It is not to say that discipline must be one of social mastery and servitude. (Cocks 190)

So wie Verdrängung nicht spurlos bleibt, und deshalb die Spuren des Verdrängten wieder aufgefunden werden können (vgl. Röttgers 32-44), ist die Herrschaft einer geltenden Ordnung der Wahrheit nur hegemonial und nicht total (vgl. Cocks 150-173). Wäre sie total, wäre das System nicht mehr analysierbar. Eine Ordnung der Wahrheit ist nicht widerspruchsfrei, selbst wenn die Diskurse ihre Widersprüchlichkeiten verdecken. „Weil es immer verschiedene und konfligierende gesellschaftliche Interessen geben wird, wird es immer verschiedene und konfligierende Diskurse geben. In den Bruchstellen der Diskurse aber … findet sich der Nährboden für Widerstand" (Seifert 277) und, so läßt sich ergänzen, auch der für Kreativität.

Eine mögliche Form von Kreativität ist Kunst, ist Literatur, zu der dieser lange Weg jetzt wieder führen soll. Theoretiker und Theoretikerinnen wie Roland Barthes und Julia Kristeva vertrauen auf die subversive, innovative Kapazität literarischer Texte. Nicht weil literarische Texte frei wären von Macht. Natürlich konstituieren die Diskurse auch den Sinn der Texte, auch der literarischen, aber in dem „Verbalkarneval", den Röttgers Literatur nennt, kann eben auch „die poetische Befreiung vom Diskurs Sinn" erzeugen (387). Die Verfahren, mit denen literarische Texte dies leisten, beschreibt Helmbrecht Breinig:

[D]ie Literatur hat die Möglichkeit, durch die Konvention der Fiktionalität, durch den Gebrauch von bildlich-analogisierenden Darstellungsverfahren, durch ihre regelsprengende Sprachverwendung und dadurch, daß sie nach abendländischer Logik Unvereinbares zusammenbringt, offene Modelle der Realität zu schaffen, die ihren jeweiligen Referenzbereich nicht „in den Griff zu bekommen" brauchen, sondern dessen mögliche Befremdlichkeit evozieren, ohne sie zu vernichten. ... Kunst besitzt die Fähigkeit, die jeweils nicht ausgewählten Wirklichkeitselemente in besonderem Maße präsent zu halten, sie durch Verfahren der Suggerierung, der Mehrdeutigkeit neben dem vordergründig Dargestellten erfahrbar zu machen. Durch die Verwendung der Paradoxie, der Kontiguisierung des sich scheinbar Ausschließenden vermag sie überdies, im Sinnwidrigen die Konsens- und Systemabhängigkeit von Sinn ans Licht zu bringen und dadurch den Rezipienten bewußt zu machen. („Alteritätsdiskurs" 183)

Damit ist nicht gesagt, daß literarische und andere Texte nicht auch diskurskonform sein können; ebenso wie die Subjekte können sie sich gesetzes- und diskurstreu verhalten. Dasselbe gilt für die Leserinnen und Leser. Noch einmal soll Joan Cocks zu Wort kommen:

[W]ritten words have the power to erode the inherited and habitual understanding. They can draw the reader further and further from familiar conceptual and imaginative territory: from the ordinary notion, the acceptable idea, the permitted point of view. At the same time, they have a stability about them through being fixed on the page that allows them to be mulled over, cited, consulted, appended, and expanded upon. To be sure, ... the written word can be forced to submit to the desire, conception, and will of the reader's own hegemonic culture by being read in strict obedience to established rules of what constitutes meaning and meaninglessness; truth, distortion, and „mere" fantasy; good sense and madness. (193)[27]

Von „good sense" bis „nonsense" ließe sich die Spanne der Einschätzungen benennen, die den literarischen Texten US-amerikanischer Erzählerinnen des 19. Jahrhunderts seit dieser Zeit zuteil geworden sind. Die Auseinandersetzungen um ihre Diskurstreue oder -untreue und deren Folgen halten bis heute an. Warum die Aufregung, ließe sich fragen, oder vielleicht besser: wie ist diese Literatur mit den Machtverhältnissen verknüpft?

If you saw a bullet hit a Bird – and he told you he was'nt [sic] shot – you might weep at his courtesy, but you would certainly doubt his word.

Emily Dickinson, *Letters*, 373

1.3. Funktionen von Weiblichkeit im literaturwissenschaftlichen Diskurs des 20. Jahrhunderts

Funktion gesellschaftlicher Institutionen ist es, gesellschaftliche Hierarchien zu organisieren und zu legitimieren. Literaturwissenschaft als gesellschaftliche Institution tut dies für ihren Bereich mit ihren Aussagen über ihren Gegenstand, die Literatur. Sie bestimmt diesen Gegenstand in einem fortwährenden Diskussionsprozeß, der historischem Wandel unterliegt. Diejenigen, die Literaturwissenschaft betreiben, legen fest, welche Texte Literatur sind, welche untersuchenswert sind (und welche nicht), welche Fragen an Texte zu stellen, welche Informationen relevant, welche Bewertungen zu treffen sind, ohne daß dabei Einhelligkeit in den Aussagen vonnöten wäre. Damit schreiben sie den literaturwissenschaftlichen Diskurs fort, in dem sie selbst diszipliniert worden sind und der sie weiterhin diszipliniert, denn der Spielraum, der den Subjekten innerhalb der wissenschaftlichen Diskurse in der Institution Universität zur Verfügung steht, ist weder beliebig noch beliebig groß. Wissenschaftliche Fragestellungen und Erklärungsmuster sind verzahnt mit spezifischen historischen und kulturellen Gegebenheiten und Traditionen. So ist, wie Renate Hof zurecht bemerkt, „die feministische Literaturkritik nicht denkbar ... ohne den Wiederbeginn der Frauenbewegung in den 60er Jahren" („La fête est finie?" 278). Anderseits macht die patriarchale Kultur die traditionelle Misogynie literaturwissenschaftlicher Abhandlungen wahrscheinlich, wenn auch nicht notwendig, denn sonst wäre feministische Kritik ebenfalls nicht denkbar. Im folgenden will ich zeigen, welche Funktionen die Kategorie Weiblichkeit im Diskurs der Amerikanistik hatte. Ich beschreibe den literaturwissenschaftlichen Diskurs des 20. Jahrhunderts über die Autorinnen des 19. Jahrhunderts als einen Alteritätsdiskurs innerhalb der Amerikanistik, dessen Funktion zunächst die Hierarchisierung der amerikanischen Literatur des 19. Jahrhunderts über die Kategorie Geschlecht war. Versuche, insbesondere auch feministische, diesen Diskurs umzuschreiben und den Autorinnen weder sie aneignend noch sie überhöhend zu begegnen, sind oft sichtlich noch anfällig für den Alteritätsdiskurs und seine Stereotypen. Um den Eindruck zu vermeiden, daß dieser Alteritätsdiskurs eine kontinuierliche Fortentwicklung der Debatte des 19. Jahrhunderts über die Literatur von Frauen war, stelle ich ihn hier dar, *bevor* ich den Diskurs der Geschlechterdifferenz in der Literatur beschreibe, wie er sich im 19. Jahrhundert entwickelte. Denn obwohl Stereotypen des literaturwissenschaftlichen Diskurses wie weibliches Lesepublikum, populärer Erfolg der Autorinnen, Dominanz von Frauen auf dem Literaturmarkt, sich auf gleichlautende Aussagen aus dem 19. Jahrhundert berufen können, ist die Funktion solcher Kommentare im 19. Jahrhundert und im 20. Jahrhundert nicht einfach identisch. Die Erkenntnisinteressen des 20. Jahrhunderts sind nicht die des 19. Jahrhunderts. Darauf weist der Umstand, daß der literaturwissenschaftliche Diskurs gewöhnlich solche Aussagen des 19. Jahrhunderts ignoriert, die seinen Stereotypen widersprechen und auf die Überprüfung derjenigen verzichtet, die seine Erklärungsmuster stützen.

Wie andere Wissenschaften auch ist die amerikanistische Literaturwissenschaft diskursiv geregelt. D.h. es gibt bestimmte, etablierte Einschlüsse und Ausschlüsse im wissenschaftlichen Reden und Schreiben zu diesem Gebiet. Die frühe Sekundärliteratur zu den Autorinnen des 19. Jahrhunderts ist die textliche Manifestation eines Diskurses, an dem sich spezifische Redegewohnheitsnotwendigkeiten erkennen lassen. Es handelt sich um einen Alteritätsdiskurs innerhalb der Amerikanistik, mit dem das literarisch Wertvolle vom literarisch Minderwertigen geschieden wurde. Zur Abgrenzung diente die Kategorie Geschlecht; die gesellschaftliche Geschlechterhierarchie wurde als literarisches Wertgefälle wiedergeboren. Der klassisch zu nennende Alteritätsdiskurs unserer Gesellschaft ist die Rede von der Frau als der Anderen, wobei ihr im patriarchalen Diskurs der inferiore Rang zufällt. Der Alteritätsdiskurs der Amerikanistik positionierte die Erzählliteratur der Frauen als das Andere, als Negativfolie zur Etablierung einer klassischen amerikanischen Erzähltradition, deren Schöpfer sämtlich Männer sind. Es lassen sich eine Reihe von Stereotypen identifizieren, die die Herabsetzung von Autorinnen und ihren Texten leisten. An Beispielen aus der neueren Sekundärliteratur läßt sich sehen, daß diese diskursive Regulierung z.T. noch immer wirksam ist. Anderseits finden sich Ansätze, die die innerdisziplinäre Ordnung der Wahrheit, der der Alteritätsdiskurs zur Geltung verhalf, in Frage stellen.

Die relativ junge Wissenschaft Amerikanistik – und im folgenden ist damit nicht die kulturhistorische, sondern die literarhistorische Ausrichtung des Faches gemeint – konnte sich erst in den 1920er Jahren dieses Jahrhunderts als eigenständiges Fach an den Universitäten etablieren (vgl. Lauter, „Race and Gender" 440-441). In den 1930er Jahren erschienen einige biograpische oder biographisch-kritische Monographien zu einzelnen Autorinnen des 19. Jahrhunderts, z.B. zu Alcott, Jewett, Kirkland, Sedgwick, Sigourney, Southworth,

Spofford, Stowe, Ward, Woolson. Sehr auffällig ist, daß zwischen 1940 und 1950 das in Einzelstudien dokumentierte Interesse an Lyrikerinnen und Romanschriftstellerinnen fast völlig zum Erliegen kommt. Man ist versucht, von einem Paradigmenwechsel innerhalb des Fachs zu sprechen. In dieser Zeit beginnt der Aufstieg des Alteritätsdiskurses mit *The Feminine Fifties* (1940) von Fred Lewis Pattee. Pattee war einer der Gründerväter der Amerikanistik.[1] Im selben Jahr erschien Herbert Ross Browns klassische Studie *The Sentimental Novel in America*, die neben sentimentalen Autoren auch zahlreiche Autorinnen behandelt. Sie tauchen ebenfalls in zwei weiteren Klassikern auf, Frank Luther Motts Bestsellerstudie *Golden Multitudes* (1947) und James D. Harts *The Popular Book* (1950). Zu diesen vier Monographien gesellte sich noch Helen Waite Papashvilys *All the Happy Endings* (1956), eine Untersuchung der *domestic novel*, die sich auf Texte von Frauen konzentriert.[2] Damit war die diskursive Ordnung dieses Bereichs etabliert. Sie hielt sich bis in die späten 70er Jahre. Mit Ann Douglas' *The Feminization of American Culture* (1977) und Nina Bayms *Woman's Fiction* (1978) begann dann eine in der Folgezeit zunehmend von feministischer Literaturwissenschaft getragene neue Welle der Beschäftigung mit Autorinnen des 19. Jahrhunderts, die außer Artikeln und Monographien auch Enzyklopädien wie *American Women Writers* (1979) hervorbrachte. Reprint-Serien wie die von Rutgers University Press (*American Women Writers*) und eine Reihe von Anthologien zu Erzählliteratur und Lyrik machen die schwer zugänglichen Texte allmählich wieder verfügbar. 1984 wurde eine ausschließlich Autorinnen des 19. Jahrhunderts gewidmete Zeitschrift mit dem Titel *Legacy* gegründet.[3] Ein Blick in die laufende Bibliographie von *Legacy* macht sichtbar, wie expansiv dieses Forschungsgebiet mittlerweile ist.[4]

Das Forschungsgebiet *American Women Writers* grenzt sich heute über die Kategorie Geschlecht von anderen Teilgebieten ab. Es geht um Literatur von Frauen. Die oben erwähnten Monographien der 1940er Jahre thematisierten Autorinnen noch zusammen mit Autoren. Auffällig ist dabei ihre spezifische Verknüpfung des Literaturdiskurses mit dem Weiblichkeitsdiskurs. Sie etablierten eine Tradition der pejorativen Hervorhebung von Weiblichkeit, die sich bis heute erhalten hat. Denn wie unterschiedlich die einzelnen Einschätzungen der Schriftstellerinnen des 19. Jahrhunderts sein mögen, es gibt einen *touchstone*, an dem literaturwissenschaftliche Beiträge von Männern wie von Frauen nicht vorbeigehen. Schon Pattee (110), Brown (104, 179), Mott (122) und Hart (93) zitierten einmütig und z.T. mehrfach einen Brief Nathaniel Hawthornes an seinen Verleger William Ticknor vom Januar 1855:

> Besides, America is now wholly given over to a d—d mob of scribbling women, and I should have no chance of success while the public taste is

> occupied with their trash – and should be ashamed of myself if I did succeed. What is the mystery of these innumerable editions of the Lamplighter, and other books neither better nor worse? – worse they could not be, and better they need not be, when they sell by the 100.000. (*Letters, 1853-1856* 304)

In seinem nächsten, viel seltener zitierten Brief nimmt Hawthorne diese Bemerkung wieder zurück und lobt ausdrücklich Fanny Ferns *Ruth Hall* (1854); ein misogyner Grundton bleibt weiterhin unüberhörbar:

> In my last, I recollect, I bestowed some vituperation on female authors. I have since been reading „Ruth Hall"; and I must say I enjoyed it a good deal. The woman writes as if the devil was in her; and that is the only condition under which a woman ever writes anything worth reading. Generally, women write like emasculated men, and are only to be distinguished from male authors by greater feebleness and folly; but when they throw off the restraints of decency, and come before the public stark naked, as it were – then their books are sure to possess character and value. Can you tell me anything about this Fanny Fern? If you would meet her, I wish you would let her know how much I admire her. (*Letters, 1853-1856* 307-308)

Seit den Monographien der 1940er Jahre verzichtet kaum ein Aufsatz, kaum eine Monographie darauf, zustimmend oder ablehnend den Ausdruck „scribbling women" zu wiederholen. Die vorliegende Arbeit bildet mit dem Verweis auf dieses Phänomen keine Ausnahme.[5] Auf diese Weise ist der pejorative Terminus zum Sammelbegriff für Schriftstellerinnen des 19. Jahrhunderts geworden.

Hier zeigt sich die Macht des Diskurses. In der stereotypen Rede von den kritzelnden Weibern werden diese zur unstrukturierten Masse. Ihr Geschlecht rückt in den Mittelpunkt und wird zum gemeinsamen Merkmal ihrer Literatur, womit diese ihrerseits homogenisiert ist (und zudem kontinuierlich pejorativ besetzt bleibt). Die gleichmachende Kraft einer Bezeichnung und ihre für die Betroffenen höchst negativen Folgen zeigt beispielhaft die Beugung der vielen und sehr verschiedenen Kulturen des amerikanischen Doppelkontinents unter die Bezeichnung „Indianer". Solche Sammelbegriffe etablieren die Differenz des Anderen, ohne ihm innere Differenziertheit, Komplexität, zuzugestehen. „The exclusionist nature of discourse as sense-making manifests itself in the reduction of the complex reality of the Other by the denial of historical development and change. The Other is seen as far more static than the Self and the stories concerning the former are much simpler" (Breinig, „Alterity Discourse" 331). Was die erwähnten literarhistorischen Texte der ersten Phase über die Autorinnen des 19. Jahrhunderts und ihre Werke zu sagen haben, bestätigt diesen Befund: Sie porträtieren diese Literatur als in hohem Maße homogen, statisch und von geringer Komplexität. Auffällig sind eine Reihe von Stereotypen, die in der Darstellung dieser Literatur und ihrer Verfasserinnen schon in den 1940er Jahren Verwendung fanden und z.T. bis heute nachwirken.

Pattee schrieb die Geschichte einer Dekade, die er einprägsam alliterierend „feminine fifties" nannte. Zum Kennzeichen dieses Zeitraums erhob er die angeblich plötzlich auftauchenden Prosaschriftstellerinnen, die die vorher so populären Lyrikerinnen ablösten: „Americans of the 1840's bought feminine poetry; the women wrote it in surprising quantities. Then suddenly in 1850 came a change: feminine fiction began to appear in a flood ... and women and even men were buying it in unheard of quantities" (51). Pattee belegte diese Behauptung nicht weiter; sie läßt sich im übrigen auch nicht halten.[6] Darauf kommt es hier jedoch nicht an, vielmehr ist wichtig, daß Pattee den Romanen aus weiblicher Feder *pauschal* großen Erfolg zuschrieb. Hawthorne hatte ja schon den Erfolg der Autorinnen beklagt, die dem Publikum den Geschmack für seine Bücher verdarben. Pattee generalisierte das und führte damit implizit eine Differenzierung anhand von Geschlecht ein: Die vielen Romane der vielen Frauen sind *alle* erfolgreich. Hart schrieb sinngemäß dasselbe (97). Brown generalisierte das Hawthorne-Zitat in anderer Weise, indem er es auf einen wesentlich längeren Zeitraum ausdehnte. Er nutzte es als Motto für den Hauptteil seines Buches, den er mit „The Sentimental Years, 1820-1860" überschrieb. Mott dehnte die Phase ins spätere 19. Jahrhundert aus. In seinem Kapitel „American Fiction of the Fifties", dem das Hawthorne-Zitat als Motto dient, zog er Verbindungen zu späteren Autorinnen wie Louisa May Alcott und gab Ausblicke auf die nachfolgenden, themenverwandten Werke jener erfolgreichen Autorinnen, deren Karriere in den 1850ern begann. Hart ging ähnlich vor. Diese Wissenschaftler beriefen sich auf Hawthorne, der schon im 19. Jahrhundert als Erzähler von internationalem Rang galt. So sieht ihn die Amerikanistik noch heute und so stufte sie ihn auch in den 1940er Jahren ein. Damit kommt ihm hohe Autorität zu. Indem seine private, auf einen spezifischen Zeitpunkt und einige Autorinnen bezogene Äußerung pauschal auf alle Schriftstellerinnen angewandt und allmählich auf den größten Teil des 19. Jahrhunderts ausgedehnt wurde, konnte die Erzählliteratur der Autorinnen homogenisiert und inferiorisiert werden.

Die Klassifizierung dieser Literatur als ein Massenprodukt, entwicklungsarm und schemaorientiert, macht sie ganz natürlich zum Gegenteil dessen, was die bedeutenden literarischen Werke der Zeit auszeichnete.[7] Für Pattee ebenso wie für Brown und Hart fehlt der Masse Klasse. Zeichen der mangelnden literarischen Qualität dieser Romane ist für Pattee ihr Tränenreichtum (34), (ähnlich Mott 123), für Brown ihr Eskapismus (360).[8] Papashvily hebt die Entwicklungsarmut heraus: „[B]asically the domestic novels were ever the same" (xvi). Hinzu kam, daß die Schreibmotivation der Autorinnen vielfach Geldnöte waren, was implizit als mangelnder künstlerischer Anspruch gedeutet wird (Papashvily xvi).

Zum Inbegriff dieser Literatur wurde im weiteren Verlauf interessanterweise nicht etwa der von Hawthorne explizit genannte Roman *The Lamplighter* (1854) von Maria Cummins, sondern Susan Warners *The Wide, Wide World* (1850). Warners Roman hat den Vorzug, daß die meisten Stereotypen des Alteritätsdiskurses auf ihn anwendbar sind. Warner schrieb, um die Familie zu ernähren, weil ihr Vater sein Vermögen verloren hatte. Der Roman wurde zum ersten US-amerikanischen Bestseller[9] und hat eine reizvolle Publikationsgeschichte: Das Manuskript war mehrfach abgelehnt worden, der Verlag Harper hatte es zurückgewiesen „with the word ‚Fudge!' written upon it" (Pattee 56).[10] Der Text ist stark bibelorientiert, sentimental im umgangssprachlichen Sinne und politisch konservativ. Hieraus leitete die Sekundärliteratur implizit die Formel für die Werke populärer Schriftstellerinnen überhaupt ab, da sie davon ausging, daß diese Romane sich im Grunde nicht unterschieden.[11] Daß Warners Text am Anfang der Dekade steht – zeitgleich bzw. vor den klassisch gewordenen Werken der (nicht sonderlich glücklich benannten) *American Renaissance* – erlaubt, ihn als Negativfolie für die Meisterwerke zu denken. Die enorme Bedeutung der *feminine fifties* mit ihrer *feminine fiction* für die frühe amerikanistische Literaturwissenschaft erklärt sich nämlich vor allem daraus, daß in dieser Dekade auch die Werke erschienen, die F. O. Matthiessen in seinem einflußreichen Werk *The American Renaissance* (1941) kanonisierte:

> The half-decade of 1850-55 saw the appearance of *Representative Men* (1850), *The Scarlet Letter* (1850), *The House of the Seven Gables* (1851), *Moby Dick* (1851), *Pierre* (1852), *Walden* (1854), and *Leaves of Grass* (1855). You might search all the rest of American literature without being able to collect a group of books equal to these in imaginative vitality. (vii)

Diese Meisterwerke unterscheiden sich von den Massenprodukten der Frauen, das machen deren Beschreibungen deutlich, sowohl thematisch, stilistisch und inhaltlich als auch darin, daß sie individuelle Leistungen sind und ihnen kein populärer Erfolg beschieden war. Eine Bezeichnung wie *feminine fiction* nennt die Kategorie Geschlecht mit und integriert sie in die Texte der Frauen, wohingegen die Texte von Emerson, Hawthorne, Melville, Thoreau und Whitman nicht mit *male* geschlechtsspezifiziert zu werden brauchen.[12] Das traditionell natürlich-hierarchische Geschlechterverhältnis des 19. Jahrhunderts wie der 1940er Jahre naturiert ein literarisches Wertgefälle.[13]

Was die Diskussion um die negativen Qualitäten der Texte der Frauen leistete, war die Festigung einer klassischen amerikanischen Literaturtradition, wie Lora Romero zu Recht schreibt:

> Acts of definition are necessarily acts of differentiation. The highly contingent process of defining a classic tradition in part involved distinguishing it from what is *not* the classic tradition. By aligning the distinction they produced between canonical and noncanonical with gender difference, scholars could give that distinction the look of a difference found in nature (as it were) rather than in the opinions of mere human beings. (111; Hervorh. im Orig.)

Die Männlichkeit der klassischen Tradition wurde mit der Etablierung der Literatur der Frauen als dem Anderen gesichert. Dazu bedurfte es lediglich der Ausweitung und Übertragung des Weiblichkeitsdiskurses von der Frau als dem Anderen auf die Literatur. Selbst wenn nicht alle Männer den Rang von Klassikern erlangten, waren doch alle Klassiker Männer.[14] Noch einmal Romero:

> In defining the classic tradition they [scholars] excluded not just women but also male novelists whom they perceived as capitulating to the conventional, and they exalted those male novelists who most visibly thematized their own defiance of cultural expectations.
>
> ...
>
> Traditional concepts of the American Renaissance do not ignore women novelists so much as use them as the demonic double of the classic novelists of the period. (111-112)

Im Gefolge von Pattee, Brown, Mott und Hart waren Popularität, Sentimentalität und Trivialität als Charakteristika der Literatur der Autorinnen des 19. Jahrhunderts diskursiv etabliert. Damit war ein Heterostereotyp gebildet, das die Beschreibung der literarisch wertvollen Texte in Abgrenzung von den Produkten aus der Feder von Frauen erlaubte. Die Verkettung von Weiblichkeit mit inferiorer Literatur wurde diskursiv dominant und sorgte dafür, daß der Kanon der Erzählliteratur Männern vorbehalten blieb. Das Prinzip der Inferiorisierung von Weiblichkeit bleibt auch dann funktionsfähig, wenn im Falle eines Meisterwerkes einer Frau das Geschlecht der Verfasserin als weitgehend bedeutungslos eingestuft wird. Die stillschweigend herrschende Männlichkeit des Kanons steht ebenfalls nicht in Frage, sondern wird sogar gefestigt, wenn die Werke einiger weniger Frauen Aufnahme in den Kanon finden, die dann als Ausnahmen die Regel der Verknüpfung von Weiblichkeit und minderer literarischer Potenz bestätigen. Solche Ausnahmefrauen finden sich auch in Literatur-Anthologien der 1940er Jahre. Auffällig ist, daß keineswegs immer dieselben

Personen genannt werden.[15] Dies deutet auf die diskursive Funktionalität dieser Sonderposition. Der Frauenanteil in Anthologien, Literaturkursen und bei der Verleihung von Buchpreisen blieb bis zur Kanondebatte der letzten Jahre gewöhnlich deutlich unter 15 % (Vgl. Olsen, bes. 186-193). Das ist die Schwelle, bis zu der die Soziologie von Alibipersonen spricht. Was Dagmar Schultz über den Status von Hochschullehrerinnen schreibt, ist auf den Status der Literatinnen des 19. Jahrhunderts im literaturwissenschaftlichen Diskurs übertragbar:

> In der soziologischen Literatur wird von Alibipersonen gesprochen, wenn die minoritäre Gruppe nicht mehr als 15 % der Gesamtgruppe einnimmt. ... Dieser Alibistatus beinhaltet, daß die Betroffenen zwar Zugang zu bestimmten von Männern dominierten Berufen haben und in der geringen Anzahl vielleicht sogar erwünscht sind, man sie jedoch als Vertreter ihrer Gruppe oder als Symbole behandelt und ihnen bestimmte Merkmale zuschreibt, nach denen man sie einstuft und beurteilt, unabhängig von ihren individuellen Qualitäten und Bedürfnissen. Gleichzeitig wird von Alibipersonen erwartet, daß sie sich an der dominanten Kultur orientierten. (6)

Der soziologische Befund findet im Alteritätsdiskurs Ausdruck, wenn die Literatur von Frauen pauschalisierend zur Abgrenzung vereinnahmt wird.[16] Manche neueren Darstellungen der amerikanischen Literatur der ersten Hälfte des 19. Jahrhunderts sind noch immer von diesem Diskurs geformt. In seinem Beitrag zur *Columbia History of the American Novel* (1991) setzt Michael Gilmore zusammenfassend und unspezifiziert Autorinnen gegen männliche Individualitäten – drei einzeln genannte, kanonische Autoren:

> Against this [women's] notion of literature as socially constructive, Poe, Hawthorne, and Melville turned the novel into a proto-modernist art form, self-contained and increasingly self-referential. Undoubtedly pushed in this direction by lack of sales, the men were already moving toward aesthetic disentanglement ...
>
> ...
>
> The canonical ethic took the form it did as a deliberate act of self-definition against the contrary example of the women. („The Book Marketplace" 67)

So zutreffend es ist, daß einzelne Autoren ihre Ästhetik und Poetik gegen bestimmte Erzählkonventionen ihrer Zeit absetzten, so pauschalisierend ist es zu sagen, sie hätten sich gegen das Beispiel *der Frauen* definiert. Denn damit drängt sich der Eindruck auf, alle Frauen hätten gleich (und gleich schlecht) geschrieben. Die positive Identität der klassischen Autoren wird in Abgrenzung von der undifferenzierten Masse „women" mit Hilfe der Kategorie Geschlecht hergestellt.

Der Alteritätsdiskurs beschreibt das Andere jedoch nicht nur allgemein als weniger differenziert und komplex, sondern weist ihm in konkreten Oppositionspaaren (Kultur-Natur) einen inferioren Platz zu, wie ich in Kapitel 1.2. mit Bezug auf Todorov ausgeführt habe. In der Auffassung vom Anderen als Natur gründet seine geringere Wandlungsfähigkeit und Dynamik. Die Spanier dachten die Indianer als Natur; der traditionelle, patriarchale Weiblichkeitsdiskurs tut eben dies mit den Frauen. Diese Tendenz läßt sich bis in die jüngste Zeit auch an der Sekundärliteratur zu den Autorinnen des 19. Jahrhunderts beobachten. Zwei Verfahren sind gängig: Die Verwendung von Naturmetaphern zur Beschreibung von Texten und die Personifizierung textbeschreibender Adjektive für die Verfasserinnen. Ersteres findet sich beispielsweise bei Pattee, der die Texte als Naturphänomen, als Flut, die den Markt überschwemmt, schilderte: „[F]eminine fiction began to appear in a flood" (51). Brown re-kulturiert die Überschwemmungsmetapher, indem er sie in ein martialisches Bild faßt. Bei ihm werden die Frauen zu Männern, zu feindlichen Soldaten, was sich wohl aus der Entstehungszeit des Textes, 1940, erklärt: „[B]attalions of women novelists advanced, and gained such numbers and influence that by the middle of the century they completely dominated the field" (281). Papashvily, die sich in ihrem Vorwort ausdrücklich in die Nachfolge Browns stellte, baute das Stereotyp der populären Autorinnen aus mit der konsequent synonymen Verwendung der beschreibenden Adjektive für diese Literatur: „domestic" und „sentimental", beide nunmehr eindeutig negativ konnotiert.[17] Diese Adjektive wurden und werden auch zur Bezeichnung der Autorinnen selbst genutzt, z.B. spricht Brown von den Frauen als „domestic novelists" (*Sentimental Novel* 281). Mary Kelley betitelte einen Aufsatz „The Sentimentalists" und prägte in ihrer einflußreichen soziohistorischen Studie *Private Woman, Public Stage* (1984) für die 12 von ihr untersuchten Romanschriftstellerinnen den Terminus „literary domestics".[18] Mit der Übertragung der Klassifikation der Texte auf ihre Verfasserinnen ist die Distanz zwischen Autorin und Werk aufgehoben. Die Frauen schreiben, was sie sind, und sind, was sie schreiben. Ihre Literatur ist (ihre) Natur.[19]

Es ist eine Machtwirkung des Diskurses, daß seine Redegewohnheitsnotwendigkeiten gewöhnlich nicht hinterfragt werden. Damit sind implizit auch Denkschranken geschaffen. Eine wichtige Rolle im Alteritätsdiskurs spielt die Annahme, daß das Lesepublikum des 19. Jahrhunderts aus Frauen bestand. Diese Leserinnen und der den Autorinnen stereotyp zugeschriebene Erfolg werden in der Sekundärliteratur fest miteinander verknüpft, quasi logisch verbunden. Wiederum dient die Kategorie Geschlecht zur Abgrenzung. Schon früh etablierte sich die Begründung, daß es Frauen waren, die die Texte von Frauen lasen und unermüdlich verlangten. Pattee schwankte noch ein bißchen, wenn er einerseits schrieb, „women and *even men* were buying it [feminine fiction] in unheard of quantities" (51; Hervorh. SO), anderseits doch vor allem Leserinnen sah: „The men of the generation were immersed in business, in professional work, in the driving affairs of a headlong age. And the women remained at home and read ... Large numbers of middle-aged, middle-class women were taking to fiction as a narcotic, as a means for escape" (52-53). Brown sprach im Zusammenhang mit den gegen Ende des 18. Jahrhundert schnell populär gewordenen Leihbüchereien von „the female taste for novel reading" (21-22). Hart folgerte die weibliche Leserschaft aus dem Ort, an dem Romane gelesen wurden: „[W]omen were the rulers of the home and home was were the novel was read" (90). Er zitierte zustimmend den Kommentar eines namenlosen „Southern critic" der 1850er Jahre:

> „The almost universal ability to read and the consequent love of reading have developed in this nation especially an immense class of ordinary readers of average intelligence. The great middle class," said this critic, presumably referring to its readers only, „is composed four-fifths of women in as much as the hard-worked men of the day have little leisure and less taste for anything beyond the counting room." (86)[20]

Papashvily erwähnt zwar, daß das Lesepublikum des 19. Jahrhunderts im Vergleich zu dem des 18. wesentlich vielschichtiger geworden sei, schrieb der von ihr behandelten „domestic novel" jedoch ein rein weibliches Publikum zu. Dies verdankte sich einerseits der Ausweitung der Mädchenbildung und anderseits den technischen Neuerungen zur Erleichterung der Hausarbeit wie Küchenherd und Nähmaschine, die den Frauen die nötige Muße zum Lesen verschafften (38).[21] Solche Begründungen haben einen vertrauten Klang. Sie rekurrieren auf ein gesellschaftliches Konzept von Arbeit, das Tätigkeiten im privaten und öffentlichen Bereich nicht gleich bewertet; Hausarbeit ist weniger Arbeit als Arbeit außer Haus, und Lesen ist kein Teil von Erwerbsarbeit.

Durch die Behauptung, daß überwiegend Frauen Romane gelesen hätten, erübrigt sich die Frage, was Männern an diesem Genre gefiel. Doch obwohl immer wieder von der Weiblichkeit des Lesepublikums ausgegangen wird, tauchen gelegentlich männliche Leser in größerer Zahl auf. Wenn Hart von populären männlichen Autoren der Zeit zwischen 1840 und 1860 schreibt, nimmt er plötzlich männliche Romanleser an. Die Thriller von Joseph Holt Ingraham, „a precusor of dime novelists turned author of religious romances ... were mainly sold on trains and steamboats to be read by traveling men" (98-99). Dasselbe Publikum habe die Sensationsromane von George Lippard und Sylvanus Cobb goutiert. Harts Text impliziert an dieser Stelle, daß das Geschlecht von Lesern und Autoren üblicherweise identisch war, daß also Frauen Geschichten von und über Frauen bevorzugten und Männer solche von Männern und über Männer („Melville was too exotic for most ladies", Hart 98). Diese Annahme zieht sich auch durch spätere Sekundärliteratur. Doch gerade Cobb, der weit über 100 Romane verfaßte, schrieb vorwiegend für eine ausgesprochene Familienzeitschrift, den *New York Ledger*. Zum Beleg dafür, daß ein gebildetes Publikum Cobb ablehnte, zitiert Hart Oliver Wendell Holmes, der von der Tochter (!) seiner Vermieterin sagt, sie lese Cobb (100). Hier zeigt der literaturwissenschaftliche Diskurs ungelöste Spannungen. In allgemeiner Rede über das Romanpublikum des 19. Jahrhunderts gilt es als ganz überwiegend weiblich, womit der Erfolg von Schriftstellerinnen erklärt wird. In differenzierender Rede über das Lesepublikum kommen Männer als Leser von Literatur von Männern vor.

Keine der genannten Untersuchungen bietet empirisches Material über die geschlechtliche Zusammensetzung des Lesepublikums im 19. Jahrhundert. Tatsächlich läßt sich darüber wenig Gesichertes sagen (Romero 114); die Quellen gehen jedenfalls keineswegs einhellig von Romanleserinnen aus.[22] Die Rezensenten des 19. Jahrhunderts sahen das Romanpublikum in allen gesellschaftlichen Schichten und nicht nach Geschlechtern getrennt (Baym, *Novels* 49-50). Allerdings heben sie immer wieder hervor, daß junge Mädchen durch die Romanlektüre besonders gefährdet seien.[23] Aus dieser Warnung läßt sich jedoch nicht auf die Gesamtheit des Publikums schließen, wie auch andere Nennungen von Leserinnen offensichtlich funktional im historischen Kontext sind und als Belege für die Weiblichkeit des Romanpublikums nicht ausreichen. Die besonders in der Frühzeit des amerikanischen Romans häufige Nennung eines intendierten Publikums im Untertitel (etwa „for the young ladies") oder im Vorwort ist eine Rechtfertigungskonvention, die im Zusammenhang mit dem problematischen Status fiktionaler Literatur in den USA gesehen werden muß.[24] Aussagen von Autoren über das Publikum ihrer Romane sind ebenfalls nicht beweiskräftig. 1821 geht James Fenimore Cooper im Vorwort zu seinem Roman *The Spy* zwar von einer Leserschaft von Frauen aus, denen es zu gefallen gelte, doch im 1823 publizierten Roman *The Pilot* sind ihm die Leserinnen offenbar gleichgültig: „*The Pilot* would scarcely be a favorite with females" (vgl. Wallace 87). Immerhin fand Cooper so viel Anklang, daß er bis 1850 der einzige amerikanische Romancier war, der von der Schriftstellerei leben konnte. Selbst wenn sich bestimmte Romane an Leserinnen wenden, wie es Nina Baym für ein ganzes Genre behauptet, das sie *woman's fiction* nennt (*Woman's Fiction* 22), erlaubt dies noch keine zuverlässigen Rückschlüsse auf die tatsächliche Leserschaft. Briefe von männlichen Lesern solcher Texte vermitteln nicht den Eindruck, daß sie solche Lektüre als ihrem Geschlecht unangemessen empfunden hätten.[25]

Daher sollte die in der Sekundärliteratur so oft wiederholte Aussage, in erster Linie hätten Frauen Romane gelesen, und die implizite Annahme, Männer hätten Romane von Frauen nicht gelesen, auf ihre diskursive Funktion befragt werden. Sie liegt darin, daß sie einerseits die Popularität von Schriftstellerinnen wie Susan Warner und E.D.E.N. Southworth erklärt, anderseits den kommerziellen Erfolg von nicht-kanonischen Autoren wie T. S. Arthur und Donald G. Mitchell und dritterseits auch den vergleichsweise geringen Verkaufserfolg der kanonischen Autoren Hawthorne und Melville. Deren anspruchsvolle Texte entsprachen nicht dem Geschmack des weiblichen Publikums. Mit diesem Schluß läßt sich die Frage vermeiden, warum die männlichen Leser den kanonischen Autoren nicht zum Erfolg verhalfen. Doch genausowenig wie sich behaupten läßt, daß Männer im Roman bevorzugt von Männern handeln (man denke an *Moll Flanders*, *Pamela*, *The Scarlet Letter*, *The Portrait of a Lady*), besteht Grund zu der Annahme, daß Männer diese genannten oder auch die Romane von Autorinnen über Frauen nicht gelesen hätten. Die Anregungs-, Unterhaltungs- und Trostfunktion von Literatur, in der anders als im Leben *poetic justice* zum Zuge kommt, beschränkt sich nicht auf ein Geschlecht. Der stereotype Verweis auf die angeblich aus Frauen bestehende Leserschaft des 19. Jahrhunderts hat im literaturwissenschaftlichen Diskurs die Funktion, auf Produktions- wie auf Rezeptionsseite mit Hilfe der Kategorie Geschlecht das literarisch Wertvolle vom Weiblichen abzugrenzen. Als Erklärung für das Phänomen, daß Frauen im amerikanischen Roman des 19. Jahrhunderts ein bevorzugtes Thema werden, greift er zu kurz.

Auch neuere, revisionistische Studien bleiben im Rahmen des Alteritätsdiskurses. Obwohl der Fokus von Alfred Habeggers *Gender, Fantasy, and Realism* (1982) nicht vorwiegend auf den Romanen von Frauen liegt, erfüllen sie eine wesentliche Aufgabe in seiner Argumentation. Während die Sekundärliteratur zwischen 1940 und 1950 Geschlechtsgrenzen zur Etablierung einer klassischen amerikanischen Erzähltradition, der *American Renaissance*, zog, nutzt Habegger die Kategorie Geschlecht für seine revisionistische These, daß nicht die „symbolic romance", sondern der realistische Roman des 19. Jahrhunderts „a principal type of American fiction" sei. Sein Buch „attempts to make a case for seeing realism as the central and preeminent literary type in democratic society" ([vii]). Sein Versuch, die realistische Literatur aufzuwerten, läuft wiederum über die Verkettung von Weiblichkeit mit Inferiorität.[26] Seine Argumentation bedient sich der Stereotypen des Alteritätsdiskurses: des weiblichen Lesepublikums und der populären und eskapistischen Literatur von Schriftstellerinnen.

Habegger beginnt sein erstes Kapitel mit einer Aussage über das Selbstverständnis der Jahrhundertmitte: „By the middle of the last century it was widely understood that the novel had become something that appealed to women more than to men" (3). Diese Charakterisierung scheint ihm unproblematisch zutreffend, denn er hinterfragt sie nicht. Sie wird zum Ausgangspunkt seiner weiteren Argumentation. Die realistische Literatur, als deren brilliantesten Verfasser er William Dean Howells ausmacht („our great nineteenth-century novelist" xi), sei weitgehend als bewußte Korrektur der populären Literatur der Zeit geschrieben. Die populäre Romanliteratur, von der er spricht, ist von Frauen verfaßt („women's fiction"); männliche Erfolgsautoren werden nicht erwähnt. „The fifties was the one decade in American history in which women wrote practically *all* the popular books" (ix; Habeggers Kursive). Es schließt sich die zu erwartende Erwähnung von Hawthorne und seiner Klage über die „scribbling women" an. Vor solchem Hintergrund spielt sich das Drama männlicher Identitätsfindung als Geschlechterkampf ab.

> It was in the 1850s that Howells and James struggled with the torment of their own adolescence and first began to define themselves *as men and as writers*. ... Women's fiction posed a challenge to men, a challenge taken up in a definitive way in realistic fiction of the 1870s and 1880s. James and Howells, who have always been seen as somehow feminine ... were born to, and then established themselves against, the maternal tradition of Anglo-American women's fiction. (ix; Hervorh. SO)

In diesem Zitat werden zwei Männer gegen eine unbestimmte Masse von Texten von Frauen abgegrenzt. Die Schöpfung realistischer Literatur erscheint dadurch eine Leistung männlicher Individuen, während die konventionelle Literatur pauschal an das weibliche Geschlecht geknüpft wird. Damit aber steht realistische Literatur von Frauen im Widerspruch zu ihrem Geschlecht. Konsequent plaziert Habegger einen Text der realistischen Autorin Rebecca Harding Davis im Kontext populärer Literatur (6).[27] In seiner Darstellung wird „women's fiction" wiederum zur Negativfolie, diesmal der realistischen Literatur. Sie ist statisch, homogen, eskapistisch:

> Almost every popular novel from the 1850s exhibits an idealized hero and heroine ... a noticable element of ‚romance', and a final scene allowing the union of a man and woman ... [T]he novel became a daydream-book representing female hopes and fears by means of narrative that looked ‚domestic' in the eyes of contemporary readers but was really symbolic (viii)

Die Romane von Frauen „address a single erotic fantasy" (12), die der glücklichen Heirat der Heldin mit dem richtigen Mann. Dieses Happyend hat einen kathartischen Effekt – es produziert „happy tears" (6) bei den Leserinnen, von denen Habegger ausgeht. Denn das weibliche Lesepublikum erklärt für ihn die Popularität des Genres Roman: „[I]n the 1850s, 60s, and 70s, novels were read mainly by women" (viii), eine Einschätzung, die später eine leichte Einschränkung erfährt: „probably consumed by women" (3).[28] Insbesondere junge Frauen „tended to get caught up in novels in an extreme kind of way" (4). Als Beispiel einer solch süchtigen Leserin dient Habegger die Frau, die im Alteritätsdiskurs schon früher als die populäre Literatin *par excellence* fungierte: Susan Warner, die Verfasserin von *The Wide, Wide World* (4).[29] In Habeggers Darstellung bleibt Warner als Leserin und als Autorin in der romantischen Phantasie gefangen, während Howells und James, die als Jugendliche dieselbe Literatur fesselt, in ihrer späteren Romanproduktion diesen Zirkel durchbrechen. In der Kontrastierung von Howells und James mit Warner werden Entwicklungsfähigkeit und Dynamik zur männlichen Eigenschaft; Differenz wird zur Geschlechterdifferenz. Dies wäre nicht der Fall, hätte Habegger Männer zum Vergleich gewählt. Vom Alteritätsdiskurs wird eine Geschlechtsgrenze gezogen, die bei Habegger mit der Bezeichnung „women's fiction" markiert ist.

Die Macht des Alteritätsdiskurses zeigt sich jedoch vor allem daran, daß er sich auch in Studien auswirkt, deren Ziel die revisionistische Auseinandersetzung mit den Schriftstellerinnen des 19. Jahrhunderts ist. Auch solche Texte orientieren sich an den Stereotypen-Komplexen des Diskurses. Ein Beispiel ist Nina Bayms *Woman's Fiction* (1978). Diese detailreiche und ausführliche Darstellung von 12 Autorinnen und ihrer Werke im Zeitraum von 1820 bis 1870 – 11 weitere Schriftstellerinnen werden kursorisch behandelt – war in mehrfacher Hinsicht bahnbrechend. Was Bayms Studie von früheren unterscheidet, ist ihr Bemühen, die Texte und ihre Verfasserinnen nicht zu trivialisieren, den „tone of jovial contempt" (309) früherer Sekundärliteratur zu vermeiden. Baym behandelt ein Korpus vernachlässigter und weitgehend vergessener Werke und leistet damit einen wichtigen Beitrag zur Rekonstruktion der Literaturgeschichte. Im Gefolge ihrer Untersuchung wurde die ernsthafte Beschäftigung mit diesen Autorinnen institutionell wieder salonfähig. Trotz der unbestreitbaren Verdienste dieser Studie teilt sie jedoch stereotype Grundannahmen des Alteritätsdiskurses. Baym befaßt sich mit

> a large body of once popular but now neglected American fiction, the many novels by American women authors about women, written between 1820 and 1870. This fiction was by far the most popular literature of its time, and on the strength of that popularity, authorship in America was established as a woman's profession, and reading as a woman's avocation. ... The many novels all tell, with variations, a single tale. In essence, it is the story of a young girl who is deprived of the supports she had rightly or wrongly depended on to sustain her throughout life and is faced with the necessity of winning her own way in the world. This young girl is fittingly called a heroine because

> her role is precisely analogous to the unrecognized or undervalued youths of fairy tales who perform dazzling exploits and win a place for themselves in the land of happy endings. (11)

Bayms Beschreibungen wiederholen letztlich die bekannten Stereotypen. Wie gewohnt erklärt die Weiblichkeit des Publikums den Erfolg der Schriftstellerinnen. Inhaltlich sind die Texte durch das gemeinsame „overplot" statisch und homogen. Ihre Verfasserinnen erzählen unisono 50 Jahre lang dieselbe Geschichte. Die Homogenisierung scheint eingeschränkt durch Bayms These, daß diese Romane ein spezifisches Genre darstellen. Doch werden mit der explizit erwähnten Ausnahme der Werke von Harriet Beecher Stowe in diesem Zeitraum alle Romane von Frauen diesem Genre zugerechnet. Von Schriftstellerinnen, die andere Romane geschrieben hätten, ist nicht die Rede. Das Genre „absorbed the full energies of almost all the women novelists in America for fifty years" (13).

Baym prägt für dieses Genre die Bezeichnung „woman's fiction", womit sie es geschlechtlich markiert und die monolithische Tendenz früherer Arbeiten fortsetzt, die mit Bezeichnungen wie „feminine fiction" arbeiteten. Zwar gesteht Baym zu, daß solche Romane auch Männer hätten schreiben können, dennoch begrenzt Baym die Verfasserschaft auf ein Geschlecht: „[M]en did not compose in this genre" (13). Dies allerdings sei kein Zufall:

> Most of them [men] assumed an audience of men as a matter of course, and reacted with distress and dismay as they discovered that to make a living by writing they would have to please female readers. Only three men before the Civil War enjoyed widespread success with women – Timothy Shay Arthur, Nathaniel P. Willis, and George [sic] Mitchell ... But none of these was a novelist. (13)

Das Erklärungsmuster des weiblichen Lesepublikums und seiner einseitigen Bevorzugung von Romanschriftstellerinnen, denen sie damit zu großem Erfolg verhalfen, wird hier sichtlich widersprüchlich. T. S. Arthur war sehr wohl ein Romanschriftsteller, auch wenn seine Werke weitgehend Schemaliteratur sind. Nathaniel Parker Willis schrieb immerhin einen Roman, *Paul Fane* (1857), ebenso Mitchell, dessen Vorname Donald Grant war. Und James Fenimore Coopers Romane waren erfolgreich, ohne „woman's fiction" zu sein. Bayms Argumentation enthält nicht nur die Voraussetzung, daß Männer keine Frauenfiktionen verfaßten, sondern auch, daß sie sie nicht lasen. Dies erlaubt ihr die Privilegierung von Weiblichkeit für ihre Genredefinition. Diese verbindet Autorinnen, Erzähltexte und Leserinnen über die Kategorie Geschlecht: „Works of the genre that I am calling woman's fiction meet three conditions. They are written by women, are addressed to women, and tell one particular story about women" (22). Schärfer kann die Grenzziehung nach Geschlecht kaum sein. Gerade die Beschreibung des „overplot" zeigt jedoch deutlich, daß die Geschlechtsabgrenzung einigermaßen willkürlich ist. Die Romane „chronicle the ‚trials and triumph' (as the subtitle of one example reads) of a heroine who, beset with hardships, finds within herself the qualities of intelligence, will, resourcefulness, and courage sufficient to overcome them" (22). Sofern nicht der Umstand, daß diese Geschichte über eine Frau erzählt wird, zum Angelpunkt der Abgrenzung gemacht wird, paßt eine solche Beschreibung auch auf zahlreiche Romane von Männern über Männer (und über Frauen). Im Grunde ist es die Geschichte des gelungenen amerikanischen Traums, ja sogar eine universelle Standardgeschichte, denkt man an „folktales" und Märchen.

Während bei Baym die Texte über das „overplot" homogenisiert sind, werden es die Verfasserinnen über zwei Stereotypen-Argumente, die implizit verknüpft sind. Zum einen ist die Schreibmotivation der Autorinnen identisch: „Most of the American authors were middle-class women who needed money" (30). Diese Aussage ist zutreffend, aber nicht unterscheidungsrelevant, denn sie gilt ebenso für die meisten männlichen Autoren. Richtig ist auch, daß Frauen der bürgerlichen Mittelschicht wenige Erwerbsmöglichkeiten offenstanden, doch belegen zahllose Zeugnisse von Männern und Frauen durch den Großteil des 19. Jahrhunderts, wie schwierig es insgesamt war, sich den Lebensunterhalt zu erschreiben.[30] Insofern kann der Geldbedarf allein das literarische Engagement von Frauen nicht ausreichend erklären. Dennoch scheint sich aus der Finanznot ein weiteres Verbindungsglied zwischen den Schriftstellerinnen zu ergeben: Sie haben keinen künstlerischen Anspruch. „The literary women conceptualized authorship as a profession rather than a calling, as work and not art. Women authors tended not to think of themselves as artists or justify themselves in the language of art until the 1870s and after" (32). Dieser in seiner Pauschalität zumindest fragwürdige Befund garantiert die künstlerische Inferiorität der Werke von Autorinnen qua Geschlecht. Indem der Verzicht auf künstlerischen Anspruch als Entscheidung der Schriftstellerinnen selbst dargestellt wird, sind sie gewissermaßen selbst verantwortlich für das literaturwissenschaftliche Urteil über ihre Texte. Statt zu fragen, warum manche Frauen das Etikett Kunst für ihre Arbeiten ablehnen, wobei dann noch zu klären wäre, ob diese Selbstaussage von den Kritikern bestätigt wird, konstatiert Baym mit Bedauern:

> In fact many of them were gifted and committed writers, with narrative and descriptive talents that many a male applicant for literary immortality might have envied. ... Yet one cannot help feeling that by dismissing work of traditional literary greatness as outside their scope these women also foreclosed certain possibilities for themselves and others. (33)

Diese Einschätzung verstärkt noch einmal das Stereotyp der Zweitklassigkeit von Autorinnen. Bayms Versuch, den literaturwissenschaftlichen Diskurs zu revidieren, bekräftigt letztlich die Herrschaft des Alteritätsdiskurses. In ihrem Einleitungskapitel findet sich die Feststellung: „Women's experience … seems to be outside the interests and sympathies of the male critics whose judgments have largely determined the canon of classic American literature" (14). Wenige Zeilen später gesteht sie ein, daß das Ergebnis ihrer Untersuchung die Bestätigung der traditionellen literaturwissenschaftlichen Ordnung der Wahrheit ist: „I confess frankly that although I found much to interest me in these books, I have not unearthed a forgotten Jane Austen or George Eliot, or hit upon even one novel that I would propose to set alongside *The Scarlet Letter*" (14).[31] Für Baym steht die Qualität dieses Hawthorne-Textes sichtlich außer Frage; die Kriterien, die diesen Roman zum Meisterwerk machen, werden nicht definiert. Im übrigen sagt ein statistisches Ergebnis nichts über die theoretische Möglichkeit der Ausnahme; in jedem Genre können exzellente Werke geschrieben werden, es sei denn, ein Genre gilt von vorneherein als minderwertig oder schlecht. Bayms in vieler Hinsicht verdienstvolle Studie bleibt letztlich selbst im Alteritätsdiskurs gefangen.[32]

Ein weiterer Versuch der Diskursrevision ist Jane Tompkins' *Sensational Designs* (1985). Tompkins versucht „a new kind of historical criticism" (xiii), indem sie Romane in die religiösen, sozialen, ökonomischen und politischen Kontexte ihrer Entstehungszeit stellt. Ihre Absicht ist es, Literatur und das Studium derselben neu zu definieren, sich nicht mehr auf das Studium einiger weniger kanonischer Texte zu beschränken. Dieser Ansatz

> sees literary texts not as works of art embodying enduring themes in complex forms, but as attempts to redefine the social order. In this view, novels and stories should be studied not because they manage to escape the limitations of their particular time and place, but because they offer powerful examples of the way a culture thinks about itself, articulating and proposing solutions for the problems that shape a particular historical moment. ([xi])

Tompkins analysiert exemplarisch Werke von zwei Schriftstellern und zwei Schriftstellerinnen: Charles Brockden Browns *Wieland* (1798) und *Arthur Mervyn* (1799), James Fenimore Coopers *The Last of the Mohicans* (1826), Harriet Beecher Stowes *Uncle Tom's Cabin* (1852), und Susan Warners *The Wide, Wide World* (1850). „[W]hat all of these texts share, from the perspective of modern criticism, is a certain set of defects that excludes them from the ranks of the great masterpieces" (xii). Tompkins arbeitet dann in längeren Interpretationen das „eigentliche Thema" jedes dieser Romane heraus und weist überzeugend nach, daß die Texte, so gelesen, effektiv und raffiniert gestaltet sind. In ihren

Interpretationen wird zur Stärke, was die Kritik üblicherweise bemängelt, „stereotyped characters and sensational, formulaic plots" (xvii).

Mit ihren Kontextanalysen gelingt Tompkins ansatzweise der Ausbruch aus dem Alteritätsdiskurs, jedoch nicht völlig, weil ihre Vergleiche noch durch den Diskurs bestimmt sind. So weist Tompkins zwar kritisch darauf hin, daß die ästhetischen Urteile, die dem traditionellen Kanon der amerikanischen Literatur zugrundeliegen, die Schriftstellerinnen des 19. Jahrhunderts von vornherein ausschließen: „[T]wentieth-century critics have taught generations of students to equate popularity with debasement, emotionality with ineffectiveness, religiosity with fakery, domesticity with triviality, and all of these, implicitly, with womanly inferiority" (124). Tompkins erkennt die Abgrenzungsfunktion der stereotypen Rede vom weiblichen Lesepublikum, von den erfolgsgewohnten Autorinnen und den mißverstandenen Klassikern, von der Konformität und Trivialität der Frauen und ihrer Texte. Sie plädiert für die Umwertung dieser Bewertungen:

> The thesis I will argue ... holds that the popular domestic novel of the nineteenth century represents a monumental effort to reorganize culture from the woman's point of view; that this body of work is remarkable for its intellectual complexity, ambition, and resourcefulness; and that, in certain cases, it offers a critique of American society far more devastating than any delivered by better-known critics such as Hawthorne and Melville. Finally, it suggests that the enormous popularity of these novels, which has been cause for suspicion bordering on disgust, is a reason for paying close attention to them. (124)

Tompkins belegt ihre These gut, doch bleibt der Alteritätsdiskurs auch bei ihr bestimmend, weil sie seine geschlechtlichen Abgrenzungen übernimmt. So erhebt sie die Weiblichkeit von Verfasserschaft, Thema und Publikum zum Wesensmerkmal des sentimentalen Romans („the sentimental novel, whose chief characteristic is that it is written by, for, and about women" 124-125). Der Anklang an Bayms Genredefinition ist unüberhörbar. Obwohl Tompkins an anderer Stelle argumentiert, daß Hawthornes *The House of the Seven Gables* von den Zeitgenossen als sentimentaler Roman geschätzt wurde (18), bleibt in den Kapiteln zu Stowe und Warner Sentimentalität Frauensache. Zunehmend entsteht der Eindruck hoher Homogenität der Schriftstellerinnen des 19. Jahrhunderts und ihrer Werke. Die gewählten Textbeispiele *Uncle Tom's Cabin* und *The Wide, Wide World* stehen exemplarisch für die Erzähltexte von Frauen im 19. Jahrhundert. Gemeinsam haben sie ihr Erscheinen zu Beginn der 1850er Jahre, den Publikumserfolg und die christliche Orientierung. Aus ihnen leitet Tompkins die Merkmale der *domestic novel* ab: „The ethic of submission and the celebration of domesticity" (172). Das ist, selbst wenn Tompkins dies positiv bewertet, nichts anderes als die Wiederholung der Beschreibungen des Alteritätsdiskurses. Gegensätzlichere Autorinnen oder eine stärkere Betonung der Unterschiede zwischen den Autorinnen hätten die Argumentation gewinnbringend kompliziert. So jedoch vermittelt auch Tompkins' Darstellung den Eindruck, die amerikanischen Romanschriftstellerinnen hätten sich mit der *domestic novel* (Tompkins verwendet „domestic" und „sentimental" synonym) begnügt:

> Women writers of the nineteenth century, having been allotted one small corner of the material universe as their own, could hardly allow that area to be defined as peripheral or insignificant. Besides making the home into an all-sufficient basis for satisfaction and fulfillment in the present, they wrote about domestic routines in such a way that everything else appeared peripheral. (168)

Aus dem gesellschaftlich beschränkten Lebensraum der Frauen läßt sich jedoch nicht ihre thematische Selbstbeschränkung in der Literatur folgern. Was auch in Tompkins' revisionistischer Studie unsichtbar bleibt, ist der Umstand, daß die Autorinnen des 19. Jahrhunderts neben den sentimentalen Romanen eben auch historische Romane, Abenteuerromane, utopische Romane, Romane mit außeramerikanischen Schauplätzen schrieben.

Da Tompkins sich an Bayms Genredefinition anlehnt, auch wenn sie deren Begriff *woman's fiction* nicht übernimmt, bleibt das Stereotyp des weiblichen Lesepublikums als Erklärung für die Popularität von Warners Roman wirksam. Im Falle von Coopers *Last of the Mohicans* wird das Publikum wie gewohnt nicht als Erklärung für den Erfolg des Romans bemüht. Warners Text dagegen sieht Tompkins als ein Buch für die Ohnmächtigen: „The appeal of Warner's novel lay in the fact that it grappled directly with the emotional experience of its readership; it deals with the problem of powerlessness by showing how one copes with it hour by hour and minute by minute" (173). Etwas später erwähnt Tompkins, daß das Streben der Heldinnen des sentimentalen Romans nach Selbstaufgabe und Unterwerfung für den modernen Leser unausweichlich „psycho-sexual overtones" habe (181). „The intimate relation between love and pain that Warner's novel insists on calls to mind nothing so much as *The Story of O*, another education in submission in which the heroine undergoes even more painful forms of sexual humiliation and self-effacement" (182). Unbemerkt bleibt, daß es gerade mit dieser Analogie höchst fragwürdig wird zu behaupten, der Erfolg sentimentaler Romane verdanke sich dem weiblichen Lesepublikum.

In ihrer Diskussion des Cooper-Romans macht Tompkins die fundamentale Verschiedenheit der indianischen, englischen und französischen Kulturen und deren Implikationen für die Zukunft der amerikanischen Gesellschaft als das eigentliche Thema aus (104). In Tompkins' Ansatz erweisen sich Coopers stilistische und dramaturgische Mittel als funktional für sein Thema und müssen nicht entschuldigt oder wegdiskutiert werden, wie das die Sekundärliteratur zu Cooper gewöhnlich tut. Was Tompkins jedoch nicht thematisiert, ist die Frage, warum Coopers Roman einen sicheren Platz im Kanon der amerikanischen Literatur behaupten konnte (obwohl ihm gewöhnlich ästhetische Schwächen attestiert werden), während Romane von Frauen zum selben Thema wie Lydia Maria Childs *Hobomok* (1824), immerhin zwei Jahre vor *Last of the Mohicans* erschienen, und Sedgwicks *Hope Leslie* aus dem Blickfeld der Kritik verschwanden. So gelingt Tompkins mit ihren Kontextanalysen zwar partiell die Diskursrevision, indem sie die kulturelle Leistung sogenannter zweitklassiger Autoren und trivialisierter Autorinnen herausarbeitet, doch orientieren sich ihre Erklärungen an den vom Alteritätsdiskurs bereitgestellten Stereotypen. Damit bleiben die Verdrängungsmechanismen des Alteritätsdiskurses unsichtbar.

In eine ähnliche Richtung wie Tompkins, jedoch deutlich über sie hinaus geht Nancy Armstrong in „The Rise of Feminine Authority in the Novel" (1982) und *Desire and Domestic Fiction* (1987). Sie untersucht die politische Funktion des Romans im 19. Jahrhundert. Obwohl sie sich ausschließlich der britischen Literatur widmet, sind einige ihrer Überlegungen auch für die amerikanische Literatur bedenkenswert.

Armstrong argumentiert, daß die *domestic novel*, die sie sehr allgemein als „stories that revolve around courtship and marriage" („Rise of Feminine Authority", 133) faßt, die Möglichkeit zum Spiel mit politischen Machtphantasien bot, die als Mann-Frau-Gegensatz gefaßt waren. „Domestic fiction ... provided a way of talking about conflict and contradictions in the socioeconomic sphere while remaining remote from that world" (133). Der Aufstieg des Genres *domestic novel* hängt nach Armstrong zusammen mit dem Auseinanderdriften der Einheit von Familie und Arbeitsplatz und dem gesellschaftlichen Aufstieg der bürgerlichen Mittelklasse. Diese bedeutende Veränderung in der sozialen Ordnung wird in der *domestic novel* (aber auch in anderen Schriften) gesellschaftlich legitimiert. Dargestellt wird die Differenzierung in einen privaten und einen öffentlichen Bereich, die jeweils mit einem Geschlecht verbunden werden. Auf diese Weise werden getrennte Sphären für Frauen und Männer als etwas Natürliches sanktioniert. Die Natur der Geschlechter, die als unveränderbar gilt und damit außerhalb historischen Wandels, umfaßt den Gegensatz der Sphären: Haus, Frau, passiv als Gegensatz zum öffentlichen Raum, Mann, Wettbewerb, aktiv. Armstrong schreibt:

> The world of work was detaching itself from domestic affairs to create the all too familiar gulf between public and private life. By presenting the split in the social world as one of sexual differences, or of male and female spheres of experience, the domestic novels of the period were able to describe a fractured and rapidly changing social world as if it were nothing else but a natural order that had maintained its shape down through the generations. („Rise of Feminine Authority" 129)

Die sozioökonomische Entwicklung der Trennung von privatem und öffentlichem Raum findet mit einiger Zeitverzögerung gegenüber England auch in den USA statt. Insofern ist, trotz aller Unterschiede in den Voraussetzungen in beiden Staaten, Armstrongs Argumentation auf Amerika anwendbar. Sie erklärt die große Verbreitung und Popularität der Gattung Roman im 19. Jahrhundert, denn Romane lösen auf persönlicher und emotionaler Ebene dieses politisch-gesellschaftliche Problem.

Die Diskurse einer Gesellschaft generieren Subjekte und Subjektivitäten. Dies gilt auch für den literarischen Diskurs. Die politische Funktion des Romans im 19. Jahrhundert ist die Konstitution des Subjekts als Objekt des Wissens. Armstrong zeigt, „how the novel exercised tremendous power by producing oppositions that translated the complex and competing ways of representing human identity into a single binary opposition represented by male versus female" (*Desire* 253). Die Privilegierung des Geschlechtergegensatzes trifft auch für andere Texte des 19. Jahrhunderts zu; sie ist keine Besonderheit des Romans. Doch war der Roman eine wichtiges Genre, in dem beschrieben und damit immer wieder umgeschrieben wurde, was Männer und Frauen waren und wie ihre Beziehungen zueinander aussahen.[33]

Armstrongs Ansatz finde ich hilfreich im Umgang mit dem amerikanistischen Alteritätsdiskurs. Die Thematisierung des machtpolitischen Kontextes, in dem Literatur ebenso wie Literaturwissenschaft notwendig stattfindet, ermöglicht die Entschleierung der Funktionen des Alteritätsdiskurses. Er läßt sich als ein Komplex von Stereotypen und Beschreibungsweisen fassen, die die Machtverhältnisse innerhalb der Disziplin Amerikanistik legitimieren. Insofern ist er ein Herrschaftsdiskurs, der Probleme literarischer Wertung in einen Geschlechtergegensatz überführt. Die gesellschaftlichen Interpretationen der Geschlechterdifferenz ebenso wie die gesellschaftlichen Geschlechterbeziehungen wurden auf die Literatur verschoben; Weiblichkeit wurde zum negativen Qualifikationsmerkmal (vgl. in anderem Zusammenhang Becker-Schmidt). Angesichts dieser Umstände schlage ich einen Umgang mit Texten von Frauen des 19. Jahrhunderts vor, der diese nicht von vornherein zu kennen glaubt, sondern sie als Unbekanntes, Bereicherndes erfahren will, als „Beunruhigung im positiven Sinn" (Breinig, „Alteritätsdiskurs" 182).

„[P]erhaps the time has come to ask not whether the ‚feminization of American culture' was a bad thing (the traditional view) or whether it was a good thing (the feminist revisionary view) but *whether it even happened in the first place*", schlägt Lora Romero vor (115; Hervorh. im Orig.). Literatur in ihren Kontexten zu betrachten, ist Aufgabe und Problem der Literaturgeschichte. Ansätze zur Kontextbeschreibung, ebenso wie die Beschäftigung mit vernachlässigten Gebieten, produzieren immer wieder die gleiche Reaktion. Die Individuen, die sie unternehmen, registrieren mit Erstaunen ihr Erstaunen darüber, daß die Sachlage nicht ihren Erwartungen entspricht, daß die Vielfalt, die sie vorfinden, größer ist als zu vermuten war, und daß das Gesamtbild des Fachgebiets sich für die Forscherin oder den Forscher dadurch verändert.[34] Die Ergebnisse der Forschungen zu Autorinnen des 19. Jahrhunderts haben einige klassisch zu nennende Thesen über die amerikanische Literatur des 19. Jahrhunderts revidiert. So die Theorie, es gebe vor dem Bürgerkrieg in Amerika keinen Gesellschaftsroman (*fiction of manners*) ebenso wie die These, der Aufstieg des literarischen Realismus beginne erst nach dem Bürgerkrieg.[35] Zur Einschätzung der Orte, die Autorinnen in der Literatur des 19. Jahrhunderts einnahmen, bedarf es jedoch eines Überblicks über die literarische Gesamtproduktion. Solange sich die wissenschaftliche Beschäftigung mit Literatur an die etablierten Meisterwerke klammert und deren Status immer wieder bestätigt, bleibt das System geschlossen und Verzerrungen unsichtbar. Gerät das literarische Repertoire einer Epoche aus dem Blickfeld, so wird oft der Originalität eines Individuums zugeschrieben, was Teil der literarischen Kommunikation einer Zeit ist. Anderseits kann die detaillierte Kontextbeschreibung die Detailbetrachtung nicht ersetzen. Das Problem der Kontextbeschreibung wiederum ist die schiere Masse, denn Literatur ist letztlich nicht isoliert, sondern im Kontext der Gesamtkultur zu betrachten. Dem stehen nicht nur die traditionellen Grenzen der wissenschaftlichen Disziplinen entgegen, die Material- und Methodenvielfalt, sondern die physischen Grenzen des Individuums. In der Spannung der gegenläufigen Anforderungen, die gänzlich einzuholen unmöglich bleiben muß, blühen die Diskurse.

Aussagekräftige empirische Studien und Darstellungen des gesamten literarischen Spektrums, die die sogenannte Minoritätenliteratur ebenso berücksichtigen wie die verschiedenen Arten der Populärliteratur, sind selten. Bisher vorliegende Ergebnisse kehren das Stereotyp der Dominanz der Frauen auf dem amerikanischen Literaturmarkt um: zu keinem Zeitpunkt dominierten Frauen den Markt. Bei der sogenannten Feminisierung der amerikanischen Kultur im 19. Jahrhundert handelt es sich um eine diskursiv erzeugte Realitätsfiktion.

„[T]he ‚feminization of American culture‘ (that ist to say, the alleged determining influence exercised by women over mid-century culture at the level both of consumption and of production) appears to be largely a fiction created by the nineteenth century and perpetuated by literary historians in the twentieth“ (Romero 114).

David S. Reynolds' *Beneath the American Renaissance* (1988) ist ein Versuch, die gesamte Breite des erzählliterarischen Spektrums vor dem Bürgerkrieg inhaltlich darzustellen. Zu Recht weist Reynolds darauf hin, daß die meisten Aussagen über die amerikanische Literatur dieser Zeit die Populärliteratur ignoriert haben:

> Since the overwhelming majority of antebellum imaginative texts have been neglected by modern critics, most generalizations about the literary backgrounds of the major literature have been built on shaky foundations. Investigating the total range of fiction volumes, pamphlets, and periodical literature of the day, I have found that the period between 1800 and 1860 witnessed the emergence of two conflicting popular modes, the Conventional and the Subversive, and a third mode, Romantic Adventure, which occupied a kind of middle ground. (7)

Die Stärke dieser Studie ist ihre große Materialfülle, ihre Schwäche gelegentlich fehlende Belege, ungenaue Inhaltsangaben von Romanen und eine manchmal problematische Begriffswahl.[36] Reynolds' Klassifikationstermini sind nicht immer auf derselben Ebene angesiedelt. Seine Unterscheidungen der populären Erzählliteraturarten vor dem Bürgerkrieg in „conventional“, „subversive“ und „romantic adventure“ vermischt Aspekte von Inhalt und Wirkung (7); seine Einteilung der Literatur von Frauen ist wertend (387).[37] Anderseits bleibt Reynolds' Studie wegen ihrer Korrekturen des Bildes der amerikanischen Literatur verdienstvoll:

> The tendency has been to view the works of writers like Melville and Hawthorne as a revolt against a sentimentalized, optimistic literary culture. A complete review of the volumes listed in Lyle Wright's bibliography of early American fiction reveals that the proportion of Conventional volumes published in the United States, when weighed against the other two modes, actually dropped dramatically after 1820 and remained at a relatively modest level until the Civil War. Before 1800, Conventional fiction constituted nearly 60 percent of the volumes produced, whereas the figures hovered around 20 percent for the 1820-1860 period. The proportionate number of Subversive and Romantic Adventure volumes, in contrast, arose from about 20 percent before 1800 to more than 55 percent for the 1841-1850 decade. (8)

Zu den Kategorien *Subversive* und *Romantic Adventure* gehört die meist in Heftchenform billig produzierte Sensationsliteratur, wie sie auch Zeitschriften wie der *New York Herald* publizierten. Amerikanische Autoren, die auf diese Textsorten spezialisiert waren, galten weltweit als besonders blutrünstig und grausam.[38] Weiterhin rückt Reynolds die erotische Literatur der Zeit ins Blickfeld. Nachdem 1842 die Einfuhr erotischen Materials gesetzlich verboten worden war, stieg die einheimische Produktion deutlich an. Die amerikanische erotische Literatur der 1840er Jahre bevorzugte Sadomasochistisches. Ein bedeutender Autor dieses Genres war George Thompson, der in den 1840er und 1850er Jahren über 100 Romane schrieb. Thompson war, so Reynolds, der erste amerikanische Romancier, der sich offen mit männlicher und weiblicher Homosexualität, Transvestismus, Gruppensex und Kinderpornographie befaßte. Thompson „typically follows up a chapter of orgiastic sex with a chapter of equally orgiastic violence, often involving torture or cannibalism" (222).

Angesichts der Popularität dieser Literatur wird die These vom überwiegend weiblichen Lesepublikum schwer zu halten sein; anderseits ist nicht anzunehmen, daß die bürgerliche Mittelklasse solche Texte ignorierte.[39] Hier wird einmal mehr greifbar, daß der literaturwissenschaftliche Diskurs des 20. Jahrhunderts in seinem Anspruch, Erkenntnis zu vermitteln, auch Instrument eines machtpolitischen Kontextes ist.

Eine weitere Ansicht mit Tradition, die Reynolds' Untersuchungsergebnissen nicht standhält, ist die der Sentimentalität der Literatur von Frauen. „The standard view is that between 1800 and 1860 America was flooded with novels and poetry volumes, written mainly by women for women, that tended to be sentimental and socially conservative" (337). Diese Ansicht sei irreführend und simplistisch. Da Reynolds nicht nach der diskursiven Funktion dieses Topos fragt, entgeht ihm, daß dadurch ein Wertgefälle zwischen der Literatur von Männern und Frauen etabliert wurde. Er stellt nur fest, daß die Erzählliteratur von und über Frauen thematisch und inhaltlich wesentlich vielfältiger ist als gemeinhin behauptet:

> There has been a neglect of the dazzling diversity of female character types in antebellum literature. Some of these types were indeed conservative, underscoring woman's domestic function, but passivity was rareley praised, and American writers were uniquely bold in fashioning alternative women characters representing a variety of protofeminist or feminist views, ranging from anger against exploitative males to revolutionary assertions of women's rights. (339)

Zwischen 1830 und 1850 entsteht eine sozialkritische Literatur, die die Frau als Opfer von (männlicher) Ausbeutung und Gewalt, auch sexueller Gewalt, thematisiert: die Näherin, die Sklavin, die Frau des Alkoholikers, die gefallene Frau. Weitere Frauentypen der Populärliteratur der Zeit waren, neben der moralisch vorbildlichen Frau, die als „practical woman" oder „angel" vorkommt (342), die sinnliche Frau und der von Reynolds „feminist criminal" genannte Typ (363). Allgemein konstatiert Reynolds zwischen 1830 und 1850 eine thematische Diversifizierung und künstlerische Verfeinerung der Literatur von Frauen, die um die Jahrhundertmitte zu dem führt, was er „the American Women's Renaissance" nennt (387):

> On the literary level, it was a decade of culturally influential and increasingly artistic women's literature, the most important of which I categorize as Conventional literature, women's rights fiction, and the literature of misery. Conventional literature generally avoided gender-specific issues and invested the redemptive moral exemplar with unprecedented power. Women's rights fiction was a political genre that dramatized the need for legal and social change on behalf of women. By the end of the 1850s, a profound disillusion with both the piously Conventional and the politically feminist began to be registered in the so-called literature of misery, an ironic, stylized genre which ... set the stage for Dickinson's elliptical poems. (387)

Ob Reynolds' Fortschrittsgeschichte der Literatur von Frauen nicht selbst etwas simplistisch ist, mag dahingestellt bleiben. Bemerkenswerter scheint mir, daß sie die traditionelle Entwicklungsgeschichte der amerikanischen Männerliteratur parallelisiert, die in der bekannten *American Renaissance* gipfelt. Folgte man Reynolds' Ergebnissen, so wäre der literarische Niveauanstieg der Zeit ein Phänomen, das nicht an der Geschlechtergrenze haltmachte. Auf die Artifizialität dieser Grenzziehung des 20. Jahrhunderts verweist folgende Feststellung:

> [T]he idea that there was a single kind of fiction that can be absolutely designated as „women's fiction" is inaccurate. Several male authors, such as Timothy Shay Arthur and Charles J. Peterson, were among the most prolific authors of sentimental-domestic fiction, while certain women writers, such as E. D. E. N. Southworth and Mary A. Denison, produced lurid sensational literature. There was, in short, no single kind of literature written solely by either sex. Moreover, debates about women's issues were confined to neither kind of popular literature: they were as apt to occur in sensational literature as in domestic fiction. (Reynolds 338)

Reynolds entkräftet noch einen weiteren stereotypen Glaubenssatz des Alteritätsdiskurses: die Überschwemmung des Literaturmarkts der Jahrhundertmitte mit Texten von Frauen. Die Verbreitung dieser Literatur sei überschätzt worden:

The claim that women's fiction began as a relatively sparse genre and then by midcentury assumed dominance of the popular scene has no basis. The reverse, in fact, is true: the only time that female-authored American volumes had anything close to a numerical parity with male-authored ones was during the earliest stage of American fiction, between 1784 and 1810, when 41 percent of all volumes were written by women and 44 percent by men (the remaining volumes were published anonymously). By the 1830-1860 period the proportion of female-authored volumes had fallen to 23 percent, while the proportion of male volumes had risen to 57 percent. (338)

Was das Zahlenverhältnis von Autoren und Autorinnen angeht, so lassen sich für den Bereich der Erzählliteratur anhand von Lyle Wrights Bibliographie Orientierungswerte angeben. Für die Zeitspanne 1800-1850 habe ich den ersten Band dieser Bibliographie nach Geschlechtern sortiert. Demnach stehen 145 Autorinnen 425 Autoren gegenüber, die Frauen machen also nur 25 % der gesamten Autorenzahl aus. In der nachfolgenden Periode von 1851-1875 gibt es einen starken Anstieg sowohl der Buchproduktion als auch der Gesamtzahl der Autoren. Die Zahl der publizierten fiktionalen Werke wächst um 63 %; die Zahl der männlichen und weiblichen Autoren um 100 %. Die 2 832 Titel, die Wright für diesen Zeitraum aufführt, ordnet er 1 193 Verfassern zu, 694 Männern und 499 Frauen („Preface" vii). Somit nimmt der Frauenanteil zwar überproportional zu, steigt aber nicht über 42%.[40] Es bleibt festzuhalten, daß es weder absolut noch relativ richtig ist zu sagen, Frauen hätten das Feld dominiert.

Es ist nicht einmal zutreffend zu sagen, Frauen hätten die meisten Bestseller in den 1850er Jahren geschrieben. Jedenfalls läßt sich diese Aussage nicht mit Frank Luther Motts klassischer Bestsellerstudie *Golden Multitudes* belegen, die neben Erzählliteratur auch nichtfiktionale Prosa und Lyrik berücksichtigt. Mott zählt für den Zeitraum von 1850-1859 32 Bestseller von 23 Autoren, 15 davon sind Männer. Diese Zählung schließt britische und andere ausländische Autoren ein, weil sie vom Gesamtverkauf auf dem amerikanischen Markt ausgeht. Doch selbst wenn wir uns auf amerikanische Autorinnen und Autoren beschränken, sind die Männer mit 9 zu 6 in der Überzahl. Motts eigene Aussage in seinem Werk *History of American Magazines*, „the best sellers of that decade [the 1850s] were chiefly by women" (171) ist zumindest irreführend. Richtig ist, daß die meisten Bestseller von Frauen der Erzählliteratur zuzuordnen sind, während Männer auch in anderen Genres Erfolg hatten.[41]

Daß der literaturwissenschaftliche Diskurs von einem Großteil der existierenden Literatur kaum Kenntnis nimmt, wäre nicht so problematisch, wenn er die Reflexion auf den machtpolitischen Kontext dieses Diskurses nicht vernachlässigte. Der Literaturdiskurs des 19. Jahrhunderts, den ich im nächsten Kapitel verfolgen will, macht uns seine machtpolitischen Funktionen in mancher Hinsicht deutlicher, weil seine Disziplinierungsversuche ungenierter unternommen werden. Der diskursive Zusammenhang von Macht, Wissen und Literatur, wie er sich im 19. Jahrhundert konstituiert und transformiert, steht dabei im gesamtgesellschaftlichen Kontext. Einige historische Bemerkungen zu dem für mich zentralen Orientierungspunkt Geschlecht außerhalb des literarischen Bereichs seien deshalb an den Anfang gestellt.

Everyone, real or invented, deserves the open destiny of life.

Grace Paley, „A Conversation with My Father" 162

2. Literatur und Geschlecht im 19. Jahrhundert

2.1. Die Natur der Geschlechter

In *Die Ordnung der Dinge* beschreibt Foucault die Diskontinuität der Episteme der abendländischen Kultur: Man sieht, daß

> das System der Positivitäten sich an der Wende vom achtzehnten zum neunzehnten Jahrhundert auf massive Weise gewandelt hat. Das heißt nicht, daß die Vernunft Fortschritte gemacht hat, sondern daß die Seinsweise der Dinge und der Ordnung grundlegend verändert worden ist, die die Dinge dem Wissen anbietet, indem sie sie aufteilt. (25)

Der *Mensch* als autonomer Identitätsentwurf und als erkenntnistheoretisches Problem wurde zum Thema von Kultur, Wissenschaft und Politik. Konterkariert wurde dieser Prozeß, wie Claudia Honegger schreibt, „durch ein zweites, für die Moderne gleichermaßen konstitutives Deutungsschema: das der Differenz, hier vor allem der Differenz der Geschlechter" (*Die Ordnung der Geschlechter* 1). Die Humanwissenschaften lösten die Moraltheologie als zentrale kulturelle Definitionsmacht ab; die Ordnung der Moderne war nicht mehr mit dem Verweis auf ihren göttlichen Ursprung legitimierbar. In der Begründung der Ordnung der Geschlechter ergab sich damit ebenfalls eine Verschiebung. Die Unterordnung des weiblichen Geschlechts verlor ihre Rechtfertigung als Ausdruck gottgewollter Fügung. Die Gleichwertigkeit der Geschlechter konnte nicht mehr ausgeschlossen werden. In einer Schriftkultur liegt die Definitionsmacht bei denen, die die Schriftlichkeit ausüben. Das hierarchische Geschlechterverhältnis der Moderne wurde als eines von (männlicher) Identität und (weiblicher) Alterität konstruiert, vor allem deshalb, weil Männer weitgehend über die Schriftlichkeit verfügten, und ihre Identität mittels eines Alteritätsdiskurses über die Frau etablierten. Männlichkeit ist daher in der patriarchalen abendländischen Kultur als Nullmorphem dem Menschlichen, dem Allgemeinen eingeschrieben, Weiblichkeit wurde zur Abweichung, zum Besonderen. An der Frau wurde Differenz *be*schrieben und damit *fest*geschrieben. Der Diskurs des Geschlechts ist die Festschreibung der Frau als der Anderen.[1] Der Geschlechtsdiskurs gibt sich kohärent und authentisch und verschleiert damit seine Künstlichkeit und Instabilität.

Der US-amerikanischen Gesellschaft des 19. Jahrhunderts diente die Kategorie Geschlecht als Basisklassifikation zur Ordnung ihrer sozialen Welt. Andere Differenzierungen wie Klasse, Rasse, Alter wurden ebenfalls als relevante Unterscheidungsmerkmale verwendet und gelegentlich gegenüber der Geschlechtsdifferenzierung privilegiert. So verlangte man Sklavinnen und Sklaven in der Landwirtschaft gleiche Arbeit ab, ohne Ansehen der Person. Rassen- und Statusdifferenz wurde in diesen Fällen stärker gewichtet. Dies bestätigt nur die allgemeine Erkenntnis, daß soziale Differenzierungen kontextabhängig variiert werden und Relevanz jeweils nur in bestimmten Kontexten haben.[2] Mich wird im folgenden das Differenzkriterium Geschlecht in seinem Wirken auf die amerikanische Gesellschaft des 19. Jahrhunderts beschäftigen. Die Repräsentationen von Geschlecht in dieser Zeit sind Teil des Systems von interdependenten Bildern, in denen die soziale Wirklichkeit für einzelne Männer und Frauen zugänglich wird. Zugleich sind die Repräsentationen von Geschlecht ein Ort, an dem die soziale Wirklichkeit konstruiert und umkämpft wird. Die symbolische und die soziale Ordnung sind zwar eng verflochten, aber nicht einfach in Einklang. Sie werden zudem von Individuen, die durch Rasse, Klasse, Alter oder Geschlecht in der sozialen Formation anders positioniert sind, verschieden erlebt und von unterschiedlichen Institutionen different artikuliert. Strukturell sind die Auseinandersetzungen um Differenz (welcher Art auch immer) identisch, weil es sich um Machtkämpfe handelt. Der Geschlechtsdiskurs, den die amerikanische weiße Mittelklasse in ihren gesellschaftlichen Institutionen im 19. Jahrhundert konstruiert und der sie konstituiert – und um diese Klasse und um diesen Diskurs geht es mir vor allem –, hat daher Modellcharakter.

Eine für die Zeit typische Explizierung von Differenz als Geschlechterdifferenz wie die folgende sieht von Rasse und Klasse ab, impliziert allerdings als referentiellen Standard die weiße Mittelklasse:

> Man is active; woman, passive; man aims at distant objects; he generalizes, forms extensive plans, and occupies himself with abstract subjects. Woman interests herself in the concrete, the particular, the practical. Man is quick and violent in his passions, woman quiet and patient. Woman strives to effect her objects by kindness or by cunning, man by force.
>
> Man interests himself in public affairs; woman prefers domestic life, and in her function of maternity occupies a centre of influence superior in importance to any that man can hope to gain. There, in her retirement, she

sways the sceptre of the world. Silent and unseen, like the vital force which clothes the world with verdure, she vivifies and organizes the human race. What she *becomes*, society is. („The Proper Sphere of Men", 306-307. Hervorh. im Orig.)

Diese konventionelle Formulierung der Geschlechterdifferenz stammt aus einem Artikel in *Putnam's Monthly* von 1854, der ironisch-kritisch männliche Überheblichkeit gegenüber Frauen bloßstellt. In der Bewertung der Geschlechter rangiert die Frau hier vor dem Mann, da sie die Krone der Mutterschaft trägt. Die Verfasserin bleibt anonym, charakterisiert sich jedoch als Feministin, „one of the ‚strong-minded'", wie das damals genannt wurde.[3] In der Beschreibung der Geschlechter ist keine Ironie erkennbar. Bemerkenswert ist deren grundsätzliche Differenz. Ein im Tenor sehr konservativer Artikel in der *Southern Quarterly Review* von 1852 kommt trotz einer Bewertungsverschiebung zu ganz ähnlichen Aussagen:

The difference between the sexes is as marked and indisputable as that between day and night. This difference is sufficiently indicated by the two chief domestic characters respectively sustained by them – those of father and mother. They can no more change their sexual relations than they can change their social and domestic relations. There must be a difference in their moral, correspondent with the difference in their physical, nature. Woman was designed to lean upon and solace man; man was designed to support and cherish woman. The office of the one is essentially active; that of the other essentially passive. … Home is her real empire (Rev. of *Female Prose Writers of America* 116-117)

Die Geschlechterdifferenz wird über körperliche Verschiedenheit begründet und so naturiert. Der folgende Artikel aus der *Encyclopædia Americana* von 1836 beschreibt die physische Differenz der Frau:

Woman, in physiology. Besides the difference of the sexual organs, the woman exhibits other peculiar characters, which distinguish the sexes. In the female, the head is smaller, the chest narrower, the pelvis broader, the limbs more delicately formed and more rounded, and the gait peculiar, on account of the breadth of the pelvis. The skin is soft, the hair of the head is finer and longer, the muscular system little developed, the voice an octave higher than that of the male, and the nervous system predominating: their sensibility is consequently greater than that of the other sex. The rounded form and brilliant whiteness which characterize females are owing to the peculiarity of the lymphatic and cellular systems; and, their sanguineous system being less vigorous than in man, they are less liable to acute inflammations. Born to feel and to inspire the kind and tender affections, they are exempt from the gloomy and fierce passions which characterize the bilious temperament; and love, jealousy, and maternal affection, are the deepest springs of emotion in the female heart. Their delicate and peculiar organization modifies the general course of disease with them, and renders them liable to some from which the other sex is exempt. (239-240)[4]

Der Artikel geht über die bloße Formulierung körperlicher Differenz hinaus, indem er einen Kausalzusammenhang zwischen den charakterlichen Anlagen, der Physis und den daraus deduzierten natürlichen Aufgaben der Frau herstellt. Mutterschaft ist die Bestimmung der Frau, von Natur aus und deshalb auch in der Gesellschaft; ihr Geist, ihr Temperament und ihr Körper sind daraufhin ausgerichtet. Liebe, Eifersucht und Muttergefühle sind die Triebfedern, um nicht zu sagen das Triebschicksal, weiblicher Natur.

Zur Physiologie des Mannes gibt es keinen vergleichbaren Eintrag; einzig das Stichwort „Man, in natural history". Dort werden die Spezies und ihre verschiedenen Erscheinungsformen, d.h. Rassen beschrieben. Hierbei wird Blumenbachs Einteilung in fünf Untergruppen referiert. Das markante Differenzkriterium für Männer ist Rasse, nicht Geschlecht. Die Differenz der Geschlechter wird also ausschließlich an der Frau definiert und fixiert; sie ist die Abweichung von der (männlichen) Norm. Sie bedarf der Erklärung. Wie sehr der Mann für das Allgemeine steht und das Allgemeine männlich konnotiert ist, zeigt ein Verweis im Lexikoneintrag „Man". Abschließend heißt es dort: „Man, considered in his nobler character of a social, moral, religious and political being, will be more appropriately considered under other heads. (See *Language, Philology, Political Institutions, Religion*)" (238). Aus dem Artikel „Woman" wird deutlich, daß der Standard für das weibliche Geschlecht die weiße Frau ist. Dies kennzeichnet Diskussionen um Geschlecht im 19. Jahrhundert: sie behandeln die weiße Mittelklasse als universellen Standard.

Diese Konstruktion von Geschlecht (die Klassifikation von zwei unveränderbaren Geschlechtern, die wesensmäßig grundverschieden sind, aber aufeinander bezogen und jeweils für sich homogen) ist ein durchgängiges Struktur- und Ordnungsprinzip der amerikanischen Gesellschaft im 19. Jahrhundert. Die Geschlechterdifferenz, körperlich verankert und damit stabilisiert, legitimiert gesellschaftliche Machtverteilung, in diesem Fall eine Einteilung des sozialen Konstrukts Welt in männliche und weibliche Bereiche, die dem Wesen der Geschlechter entsprechen. Die Metapher, mit der dieses Arrangement im 19. Jahrhundert bezeichnet wurde, war die der getrennten Sphären von Mann und Frau („separate spheres"). Machtverteilung über Geschlechtszugehörigkeit ist natürlich keine Erfindung dieser Epoche. Neu ist ihre Legitimation über die Natur der Geschlechter.[5] „Colonial American culture made firm distinctions about what was appropriate for each sex to do and took for granted the subordination of women“ (Kerber, „Separate Spheres“ 19). Im 19. Jahrhundert zeichnet die Rede von den getrennten Sphären von Mann und Frau dagegen aus, daß die Unterordnung der Frauen nunmehr weitgehend negiert wird, obwohl sie rechtlich und politisch vielfach festgeschrieben ist. Das Problem kann umgangen werden, indem die Sphären als gleichwertig gelten, wie die Geschlechter selbst es sind (jedenfalls vor Gott). An der zitierten Enzyklopädie läßt sich sehen, wie Gleichheit behauptet, und gleichzeitig hierarchisiert wird.[6] Der Eintrag „Woman“ beginnt mit folgenden Bemerkungen zur Stellung der Frau:

> WOMAN. Among savages, a slave, in the harem of the luxurious, but half-civilized East, a voluptuous toy, in the more refined countries of Christendom alone is woman the equal and companion of man. It is in the Christian home only that woman reigns – the mother, sister, wife and friend. It is a common remark that, in proportion as civilization advances, the respect and attention paid to the weaker sex are increased. (238)

Der Text erklärt die Gleichheit von Frau und Mann in der zivilisierten christlichen Welt und schreibt doch ihre Ungleichheit fest. Einerseits indem der Frau im Heim die Herrschaft zugeschrieben wird, anderseits indem sie in ihren hier genannten Funktionen völlig auf den Mann bezogen ist. Seine Gefährtin, ans Heim gebunden, verdankt sie Respekt und Aufmerksamkeit dem Umstand, daß sie das schwächere Geschlecht ist. Ihre Funktionalität für andere signalisiert ihre Selbst-Losigkeit. Sie herrscht als moralisch höheres Wesen. Ihre erste und vornehmste Aufgabe, die Mutterschaft, steht an vorderster Stelle ihrer Tätigkeiten und ihr Lebensraum ist klar umrissen als das christliche Heim.

Wie in Kapitel 1.2. ausgeführt, ist Differenzierung, d.h. die Etablierung von Identität und Alterität, eine notwendige Bedingung für Hierarchisierung. Zwar folgt aus der Feststellung von Differenz nicht zwangsläufig ein ungleiches Machtverhältnis, doch findet der Kampf um die Macht in der Ausformulierung der Differenz und in ihrer Bewertung statt. Die Explizierung der Geschlechterdifferenz, die jeweils nur historisch-spezifisch sein kann (was auch immer über die Unveränderbarkeit des Wesens von Frau und Mann jeweils behauptet werden mag), entwickelt ein Machtverhältnis, das permanent (re-)konstruiert werden muß, um zu tragen. Diese Konstruktion ist ein sozialer Prozeß, der von anderen Prozessen, z.B. politischen Machtverschiebungen, beeinflußt wird. Insofern ist einsichtig, daß in Zeiten politischer Umwälzung auch das Geschlechterverhältnis stärkerem Druck ausgesetzt ist und größere Anstrengungen zu seiner Adaption an die neue Situation unternommen werden. In

Amerika war die Revolution der historische Zeitpunkt, zu dem auch die Geschlechter und ihre Aufgaben entsprechend umformuliert wurden. Die Legitimation der gesellschaftlichen Arbeits- und Aufgabenteilung wird vor allem darüber geleistet, daß die Rolle der Frau spezifiziert und festgelegt wird. Mütterlichkeit wird auf neue, nämlich ausschließlichere, rollencodierende Weise zur individuellen und gesellschaftlichen Aufgabe der Frau. Die Historikerin Linda Kerber beschreibt den Wandel:

> By the end of the war, the domestic roles of women could no longer be taken for granted; such roles now required defensive ideological articulation. Thus emerged the antebellum prescriptive literature we have come to know.
> ... the ideology of republican womanhood was an effort to bring the older version of the separation of spheres into rough conformity with the new politics that valued autonomy and individualism. Issues of sexual asymmetry dominated public discourse to an unprecedented extent as people tried to define a place for women in postrevolutionary society. ... They recorded the values of women's sphere, validating women's moral influence on their husbands and lovers, ascribing world-historical importance to women's maternal role, and claiming for women a nature less sexual and more self-controlled than the nature of men. („Separate Spheres" 20)[7]

Liebende Mütterlichkeit in christlicher Häuslichkeit – diese Version der Natur der Frau benennt im 19. Jahrhundert ein kulturelles Stereotyp. Barbara Welter hat 1966 in einem zum Klassiker gewordenen Essay dem 19. Jahrhundert einen Kult wahrer Weiblichkeit bescheinigt. Aufgrund ihrer Lektüre von Ratgeber- und Erzählliteratur der Zeit benannte sie vier Kardinaltugenden, die dieses Stereotyp der Frau zuordnet: Frömmigkeit, Reinheit, Ergebenheit und Häuslichkeit („piety, purity, submissiveness, and domesticity" 372). Die neue Wertschätzung von Mutterschaft und Mütterlichkeit kontrastierte Ruth Bloch mit Auffassungen von der Frau als Mutter, die im 17. und 18. Jahrhundert in Amerika verbreitet waren: „[I]n seventeenth- and early eighteenth-century literature written and read in America, motherhood was singularly unidealized, usually disregarded as subject, and even at times actually denigrated" („American Feminine Ideals in Transition" 101).[8] Die Periode des Übergangs datiert sie auf die Zeit von 1785 bis 1815. Für das weitere 19. Jahrhundert machen Elisabeth Helsinger et al. vier konkurrierende und einander z.T. überlappende Konzepte von Weiblichkeit aus, die den gesellschaftlichen Ort der Frau unterschiedlich umschreiben:

1. Der Engel im Haus („Angel in the House"), die Frau als Ehefrau und Mutter mit häuslicher und mütterlicher Verantwortung wie sie z.B. in der Ratgeberliteratur der Zeit ausformuliert wird. Dieses Wesen steht unter dem

Schutz des Mannes und wird von ihm verehrt, garantiert jedoch auch Kontinuität und moralische Kraft in einer sich rasch wandelnden Welt. 2. Die Frau als Gleichberechtigte; nach diesem radikalen Modell völliger Gleichwertigkeit der Frau ist die Frau die in jeder Hinsicht unabhängige und freie Vertragspartnerin des Mannes. 3. Der Engel außerhalb des Hauses. In diesem Konzept wird der fundamentale Geschlechtsunterschied zwar akzeptiert, doch die weibliche Sphäre überschreitet die Grenzen des Hauses. Die männliche Führungsrolle wird nicht in Frage gestellt, aber wichtige soziale Aufgaben werden als weibliche reklamiert. 4. Die weibliche Erlöserin, eine radikale Version von 3., in der die Frau dank ihrer besonderen Natur zur Führung der Welt und Gesellschaft befähigt und berufen ist (*The Woman Question* xiv-xv).

Diese Konzepte können nicht einfach feministischen und antifeministischen Positionen zugeordnet werden, da sie in vielfacher Weise und wechselnd von Frauen und Männern argumentativ genutzt wurden.

Die für die Diskursformation im 19. Jahrhundert wesentlichen Faktoren sind die Veränderungen durch Industrialisierung und Technisierung zusammen mit einem allgemeinen Entwicklungstrend von einer eher lokalen zu einer nationalen Ökonomie, Politik und Kultur. Dieser Wandel schlägt auf die symbolische Ökonomie durch. Der Differenzdiskurs des 19. Jahrhunderts wertet die Geschlechterdifferenz auf, indem sie zur grundlegenden Differenz schlechthin, zum Modell für Differenz überhaupt aufsteigt. Dies drückt sich darin aus, daß die Geschlechterdifferenz überall verstärkt thematisiert und expliziert wird; beispielsweise brachte der *Southern Literary Messenger* ab Mai 1835 eine Artikelserie über die charakteristischen Unterschiede der Geschlechter (Chielens, *American Literary Magazines* 391). Die Geschlechterdifferenz ordnete die soziale Wirklichkeit, war Grundlage der symbolischen Ökonomie. Das Bild der getrennten Sphären von Mann und Frau wurde zur bevorzugten Metapher in der Kommunikation.

Die Trennung der Lebenswelten von Männern und Frauen war eine diskursive Leistung, denn tatsächlich lebten Frauen und Männer ja zusammen. Ihre Lebensräume und Aktivitäten waren jedenfalls keineswegs völlig getrennt, obwohl sie als verschieden wahrgenommen wurden. Diese Wahrnehmung orientierte sich an der Geschlechterdifferenz. Die Aktivitäten von Männern und Frauen wurden als ihrer Natur nach verschieden wahrgenommen, bzw. als unnatürlich, wenn sie nicht verschieden waren. Damit waren Handlungen generell geschlechtlich konnotiert, als männlich oder weiblich. In Wechselwirkung damit wurden sie dann auch als verschieden wahrgenommen, sahen sie anders aus, je nachdem welches Geschlecht sie ausführte.[9] Umgekehrt bestätigte die geschlechtlich differenzierende Wahrnehmung die vorhandene Geschlechterdifferenz.

Was die diskursiv produzierte Wahrheit über die Geschlechter gesellschaftlich leistete, hat Mary Poovey beschrieben:

> The rhetorical separation of spheres and the image of domesticated feminized morality were crucial to the consolidation of bourgeois power partly because linking morality to a figure (rhetorically) immune to self-interest and competition integral to economic success preserved virtue without inhibiting productivity. In producing a distinction between kinds of labor (paid versus unpaid, mandatory versus voluntary, productive versus reproductive, alienated versus self-fulfilling), the segregation of the domestic ideal created the illusion of an alternative to competition; this alternative, moreover, was the prize that inspired hard work, for a prosperous family was the goal represented as desirable and available to every man. (*Uneven Developments* 10)

Die spezifische Konstruktion von Geschlecht im 19. Jahrhundert als binäre Opposition der Geschlechter war Grundlage der Legitimation sozialer Institutionen von der Arbeitsteilung bis zur Ausübung ökonomischer und politischer Rechte.[10] Geschlecht war ein Angelpunkt im Kampf um Machtverteilung im 19. Jahrhundert. Dieser Kampf wurde über das Wesen der Geschlechter geführt. Aus der Bestimmung dieses Wesens ließen sich dann geschlechtsspezifische Aufgaben deduzieren und postulieren. Erklärbar ist dies aus dem identitätsstiftenden Charakter von Institutionen. Institutionen konstituieren die Identität ihrer Mitglieder, zumindest in den Teilen, in denen die Mitglieder sich mit der Institution und über sie identifizieren. Damit bestimmen sie auch ihre Nicht-Mitglieder, z.T. über deren Abwesenheit. Jede Institution, die die Geschlechterdifferenz zur Grundlage für den Ausschluß eines Geschlechts macht, wird damit auch zur Identitätsstifterin für die Geschlechter, d.h. Männlichkeit und Weiblichkeit werden auch über den Zugang zu oder Ausschluß von Institutionen und Räumen erlebt, die einem Geschlecht vorbehalten sind. Wird die Rechtmäßigkeit solcher Konventionen in Frage gestellt, findet deshalb sofort eine Diskussion über das Wesen der Geschlechter statt. Diese Diskussion hört dann auf, wenn die Geschlechtssegregation einer Institution aufgehoben ist, denn dann kann die Institution nicht mehr der Definition der Geschlechtsidentität ihrer Mitglieder dienen. Solange die Hierarchie innerhalb einer Institution über den Ausschluß eines Geschlechts geregelt ist, indem beispielsweise die Führung der Institution einem Geschlecht vorbehalten wird, bleibt die Mitgliedschaft in einer solchen Hierarchieebene ein Faktor in der Konstitution der Geschlechtsidentität.[11]

An Beispielen aus den Bereichen Bildung, Recht und Politik werde ich kurz skizzieren, wie die Geschlechterdifferenz als Ordnungsprinzip funktionierte und Machtverschiebungen in diesen Bereichen hier ihren Angelpunkt fanden.

Änderungen im Machtverhältnis der sozialen Ordnung bedürfen der Legitimation durch die symbolische Ordnung. Über die Ausformulierung der Geschlechterdifferenz, speziell der weiblichen Differenz, wurde der Status quo verteidigt und angegriffen. Die Beispiele sollen darauf hinweisen, daß die Entwicklungen ungleich verliefen, trotz der universellen diskursiven Dominanz der Geschlechterdifferenz. Veränderungen für Frauen ergaben sich in diesen Sektoren aus unterschiedlichen Ursachen und in verschiedenem Maß: Während sich der Bildungsbereich relativ stark öffnete, änderte sich die Rechtsstellung der verheirateten Frau geringfügiger. Ein politisches Recht wie das Wahlrecht blieb Frauen versagt. Diese drei Bereiche unterscheiden sich von dem der Literatur vor allem darin, daß in ihnen die Geschlechterdifferenz bereits traditionell als Struktur- und Ausschlußkriterium funktionierte. Geschlechtszugehörigkeit war im 19. Jahrhundert ein entscheidendes Kriterium für die Person, insofern es ihre Bildungs- und Berufsmöglichkeit bestimmte, ihre rechtliche Stellung und ihre Möglichkeiten politischer Teilnahme. Der Bereich der Literatur dagegen war formal ungeregelt, hier gab es keinen Ausschluß über Geschlecht. Damit wurde dieser Bereich, der durch seinen Aufstieg zum Berufsfeld im 19. Jahrhundert zusätzlich an gesellschaftlicher Bedeutung gewann, zum Problem für die symbolische Ordnung, weil hier das allgemeine Ordnungsprinzip der Geschlechtertrennung nicht wirksam war. Dies wird in 2.2. darzustellen sein.

Über das Unterscheidungsmerkmal Geschlecht war im 19. Jahrhundert der Zugang zu höherer Bildung geregelt. Für Frauen galt ein Qualifikationsverbot. Die Universitäten blieben ihnen bis zum Bürgerkrieg verschlossen und damit der Zugang zu den *professions*, den Berufen, die akademische Ausbildung voraussetzten. Auch zu anderen Berufen war der Zugang geschlechtsabhängig. Der desolate Zustand der Mädchenbildung wurde von Frauen allenthalben beklagt. Selbst Catharine Sedgwick, die aus einer der führenden Familien Neuenglands stammte, beschrieb ihre Schulbildung vor allem als Mangel:

> ‚Education‘ in the common sense I had next to none ... I had constantly before me examples of goodness – & from all sides admonition to virtue – but no regular instruction – I went to the district Schools or if any other school a little more select or better chanced I went to that – But no one dictated my studies or overlooked my progress – I remember feeling an intensive ambition to be at the head of my class, & generally being there – Our minds were not weakened by too much study – reading & spelling & Dwights Geography – were the only paths of knowledge into which we were led — ... At eleven I went to N[ew]York & had the very best teaching of an eminent Professor of dancing! (Journal of reminiscences, CMS-Papers I, 12.5)

Sedgwick war, wie die meisten Schriftstellerinnen in der ersten Hälfte des 19. Jahrhunderts, weitgehend Autodidaktin.[12] 1853, als sie 64-jährig die eben zitierten Erinnerungen für ihre Großnichte Alice verfaßte, schien ihr die Situation wesentlich gebessert, auch wenn sie offenbar die Bildungsinhalte nicht generell gutheißen konnte. „My dear Alice I wish I could give you a true picture & a vivid one of my fragmentary childhood – how different from the thoughtful, careful, (whether judicious or injudicious) education of the present day –" (Journal of reminiscences, CMS-Papers I, 12.5; Hervorh. im Orig.).

Bessere Bildungs- und Ausbildungsmöglichkeiten waren eine permanente Forderung zahlreicher Frauen und Frauenorganisationen im 19. Jahrhundert. Diese Forderung ließ sich gerade auch mit der aus der Natur der Geschlechter folgenden geschlechtlichen Aufgabenteilung begründen. Als Mutter hatte die Frau einen Erziehungsauftrag von staatspolitischer Bedeutung zu leisten, für den sie zwar geboren war, dessen Wichtigkeit aber auch fundiertere Kenntnisse erforderte.

Der Bürgerkrieg stellt einen bedeutenden Einschnitt dar, weil Frauen aufgrund ökonomischer Notwendigkeiten Tätigkeiten übernehmen mußten und konnten, die vorher Männern vorbehalten waren.[13] Frauen ersetzten z.B. männliche Lehrkräfte. Nach 1860 nahmen die Möglichkeiten höherer Bildung für Frauen ebenfalls deutlich zu. Staatliche Universitäten im Westen öffneten sich für Frauen, vor allem weil sie zu wenig männliche Studenten hatten. Im Osten markierte die Gründung von Vassar College im Jahr 1861 einen neuen Standard der Frauenbildung.[14] Aus verbesserter Ausbildung folgten Berufsansprüche. Ohnehin war das Spektrum von Erwerbstätigkeiten, die Frauen ausüben konnten, in der zweiten Hälfte des Jahrhunderts wesentlich breiter geworden. Das zeigen u.a. auch Bücher wie Ella Churchs *Money-Making for Ladies* und Amy Bulleys *Women's Work*, in denen akzeptable Tätigkeiten diskutiert werden.[15] Mit dem Wandel der Bildungs- und Berufsmöglichkeiten für Frauen wandelte sich das Bild der Frau, wobei solche Wandlungsprozesse immer innerlich widersprüchlich sind, gegenläufig, weil umstritten.

Zwei Beispiele zeigen streiflichtartig den Wechsel der Positionen, den die Wertschätzung der wissenschaftlichen Rede von Frauen erfuhr. In seinen Memoiren *50 Years Among Authors* (1884) berichtet der Verleger James Derby von einer theologischen Kontroverse, die Catharine Beecher, die ältere Schwester von Harriet Beecher Stowe, mit einem Professor der Theologie des Andover Seminary führte. Als Tochter des berühmtesten Geistlichen seiner Zeit, Lyman Beecher, und als Schwester mehrerer Geistlicher, war Catharine ebenso wie Harriet theologisch hochgebildet. Dr. Leonard Woods hatte zu einer theologischen Frage Stellung genommen.[16] Catharine Beecher besprach seinen Kommentar und publizierte ihre Kritik anonym in einer Zeitschrift.

> It was so vigorous that Dr. Woods thought he had found an antagonist worthy of his steel, and elaborately answered it. Catharine replied and he answered that, and then, to his infinite disgust, he found his opponent was a woman, and he dropped his pen, for at that time people did not think women were worth much as controversialists. (449)

Während Woods die theologische Auseinandersetzung mit einer Frau nicht möglich schien, zeigte sich das wissenschaftliche Publikum im zweiten Beispiel gerade an dem interessiert, was eine Frau zu sagen hatte. 1877 hielt die damals renommierte Autorin Elizabeth Stuart Phelps Ward eine Reihe von Vorlesungen über „Representative Modern Fiction" an der Boston University. Es war dies das erste Mal überhaupt, daß einer Frau diese ehrenvolle Aufgabe zukam. In einem biographischen Essay zu Ward schreibt Elizabeth Springs 1883 über diese Unternehmung: „The audience was of students of both sexes and different ages, from various departments of the University. ... Mr. Whittier [John Greenleaf Whittier], who ... heard the lectures, says of them: ‚They were admirable in manner and matter. I have never heard a woman speak with such magnetic power'" (570).[17] Der Anschauungswandel in Hinblick auf die Akzeptanz weiblicher Rede, wie er in diesen Beispielen zum Ausdruck kommt, mag als Fortschritt interpretiert werden. Es ist allerdings falsch, daraus auf eine kontinuierliche Aufwärtsentwicklung zu schließen, denn der Zugang zu Institutionen kann geöffnet, aber auch wieder verschlossen werden. Schließlich handelt es sich um Machtverhältnisse, und die können immer nur relativ gesichert sein.

Mit den folgenden Anmerkungen zur rechtlichen Stellung der verheirateten Frau weise ich darauf hin, daß Änderungen im Status von Frauen, selbst wenn sie für das weibliche Geschlecht oder Gruppen daraus von Vorteil sind, nicht notwendig (allein) auf Betreiben von Frauen zustande kommen. Sie können auch im Interesse von Männern liegen und deshalb von ihnen gefördert werden. Verschiebungen im Machtverhältnis der Geschlechter, und das gilt für gesellschaftliche Veränderungen generell, sind ebensowenig monokausal wie deren Nutznießer homogen. Einschränkend sei der Hinweis vorweggeschickt, daß die US-amerikanische Rechtsgeschichte (ähnlich wie die deutsche) gerade im 19. Jahrhundert besonders vielfältig ist, weil für die meisten Gesetze die Rechtshoheit bei den Bundesstaaten lag. Die gesetzlichen Regelungen konnten sich daher von Staat zu Staat stark unterscheiden.[18]

Verallgemeinernd läßt sich der Rechtsstatus der verheirateten Frau in der ersten Hälfte des 19. Jahrhunderts als höchst beschränkt bezeichnen, da die Ehefrau rechtlich keine eigenständige Person war und vollkommen der Kontrolle ihres Mannes unterstand. Der juristische Terminus „coverture" benannte die

Rechtsstellung der Ehefrau. „The husband and wife are considered, in law, to be one person, and that one person recognized by the law is the husband" („Husband and Wife" 489). Hieraus folgte, daß eine Ehefrau weder vertrags- noch geschäftsfähig war. „[A]t marriage a wife's personal property and the control of her real property went to her husband. Unable to make contracts or to sue and be sued in her own name, a wife was subsumed under her husband's legal identity by the doctrine of marital unity" (Basch 99). Sämtliche Einkünfte einer Ehefrau während der Ehe gehörten von Rechts wegen ausschließlich ihrem Mann. Für Autorinnen hieß das konkret, daß ihre Ehemänner die Verträge mit Verlegern aushandelten oder sie einen Rechtsvertreter beauftragen mußten.[19]

Sorgerecht und Vormundschaft für die Kinder lagen allein beim Vater. Dies ändert sich im Laufe des 19. Jahrhunderts, doch nicht zugunsten der Mutter, wie Michael Grossberg feststellt, der den Wandel der Rechtssprechung im Bereich des Sorgerechts untersucht hat. Grossberg konstatiert eine Machtverschiebung vom männlichen Elternteil zum männlichen Richter, da ein formaler Anspruch der Mutter auf das Sorgerecht für ihre Kinder in den meisten Staaten nicht anerkannt wurde. Am Ende des 19. Jahrhunderts, „only the District of Columbia and nine states formally granted women equal custody and guardianship. The rest invested judges with the patriarchal power to place children" (Grossberg, „Who Gets the Child?" 253). Bemerkenswert ist hieran, daß aus dem hohen Stellenwert, den Mütterlichkeit im Diskurs des 19. Jahrhunderts erlangt hatte, keine Machtverschiebung zugunsten der Mutter durch die Legalisierung ihrer Pflichten in Rechte folgte.[20]

Was das Eigentumsrecht betraf, gab es gewisse Möglichkeiten der Besitzstandswahrung für Frauen einerseits über das Billigkeitsrecht (*Equity Law*) und anderseits über die Einsetzung von männlichen Treuhändern. Dennoch erklärt die Rechtshistorikerin Norma Basch:

> If one were to identify a single smoldering issue that symbolized the subordinate status of women in the wake of the Revolution and sparked the rise of the women's movement in the antebellum years, it would have to be the inability of married women to control their property. Property, after all, was the most fundamental of republican rights („The Emerging Legal History of Women" 99)

In dieser Beziehung ergab sich ein eklatanter Widerspruch zur Vorstellung der gleichwertigen, getrennten Sphären von Mann und Frau. Besitzrechte für Ehefrauen waren daher eine verbreitete Forderung, die beispielsweise Harriet Beecher Stowe 1869 in einer Artikelserie in der Zeitschrift *Hearth and Home* erhob, wo sie die Stellung der Ehefrau im englischen Recht mit der eines Sklaven verglich. Polemisch benannte sie den Unterschied: „[I]n the law of slavery, a human being is ... a *thing* simply; but in English common law a married woman is nothing at all" (zit. nach Helsinger 520).[21] Um ihr Eigentum zu schützen, konnte eine Frau besondere Vorsorge treffen. Dies tat etwa Sara Parton, als sie zur Sicherung ihrer Einkünfte vor ihrer Heirat mit James Parton 1856 für diese, ihre dritte Ehe Gütertrennung vereinbarte (vgl. Warren, *Fanny Fern* 153-154).[22] Der Fall scheint jedoch selten gewesen zu sein.

Veränderungen im Rechtstatus verheirateter Frauen brachten die *Married Woman's Property Acts*, eine Reihe von mehrfach revidierten Besitzstandsregelungen, die etwa ab der Jahrhundertmitte in vielen Staaten verabschiedet wurden. Es handelt sich, wie Basch schreibt, um „the first major conjunction of gender and formal politics in nineteenth-century America" (103).[23] Beispielsweise verabschiedete der Staat New York 1860 ein Gesetz, das Ehefrauen erlaubte, ihren vorehelichen Besitz weiterhin zu behalten. Da solche Statuten keineswegs überall auf Druck feministischer Initiativen zustande kamen, stellt sich für Basch die Frage, warum männliche Gesetzgeber Frauen Rechte zugestanden, die ihnen jahrhundertelang verwehrt worden waren. Die historische Forschung hat die Antwort auf diese Frage weitgehend vermieden. „Historians agree that economic issues such as debtor relief and legal clarification of equitable estates provided the motivation for passing the reform statutes, but they avoid the issue of why the statutes took the form of legal concessions to women" (Basch 103). Basch nimmt an, daß die Gesetzgeber sich möglicherweise liberal-feministisches Gedankengut zunutze machten.

Einen Kausalzusammenhang zwischen rechtlichem und sozialem Wandel vorauszusetzen, ist zumindest problematisch, da solche Wechselwirkungen komplexe Zusammenhänge sind. Die Interpretation der Auswirkungen gesetzlicher Regelungen bleibt schwierig. Zusammenfassend läßt sich sagen, daß trotz und vielleicht wegen mancher Zugeständnisse an Frauen die Gesetzgebung des 19. Jahrhunderts die fortgesetzte Unterordnung von Frauen sicherte. Denn die fundamental asymmetrische Rechtsposition der Eheleute, auch im Hinblick auf ehelichen Besitz, benachteiligte Frauen in der Regel.

Die Betrachtung des politischen Bereichs, zu der ich jetzt komme, ist besonders aufschlußreich, weil dieser nach der Logik der getrennten Sphären der Geschlechter den Männern vorbehalten war. Dennoch machten sich Frauen zunehmend im öffentlichen Raum breit.[24] Hieraus ergaben sich Spannungen in der symbolischen Ordnung, die über das Konstrukt der natürlichen Geschlechterdifferenz bis zu einem gewissen Grad gelöst werden konnten – einerseits dadurch, daß die politischen Aktivitäten von Frauen nicht als politisch wahrgenommen wurden, und anderseits durch ihre Rechtfertigung als natürliche Anliegen des weiblichen Geschlechts.

Politik als Männerdomäne zu beschreiben, ist insoweit zutreffend, als die formalen Ordnungsstrukturen dieses Bereichs durch das gesamte Jahrhundert in Männerhand waren und blieben: Wahlrecht, Parteien, politische Amtsausübung blieben männliche Prärogativen. Betrachten wir das politische System als Ganzes, so müssen allerdings formelle und informelle Möglichkeiten der Einflußnahme berücksichtigt werden. Frauen fehlten nicht einfach im öffentlichen Raum. Sie waren in den meisten Reformanliegen von der Antisklavereibewegung bis zur Temperenzbewegung aktiv. Sie engagierten sich in Wohlfahrtsverbänden und leisteten im sozialpolitischen Bereich ein hohes Maß an Arbeit. Für ihre politischen Aktivitäten nutzten sie jedoch andere, informelle Strukturen: Petitionen, Lobbying. Die politischen Aktivitäten der Geschlechter kanalisierten sich in zwei politische Subkulturen mit eigenen Machtbasen, typischen Strategien und Zielen. Paula Baker faßt zusammen:

> Two political cultures operated throughout the remainder of the nineteenth century. The female culture was based on the ideology of domesticity and involved continual expansion of the environs of the „home." Women carried out social policy through voluntary action. They practiced a kind of interest-group politics, by directing their attention to specific issues and exercising influence through informal channels. Male politics consisted of formal structures: the franchise, parties, and holding office. For many men, this participation was as much social as it was political, and it contributed to a definition of manhood. („The Domestication of Politics" 647)

Obwohl also beide Geschlechter im öffentlichen Raum politisch aktiv waren, waren sie es aufgrund formaler Ausschlüsse von Frauen in unterschiedlicher Weise. Solange die politischen Subkulturen analog zum Verständnis der Geschlechternatur agierten, konnte das soziale Ordnungsprinzip der Geschlechtertrennung als funktionierend wahrgenommen werden, obwohl es nur bedingt wirksam war. Im Wechsel bestätigte die Existenz dieser Subkulturen wiederum die Vorstellung der Geschlechterdifferenz. Politische Aktivitäten von Frauen in Clubs und öffentlichen Institutionen fanden vielfach männliche Unterstützung (Baker 631), allerdings nur, solange ihre Aktionen und Forderungen männlichen Prärogativen nicht zu nahe kamen. Einen Höhepunkt weiblicher politischer Kultur nennt Baker das Frauenparlament („Woman's Parliament"), das von dem professionellen New Yorker Frauenklub Sorosis 1869 einberufen wurde. Den Teilnehmerinnen schwebte der Aufbau einer parallelen Frauenregierung vor, die sich der sozialen Anliegen annehmen sollte, für die die weibliche Natur besonders kompetent war: „education, prisons, reform schools, parks, recreation, political corruption, and social policy in general – tasks that male politics handled poorly, if at all" (634). Dieses Frauenparlament sollte von der Gesamtheit der Frauen gewählt werden; das allgemeine Wahlrecht für Frauen lehnten die Teilnehmerinnen jedoch ab. Damit blieb die Kohärenz des Geschlechtsdiskurses gewahrt. Die natürliche Geschlechterdifferenz erforderte eine geschlechtliche Arbeits- und Aufgabenteilung.

Die Brüchigkeit des Diskurses wurde dort offensichtlich, wo die formellen Garanten der Geschlechtertrennung nicht existierten (wie im Bereich der Literatur), oder wo ihre Legitimation in Frage gestellt wurde. Dort zeigte sich dann, daß die Rationalität der Machtsicherung auf der Naturierung der Geschlechteropposition basierte. Die Frauenwahlrechtsfrage wurde im 19. Jahrhundert zu einem der Kulminationspunkte in der Auseinandersetzung um Macht und Geschlecht. Die Wahlrechtsdebatte wurde mit großer Heftigkeit als eine geführt, in der es um das Wesen der Geschlechter ging. Befürworterinnen und Gegner des Frauenstimmrechts argumentierten mit der Natur der Geschlechter; die einen warnten vor dem Verlust der weiblichen Natur und ihrer Besonderheit, vor dem Verlust des Geschlechtsunterschiedes und damit dem Zusammenbruch der natürlichen Ordnung, der aus dem Frauenwahlrecht folgen würde. Die anderen argumentierten mit dem dringlich benötigten Wirken der besonderen Qualitäten der weiblichen Natur in der politischen Kultur. Der Stimmzettel wurde zum großen Unterschied zwischen den Geschlechtern stilisiert; Sara Parton bezeichnete in ihrer Kolumne im *New York Ledger* die Herren der Schöpfung spöttisch als „the voting sex" (April 7, 1860. Parton Papers 4). Dabei war zu Beginn des 19. Jahrhunderts das Wahlrecht noch ungeeignet zur Unterscheidung der Geschlechter, weil seine Ausübung bis ca. 1820 und mancherorts noch länger an Landbesitz gebunden war (Baker 625). Nicht nur Frauen, sondern auch viele Männer durften nicht wählen. Erst als dieses Privileg allen weißen Männern zukam, wandelte es sich von einem Besitz- zu einem Geschlechtsprivileg der weißen Rasse, das damit für die Unterscheidung der Geschlechter relevant werden konnte.[25] Als Privileg des anderen Geschlechts stellte es die Frauenbewegung in Frage. 1848 wurde von den Teilnehmerinnen und Teilnehmern der Seneca Falls Convention, mit der der Beginn der Frauenbewegung in den USA meist datiert wird, das Frauenwahlrecht gefordert.[26] Die Abolitionisten griffen das Wahlrecht weißer Männer als Rassenprivileg an. Mit der Verabschiedung des 14. Verfassungszusatzes (1868) wurde es auch verfassungsmäßig zu einem Privileg des männlichen Geschlechts. Im Abschnitt über das Wahlrecht ist im 14th Amendment erstmals ausdrücklich die Rede von „male inhabitants" und „male citizens".

> For the first time the Constitution contained the word „male" instead of speaking simply of „the people" or „citizens". With that word the amendment introduced the principle of discrimination by sex into the constitution,

> with the implication that women were not citizens (Hymowitz/Weissman 156)

Mit dem expliziten Verzicht auf das Wahlrecht behaupteten die Mitglieder des oben erwähnten Frauenparlaments 1869 ihre weibliche Identität und konnten damit auch ihre politischen Absichten legitimieren. „Suffrage represented the antithesis of the glorification of separate spheres", schreibt Baker (634). Dies scheint mir nur bedingt richtig, denn die Geschlechterdifferenz konnte anderseits als so evident und unverrückbar angesehen werden, daß sie selbst bei gleichen Tätigkeiten deren Unterschiedlichkeit garantierte. Wer an die höheren moralischen Qualitäten der weiblichen Natur glaubte, brauchte um die Differenz der Geschlechter nicht zu bangen. Eine entschiedene Vertreterin der Wesensverschiedenheit der Geschlechter wie Harriet Beecher Stowe, die insbesondere in ihren Gesellschaftsromanen die weibliche Sphäre glorifizierte, trat energisch für das Frauenwahlrecht ein. Ebenfalls 1869 bezeichnete sie die Ablehnung des Frauenwahlrechts als Unterdrückungsmaßnahme. In einem Brief an Sara Parton, auch eine erklärte Suffragette, folgerte sie aus der Wesensverschiedenheit der Geschlechter ihre Gleichberechtigung:

> Yes I do believe in Female Suffrage – the more I think of it the more absurd this whole government of men over women looks – A friend of mine put it rather nicely the other night – „I dont much care about voting she said the other day – but I feel as the girl did who was offended when the cake plate was n't passed her[.]
> Why I thought you did not love cake[?]
> But I do like to have the choice [chance ?] of refusing it, says she. This agreement of Tom Dick & Harry not to pass the cake plate lest we make ourselves sick with cake seems absurd. Dare not trust us with suffrage lest we become unwomanly. Let them try it [.] Unsexed? – I should like to see what could make women other than women & men than men – (25. Juli [1869]. Parton Papers, 2.29)

Die Auswirkung des allgemeinen Frauenwahlrechts, das in den USA mit dem 19. Verfassungszusatz 1920 Gesetz wurde, unterlief die Erwartungen beider Seiten.[27] Weder verschwanden die Geschlechter noch veränderte sich die Politik. Was allerdings verschwand, war die Relevanz des Stimmrechts für die Geschlechtsidentität. Sobald beide Geschlechter wählen durften, verlor diese Institution ihre identitätskonstituierende Kraft. Die Auseinandersetzung um das Wesen der Geschlechter verschob sich auf andere Bereiche. Damit war das Geschlecht als Basis einer separaten politischen Kultur für Frauen problematisch geworden. Die Folge war die politische Fragmentarisierung der Frauen, die nun nicht mehr durch ihren geschlechtsbedingten Ausschluß vom Wahlrecht geeint waren. Die Politik änderte sich schon deshalb nicht grundsätzlich, weil die formalen politischen Machstrukturen und Hierarchien (Parteien, Ämter etc.) in Männerhand waren und blieben. Auf jeder Ebene der politischen Hierarchien mußten und müssen die Neulinge wieder erst den Minderheitenstatus ihres Geschlechts und/oder ihrer Rasse überwinden.

Während in den drei skizzierten gesellschaftlichen Bereichen die diskursive Konstruktion von der diametral entgegengesetzen Natur von Mann und Frau, aus der sich ihre unterschiedlichen gesellschaftlichen Tätigkeiten herleiten, mehr oder weniger einleuchtend mit vorhandenen Konventionen der Geschlechtertrennung in Einklang zu bringen war, stellt sich im Bereich Literatur die fehlende Geschlechtssegregation als Problem. In den Worten Mary Pooveys hatte dieser Bereich „the potential to expose the artificiality of the binary logic that governed the Victorian symbolic economy. ... [It] threatened to challenge *the* opposition upon which all the other oppositions claimed to be based – the opposition between men and women" (*Uneven Developments* 12). Literatur wurde zum Grenzfall, zu einem Ort, an dem die Grenzen der ideologischen Gewißheit der amerikanischen Gesellschaft des 19. Jahrhunderts ins Wanken gerieten.

> *„What delicate discernment … almost thought!"*
>
> Elizabeth Barett Browning,
> *Aurora Leigh* 82

2.2. Der Diskurs der Geschlechterdifferenz und die Literatur

Den Geschlechtsdiskurs des 19. Jahrhunderts kennzeichnen, wie wir gesehen haben, folgende Redegewohnheitsnotwendigkeit: die Geschlechter sind verschieden, und ihre Differenz ist physisch begründet. Ist die Differenz Thema, so wird sie an der Frau beschrieben und festgeschrieben. Eben diese drei Merkmale werden im Laufe der ersten Hälfte des 19. Jahrhunderts auch für die Literatur diskursiv etabliert: Die Literatur ist in allgemeiner Rede menschlich-männlich. Ist von den literarischen Werken von Männern und Frauen die Rede, so wird der Geschlechtsunterschied auch in der Literatur festgestellt und dort ebenfalls über die körperliche Verschiedenheit erklärt. Expliziert wird die literarische Differenz vorwiegend an Frauen und ihren Texten. Der Diskurs der Geschlechterdifferenz, den ich als einen *master discourse* des 19. Jahrhunderts bezeichnen möchte, stellt die Kommunikationsstruktur auch für die Literatur bereit. Deskriptiv und präskriptiv wird dabei mit der Literatur von Frauen umgegangen. Die Differenz der Autorinnen wird formuliert, benannt und bewertet, bestritten und verteidigt. Diese Debatte, die die Institution Literatur in dieser Zeit führt, ist ein Moment der diskursiven Wissensproduktion.[1] Mit dieser Debatte entsteht Wissen davon, daß die Literatur von Frauen eine besondere Art von Literatur ist, deren Spezifikum Weiblichkeit ist. Literatur von Männern bleibt dagegen weitgehend frei von geschlechtlicher Besetzung; es entwickelt sich kein analoger Begriff von männlicher Literatur, wie auch der Geschlechtsdiskurs vor allem einer über das weibliche Geschlecht und seine Differenz ist. Wesentlich ist nun nicht in erster Linie, ob die Beschreibungen und Klassifizierungen der Literatur von Frauen zutreffend sind oder nicht, sondern *daß* sie getroffen werden, *daß* Literatur und Geschlecht verknüpft und an Frauen und ihren Texten verhandelt werden. Meine Diskursrekonstruktion zielt nicht darauf ab, Literatinnen zu „retten", sondern die Wirkungsweise des Diskurses vorzuführen: Die Genese einer Disziplin weiblicher Literatur, die Disziplinierung von Subjekten in diese Literatur, und das Aufbegehren dagegen. Die Kenntnis des Literaturdiskurses ist notwendig, auch um sehen zu können, wie in poetischen Texten die Befreiung vom Diskurs ganz oder teilweise geleistet wird. Ich stelle der Detailbetrachtung einzelner Aspekte zunächst eine allgemeine Thesenexposition voraus.

Der Bereich Literatur befindet sich in der ersten Hälfte des 19. Jahrhunderts in einer Konsolidierungsphase.[2] Literatursoziologisch betrachtet, laufen mehrere relevante Entwicklungen parallel und beeinflussen einander: 1. Es entsteht ein nationaler Literaturmarkt. 2. Literaturproduktion wird zur Profession, zum Berufsfeld. 3. Erzählliteratur gewinnt als Genre-Gruppe deutlich an Wichtigkeit. 4. Es entwickelt sich eine Nationalliteratur.[3] Spezifikum des literarischen Bereichs, der in dieser Zeit von der weißen Mittelklasse kontrolliert wird, ist, daß er nicht rechtlich geregelt ist und keine akademische Ausbildung voraussetzt. Damit ist anders als in allen anderen Professionen dieser Zeit Frauen der Zugang zu diesem Feld weder per Gesetz noch per Qualifikationsschranke von vorneherein unmöglich gemacht.

Der Literaturdiskurs ist der strukturelle Rahmen, in dem literarische und meta-literarische Kommunikation stattfinden. Er wirkt auf Produktion und Rezeption von Literatur im Selbstverständnis von Schreibenden und im Verständnis von Lesenden zurück. Konstitution und Transformation des Literaturdiskurses des 19. Jahrhunderts hängen mit breiteren historisch-gesellschaftlichen Veränderungen zusammen. Ganz allgemein gesprochen handelt es sich immer noch um die Auswirkung des von Foucault beschriebenen Umbruchs in der Legitimation der symbolischen Ordnung von einer göttlichen Ordnung zu einer natürlichen Ordnung. Die Diskursivierung der Literatur von Frauen, die im 19. Jahrhundert einsetzt, reproduziert im Bereich Literatur die Wahrheits- und Machtverhältnisse der symbolischen Ordnung. Die Diskursformation ist ein Prozeß der Auseinandersetzung, an dem Individuen mit ihren Beiträgen und Verhaltensweisen beteiligt sind. Zugleich sind die Subjekte durch den Diskurs in ihren Wahrnehmungen und Erwartungen und insofern in ihren Beiträgen präformiert. Die Geschlechterdifferenz, die die getrennten Sphären von Mann und Frau legitimierte, wird zum Fluchtpunkt in einer Debatte um Literatur.

In ihrer ersten Phase bis etwa zur Jahrhundertmitte zeichnet diese Debatte aus, daß sie über die Lokalisierung der Geschlechterdifferenz in der Literatur und die Folgerungen, die daraus gezogen werden, einen Begriff von einer spezifisch weiblichen Literatur erzeugt. Dabei handelt es sich um einen Komplex von Stereotypen, der sich in Schlüsselbegriffen, Umgangs- und Redeweisen manifestiert. Die Literatur von Frauen, so meine These, wird über das weibliche Geschlecht homogenisiert und in eine weibliche Sphäre gebannt. Damit kann die Grundannahme der symbolischen Ordnung gerettet werden, daß die Geschlechter ihrer Natur nach verschieden seien, und daß dieser Unterschied fundamental sei, was in ihren unterschiedlichen gesellschaftlichen Aufgaben den wiederum natürlichen Ausdruck findet. Ähnlich wie im öffentlichen Raum, wo die politischen Aktivitäten von Frauen als Ausdruck ihrer Natur gewertet (und damit gewissermaßen entpolitisiert) werden konnten, kann die literarische Aktivität von Frauen als Ausdruck ihrer Natur gesehen werden, sofern sie in dem Raum stattfindet, der als weibliche Sphäre markiert ist. Der Widerspruch, daß Männer und Frauen dasselbe tun, wenn sie Romane schreiben, ist aufgehoben. In einem zweiten Schritt wirkt das diskursiv erzeugte Konstrukt weibliche Literatur als Erwartungshorizont und Maßstab auf die Literatur zurück. Nicht in dem Sinne, daß sie diese vollkommen determinierte, sondern indem sie die Wahrnehmung der Literatur von Frauen prägt. Was mit der Debatte um Frauen und ihre Literatur geleistet wird, ist die diskursive Etablierung der prinzipiellen Verschiedenheit der literarischen Produkte von Frauen und Männern. Die Geschlechterdifferenz in der Literatur erlaubt folglich eine Hierarchisierung der Literatur auch nach Geschlecht.

Die begriffliche Bestimmung einer weiblichen Literatur, also einer Literatur, die als Ausfluß der Natur der Frau gilt, ist die normative Oberfläche des Diskurses. Dies wird gesondert unter 2.3. genauer ausgeführt. Zunehmend wird der Raum Literatur für Frauen markiert und eingeräumt. Das führt zu Einengung und Beschränkung des anfänglich offeneren literarischen Spielraums, bzw. des Raums, in dem ihre literarische Tätigkeit wahrgenommen wird. Die Konnotierung bestimmter literarischer Themen und Genres als weiblich konstitutiert die „weibliche Schreibweise", ein literarisches Verfahren, das freilich beiden Geschlechtern zur Verfügung steht und von Männern und Frauen genutzt wird oder eben nicht. Wenn Frauen dieses Verfahren benutzen, kann das als Ausdruck ihrer Natur anerkannt, wenn sie es nicht benutzen, kann das als Verirrung der Natur wahrgenommen werden. Die Benutzung der weiblichen Schreibweise durch Männer kann ebenfalls als widernatürlich betrachtet werden; man bezeichnet solche Autoren dann als effeminiert. Daneben besteht die Möglichkeit, männliche Autoren wegen ihrer Einfühlsamkeit in die weibliche Seele zu rühmen.

In der zweiten Hälfte des 19. Jahrhunderts kreist die Debatte um Literatinnen und ihre Werke nicht mehr vorrangig um das Wie und Ob weiblichen Schreibens, da Frauen im Literaturbereich in dieser Zeit fest etabliert sind. Ihre schiere Präsenz verändert den Diskurs, insofern nun nicht mehr ihre Anwesenheit erklärt werden muß – die ist nicht zu übersehen. Die Kommentare zu schreibenden Frauen befassen sich damit nicht mehr vorwiegend, denn daß Frauen Literatur machen, ist als Faktum nicht mehr der Rede wert. Die Bestimmung der Spezifika weiblicher Literatur tritt ebenfalls zurück. Mit Selbstverständlichkeit sind Autorinnen in Darstellungen amerikanischer Literatur integriert, wo ihnen allerdings ebenso selbstverständlich oft ein zweiter Rang zukommt.[4] Zugleich ist zu dieser Zeit die Geschlechterdifferenz eine so fest etablierte Grenzmarkierung, daß es unauffällig möglich ist, Literatinnen qua weibliches Geschlecht auszuschließen; beispielsweise bei der Konzeption einer amerikanischen Akademie der Künste männliches Geschlecht zur Eingangsvoraussetzung zu erklären, ohne daß dies irgendeiner Begründung bedürfte.[5] Die Debatte um die Literatur des weiblichen Geschlechts verschiebt sich auf Fragen der künstlerischen Qualität. Der im 19. Jahrhundert allgemein zu beobachtende Differenzierungsprozeß in hohe und populäre Kunst, den Lawrence Levine für die USA im 19. Jahrhundert untersucht hat, wiederholt sich in einer Differenzierung in hohe und populäre Literatur, wobei die Kategorie Geschlecht auch weiterhin zur Abgrenzung genutzt wird, wenn etwa Autoren wie James ihre Literatur gegen „die Frauen" abgrenzen. Insofern bleibt die Geschlechterdifferenz Grundlage des Literaturdiskurses; sie legitimiert das herrschende hierarchische Machtverhältnis. Die Kunst von Frauen bleibt (jedenfalls potentiell) weiblich und damit spezifisch, ihr Status ist niedriger als der der Kunst von Männern.

Die Macht des Diskurses zeigt sich in den Disziplinierungsbemühungen hin zu einer weiblichen Schreibweise und im Aufbegehren dagegen, wie ich unter 2.4. ausführe. Zu den Verfahren der Disziplinierung gehört die lobende Anerkennung für bestimmte Texte als Ausdruck weiblicher Natur, die Forderung nach Feminisierung von Texten durch Verleger, die Formulierung der didaktischen Aufgaben, die Texte von Schriftstellerinnen zu leisten hätten, und die Kritik, die an Autorinnen vorgenommen wird, die die Vorgaben nicht erfüllen. Diese Kritik richtet sich – konsequent im Sinne des Diskurses – oft vorrangig gegen die Autorin als Person und weniger gegen ihren Text. Die Wechselwirkung von Diskurs und Subjekten läßt sich einerseits darin sehen, daß Frauen die in sie gesetzten Erwartungen im Hinblick auf ihre Texte erfüllen, aber auch daran, daß Autorinnen in ihren Texten die weibliche Schreibweise reflektieren, ironisieren und dekonstruieren. Im Protest gegen die Doppelmoral der Literaturkritik wie in der Kritik an solchen Grenzziehungen überhaupt artikuliert sich der Widerstand gegen die Festlegung auf eine weibliche Schreibweise. Die Bruchstellen des Diskurses werden dort faßbar, wo die Differenzierung über Geschlecht außer Kraft gesetzt ist, dann nämlich, wenn im Falle eines „Meisterwerks" von einer Frau eine Dissoziierung von Geschlecht und Autorin stattfindet, wenn die sonst gültige Verknüpfung von Geschlecht und Natur plötzlich irrelevant zu werden scheint.

Im folgenden werde ich die eben skizzierte Entwicklung mit Textmaterial belegen. Dieses Material ist durchaus divers; es besteht aus Briefen, literarischen Texten, Essays, Rezensionen etc., und man mag sich fragen, welchen Stellenwert beispielsweise ein einzelner, vielleicht noch anonymer Essay zum Thema „Literary Women" haben kann und ob die allgemeine Darstellung der Diskursentwicklung eines Jahrhunderts nicht nach sehr viel mehr und autoritativeren

Belegen verlangte. Auch scharfsichtige Kommentare von Persönlichkeiten des 19. Jahrhunderts, die uns heute noch bekannt sind, sind jedoch nicht *a priori* wesentlicher als andere Sätze von mittlerweile Namenlosen. Obendrein gibt es zu jedem Zeitpunkt widersprüchliche Aussagen, konkurrierende und gegenläufige Bewegungen im Diskurs. Es geht darum, auf Tendenzen aufmerksam zu machen, die zum Kontext der Literatur gehören. Wesentlich ist, *daß* von etwas gesprochen wird, und das zeigen die Belege. Der Diskurs der Geschlechterdifferenz in der Literatur ist ein Komplex von Ideen und Beschreibungsweisen, die politische und kulturelle Machtausübung legitimieren. Dies wird deutlich in den folgenden Bemerkungen zur Geschlechternatur, in der Beziehung von Literatur und Markt und in den Bemühungen um eine Nationalliteratur.

Im Oktober 1824 erschien in *Blackwood's Edinburgh Magazine* unter dem Pseudonym Omega ein Artikel des amerikanischen Autors John Neal, der den Titel „Men and Women; Brief Hypothesis concerning the Difference in their Genius" trug. Neal, der wie Fritz Fleischmann darlegt, ein Feminist war, wendet sich gegen die verbreitete Auffassung von der geistigen Unterlegenheit der Frauen: „[I]t has come to be said so frequently of late, that women are *inferior* to men, in their intellectual faculties ... I maintain that women are not *inferior* to men, but only *unlike* men, in their intellectual properties" (388). Vehement verteidigt er die Differenz der Geschlechter und folgert aus ihr die zwangsläufige Verschiedenheit ihrer geistigen Produkte:

> [T]here will always be as much *difference* between the minds, as there is between the bodies of men and women – a difference, that is essential and sexual. ... I contend that there would always be an *essential*, *specifick* [sic] difference, between the productions of women, and those of men. ... There might be women, who would write like men; and men, who would write like women. But then, the *first* among women, would write wholly different from the *first* among men. (389) ... Give them the same subject, for a drama, a poem, a painting, or an oratorio; and the result, I say, would be an unequivocal revelation of their several distinguishing sexual properties. (390; Hervorh. im Orig.)

Neal spezifiziert die Differenz in der Literatur noch genauer. Da Frauen einen zarteren Körperbau haben und über größere physische Sensibilität verfügen, haben sie größere Phantasie („imagination"). Allerdings sieht Neal auch hierin vor allem Differenz: „I would add that their imagination is different from that of men; and that I do not allow them any superiority, in consequence of their having *more* imagination than we" (394). Neals Formulierung macht die Grenzen seiner Toleranz deutlich – weibliche Überlegenheit darf nicht sein. Zudem bleibt seine Vorstellung entschieden am männlichen Wesen orientiert, denn seine Beschreibung setzt Frauen mit jungen Männern gleich, die nicht voll ausgereift sind. Das schlägt sich in den Künsten nieder:

> [W]e must expect women to be productive in those departments of literature, and the fine arts, where young men are, of similar animal sensibility. *The delicacy of their organs*, and, of course, *the vivacity of their impressions*, will prevent either from becoming profound – or so profound, as others, whose temperament is less irritable; but then, they will be, for that very reason, altogether more remarkable for splendour and beauty of imagination – adventure – chivalry – feverish enterprize, and surprising combinations of thought. (394; Hervorh. SO)

Bemerkenswert ist die Klarheit, mit der hier Geschlechterdifferenz auf physische Natur zurückgeführt wird. Aus dem äußeren und inneren Körperbau deduziert Neal stringent die geistigen und schließlich künstlerischen Wesensmerkmale des weiblichen Geschlechts. Die Übereinstimmung mit der Natur könnte größer nicht sein. Damit ist die Beurteilung der Literatur von Frauen auf dem Fundament ihrer physischen Natur begründet.

Neals Ausführungen entstammen einer Phase der Erzeugung des Differenzdiskurses, in der der Zusammenhang des Geschlechtscharakters mit der physischen Natur noch augenfällig ist. In den Transformationen des Diskurses wird der explizite Rückgriff auf die Körper seltener, weil das Prinzip der Naturierung der Geschlechtseigenschaften sich durchgesetzt hat. Die Wesensmerkmale des weiblichen Geschlechts, wie immer sie formuliert sein mögen, müssen dann nicht weiter und nicht physisch begründet werden, obwohl sie sich jederzeit auf die Physis zurückführen lassen. Das gilt, wie immer sie formuliert werden: positiv als (auch psychische) Sensibilität und Empfindlichkeit oder negativ gefaßt als Oberflächlichkeit und Schwäche. Der Rückbezug auf die Physis wird ebenfalls hergestellt, wenn aus den Texten einer Autorin beispielsweise auf ihr Aussehen geschlossen wird. Daß auch die weiblichen Geschlechtseigenschaften erst der Ausformulierung bedürfen und ständig der Umformulierung unterliegen, werden wir an späterer Stelle sehen, wenn die literarischen Talente der Frauen gerade nicht, wie bei Neal, im Abenteuerlichen und Chevaleresken lokalisiert werden. Neal hatte bei diesen Aussagen die existierende Literatur vor Augen, die zukünftige konnte er ja nicht kennen. Seine Beschreibungen evozieren Autorinnen wie Ann Radcliffe und Mary Shelley und nicht Harriet Beecher Stowe. Mit dem Verweis auf die Naturgegebenheit des Geschlechts ist der argumentative Schlußstein gesetzt, hinter den es kein Zurück gibt. Hierauf baut auch William Cox in einem Beitrag zum *New York Mirror* von 1840, der den Titel „Female Genius" trägt.[6]

> We never expect, indeed, never wish to see genius, in its loftiest and most awful form, take up its residence in the pretty little head of a fragile female. It would be unnatural that it should be so, and the contemplation of it consequently painful. What can pure innocent girls know, comparatively, of the dark recesses of the sinful hearts of this world's tenants? How could they look without a shudder, into the brain and bosom of man, and unveil his fearful thoughts; and grasp, and master, and reveal to the world all the terrible mysteries of his nature? ... We know not whether a Falstaff or an Iago, drawn by a female, would be the most repulsive creation. No man, be sure, would marry the woman – no man durst marry the woman who *could* draw such portraits. And yet how they both call forth our deep admiration of the „gentle" William Shakespeare! Such is the essential difference between the two natures – Lady Morgan, with her false philosophy, to the contrary notwithstanding. (108)[7]

Mit der wesensmäßigen Verschiedenheit der Naturen von Mann und Frau, die auch die literarische Welt ordnet, wird das weibliche Geschlecht deutlich zurecht-, um nicht zu sagen zurückgewiesen. Doch wird die Hierarchisierung in ein scheinbar friedliches Nebeneinander aufgelöst. „The literary empire, like almost every other, has been divided; the sexes are beginning to share it pretty impartially; nor would it be safe to say that woman's portion of it is less fertile or less wisely governed than the other" (432) – so klingt das 1835 bei William Bourn Oliver Peabody in einer Rezension zu „Mrs. Sigourney and Miss Gould", die er mit langen allgemeinen Ausführungen zur Literatur von Frauen eröffnet.[8] Eine Frau mochte das anders sehen. Sara Josepha Hale, Herausgeberin des *Ladies Magazine,* schrieb dort 1829:

> The path of poetry, like every other path in life, is to the tread of woman, exceedingly circumscribed. She may not revel in the luxuriance of fancies, images and thoughts, or indulge in the license of choosing themes at will, like the lords of creation. (zit. nach Walker, *Nightingale's Burden* 34)

Im diskursiven Spektrum steht Hales Kommentar Neals Behauptungen darüber, wie sich die weibliche Natur in der Literatur auswirken müsse, nahezu diametral entgegen.

Die weitere Entwicklung des Diskurses der Geschlechterdifferenz in der Literatur steht in Zusammenhang mit der ökonomischen Entfaltung des Bereichs und wird beeinflußt von den Bestrebungen, eine nationale amerikanische Literatur zu schaffen und auch auf kulturellem Gebiet die Unabhängigkeit zu vollziehen. Die Entwicklung – an der Erzählliteratur wird es besonders deutlich – läßt sich folgendermaßen skizzieren: Im 18. Jahrhundert war die Erzählliteratur in den USA (im Vergleich zu England) wenig entwickelt. Der Roman war kein angesehenes Genre. Die Beteiligung von Männern und Frauen regelte sich über soziale und ökonomische Zugangsschranken. Schreiben konnten diejenigen Männer und Frauen, die schreiben konnten und es sich erlauben konnten, einer ökonomisch unergiebigen Tätigkeit nachzugehen.[9] Man mußte über andere Finanzquellen verfügen, um sich das Schreiben leisten zu können; im doppelten Sinne, denn die Autoren mußten die Druckkosten oft selbst finanzieren. In den ersten 35 Jahren der amerikanischen Republik ernährte die Schriftstellerei weder ihren Mann noch ihre Frau. Der größere Teil der Literatur, die vor und nach der Konstitution der Vereinigten Staaten in Amerika gelesen wurde, stammte aus England. Auch während des 19. Jahrhunderts haben englische Texte großen Anteil am amerikanischen Buchmarkt.

Der Bereich Literatur erfuhr zwischen 1820 und 1850 eine bedeutende ökonomische Aufwertung, denn in diesem Zeitraum stieg die Schriftstellerei zum Berufsfeld auf. Es entstand die Infrastruktur, die Literaturproduktion und -rezeption im großen Stil möglich und profitabel machte. Dazu gehören der Wandel von einer lokalen zu einer nationalen Verlagsindustrie, ein durch die Eisenbahn wesentlich verbesserte Verkehrsinfranetz, Neuerungen in der Drucktechnik, Industrialisierung, aber auch durch Werbung verbesserte Verkaufstechniken.[10] Dank seines starken Bevölkerungswachstums und der verbreiteten Schulpflicht besaß Amerika bereits in den 1840er Jahren „the largest reading audience anyone had ever seen" (Tebbel, *A History of Book Publishing* I, 207). Der neue Markt für Literatur mit seiner starken Nachfrage nach unterhaltender Literatur (*fiction*) machte es erstmals möglich, mit Schriftstellerei den Lebensunterhalt zu verdienen. Frauen und Männer der weißen Mittelklasse wurden im literarischen Bereich verstärkt aktiv und nutzten seine Möglichkeiten des Geldverdienens und der öffentlichen Äußerung.

Diese Entwicklung läßt sich auch an der einheimisch amerikanischen Buchproduktion ablesen. Die Zahl der erzählliterarischen Werke ist über Lyle Wrights Standardbibliographie *American Fiction* bestimmbar. Der chronologische Index listet ab 1774 Jahr für Jahr die publizierten Werke. Bis zum Jahr 1821 sind es jährlich weniger als 10 Titel. Hierbei ist allerdings zu berücksichtigen, daß sich der Großteil literarischer Produktion von Lyrik bis Prosa in den Zeitschriften findet und deshalb nicht unter den selbständigen Publikationen erscheint. Nach 1822 steigt die Zahl der Prosawerke kontinuierlich, jedoch langsam weiter auf 41 im Jahr 1833, auf 84 im Jahr 1843 und auf 135 im Jahr 1850. Seit den 1840er Jahren hat sich der Zuwachs sichtlich beschleunigt, die Konsolidierungsphase ist abgeschlossen.[11]

Solange die Produktion amerikanischer Autorinnen und Autoren umfangmäßig noch gering war, prognostizieren die Kommentatoren zumeist die künftige Glorie der amerikanischen Literatur und formulieren dabei gelegentlich Erwartungen, was der Beitrag der Frauen sein werde. Der oben erwähnte William Peabody bescheinigt den Autorinnen der USA lobend: „[W]oman's literary effort ... has done more to elevate the national character and her own, than in any other country" (440). Namentlich nennt er Sedgwick, Child, Leslie, Hale und (Eliza) Farrar. Für die Zukunft prophezeit er: „It may probably ... be safely assumed, that those branches which belong to the province of imagination, are those to which woman will be most inclined by her prevailing taste and qualities; and in these she is eminently fitted to excel" (444). Das Schlüsselwort ist, wie schon bei Neal, „imagination". Sie befähigt die Frauen zu Erzählliteratur und Lyrik („fiction, novels, poetry"), Gebiete, in denen die Autorin als „active handmaid of virtue" (444), besonders segensreich wirken könne und werde.

Bei der Betrachtung des vorhandenen Materials unter nationalen Aspekten, wenn es um die Abgrenzung nach außen geht, tritt die Geschlechterdifferenz in den Hintergrund. Typisch ist, daß weibliche Verfasserschaft zwar erwähnt und damit markiert wird, aber nicht der Versuch gemacht wird, ihre Spezifika zu formulieren. Vielmehr ist es die Zuwendung zu amerikanischen Themen, die positiv hervorgehoben wird. Beispielsweise in William Cullen Bryants Rezension zu Sedgwicks zweitem Roman *Redwood* (1824), wo es heißt:

> [S]omething is done to exalt our national reputation abroad, and to improve our national character at home. It is also a sort of public benefit, to show what copious and valuable materials the private lives and daily habits of our countrymen offer the writer of genius. (272)[12]

Die Unterscheidung von anderen homogenisiert die eigenen Anderen; die Frauen werden vereinnahmt und nicht ausgegrenzt. Als die Bibliothek der Universität Harvard 1827 begann, amerikanische Literatur zu sammeln, öffnete man die heiligen Hallen zwar nicht den Frauen selbst, aber doch immerhin ihren Werken. Catharine Sedgwick und Lydia Child forderte man z.B. auf, Exemplare ihrer Bücher der Bibliothek von Harvard zu schenken.[13] Wir wissen dies aus dem Brief einer Freundin von Sedgwick, Louisa Minot, die die Bitte des Präsidenten von Harvard weiterleitete und folgendermaßen kommentierte:

> [T]he printed document accompanying this is from the Pres[iden]t of Harvard University & is sent for the purpose of inducing you to present to the College Library, copies of all your works. Perhaps it may be thought, that a lady of your discernment would have discovered all this by reading the paper, but I was requested to make this exposition nevertheless, as the Literati have set their hearts on having your Books there & seem to consider this method

of obtaining them, as more elligible, than that of steping across the street to the bookstore & making the purchase. The truth is, that it has been a reproach to the College, that none of the works of American authors are to be seen in the library. They say they have not funds to buy them, & it is worthy of the learned & [unleserliches Wort] cunning to have hit on a method at the same time so flattering to the authors, & so sure to fill an alcove with native productions – I hope you will comply with the request for the honor of the sex, as, in consequence of the last clause in the circular, a chance is offered (which could not otherwise be obtained) of having the name of a female placed with litterary honors on the records of the college. I believe the men regard female authors pretty much as Mr Walsh does female sovereigns (in his review of [zwei unleserliche Worte]) but they must [zwei unleserliche Worte] bow their stiff necks to genius even when it chooses to dwell in the weaker vessel, a departure from all orthodox methods of disposing of itself, which it must be acknowledged, that in these degenerate modern times, Genius seems much inclined to make. I must do the men, & there the most learned & critical of them, the justice to own, that they have given their unqualified simpathy & approbation to Hope Leslie [Sedgwicks gleichnamiger Roman, erschienen 1827], she has conquered them all, ... The only disenting voices are from your own sex & they unfortunately gave their opinions before they found out that the men liked it thinking it no doubt quite safe to criticise an american author“ (CMS-Papers II, 1.7. Der Text folgt der etwas erratischen Schreibweise des Originals – SO)

Minots Brief macht offenbar, daß amerikanische Autoren bis dato insgesamt nicht sehr hoch im Kurs standen; gleichzeitig belegt er, daß schreibende Frauen normalerweise noch weniger Ansehen genossen.

In den Jahren der *Jacksonian Democracy* trat Amerika aus dem kulturellen Schatten Englands heraus. Indiz für das vorhandene literarische Nationalbewußtsein sind die Anthologien amerikanischer Lyrik und Prosa, die besonders seit 1840 vermehrt erschienen. Lyrik als das noch angesehenere Genre machte den Anfang. Die erste, noch wenig systematische Zusammenstellung waren die von Elihu Hubbard Smith 1793 herausgegebenen *American Poems.* Eine genauere Bestandsaufnahme leistete Samuel Kettell 1829 mit den dreibändigen *Specimens of American Poetry.* 1840 veröffentlichte dann John Keese *The Poets of America: Illustrated by One of Her Painters* und im selben Jahr edierte William Cullen Bryant seine *Selections of American Poets.* 1842 erschien Rufus Griswolds *The Poets and Poetry of America*, 1847 folgten seine *The Prose Writers of America.* Die *Cyclopedia of American Literature* (1856), herausgegeben von den Brüdern Evert A. und George L. Duyckinck, war dann der Versuch einer Gesamtbilanz ohne Genrebeschränkung.[14] Da es um die Bestandsaufnahme von spezifisch Amerikanischem ging, nahmen diese Werke auch Autorinnen auf, selbst wenn ihre Vorworte nur allgemein (und das heißt: männlich) reden wie das zur *Cyclopedia*: „It is important to know what books have been produced, and by whom; whatever the books may have been or whoever *the men*" (Duyckinck [v]; Hervorh. SO).[15] Als Merkmal bleibt weibliches Geschlecht jedoch potentiell markant und verfügbar wie Griswolds einleitender Essay zu *The Prose Writers of America* vorführt. Unter der Überschrift „The Intellectual History, Condition and Prospects of the Country" wird dort ein Abriß der Entwicklung der Künste und Wissenschaften in Amerika gegeben, der die Namen der führenden Persönlichkeiten jedes Gebietes nennt, wobei Griswold bei der Beschreibung der schönen Literatur Frauen gemeinsam mit Männern plaziert. Zusätzlich faßt er jedoch Autorinnen aller Sparten noch einmal gesondert zusammen:

> I have yet made no particular notice of the contributions to our literature by that sex who until recently were content to be the subjects and the inspiration of the finest creations of genius. Throughout Christendom woman has assumed new offices and achieved new and unlooked-for triumphs. In fifty years she has done more in the domains of intellect than she had done before in five centuries. When Hannah Adams produced her histories she was perhaps not inferior to any historical writer then in America. Miss Sedgwick followed, with her charming pictures of New England Life, Redwood, Clarence, Hope Leslie, the Linwoods, and other novels and tales; Mrs. Child with Hobomok, The Rebels, the classical romance of Philothea, her elegant Biographies, and volumes of Letters; Mrs. Brooks with Zophiel, so full of imagination and passion; Mrs. Hale with Northwood, and Sketches of American Life; Miss Leslie with Mrs. Washington Potts and her other spirited views of society; Miss Beecher with her profund and acute metaphysical and religious writings; Mrs. Gilman with Love's Progress, her graphic Recollections of a Southern Matron, and other works; Mrs. Kirkland with A New Home, Forest Life, and Western Clearings, unequaled as pictures of manners among the pioneers; Miss Fuller with Summer on the Lakes, Woman in the Nineteenth Century, and her brilliant Papers on Literature and Art; Miss Mackintosh [sic] with Conquest and Self-conquest, Praise and Principle, and Woman an Enigma; and Mrs. Embury, Mrs. Sigourney, Mrs. Smith, Mrs. Ellet, Mrs. Stephens, Mrs. Worthington, Mrs. Judson, Mrs. Sedgwick, and many others who in various departments of literature have written works honourable to themselves, their sex, the country, and the age. (44-45)

Die Betätigungsfelder dieser Frauen sind divers; das Bindeglied ist hier ausschließlich die Kategorie Geschlecht oder anders gesagt, Geschlecht ist die

Grenze, die die Texte von der anderen Literatur separiert. Griswold war auch derjenige in den USA, der die Geschlechtertrennung in der Literatur konsequent betrieb und reine Frauenanthologien herausbrachte; die erste bereits 1842: *Gems from American Female Poets.* Gegen Ende der 1840er Jahre beginnt eine Welle der Produktion von Sammelwerken, die sich auf Frauen konzentrieren. In England veröffentlichte Frederic Rowton *The Female Poets of Great Britain* (1848); in Amerika publizierte Griswold *The Female Poets of America* (1849), im wesentlichen zusammengestellt aus seinen *Poets and Poetry of America*, die er fürderhin Männern vorbehielt. Es folgten John S. Harts *The Female Prose Writers of America* (1852), Caroline Mays *The American Female Poets* (1853) und Julia Deane Freemans unter dem Pseudonym Mary Forrest veröffentlichtes *Women of the South Distinguished in Literature* (1861). Das Erscheinen dieser und ähnlicher Werke ist in zweifacher Hinsicht bezeichnend. Es indiziert literarisches Nationalbewußtsein ebenso wie ein Bewußtsein davon, daß die Frauen eine Sondergruppe darstellen und daß ihr Beitrag zu Lyrik oder Prosa ein besonderer, geschlechtsspezifischer ist. Insofern belegen auch diese Kompilationen die Existenz einer Vorstellung von Literatur, die an Weiblichkeit gebunden ist.

In der zweiten Hälfte des 19. Jahrhunderts nimmt die Zahl von Werken noch zu, die das Spezifikum weibliches Geschlecht als Basis nutzen und den Beitrag von Frauen nicht nur zu Literatur und Kultur, sondern auch allgemein zur amerikanischen Geschichte und sogar Weltgeschichte als einen besonderen aufarbeiten.[16] Dies ist im Zusammenhang mit der zunehmend intensiver geführten gesellschaftlichen Auseinandersetzung über die Aufgaben der Geschlechter und den Kampf um die gesellschaftliche Machtverteilung in den USA zu sehen, eine Auseinandersetzung, die durch die Frauenbewegung und ihre Forderungen verstärkt wurde. Werke wie *Eminent Women of the Age* (1869), herausgegeben von James Parton u.a., *Our Famous Women* (1883), Laura Holloways *The Woman's Story* (1889), eine Anthologie amerikanischer Prosaschriftstellerinnen, oder das von Frances Willard edierte *American Women* (1897) führen implizit oder explizit auch den Beweis, daß das weibliche Geschlecht aufgrund seiner bereits erbrachten Leistungen der Beteiligung an der politischen Macht würdig ist. Erkennbar wird ein strukturelles Phänomen von Alteritätsdiskursen: über Differenzkriterien wird sowohl Alterität als auch Identität etabliert. D.h. am Beispiel der Kategorie Geschlecht, daß Frauen qua Geschlecht Andere sind, und darüber auch ihre Unterdrückung organisiert werden kann, aber auch, daß sie qua Geschlecht erst Gleiche werden, Gruppenidentität gewinnen, sich als gemeinsam begreifen und daraus dann auch Gegenmacht entwickeln können.[17] Dasselbe Differenzkriterium dient zur Disziplinierung ebenso wie zum Aufbegehren.

Wie wir gesehen haben, wirkte das Streben nach einer authentisch amerikanischen Literatur angesichts des bis etwa 1830 noch geringen nationalen Literaturbestandes und der wenigen amerikanischen Schriftstellerinnen und Schriftsteller der Ausdifferenzierung einer weiblichen Literatur zunächst entgegen. Das bedeutet auch, daß eine Arbeitsteilung nach Geschlechtern im literarischen Bereich noch nicht klar zu fassen ist. Zwar ist selbstverständlich, daß Frauen und Männer sich unterscheiden und daß dies auch ihre Texte betrifft, aber hieraus folgen noch keine Genrezuweisungen oder -verbote. Eine merkliche Verschärfung des Literaturdiskurses ergab sich aus dem raschen ökonomischen Wandel.

Mit der durch technische und wirtschaftliche Entwicklungen angestoßenen Professionalisierung von Literaturbetrieb und Verlagswesen zwischen 1820 und 1850 verlor dieser Bereich seinen marginalen Status. Da das Berufsfeld, das sich damit für die weiße Mittelschicht auftat, im Gegensatz zu ihren anderen Berufsfeldern nicht formal nach Geschlechtern getrennt war, entstand eine Situation mit sozialer Sprengkraft. In keinem anderen Beruf konkurrierten Frauen und Männer unmittelbar miteinander. Für Frauen der weißen Mittelschicht gab es wenige Möglichkeiten, den eigenen Lebensunterhalt ohne Statusverlust zu verdienen. Handarbeit und Mädchenerziehung waren akzeptabel und schlecht bezahlt. Diese Tätigkeiten konfligierten nicht mit der Doktrin der getrennten Sphären, da sie nicht in direkter Konkurrenz mit Männern betrieben wurden.[18] Das Schreiben als Tätigkeit zeichnet dagegen aus, daß es nicht öffentlich stattfindet und keinen äußeren Regulierungen unterliegt. Dieser Umstand, zusammen mit der steigenden Nachfrage nach Literatur, deren Verfassen an keine weitergehende formale Qualifikation gebunden ist, sorgte dafür, daß sich Frauen der weißen Mittelschicht relativ ungehindert in dieses neue Berufsfeld begeben konnten. Ohne den wirtschaftlichen Anreiz dieses Feldes zu unterschätzen, sollte allerdings auch bedacht werden, daß sich Frauen der Literatur zuwandten, weil sich ihnen damit die Möglichkeit der öffentlichen Äußerung bot, die für sie ansonsten stark eingeschränkt war. Obwohl die Schreibleistung vieler Schriftsteller im 19. Jahrhundert enorm war und sie Monat für Monat viele Druckseiten produzierten, wäre es naiv anzunehmen, daß Frauen nur aus wirtschaftlicher Not Roman um Roman verfaßten.

Die Beteiligung von Frauen am Literaturbetrieb war weiterhin besonders auffällig, da weiße Frauen der Mittelklasse in keiner anderen Profession sichtbar waren. In der Literatur wurde dadurch ökonomische Konkurrenz zwischen den Geschlechtern spürbar und schließlich evident; Konkurrenz, die es nach den herrschenden Vorstellungen nicht geben konnte. Der Erklärungsbedarf, der aus der gemeinsamen Präsenz von Frauen und Männern im literarischen Bereich entstand, verschärfte die Debatte um die Geschlechterdifferenz. Die Reaktion auf das Phänomen setzte mit einer gewissen Verzögerung ein; allmählich wurde es in Übereinstimmung mit den geltenden Grundsätzen der symbolischen Ordnung „erklärt“: Frauen schreiben anders, weil sie von Natur aus anders sind. Dieses Anders-Sein wurde nun verstärkt thematisiert. Zusammen mit der Differenz der Frauen, auf die ich später eingehen werden, wurde seit den 1840er Jahren, also gegen Ende der Konsolidierungsphase des Literaturbereichs, die große Zahl von Autorinnen ausdrücklich konstatiert. William Alfred Jones machte 1844 in der *Democratic Review* auf dieses Phänomen aufmerksam: „The great number of female novelists, during the present century, is a feature in the literary character of the age to be noted“ („Female Novelists“ 486). Miss Abbot schrieb 1851 in der *North American Review*: „It is apparent to any one who will take the trouble to look over the books which make up the burden of a bookseller's counter, that it has become a wonderfully common piece of temerity for a lady to make a book“ (151). *Harper's Magazine* vermerkte 1857 „the predominance of female writers of fiction“ („Ignatius“ 660).[19] Auch in der Lyrik wurde die große Zahl von Dichterinnen festgestellt. Im Vorwort zu ihrer 559 Seiten umfassenden Anthologie *The American Female Poets* (1853) schrieb Caroline May:

> One of the most striking characteristics of the present age is the number of female writers, especially in the department of belles-lettres. This is even more true of the United States, than of the old world; and poetry, which is the language of the affections, has been freely employed among us to express the emotions of a woman's heart. (v)

Anderseits waren auch gegenteilige Auffassungen zu hören. Caroline Kirkland fragte 1850 in einem Leitartikel von *Sartain's Magazine*:

> How many literary women has any one person ever seen? How many has the world seen? [...] It seems strange to a simple looker-on that they should not be prized, at least on the principle of the Queen Anne's farthing, which, valueless in itself, became precious because there were but four struck. There is not even yet a ‚mob of gentle[*women*] that write with ease.‘ („Literary Women“ 150; Hervorh. im Orig.)

Bekanntermaßen kommt es in gesellschaftlichen Umbruchsituationen immer zu Widersprüchen und Verwirrung, Neudefinitionen und Verwerfungen. Die verstärkte und verstärkt sichtbare Präsenz von Frauen im Bereich der Literatur, ebenso wie der populäre Erfolg mancher Autorinnen produzierten Beunruhigung, die mal scherzhaft, mal ernsthaft formuliert war. Alice Neal nannte Autorschaft „the mania of our ladies“ und gab zu, selbst infiziert zu sein: „we, too, have suffered *cacoethes scribendi*, and therefore can speak feelingly of its approach" („American Female Authorship" 154). *Putnam's Magazine* gab sich überwältigt: „A most alarming avalanche of female authors has been pouring in upon us in the last three months" (zit. nach Mott, *History of Magazines* II, 170). Hawthorne sah sich, wie sattsam bekannt, um den finanziellen Erfolg gebracht. Das *Knickerbocker Magazine* erklärte den Roman angesichts seiner vielen Verfasserinnen zur Frauensache, (womit dann die geschlechtergetrennte Welt auch wieder in Ordnung gewesen wäre):

> [I]n glancing over the recent publications, we confess to having been somewhat surprised at the great numerical superiority of female over male authors. It would almost seem that the domain of letters, once sacred to man, were about to be usurped by woman. Our sisters have driven off the stronger sex almost completely from the arena of light literature. („Woman in the Domain of Letters" 83)

Der Institution Literatur war die große Zahl von Literatinnen bemerkenswert. Obwohl die Frauen, wie in 1.3. gezeigt, keineswegs in der Überzahl waren, erschien es vielen Beobachtern so. Dies läßt sich mit Hilfe von Goffmans Feststellung erklären, daß Frauen in der Öffentlichkeit weniger „civil inattention" gewährt wird; sie sind augenfälliger.[20] Die Häufigkeit, mit der das Phänomen angesprochen wurde, belegt aber auch, daß die Anwesenheit von Frauen im öffentlichen Raum der Literatur ein Problem konstituierte, das etwa zwischen 1840 und 1870 immer wieder kommentiert wurde. In diesem Zeitraum etablierte sich Schriftstellerei als Beruf. Männern und Frauen war es möglich, ihren Lebensunterhalt damit zu verdienen, auch wenn es, wie nicht nur das Beispiel Melvilles belegt, nicht einfach war.[21]

Wenn im späteren 19. Jahrhundert die vorherrschenden Themen des Literaturdiskurses nicht mehr die Vielzahl von Literatinnen und die Spezifika der weiblichen Literatur sind, so heißt dies nicht, daß Autorinnen und Autoren gleich behandelt wurden. Zwar ließ sich die Festlegung von Autorinnen auf bestimmte Genres und Themen nicht durchhalten, doch ergaben sich aus dem Konstrukt einer weiblichen Literatur, das Gegenstand des nächsten Kapitels ist, spezifische Anforderungen an die Literatur von Frauen, auf die auch in den späteren Literaturdiskussionen noch zurückgegriffen werden konnte, selbst wenn sich die Diskussion vordergründig allgemein auf die Funktion und Aufgaben von Literatur und Kunst in einer demokratischen Gesellschaft konzentrierte oder auf die Stratifizierung von Literatur in unterhaltende und anspruchsvolle Kunst. Das differenziertere Spektrum der amerikanischen Literatur des späteren 19. Jahrhunderts und seiner literaturtheoretischen Auseinandersetzungen sind nicht mehr Gegenstand der vorliegenden Untersuchung. Zwei Belege deuten Kontinuitäten des Literaturdiskurses in seinem nach Geschlecht differenzierenden Aspekt an. Ein Beitrag in der Bostoner *Literary World* von 1882 mit dem Titel „American Women of Letters" fegt die selbstgestellte Frage nach deren Existenz pauschal vom Tisch, indem er apodiktisch konstatiert, daß Frauen keinen Beitrag zur amerikanischen Literatur geleistet hätten (und kommt so dem lange gültigen Urteil der amerikanistischen Literaturwissenschaft nahe):

> We do not mean to be ungallant ... but have we any American women of letters? American men of letters we certainly have – or have had, men worthy to stand by the side of any but the very chief of the men of letters across the sea ... We know of but one American woman's writing, which, if ‚swept away', would make ‚a serious gap in the national history.' That is Mrs. Stowe's *Uncle Tom's Cabin.* And *Uncle Tom's Cabin* is not *literature*; it was a scenic effect; and Mrs. Stowe's later writings have not confirmed her seat in our Pantheon. (126)

Ein Artikel im *Century Magazine* von 1890, betitelt „Woman in American Literature", widmet sich der Frage sehr viel ausführlicher. Die Verfasserin Helen Gray Cone behandelt im Überblick an die 80 amerikanische Autorinnen von der Kolonialzeit bis zur Schreibgegenwart in Erzählliteratur und Lyrik. Durchdrungen vom progressivistischen Denken der Zeit erzählt Cone die Geschichte der amerikanischen Autorinnen als eine des steten Fortschritts; Fortschritt in künstlerischer Leistung, in der Überwindung von Sentimentalität, in der Überwindung von Hindernissen wie schlechteren Bildungschancen, in der Überwindung von kritischen Vorurteilen gegen Frauen. Sie konstatiert nun Chancengleichheit, wenn auch noch nicht volle Leistungsgleichheit der Geschlechter in der Literatur, die aber sei unaufhaltsam; „some golden morrow will make it a reality" (930). Interessant an dem Beitrag ist sein artikuliertes Unbehagen darüber, Geschlecht zur Basis literaturkritischer Betrachtung zu machen, was der Artikel selbst dennoch tut.

> In criticism a classification based upon sex is necessarily misleading and inexact. As far as difference between the literary work of women and that of men is created by difference of environment and training it may be regarded as accidental; while the really essential difference, resulting from the general law that the work of woman shall somehow subtly express womanhood, not only varies widely in degree with the individual worker, but is, in certain lines of production, almost ungraspable by criticism. (921)

Die Geschlechterdifferenz in der Literatur wird einerseits als ein Ergebnis von Umständen erklärt, anderseits gesteht Cone die essentielle Differenz zu, nach der sich Weiblichkeit in den Werken von Frauen ausdrücken müsse, und zugleich wird gesagt, diese Differenz sei individuell variant und von der Kritik nicht unbedingt zu erfassen. Die spürbare Verwirrung führt sowohl die Konstanz als auch die Mangelhaftigkeit der Kategorien der Geschlechterdifferenz vor Augen, die den Literaturdiskurs auszeichnen.

„Do tell me, then, the substance; I don't want the words." „But the words are all. Somehow it is nothing without the words."

Maria Edgeworth, *Helen* 348

2.3. Die diskursive Konstruktion einer weiblichen Literatur

Bis jetzt habe ich dargelegt, wie die literarische Produktion aus mehreren Gründen zunahm und wie und wodurch Frauen an diesem Aufschwung teilhatten. Im folgenden werde ich darstellen, was als weibliche Literatur gefaßt wurde. Ich präsentiere Material, in dem explizit geschrieben steht, von welcher Art diese Literatur sei, was sie sein könne und müsse. Es muß kaum betont werden, daß diese Kommentare einander gelegentlich widersprechen, doch bleiben bei aller Divergenz Konvergenzen erkennbar. Auf diese Weise werden die Konturen des Konstrukts weibliche Literatur greifbar.

Zentrale Kategorie dieses Konstrukts ist natürlich die Geschlechterdifferenz, die den Kommentaren und Einschätzungen der Literatur von Frauen, seien sie positiv oder negativ, zugrundeliegt. Im Reden über die Literatur von Frauen taucht unweigerlich Differenz auf – die Differenz der Talente, die Differenz der Texte, die Differenz der Einschätzungen. Daß es sich letztlich um naturierte körperliche Differenz handelt, ist dabei oft schon verdeckt. Einige Beispiele sollen zeigen, was als verschieden ausgemacht wurde. Die Beurteilungen sind zumeist nicht weiter belegte Behauptungen, deren Selbstevidenz die Verfasser und Verfasserinnen unterstellen. Ihre Bedeutung liegt nicht in ihrer Sinnhaftigkeit – sie scheinen uns heute oft unsinnig –, sondern darin, *daß* sie Differenz markieren und damit die Voraussetzung für eine Hierarchisierung schaffen.

Miss Abbot erklärte, eine Frau schriebe ein Buch wie einen Brief, als persönliche Botschaft an ihr zugeneigte Personen und erwarte daher wohlmeinende Reaktionen: „[S]he is even surprised and wounded by criticism on mere literary defects, having expected from the world in general the indulgent sympathy which she has found among partial friends" (152). Ein Mann dagegen wisse, daß er die Konsequenzen seiner Äußerungen tragen müsse „and stand his ground – rhinoceros-like" (152), ohne auf Milde rechnen zu können. L. J. Hall, der Rezensent von Hannah Farnham Lees Werk *The Huguenots in France and America* (1843), bescheinigte dem Werk „the feminine stamp", und das heißt für ihn Oberflächlichkeit: „Few male writers, bringing as much mind and research to the task as our author, would have been satisfied to send it forth without more revision. But there are few women who might not have been glad to find themselves able to produce it" (77). Was den Text einer Frau auszeichnet, war in einer Rezension zu *Ruth Hall* im *Eclectic Magazine* zu lesen: „[A] woman's story may generally be known by the superior blackness of her villains" („Ruth Hall" 197). Der schon einmal zitierte William Cox sah geschlechtsspezifische, weibliche Qualitäten in der von Autorinnen gepflegten, nuancierten Schreibweise und Charakterisierungskunst: „[T]heir manner of managing a love tale, of sketching the higher and fine shades of character, and of unveiling the gentler affections, and revealing the hidden springs of feminine action", aber auch in der treffsicheren Karikatur: „[A] man is never altogether sensible how ridiculous he may be made to look until a clever woman undertakes his portrait in pen and ink" (108). William A. Jones beschrieb in „Female Novelists" das besondere Talent von Romanschriftstellerinnen für Pathos und Karikatur („ridicule and pathos" 484). Den männlichen Qualitäten Vernunft und Profundität stellte er Satire und Sentiment als weibliche Qualitäten gegenüber. Daß sich diese Meinung auf die Kenntnis britischer Schriftstellerinnen des späten 18. und frühen 19. Jahrhunderts gründet, macht die Namensnennung von Elizabeth Inchbald und Fanney Burney deutlich. Später im Jahrhundert wird Frauen dann ihr Mangel an Humor vorgeworfen.[1] Die Bostoner *Literary World* beklagte den Hang zum Pessimismus, der die Werke von Autorinnen vor allem auszeichne, und „the plentiful lack of humor in women's books" („Female Writers" 168). Gegen das Stereotyp weiblicher Humorlosigkeit wird dann wiederum in anderen Beiträgen zu Felde gezogen.[2] Evident wird die physische Differenz in der Einschätzung des Talents zur Personenschilderung. Jedes Geschlecht besitzt vor allem Kompetenz für die Darstellung des eigenen Geschlechts: „[A]lmost every ... woman fails ... miserably in the delineation of masculine nature as their brothers do in the delineation of feminine" („Woman in the Domain of Letters" 85). Sara Partons ironische Erläuterung hierfür nimmt männliche Galanterie beim Wort:

> A man can't write a lucid description of a woman's dress, the sex of a writer is always betrayed by this. As an offset to this and because I believe fair play is a jewel, I would remark that women are quite as awkward when they attempt pen-and-ink-tually to make their male characters converse. It is invariably feminine prattle ... How should it be else? When only once in a century, a woman may be so peculiarily situated in her relations to some prominent person, that she may be thrown almost exclusively into gentlemen's society, and unobserved by them, owing to her significance, or want of beauty, may hear and successfully reproduce it. How can she else – even form an idea how men talk together – when the most sensible among them, at sight of a petticoat, considers it necessary to talk nonsense, and the most sincere pay us the

> poor compliment to say every thing that they do *not* mean? („Two Impossibilities")

Auch wenn im einzelnen durchaus widersprüchlich sein mag, worin die Geschlechterdifferenz in der Literatur besteht, so ist sie doch in die Texte eingeschrieben.[3] In einem Leitartikel in *Peterson's Magazine* mit dem Titel „Literary Ladies" (1843) bemerkt Ann Stephens, die Herausgeberin, daß die Differenz der Geschlechter in der Literatur nicht immer so deutlich gewesen sei.[4] Autorinnen wie Sedgwick, Sigourney und Child hätten noch befürchten müssen, von den Männern für Rivalinnen gehalten zu werden:

> At the time these ladies devoted themselves to literature, they might indeed tremble for the opinion men would form of them, for at that time a woman who wrote books was considered almost a rival to masculine intellect, and regarded as something strange and unapproachable by her sister women. *The division lines which are now so strongly drawn between the masculine and feminine mind*, were very little understood in that day, and the idea that a woman of genius could be domestic, cheerful, and unpretending, would have been considered visionary in the extreme. (zit. nach Baym, *Novels* 256. Hervorh. SO)

Durch die Etablierung einer weiblichen Sphäre in der Literatur ist die Gefahr des Verlusts von Weiblichkeit durch literarische Tätigkeit gebannt.

Mit der Festellung von Differenz geht gewöhnlich Hierarchisierung einher. In der Literaturdebatte bedeutet dies zuallermeist die Zuweisung des sekundären Rangs an Autorinnen. Pauschal, wie in *Putnam's Monthly*, wo 1854 zu lesen war: „the books of almost all lady authors are readable, just as the conversation of all women is entertaining; the errors, volubility and misconceptions, which we will not tolerate in men, become amusing and entertaining in the case of a lady, or a child" („Editorial Notes" 222). Oder spezieller, in Aussagen wie der von William A. Jones: „We have had no female Ulysses or Homer" (484). William Cox hielt einen „Shakspeare [sic] in petticoats" für ein Ereignis wider die Natur (108). Eliza Leslie, selbst eine erfolgreiche Autorin, vertrat dieselbe Position. In *The Behaviour Book: A Manual for Ladies* (1853) fragt sie:

> [C]an the annals of woman produce a female Shakspeare [sic], a female Milton, a Goldsmith, a Campbell, or a Scott? ... Truth is, the female sex is really as inferior to the male in vigor of mind as in strength of body; and all arguments to the contrary are founded on a few anomalies, or based on theories that can never be reduced to practice.

Mit zufriedener Zustimmung zitiert die *Literary World* in ihrer Rezension des Werkes gerade diese Passage (438). In wohlwollend herablassender Manier wurden im *Knickerbocker Magazine* den Frauen zwar beachtliche Leistungen auf literarischem Gebiet zugestanden, auf dem Gipfel der Kunst jedoch blieben die Männer unter sich:

> To be sure, there has been as yet no Walter Scott, no Dickens, no Thackeray among women. But we must remember, in explanation of this fact, that these men are the result of a dozen centuries of effort. Woman has only been a writer for a little over a hundred and fifty years. Yet Madame de Staël, Madame Sand, Charlotte Brontë, Mrs. Oliphant, and last though not least, Miss Evans, on the other side of the water; and on this side, Mrs. Stowe, Mrs. Stephens, and a host of equal or superior writers, already grace the list of female authors. If twelve hundred years do not suffice to enable woman to achieve a place beside Scott and Dickens, it will then be time to assert her intellectual inferiority. („Woman in the Domain of Letters“ 85)

Interessant ist hier die Begründung für den Stand der Romankunst der Frauen: sie schrieben ja erst seit 150 Jahren. Trotz aller Konzilianz steht dahinter wieder die körperliche Differenz der Geschlechter, die Auffassung, daß die Literatur von Frauen physisch bedingt ist, denn sonst könnte ja auch die von Männern geschriebene Literatur seit der Antike den Frauen als Inspiration gedient haben. Nur wenn die Literatur von Frauen als Ausfluß ihrer Körper gedacht wird und damit als wesenhaft verschieden von Männerliteratur, macht die Erklärung Sinn. Dabei muß kaum betont werden, daß in dieser Konzeption die Literatur der Frauen den Stand der Literatur der Männer immer nur mit deutlicher Zeitverzögerung erreichen kann. In dem zugrundegelegten progressivistischen Literaturmodell, nach dem die Literatur ständig besser und kunstvoller wird, können die Frauen demnach zur Weiterentwicklung des Romans praktisch nichts beitragen. Die Hierarchisierungsfunktion der Gynifizierung des Textes, wie ich das nennen möchte, blieb mancher Kritikerin nicht verborgen. So nimmt ein „The Proper Sphere of Men“ betitelter Artikel in *Putnam's Monthly* von 1854 ironisch die Praxis aufs Korn, den Text als Maßstab zur Evaluierung von Weiblichkeit im allgemeinen und besonderen zu nehmen:

> Let a woman, „with rash hand in evil hour,“ put forth a book. Lo! the golden opportunity is seized upon for a new batch of articles called reviews, but which turn out to be essays on womanhood. The analysis is repeated, the depths are again sounded, the essence distilled, the subtile spirit caught, the old sermon of domestic duties furbished up with a new text, and preached over again to the patient and much enduring sisterhood. A good sized volume on the natural characteristics of woman might be compiled from the press notices of Uncle Tom's Cabin alone. The question of her [woman's]

capacity to write a proper novel at all, the kind she may with safety attempt, her deficiency of humor, her lack of ability to construct a plot, these, and similar matters, are definitely settled. Now, though extremely grateful for the smallest attentions from the lords of creation, we should like to see, as a curiosity merely, some production of a „female pen" reviewed as a work of art; the preliminary process of fusing the whole sisterhood in the crucible being omitted. (305-306)[5]

Sara Parton ahmt die Gynifizierung satirisch nach, wenn sie Harriet Beecher Stowe in einer ihrer Kolumnen ständig „Mrs. Tom Cabin" nennt und sich ironisch mit der Bemerkung auseinandersetzt, Stowes Roman sei „too graphic ever to have been written by a *woman*" („Mrs. Stowe's Uncle Tom" 255).

Die Anbindung von Literatur an die physischen Geschlechtscharaktere erwies sich im Literaturdiskurs als eines der gängigsten Verfahren der Disziplinierung, wie unten noch ausführlicher dargestellt werden wird. Denn dadurch standen Normen von „korrekter" Weiblichkeit (und Männlichkeit) zur Verfügung, auf die diskursiv zurückgegriffen werden konnte. Anderseits ließ sich die geschlechtliche Konnotierung bestimmter Eigenschaften als männlich oder weiblich wiederum zur positiven oder negativen Literaturbeschreibung verwenden. Wurde die Schriftstellerei als etwas Männliches gedacht, so wirkte sich dies auch auf die Konzeption der Autorin und ihrer Texte aus. Als Postulat formulierte die Bostoner *Literary World* 1882 Männlichkeit: „The woman of letters must have some masculinity in her composition; her finer metal must be streaked with iron ore; she must carry the sledge-hammer in her hand as well as wear the flower at her throat" („American Women of Letters" 126). Als positive Qualität sah es der Rezensent von *The Female Prose Writers of America.* Einige Beiträge zeigten „a force and concentration of thought, and a closeness and profoundness of reasoning, which would not be discreditable to the sterner sex" (121). Anderseits bemängelte der Rezensent von Partons *Fern Leaves* in einer insgesamt höchst positiven Rezension „certain bold, masculine expressions ... that we should be glad to see chastened" („Editorial Notes: Literature" 103). Caroline Kirkland mokierte sich über die geschlechtliche Markierung der Grenzen:

> The novel of fashionable life, provided it have no suspicion of a moral, and make no pretension to teach anything whatever, may pass as feminine, without detracting from the fame of its author; but a novel with the least bit of bone in it is „mannish" – a very different term from „manly." Poetry, provided it be of the sigh-away, die-away cast, does not injure a lady's reputation; acrostic-making is considered quite an accomplishment, and so are watch-paper verses; but poetry which some unthinking, out-of-world critics praise

as „masculine“ for vigour and freshness, is insufferable. („Literary Women“ 152)

Im Vorgriff auf die unten ausgeführte Explikation der Merkmale weiblicher Literatur ist hier zu erwähnen, daß Kirklands Kritik Moral und Didaxe als Recht für die Literatur von Frauen beansprucht; andere werden dies den Autorinnen als Verpflichtung auferlegen.

Für Autorinnen bestand also eine Double-bind Situation, die Mary Bryan in „How should women write?“ 1860 beredt schildert:

> Men, after much demur and hesitation, have given women liberty to write; but they cannot yet consent to allow them full freedom. They may flutter out of the cage, but it must be with clipped wings; they may hop about the smooth-shaven lawn, but must, on no account, fly. …
> Having prescribed these bounds to the female pen, men are the first to condemn her efforts as tame and commonplace, because they lack earnestness and strength. (370)

Über die schlichte Feststellung von Differenz hinaus ist in der Literaturdebatte zunehmend die Explizierung der Merkmale zu beobachten, die das Wesen weiblicher Literatur ausmachen. Die literarische Sphäre der Frau wird in Analogie zur weiblichen Sphäre in der Gesellschaft gesetzt und als Teil dieser Sphäre beschrieben. Daraus ergeben sich nichts weniger als naturnotwendig die Spezifika der weiblichen Literatur. Der gesellschaftlichen Erziehungs- und Besserungsaufgabe der Frau, die das moralisch höhere Wesen ist, korrespondiert ein literarischer Erlösungsauftrag, der der Frau aus eben dieser Natur der Frau zufällt. Die *Democratic Review* bekundet 1855 weiblichem Genie ihren Respekt, vorausgesetzt es hielte sich in seinen Grenzen:

> [W]hen confined to its proper sphere, its productions are not only ornamental, but requisite to the completeness of any national literature. We would not see our wives and sisters plunge into the arena of politics or meddle with pursuits unsuited to them; but in the walks of fiction or romance, in song, and in all those branches of intellectual culture where tenderness and sensibility are required, the finer and more delicate mind of woman might greatly aid the full development of human nature. (zit. nach Baym, *Novels* 255)

Den didaktischen Auftrag reklamiert z.B. William Peabody, um die Sphäre abzustecken, innerhalb derer sich weibliches Schreiben zum Nutzen der US-amerikanischen Gesellschaft bewegen solle. Ausgehend von den englischen Schriftstellerinnen Hannah More und Maria Edgeworth, über die er lobend urteilt: „Each of these distinguished writers was employed in her own way in the lofty task of making others better" (438), konstatiert er eine spezifisch religiöse Aufgabe für Autorinnen:

> By a beautiful illustration of justice, it appears to be reserved for woman to do for Christianity in some degree what Christianity did for her, when it raised her to her just position in the social scale, and enabled her to become a bright example of its own beatitude. Such have, accordingly, been the aim and tendency of female literature in general; we may confidently believe that it will continue to be found on religion's side; and if such should be the fact, it would be treachery to the great purpose of our being not to welcome it, as a momentous and restoring power. ... the true and only worthy object of literary effort, and all scientific research is, to purify the heart while they enlarge the mind ... These are truths, which woman is in far less danger of forgetting than man, from whose memory the pride of intellect or the hope of applause, so frequently obliterates them.
> If such be the religious character of female writers, their moral influence will of course be great and happy (441-442)

Als vollkommenes Beispiel dieser weiblichen, religiös inspirierten Literatur führt er Sedgwicks *Home* (1835) ins Feld, ein Werk, das kein Mann so eindrucksvoll hätte schreiben können. Aber auch mit anderen literarischen Formen, („novel", „romantic fiction", „poetry") könnten Frauen Gutes tun und obendrein – und hier begegnet wieder das besondere, dem Mann von Natur aus unbekannte Wesen der Frau – ihr eigenes Geschlecht naturgetreu darstellen. „In short, she may display her happy and improving influence in all those branches of literature, which are most nearly connected with the welfare of mankind, and tend to exalt and dignify our nature" (445). Der didaktische Auftrag der Autorin durchzieht die Beschreibungen der weiblichen Sphäre in der Literatur.

William Jones steckt das Feld für Autorinnen ab:

> [T]here is ... a wide field to be explored, of private history and domestic life. There are the manifold windings of the female heart to be threaded (as Arachne's web); there is the beautiful nature of childhood to unfold, the growing beauty of the womanly maiden; and the proper audience (of readers) is composed of characters of the same stamp, sweet children, innocent girlhood, fair virginity, womanly beauty, inspiring love ... Yes! women write for women, and so they should (484-485)

Der anonyme Rezensent (oder sollte es gar eine Rezensentin gewesen sein?) von *The Female Prose Writers of America* in der *Southern Quarterly Review* 21 (Jan 1852), einer in New Orleans verlegten Zeitschrift, deren Herausgeber damals der Südstaatenautor William Gilmore Simms war, argumentiert ähnlich, wird aber noch expliziter. Ausgehend von der physischen Geschlechterdifferenz, die ebenso unveränderbar wie notwendig sei, stellt sich der anonyme Autor die Frage: „Are there departments in authorship that can be more satisfactorily filled by woman than by man?" (118). Wenn dies nämlich nicht der Fall wäre, so wären Autorinnen überflüssig, da die Männer diesen Bereich ja vollkommen abdeckten. Eine geschlechtsspezifische Arbeitsteilung ist dem Verfasser selbstverständlich. In seiner weiteren Argumentation beantwortet er seine Frage affirmativ: „There is in literature a sphere peculiarly woman's", und: „Woman has not merely a sphere, but a very responsible sphere, in the world of letters" (118-119). Die weibliche Sphäre ergibt sich aus der natürlichen Bestimmung der Frau zur Mutterschaft, ihrer „high and holy duty" (117). Mit hehren Worten wird auf die hohe Verantwortung der Frau als Mutter verwiesen. Von der Erfüllung dieser ihrer Aufgabe „depends the fate, both temporal and eternal, of the entire race" (117). Weil auf der Frau die gesellschaftliche Verantwortung hier im Diesseits wie im Jenseits ruht oder lastet, ist es angemessen, von einem Erlösungsauftrag zu sprechen. Der Autor spezifiziert seine Erwartungen an die Literatur von Frauen:

> From her written precept, as from her living example, we expect an ameliorating influence to be breathed upon the affections and morals of society. There is, in the female mind, a transparent purity of thought, a fervent sanctity of sentiment, an exquisite tenderness of feeling, which cannot fail to make her writings potent instrumentalities for the quieting of passion and the disarming of vice. (119)

Von hier gelingt mühelos der Übergang zur Bestimmung dessen, was Frauen nicht schreiben sollen und können: „It is not the part of woman to mount the stilts of regal or knightly romance, to explore the caverned haunts of robbers, to penetrate the mountain fastnesses of banditti, to direct the marshalling of armies, and preside over seas of carnage; ... She may not find her forte in philosophy and abstraction" (119). Damit aber nicht genug; der Autor oder die Autorin weisen explizit die richtige Richtung:

> [S]he can rather guide us into the hovels of the poor, picture to us the sufferings of innocence, light in our souls a sympathy for wretchedness, marshal up the better promptings of our nature, and teach us the conquest of lust and cold-heartedness. ... she can pour the warm rays of hope into the chilled eye of despair; she can call up, on the haggard face of the invalid, smiles of gratefulness for her attentions; she can approach the tempests that rage through the human mind, and say to the furious elements, „Peace, be still." Woman is eminently the author for piety and faith. (119-120)

Das Publikum, an das sich Autorinnen wenden sollen, ergibt sich ebenfalls aus ihren natürlichen Aufgaben: Frauen sind prädestiniert, für Frauen und Kinder zu schreiben, und besonders diesen beiden Gruppen Rat und Anleitung zu geben:

> As long as children, of either sex, are taught to read; as long as girls, growing into womanhood, have books placed in their hands; as long as women can profit by the advice and suggestions of the discreet and experienced, in regard to the true nature of the new domestic relations which she is continually assuming or renewing; so long will judicious female writers be indispensable to the community. Who, better than the mother, can write for the budding mind? Who, better than woman, can realize and supply the necessities of the youthful of her own sex, as they are fitting themselves for the part they must play in life? ... Who so conscious as woman of the foibles and errors of her sex? (118-119)

Den literarischen Erlösungsauftrag der Frau reklamierte auch eine kritische Autorin wie Mary Bryan für ihr Geschlecht. Liebe und Genius, Hand in Hand, müßten die Erlösung („redemption") der Gesellschaft leisten: „I have thought that woman, with the patience and long-suffering of her love, the purity of her intellect, her instinctive sympathy and her soul of poetry, might be God's chosen instrument in this work of gradual reformation" (373).

Der bessernde Einfluß, den Weiblichkeit auf die Gesellschaft haben muß, bedingt seinerseits wieder normativ die Motivation der Autorinnen. Auf das Wohl der anderen bedacht, selbstlos und unneigennützig hat die Literatin zu sein. In einem Editorial des *Springfield Republican* von 1864 heißt es imperativ:

> So if a woman enter the field of authorship let her do it always in the spirit which seeks for other rewards than the world can give; let her feel that the mission of her poem is to elevate and bless humanity, that she always speaks for the right, the true, the good. (zit. nach Capps, *Emily Dickinson's Reading* 146).

Ausdrücklich warnt Alice Neal in ihrem Artikel „American Female Authorship", der Frauen zum Schreiben ermutigt, vor einer unlauteren Motivation: dem literarischem Ehrgeiz. „[S]imple literary ambition, ... we do not recognize it as a worthy motive. It savors too much of vanity" (148).

Was hier als Appell formuliert wird, kann im Rückblick auf die literarische Vergangenheit bestätigend festgestellt werden. Ausgehend von Standpunkt und Interessen der jeweiligen Gegenwart, liest im folgenden Beispiel William Dean Howells die Vergangenheit als Erklärung der Gegenwart, d.h. er projiziert die gesellschaftliche Besserungsleistung weiblicher Literatur in die Vergangenheit.

Seiner Auffassung nach waren es die großen englischen Autorinnen Fanny Burney, Maria Edgeworth und Jane Austen, die den angelsächsischen Roman, den Richardson und Goldsmith erfunden hatten, salonfähig machten, weil sie ihn moralisch besserten, indem sie vorbildliche Heldinnen konzipierten:

> The most beautiful, the most consoling of all the arts owes its universal acceptance among us, its opportunity of pleasing and helping readers of every age and sex, to this group of high-souled women. They forever dedicated it to decency; as women they were faithful to their charge of the chaste mind; and as artists they taught the reading world to be in love with the sort of heroines who knew how not only to win the wandering hearts of men, but to keep their homes pure and inviolable. (*Heroines of Fiction* 11-12)

Da an diesen Frauenbildern nichts mehr zu verbessern ist, bleibt das Ideal notwendig konstant und statisch. Für Howells ist diese Entwicklungsunfähigkeit jedoch kein Mangel. Die genannten Autorinnen, so schreibt er,

> imagined the heroine who was above all a Nice Girl; who still remains the ideal of our fiction; to whom it returns with a final constancy, after whatever aberration; so that probably if a composite photograph of the best heroines of our day could be made, it would look so much like a composite miniature of their great-great-grandmothers in the novels of these authors that the two could not well be told apart. (*Heroines of Fiction* 12)

Howells, der als wichtigster Theoretiker des amerikanischen Realismus gilt, gibt in seinen Äußerungen zum Frauenbild im Roman sichtlich einem literarischen Idealismus den Vorzug.[6] In der Darstellung von Weiblichkeit ist Individualität geradezu verpönt. Nina Bayms Untersuchung der Literaturkritik vor dem Bürgerkrieg arbeitet dies ebenfalls heraus: „[W]here character was everywhere to be individualized, that everywhere did not encompass female characters, who were rather to be ‚womanized'" (*Novels* 258).

Während Howells sich vor diesen Autorinnen verneigt, die ihrer gesellschaftlichen Besserungsaufgabe in vorbildlicher Weise nachgekommen sind, ehrt das *Knickerbocker Magazine* für den gleichen Umstand andere Frauen. Die neue Anständigkeit des Genres Roman wird auf den segensreichen Einfluß nicht der Autorinnen, sondern der Leserinnen zurückgeführt:

> The literature of two centuries ago is not decent to be read – we expurgate it. ... The reason is that the novelist of that generation appealed almost exclusively to men. Now woman has become a *reader* as well as a writer, and this has been the spring-board upon which literature has been thrown to a higher and purer level. ... society, by the enlightenment of woman, has been forced

> to assume a more decent garb … This refining, elevating influence woman has certainly exercised upon literature („Woman in the Domain of Letters" 86, Hervorh. im Orig.)

Die Belege zeigen die normative Oberfläche des Diskurses, die Festschreibung dessen, was Autorinnen, was ihre Texte zu leisten haben. Markant ist die Hervorhebung des Aspekts der Nützlichkeit von Literatur; allein durch ihn wird die Schriftstellerei der Frauen legitimiert. Die mit diesen Beschreibungen diskursiv erzeugten Stereotypen betonen den Vorbild- und Besserungscharakter weiblicher Literatur, der wie diese Literatur selbst, einem naturhaft selbstlosen, uneigennützigen Wesen entspringt. Mit solcher Festlegung auf spezifische Aufgaben eröffnen sich Räume, deren Grenzen jedoch instabil sind, weil eine solche Festschreibung die Einhaltung der gezogenen Grenzen nicht garantieren kann. Romane, die gesellschaftliche Reformanliegen thematisieren, und solche gab es im 19. Jahrhundert in großer Zahl, entsprechen in ihrer Besserungsabsicht der Beschreibung weiblicher Literatur, und Autorinnen waren im Genre der „reform novels" auch sehr aktiv, vor allem mit Antisklaverei- und Temperenzromanen (vgl. Levine, „Fiction and Reform"). Allerdings konnten solche Texte als potentiell politische schnell an die Grenzen der weiblichen Sphäre gelangen, die ja als unpolitisch definiert war. In jedem Falle wurden Frauen literarisch auf Weiblichkeit verpflichtet. Nina Baym beschreibt den sich daraus ergebenden Anspruch folgendermaßen:

> [W]omen may write as much as they please providing they define themselves as women writing when they do so, whether by tricks of style – diffuseness, gracefulness, delicacy; by choices of subject matter – the domestic, the social, the private; or by tone – pure, lofty, moral, didactic. Where the novel, generally speaking, was defined as a field for the expression of the individual author, possibly rising to genius, it was defined in the case of the woman author as a field for the expression of the sex (*Novels* 257)

Da Gefühl, Mitgefühl und Einfühlsamkeit Charaktereigenschaften des weiblichen Geschlechts sind, die aus ihrer zarteren Anatomie hergeleitet werden, sollen sie speziell weibliche Literatur auszeichnen. Ganz allgemein gesprochen galt die sentimentale, also sich an das Gefühl wendende Literatur des 19. Jahrhunderts im besonderen als weibliche Provenienz. Harriet Beecher Stowe wird von der britischen Autorin George Eliot bewundert, weil sie es mustergültig versteht, die Gefühle ihre Leserinnen und Leser durch sämtliche Höhen und Tiefen zu bewegen.[7] In diesem Bereich bot sich Autorinnen ein weites Feld, in das viele Frauen, wenn auch nicht alle, eintraten. Die Konzeption geschlechtergetrennter Sphären wäre kaum so durchschlagend erfolgreich gewesen, wenn sie nicht auch Frauen positives Machtpotential geboten hätte. Die diesem Konzept innewohnende Dynamik wurde von beiden Geschlechtern genutzt und ausgestaltet. Die moralische Überlegenheit des weiblichen Geschlechts und seine dadurch legitimierte Machtausübung arbeitete Harriet Beecher Stowe beispielsweise in ihrem Gesellschaftsroman *My Wife and I* (1871) deutlich heraus. Sie bedient sich eines männlichen Erzählers, Harry Henderson, zur Formulierung weiblicher Gefühls-Überlegenheit, die in der Mutterrolle kulminiert. Henderson beschreibt die Charaktere seiner Eltern und glorifiziert die matriarchale Macht seiner Mutter in der Familie:

> My father was naturally impetuous, though magnanimous, hasty-tempered and imperious, though conscientious; my mother united the most exquisite sensibility with the deepest calm – calm resulting from habitual communion with the highest and purest source of all rest – the peace that passeth all understanding. Gradually, by this spiritual force ... she became his leader and guide. He held her hand and looked up to her with an implicit trustfulness that increased with every year. (33-34) ...
> In the midst of our large family ... my mother's was the administrative power. My father habitually referred everything to her, and leaned on her advice with childlike dependence. (35)[8]

Der segensreiche mütterliche Einfluß in der Familie wird dann als Ideal auf die Versammlung von Familien, die der Staat ist, übertragen:

> The state, at this very day, needs an influence like what I remember our mother's to have been, in our great, vigorous, growing family, – in influence quiet, calm, warming, purifying, uniting – it needs a womanly economy and thrift in husbanding and applying its material resources – it needs a divining power, by which different sections and different races can be interpreted to each other, and blended together in love – it needs an educating power, by which its immature children may be trained in virtue – it needs a loving and redeeming power, by which its erring and criminal children may be borne with, purified, and led back to virtue. (36)

Die Frau als Staatshaushälterin, Dolmetscherin, Schiedsrichterin, Erzieherin und Erlöserin in einer Welt, die nur noch aus Müttern und Kindern besteht, – dezidierter könnte das Machtpotential der weiblichen Sphäre kaum ausgeführt werden.[9] Ebenso wie sich die diskursiv etablierte weibliche Natur argumentativ nicht nur zur Zurückweisung, sondern auch zur Formulierung von Machtansprüchen nutzen ließ, war der sentimentale literarische Schreibmodus im 19. Jahrhundert keineswegs nur schwächlich. Ebensowenig war er in sich homogen, denn er findet Ausdruck in verschiedenen Formen der Prosa und des

Romans, nicht nur in der sogenannten *domestic novel* und kann nicht einfach auf eine politisch konservative Tendenz beschränkt werden.[10] Eine gesellschaftstragende Funktion hat sowohl der sentimentale wie auch der historisch-politische Roman; ersterer durch die Stabilisierung der Ehe- und Familiennorm, letzterer durch die Stabilisierung der Staats-Institutionen, der historischen Identitätssymbole u.a.m.

Sentiment als Qualität degeneriert tendenziell zu Sentimentalität im pejorativen Sinn, zu trivialer Gefühlsseligkeit, wie manche Beschreibung der besonderen literarischen Talente der Frauen und ihres spezifischen Bereichs in der Literatur nahelegt. Frauen, so befindet Cox, haben „an especial vocation for writing about harps and lutes – faded flowers and withered leaves – dormice, canary-birds, caged linnets, and tame pets in general (which no male, who shaves, ever dreams of interfering with)" (128). Die den Frauen diskursiv zugewiesene Zuständigkeit für Gefühle macht sie natürlich zu Expertinnen in Liebesangelegenheiten, und Liebesgeschichten gelten demnach als natürliches Interesse der Frauen. Die Themen der Literatur von Frauen faßte die *New York Times* 1857 wie folgt zusammen: „Courtship and marriage, servants and children, these are the great objects of women's thoughts, and they necessarily form the staple topics of their writings and their conversation. We have no right to expect anything else in a woman's book". Sara Parton, die dieses Zitat zum Ausgangspunkt einer Kolumne über die Männerkritik an Frauenbüchern machte, entlarvte den geschlechtsspezifischen Malus, der Autorinnen damit zuerkannt wurde; Liebe sei schließlich das Thema des Romans schlechthin. „Would a novel be a novel if it did not treat of courtship and marriage?" („Male Criticism on Ladies' Books" 285).

*Be*schreibung ist *Fest*schreibung, ist Grenzziehung, ist Ausschluß des Anderen, und das ist nach Foucault die Konstitutionsbedingung des Diskurses. Die Eingrenzung der weiblichen Sphäre in der Literatur durch ihre Ausformulierung erstreckt sich nicht bloß auf die horizontale Ebene, sondern ist zugleich vertikal, d.h. die höchsten Höhen der Kunst sind Frauen nicht zugänglich. Diese Beschränkung kann sich auch hinter Superlativen verbergen. „It is certainly not beyond the truth to say that, generally speaking, the best and most saleable light reading now springs from female brains. That is, the average merit of the sexes as novel-writers is decidedly in favor of woman" („Woman in the Domain of Letters" 84).[11] Als leicht und leicht verkäuflich apostrophiert verliert die Romankunst der Frauen an Gewicht. Auch im Bereich sentimentaler Literatur bleibt Meisterschaft den Männern vorbehalten, denen zudem noch die Ehre der Erfindung dieses Genres zukommt.[12] Richardson, Marivaux, Mackenzie und Goldsmith sind nach W. A. Jones „the most exquisite sentimental painters" (488). Wenn er schreibt, „there is a race of masculine writers, with feminine delicacy of mind“ (488), so ist dies positiv gemeint. Dana, Hawthorne und Irving, die er beim Namen nennt, verlieren ihre Männlichkeit nicht durch diese weibliche Qualität, sondern erweitern ihre Fähigkeiten. „These are peculiarly authors for women“ (489), bemerkt er, ihre Literatur vorbildliche Lektüre für Frauen. William Dean Howells und Henry James gelten im späteren 19. Jahrhundert als Meister des Femininen.

Die Verschränkung von Autorin und Text, von weiblicher Natur und weiblicher Literatur, die einander wechselseitig durchdringen, ist kennzeichnend für das diskursive Konstrukt weibliche Literatur. Es gibt keine klare Trennung zwischen den Kommentaren zu Autorinnen und zu ihren Texten, die beide aus der weiblichen Natur entspringen. Insofern geht die Bemerkung von Susan Coultrap-McQuin, „Often, in fact, literary critics seemed incapable of distinguishing between an author and her text“, am Problem vorbei; die Kritiker unterschieden nicht, weil es für sie nichts zu unterscheiden gab (*Doing Literary Business* 15). Das gilt für die positive wie die negative Kritik an Texten von Frauen; letztere läßt sich ebenso leicht gegen die Person der Autorin richten. Zur weiblichen Literatur gehören daher die Stereotypen über die Autorin, denn diese charakterisieren als Eigenschaften wiederum die Texte.

Mit der Festlegung der Autorin auf ihre Absicht, Gutes zu tun, sind entgegengesetzte Stereotypen negativ konnotiert: als Eitelkeit, Geldgier, Selbstsüchtigkeit einerseits und Sensationslüsternheit und Obszönität anderseits. Den negativen Stereotypenkomplex aktiviert etwa ein Beitrag in der *Democratic Review* von 1855 mit dem Titel „Literary Lion Hunting. Coteries and Petti-Coteries“. Der nur mit Initialen gezeichnete Artikel wirft zwar beiden Geschlechtern vor, daß sie aus Ruhmsucht und Geldgier schrieben: „[O]ur nursery poets and our blood-and-thunder authors and authoresses … seem less afraid of a moral and social death, than of wanting a mercurial renown … With the majority, 1 is the cardinal number, and self the cardinal principle“ (34). Dann aber ergeht sich der Verfasser ausführlich in Porträts einiger Autorinnen, deren Namen er meist nicht nennt, die er über ihre Geltungssucht hinaus als vulgär, seelenlos, unmoralisch, unkeusch charakterisiert, z.B.: „[A] feminine monstrosity“ (36); „a woman of accomplished mind and accursed morals … practising conjugal duplicity“ (37); „gigantic vulgarity … disgrace of her sex“ (38). In jedem Falle wird hier fehlgeleitete weibliche Natur angeprangert. Mit einer Intellektualisierung, mit geistiger Selbständigkeit, verlassen Frauen die Grenzen ihres Geschlechts.[13] Die Autorin als Bluestocking, als intellektuelle Frau ist ein vielfach beliebtes karikaturistisches Motiv. Ihre mangelhafte Weiblichkeit zeigt sich vor allem daran, daß sie die Tinte sichtlich nicht halten kann – sie bekleckert sich. Ein weiterer Aspekt ihrer Unweiblichkeit ist ihre Unzufriedenheit mit ihrer Situation, die intellektuelle Frau wird gern als Frauenrechtlerin diffamiert.

Was mit den positiven und negativen Stereotypen in der Literatin rekonstruiert wird, ist die diskursiv konstruierte Doppelnatur der Frau in der symbolischen Ordnung des 19. Jahrhunderts als Heilige und Hure, als Engel und gefallene, sexualisierte Frau. Dieser Aspekt von Weiblichkeit, der die im 18. Jahrhundert verbreitete Vorstellung von der Frau als besonders sexuellem Wesen fortführt, hat biblische Tradition. Das Doppelwesen der Frau als einerseits schutzbedürftiges, anderseits zu kontrollierendes Geschlecht macht die Konstruktion geschlechtergetrennter Sphären zu einem elastischen Instrument in der Erhaltung der Machtverhältnisse, denn wenn Frauen nicht wie Männer vom Verstand, sondern vom (mütterlichen oder sexuellen) Instinkt beherrscht werden, so kann man kaum erwarten (oder erlauben), daß sie am politischen und wirtschaftlichen Kampf teilnehmen, wie Mary Poovey zu Recht bemerkt.

> The contradiction between a sexless, moralized angel and an aggressive, carnal magdalen was therefore written into the domestic ideal as one of its constitutive characteristics. Even though this contradiction was sometimes symbolically resolved by being articulated upon class or moral „type," it never completely disappeared from the mid-Victorian representation of woman. (11)

Der Janusköpfigkeit des weiblichen Geschlechtscharakters entspringt und entspricht die Literatur von Frauen, wobei sich noch das holde mütterliche Lächeln als positive Seite dieser Konstruktion verlieren kann. In Charles Dudley Warners Skizzen *Backlog Studies* (1873) ordnet die Sprecherfigur Herbert die Romane von Frauen in zwei Gruppen: fade und unmoralische.

> I refer to the great body of novels, which you would know by internal evidence were written by women. They are of two sorts: – the domestic story, entirely unidealized, and as flavorless as water-gruel; and the spiced novel, generally immoral in tendency, in which the social problems are handled, unhappy marriages, affinity and passional attraction, bigamy, and the violation of the seventh commandment. (28)

In den Kommentaren zur Geschlechterdifferenz in der Lyrik, dem traditionell besonders gefühlsbeladenen Genre, wird die Feinfühligkeit des weiblichen Wesens wieder hervorgehoben. Frauen waren prädestiniert für eine Lyrik, die als Ausfluß weiblicher Natur gedacht war, als eine Art körperlicher Absonderung. Die Gedichte von Anne Lynch, so urteilte Griswold, „are the natural and generally unpremeditated effusions of a nature extremely sensitive, but made strong by experience and knowledge, and elevated into divine repose by the ever active sense of beauty" (zit. nach Walker, *Nightingale's Burden* 55). Sofern Lyrik Ausfluß der Natur Frau ist, bedarf sie keines Reflexionsprozesses. Autorinnen stellten dies gelegentlich ebenso dar und bewiesen damit Weiblichkeit oder ein Verständnis für die Anforderungen an dieselbe. Alice Cary schrieb an Griswold über sich und ihre Schwester Phoebe: „We write with much facility, often producing two or three poems in a day, and never elaborate" (zit. nach Walker, *Nightingale's Burden* 55). Daß es sich hier um eine diskursiv konstruierte Qualität der Lyrikerin handelt, wird augenfälliger, wenn man die Prosawerke von Alice Cary heranzieht, die zum frühen amerikanischen Realismus gehören. Ihre in dem Band *Clovernook* (1852) gesammelten Erzählungen präsentieren ein ungeschöntes Bild des Lebens an der Frontier. „Cary portrays with gritty intensity and honesty the emotional impoverishment and ignorance of settlers on the Ohio frontier" kommentiert Joanne Dobson („The American Renaissance Reenvisioned" 174).

Der Aspekt der Mühelosigkeit, mit der Frauen angeblich dichteten, ist ein bevorzugtes Merkmal der Karikatur der Autorin als gefühlsseliger und weltfremder „poetess".[14] Caroline Kirkland ließ eine solche Figur geziert mit dem sprechenden Namen Eloise Fidler in *A New Home, Who'll Follow* (1839) auftreten. Miss Fidler phantasiert die Pioniersiedlung in Michigan als „peaceful retreat" am Busen der Natur; in ihren Augen demnach ein Ort, der für lyrische Ergüsse besonders geeignet ist.

> Miss Fidler wrote her own poetry so that she had ample employment for her time while with us in the woods. It was unfortunate that she could not walk out much on account of her shoes. She was obliged to make out with diluted inspiration. The nearest approach she usually made to the study of Nature, was to sit on a wood-pile, under a girdled tree, and there, with her gold pencil in hand, and her „eyne, grey as glas," rolled upwards, poefy by the hour. (103)

Kirkland nutzt dieses Stereotyp in ihrem Text, um ihr eigenes, realistisches Erzählprogramm schärfer abzusetzen, das sich eben nicht an einer Phantasie über die Natur orientiert, sondern das konkret Sichtbare beschreiben will. Samuel Clemens karikierte den Typus als kindliche Dichterin in Emily Grangerford, von der Huckleberry Finn sagt, „she could rattle off poetry like nothing. She didn't ever have to stop to think" (85-86).[15] Durch ihre Naturhaftigkeit ist die Lyrik der Frauen qua Geschlecht von der von Männern verschieden. Auch hier blieb der Dichterin der zartere, und in der Bewertung dann gern weniger gehaltvolle Teil der Kunst oder, wie es die englische Lyrikerin Adelaide Anne Proctor ausdrückte: „‚Papa is a poet … I only write verses.'"[16]

Die begriffliche Verquickung von pejorativ gefaßter Sentimentalität und Weiblichkeit wird wiederum verstärkt, wenn sie als Effeminierungsvorwurf gegen die Literatur von Männern verwendet wird. Ein anonymer Beitrag zum

United States Magazine von 1856 konstatiert den Niedergang der Literatur infolge schädlichen weiblichen Einflusses auf die Männer:

> France, England, Germany, Sweden, but most of all our own country, has furnished forth an army of women in the walks of literature. ... Her literature has been more sensuous than intellectual. More than this, we are confident that the magnetism produced by her out-given heart-throbs has warmed into vitality a vast number of womanly men who, without manly force, or manly vigor of intellect, have given way to unmanly mawkishness and morbid complainings, Laura Matilda prettinesses and sentimentalisms, quite to the shame of manhood. ... We are tired of the whole school of mosaic workers like Longfellow, and imitators like Bayard Taylor, and Curtis, and Stoddard. (zit. nach Mott, *History of Magazines* II, 47-48)

Die Kommentare über Autorinnen und ihre Werke (wie über Frauen überhaupt) sind in ihrer erdrückenden und ermüdenden Misogynie eine frustrierende Lektüre. Allein die Fülle der negativen Stereotypen über die Frau ist auffällig und spricht für den Disziplinierungsdruck, unter dem Autorinnen standen.[17]

Die Summe der Äußerungen, Kommentare, Beschreibungen, Festschreibungen, Karikaturen, Rechtfertigungen und Erklärungen, die der Literaturdiskurs des 19. Jahrhunderts zu Autorinnen und ihren Texten aufweist, produzierte einen naturierten Zusammenhang zwischen Frauen und ihren Werken, die einander wechselseitig bestätigen, weil beide in der Physis verankert werden. Weil Frauen weiblich sind, ist, was sie schreiben, weiblich und umgekehrt, was Frauen schreiben, ist weiblich, weil sie Frauen sind. Die Konstruktion einer spezifisch weiblichen Sphäre in der Gesellschaft, die ebenfalls über die Geschlechternatur konstituiert wurde, stellt dabei das Beschreibungsinstrumentarium für diese weibliche Literatur bereit. Der Literaturdiskurs produziert Geschichten über Frauen und Literatur in unterschiedlichen Versionen. Zum Stereotypenkomplex weiblicher Literatur gehören als weiblich deklarierte Themen wie Liebe, Religion und generell Geschichten von Frauen; als weiblich konstruierte Schauplätze, speziell das Heim; schließlich ein als weiblich konnotierter Stil, der gefühlvoll, zart, spontan etc. ist; und ein Publikum für diese Literatur, das aus Frauen und Kindern besteht. Als Ausdruck des weiblichen Wesens soll diese Literatur moralisch sein. Die Beschreibungen oszillieren zwischen positiven und pejorativen Bedeutungsgehalten. Weibliche Literatur kann auch als Bestätigung negativer weiblicher Charaktereigenschaften gesehen werden, als unmoralisch und sensationslüstern. Die unterschiedlichen Versionen der Frauenliteraturgeschichten existieren nebeneinander und verschleiern ihre Widersprüchlichkeit, indem sie sie nicht thematisieren oder ihr mit der Ausnahmefallregelung ausweichen. Erst das Aufbegehren gegen die Festschreibung, die mit jeder Version dieser Geschichten geleistet wird, thematisiert deren Widersprüchlichkeit. Jede Version geriert sich als wahre Geschichte der Literatur von Frauen und muß deshalb verschweigen, was ihrer Wahrheit widerspricht. D.h. wenn Literatur von Frauen als moralisch und religiös gilt, nennt man sie nicht gleichzeitig unmoralisch; wenn man sie als sentimental sieht, gilt sie nicht als satirisch; wenn sie leicht ist, ist sie nicht tiefsinnig. Implizit ist jeder Version eine restriktive Tendenz, mit der sie dem Anspruch an Sinnhaftigkeit von Geschichten gerecht zu werden versuchen. Ihr Wille zur Wahrheit prägt ihre Wahrnehmung. Indem sie sagen, was Literatur von Frauen ist, homogenisieren sie die Literatur von Frauen qua Geschlecht. Geschlecht wird damit zu einer Kategorie, die den Text benennt. Die einzelnen Versionen des 19. Jahrhunderts differenzieren diese Literatur nicht bevorzugt, versuchen nicht, sie als vielfältig darzustellen. Ihre Vielfältigkeit kommt eher in der Verschiedenheit der Versionen vor. Auf jede von ihnen kann jeweils erklärend und bestätigend zurückgegriffen werden. Trotz gleichzeitig existierender, einander widersprechender Geschichten kommt es zu zeitweise dominanten Versionen, ohne daß die anderen deswegen völlig verschwänden. So sorgt der Umstand, daß über Autorinnen vorwiegend als Literatinnen gesprochen wird, dafür, daß die volle Bandbreite schriftstellerischer Aktivitäten von Frauen aus dem Blickfeld gerät, obwohl sie nicht unbekannt ist.[18]

Daß weibliche Literatur ein diskursives Konstrukt ist und keineswegs Natur, selbst wenn dies hartnäckig behauptet wurde, sollte einsichtig sein. Die Konnotierung von Genres, Themen, Stil als weiblich konstituiert ein literarisches Verfahren, das ich weibliche Schreibweise nenne. Vom naturierten Konzept einer weiblichen Literatur unterscheidet es sich dadurch, daß es als eine Schreibtechnik beiden Geschlechtern zur Benutzung zur Verfügung steht.[19] Für Frauen stellte die weibliche Schreibweise einen diskursiv legitimierten literarischen Ort zur Verfügung, der Identitätskonflikte zu minimieren versprach. Für Männer stellte die Nutzung der weiblichen Schreibweise deshalb in geringerem Maße einen Identitätskonflikt dar, weil ihnen zum einen qua Geschlecht der öffentliche Raum und die öffentliche Rede zugebilligt war. Sie verließen damit ihre Sphäre nicht. Zum zweiten erleichterte die männliche Leit- und Vorbildfunktion in der Literatur die (Re)-Okkupation weiblicher Räume.[20] William Gilmore Simms nannte seinen Roman *Woodcraft* (1854) ohne Scheu „this domestic novel“ (3).[21] Männer waren deswegen nicht etwa gegen Identitätskonflikte gefeit, doch standen ihnen tragfähigere Stützkonstruktionen zur Verfügung.[22]

Die diskursive Konstruktion einer weiblichen Literatur, also einer Literatur, der Weiblichkeit wesenhaft ist, hat zur Folge, daß für Texte von Frauen ein Standard von Weiblichkeit maßgeblich ist, was für Texte von Männern nicht in gleicher Weise gilt, wiewohl auch auf sie Geschlechtsmerkmale lobend oder tadelnd angewandt werden können. Die Literatur von Männern wird nicht vorwiegend unter dem Aspekt ihrer Männlichkeit betrachtet, sie zeichnet sich durch Allgemeinheit aus.[23] Das Konstrukt weibliche Literatur als Gegensatz zu Literatur allgemein hat die Praxis zur Folge, Literatur von Männern und Frauen mit ungleichen Begriffen zu beschreiben und zu vergleichen; sie werden auf unterschiedlichen Ebenen verhandelt, ohne daß dies thematisiert würde. Wenn man die Literatur von Frauen als einen Sonderfall der Literatur generell behandelt, wird verdeckt, daß die andere, die Nicht-Frauenliteratur, ja ebenfalls von Personen mit Geschlecht, Männern, gemacht wird. Einen anderen Fall läßt eine Kultur, die auf ausschließlicher Zweigeschlechtlichkeit besteht, nicht zu. Mit der Geschlechtsmarkierung einer bestimmten Literatur als weiblich wird deren Sonderstatus festgelegt und damit wird sie scheinbar sinnvoll von der anderen Literatur abgegrenzt.

Wenn wir die Frage stellen, was das Konstrukt weibliche Literatur gesellschaftlich leistete, so ist in erster Linie festzustellen, daß es Geschlechter-*differenz* stützte, eine der fundamentalen Ordnungskategorien der amerikanischen Gesellschaft im 19. Jahrhundert. Mit der diskursiven Konstruktion von weiblicher Literatur wurde im Feld der Literatur Differenz erzeugt. Der Diskurs der Geschlechterdifferenz schuf eine Diversifizierung des literarischen Bereichs in Analogie zur Konzeption der getrennten Sphären. Die hierarchische Ordnung der Gesellschaft konnte zudem mit der hierarchischen Ordnung der Literatur gesichert werden.

Even a woman can do no more than her best.

Caroline Kirkland, *A New Home, Who'll Follow?* 98

2.4. Die Macht des Diskurses – Disziplinierung und Aufbegehren

Es spräche gegen die Macht des Diskurses, auch gegen die Macht des Literaturdiskurses, wenn Autorinnen davon unberührt geblieben wären. Diskurse erzeugen nicht nur Subjekte, sondern auch Subjektivitäten. Es kann nicht weiter überraschen, daß viele Autorinnen sich selbst in das diskursiv erzeugte Konstrukt weiblicher Literatur einordneten, daß ihre Texte zumindest partiell den präskriptiv formulierten Erwartungen an Literatur von Frauen genügten, daß sie sich an ihnen orientierten und die ihnen eingeräumten Möglichkeiten ausschöpften oder auch auszubauen versuchten. Anderseits hieße es die Regulationskraft des Diskurses überzubewerten, wenn aus den Reden über Literatur deren gesamte Wirklichkeit gefolgert würde. Die normative Kraft des Literaturdiskurses ist hegemonial, nicht total. Demnach ist zu erwarten, daß es Autorinnen und Texte gibt, die den diskursiven Aussagen widersprechen, wobei dies auf verschiedene Weisen geschehen kann, durch Gegenaussagen, durch Verfahren der Ironisierung, durch Aufdecken der Herrschaftsfunktionen des Diskurses. Im folgenden wird dieser Aspekt des Diskurses darzustellen sein, indem die Verfahren der Disziplinierung und des Aufbegehrens an Textbeispielen vorgeführt werden. Diese Beispiele sind ein Reflex auf den Diskurs; es handelt sich um Bestätigungen, Aufforderungen, Schuldzuweisungen, Einschätzungen und Selbsteinschätzungen sowie alternative (Selbst)-Definitionen, die alle um Frauen und ihre Literatur kreisen.[1] Die Belege zeigen Positionen des diskursiven Spektrums; sie sind in dieser Hinsicht repräsentativ, könnten jedoch leicht durch andere Beispiele ersetzt werden. Ich verwende fiktionale und nicht-fiktionale Texte, damit ersichtlich wird, daß der Literaturdiskurs Texte wie Meta-Texte durchdringt. Verfahren und Versuche der Disziplinierung sind im Abschnitt 2.3. schon vielfach vorgekommen, weswegen ich sie hier zusammenfassend skizziere und mich auf einige besonders markante Beispiele beschränke. Dem Aufbegehren als integralem Bestandteil des Diskurses, das bis jetzt nur punktuell zur Sprache kam, wird mehr Raum gewidmet.

Grundvoraussetzung der Disziplinierung ist ein Begriff von der Frau als Anderer, als einer, an der das Geschlecht bemerkenswert ist. Ihm gilt die Aufmerksamkeit der Kommentare des 19. Jahrhunderts; sie erwähnen die Verfasserschaft einer Frau immer ausdrücklich und sei es nur in Wendungen wie

„the fair author", wohingegen männliche Autorschaft nicht thematisiert zu werden braucht. Der referentielle Rahmen für die Texte von Frauen sind bevorzugt Texte anderer Frauen.[2] Das Geschlecht macht Frauen gleich und ihre Produkte vergleichbar. Über das Geschlecht sind sie jederzeit homogenisierbar.

Der Disziplinierungsdruck hin zu einer weiblichen Literatur bewegt sich zwischen Verführung und Züchtigung. Er funktioniert auf gesellschaftlicher wie auf individueller Ebene, wenn Standards von Weiblichkeit als literarisch relevant akzeptiert und internalisiert werden. Zu den Mitteln der Verführung gehört vor allem die lobende Bestätigung eines Textes oder bestimmter Merkmale eines Textes als gelungener Ausdruck weiblicher Natur. Disziplinierungscharakter hat dieses Verfahren, weil damit solche Aspekte eines Textes negativ besetzt oder verschwiegen werden, die nicht zu diesem Konstrukt passen. So wird an Sedgwicks Texten besonders deren Femininität hervorgehoben während ihre oft deutlich feministischen Positionen mit fast völligem Schweigen übergangen werden. Inwieweit solche Kommentare in bewußter Disziplinierungsabsicht gemacht wurden, läßt sich nicht pauschal beantworten, ist für meine Belange auch von minderem Gewicht. Daß die kritische Einschätzung der Rezensenten des 19. Jahrhunderts einem heutigen Leseeindruck oft genug stark entgegensteht, hat auch damit zu tun, daß mit einem expandierenden Buchmarkt die Werbewirksamkeit von Buchbesprechungen wichtiger wurde und Rezensenten ihre Loyalität gegenüber Verlegern durch lobende Bemerkungen über Bücher demonstrierten, die sie nicht unbedingt gelesen hatten oder anders einschätzten. Das sogenannte „Puffing" war unbeschadet aller Kritik eine verbreitete Praxis, die mit entwaffnender Offenheit betrieben wurde. So schrieb der schon mehrfach erwähnte Griswold an den Verleger James T. Fields: „I puff your books … without any regard to their quality" (zit. nach Tryon, *Parnassus Corner* 85).

Die Textwertung im Hinblick auf dessen Weiblichkeit stand Rezensenten offen; Verleger hatten andere Möglichkeiten der Intervention, weil sie direkt zur Feminisierung auffordern konnten. Jean Yellin beschreibt in „The ‚Feminization' of Rebecca Harding Davis" wie James T. Fields entscheidenden Einfluß auf die Gestaltung von Davis' Roman *Margret Howth* nahm, der unter dem Titel „A Story of To-Day" von Oktober 1861 bis März 1862 im *Atlantic Monthly* in Fortsetzungen erschien. Davis hatte ursprünglich als Titel „The Deaf and the Dumb" vorgesehen, änderte dies aber nach Aufforderung von Fields, obwohl ihr sein Vorschlag nicht gefiel. Was aus dem Briefwechsel in dieser Angelegenheit erhalten ist, zeigt, daß Fields die Geschichte in ihrer ursprünglichen Version, die nicht erhalten ist, zu düster fand und deswegen ablehnte. „I will try and meet his wishes by being more cheerful" schrieb Davis an Fields' Frau Annie und verfaßte ein (aufgesetzt wirkendes) Happyend. Yellin kommentiert: „In revising ‚The Deaf and the Dumb', Harding apparently acquiesced to all of Fields's suggestions: about dividing it, about changing a name, even about altering the description of the weather to conform to New Englanders' erroneous impressions of the midwest" (213). Es ist nicht verwunderlich, daß eine Autorin am Anfang ihrer Karriere sich den Wünschen eines einflußreichen Herausgebers fügte. Davis unterwarf sich Fields nach einigem Zögern bereitwillig: „[Y]ou shall direct in everything that I write" (zit. nach Yellin, 213). Sie tat dies wohl auch deshalb so bereitwillig, weil sie selbstkritisch der Meinung war, sie habe schon in ihrer ursprünglichen Version die tabuisierten Themen nicht wirklich anzupacken gewagt: „‚If I could have dared to write a true history of today! But even in its purest phases I was afraid to touch forbidden subjects so only the husk of the thing was left, of course'" (zit. nach Yellin 213).

Es ist durchaus möglich, daß Fields auch von einem männlichen Beiträger Änderungen verlangt hätte. Doch selbst wenn Frohsinn nicht notwendig als eine ausschließlich weibliche Tugend betrachtet werden muß, stand sie jedenfalls einer Frau wohl an und machte ihre Texte femininer. Yellin bemerkt zu Recht, daß die sogenannte Sentimentalisierung, besser Viktorianisierung[3] der amerikanischen Kultur jedenfalls nicht einfach den Frauen angelastet werden kann:

> Years ago, Ann Douglas charged women and clergymen with responsibility for „the feminization of American culture" in the nineteenth century, but *Margret Howth* presents an important instance in which a leading member of the white male literary establishment demanded that a nineteenth-century woman writer ‚feminize' her text. (217)

Fields war nicht der einzige, der Davis' zu düster fand. Davis selbst teilte diese Einschätzung. In ihrer Antwort auf einen Leserbrief, wohl zu ihrem Roman *Waiting for the Verdict* (1867), der Bürgerkrieg und Reconstruction behandelt, schrieb sie im Mai 1869: „I especially like your sincerity in saying that you found my fancy too sombre. So do I". Anders als Hawthorne, dem seine eigenen Werke ebenfalls zu düster schienen, der dies aber dem Teufel zuschrieb, der ihm gegen seine Absicht immer wieder ins Tintenfaß geriete, spricht Davis klar aus, daß bestimmte Themen nicht geschönt werden können, ohne belanglos zu werden: „And yet every grape has its own flavor, and if you sweeten your dry wine to remove the acrid tang and you have nothing left but mawkish water, what then?" (zit. nach James Austin 47).[4] Henry James dagegen hielt Davis' Texte für zu süßlich. Er rezensierte sowohl *Waiting for the Verdict* als auch den folgenden Roman *Dallas Galbraith* (1868) für *The Nation* und warf der Autorin in beiden Fällen ein Übermaß an Sentimentalität vor. Wie alle Rezensionen, die

James am Anfang seiner Karriere über Romane von Frauen verfaßte, sind diese beiden im Ton herablassend und in der Sache vernichtend. Über *Waiting* schrieb er: „Mrs. Davis ... drenches the whole field beforehand with a flood of lachrymose sentimentalism, and riots in the murky vapors which rise in consequence of the act" (*Literary Criticism* 221).[5]

Am anderen Ende des Spektrums der Disziplinierung läßt sich der explizite Auftrag an die Literatur von Frauen finden, ihre spezifisch weiblichen Qualitäten zu nutzen. Horace Mann, der berühmte Erzieher, forderte am 1. Januar 1842 Sedgwick brieflich auf:

> I want to suggest a theme for your future writings. You have given the most beautiful illustrations of domestic duties, & of kindly, benevolent, & generous feelings in social life. But our society wants something more valuable, tho' perhaps less capable of embellishment than this. It wants honesty, rectitude, every day justice between man & man, in the dealings of life. ...
> Now I have no hope that poetry, or fine literature, or preaching, or law, will reform these vices among adults, he must begin back with children; & the work must be done, if it ever is done, by mothers at the fire-side, in the Common School, & in the Sabbath School. ... But our teachers want examples, illustrations, apologues. I know of no person in the world so capable of preparing these as yourself. ... As to the manner in which your labors should be presented to the public, I must leave to yourself (CMS-Papers II, 2.1)

Manns massiver Appell an Sedgwicks gesellschaftliche Verantwortung definiert ihre Aufgabe: die Herstellung didaktischer Literatur für die Erzieherinnen von Kindern, nicht das Schreiben literarischer Kunstwerke. Dabei überläßt er ihr großzügig die Wahl der Form. Sedgwicks Oeuvre umfaßt fiktionale wie didaktische Texte, die die Autorin jedoch stets zu trennen wußte. Ihre politisch-didaktischen Texte erzählen Geschichten zur Illustration politischer Aussagen, doch den Roman hielt sie nicht für ein legitimes didaktisches Instrument, und zur Vermittlung religiöser Doktrin schien er ihr ebenfalls ungeeignet. Ausdrücklich sagt sie dies im Vorwort ihres letzten Romans *Married or Single?* (1857): „[T]he novel ... does not seem to us the legitimate vehicle of strictly religious teaching" (vi).

Der Aufforderung, was eine Frau schreiben soll, korrespondiert die Erklärung, was sie nicht schreiben soll. Sedgwicks Nichte und Wahltochter Kate Sedgwick Minot liefert ein Beispiel für die Disziplinierung auf individueller Ebene mit einem Brief, in dem sie ihre Tante inständig bittet, die Konvention des Heiratshappyends im Roman einzuhalten. Sedgwicks letzter Roman *Married or Single?* stellt im Titel die Frage nach der angemessenen Lebensform für eine Frau.

Sedgwick hatte das Manuskript ihrer Nichte zu lesen gegeben, die eine Reihe von Änderungsvorschlägen machte. Die große Entschiedenheit, mit der sie für den Heiratsschluß plädiert, signalisiert die Verunsicherung, die für sie von einem unkonventionellen Ende ausginge:

> I'm sorry to interfere with your moral, & (more inconveniently to you) with your title, but I think you have done enough by your own example to illustrate the dignity and beauty of single life, & need not have it on your conscience to do it in your writings. – It is ... the desire that all novel readers have for the supreme felicity of the heroine (May 28, [1856]. CMS-Papers II, 3.14)

Minot beruft sich auf die Wünsche einer allgemeinen Romanleserschaft, die für die Heldin das höchste Glück (und das heißt die Ehe) wollen, und verweist auf Sedgwicks Leben, um ihrem persönlichen Wunsch nach Erhalt der Heiratskonvention in der Literatur Nachdruck zu verleihen. Die Forderung, Leben und Literatur getrennt zu halten, deutet auf das „der Fiktion eigene Potential zur Subversion aller stabilen Modellierungen von Welt", wie Winfried Fluck schreibt (*Inszenierte Wirklichkeit* 13). Auch von hierher erklärt sich der Drang zur Disziplinierung der Literatur von Frauen. Denn Fiktion bietet einen Raum zum spielerischen Experiment mit symbolischer und gesellschaftlicher Ordnung, wodurch sie potentiell die bestehenden Ordnungssysteme auch gefährdet.[6] Dies kann, wie in Minots Fall, von den Individuen als Bedrohung (als Infragestellung ihrer Lebensentwürfe und damit ihrer Identität) erlebt werden.[7] So gesehen ist es nicht verwunderlich, daß gerade Frauen im 19. Jahrhundert mit ihrer geringeren Bewegungsfreiheit in der sozialen Ordnung und ihren geringeren Wahlmöglichkeiten der Lebensplanung ein starkes Bedürfnis nach Legitimierung der ihnen zugewiesenen Lebensform, z.B. der Ehe hatten. Parallel hierzu wird ein gleichfalls starker Wunsch nach Befreiung aus ihrer gesellschaftlichen Enge verständlich, der allerdings wegen des Mangels an lebbaren und vorgelebten Alternativen problematisch war.[8]

Die enge Verbindung von weiblichem Körper und literarischem Text findet sich wieder in Disziplinierungen, die sich auf die Person der Literatin richten, nicht auf ihren Text und die im Extremfall ganz explizit auf ihren Körper zielen. Ein besonders eindrucksvolles Beispiel ist George Frederick Holmes' 10 000 Worte lange Rezension von *Uncle Tom's Cabin* in der Dezembernummer des *Southern Literary Messenger* von 1852. Diese Rezension war eine Auftragsarbeit, die der Herausgeber des *Messenger*, John R. Thompson, Holmes angetragen hatte. Thompsons Vorgaben waren eindeutig: die Verfasserin des Romans sei zu vernichten. Er schrieb an Holmes:

> I would have the review as hot as hell fire, blasting and searing the reputation of the vile wretch in petticoats who could write such a volume. … I want it *to tell* throughout the length and breadth of the land, so that whenever Uncle Tom's Cabin is mentioned, by an inevitable association, men shall call up the Messenger's annihilation of its author. (zit. nach McKitrick, *Slavery Defended* 99)

Holmes stellt die mutwillige Zerstörung der Ordnung in den Mittelpunkt seines Textes. Er beginnt mit der Feststellung, daß das Genre Roman statt zur Erbauung und Besserung seiner Leser nunmehr zum Instrument politischer Interessen verkommen sei, „incompatible with its essence and alien to its original design" (zit. nach McKitrick 100). Ein solches verleumderisches und Zwietracht säendes Machwerk übelster Sorte sei *Uncle Tom's Cabin.* Seine Festlegung des literarischen Bereichs als unpolitisch macht Stowe zur Grenzüberschreiterin, deren Absicht die Zerstörung der gesellschaftlichen Ordnung ist. Holmes' Einwände gegen den Roman sind im Zusammenhang mit der Machtwirkung des Literaturdiskurses von minderem Interesse. Wichtig ist, daß er sich über das Geschlecht der Verfasserin hermacht, und seine Strafaktion in eine Phantasie sexueller und physischer Gewalt mündet. Stowe wird als Vertreterin ihres Geschlechts gezüchtigt, und selbst dabei muß auf der Differenz der Geschlechter bestanden werden: „We cannot take the critical lash into our hands with the same callouos indifference, or with the same stern determination of venting our just indignation, that we might have done, had the penalty been required for ‚the lords of creation'" (101). Kaum verdeckt droht Holmes mit physischer Gewaltanwendung:

> We take no pleasure in the contact with either folly or vice; and we are unwilling to handle the scandalous libel in the manner in which it deserves to be treated, in consideration of its being the effusion of one of that sex, whose natural position entitles them to all forbeareance and courtesy, and which, in all ordinary cases, should be shielded even from just severity, by that protecting mantle which the name and thought of woman cast over even the erring and offending members of the sex. But higher interests are involved; the rule that everyone bearing the name and appearance of a lady, should receive the delicate gallantry and considerate tenderness which are due to a lady, is not absolutely without exception. If she deliberately steps beyond the hallowed precincts – the enchanted circle – which encompasses her as with the halo of divinity, she has wantonly forfeited her privilege of immunity as she has irretrievably lost our regard, and the harshness which she may provoke is invited by her own folly and impropriety. We cannot accord to the termagent virago or the foul-mouthed hag the same deference that is rightfully due to the

> maiden purity of innocence. Still, though the exception undoubtedly exists, and we might, without indecorum, consider that all claims to forbearance had been lost by Mrs. Stowe, we shall not avail ourselves of the full benefit of her forfeiture. (100-101)

Stowe und implizit alle Frauen, die wie sie mit dem Verlassen ihrer Sphäre ihren Anspruch auf männlichen Schutz verwirkt haben, so läßt sich Holmes' *subtext* zusammenfassen, werden zu sexuellem Freiwild und haben sich die Folgen selbst zuzuschreiben. In einer ironisch anmutenden Wendung des patriarchalen Skripts gegen sich selbst wird die körperliche Versehrung der Frau einerseits als männliches Privileg reklamiert und anderseits als Gipfel der Bestrafung im letzten Satz verweigert.

Von den Standardpraktiken der Disziplinierung bleibt noch diejenige zu erwähnen, die als doppelter Standard bezeichnet wird (und ebenso als „Frauenmalus" bezeichnet werden könnte), d.h. die Abwertung der Literatur von Frauen über die diskursiv konstruierte Minderwertigkeit des weiblichen Geschlechts. Dieses Verfahren gründet sich darauf, daß die Kategorie Geschlecht zur Differenzierung und Homogenisierung einer Gruppe für die Gruppenmitglieder als so weitgehend konstitutiv angesehen wird, daß sie auch die Produkte der Gruppenmitglieder bestimmt, z.B. ihre literarischen Texte. Der Doppelstandard funktionalisiert die Kategorie Geschlecht zur Aufrichtung eines Qualitätsunterschiedes zwischen Literatur von Männern und Frauen; es geht dann nicht mehr um die Qualitäten männlicher oder weiblicher Literatur, sondern die Texte von Frauen sind dank der Tatsache, daß Frauen sie verfaßt haben, literarisch minderwertig oder trivial, wie Beispiele in 2.3. gezeigt haben. Diese besonders augenfällige sexistische Praxis ist von der feministischen Forschung schon früh untersucht und dargestellt worden.[9]

Stützt sich die hegemoniale Kraft des Literaturdiskurses auf die exemplifizierten Verfahren der Disziplinierung, so artikuliert sich das Aufbegehren gegen die Normierung durch den Diskurs vor allem auf drei Weisen: 1. Im Aufzeigen der Widersprüchlichkeit und Artifizialität des Diskurses mit den Mitteln von Ironie, Satire, Karikatur; 2. In der Aushöhlung des Diskurses durch die Übererfüllung der Norm; 3. In der Thematisierung der Machtwirkung des Diskurses, d.h. seiner Unterdrückungsfunktion und -verfahren.

Das erste Verfahren benutzt Caroline Kirkland in *A New Home, Who'll Follow?* (1839).[10] Die ironische Reflexion auf weibliche Natur und die sich daraus ergebende weibliche Literatur wird in doppelter Weise verwendet. Zum einen über die Figur der Erzählerin, die als gebildete weiße Frau der Mittelklasse sich auf einmal an die Frontier versetzt findet, und selbstironisch den Prozeß ihrer Desillusionierung beschreibt als eine Geschichte ihrer aus der Literatur gewonnenen falschen Vorstellungen und praktischen Mißgeschicke. Zum zweiten zeigt sie sich in der Figur der gefühlsselig-weltfremden Dichterin.[11]

Die Erzählerin rekurriert auf Gemeinplätze über das Wesen der Frau, die ihr Erzählen bedingen und es spezifisch weiblich machen:

> I know this rambling gossiping style, this going back to take up dropped stitches, is not the orthodox way of telling one's story; and if I thought I could do any better, I would certainly go back and begin at the very beginning; but I feel conscious that the truly feminine sin of talking „about it and about it," the unconquerable partiality for wandering wordiness would cleave to me still; so I proceed in despair of improvement (82) …
> I have departed from all rule and precedent in these wandering sketches of mine. I believe I set out, a great many pages ago, to tell of interesting changes, the progressive improvements in this model village of ours. My intention, as far as I had any, was to convey to the patient reader some general idea of our way of life in these remote and forgotten corners of creation. But I think I have discovered that the bent of my genius is altogether towards digression. Association leads me like a Will-o'-the-wisp. I can no more resist following a new train of thought, than a coquette the encouraging of a new lover (177) …
> I certainly can make long digressions, if nothing else. Here I am wandering like another Eve from my dearly beloved garden. (80)

Indem sie sich auf ihre angebliche Natur beruft, gegen die nunmal kein Kraut gewachsen ist, kann die Erzählerin ihre Weitschweifigkeit zum Strukturprinzip ihres Textes erheben, ja sogar diese ihre spezielle Genialität nennen.[12] Die Regelverstöße, die sie sich als naturbedingt anlastet, separieren ihren Text von der Literatur, die Konventionen und Vorbildern folgt, und das ist vor allem die romantische Dichtung und romantische oder romantisierende Literatur von Chateaubriands *Atala* bis Charles Fenno Hoffmann, die Natur, Wildnis und den amerikanischen Westen glorifiziert, wie die Anspielungen im Text deutlich machen (vgl. Zagarell, „Introduction" xxxii-xxxiii). Gegen Naturüberhöhung setzt sie Lebenswirklichkeit, die Unannehmlichkeiten von Schlammlöchern und Blockhütten, und etabliert so ihre Erzählung als eine, die sich an der Wirklichkeit orientiert, und sich darin von der der männlichen Romantiker unterscheidet.[13] Zugleich wird mit der oben schon erwähnten Figur der Dichterin Eloise Fidler auf ein Stereotyp der Autorin verwiesen, von dem sich die Erzählerin ebenfalls absetzt.[14] Mit dieser Doppelabgrenzung ist Weltfremdheit kein Privileg der schreibenden Frauen; ebensowenig wie die Vorliebe für sentimentale und heroische Dichtung, denn in das Poesiealbum von Miss Fidler, aus dem ausführlich zitiert wird, schreiben ihre Freundinnen und Freunde und im übrigen auch die Erzählerin. Miss Fidlers Urteil zur amerikanischen Literatur ist profund: „Cooper she found ‚pretty;' Miss Sedgwick, ‚pretty well, only her characters are such common sort of people'" (103). Miss Fidler und die Literaturfragen stehen im Mittelpunkt von Kapitel 27, dessen zentrale Stellung für den Text auch dadurch betont wird, daß es ziemlich genau die Mitte des Buches einnimmt.

Kirkland artikuliert das Aufbegehren gegen Festschreibungen von weiblicher Natur und Literatur, indem sie auf solche Vorstellungen Bezug nimmt. Nur folgt bei ihr aus der reklamierten weiblichen Natur eben nicht die weibliche Literatur, die der Diskurs postuliert. Sie stilisiert eine Pose von Ziel-, Absichts-, Plan- und Endlosigkeit ihrer Erzählerin als spezifisch weiblich und zeigt ihre Erzählerin zugleich als Frau von Vernunft, mit gesundem Menschenverstand und Tatkraft, die mit den Schwierigkeiten ihrer Situation zurechtkommt. Was die Erzählerin Mary Clavers gerade nicht ist, ist ein Mauerblümchen – die Position, die sich für eine Frau schickt und die sie im letzten Satz einzunehmen sich anschickt, wenn sie mit den Worten schließt: „I may as well cut short my mazy dance and resume at once my proper position as a ‚wall-flower', with an unceremonious adieu to the kind and courteous reader" (189).

Kirklands Text, in dem sie Weiblichkeit und weibliche Literatur selbstbewußt gegen Stereotypen davon setzt, ist ein Akt der Gegendefinition gegen die Unterwerfungsfunktion des Diskurses. Dennoch war *A New Home* ein Erfolg und wurde bei seinem Erscheinen positiv rezipiert (vgl. Zagarell, „Introduction" xi). Spricht dieser Umstand nicht gegen den von mir behaupteten Disziplinierungsdruck? Ich meine nicht. Es hieße die Wirksamkeit der Diskurse gründlich mißverstehen, wenn aus den diskursiv erzeugten Konstrukten ein einfaches Wirkungsverhältnis nach der Formel „wenn A, dann B" gefolgert würde. Diskurse sind keine Zwangsjacken in dem Sinne, daß sie Bewegungen nur in eine einzige Richtung erlaubten. Eher sind sie elastisch wie die Wände einer Gummizelle, die auf Druck nachgeben und ihre alte Form wiedergewinnen, wenn der Druck nachläßt. Ihre Herrschaft basiert auf ihrer subjektformenden Wirkung, ihrer regulativen Kraft, mit der sie auf Wahrnehmung und Erwartung gestaltenden Einfluß haben, woraus sich die Redegewohnheitsnotwendigkeiten ergeben. Bezogen auf die hier diskutierten Fragen im Zusammenhang mit der diskursiven Konstruktion einer weiblichen Literatur besteht ein ganz wesentliches Moment der Machterhaltung des Diskurses darin, daß es immer möglich ist, das Aufbegehren gegen den Diskurs zu verschweigen oder zu ignorieren. Geschlecht ist im Literaturdiskurs ein relevantes Merkmal und kann potentiell immer auch zur Abwertung eines Textes benutzt werden, aber es kann auch jederzeit hinter andere Differenzierungskategorien zurücktreten. Da es im Falle von Literatur letztlich die Rezipienten sind, die sich die

Kategorien ihrer Texteinschätzung suchen, kann ihre Reaktion nicht durch den Text selbst oder die Intentionen seiner Verfasserin völlig bestimmt werden. Kirklands *A New Home* beeindruckte die Lesenden durch eine neues Thema, durch den lebendigen Umgang mit einheimisch-amerikanischer Wirklichkeit, vermehrt um einen gewissen exotischen Reiz, den die Frontier in Michigan für Bürger der Ostküste haben mochte. Diese Aspekte des Textes waren ihnen bemerkenswert und nicht notwendig seine Weiblichkeit oder Unweiblichkeit. Diese wiederum war aber jedenfalls der Autorin ein Problem, wie ihre Behandlung dieser Fragen zeigt. Der Text belegt daher die Disziplinierung durch den Diskurs, selbst wenn er damals nicht als Ausdruck des Aufbegehrens kommentiert wurde.

Die zweite Weise, in der sich Aufbegehren festmachen läßt, ist die Annahme der Kategorien des Diskurses und ihre Aushöhlung durch ihre Manipulation. Die inhärente Instabilität des Diskurses erlaubt die Übernahme seiner Normierungen von Weiblichkeit, die dann zu Machtpositionen ausgebaut werden können, die den diskursgestützten Machtverhältnissen zuwiderlaufen. Während ein großer Teil der Literatur von Frauen des 19. Jahrhunderts den konventionalisierten Ansprüchen an Weiblichkeit und weibliche Literatur genügt, indem z.B. tatsächlich viele Frauen moralisch-didaktische Literatur für Kinder verfaßten, „moral pap for the young", wie Louisa May Alcott diesen Teil ihrer literarischen Produktion selbstironisch klassifizierte (zit. nach Cheney 296), indem sie feminine und das heißt sentimentale Lyrik schrieben und durch diese Produktionsarten wiederum das diskursive Konstrukt weiblicher Literatur im Wechsel verstärkten, schließt das nie aus, daß diese Konventionen auch bewußt manipuliert oder von Männern benutzt werden konnten. Die Frauengeschichten, die Baym als eigenes Subgenre „woman's fiction" taufte, und die mit den meist synonym verwendeten Adjektiven „sentimental" und „domestic" zu einem Weiblichkeit inferiorisierenden Begriffskomplex zusammengemischt wurden, sind, das deutet Bayms eigene Untersuchung an, trotz aller Einhaltung von Konvention vielfach auch auf thematischer und/oder narrativer Ebene konventionsauflösend. Bekanntermaßen zeigen viele dieser Romane die Stärke weiblicher Schwäche bis hin zu einem Punkt, an dem die moralische Perfektion der Heldin ihren Führungsanspruch unabweisbar macht. *Hedged In* (1870), ein religiöser Roman von Elizabeth Stuart Phelps Ward, erzählt diese Geschichte anhand seiner Heldin Eunice, die aus dem Slum und unehelicher Mutterschaft zum Vorbild höchster christlicher Tugend wird. Triumph über die Gesellschaft und Apotheose im Tod der Heldin – das ist der schöne Sieg, den der Name der Protagonistin bereits verheißt. Die Rigidität dieser Figur steht Hawthornes Konzeption dieses Frauentyps mit Hilda in *The Marble Faun* (1860) in nichts nach. Ein weiteres Beispiel ist Harriet Beecher Stowes Gesellschaftsroman *Pink and White Tyranny* (1871), in dem die Autorin zwei Frauentypen kontrastiert. Die eine ist die Verkörperung männlicher Wunschträume, ungeeignet für das praktische Leben, was ihr Mann ihr dann zum Vorwurf macht, und die andere ist das Stowesche Ideal der klugen, umsichtigen, pflichtbewußten und moralisch integeren Frau voller Nächstenliebe, hier Grace genannt, deren Überlegenheit der männliche Held schließlich ausdrücklich anerkennen darf. Sein Wunsch nach Auflösung der nunmehr als falsche Wahl erkannten Ehe wird von Grace allerdings emphatisch und ungnädig verworfen als Flucht vor Pflicht und übernommener Verantwortung. Der Trost, den sie dem Mann zu bieten hat, ist der, mit dem Frauen und Sklaven sich gewöhnlich trösten durften: „it will all be over soon, this life-battle; and the only thing is, to come out victorious" (318). Obwohl diese Texte starke Machtansprüche stellen, bleiben sie in ihrem Frauenbild noch im Rahmen der zirkulierenden Versionen von Weiblichkeit, die ja die Frau auch Erlöserin sein lassen, selbst wenn sie dieses Bild bis an einen Extrempunkt führen.

Die Dekonstruktion des Diskurses mit narrativen Mitteln gelingt Sara Parton in *Ruth Hall* (1854) durch den ständigen Wechsel von sentimentaler oder ikonisierender und satirischer oder ikonoklastischer Erzählart, wie Susan Harris in ihrer Interpretation überzeugend nachweist (*19th Century American Women's Novels* 111-127).[15] Das Stilprinzip der wechselnden Stimmen, die jeweils kontradiktorische Weltsichten gegenüberstellen, wird nach Harris in den Stimmen der Charaktere wiederholt. „The play of many voices … is Fern's primary tool for first rendering the verbal-political power structure of gender relationships in mid-nineteenth-century American culture and then casting the values associated with it into doubt" (Harris 116). Auf der Handlungsebene geschieht dies ebenfalls, wie ich an anderer Stelle ausgeführt habe (vgl. Opfermann, „Vom Umgang"). Erzählt wird die Geschichte einer Frau, die nach kurzer, glücklicher Ehe verwitwet und plötzlich allein für ihre beiden Töchter verantwortlich, den mühevollen Weg zu einer erfolgreichen Karriere als Literatin und in die geistige und ökonomische Unabhängigkeit und Selbständigkeit macht. Der Untertitel *A Domestic Tale of the Present Time* plaziert den Text in der weiblichen Sphäre, aus der die Erzählung die Heldin herausführt. Deren Konzeption ist von konventioneller Vollkommenheit; Ruth ist eine Frau, der auch widrige Umstände den Glauben an Gott und ihre Mitmenschen nicht nehmen können; sie war ihrem Mann eine gute, nichts fordernde Ehefrau; sie ist und bleibt liebende Mutter, immer bereit, sich für ihre Kinder aufzuopfern. Gerade dadurch, daß der Text den Wert dieser weiblichen Tugenden und der Mutterschaft nicht in Frage stellt, gewinnt Ruths Schicksal Brisanz, denn damit wird aufgedeckt, daß selbst die Erfüllung der weiblichen Rolle und Norm der Frau keine Sicherheit bieten, weil Wohlverhalten eben nicht belohnt wird. Das soziale Netz, aus

Familie und Freunden geknüpft, das die unschuldig in Not geratene Witwe und ihre Kinder auffangen sollte, trägt nicht, obwohl sich Ruth nichts hat zuschulden kommen lassen. Damit verliert das gesellschaftliche System seine Rechtfertigung, das der bürgerlichen Frau die Familie als Lebensraum verordnet, deren ökonomische Versorgung allein Sache des Mannes ist. Wenn es möglich ist, daß eine gute Frau und Mutter ausgestoßen wird, dann ist die Doktrin der getrennten Sphären von Mann und Frau nicht zu halten, dann sind Frauen schon der Kinder wegen zur ökonomischen Unabhängigkeit verpflichtet. Ruths rollengerechtes Gottvertrauen wird dagegen belohnt, womit die Autorin den Aufstieg ihrer Heldin gleich noch sanktioniert. Der Text hat in seiner Haupthandlung ebenso wie in einer komischen Nebenhandlung zudem die Pointe, daß mit der einmal erreichten wirtschaftlichen Selbständigkeit Frauen ohne Mann ein erfülltes Leben führen können.[16] Mit diesen subversiven Gedanken rüttelte Sara Parton an den Grundfesten der viktorianischen Gesellschaft Amerikas. Es scheint mir nicht untypisch, daß die narrative und thematische Doppelbödigkeit gerade dieses Textes in der Sekundärliteratur bis vor kurzem selten thematisiert und wenn, dann als der Autorin unbewußt unterstellt wurde. Der Alteritätsdiskurs gestand Frauen keine reflektierte Position zu. Gezielte Manipulation von Erzählkonventionen sowie bewußte Ambiguität ist ein Qualitätsmerkmal der Literatur von Männern wie Hawthorne und Melville, bei denen poetologische Reflexion als selbstverständlich angenommen wird.

An der Rezeption von *Ruth Hall* lassen sich Wirkungsspektrum und Wirksamkeit des Diskurses studieren, deshalb gehe ich an dieser Stelle darauf ein. Die sehr unterschiedlichen Reaktionen auf diesen Text reichen über das gesamte diskursive Spektrum. Der Roman war in den USA ein großer Erfolg; er erschien außerdem in England und wurde ins Französische und Deutsche übersetzt.[17] Der hohe Absatz von 70 000 Exemplaren in Amerika ist einesteils auf eine aufwendige und massive Werbekampagne zurückzuführen, wie Susan Geary ausführt, und anderenteils auf den Skandaleffekt, den das Buch als Schlüsselroman genoß. Parton hatte eigene leidvolle Erfahrungen mit ihrer Familie verarbeitet. Von besonderem öffentlichen Interesse war das Porträt ihres Bruders, des damals erfolgreichen sentimentalen Autors Nathaniel Parker Willis. Der eitle Salonlöwe N. P. Willis, dessen Initialen manche als „namby-pamby" gelesen haben sollen, tritt als Hyacinth Ellet auf. Die Rezeption der Zeit widmete sich vorwiegend den skandalträchtigen autobiographischen Aspekten, für die die Autorin heftig kritisiert wurde.[18] Die Unweiblichkeit der Verfasserin war in diesem Fall durchaus Thema der Kritiker. Warren subsumiert die Vorwürfe gegen Parton unter 5 Punkten:

> [T]he author's lack of feminity in seeking revenge (a woman was expected to be gentle and submissive); her self-portrayal in heroic terms (a woman was supposed to be selfless and self-effacing); her failure to show filial piety because she criticized her father, brother, and in-laws (a woman must be respectful of and deferential to her male relatives); her vulgarity (a woman should never be lacking in female delicacy); and her sacrilege in satirizing devout people (the crowning glory of any woman was her religious piety and respect for religion).
> These criticisms were all directed at the author, not the book. („Introduction" xx)

Warren kommentiert: „Although the critics were right in seeing the danger of these unconventional qualities in a woman ..., by focusing on them, they missed the book's revolutionary message. The real threat posed by the novel was its insistence that a woman should be independent" (xx). Da Warren den Vorwurf mangelnder Weiblichkeit nicht als einen Reflex des Literaturdiskurses begreift, wird bei ihr nicht recht erklärbar, warum die Kritiker die klare Botschaft des Textes nicht verstanden. Daß sie die Weiblichkeit der Autorin zum Thema machten, ist Ausdruck der Redegewohnheitsnotwendigkeiten der Zeit. Da diskursiv Weiblichkeit Merkmal und Maßstab der Literatur von Frauen war, sind die Anwürfe an die Autorin konsequent im Sinne der Disziplinierung durch den Diskurs. Das diskursauflösende Potential des Textes muß zum Zwecke der Machterhaltung möglichst verdrängt werden und wird in diesem Fall über die Kommunikationsstrukturen, die im Diskurs zur Verfügung stehen, verschoben auf eine Diskussion über die Geschlechtsqualitäten der Autorin. Es wird an diesem Punkt vielleicht auch verständlich, daß die Dekonstruktion des Diskurses nicht sogleich seine Wirksamkeit außer Kraft setzt.

Es gab im übrigen auch positive Reaktionen. Hawthornes Anerkennung, in die schillernde Formulierung gefaßt, die Frau schreibe, als habe sie den Teufel im Leib, wurde schon unter 1.3. zitiert. Hawthorne hat die gesellschaftliche Sprengkraft des Textes mit Bewunderung bemerkt. Der *New York Atlas* äußerte sich im Dezember 1854 ebenfalls uneingeschränkt lobend: „This is one of the most delightful and refreshing books that has been laid on our table for a long time" (1). Doch der *Atlas* beschrieb das Werk nun gerade als den Inbegriff weiblicher Literatur:

> The story of Ruth Hall is one of every day life, and yet it is so beautifully interwoven with all the finer feelings of humanity, and a religious trust in the divine love of the Creator, that it swells the heart and moistens the eyes at the reading of it. ... [The book] will become a sort of household god, and many

will be the sympathizing and gentle heart that will beat in unison with that of the heroine. (1)

Die Kategorien der Beschreibung entstammen sichtlich dem diskursiven Konstrukt weibliche Literatur. Die dazugehörigen Stereotypen von Alltäglichkeit, Moral, Glaube, Sentiment und weiblicher Leserschaft folgen zwangsläufig auf- und auseinander und verbünden sich hier sozusagen ohne Rücksicht auf den Text.

Unter den gemischten Rezensionen ist eine britische aus *Tait's Magazine* interessant, die das *Eclectic Magazine* mit Quellenangabe übernahm. Auch dieser Text ist sichtlich vom Diskurs über die Literatur von Frauen durchdrungen. Der anonyme Verfasser oder die Verfasserin äußert sich zunächst zu Ferns früheren Werken und kritisiert, daß Parton die sentimentale Schreibweise in *Fern Leaves* gelegentlich überziehe („not always free from the insincerity which results from being obliged to write up to a certain mark in the ‚sentimental' line" 198). *Ruth Hall* zeige die besten und die schlechtesten Qualitäten der Verfasserin: „Her best, for it has touches of nature and real pathos, with what to pathos of right belongs as next of kin – real humor; her worst for it too frequently sickens you with cant, and stilted sentiment" (198). Nachdem das richtige vom falschen Sentiment getrennt ist, wird für Parton ein zukünftiger Schreibauftrag ganz im Sinne des Konzepts weiblicher Literatur formuliert:

> It strikes us that if this lady will devote herself with chastened energy, and the womanly address she has at command, to the subject of the social position of her own sex, and the education of the young of both sexes, she may yet do a work for which the world unborn shall thank her (199)

Hier sind die anderen, stereotypen Anforderungen an die Literatur von Frauen: ihr moralisch-didaktisches Wesen, ihre Themen und Publikum (Frauen) und ihr gesellschaftlicher Erziehungsauftrag. Am spezifischen Einzelfall von Partons Roman und den Reaktionen auf den Text wird die Wirksamkeit des Literaturdiskurses augenfällig: er konstituiert den Text selbst und die Kritik an ihm.

Eine weitere Form des Aufbegehrens ist die direkte Thematisierung der Machtwirkung der Disziplinierungsverfahren. Besonders häufig kommt dabei die Kritik am Doppelstandard vor. Nicht nur im Hinblick auf den Umgang mit Literatur wird wieder und wieder auf die zweierlei Maß hingewiesen, mit denen in der Gesellschaft die Geschlechter gemessen werden. Ebenso treffend wie ironisch tut dies etwa Sara Parton in einer ihrer Glossen mit dem Titel „Lady Lecturers":

> [C]an anybody tell me why reporters, in making mention of lady speakers, always consider it to be necessary to report, fully and *firstly*, the dresses worn

by them? When John Jones or Senator Rouser frees his mind in public, we are left in painful ignorance of the color and fit of his pants, coat, necktie and vest – and worse still, the shape of his boots. This seems to me a great omission. How can we possibly judge of his oratorical powers, of the strength or weakness of his logic, or of his fitness in any way to mount the platform, when these important points are left unsolved to our feeble feminine imaginations? (369-370; Hervorh. im Orig.)

Die Kritik am Doppelstandard reklamiert regelmäßig die Irrelevanz von Geschlecht für Qualitätsurteile. Protestiert wird dagegen, daß die Kritiker die Weiblichkeit der Verfasserin begutachten statt ihres Textes. „[S]ome ungentlemanly critic reviews not your book, but you“, erklärt Parton unter dem Titel „Pleasures of Authorship“. Nicht die Person einer Autorin sei von Belang, sondern die Qualität ihres Werks. Mary Bryan meint, „genius has no sex“ und „it matters not whether the pen is yielded by a masculine or a female hand“ („How Should Women Write“ 371). Als Forderung nach Gleichbehandlung verlangten die Kritikerinnen des Doppelstandards, die Kategorie Geschlecht zu ignorieren, ohne zu berücksichtigen, daß Männlichkeit als Nullmorphem dem Allgemeinen eingeschrieben ist. Der Verzicht auf die Hervorhebung von weiblichem Geschlecht ist daher nicht gleichbedeutend mit der Abschaffung der Kategorie Geschlecht überhaupt, sondern bewirkt nur wieder die Privilegierung von Männlichkeit.[19] Bryans Text erkennt dies implizit an, wenn sie auf ihre Frage, „How should a woman write?“, antwortet: „as *men*, as all should write to whom the power of expression has been given“ (371, Hervorh. SO). In den Texten dieser Kritikerinnen findet sich die Asymmetrie der Geschlechterkategorien als innere Spannung wieder, denn sie behaupten Geschlecht als unwichtig und wichtig zugleich.

Für die Thematisierung der Machtwirkungen des Diskurses bieten sich wiederum Satire und Ironie wegen ihres Entlarvungspotentials als Schreibmodi für fiktionale Texte an. Formvollendet ironisierte Sara Parton die Rezensionspraxis und ihren Umgang mit Texten von Frauen in einer fiktiven Besprechung von *Fern Leaves*, in der sie ihr eigenes Buch nach allen Regeln der Kunst verriß. Die angebliche Rezension erschien am 10. Oktober 1857 im *New York Ledger*, der Zeitschrift, für die Parton seit 1855 regelmäßig schrieb. Partons fiktive Rezension trifft in Ton, Aufbau und Inhalt genau die Disziplierungen des Diskurses und entlarvt seine Konstrukte weiblicher Literatur und textbedingender weiblicher Physis:

This little volume has just been laid upon our table. The publishers have done all they could for it, with regard to outward adorning. No doubt it will be welcomed by those who admire this lady's style of writing: we confess

> ourselves not to be of that number. We have never seen Fanny Fern, nor do we desire to do so. We imagine her, from her writings, to be a muscular, black-browed, grenadier-looking female, who would be more at home in a boxing gallery than in a parlor, – a vociferous, demonstrative, strong-minded horror, – a woman only by virtue of her dress. Bah! the very thought sickens us. We have read, or, rather, tried to read, her halloo-there effusions. When we take up a woman's book we expect to find gentleness, timidity, and that lovely reliance on the patronage of our sex which constitutes a woman's greatest charm. We do not wish to be startled by bold expressions, or disgusted with exhibitions of masculine weaknesses. We do not desire to see a woman wielding the scimitar blade of sarcasm. If she be, unfortunately, endowed with a gift so dangerous, let her – as she values the approbation of our sex – fold it in a napkin. Fanny's strong-minded nose would probably turn up at this inducement. Thank heaven! there are still women who *are* women – who know the place heaven assigned them and keep it …
> As to Fanny Fern's grammar, rhetoric, and punctuation, they are beneath criticism. It is all very well for her to say, those who wish commas, semi-colons and periods, must look for them in the printer's case, or that she who finds ideas must not be expected to find rhetoric or grammar; for our part, we should be gratified if we had even found any ideas!
> We regret to be obliged to speak thus of a lady's book: it gives us great pleasure, when we can do so conscientiously, to pat lady writers on the head; but we owe a duty to the public which will not permit us to recommend to their favorable notice an aspirant who has been unwomanly enough so boldly to contest every inch of ground in order to reach them – an aspirant at once so high-stepping and so ignorant, so plausible, yet so pernicious. We have a conservative horror of this pop-gun, torpedo female; we predict for Fanny Fern's „Leaves" only a fleeting autumnal flutter. („Fresh Leaves by Fanny Fern" 290-291)

Die in anderen Kapiteln zitierten, nicht-fiktiven Rezensionen machen deutlich, wie genau Parton den herablassenden Ton trifft. Sie zeigt den fiktiven Rezensenten mit Äußerlichkeiten befaßt: zunächst mit der äußeren Erscheinung des Buches, dann mit der der Verfasserin, deren Aussehen er aus dem Wesen der Texte deduziert. Von dem so konstituierten Mannweib wendet er sich mit Grausen ab und konkreten Geboten und Verhaltenregeln für das weibliche Geschlecht und seine literarischen Werke zu. Über den Inhalt des Textes schweigt er sich aus, kommentiert nur die orthographische Unfähigkeit der Verfasserin, und entlarvt dabei versehentlich die Witzigkeit der von ihm geschmähten Autorin. Der Satz, „it gives us great pleasure … to pat lady writers on the head", offenbart die heimliche Motivation des Verfassers und fungiert als Ironiesignal, das den Leserinnen und Lesern erlaubt, Partons Text als Parodie zu erkennen. Mit der Berufung auf das Gemeinwohl rechtfertigt der Rezensent persönliche Angriffe. Schließlich endet er mit der Prophezeiung des sicheren Mißerfolgs für das Buch, womit sich die Frage erhebt, warum er überhaupt davon Kenntnis zu nehmen geruhte. Parton spickt gerade den letzten Satz so wunderbar mit Alliterationen auf p und f, daß das aufgeregt aufgeplusterte Gehabe des Kritikers (als pf, pf) hörbar wird.

Abschließend muß noch eine Wirkungsweise des Diskurses genannt werden, die bisher nicht zur Sprache kam, nämlich seine scheinbare Außerkraftsetzung – die Aufhebung der Verknüpfung von Literatur und weiblichem Geschlecht. Im 19. Jahrhundert ist der bekannteste Fall einer Autorin, die z.T. nicht mehr als „woman author" sondern als „author" behandelt wurde, der von Harriet Beecher Stowe und ihrem Roman *Uncle Tom's Cabin* (1851/52). Mit dem Thema Sklaverei hatte Stowe das heißeste politische Eisen ihrer Zeit angepackt und insofern ihre Grenzen hin zum öffentlichen Bereich überschritten. Sie behandelte die Sklavereifrage jedoch als moralisches Problem und holte es damit in den Zuständigkeitsbereich der Frauen. Konsequent ist die Antwort, die der Text auf die Frage gibt, „what can any individual do? ... they can see to it that *they feel right*" (624, Hervorh. im Orig.), nicht der Aufruf zu politischer Aktion, sondern ein Appell an das Sentiment und damit die Aufforderung zur indirekten politischen Aktion, zur Einflußnahme.

Der Erfolg des Romans war überwältigend: „Was there never a book before?", fragte die *Literary World* (zit. nach Baym, *Novels* 222). Obwohl das Buch von Anfang an ein Bestseller war, war die Rezeption gemischt. Mit der bösartigen Rezension von Holmes, die oben zitiert wurde, hatten wir ein Beispiel für diskursive Disziplinierung, doch wurde der Text, weil er moralisch argumentiert, auch als positives Beispiel weiblicher Literatur gelesen. Er wurde aber auch, und um dieses Phänomen geht es jetzt, als Literatur gelesen, und die Frage der weiblichen Autorschaft verlor an Wichtigkeit. Das lag daran, daß *Uncle Tom's Cabin* sämtliche Rekorde brach und neue Standards setzte. Dieser Triumph legitimierte seinerseits die Autorin des Textes. Der Roman wurde zum Meisterwerk und seine Verfasserin zum Meister. Folgerichtig drückt sich dies darin aus, daß z.B. in Anne Lynch Bottas *Hand-Book of Universal Literature* (1860) in der Kategorie „Fiction" Harriet Beecher Stowe zusammen mit lauter Männern genannt ist, während „the women of the United States" und ihr Beitrag zur Nationalliteratur in einer gesonderten Gruppe aufgeführt sind. Stowes Frau-Sein war in diesem Falle nicht mehr wesentlich (im doppelten Sinne), ihr Roman wurde von einem Text der weiblichen Literatur zu einem literarischen Text, der scheinbar nicht geschlechtlich charakterisiert war; scheinbar deshalb, weil der geschlechtlich nicht speziell markierte Bereich der männliche ist.[20] Diese Bruchstelle im Diskurs setzt seine Wirksamkeit nicht außer Kraft, zeigt aber seine inhärente Widersprüchlichkeit.

Daß Frauen stärkerer Zensur und öffentlicher Kontrolle unterlagen und für Literatinnen in ihrem Bereich im 19. Jahrhundert strengere Bedingungen galten, was auch in ihren Texten zum Tragen kommt, ist offensichtlich. Es stellt sich die Frage, wie erfolgreich die Disziplinierung durch den Diskurs war oder sein konnte. Joanne Dobson vertritt die Auffassung, Autorinnen hätten sich stark disziplinieren lassen und z.B. auf die Entwicklung weiblicher Subjektivität im Roman verzichtet (*Dickinson*, Kap. I). Und Judith Fetterley argumentiert, daß Frauen wegen der schärferen Restriktionen, die für sie galten, in den Genres Roman und Lyrik, die im Mittelpunkt des öffentlichen Interesses standen, nicht ihre besten Leistungen brachten. Ihre Stärken sieht sie eher in den weniger prätentiösen und formalisierten Formen, „the letter, the sketch, the personal essay, the newspaper column, short fiction" (*Provisions* 14). Obwohl diese Aussagen tendenziell richtig sind, bleiben sie in ihrer Pauschalität problematisch. Werden Widersprüche und gegenläufige Tendenzen vernachlässigt, z.B. indem Frauen insgesamt ein Opferstatus zugeschrieben wird, reifiziert dies wiederum die diskursiv konstruierte Bipolarität der Geschlechter und das dichotome Denken. Es ist falsch zu behaupten, der stärkere Disziplinierungsdruck habe eine vollkommen disziplinierte Autorinnenschaft geschaffen oder hätte sie auch nur schaffen können. Ich habe versucht zu zeigen, daß und wie Autorinnen aufbegehrt haben. Im nächsten Kapitel wird darzustellen sein, wie sich das vom Diskurs konstituierte Verhältnis der Autorin zu ihrer Tätigkeit und ihrem Text auf individueller Ebene auswirkte und welche Strategien und Verhaltensweisen dadurch in den Vordergrund traten.

I am in absolute despair about my book – I have written out …
I am doubting whether at once resolutely to sacrifice my Mss or to go on & see if I can get a moment of inspiration – a starting point
– If I had spirit to enter on a new career – I would – History – biography any thing seems now to me more attractive than this ‚heavy work'

Catharine Sedgwick,
Journal 2. Feb [1833]

I am never going to do any more housework if I can help it, I am an AUTHOR

Elizabeth Stoddard an Richard Henry Stoddard [1861]

3. Das Selbstverständnis der Autorin – zwischen Selbstaufgabe und Selbstbehauptung

Die diskursive Erzeugung einer weiblichen Art zu schreiben und das Bild der Autorin, das sich im 19. Jahrhundert von der Karikatur bis zur Literatur präsentiert, hat zur Folge, daß sich die Autorin in einer Situation grundsätzlicher Ambivalenz zu sich selbst und ihrer Tätigkeit befindet. Auf der Ebene des Individuums stellt sich dies als ein Konflikt zwischen literarischem Anspruch und den Anforderungen an Weiblichkeit dar. Anders gesagt, wenn wir davon ausgehen, daß die Diskurse das Individuum konstitutieren, so sind es der Literaturdiskurs und der Geschlechtsdiskurs, die sich in den Autorinnen verschränken und in ihren Selbstbildern wiederum zum Ausdruck kommen. Das Individuum wird sichtbar als Schauplatz konfligierender Diskurse und diskursiver Konflikte, deren Reibungen von den Subjekten als Widersprüchlichkeiten, als Hin- und Hergerissensein erlebt werden, dem sie durch wechselnde Identitätskonstruktionen zu entgehen suchen.

Sandra Gilbert und Susan Gubar haben den grundlegenden Konflikt der Frau und Autorin in Abwandlung der Theorie Harold Blooms „anxiety of authorship" genannt. An der Literatur englischer Autorinnen des 19. Jahrhunderts versuchen sie zu zeigen, daß diese Ambivalenz als zentraler Konflikt die Texte inspiriert. Das titelgebende Bild ihrer Studie *The Madwoman in the Attic* beziehen sie aus Charlotte Brontës *Jane Eyre* und sehen es als Selbstdarstellung der Autorin. Mary Kelley vertritt in ihrer Studie zu populären amerikanischen Autorinnen des 19. Jahrhunderts eine ähnliche These des Konflikts zwischen Weiblichkeit und Öffentlichkeit.

> As literary domestics they had an identity in common with other women in their society even though their experiences were uncommon, and their reactions to those experiences highlighted a prevailing female condition. Because the gulf between a private domestic existence and a public literary career was immense, they found themselves in a world they did not know and that did not know them. Paradoxically, they both traversed that gulf and failed to bridge it. They published, but often under the cloak of anonymity. From their literary income they supported or contributed to the support of themselves and their families, yet felt compelled to justify that support on the basis of domestic need. And, most significantly, they struggled in their tales to assess and place a value on women's lives while disparaging and dismissing their own literary efforts. (*Private Woman, Public Stage* xi)

Demgegenüber stehen Darstellungen wie die von Judith Fetterley, nach der viele der von ihr untersuchten amerikanischen Prosaautorinnen des 19. Jahrhunderts wenig von diesem Konflikt zeigen.

> [M]any of the writers I read seemed to manifest a considerable degree of comfort with the act of writing and with the presentation of themselves as writers and relatively little sense of disjunctiveness between „woman" and „pen." Indeed, I would suggest that mid-nineteenth century American women writers were more comfortable with the idea of writing than were their male counterparts (*Provisions* 5)

Susan Coultrap-McQuin kann in ihrer Untersuchung zum Umgang von amerikanischen Autorinnen mit ihren Verlegern ebenfalls nicht umhin festzustellen, daß die von ihr untersuchten Frauen durchaus selbstbewußt und energisch auftraten:

> While some women certainly must have experienced self-doubt and conflict in the pursuit of a literary career, others, like the subjects of this study, were relatively comfortable in their role as women writers. The latter seem not to have internalized, though they were aware of, the negative views of women writers. (*Doing Literary Business* 19)

Coultrap-McQuin untersucht u.a. E. D. E. N. Southworth und Harriet Beecher Stowe, zwei Autorinnen, die auch Kelley behandelt. Somit stehen Kelleys und Coultrap-McQuins Erklärungsansätze in einem ungelösten Widerspruch.

Beide Studien, ebenso wie die zwei anderen hier genannten, belegen ihre jeweilige These materialreich und insofern überzeugend. Der Konflikt zwischen Frau und Literatin läßt sich an vielen Schrifstellerinnen aufzeigen, ebenso wie ihr oft genug positives Selbstbild. Wenn wir die Selbsteinschätzungen der Autorinnen als Positionen in einem Spektrum verfügbarer Identitätskonstruktionen betrachten, die zeit- und kontextabhängig variiert werden, so muß keine dieser Konstruktionen zugunsten einer anderen verdrängt werden, selbst wenn scheinbar widersprüchliche Aussagen unmittelbar nebeneinander stehen. Beispielhaft läßt sich dies an einem Brief Catharine Sedgwicks sehen, in dem sie ihren Dilettantismus und ihre Literaturauffassung artikuliert. Dem Engländer Captain Basil Hall[1] antwortet sie auf dessen z.T. beckmesserische Kritik an ihrem Roman *Hope Leslie*: „Literary occupa[tio]n is rather a pastime than a profession with me – I make no pretensions to infallibility & have no right to feel any thing but gratitude at strictures which might annoy a regular bred & painstaking author", und weist im folgenden seine Einwände ausführlich und Punkt für Punkt zurück, nicht ohne ein gerüttelt Maß an Ironie. Hall hatte bemängelt:

> [It] would be more agreeable to every class of your readers – to women as well as men, to avoid the introduction of persons, or of scenes, or of circumstances which would not bear to be introduced into conversation in good company, without raising a blush – or exciting horror. … On the same principle all oaths & all vulgarisms – however characteristic – or however subdued by dashes (d—n for instance) are to be shunned as utterly repugnant to good taste – & as eminently hurtful to that delicacy of touch which belongs to finished works of art. It signifies nothing that high authorities may be quoted – you may be certain that even Sir Walter Scott is universally blamed by every person of good feeling for his slightest departures from delicacy. (6. November 1827. CMS-Papers II, 1.7)

In Sedgwicks Entgegnung auf dieses Argument wird deutlich, daß sie über das, was Literatur sein soll, eine dezidierte Meinung hat:

> I agree with you that oaths are to be avoided as far as possible – they offend both against principle and taste – But the question seems to me to be whether in describing human life you are to exclude the majority of human beings …
> Would you not circumscribe that expansive circle that embraces within its dominion human character under every variety of form – in its original graceful proportions – in its various deviations and in all the deformities of accidental circumstance … If your scrupulous doctrine had obtained – If

> artists had admitted to their Studios none but well-behaved & well dressed gentlemen & ladies where would have been the Apollo – the Venus – & Laocoon. (CMS-Papers I, 1.11)[2]

Müssen wir aus Sedgwicks Plädoyer für die künstlerische Freiheit folgern, daß ihre Selbstbeschränkung am Anfang des Briefes nur eine Bescheidenheitspose ist?

Und wie ist mit der Selbstsicherheit umzugehen, mit der E. D. E. N. Southworth in einem Brief an ihren Verleger vom 6. Juni 1887 erklärt: „I know, and have known for the forty years that I have been writing, that I have furnished the plots, characters, scenery & striking situations for about half the novels written" (zit. nach Gallup 32). Müssen wir daraus schließen, daß die Situation der Autorin so schlimm nicht war? Von Mary Dodge, bekannt unter ihrem Pseudonym Gail Hamilton, erschien 1864 im renommierten *Atlantic Monthly* ein literarischer Essay betitelt „My Book", der von Selbstbewußtsein strotzt:

> I acknowledge, in the domain of letters, none but Squatter Sovereignty. In literature, unlike morals, might makes right. If I think you are cultivating the soil to its utmost capacity, I shall not meddle; but if it seems to me that you are letting it lie fallow while I can draw a furrow to some purpose, you need not warn me off with your old title-deeds; *in* my ploughshare shall drive. To a better farmer I will yield right gladly, but I will not be scared away by a sign-board. (103)

Belegt dieses Zitat nun, daß eine Frau, wenn sie nur wollte, sich der Diskriminierung entziehen konnte? Handelt es sich um einen Fall von Selbstermutigung, Pfeifen im dunklen Keller?

Der Wunsch, Widersprüche zu beseitigen und damit zu Eindeutigkeit zu gelangen, und sei es nur die Eindeutigkeit der wissenschaftlichen These, ist der Wunsch nach Homogenität. Im Hinblick auf die patriarchale Gesellschaft des 19. Jahrhunderts ist die Existenz des Konflikts zwischen den Ansprüchen an Weiblichkeit und dem öffentlichen Auftreten von Frauen per Literatur nicht zu leugnen, ebensowenig wie die Misogynie „in ihrer monotonen Vielfalt" (Knapp), mit der die Autorinnen konfrontiert waren und unter der sie litten, aber auch die gesellschaftliche Anerkennung, die manchen von ihnen in hohem Maße zuteil wurde. Angesichts dieser Situation und der in den Quellen vielfach belegten Selbstzweifel und Selbstsicherheit wird nichts anderes übrigbleiben, als die Hoffnung auf die Widerspruchsfreiheit des Individuums aufzugeben. Interessant bleibt das Spektrum der durchaus auch auf individueller Ebene ambivalenten Verhaltensweisen in einer grundsätzlich widersprüchlichen Situation, in der die Autorinnen des 19. Jahrhunderts sich befanden und der sie sich, da sie alle Frauen in dieser Gesellschaft waren, nicht entziehen konnten. Sedgwicks eingangs zitierter Brief an Captain Hall, in dem sie sich einerseits als Dilettantin darstellt, anderseits ein reflektiertes Literaturverständnis artikuliert, ist Ausdruck dieser spannungsreichen Situation.

Zahlreich sind die Belege, in privaten wie in öffentlichen Äußerungen, in denen Frauen erklären, sie hätten keinerlei Ambitionen und erhöben für ihre literarische Arbeit keinen künstlerischen Anspruch. Die Literaturwissenschaft hat solche Äußerungen gern als zutreffende Selbstbeschreibung akzeptiert und nicht weiter hinterfragt. Sie hat sich auch durch dem widersprechende oder sichtlich ambivalente Äußerungen nicht verunsichern lassen und die Ausnahmebestätigungsregel für diese Fälle zu Hilfe genommen. Es bleibt jedoch festzustellen, daß die Vielzahl von (eindeutigen und mehrdeutigen) Bescheidenheitsäußerungen zunächst nichts anderes belegt als die Tatsache, daß offenbar sehr viele Frauen es nötig fanden, explizit ihren Verzicht auf künstlerische Ambition zu formulieren. Inwieweit solche Bemerkungen aufrichtig oder auch nur zutreffend sind, kann nicht pauschal, sondern nur durch Prüfung jedes Einzelfalles beantwortet werden. Jedenfalls sind sie Ausdruck diskursiven Zwangs, bestätigen sie die Herrschaft des Diskurses.

Im folgenden beschreibe ich zuerst die textuellen Verfahren und Strategien, mit denen der Konflikt zwischen angemessener weiblicher Zurückhaltung und öffentlichem Schreiben gelöst oder vermieden wird. Alle diese Strategien sind im weitesten Sinne „Schreibmasken“, wie ich das in Analogie zur Sprechmaske des Theaters nenne. Danach diskutiere ich Texte, die die ambivalente Situation der Autorinnen aufzeigen und thematisieren; schließlich solche Texte, in denen die Autorinnen literarischen Ehrgeiz und künstlerisches Selbstbewußtsein zeigen.

Das Repertoire der Distanzierungen von literarischer Tätigkeit und künstlerischem Anspruch besteht zum ersten aus Erklärungen oder Erklärungsfiktionen, mit denen sich die Autorin der Verantwortung für ihren Text enthebt. Alternativ kann die Autorin auch für ihren Text die Freistellung von Genrekonventionen reklamieren. Zweitens, und dieser Fall ist häufig, wird das Problem mit ökonomischer Rechtfertigung umgangen. Drittens gibt es die Berufung auf gesellschaftliche oder moralische Anliegen.[3]

Zur ersten Gruppe gehören die bekannten Editionsfiktionen wie sie beispielsweise Lydia Maria Child für ihren ersten und anonym erschienenen Roman *Hobomok* (1824) nutzt. Das Vorwort ist der Bericht des Ich-Erzählers Frederic, der den Roman als das Werk eines namenlos bleibenden Freundes vorstellt. Frederic bestärkt den Autor, von dessen verborgenen Qualitäten er weiß, in seiner Absicht, einen Roman zu schreiben. Nach getaner Arbeit ist der Autor mit seiner Leistung unzufrieden: „‚[T]he work is full of faults, which I have talent enough to see, but not to correct. It has indeed fallen far short of the standard which I had raised in my own mind'" (4). Er überläßt Frederic die Entscheidung, ob das Werk veröffentlicht werden soll. Frederic wird zum Gutachter und urteilt, der Text sei publikationswürdig. Er versieht ihn mit dem Siegel seiner Zustimmung, indem er auf das Manuskript schreibt: „‚Send it to the Printer'" (4). Die Autorin distanziert sich hier auf doppelte Weise vom Text, indem sie ihn als Werk eines anderen und als Werk eines Mannes präsentiert. Zugleich jedoch wertet sie den Text über diese Fiktion auf, denn die Ängste des Autors entkräftet der Lektor mit (auch hier wieder) männlicher Autorität.

Weiterhin kommen in dieser Gruppe Aussagen vor wie die, daß die Schreibende eigentlich gar nicht schreibe oder nie beabsichtigt habe zu schreiben. Das kann nahezu groteske Züge annehmen. Die populäre Südstaatenautorin Caroline Lee Hentz[4] bietet in ihrem Roman *Ernest Linwood* ein besonders schönes Beispiel für diese Darstellung auktorialer Absichtslosigkeit:

> Book! Am I writing a book? No, indeed! This is only a record of my heart's life, written at random and carelessly thrown aside, sheet after sheet, sibylline leaves from the great book of fate. The wind may blow them away, a spark consume them. I may myself commit them to the flames. I am tempted to do so at this moment. (zit. nach Wood, „Scribbling Women" 7)

Ironisch gebrochen findet sich diese Haltung weiblichen Dilettantismus bei Sara Parton. Sie beginnt das Vorwort zu ihrem ersten Buch, *Fern Leaves from Fanny's Portfolio* (1853), einer Sammlung kurzer Sketche, Szenen, und Glossen, die z.T. vorher schon in Zeitschriften erschienen waren, folgendermaßen:

> I never had the slightest intention of writing a book. Had such a thought entered my mind, I should not long have entertained it. It would have seemed presumptuous. What! *I*, Fanny Fern, write a book? I never could have believed it possible.
> How, then, came the book to be written? some one may ask. Well, that's just what puzzles me. I can only answer in the dialect of the immortal „Topsy," „I 'spect it growed!" And, such as it is, it must go forth; for „what is written, is *written*," and – stereotyped.

Parton reproduziert im ersten Absatz die bekannte Bescheidenheitshaltung und stellt sie im zweiten Absatz in Frage. Der intertextuelle Verweis auf Topsy aus *Uncle Tom's Cabin* ist ein Ironiesignal. Diese Strategie ist bei Parton typisch. Sie benutzt sie regelmäßig in ihren Glossen, die sie mit der Zitierung eines Klischees, einer alltäglichen Äußerung beginnt, um sie dann im folgenden ironisch zu dekonstruieren.[5]

Distanz zwischen Autorin und literarischem Text schaffen Erklärungen, daß die Schreibende nicht selbst schreibt, sondern daß ihre Texte ihr von einem höheren Wesen eingegeben werden. Das bekannteste Beispiel ist vielleicht die Aussage Harriet Beecher Stowes, nicht sie, sondern Gott habe *Uncle Tom's Cabin* geschrieben, sie sei nur sein Instrument gewesen. Diese Aussage ist in sich bereits ambivalent, denn mit der Berufung auf den höchsten Autor distanziert sich die Autorin von ihrem Text und verschafft ihm zugleich höchste Autorität. Zu Gottes Wort erklärt, verleiht der Text der Autorin den Status einer Evangelistin. Ebenfalls nicht ohne Ambivalenz entgegnet Susan Warner auf das Lob von Dorothea Dix[6] für *The Wide, Wide World*: „I do not deserve your commendations, – not in anywise. You say ‚God bless me' for what I have done, – nay but I say ‚Thank him for it', and I wash my hands of all desert in the matter" (Brief an Dix, 27. August 1852. Zit. nach Kelley, *Private Woman* 293). Damit aber bestätigt sie den Text als makellos. Als inspiriertes, vielleicht sogar hypnotisiertes Medium stellt sich die im 19. Jahrhundert sehr berühmte und erfolgreiche Lyrikerin Lydia Huntley Sigourney in ihrer Autobiographie dar: „Especially in my attempts at poetry was I mysterious and sensitive. It came to me from the beginning, I know not how. Waking from downy sleep, I sometimes received a few lines, and thanked with strange rapture their ethereal giver" (*Letters of Life* 142).[7]

Während in den bisher angeführten Beispielen die Autorin sich von ihrem Text distanzierte, komme ich jetzt zu dem Fall, in dem die Autorin ihren Text von anderen Texten distanziert. Dieses Verfahren nutzt Sara Parton in den Vorworten zu ihren beiden Romanen. Im Vorwort zu *Ruth Hall* (1854) entzieht sie ihren Roman den Konventionen des Genres:

> I present you with my first continuous story. I do not dignify it be the name of ‚A Novel.' I am aware that it is entirely at variance with all set rules for novel-writing. There is no intricate plot; there are no startling developments, no hair-breadth escapes. I have compressed into one volume what I might have expanded into two or three. I have avoided long introductions and descriptions, and have entered unceremoniously and unannounced, into peoples' houses without stopping to ring the bell. (3)

Mit der für Parton charakteristischen Doppeldeutigkeit wird ihr Text mit dieser Beschreibung nicht nur unvergleichbar mit anderen Romanen, sondern auch unvergleichlich. Im Vorwort ihres zweiten Romans *Rose Clark* (1856), geht sie noch einen Schritt weiter. Was sie dort „my unpretending story" nennt, stellt sie in Opposition zu „Literatur" überhaupt: „Should any *dictionary on legs* rap inopportunely at the door for admittance, send him away to the groaning shelves of some musty library, where ‚literature' lies embalmed, with its stony, fleshless joints, and ossified heart, in faultless preservation". Nina Baym kommentiert diese Stelle so: „Fanny Fern's rhetoric here transforms ‚immortal' literature into a corpse and hence justifies the kind of immediate, functional writing she herself does" *(Woman's Fiction* 33). Baym sieht darin Partons Verzicht auf literarischen Anspruch; allerdings kann die Stelle ebenso als Vorwurf der Realitätsferne von Literatur gelesen werden, der Parton eine lebensnahe Literatur entgegensetzen will.

Mit dem Verweis auf ihre wirtschaftliche Notsituation, die sie zur Literaturproduktion zwinge, umgehen viele Autorinnen das Problem literarischer Tätigkeit und Ambition. Diese ökonomisch-moralische Argumentation wird gewöhnlich zusätzlich dadurch abgesichert, daß sie nicht aus Eigennutz, sondern zum Nutzen anderer unternommen wird (der Kinder, der Familie). Damit distanziert sich die Autorin vom Verdacht auf ökonomische Selbständigkeitsbestrebungen oder spielt ihn herunter; der selbsterarbeitete Lebensunterhalt kann zum zufälligen Nebenprodukt werden. Bei dieser Distanzierung finden sich oft extreme Bilder, die den diskursiven Widerspruch zwischen ökonomischer Unabhängigkeit der Frau und dem alleinigen Versorgungsprivileg des Mannes überbrücken sollen. Die Schriftstellerin Rose Terry Cooke präsentiert in einem Text von 1883 das gesellschaftlich akzeptable Bild von der Frau, die nur die Not zum Schreiben bringt. Explizit und in ihrer Metaphorik bezieht sie sich dabei auf das sehr bekannte Protestgedicht „The Song of the Shirt" (1843), in dem der Engländer Thomas Hood die schlimmen Arbeitsbedingungen von Näherinnen thematisierte.

> Women who are driven by the necessities of their lives to write, as others are to sew, to teach, or to nurse, do not cease their labors till the pen drops from their weary hand, and the exhausted brain refuses to feed the laboring fingers.
> „Work! work! work!" is not only the „Song of the Shirt," but the song of the Woman, and under that stringent cry we reel off pages of fiction, overridden by the dreamy [sic] facts of need, like the spider, spinning not only our dwellings, but our grave-clothes from our own breasts. („Harriet Prescott Spofford" 538)

Literaturproduktion ist hier auf eine mechanische Tätigkeit reduziert. Die Not treibt die Literatin wie die Näherin wie überhaupt die Frau, so daß sich ihre Arbeiten nicht mehr unterscheiden. Die Autorin ist buchstäblich eine Schreib-Maschine, die sich selbst verzehrt, indem sie sich ernährt – ein geschlossener Kreislauf der Autophagie, Literatur als langsamer Selbstmord. Von Kunst, von Kreativität, von Lust am Schreiben kann keine Rede mehr sein, und deshalb muß davon auch nicht gesprochen werden.

Es soll im übrigen nicht bestritten werden, daß viele Autorinnen aus wirtschaftlicher Not zu publizieren begannen. Kelley erwähnt, daß Sara Parton,

Maria McIntosh, E.D.E.N. Southworth und Susan Warner erst zu veröffentlichen begannen, als sie und ihre Familien in Not geraten waren (*Private Woman* 145). Doch sagt dies nichts darüber, wann und mit welchen Vorstellungen sie zu schreiben angefangen hatten. Aus Susan Warners Tagebuch von 1839 ist jedenfalls klar, daß sie bereits in jungen Jahren zu schreiben versuchte: „I do not write often enough to profit by it. I am not ignorant that much is wanting to make me write well. I fear I shall not do it in a long time. But I will persist; that is the way to succeed" (zit. nach Kelley, *Private Woman* 149). Im übrigen zeigt das Beispiel Emily Dickinsons, von deren über 1700 Gedichten gerade 10, zudem anonym, zu ihren Lebzeiten erschienen (vgl. Dandurand), daß das Bedürfnis zu schreiben unabhängig von Publikationsmöglichkeiten bestehen konnte.

Die Sorge um die Unweiblichkeit literarischer Tätigkeit spricht aus Bemerkungen der britischen Autorin Mary Russell Mitford.[8] Sie wurde z.B. in ihren Briefen an Sedgwick nicht müde, immer wieder zu betonen, daß ausschließlich die Not ihr die Feder in die Hand legte: „I write merely for remuneration, and I would rather scrub floors if I could get as much by that healthier, more respectable, and more feminine employment" (Mitford, *Letters* 5). Sedgwick sympathisiert mit dieser Haltung in ihrer Korrespondenz mit Mitford und charakterisiert sich ebenfalls als unfreiwillige Literatin, z.B. in einem Brief vom 7. Juli 1839: „I do so hate to be considered as an author. My being so was so perfectly accidental, so contrary to my tastes and habits" (Mitford, *Friendships of Mitford* 271). Die Afroamerikanerin Harriet Wilson beginnt das Vorwort ihres Roman *Our Nig* (1859) mit der Verknüpfung der künstlerischen Schwächen ihres Textes und ihrer wirtschaftlichen Bedürftigkeit:

> In offering to the public the following pages, the writer confesses her inability to minister to the refined and cultivated, the pleasure supplied by abler pens. It is not for such these crude narrations appear. Deserted by kindred, disabled by failing health, I am forced to some experiment which shall aid me in maintaining myself and child without extinguishing this feeble life.

Sara Partons Roman *Ruth Hall* (1854) verwendet das ökonomische Argument literarisch. Dort ist es die Notwendigkeit, nach dem plötzlichen Tod ihres Mannes ihre Kinder zu ernähren, die die Protagonistin zum Schreiben bringt, was ihr dann eine steile Karriere unter dem Pseudonym Floy beschert. Folgender Dialog zwischen Ruth und ihrer Tochter, die das erste Buch der mittlerweile recht erfolgreichen Mutter bewundert, vermittelt auktoriale Ambivalenz:

> „[W]hen I get to be a woman shall I write books, mamma?"
> „God forbid," murmured Ruth, kissing the child's changeful cheek; „God

forbid," murmured she, musingly, as she turned over the leaves of her book; „no happy woman ever writes. From Harry's grave sprang ‚Floy.'" (175)

„No happy woman ever writes" kann als Bestätigung und/oder als ironische Demontage gesellschaftlich akzeptierter Vorstellungen von weiblicher Erwerbstätigkeit gelesen werden.

Das ökonomische Argument wurde von der Literaturwissenschaft von Pattee bis Baym bereitwillig akzeptiert, denn damit ließ sich die Frage nach möglichen, ernsthaften literarischen Absichten von Autorinnen umgehen. Das Bild der Frau, die ihre in Not geratene Familie zu ernähren versucht, hatte bereits im 19. Jahrhundert so hohe Akzeptanz, daß es sich zur Verkaufsförderung einsetzen ließ. In einer Rezension des Romans *Emily Hamilton* (1803) von Sukey Vickery erklärt der Rezensent eingangs: „This volume was sent to us as the production of of a ‚country girl, about eighteen years of age, residing in an obscure town, and by her needle maintaining her aged parents'" (zit. nach Davidson, „Female Authorship" 20). Wie Davidson zeigt, war die Autorin keineswegs 18 sondern 24 Jahre alt und ihr Vater eher wohlhabend. Mit seiner rührenden Geschichte versuchte der Drucker, den Text an den Rezensenten zu bringen. Dieser ist dann auch milder gestimmt: „[W]e are not disposed to encourage the exertions of females to become known as authors ... Considering however the age at which it was written, and the peculiar embarrassments of the author, the novel before us is deserving of commendation" (zit. nach Davidson, „Female Authorship" 20).

Das dritte Distanzierungsverfahren umgeht, ähnlich wie das zweite, den Problemzusammenhang von Weiblichkeit und literarischer Tätigkeit mit einer Verschiebung. Die Textproduktion rechtfertigt sich nun aber nicht über die Bedürftigkeit der Autorin und ihrer Familie, sondern über äußere Anlässe, z.B. die Bedürftigkeit der Gesellschaft, die es zu bessern gilt, oder den Kampf gegen gesellschaftliches oder individuelles Unrecht. Der Verweis auf die erzieherische Potenz fiktionaler Literatur oder die Belehrungskraft angeblich wahrer Geschichten war ein allgemein verbreitetes Verfahren von Autoren und Autorinnen, ihre Texte zu rechtfertigen, solange der Status von Erzählliteratur umstritten war.[9] Natürlich sind dabei auch sämtliche Möglichkeiten des spielerischen Umgangs mit Konventionen und Publikum gegeben.[10] Für Frauen blieb die Berufung auf didaktische Anliegen im Rahmen des geltenden Literatur- und Weiblichkeitsverständnisses und damit vergleichsweise unproblematisch. Interessanter sind die Fälle, in denen die Berufung auf ein moralisch hohes Ziel rechtfertigt, was ansonsten als unweibliches Verhalten gelten könnte. Diese Schreibmaske erlaubt es der Autorin, über ihre Sphäre hinaus z.B. politisch engagierte Texte zu schreiben, was in mehr oder weniger fiktionaler wie in nicht-fiktionaler Form geschehen kann. Die Literarizität eines Textes muß nicht durch sein politisches Anliegen beeinträchtigt werden, umgekehrt ist ein nicht-fiktionaler politischer Beitrag für viele Autorinnen rechtfertigungsbedürftig.

Sämtliche gesellschaftlichen Reformbewegungen des 19. Jahrhunderts wurden bekanntermaßen auch literarisch artikuliert: Antisklavereibewegung, Feminismus, Abstinenzbewegung, Spiritismus, Evangelismus, Antikatholizismus, Kritik sozialer Mißstände aller Art, von der Prügelstrafe bei der Marine bis zu den Wohnverhältnissen in Großstädten, wurden auf diese Weise thematisiert (vgl. Levine, „Fiction and Reform"). Mit dem Engagement für die als gerecht empfundene Sache eröffnen sich Autorinnen Räume. Persönliche Räume, wenn eine Autorin ein bestimmtes politisches Anliegen zu ihrer Lebensaufgabe macht, wie etwa Lydia Maria Child, die sich in den 1830er Jahren der Abolitionismusbewegung verschrieb. Im Vorwort zu *An Appeal in Favor of That Class of Americans Called Africans* (1833) heißt es: „I am fully aware of the unpopularity of the task I have undertaken; but though I *expect* ridicule and censure, it is not in my nature to *fear* them". Die negative Reaktion auf Childs Text war heftig, bestärkte sie jedoch nur noch in ihrer Überzeugung. Am 31. Mai 1834 schrieb sie Sedgwick mit großer Leidenschaftlichkeit von ihrem Kampf gegen die Sklaverei: „To the last hour of my life my voice and my pen shall be given to the work – by the way-side and the fire-side – at the corners of streets, in the recesses of the counting room – in the publicity of the stage-coach, and the solitude of prayer. For this cause I wish to live – for this cause I am willing to die" (CMS-Papers III, 4.2).

Weniger leidenschaftlich sind Sedgwicks Begründungen für ihr politisches Schreiben, aber gleichwohl nicht weniger dringlich. Für ihre Idee, ein Porträt der amerikanischen Gesellschaft zu verfertigen, überlegte sie sich eine legitimierende Stützkonstruktion: Eine Person aus Übersee könne sie auffordern, Amerika zu beschreiben. Am 20. Februar 1833 notierte sie in ihr Tagebuch: „I have tho[ugh]t much of writing some account of this Country in a series of letters addressed to some person abroad – If I had knowledge eno[ugh] for such a work I would undertake it – It is a delicate matter" (CMS-Papers I, 11.8). Im April 1833 sammelte sie in ihrem Tagebuch Skizzen für das Projekt: „Let me see how I would describe the Society of Newyork [sic] if I were writing to a Correspond[en]t abroad –'My dear M – you would have some account of the society – socalled [sic] of this great city – This is not easy to give with truth" (CMS-Papers I, 11.8).[11] Sedgwick stellte das geplante Werk nicht fertig. Doch publizierte sie mit *Home* (1835), *The Poor Rich Man, and the Rich Poor Man* (1836), *Live and Let Live* (1837) und *Means and Ends, or Self-Training* (1839) Werke, die in leicht fiktionalisierter Form gesellschaftlich wünschenswertes

Verhalten oder Fehlverhalten darstellen. Ähnlich wie Harriet Martineau, die die Prinzipien politischer Ökonomie in einer sehr erfolgreichen Serie von Geschichten erläuterte (*Illustrations of Political Economy*, 1832-34), gewann Sedgwick mit diesen politischen Texten breite Anerkennung. In einem Brief an den Schweizer Nationalökonomen und Historiker Simonde de Sismondi[12] vom 6. August 1838 erklärte sie:

> I have been writing some little books which have been most favorably received, which I endeavored to adapt to our democratic institutions. They illustrate the domestic duties of the middling classes and being an article suited to the market, they have been widely diffused. (Anzilotti 84)

Was diese Texte akzeptabel machte, war das, was Mary Mitford ihre „do-me-good nature" nannte – ihr deutlich didaktischer Impetus (Mitford, *Life of Mitford* 99). Zu ihrem moralischen Anliegen bekannte sich Sedgwick auch in Tagbucheinträgen, in denen sich Bescheidenheit und Besorgtheit die Waage halten. Daß auch die Hoffnung auf finanziellen Erfolg nicht ohne Bedeutung war, ist ebenfalls belegt.[13]

Sedgwick, die 1835 ihren fünften Roman publiziert hatte, der ebenso wie ihre vorhergehenden Romane sehr positive Resonanz gefunden hatte, war offenbar selbst überrascht vom großen Erfolg dieser politisch-didaktischen Schriften. Über *Home* vermerkte sie im Dezember 1835 in ihrem Tagebuch: „I have met everyone [sic] with congratulations about my book – which has I think proved more generally acceptable than any thing I have before written" (CMS-Papers I, 11.10). Dies bestätigt auch der folgende, beiläufige Kommentar in der *North American Review*, 1842:

> If on every shelf in the American States, where now lies a copy of „Pelham," [Roman des Engländers Bulwer-Lytton] we could substitute one of „Home," or of „The Poor Rich Man and Rich Poor Man," we hesitate not at all to say, that there would forthwith be a most substantial effect produced on the respectability of the national character, and the stability of the national institutions. (Rez. von „Petition" 262)

Die in diesem Bereich gewonnene Popularität brachte Sedgwick eine Reihe von Bitten um Beiträge für Zeitschriften mit reformerischen Anliegen ein, sowie ein dreistes Angebot von einem Schnorrer, ihre Bücher in Zukunft zu verlegen.[14]

Literatur mit moralisch-didaktischen Anliegen, insbesondere Literatur für Kinder, ließ sich vergleichsweise widerspruchslos mit dem weiblichen Erziehungsauftrag vereinbaren. Die Leistungsfähigkeit dieser Schreibmaske, aber auch ihre Grenzen, zeigen sich dort, wo moralische Anliegen kein ausreichendes Echo in der Öffentlichkeit finden. Das Bewußtsein uneigennützigen moralischen Handelns konnte eine Autorin zwar vor den Ängsten schützen, die der Konflikt zwischen Weiblichkeit und Öffentlichkeit erzeugte, nicht aber vor der Zensur der öffentlichen Meinung. Dies erlebte Mary Dodge in ihrem Kampf gegen das renommierte Verlagshaus Ticknor & Fields. Ticknor & Fields hatten Dodge jahrelang weniger Tantiemen gezahlt als ihren männlichen Kollegen. Als Dodge dies entdeckte, versuchte sie zunächst, die Angelegenheit im Gespräch zu klären. Ticknor & Fields gaben sich schuldlos und ausweichend. Dodge rief schließlich ein Schiedsgericht an, das zu ihren Gunsten entschied.[15] Im Selbstverlag brachte sie 1870 eine fiktionalisierte Version ihrer Auseinandersetzung mit den Verlegern heraus, betitelt *A Battle of the Books.* Der aufwendige Untertitel läßt am moralischen Zweck des Werkes keine Zweifel: *Recorded by an Unknown Writer, for the Use of Authors and Publishers: To the First for Doctrine, to the Second for Reproof to Both for Correction and for Instruction in Righteousness. Edited and Published by Gail Hamilton.* Ihre Absichten und Ängste im Hinblick auf diesen Text hatte Dodge am 27. September 1869 Sara Parton mitgeteilt:

> I am not after generosity – I only want justice. ... I propose now to give to the world of authors my experience as a warning. It is a disagreeable and it may be a fatal thing (to me) to do – but I am determined that all the trouble I have had these last two years shall not be as water spilled on the ground – I am told that the firm is so strong and advertise so largely that the newspapers will not dare to notice it for fear of giving offence and so it will die of neglect, but two thousand copies will insure me against loss and will supply authors & publishers, who are the ones to be supplied, and I think mere curiosity may secure such a sale as that – and it is borne in upon me to do it. (Parton Papers 2.16)

Nicht Dodges Hoffnungen, wohl aber ihre Befürchtungen wurden wahr. Die wenigen Pressenotizen waren negativ. Die *New York Times* und die ebenfalls in New York erscheinende *Nation* fanden Gründe, dem Opfer die Schuld zu geben.[16] Zusätzlich verkaufte das Buch sich schlecht, Dodge verlor daran $ 750 (Coultrap-McQuin 124).

Wesentlich heftiger noch war die Reaktion, als Harriet Beecher Stowe ihren Ehrenrettungsversuch für Lady Byron unternahm. Der sexuelle Aspekt der Angelegenheit sorgte für eine explosive Mischung. Daß eine Frau eine andere Frau öffentlich rechtfertigte, indem sie die inzestuöse Beziehung des Ehemannes zu seiner Halbschwester beim Namen nannte, verstieß bereits gegen weiblich-sittliches Verhalten. Verschlimmernd kam hinzu, daß dieser Mann als Literat öffentliches Ansehen genoß, auch wenn Byrons öffentliches Ansehen für den Viktorianismus in den USA ebenso wie in England wegen seines unsittlichen Lebenswandels, selbst abgesehen vom Inzestvorwurf, durchaus problematisch war. Als Amerikaner konnte man Byrons Unsittlichkeit allerdings der Verderbtheit der Alten Welt zuschreiben. Stowe legte die doppelte Moral ihrer Gesellschaft bloß, die einen Mann trotz des Verstoßes gegen sexuelle Tabus achtete, während sie die Frau ächtete. Sie hatte damit in ein Wespennest gestochen. Am 25. Juli 1869 schrieb sie, sichtlich unruhig, an Sara Parton:

> I am just as scared as I can be for I have done just as your Jim told me to — and it's all in print in the September Atlantic & now I feel greatly frightened at what I have done; and ready to run behind a door [.]
> But it is right and just – I am sure, it would be a shame to let that dear angel bear the whole fault & shame of that guilty life after her death as well as all her life – so I spoke – and quod scripsit scripsit (Parton Papers 2.29; Hervorh. im Orig.)

Stowes Artikel erschien im September 1869 gleichzeitig in USA und England im *Atlantic Monthly* und in *MacMillan's Magazine*. Der Sturm der Entrüstung, der sich nach der Veröffentlichung von „The True Story of Lady Byron's Life" diesseits und jenseits des Atlantiks erhob, richtete sich nicht gegen Byron, sondern ausschließlich gegen Stowe.[17] Den allgemeinen Tenor traf *Putnam's Magazine*: „The painful story which Mrs. Stowe has made public … ought never to have been told. Whether it is true or false, is not to be considered. Either way, the cause of morality is ill served by its publication" („Table-Talk" 511). Die öffentlichen Anfeindungen hatten zur Folge, daß Stowe sich radikalisierte und noch energischer als vorher die moralische Notwendigkeit ihres Tuns hervorhob. Den Partons schrieb sie:

> Did you think it was for myself I cared? – It was not – It was grief shame wonder mortification and an almost inability to believe my eyes & senses such as I had only once before when all the world christian & political and social of America seemed to go down with one heart & one knee before the fugitive slave law. (Parton Papers 2.29)

1870 veröffentlichte sie *Lady Byron Vindicated*, eine noch ausführlichere Geschichte des Skandals.

Die geschilderten Distanzierungsverfahren sind natürlich keine alleinige Frauensache. Besonders das zuletzt beschriebene eignet sich gut für sozialkritische Anliegen überhaupt, aber auch für die Bemäntelung offensichtlich voyeuristischer oder pornographischer Texte. Genausowenig geschlechtsbeschränkt sind zwei andere Verfahren, die anonyme und die pseudonyme Publikation. Insofern ist das Argument zu differenzieren, vor allem Frauen hätten auf diese Weise versucht, sich quasi heimlich in der Öffentlichkeit aufzuhalten. „The literary domestics could write and, as it were, attempt to hide the deed", meint etwa Kelley (*Private Women, Public Stage* 125). Mehrere Aspekte sind zu berücksichtigen. Einerseits war in Fortsetzung britischer Traditionen in den USA anonyme Publikation speziell für Erzählliteratur bis weit ins 19. Jahrhundert hinein allgemein üblich (Charvat, *Profession of Authorship* 6-10). Nicht nur Sedgwick publizierte ihre Romane zeitlebens anonym, sondern auch Cooper. Zumindest einige Werke von Washington Irving und Edgar Allen Poe erschienen ohne die Namen der Verfasser, wie auch die meisten Romane des Südstaatenautors William Gilmore Simms, um nur einige bekanntere Namen zu nennen. Bei Zeitschriftenpublikationen war Anonymität lange generell Usus. Das erleichterte einerseits die verbreitete Praxis des Raubdrucks, anderseits half es den Umstand zu verschleiern, daß manche Zeitschriften zu großen Teilen das Werk einer einzigen Person waren.[18] Gerade die anspruchsvolleren Zeitschriften nannten noch um die Jahrhundertmitte ihre Beiträgerinnen und Beiträger nicht; *Harper's Magazine* begann damit erst 1860, das *Atlantic Monthly* 1862 (Mott *History of Magazines* II, 26). Die Praxis anonymer Publikation ist also auch eine im Verlauf des Jahrhunderts seltener werdende Konvention, die allerdings manchen Autorinnen entgegenkam.

Ein anderer Gesichtspunkt ist der Grad der Anonymität anonymer Publikationen. Die Verfasserschaft mochte ungenannt bleiben und doch allgemein bekannt sein, weil spätere Texte über vorher bereits erschienene, die auf dem Titelblatt genannt werden, als das Werk ein- und derselben Person erkennbar wurden. „By the author of *Hope Leslie, Redwood* &c." kennzeichnete Sedgwick eindeutig als Verfasserin von *The Linwoods*, und die Rezensenten vom *North American Review* bis zum *Southern Literary Messenger* nannten selbstverständlich ihren Namen.[19] Wirkliche Anonymität war bei den Verfasserinnen mehrerer Romane nicht lange gewährleistet.[20] Die Identifizierung von Autorschaft und die Entschlüsselung von Pseudonymen war im übrigen eine Art Gesellschaftspiel. Verlage beteiligten sich daran mit Romanreihen wie der „no-name-series", die die Anonymität der Verfasser zum Werbegag machte. In der Diskussion der Frage, ob eine Frau oder ein Mann einen Text verfaßt habe, entwickelte mancher kriminalistischen Spürsinn.[21]

Für Pseudonyme gilt ebenfalls, daß sie die Identität einer Autorin oder eines Autors meist nicht lange verschleiern, auch wenn dies gelegentlich der Fall sein kann. Helen Hunt Jackson, die Freundin Emily Dickinsons, schrieb jahrelang erfolgreich und unerkannt Geschichten unter dem Pseudonym Saxe Holm. Sara Partons Identität blieb wenigstens am Anfang ihrer Karriere hinter Fanny Fern verborgen. Nachdem sie mit *Ruth Hall* (1854) Furore gemacht hatte, bewegte die Frage „Who is Fanny Fern" allseits die Gemüter. Schon bald war das Pseudonym gelüftet.[22] Gerade dieser Fall zeigt jedoch, daß ein Pseudonym schnell seine anfängliche Schutzfunktion verlieren und zu einem Beinamen, einem Markenzeichen werden kann. Wie das Beispiel von George Sand und George Eliot deutlich machen, verwirrt dann nicht einmal mehr die Wahl eines männlichen Vornamens. Fanny Fern wurde so populär, daß sogar ein prunkvoller Salonwagen der Eisenbahn ihren Namen trug (Kelley, *Private Woman* 3). Die Trägerin versteckte sich nicht mehr vor der Öffentlichkeit, sondern war zur öffentlichen Person geworden, ähnlich wie Samuel Clemens mit Mark Twain. Wie bei diesem ging auch bei Parton die Privatperson zunehmend in der öffentlichen Persona auf.[23]

Warum wählt jemand ein Pseudonym? Die Gründe dafür sind vielschichtig wie die Funktionen, die Pseudonyme erfüllen können. Zu berücksichtigen ist der Doppelaspekt des Pseudonyms: seine Funktion und Wirkung im Hinblick auf die Person der Trägerin oder des Trägers und im Hinblick auf die Leserinnen und Leser.

Was den autorenbezogenen Aspekt angeht, so kann die Entscheidung, den eigenen Namen zu verbergen, aus Sorge um die eigene Person oder auch aus sozialer Rücksichtnahme getroffen werden, vielleicht auch auf Wunsch oder Vorschlag anderer zustande kommen. Es gibt zahlreiche Äußerungen von Frauen des 19. Jahrhunderts, daß sie als Autorin unerkannt bleiben möchten.[24] Das spricht dafür, daß der öffentliche Raum der Raum der Männer ist, ein Raum, in dem eine Frau auffällt. Der Soziologe Erving Goffman spricht von einem Mangel an öffentlicher *Un*aufmerksamkeit, „civil inattention", an dem Frauen in der Öffentlichkeit leiden („Arrangement" 327). Ein Pseudonym kann die Aufmerksamkeit ablenken. Hinter der Maske eröffnet sich aber auch größere Redefreiheit, und dieser Freiraum kann der Grund für die Wahl eines anderen Namens sein, sei er nun gleichgeschlechtlich, geschlechtsneutral oder andersgeschlechtlich. „More often the motive for taking a pseudonym is positive rather than negative, to challenge rather than to hide" (Marble 58).[25]

Unter dem Aspekt der Rezeption gesehen, ist ein Pseudonym ein „Sprachspielindikator", wie Detlef Leistner das nennt. Es hat Signalfunktion, mit der Autoren und Autorinnen sich selbst darstellen und Lesererwartungen steuern oder mit ihnen spielen können. Die in Zeitschriften des 18. Jahrhunderts häufige Praxis, mit „Lucinda" oder „Vox populi" o.ä. zu unterzeichnen, dient diesem Zweck ebenfalls. Hierzu rechne ich auch Kennzeichnungen, die eine Autoreneigenschaft beschreiben, obwohl sie keine Namen sind. Beispielsweise signalisiert eine Bezeichnung wie „By an American", die Lydia Maria Child für ihren Roman *Hobomok* wählte, daß es sich um ein einheimisches Produkt handelt. Im späten 18. und zu Beginn des 19. Jahrhunderts wird manchmal das Geschlecht als einzige Eigenschaft genannt. Dabei findet sich das weibliche („By a Lady") häufiger als das männliche („By a Gentleman"). Die amerikanische Praxis unterscheidet sich in dieser Hinsicht nicht von der britischen, da amerikanische Autoren sich zunächst an britischen Konventionen orientieren. Tuchman vermutet, solche Geschlechtsindikatoren könnten der Versuch sein, Leserinnen anzusprechen oder auch Leseerwartungen zu entsprechen, denn im 18. Jahrhundert galten Romane in England als Frauenprodukte (vgl. Tuchman 53). Männer benutzten deshalb oft weibliche Pseudonyme. Bereits im Juni 1770 hielt es das *Gentleman's Magazine* für angebracht, selbst zu überprüfen, ob Autorinnenschaft vorgeblich oder tatsächlich sei, denn, so der Kommentar, „among other literary frauds it has long been common for authors to affect the stile and character of ladies" (273; zit. nach Spender, *Mothers of the Novel* 118). Der Verschleierungseffekt eines Pseudonyms spielt dann keine Rolle, wenn es um das Spiel mit der Maske geht. Benjamin P. Shillaber verfaßte eine ganze Serie humoristischer Bücher als Mrs. Partington, seine Autorschaft war ein offenes Geheimnis. Dasselbe gilt für Harriet Beecher Stowe, die sich des Namens Christopher Crowfield für ihre *House and Home Papers* (1865) bediente, zunächst eine Artikelserie, die in den 1860er Jahren mit großem Erfolg im *Atlantic Monthly* lief. Für *Oldtown Folks* (1869) posierte sie als Henry Holyoke, für *My Wife and I* (1871) als Harry Henderson.

Die Wahl eines geschlechtsneutralen oder andersgeschlechtlichen Pseudonyms schafft vor allem die Öffnung von Schreibräumen, wenn bestimmte Genres als Domäne eines Geschlechts gesehen werden. In Amerika versuchte Cooper zu Beginn seiner Karriere, britische Vorbilder zu imitieren. In Anlehnung an Mrs. Opies *Tales of the Heart* (1820) publizierte er *Tales for Fifteen; or, Imagination and Heart* (1823) – unter dem Pseudonym Jane Morgan. Männer wie T.S. Arthur, Joseph Holt Ingraham, Charles Barnard veröffentlichten um die Jahrhundertmitte gelegentlich unter Frauennamen.[26] Mary Noailles Murfree publizierte im späteren 19. Jahrhundert ihre Geschichten über das Leben in den Bergen von Tennessee unter dem Pseudonym Charles Egbert Craddock.[27] Der parallele Gebrauch eines oder mehrerer Pseudonyme sowie des eigenen Namens erlaubt die gleichzeitige Präsenz in mehreren literarischen Feldern. Eine Autorin, die diese Möglichkeit der Diversifizierung nutzte, war die schon erwähnte Helen Hunt Jackson. Sie schrieb Erzählungen unter dem Pseudonym Saxe Holm, Romane für die anonyme Serie der Roberts Brothers und hochangesehene Lyrik unter ihren Initialen H. H., wobei nur die Identität von H. H. allgemein bekannt war (Coultrap-McQuin, *Doing Literary Business* 144). Louisa May Alcott publizierte vor allem in den 1860er Jahren neben Romanen und Kinderbüchern, die ihren Namen trugen, anonym und als A. M. Barnard reißerische „blood-and-thunder-stories", mit denen sie ihre Einkünfte aufbesserte.[28] Die Aufspaltung vermeidet Widersprüche in Genreerwartungen und im Autorenbild. Dieser Aspekt ist für Frauen relevant, da sie stärker mit ihren Texten identifiziert werden. Sowohl Jackson als auch Alcott genossen den Freiraum ihrer verschiedenen Publikationsvarianten, bemühten sich jedoch um ein einheitliches öffentliches Bild, indem sie ihre pseudonymen oder anonymen Veröffentlichungen geheimhielten.

Mit der Wahl eines männlichen Pseudonyms konnten Frauen versuchen, sich den Weg aus den Beschränkungen, die für ihr Geschlecht galten, zu öffnen. Damit ist auch der doppelte Standard der Literaturkritik gemeint, nach dem Werke von Frauen geringer geschätzt wurden. Die Trivialisierung literarischer Werke von Frauen durch männliche Kritiker hat Elizabeth Barrett Browning in dem Versepos *Aurora Leigh* (1856) trefflich karikiert:

> You never can be satisfied with praise
> Which men give women when they judge a book
> Not as mere work but as mere woman's work,
> Expressing the comparative respect
> Which means the absolute scorn. „Oh, excellent,
> „What grace, what facile turns, what fluent sweeps,
> „What delicate discernment ... almost thought!
> „The book does honour to the sex, we hold.
> „Among our female authors we make room
> „For this fair writer, and congratulate
> „The country that produces in these times
> „Such women, competent to ... spell."
> (Second Book, 232-243; Ellipse im Orig.)

Wählten Frauen männliche Pseudonyme, um sich literarische Autorität zu verschaffen? So ansprechend diese Erklärung ist, sie trifft nicht den Kern. Sehr viel eher ist die Wahl eines Männernamens Ausdruck der Beschränktheit des Aktionsradius von Frauen. Sie deutet auf die Existenz bestimmter als weiblich erachteter Genres, für die Frauen von Natur aus literarische Autorität besaßen und auf die sie festgelegt wurden. Die Wahl eines weiblichen Pseudonyms, besonders in der zeitweise beliebten alliterierenden Form, Fanny Forester (d.i. Emily Chubbuck Judson), Grace Greenwood (d.i. Sara Jane Clare Lippincott), Fanny Fern, betonte Weiblichkeit. Hiermit eröffnete sich allerdings auch die Möglichkeit, solchen Erwartungen ganz oder teilweise *nicht* zu entsprechen.[29] Judson und Lippincott schrieben vielfach ironisch-satirische Texte, Parton verfaßte Glossen. Mary Abigail Dodge schuf sich mit Gail Hamilton eine gesellschaftskritische Maske. Marietta Holley spottete als „Josiah Allen's Wife". Diese Frauen wurden dank ihres scharfen Witzes berühmt und populär. Sie erschrieben sich einen Raum, in dem ihr Erfolg ihnen Akzeptanz verschaffte. Doch war die Maske nicht essentiell; andere trugen ihre Namen zu Markte. Phoebe Cary galt als „the wittiest woman in America" (Ames, *Memorial* 183).

Daß sich so viele Literatinnen so oft von ihren Texten und ihrer Tätigkeit auf eine der beschriebenen Weisen distanzierten, sei es mit moralischen Rechtfertigungen, Abwertung der eigenen Tätigkeit, Zurücknahme der eigenen Person, zeigt, wie stark die Reibung zwischen den Ansprüchen an Weiblichkeit, an Präsenz im öffentlichen Raum und an Literatur war. Obwohl auch Männer die dargestellten Distanzierungsverfahren benutzten, sind sie bei Frauen des 19. Jahrhunderts meiner Kenntnis nach üblicher. Es mag bequem sein, aber es ist naiv, solche Erklärungen als Ausdruck individueller Unsicherheiten zu behandeln, die mit der gesellschaftlichen Situation nichts zu tun hätten. Sie sind diskursiv konstitutiert durch den machtpolitischen Kontext ihrer Zeit, an dem sie auch beteiligt sind. Im folgenden geht es um Texte, in denen die Konfliktsituation der Autorin auf individueller und auf gesellschaftlicher Ebene im Mittelpunkt steht.

1834 bis 1836 reiste die damals schon sehr berühmte Harriet Martineau in Amerika. Mehrfach war sie bei den Sedgwicks in Stockbridge, Massachusetts, zu Gast. Zwischen den beiden Autorinnen entstand eine Freundschaft, die in den folgenden Jahren nicht ohne Schwierigkeiten blieb.[30] Sedgwick berichtete in ihrem Tagebuch ausführlich über ihre Begegnungen und Unternehmungen mit der Engländerin. Während ihres ersten Besuches bei den Sedgwicks im Oktober 1834 fand ein Gespräch über Autorschaft statt, das Sedgwick folgendermaßen festhielt:

> Miss M[artineau] asked me when I began to write & what induced me to it – She seemed surprised & a little displeased with my want of frankness or rather communicativeness on the subject – said she liked to talk over her literary course (well she may!) & she had always found others so disposed – that ‚out of the abundance of the heart the mouth speaketh‘ & that it was impossible any one should be an author without having the matter deeply at heart – this is true & still it is true that in my case it is not affectation – nor a parade of modesty – the worst of all parade – I have as much pleasure in success (& certainly as much in the consciousness of deserving it) as others – that I early took a disgust to hearing people talk of themselves – commonplace people I suppose they were – besides my vanity forbids it – I see that most persons soon weary of listening to these self-glorifiers, self-expounders, or whatever they may be – We are in danger of self-exaggeration – The object that is nearest appears largest to the mental as well as the physical vision – I think too honestly it befits me to be modest I have great defects of mind, partly resulting from my defective education & partly from my own self-negligence [sic], but I have wandered from my theme ! – (CMS-Papers I, 11.9)

Die Spannung zwischen der eingestandenen Ernsthaftigkeit ihrer literarischen Tätigkeit mit der Lust an öffentlicher Anerkennung und der Befürchtung übermäßiger Eitelkeit bleibt ungelöst und läßt Sedgwick im Gespräch mit Harriet Martineau wortkarg werden.[31] Deren Egozentrismus in privater Unterhaltung wie in ihren Texten kritisierte Sedgwick immer wieder. „She seems to have always a shining image of H M before her which if it does not quite fill her field of vision tinges every other object in it" (April 1838, CMS-Papers I, 11.11). Die Selbstdarstellung der Frau in der Öffentlichkeit wird als peinlich wahrgenommen.

Der Konflikt wird später von Louisa May Alcott in einem Gespräch über ihre literarischen Neigungen selbstironisch beschrieben:

> I think my natural ambition is for the lurid style. I indulge in gorgeous fancies and wish that I dared inscribe them upon my pages and set them before the public. ... How should I dare to interfere with the proper grayness of old Concord? The dear old town has never known a startling hue since the redcoats were there. Far be it from me to inject an inharmonious color into the neutral tint. And my favorite characters! Suppose they went to cavorting at their own sweet will, to the infinite horror of dear Mr. Emerson, who never imagined a Concord person as walking off a plumb line stretched between two pearly clouds in the empyrean. To have had Mr. Emerson for an intellectual god all one's life is to be invested with a chain armor of propriety. ... And what would my own good father think of me ... if I set folks to doing the things that I have a longing to see my people do? No, my dear, I shall always be a wretched victim to the respectable traditions of Concord. (zit. nach Stern, „Introduction" xxvi)[32]

Alcott löste das Problem teilweise mit ihren anonymen Publikationen, in denen sie das Kettenhemd der Schicklichkeit ablegen konnte, ohne Emerson und andere Väter der Wohlanständigkeit zu schockieren. Um die Mütter sorgte sie sich offenbar nicht.

Schon Hawthorne hatte in seinem Kommentar zu *Ruth Hall* das Auftreten von Frauen in der Öffentlichkeit sich als deren Selbstentblößung vorgestellt. Wertvoll seien Bücher von Frauen nur dann, wenn die Autorinnen „throw off the restraints of decency, and come before the public stark naked, as it were" (*Letters, 1853-1856*, 308).[33] Was hätte wohl Emerson zu dem hier geforderten Striptease gesagt? Eine mögliche Antwort findet sich in Rebecca Harding Davis' Erzählung, „The Wife's Story", die im Juli 1864 als Titelgeschichte im *Atlantic Monthly* erschien.[34] Dort kehrt das Bild von der Künstlerin, die sich entblößt der Öffentlichkeit darbietet, wieder. Thema der Geschichte ist die Unvereinbarkeit künstlerischen Strebens mit dem, was als natürliche Bestimmung der Frau gilt, dem Dasein als Ehefrau und Mutter. Weil der Text paradigmatisch das Dilemma der Frau und Künstlerin zeigt, lohnt eine ausführlichere Analyse.

Die Ich-Erzählerin Hester Manning, Neuengländerin aus Concord, berichtet retrospektiv vom Wendepunkt ihres Lebens, der sie zur Aufgabe aller künstlerischen Ambitionen und zur Aussöhnung mit ihrer Existenz bringt. Sie erzählt in Rückblicken von ihrer Ehe mit Dr. Manning, der aus dem Westen stammt. Daniel Manning, der eine unglückliche erste Ehe hinter sich hat, bringt fünf Söhne in die neue Verbindung. Hesters eigenes Kind aus ihrer Ehe mit Manning, auf das sie ihren Ehrgeiz gerichtet hat, enttäuscht sie, weil es ein Mädchen ist. Sie gibt das Tag und Nacht schreiende Wesen zu einer Amme aufs Land. Nach eineinhalb Jahren ist wenig Zärtlichkeit zwischen den Eheleuten, die unzufriedene Hester paßt nicht in die Familie. Dr. Manning verliert sein Vermögen, und die Familie muß von New York nach Newport umziehen. In dieser Situation regt sich in Hester nicht etwa der Wunsch, ihre Familie zu unterstützen, sondern sie möchte selbständig werden. Sie kann singen, hatte eine Oper komponiert, die sie nun einem Monsieur Vaux zur Inszenierung anbietet und in der sie selbst auftreten will. Sie beschließt mit einigen Gewissensqualen, ihren Mann zu verlassen, ohne ihm etwas zu sagen, und ihrer Berufung zu folgen („fulfill my calling“ 14). Sie kehrt nach New York zurück. Die Uraufführung findet in einem unbedeutenden Theater statt. Ihr Mann und der älteste Sohn Robert sind unter den Zuschauern. Ihr Auftritt wird ein Desaster, das Publikum pfeift sie und die Oper aus. Sie verläßt das Theater. Sie kommt an einem Menschenauflauf vorbei, der sich um einen Toten gebildet hat. Es ist ihr Mann, der an Herzversagen gestorben ist. Ein Polizist, der sie für eine Prostituierte hält, fordert sie auf zu verschwinden. Sie sieht sich als Mörderin ihres Mannes und entschließt sich, ins Wasser zu gehen.

Im Schoß ihrer Familie findet sie sich wieder, und erfährt, daß sie an Gehirnentzündung („brain-fever“) litt. Sie hatte Newport gar nicht verlassen, ihr Auftritt und der Tod ihres Mannes waren nur Fieberträume. Als sie erwacht, ist der Alptraum ausgestanden, von ihren Karrierewünschen ist nichts mehr übrig. Sie fühlt sich neu geboren und verachtet ihr früheres Ich: „[H]ow I loathed the self I had worshipped so long“ (17). Gott hat ihr eine zweite Chance gegeben, ihre weibliche Natur zu erfüllen als Frau ihres Mannes und Mutter ihrer Kinder. Als sie ihre Tochter in den Armen hält, weiß sie, daß Gott ihr vergeben hat (19). Der Sohn Robert nennt sie zum ersten Mal Mutter und erklärt seiner zukünftigen Frau Jackie: „mother, here, will tell you a woman has no better work in life than the one she has taken up: to make herself a visible Providence to her husband and child“ (19).

Der Name der Protagonistin, Hester, ist ein intertextueller Verweis auf Hester Prynne, die Heldin von Hawthornes *The Scarlet Letter*, die als Ehebrecherin (und Künstlerin) am Pranger steht.[35] Davis' Erzählung greift Hawthornes Thematik auf, und lotet ihre Extreme aus. „The Wife's Story" beschreibt die in der patriarchalen amerikanischen Gesellschaft des 19. Jahrhunderts herrschende Version der weiblichen Natur und die Sanktionen, die die Frau zu gewärtigen hat, wenn sie gegen die Regeln ihrer Gesellschaft verstößt, indem sie sich selbst autorisiert.

In der patriarchalen Version liegt die Verantwortung für das Gelingen oder Scheitern der Ehe allein bei der Frau. Sie muß jeden Wunsch nach Eigenständigkeit aufgeben und nur für ihren Mann da sein. Diese Ansprüche an die Frau formuliert Robert Manning, der älteste Sohn aus Dr. Mannings erster Ehe und damit Stammhalter. Sein Vater sei ein großes Risiko eingegangen, in seinem Alter sein Glück noch einmal in die Hände einer Frau zu legen, nachdem die erste Frau ihn enttäuscht hatte: „Your chance is but once" (6). Hester träumt von der Stärke, die ihre diese Fähigkeit verleiht: „To make his last years that warm Indian-summer day! I could do it! I! What utter rest there were in that!" (12). Die letzte Ruhe, von der hier die Rede ist, ist die Totenruhe des weiblichen Selbst. Davis faßt dies in das Bild von der Lebenskraft der Frau, die in den Mann übergeht, dort versickert. Hester wünscht sich: „If I could go to him, put my hands about his head, cling to him, let my young strength and life ooze into his to atone for all he had lost in those old days!" (12). Mannings erste Frau war selbst-süchtig, sie saugte ihren Mann aus („sucked his youth away", 11), indem sie sich dem Opium ergab. Hester akzeptiert am Ende der Geschichte die Selbstaufgabe der Frau, die die Gesellschaft fordert: „Their way of talking, of politics or religion or even news, was so healthy and alive, warm-blooded! And I entered into it with so keen a relish! It was such an earnest, heartsome world I had come into, *out of myself!*" (19; Hervorh. SO).

In der Realität ihres Ehelebens war ihr vor dieser völligen Kapitulation der Blick für die Schönheiten der göttlich-patriarchalen Wahrheit trüb geworden: „The actual dignity and beauty of life, God's truth itself, may have grown dim to me, behind a faint body and tired fingers; but let the hard-worked woman who is without that sin throw the first stone at me" (13). Da hatte sie, als sie schmutzige Socken stopfte, die Trostlosigkeit ihrer Zukunft angestarrt:

> I could look now at my husband, and see the naked truth about us both. Two middle-aged people, with inharmonious intellects: tastes and habits jarring at every step, clenched together only by faith in a vague whim or fever of the blood called love. Better apart: we were too old for fevers. If I remained with Doctor Manning, my role was outlined plain to the end: years of cooking, stitching, scraping together of cents: it was the fate of thousands of married

women without means, to grovel every year nearer the animal life, to grow niggardly and common. Better apart. (8)

Hester Manning braucht den Ehebruch gar nicht physisch zu vollziehen, sie bricht die Ehe bereits, indem sie ein eigenständiges Leben will. „Was my life to be wasted in calling a smile to an old man's face?" (10). Zu ihrem Mann sagt sie: „‚I want work fit for me', I said, almost fiercely. ‚God made me for a good, high purpose.'" Ihr Mann antwortet: „‚I know', cheerfully. ‚We'll find it, dear: *no man's work is kept back from him*'" (8; Hervorh. SO). Für eine Frau gibt es jedoch nur die Aufgabe der Ehefrau und Mutter; die ist natürlich, denn „the woman's flesh" verlangt nach Kind und Mann, wie Hester bitter denkt, als sie dagegen revoltiert (10). Rückblickend beschreibt sich Hester noch einmal in diesen Worten: „the woman's flesh of me, having been triumphant for so long" (18). Von dieser Warte aus kann ihre frühere Absicht, ihren Mann zu verlassen und auf der Bühne Ruhm und Erfüllung zu suchen („fame and an accomplished deed in life" 10), nur eine Perversion der Natur scheinen. Ehedem hatte sie in der Ausübung ihres musikalischen Talents ihre Mission gesehen: „I, too, had my gift: but one. ... it was my power, my wand with which to touch the world, my ‚*Vollmachtsbrief zum Glücke*': was I to give it unused back to God?" (8). Hesters Versuch, ihre Berufung zu erfüllen, wird zum Alptraum. Mit ihrer Absicht, selbst aufzutreten, gibt sie die Rolle der Komponistin, die noch dezent hinter den Kulissen bleiben kann, auf und stellt sich selbst zur Schau. Vaux wird sofort anzüglich, als er hört, daß sie auf die Bühne will. „Before this I had been Mrs. Manning, throwing off an opera-score as a careless whim, one of the class to whom he and his like presented arms: he surveyed me now with the eye of a stock-raiser buying a new mule" (9). Als Frau, die in der Öffentlichkeit ihre Stimme erhebt, wird sie von den Männern als sexuelles Objekt behandelt, dem sie ungeniert erigiert gegenübertreten. Monsieur Vaux nickt ihr vertraulich zu, als ihr Mann es nicht sieht, „without removing his cigar" (10). Das Theater ist nicht der Musentempel: „[S]omehow it was not what I had dreamed of" (14). Alles ist schmuddlig, das Orchester schlecht, das Publikum nicht an Kunst interessiert, die Kostüme leicht, die Schminke dick. Mit „bare neck and shoulders" (15) steht sie auf der Bühne, entblößt vor den gierigen Blicken des Publikums, eine Szene, die an die Eingangsszene von *The Scarlet Letter* erinnert, als Hester am Pranger steht, der neugierigen Gehässigkeit der Zuschauer ausgeliefert. Wie Roger Chillingworth befindet sich Daniel Manning unter den Zuschauern. Mannings schwaches Herz ist dem Anblick nicht gewachsen. Während Hester Prynne ihre Schuld öffentlich trägt, macht sich Hester Manning vor den Augen der Öffentlichkeit schuldig. Monsieur Vaux bezeichnet ihr Werk nun auch noch als Plagiat: „It was so coarse a theft! But I hoped the catch-dresses would pass it off.'" Hester Manning versagt als Ehefrau und scheitert als Künstlerin.

Sharon Harris liest die Erzählung als Davis' Kritik am Transzendentalismus und seinen idealistischen Vorstellungen.[36] Das ist sicher richtig. Davis pointiert ihre Kritik mit dem Verweis auf die Männlichkeit dieser Auffassungen. Hester Manning aus Concord ist in der transzendentalistischen Philosophie erzogen: „,The only object in life is to grow. It was my father's, – Margaret Fuller's motto. I had been nursed on it, I might say'" (7). Hester ist eine Vater-Tochter; durch ihn und seine Freunde ist sie geformt. Sie ist stolz auf ihre Herkunft aus Concord. Das Verständnis von Selbstentfaltung, das sie dort von den Vätern gelernt hat, ist ein männliches: „[M]an ... had learned there to stand self-poised and found himself God" (7). Ihre künstlerische Begabung begreift sie ebenfalls als etwas Männliches, zu deren Verwirklichung sie ihre Natur überwinden muß. „I have ‚a manly soul'. For it was part of my creed that Nature was something given to us to be lived down in fulfilling our mission" (10). In der Tat steht die im Text von der Frau geforderte Selbstaufgabe in eklatantem Widerspruch zur Selbstentfaltung in der Kunst. Doch ist letzteres deswegen keine männliche Prärogative. Hester erinnert sich an einen Besuch im Pariser Studio von Rosa Bonheur, das eine Atmosphäre selbstverständlicher Professionalität auszeichnet: „the peculiar life that seemed to impregnate the place itself, holding her, as it were, to her own precise niche and work in the world, – the sharply managed lights, the skins, the trappings, her disguises on the walls, the stables outside, and the finished work before us, instinct with vigor and an observation as patient as keen" (7). Während Robert Manning am Ende die patriarchale Moral formuliert, nach der es die edelste Aufgabe im Leben der Frau ist, „to make herself a visible Providence to her husband and child" (19), artikuliert Rosa Bonheur eine andere Moral, in der die Künstlerin nicht notwendig pervers ist. Sie wird mit den Worten zitiert: „,Any woman can be a wife and mother, but this is my work alone'" (8). Das künstlerische Handeln des Individuums, die Individualität, nicht das Geschlecht konstituiert das künstlerische Subjekt. Doch die Bedingungen gesellschaftlicher Anerkennung künstlerischer Leistung machen die Männer, die Mannings, wie die verwendete Namenssymbolik nahelegt. Rosa Bonheur hat das Glück ihres Namens.

Für Harris ist das Ende der Erzählung „a sentimentalist's conclusion, one which establishes the woman as spiritual authority; but it is a very dissatisfying ending for twentieth-century audiences" (114). Sie sieht den Text als „Davis's most autobiographical work of fiction" (109) und unterstellt, daß die Autorin die patriarchale Moral teilt, die Robert Manning formuliert. Die Erzählung bringt jedoch die patriarchale Botschaft für und über die Frau auf den Punkt. Von den Leserinnen und Lesern hängt es ab, ob sie die Geschichte rezipieren als normativ-didaktische Wahrheit über die Frau oder als Erhellung der Funktion und Rolle der Frau im machtpolitischen Kontext des Patriarchats. Wir können die Botschaft als Bestätigung unserer Überzeugung lesen, und/oder es kann uns ein Licht aufgehen. Daß beides möglich ist, liegt an der gewählten Form der Ich-Erzählung. Dadurch enthält sich die Autorin jeden expliziten Kommentars. Einzig der Titel „The Wife's Story" macht den Standort der Erzählerin sichtbar: Sie spricht als Ehefrau, als Frau eines Mannes, also in einer Funktion, in der sie auf andere bezogen ist, in der sie nicht Individuum ist. Ihren Geburtsnamen erfahren wir nicht; ihr Ehename Manning kennzeichnet ihren Blick als männlich geprägt.

Die konsequente Beschränkung der Perspektive öffnet den Raum für andere Gesichtspunkte. Die Geschichte der Künstlerin ist eine andere als die der Ehefrau. Allerdings ist es die Geschichte der Frau, die in der für sie vom Patriarchat vorgesehenen Funktion als liebende Ehefrau und Mutter ihre wahre Erfüllung findet, die das Publikum hören will. „I will tell you the story of my life, *since you ask for it*", mit diesen Worten beginnt Hester Manning (1; Hervorh. SO). Was der Titel bereits andeutet („*The* Wife's Story", nicht „*A* Wife's Story"), wird im ersten Satz noch einmal hervorgehoben. Hester betont, daß ihr Schicksal eben nicht einzigartig, sondern typisch sei: „[T]he meaning of the life of any woman of my character would be the same" (1). Als Künstlerin scheitert die Protagonistin einerseits an den Bedingungen, die für Frauen im patriarchalen Kontext gelten, worin Ehefrau und Künstlerin als Widerspruch von Selbst-Losigkeit und Selbst-Bewußtsein gefaßt sind. Anderseits daran, daß in diesen Verhältnissen Kunst männlich kodiert ist und weibliche Kunst als minderwertig gilt, bzw. in die Nähe von Prostitution gerückt wird, und eine Frau nur im Ausnahmefall als Künstlerin die herrschenden Beschränkungen überwinden kann.

Ähnlich wie Davis bearbeitete Elizabeth Stuart Phelps das Thema in *The Angel Over the Right Shoulder* (1852), und ihre später bekannter gewordene Tochter Elizabeth Stuart Phelps Ward, die den Namen ihrer Mutter annahm und unter diesem publizierte, tat dies in *The Story of Avis* (1877).[37] Doch auch Texte, in denen der Künstlerin der Erfolg nicht versagt bleibt, unterstreichen die Unvereinbarkeit des Daseins von Ehefrau und Künstlerin. Entweder lassen sie die Protagonistin unverheiratet, wie in *Ruth Hall*, oder mit der Heirat ihre Schriftstellerei aufgeben, wie in Augusta Evans Wilsons Erfolgsroman *St. Elmo* (1866). Dort erkämpft sich die Heldin Edna als Autorin ihre Selbständigkeit. Dieses Selbst stirbt mit ihrer Eheschließung am Romanende, was durch eine Ohnmacht nach der Trauungszeremonie versinnbildlicht wird. Als Edna erwacht, faßt ihr Mann ihren neuen Zustand in Worte:

> „To-day I snap the fetters of your literary bondage. There shall be no more books written! No more study, no more toil, no more anxiety, no more heartaches! And that dear public you love so well, must even help itself, and whistle for a new pet. You belong solely to me now, and I shall take care of the life you have nearly destroyed in your inordinate ambition." (489)

Ednas Literatinnendasein und vor allem ihr unmäßig genannter Ehrgeiz haben keinen Platz in der Ehe, die für Edna mit einem Katalog von Negationen beginnt. Nur selbstlos und als alleiniges Eigentum ihres Mannes, als sein Objekt, kann sie mit ihm leben. Die Selbstentäußerung der Ehefrau ist imperativ; vom Ehemann wird sie Befreiung genannt.

Der Versuch, diese Texte auf Autobiographisches zu reduzieren, spricht ihnen Ambivalenz und den Verfasserinnen vorschnell eine reflektierte Position ab. Das ist etwa so ungenügend, wie wenn man Melville mit seiner Figur Bartleby identifizierte, weil Bartleby ein Schreiber ist. Viele der Autorinnen waren selbst Ehefrauen und Schriftstellerinnen und blieben beides. Ihre Texte reden von den Bedingungen der Möglichkeit für Künstlerinnen in der US-amerikanischen Gesellschaft des 19. Jahrhunderts. Sie sind selbst Ausdruck, Kommentar und Konstituenten dieser Bedingungen.

Mit ihren Texten ergreifen die Autorinnen das Wort; sie geben es nicht ab. Schreiben ist vielen von ihnen ein inneres Bedürfnis. Phelps nahm sich täglich zwei Stunden Zeit zu schreiben und war „unhappy, even desponding ... if her mind were long deprived of its customary gratification" (Austin Phelps 59, zit. nach Fetterley, *Provisions* 206). In einem Brief an Annie Fields machte Rebecca Harding Davis deutlich, daß sie auch nach ihrer Heirat 1863 weiter schreiben werde. „It is a necessity for me to write – well or ill – you know every animal has speech and that is mine" (zit. nach Harris 104). Harriet Beecher Stowe nannte Schreiben ihre Leidenschaft und datierte deren Anfang in ihre frühe Kindheit zurück: „‚From early childhood I had a *passion* for writing, and printed my meditations and reflections before I learned to write, and scribbled incessantly afterward'" (Cooke, „Harriet Beecher Stowe" 588).[38] Als Tochter einer Literatin und aus literarisch interessierter Familie lag Elizabeth Stuart Phelps Ward das Schreiben im Blut: „It was impossible to be her daughter and not to write ... not to have something to say, and a pen to say it" (*Chapters* 15).

Zu den Konstituenten literarischen Selbstverständnisses gehört neben der erlebten Notwendigkeit sich auszudrücken auch der Ehrgeiz, künstlerischen Ansprüchen zu genügen. Bereits Verzweiflungsäußerungen wie die im ersten Motto dieses Kapitels belegen die dahinter stehende Ambition, den existierenden Standard, auch wenn er unexpliziert bleibt. Angestrebt wird dabei nicht das, was als angemessen weiblich galt. Ehrgeiz jedoch zu artikulieren, bedeutete

Selbstbezogenheit, und stand damit im Widerspruch zur geforderten Selbstlosigkeit der Frau. Das heißt nicht, daß Frauen ihren literarischen Ehrgeiz nicht auszusprechen wagten, aber sie taten es eher in privater denn in öffentlicher Kommunikation und eher, wenn sie von nicht Erreichtem schrieben.

Eine Autorin wie Elizabeth Stoddard, der der große Erfolg versagt blieb, bekannte sich zu ihren hohen Ansprüchen. „No one knows what a literary ambition I had, nor how my failure has broken me" (13. April 1876. Zit. nach Buell/Zagarell 344). Als gescheitert betrachtete sie sich nicht wegen ihrer Ziele, sondern wegen der fehlenden Anerkennung ihrer Leistung:

> I *know* that I have written the truth regarding human emotion – the turbulence, the repression, the expression of Passion. Now, why do[n't] my cofellows acknowledge me – in spite of my faults, and manner of arrogance. I live like an ordinary human being among ordinary people. I write of people in common ordinary life, therefore I have proved that I am not a monstrosity [.] What then is the secret of my being denied my rights – I do not mean a popular acceptance – but that of readers, writers, thinkers. ... [I]t has been a pain to me, that I have not gained the respect of the intellects, whose intellects *I* respect (Brief an Lillian Whiting. Hervorh. im Orig. Kate Fields Papers Vol. 9, No. 971)

Stoddard verlangte von sich nicht weniger als von anderen. Sie war eine anspruchsvolle Literaturkritikerin, die in ihrer Zeit als Kolumnistin der Zeitschrift *Daily Alta California*, 1854-1858, mit den männlichen und weiblichen Autoren entschieden ins Gericht ging (vgl. Buell/Zagarell 311-332). Privat scheute sie sich nicht, ihren Mann Richard und die gemeinsamen Lyrikerfreunde George Boker, Bayard Taylor, Edmund Stedman, Thomas Aldrich, Thomas Read wissen zu lassen, daß sie als Dichter versagt hätten.[39] Trotz ihres Selbstbewußtseins blieb auch Stoddard nicht von Selbstzweifeln verschont, wie ihre Tagebucheinträge zeigen, doch zweifelte sie nicht an der Richtigkeit ihrer Absichten und ihrer Originalität.[40] „I know when I wrote *The Morgesons*, I was in dead earnest, and so far as literary conscience goes I did my d—t [damnedest]" (Brief an Lillian Whiting, Kate Fields Papers Vol. 9, No. 976). Um die Qualität der eigenen Arbeit wußte auch Sedgwick und sie äußerte dieses Bewußtsein gelegentlich, wie in folgendem Brief an ihre Freundin Eliza Cabot, die später den Deutschen Charles Follen[41] heiratete. Von ihrem dritten Roman *Hope Leslie*, an dem sie gerade arbeitete, meinte Sedgwick dort, wenn auch mit einer für sie charakteristischen Einschränkung im Nachsatz: „I think this is much better than anything that has gone before it – but that is a bad sign" (25. März 1827. CMS-Papers I, 8.4). Literarische (Selbst)-Beschränkung von Frauen wurde von der Gesellschaftskritikerin Mary Dodge entschieden verneint: „I will not confine myself to my sphere. I hate my sphere. I like everything that is outside of it, – or, better still, my sphere rounds out infinitely into space" („My Book" 102).

Solchermaßen explizit demonstriertes Selbstbewußtsein ist zugleich Wissen um bestehende Einengungen. Das ganz selbstverständliche Handeln und Schreiben bedarf natürlich weder der Distanzierung noch der Rechtfertigung, es *ist* einfach und kann deswegen nicht als Aussage zitiert werden. Doch seine Spuren sind auffindbar im souveränen Spiel mit Konventionen wie bei Sara Parton, die Formverstöße zu ihrem Markenzeichen machte: *Folly as it Flies* (1868) enthält zwar eine ausführliche Widmung, doch findet sich unter der Überschrift „Preface" nur ein längerer Gedankenstrich und die Unterschrift „Yours Truly, Fanny Fern". Spürbar wird das Selbstbewußtsein auch in der Selbstverständlichkeit, mit der Ansprüche an die Rezipienten gestellt werden. Stoddard erwartete von ihren Leserinnen und Lesern die Bereitschaft, ihre Romane zweimal zu lesen.[42] Margaret Fuller verlangte von den ihren, daß sie sich ganz auf sie einließen. Im Vorwort zu *Woman in the Nineteenth Century*, der überarbeiteten und erweiterten Buchfassung eines Essays, der im Juli 1843 in der transzendentalistischen Zeitschrift *The Dial* erschienen war, erklärte sie, daß sie den ursprünglichen Titel, „The Great Lawsuit. – Man *versus* Men; Woman *versus* Women", geändert habe:

> Objections having been made to the former title, as not sufficiently easy to be understood, the present has been substituted as expressive of the main purpose of the essay; though, by myself, the other is preferred, partly for the reason others do not like it, – that is, that it requires some thought to see what it means, and might thus prepare the reader to meet me on my own ground. Besides, it offers a larger scope, and is, in that way, more just to my desire (14)

Indem sie die Titeländerung thematisiert, macht Fuller die Gedankenarbeit, die sie von ihren Leserinnen und Lesern fordert, explizit, ohne sie zurückzunehmen.

Selbstvertrauen, Ehrgeiz und Frausein verknüpft in selbstbewußter Weise ein Gedicht von Emily Dickinson, das als Kommentar zur Situation der Frau und Künstlerin gelesen werden kann:

> Perhaps I asked too large –
> I take – no less than skies –
> For Earths, grow thick as
> Berries, in my native town –

My Basket holds – just – Firmaments –
Those – dangle easy – on my arm,
But smaller bundles – Cram. (No. 352)[43]

Selbstbewußt und schüchtern zugleich wird hier der Ehrgeiz der Sprecherin ausgedrückt. Daß es sich um ein weibliches Wesen handelt, scheint eindeutig; Mädchen gehen mit einem Korb am Arm zum Beerenpflücken. Das Mädchen des Gedichts greift nach den Dingen, die üblicherweise nicht in der Reichweite einer Frau des 19. Jahrhunderts liegen. Sie interessiert sich dabei nur für Allerhöchstes, Firmamente. Planeten sind ihr nicht wichtig, „earths" gibt es soviel wie Beeren, stellt sie abfällig fest. Doch obwohl sie Größeres will und sich auch nimmt, ist im ersten Vers auch Zögern, in Frage stellen des eigenen Anspruchs zu vernehmen. Trotzdem wartet sie nicht auf eine Antwort, sie nimmt, und zwar „no less than skies", also das Höchste, was es gibt. Die Verse drei und vier stellen eine Analogie her zwischen „Earths" und „berries"; beide sind rund, wenn auch von unterschiedlicher Größe. Ob etwas zu klein oder zu groß ist, hängt aber auch davon ab, wohinein es passen soll. Gesellschaftliche Vorstellungen von Tragbarem werden umgekehrt, wenn die Sprecherin Firmamente leichter findet als kleinere Bündel. Doch sieht sie ihre Beschäftigung als ein Beerenpflücken und trägt zu diesem Zweck einen Korb. Sie behält damit ein weibliches Accessoire bei, ändert aber Dimensionen.

Das Gedicht wirkt wie eine selbstbewußte Antwort auf die Kindlichkeit, die bei Literatinnen als positive Qualität oder auch als Pose hervorgehoben werden konnte. Die Verfasserin von *Greenwood Leaves* (1850), Sara Jane Lippincott, die unter ihrem Pseudonym Grace Greenwood berühmt wurde, benutzt in einem Text dieser Sammlung, die aus satirischen, parodistischen und sentimentalen Stücken besteht, die stereotype Vorstellung vom kindlich-scheuen poetischen Genie der Frau. In einem Stück mit dem Titel „To an Unrecognized Poetess, June, 1846" heißt es: „True feminine genius is ever timid, doubtful, and clingingly dependent; a perpetual childhood. A true woman shrinks instinctively from greatness" (310).[44] Die Kindfrau in Dickinsons Gedicht hat keine Scheu vor Großem, sie greift nach Firmamenten und findet sie viel leichter als die „smaller bundles".

Zur Situation der amerikanischen Schriftstellerinnen im 19. Jahrhundert schreibt Joanne Dobson in *Dickinson and the Strategies of Reticence* (1989): „[I]n nineteenth-century America, women's writing was a literature that was significantly restricted in its possibilities. ... In studying any of these writers we must always keep in mind the rigid cultural monitoring that afflicted them" (25). Der kulturellen Disziplinierung unterlagen Autorinnen nicht allein, aber doch in stärkerem Maße als ihre männlichen Kollegen, da für sie zusätzlich die

Restriktionen galten, die alle Frauen dieser Gesellschaft betrafen. In den diversen und wechselnden Aussagen der Autorinnen über sich selbst, in ihren Verhaltensweisen wird ihre Konfliktsituation anschaulich, die sie auch in der poetischen Umsetzung reflektieren. Literarische Tätigkeit wurde für Frauen im Verlauf des 19. Jahrhunderts selbstverständlicher, weil Frauen als Autorinnen zahlreich und öffentlich sichtbar wurden. Hierdurch ließ zwar die Rechtfertigungsnot für ihre Tätigkeit als solche nach. Dennoch blieb ihre Position problematisch, da mit der Differenzierung der Literatur in hohe und populäre Kunst und durch die Zuweisung von bestimmten Genres und Schreibweisen, die von Natur aus dem Weiblichen gemäß wären, der Disziplinierungsdruck nicht nachließ.

Everyone remembers things which never happened. And it is common knowledge that people often forget things which did. Either we are all fantasists and liars or the past has nothing definite in it.

Jeanette Winterson, *Sexing the Cherry* 92

He buys me many Books – but begs me not to read them – because he fears they joggle the Mind.

Emily Dickinson, *Letters* 404

4. Diskurs, Wahrnehmung, Verschweigen – Aspekte der Rezeption

Selbstwahrnehmung und Selbstdarstellung der Autorinnen steht ihre Außenwahrnehmung durch Mitglieder der Institution Literatur gegenüber. Daß der Literaturdiskurs diese Wahrnehmung weitgehend präformierte und regulierte, ist an anderen Stellen dieser Arbeit schon angesprochen worden. Einige Aspekte von Rezeption möchte ich hier gesondert diskutieren. Im folgenden geht es zunächst um das Entstehen von Verwerfungen im Diskurs nach der diskursiven Konstruktion einer weiblichen Literatur und darum, wie diese geglättet werden, insbesondere mit Schweigen und Verschweigen. Folgende Thesen werden an spezifischen Beispielen erläutert: Werke von Frauen wurden unabhängig von ihren Inhalten als weibliche Literatur gelesen, sobald bekannt war, daß eine Frau sie verfaßt hatte. Wenn ein Text aus diesem Erwartungsrahmen herausfiel, wurde dies mit Erstaunen zur Kenntnis genommen, blieb jedoch weitgehend ohne Folgen. Der Diskurs erhielt sich auch durch die Beschränkung auf seine diskursiven Konstrukte und das Ausblenden anderer Möglichkeiten oder Wirklichkeiten. Diese Aspekte des diskursiven Umgangs mit Literatur von Frauen sind der Kontext einer Kurzgeschichte von Mary Wilkins Freeman, an der ich die fiktionale Umsetzung erörtern werde. Im Anschluß daran untersuche ich die Rezeption der Romane von Sedgwick und Stoddard im Hinblick auf die Frage, welche Art von Wahrheit unter den gegebenen politischen, historischen und dialogischen Bedingungen über die Werke dieser Autorinnen jeweils produziert wurde.

Carol Ohmann hat in einem zu wenig beachteten Aufsatz 1971 exemplarisch gezeigt, wie das Wissen darum, daß eine Frau einen Text geschrieben hat, die Rezeption beeinflußt. Sie verglich Rezensionen zur ersten und zweiten Ausgabe von Emily Brontës *Wuthering Heigths.* Die britischen und amerikanischen Rezensenten der ersten Ausgabe von 1847 gingen zumeist selbstverständlich von einem männlichen Verfasser aus. Der Autor schien ihnen „powerful and original" (907), und als Thema des Romans sahen die meisten die Darstellung von Grausamkeit, Gewalt und menschlicher Verderbtheit in extremster Form. Nur gelegentlich erwähnte eine Rezension, daß es sich auch um eine Liebesgeschichte handelte. Bei der zweiten Ausgabe, 1850, war bekannt, daß eine Frau das Buch geschrieben hatte. Prompt rangierte das Thema Liebe an erster Stelle, und der Roman wurde zur Liebesgeschichte, wie sie Frauen zu schreiben pflegen. Das *Athenæum* klassifizierte den Roman als Werk „[of] female genius and female authorship" (908). Der Rezensent war keineswegs überrascht, daß auch *Jane Eyre* von einer Frau geschrieben war; er war bereits zu diesem Schluß gekommen.

Hieran ist nicht der Umstand bedeutsam, daß der Rezensent in Kenntnis der Verfasserschaft im nachhinein klüger war, sondern, daß die Rezensenten so mühelos sowohl männliche als auch weibliche Verfasserschaft aus dem Text herauslesen konnten.[1] Scheinbar ohne Zuordnungsleistung der Rezipienten nimmt der Text mit dem Wissen um das Geschlecht seines Verfassers dessen Geschlechtszugehörigkeit an, wird er gelesen als Bestätigung geltender Vorstellungen von Weiblichkeit oder Männlichkeit. Vorherige falsche Zuordnungen werden als Irrtum ad acta gelegt und nicht weiter thematisiert. Das soziale Vergessen läßt die anfängliche Fehleinschätzung verschwinden. Dieser hier schematisch skizzierte, immer wieder zu beobachtende Vorgang hat seine Parallele in der Erkennung und Zuerkennung von Geschlecht in sozialer Interaktion. Da Zweigeschlechtlichkeit als naturhaft und unveränderbar konstruiert ist, bleibt die Wahrnehmung einer Person im Hinblick auf ihr Geschlecht konstant, unabhängig von ihrem Verhalten. Korrekturen der Zuordnung sind einmalig und finden üblicherweise in einer frühen Phase der Interaktion statt. Damit erhält die interaktive Konstruktion von Zweigeschlechtlichkeit deren Charakter als Natureigenschaft und nicht Gesellschaftskonstrukt. Dieser Stabilisierung der Geschlechter als Natur dient auch das soziale Vergessen, das Widersprüchlichkeiten, Ungereimtheiten und Fehleinschätzungen beseitigt.[2]

Derselbe Prozeß findet im Umgang mit literarischen Texten statt, wenn es zu Fehlzuordnungen kommt. Bemerkenswert ist an diesem Vorgang, daß er nicht zu einer Destabilisierung der Naturhaftigkeit von Geschlecht führt. Der Literaturdiskurs hält an seinen Kategorisierungen fest und paßt die Literatur seinen Kategorien an und nicht umgekehrt. Irritationen bleiben weitgehend folgenlos.

Durch Verdrängung erhält sich die Macht des Dominanten. Dies zeigt das folgende Beispiel. Als bekannt wurde, daß das anonyme „Life in the Iron Mills", 1861 die Titelgeschichte der führenden literarischen Zeitschrift *Atlantic Monthly*, von einer Frau stammte, war das Erstaunen groß. An die Sensation von damals erinnerte sogar noch der Nachruf auf Davis, den die *New York Times* anläßlich ihres Todes 1910 brachte:

> When ‚Life in the Iron Mills, appeared in The Atlantic Monthly many thought that the author must be a man. The stern but artistic realism of the picture she put alive upon paper suggested a man, and a man of a power not unlike Zola's. („Rebecca H. Davis")

Thematisch und erzählerisch paßte der Text nicht zur weiblichen Literatur. Das Werk thematisiert sozialkritisch und unsentimental das Arbeiterelend in einem Eisenwerk. Auf raffinierte Weise entwickelt Davis eine dreischichtige Struktur: ihrem Drei-Klassenmodell der Gesellschaft werden drei literarische Modi zugeordnet. Die Erzählung hat, wie Sharon Harris ausführt, einen naturalistischen Kern, eine realistische und eine romantische Ebene.[3] Da es sich um einen Zeitschriftenbeitrag handelt, haben wir keine Rezensionen zu diesem Text. Allerdings ist bekannt, daß Davis' literarische Leistung die Anerkennung von Leuten wie Hawthorne und Fields fand.[4] Und doch änderte die Tatsache, daß sie sich mit diesem Text außerhalb der diskursiv konstruierten Sphäre weiblicher Literatur bewegte, nichts an den Erwartungen an Literatur von Frauen. Die Literatur von Frauen blieb über die Konstruktion weiblicher Natur auf Weiblichkeit verpflichtet, unabhängig davon, daß ein Text wie der von Davis' nicht in dieses Konzept paßte. Ebensowenig hinderte dies etwa Henry James in seinen Rezensionen, Davis innerhalb einer pejorativ als sentimental klassifizierten weiblichen Sphäre zu lokalisieren.[5]

Der Literaturdiskurs zeigt gewissermaßen ein Trägheitsmoment im Umgang mit Widersprüchlichkeiten. Sie werden zur Kenntnis genommen und geraten wieder in Vergessenheit oder werden nicht weiter thematisiert. Die diskursiven Realitätskonstruktionen bleiben weitgehend unangefochten von gleichzeitig existierenden, anderen Befunden. Durch jeweils momentanes Verschweigen, Ignorieren und Ausblenden entsteht der Anschein von Kohärenz und Sinnhaftigkeit. Dem Konstrukt einer aus der weiblichen Natur sich ereignenden weiblichen Literatur widersprachen Texte von Frauen und Männern implizit und explizit. Daß es sich trotzdem als so dominant erwies, liegt an der Stabilität der Geschlechtskonstruktion, die die an ihr orientierte, nach Geschlecht differenzierte Literaturkonstruktion wiederum im Wechsel sicherte. Die Flexibilität des weiblichen Geschlechtscharakters, den das 19. Jahrhundert in der Doppelheit des asexuellen und sexuellen Wesens Frau konzipierte, instrumentalisierte der Literaturdiskurs zur analogen Doppelsicht einer moralischen oder zu zensierenden, sensationslüsternen unmoralischen Literatur von Frauen. Die damit per moralischen Kategorien etablierte Hierarchie konfigurierte eine Evaluationshierarchie von guter und schlechter Literatur von Frauen im Sinne von anspruchsvoller versus populärer Literatur. Solche parallel gesetzten Begriffe, die einander wechselseitig ergänzen und ersetzen, werden zu diskursiven Stereotypen gebündelt, die Abgrenzungsfunktion bekommen können. Als negatives Stereotyp ist die Literatur von Frauen dann reißerisch, unmoralisch, schlecht, trivial, schematisch, populär, was gleichzeitig ihr Massenpublikum und dessen Interessen sowohl beschreibt als auch erklärt. Weder Publikum noch Texte haben ästhetische Qualität oder Ansprüche, weswegen sie in der Institution Literatur für Diskussionen um Literatur als belanglos gelten und aus diesen tendenziell herausgedrängt werden. Die abwertende Gleichsetzung von Publikum und Texten disqualifiziert beide, spricht beiden literarische Kompetenz ab und ermächtigt sich damit, sie zu ignorieren. Daher spielt es dann keine Rolle, ob die Texte der normativen Konzeption einer weiblichen Literatur entsprechen oder widersprechen. Im ökonomischen Kontext dagegen rangieren sie wegen ihres hohen Verkaufswerts an vorderer Stelle und werden vom marktpolitischen Teil der Institution Literatur entsprechend wichtig genommen.

Dies zeigt sich beispielhaft am Umgang der Institution Literatur mit Autorinnen, die der Sensationsliteratur zugerechnet wurden, wie E. D. E. N. Southworth. Während Southworth zu Beginn ihrer Karriere in den 1850er Jahren von der Literaturkritik der Zeit noch durchaus wohlwollend gesehen wurde, sank ihr Ansehen bei der Kritik zusehends. Mit der Zeit als populär-triviale Autorin abgestempelt, wurde sie von den Rezensenten weitgehend ignoriert und fiel damit aus der ernsthaften Literaturdiskussion heraus.[6] Ihre Leserschaft wuchs indessen enorm an. Sie publizierte über 60 Romane, darunter viele Bestseller, von denen viele auch in andere Sprachen übersetzt wurden.[7] Ein Indiz ihrer Popularität ist der Umstand, daß ihre Werke in Leihbüchereien dauernd gefragt waren und ständig ersetzt werden mußten. Dies gesteht quasi stirnrunzelnd ein Artikel der Bostoner *Literary World* von 1882, der sich mit der Frage befaßt, ob öffentliche Bibliotheken Werke solcher populären, jedoch literarisch als minderwertigen eingestuften Autorinnen anschaffen müssen. Southworth wird dort folgendermaßen beschrieben:

> The austere reader, who of course is acquainted with the famous Mrs. Southworth only by hearsay, may object to see her name in a reputable journal of criticism. She is wont to be deprecated in public and devoured much in private, as the continual replenishing of all her books requisite in large libraries sufficiently attests. … her devoted admirers admit that to read one is to read

all in substance; and yet they do read all, and little else apparently. ... Understanding well the craving for what is sensational and morbid in fiction, Mrs. Southworth, by a skillful use of the fascinations of crime, and by a systematic introduction of horror as an element of literary construction, has managed to cater so successfully to certain tastes that she stands easily at the head of this class of the trashy school. („Some ‚Lady Novelists'" 185)

Diese Beschreibung legt nahe, die Texte seien irgendwie unmoralisch, was Texte wie Leser disqualifiziert. Konsequent im Sinne des Diskurses wurde Southworth, von der Coultrap-McQuin meint, „she was among the most popular, if not *the* most popular novelist of the nineteenth century" (51), in Stedmans große Anthologie *A Library of American Literature* (1890) nicht aufgenommen.[8] In Stedmans Bilanz fällt Southworth nicht unter amerikanische Literatur; sie fällt überhaupt nicht unter Literatur und wird daher ignoriert.

Von den vielen Erfolgsromanen aus Southworths Feder war der populärste *The Hidden Hand* (1859).[9] Nach Alfred Habegger hat kein ernsthafter Kritiker des 19. Jahrhunderts den Roman zur Kenntnis genommen. Ohne schemahafte Züge zu bestreiten, sieht er selbst den Text als höchst unkonventionell:

[I]t's people ... are stock types who nevertheless speak out of character whenever it suits the author. Yet the book sabotages literary convention in a fine and crazy way, achieving an invigorating anarchic comedy and a thematic coherence rare in popular fiction. Capitola Black [die Heldin] is in fact none other than the long-lost twin sister of Huckleberry Finn, our other innocent orphan whose inability to see any sense in social contracts most people take for granted generates a life-giving, liberating comedy. The difference is, Southworth's only good novel constitutes a brilliant, radical interpretation of female life. („A Well Hidden Hand" 200-201)

Ob dies in der Tat Southworths einziger guter Roman ist, mag dahingestellt sein, jedoch betont auch Joanne Dobson in ihrer Einleitung zum Reprint die konventionssprengende Kraft des Werks. Sie beschreibt Southworths Leistung als Kritik an den herrschenden Geschlechtsrollen:

In *The Hidden Hand*, through a conscious and canny manipulation of cultural stereotypes of the masculine and feminine, Southworth presents a sweeping critique of the limiting nature of codified gender roles. Exaggeration, distortion, reversal: the comic strategies are the weapons in her literary arsenal, and aiming at ideals of masterful masculine dominance and sentimental feminine submission, Southworth fires with unrestrained exuberance. („Introduction" xxvii)

In der Tat bricht Southworths Heldin alle Regeln, kämpft ihre eigenen Duelle und gewinnt, fängt Banditen, rettet Jungfrauen und tut auch ansonsten, was sie will. Den problematischen Bereich der Sexualität blendet Southworth dabei aus. Sie erreicht ihren Bildersturm nicht mit stilistischer Finesse, sondern mit stereotypen Charakteren, konventionellen Handlungssträngen mit überraschenden Wendungen und einer Sprache, die sich auf Klischees und stilistische Platitüden verläßt, auch wenn sie oft witzig ist. Auf diese Art waren ihre Texte in hohem Maße zugänglich. Ihr Publikum genoß die Respektlosigkeit ihrer Romanhandlungen, in der populären Kultur wurde diese Art des Aufbegehrens mit Begeisterung aufgenommen. Allerdings ist Southworth in vieler Hinsicht auch gesellschaftstragend und teilt die Werte ihrer Zeit; ihre Werke spiegeln besonders deutlich die Widersprüchlichkeiten ihrer Kultur.

Bemerkenswert scheint mir daran zweierlei. Erstens zeigt der enorme Erfolg von Southworth, die 1894 von sich sagte, „Among all the people that I have met, and they have been very many, and among all the thousands that have written to me, I have never found one who has not read some of my books" (zit. nach Dobson, „Introduction" xx), daß es für eine Frau möglich war, Romane zu schreiben, die sich in vieler Hinsicht den Disziplinierungen des Literaturdiskurses widersetzten, und dennoch Erfolg zu haben. Zweitens zeigt sich hieran, daß dies den Literaturdiskurs nicht störte, weil die Institution Literatur mit diesen Texten nicht umging, sie ausblendete, indem sie sie zu Schund erklärte und damit ihre Irrelevanz festschrieb. Das normativ konstruierte Konzept einer weiblichen Literatur kann unbeschadet tradiert werden, solange Widersprechendes ignoriert wird, bzw. über akzeptierte Abgrenzungen (Kunst oder Schund) ausgeschlossen werden kann. Umgekehrt kann Widerspruch gegen diskursdominante Konzepte manifest werden, ohne daß durch die bloße Existenz des Widerspruchs bereits der Diskurs ins Wanken geriete, weil die dadurch artikulierte Gegenmacht erst als solche gesehen werden müßte, und das wiederum verlangte, daß zumindest Teile der Institution sie anerkennen müßten.

Die diskursive Realitätskonstruktion sorgt dafür, daß Frauen dort wahrgenommen werden, wo der Diskurs sie plaziert, und an anderen Stellen nicht ins Auge fallen, weil sie ignoriert oder als Ausnahme indirekt ausgegrenzt werden. Solche Grenzziehungen nutzen das Konstrukt Geschlecht und die konstruierten Geschlechtscharaktere, die dadurch sogar gefestigt werden. Im Hinblick auf das literarische Spektrum des 19. Jahrhunderts, das in allen Sparten, wenn auch nicht in gleicher Zahl, Männer und Frauen aufzuweisen hatte, wurden Frauen im Feld der Lyrik und Belletristik thematisiert und nicht in Philosophie und Geschichtsschreibung, in der sentimentalen und didaktischen Literatur und nicht oder nur als Negativbeispiel im Bereich der Sensationsliteratur oder der erotischen Literatur, wo sich etwa Margaret Sweat mit ihrem Roman *Ethel's Love-Life* (1859) zu plazieren versuchte. Speziell die Differenzierung in hohe und populäre Literatur erlaubt in der Literaturdiskussion nicht nur die Ausgrenzung von Frauen generell, sondern auch die Ausgrenzung populärer Genres, wie etwa humoristischer Literatur, in denen der Beitrag von Frauen wiederum aus dem Blick gerät.

Keineswegs weniger geschlechtsbewußt, wenn auch an anderen Zielen orientiert und wenig manipulationsscheu, zeigt sich die Institution Literatur in ihrem marktpolitischen Bereich. Verleger waren bereit, mit der Literatur von Frauen Geld zu verdienen, unabhängig davon, ob diese Texte Anerkennung als Kunstwerke fanden, doch hinderte sie dies nicht am Versuch der Einflußnahme auf die Verfasserinnen. Geschlechtsbewußtsein zeigt sich ebenfalls bei der verlegerischen Konzeption von Literatur für ein Massenpublikum wie den Dime Novels. Obwohl dies nach Produzenten und Themen ein männerdominiertes Genre war, gab es von Anfang an auch Autorinnen in diesem Bereich ebenso wie den Versuch, eine spezifische Frauenformel zu entwickeln und Leserinnen gesondert anzusprechen. Geschlechtsgebundenen Erwartungen an Texte und Publikum Rechnung tragend, ließ der Verlag Street and Smith ab den 1870er Jahren eine Frauenserie von seinen regulären männlichen Autoren unter einem weiblichen Pseudonym produzieren. Dabei handelte es sich um „a bit of sentimental fiction for young women", wie einer dieser Autoren, William Wallace Cook, seinen Auftrag umschrieb (zit. nach Bold 297). Zusammenfassend läßt sich feststellen, daß auf dem Konstrukt Geschlecht basierende Konzepte von weiblicher Literatur oder Literatur für Frauen interessen- und kontextabhängig aktiviert oder ignoriert werden. Immer jedoch partizipieren diese Konzepte auch an der Konstruktion und Legitimation gesellschaftlicher Machtverhältnisse.

Die in diesem Kapitel beschriebenen Machterhaltungsmechanismen des Diskurses, also die Wahrnehmung der Texte von Frauen als weiblich, ihre daran orientierte Bewertung, und das Ausblenden und Verschweigen von Widersprüchen, bilden den Kontext einer Kurzgeschichte von Mary Wilkins Freeman.[10] In „The Poetess", aus der Sammlung *A New England Nun* (1891), spielt Freeman schon im Titel auf das Stereotyp der sentimentalen Dichterin an. Freemans Text stellt Fragen nach der Weiblichkeit oder Männlichkeit von Literatur und deren Wert, der damit verknüpft wird, darüber hinaus aber auch die Frage nach der Angemessenheit solcher Wahrnehmung.

Zum Inhalt: Die altjüngferliche, kurzsichtige Betsey Dole, die bescheiden und anspruchslos in ihrem Häuschen mit Kanarienvogel und Garten lebt und Gedichte verfaßt, wird von der jungen, praktischen Mrs. Caxton gebeten, ein Gedicht zum Gedenken an ihr gerade verstorbenes Kind William zu schreiben.

Betsey Dole erledigt diese Aufgabe eifrig und so gut, daß die hochzufriedene Mrs. Caxton den Text drucken läßt und im Ort verteilt, was wiederum die Verfasserin stolz und glücklich macht. Über Umwege erfährt Mrs. Caxton von der Äußerung des Pfarrers, der selbst dichtet und auch schon in einer Zeitschrift publiziert hat, das Totengedicht könne schlechter nicht sein und es sei geschmacklos, so etwas herumzuschicken. Empört berichtet sie Betsey Dole auch das Urteil des Pfarrers: „you had never wrote anything that could be called poetry, an' it was a dreadful waste of time" (153). Tief getroffen verbrennt Betsey Dole alles, was sie je geschrieben hat und siecht in den folgenden Wochen an Schwindsucht dahin. Auf dem Totenbett bittet sie den Pfarrer, die Asche ihrer Gedichte mit ihr zu bestatten und nimmt ihm das Versprechen ab, nach ihrem Tod ein Gedicht über sie verfassen.

Der Text thematisiert die Bedürfnisse von Lesern und Autoren und fragt damit nach der Aufgabe und dem Wert von Literatur. Betseys Verse sind ein Akt der Nächstenliebe, um die die Nachbarin sie bittet. Derjenige, der von Berufs wegen Trost zu spenden hat, sieht die Trostfunktion dieser Poesie nicht und erklärt sie pauschal für wertlos, spricht ihr die Existenzberechtigung ab. Sein unkaritatives Urteil nimmt auch Betsey das Lebensrecht, denn ihre Lyrik ist ihr Lebenslicht. Ihre Gedichte sind ihre Liebeserklärung an das Leben, „the love-letters that had passed between her and life" (155). Hier ist ein deutlicher Anklang an das Gedicht von Emily Dickinson, das mit den Worten beginnt: „This is my letter to the World".[11] Der intertextuelle Bezug erweist sich als Kommentar, Freemans Erzählung läßt sich als eine Interpretation des Dickinson-Gedichts lesen:

This is my letter to the World
That never wrote to Me –
The simple News that Nature told –
With tender Majesty

Her Message is committed
To Hands I cannot see -
For love of Her – Sweet – countrymen –
Judge tenderly – of Me (No. 441)

Das Gedicht erlaubt in der für Dickinson typischen Offenheit seiner Bezugsmöglichkeiten verschiedene Zuordnungen. Ist es der Brief des lyrischen Ich, der die Botschaft der Natur der Welt mitteilt, oder ist es die Welt, die die Botschaft der Natur ohne Milde verkündete, oder versäumte es die Welt, diese Botschaft zu übermitteln?

In Freemans Text stellt Betsey Dole diese Fragen, und bezeichnenderweise nicht sich selbst, sondern einer ungenannten Präsenz. Auf dieser Leerstelle könnten Gott, die Natur, die Leser oder der Pfarrer stehen:

> It was not as if she were talking to herself; it seemed as if she recognized some other presence in the room. „I'd like to know if it's fair," said she. „I'd like to know if you think it's fair. Had I ought to have been born with the wantin' to write poetry if I couldn't write it – had I? Had I ought to have been let to write all my life, an' not know before there wa'n't any use in it? Would it be fair if that canary-bird there, that ain't never done anything but sing, should turn out not to be singin'? Would it, I'd like to know? S'pose them sweet-peas shouldn't be smellin' the right way? I ain't been dealt with as fair as they have, I'd like to know if I have." (154-155)

Der schwerfällig wirkende Dialekt der Figur ist sozusagen eine ländliche Variante in der Summe der Details, die Betsey Dole – jedenfalls äußerlich – als die sentimentale Dichterin charakterisieren, deren Spezialität die Trauerdichtung ist, wie sie uns bei Kirkland und Twain begegnet ist. Wenn ihre Poesie ist wie sie selbst, dann ist sie unbeholfen, antiquiert, rührselig, privat, sentimental. Hausbacken wie die Koseform ihres Vornamens, mit der sie durchweg genannt wird, und dem Kummer ergeben wie es die archaische Bedeutung von *dole* nahelegt. Allerdings heißt *dole* auch noch ‚milde Gabe, Almosen', und diese Bedeutung charakterisiert den karitativen Aspekt ihres Schreibens. Unabhängig vom künstlerischen Wert ihrer Verse wäre der Umstand, daß sie in der Lage sind, Mrs. Caxton, die als praktisch-pragmatische Person beschrieben ist, zu trösten, eine positiv zu bewertende Leistung.[12] Schon dafür hätte die Dichterin ein mildes Urteil verdient, wie es in Dickinsons Gedicht gefordert wird.

Freeman stellt jedoch darüber hinaus in Frage, ob das Urteil über Betseys Dichtung, das der Pfarrer fällt, (und vielleicht die Leserinnen und Leser zu fällen geneigt sind), nicht vorschnell von Schein auf Sein schließt, ob die altjüngferliche Betsey tatsächlich schreibt, wie sie aussieht, oder ob nicht vielleicht die Betrachter ihren vorgefaßten Erwartungen erliegen:

> Betsey in this room, bending over her portfolio, looked like the very genius of gentle, old-fashioned, sentimental poetry. *It seemed as if one, given the premises of herself and the room, could easily deduce what she would write, and read without seeing those lines* wherein flowers rhymed sweetly with vernal bowers, home with beyond the tomb, and heaven with even. (146-147. Hervorh. SO)

Da wir nie eine Kostprobe von Betseys Poesie bekommen, bleibt pointiert offen, ob sie tatsächlich der Inbegriff sentimentaler Dichtung ist oder die Verfasserin nur so aussieht. Die in der Erzählung durchgängige Außenperspektive überläßt die Analyse den Lesern, die Betseys Schicksal, und das ist eine weitere Bedeutung von *dole*, besiegeln werden. Mit seinem Schreiben an die Welt stellt sich das lyrische Ich deren Urteil. Der Umstand, daß der Pfarrer ein publizierter Autor ist, verleiht seinem Urteil Gewicht. Er spricht mit der Autorität der öffentlichen Meinung. Doch vielleicht ist er ein Märchenerzähler, denn durch seinen Namen, Lang, ist er mit dem damals sehr bekannten schottischen Autor Andrew Lang, u.a. Literaturkritiker, Dichter, Verfasser und Sammler von Märchen, assoziierbar.[13]

Auf den Literaturdiskurs rekurrierend, der die Geschlechternaturen zur Grundlage ihrer Literaturen machte, kontrastiert Freeman zwei Arten von Literatur, eine weibliche (altmodisch-sentimental) und eine männliche (jugendlich-ehrlich), und zeigt dann, wie fragwürdig und folgenschwer diese Kategorisierung ist. Die Trennung der Sphären in die öffentliche des Mannes und die private der Frau wiederholt sich in der Poesie, denn Betseys Lyrik scheint persönlich und marginal, während die des Pfarrers immerhin von einer Zeitschrift akzeptiert wurde, also einem quasi öffentlichen, literarisch-ästhetischen Standard genügte. Auch sprachlich tendiert der Pfarrer zum Standard. Seine wenigen Sätze sind Standard English, während Betsey durchgängig Dialekt spricht. Doch haftet seiner Sprache auch etwas Gestelztes und damit Unnatürliches an. Zu der Sterbenden spricht er, wie es heißt, „in the stilted fashion, yet with a certain force by reason of his unpolished honesty" (157). Der Pfarrer ist ein junger Mann, „gaunt and awkward, but sturdy" (157), der sich durch ein Country College gearbeitet hat. Betsey ist unscheinbar und ambitionslos. Sie schreibt aus innerem Bedürfnis, und die Dankbarkeit ihrer Leserin ist ihr genügend Anerkennung: „It was to her as if her poem had been approved and accepted by one of the great magazines" (150). Sind seine Gedichte wertvoller als ihre, weil sie eine Art öffentlicher Anerkennung erfahren haben? Mrs. Caxton bezweifelt, ob dies überhaupt ein zuverlässiger Maßstab ist. „‚Maybe his [poetry] ain't quite so fine as he thinks 'tis. Maybe them magazine folks jest took his for lack of something better. I'd like to have you send that poetry there'" (153). Ist die einfache Botschaft der Natur, von der das Dickinson-Gedicht spricht, daß die weibliche Natur gefühlsselig und süß, die männliche rauh und ehrlich ist?[14] Und wenn es so wäre, was folgte dann daraus? Daß eine Frau nur Zuckriges schreiben kann und dies nichts wert ist? In der zweiten Strophe von Dickinsons Text („for love of Her [Nature] – Sweet – countrymen") kann die Süße sowohl zur Natur selbst als auch zu den Landsleuten gehören, die hier so sichtlich männlich („country*men*") das Allgemeine repräsentieren. Die Urne, in der die Asche von Betseys Gedichten aufbewahrt wird, ist eine Zuckerdose – eine besonders süße Idee. Betsey verpflichtet den Pfarrer nicht nur, diese mit ihr zu begraben, sondern zwingt ihn zudem in ihr Genre, das Gedenkgedicht für eine Tote, und beauftragt ihn so auf zweifache Weise mit der Sorge für ihre Unsterblichkeit. „[Q]uite pale with bewilderment and sympathy" (159) verspricht er stammelnd, sein Bestes zu tun. In schöner Ironie hält Betsey im Leben wie im Sterben an der Poesie fest, der sie sich nun einmal verschrieben hat, wie hätte sie sich dieser ihrer Natur auch widersetzen können. Zwar hört sie auf, lyrisches Subjekt zu sein, macht sich jedoch damit zum lyrischen Objekt; eine Pointe, die sie dem Pfarrer (und der Leserschaft) nicht vorenthält: „I've been thinking that – mebbe my – dyin' was goin' to make me – a good subject for – poetry, if I never wrote none'" (159). Leitmotivisch erscheint Betseys Kanarienvogel, mit dem sie der Gesang verbindet: „She ate scarcely more than her canary-bird, and sang as assiduously" (151). Doch singen sie abwechselnd; der Vogel singt vor allem dann, wenn seine Herrin schweigt. Als seine Herrin tot ist, „he trilled into a triumphant song" (159). In diesem Schlußsatz der Erzählung verkündet der Vogel die simple Botschaft der Natur, die zu verstehen denen überlassen bleibt, die sie hören.

An Freemans Text läßt sich sehen, wie der Literaturdiskurs des 19. Jahrhunderts mit seinen diskursiven Konstrukten von Männlichkeit und Weiblichkeit in der Literatur die Sinnkonstitution auch des literarischen Textes leistet. Erkennbar wird jedoch auch, daß die besonderen Verfahren, die der Literatur zur Verfügung stehen, geeignet sind, zugleich den Diskurs selbst ins Bewußtsein zu rücken und zu hinterfragen. Auf der konzeptuellen Ebene arbeitet Freeman mit dem diskursiv erzeugten Wissen des 19. Jahrhunderts über den Geschlechtscharakter von Literatur, das sie in ihrer literarischen Gestaltung entfaltet und dekonstruiert.

Die in diesem Kapitel diskutierten Aspekte der Rezeption waren auch in der Rezeption von Catharine Sedgwick und Elizabeth Stoddard wirksam. Die Aufnahme, die ihre Werke im 19. Jahrhundert fanden, reflektiert den Literaturdiskurs der Zeit, dessen Reflex sie zugleich ist. Die Rezeption von Sedgwicks Werken, deren Publikationsspanne von 1822 bis in die 1860er Jahre reichte, spiegelt speziell die Entwicklung des Literaturdiskurses und seiner besonderen Umgangsweisen mit Autorinnen.[15] Doch parallelisiert Sedgwicks literarische Produktion selbst normative Anforderungen des Literaturdiskurses, indem sie ihren Schwerpunkt von Romanen zunächst auf politisch-didaktische Literatur für Erwachsene verlagerte, später dann auf Kinder- und Schulbücher.[16] Es ist auffällig, wie stark in der ersten Phase ihrer Karriere fiktionale Texte dominieren, während sie in der zweiten Phase fast völlig verschwinden. Von ihren insgesamt sechs Romanen entstanden fünf bis 1835: *A New England Tale* (1822), *Redwood* (1824), *Hope Leslie* (1827), *Clarence* (1830), *The Linwoods* (1835). Nach 1835 dominiert die didaktische Literatur. Der erste, wichtige Text dieser

Periode ist *Home* (1835)[17]; es folgten *The Poor Rich Man, and the Rich Poor Man* (1836), *Live and Let Live* (1837), *Means and Ends, or Self-Training* (1839). Nach dieser Phase entstanden vermehrt Kinder- und Schulbücher: *A Love Token for Children* (1838), *Stories for Young Persons* (1840), *Morals of Manners; or Hints for our Young People* (1846), *Facts and Fancies for School-Day Reading* (1848), *The Boy of Mount Rhigi* (1848). Erst 1857 wandte sie sich mit *Married or Single?* noch einmal dem Genre Roman zu.[18]

Sedgwicks Rezeption war in allen Phasen ihrer Karriere in hohem Maße positiv, sowohl in den USA als auch in England. Sie erreichte bereits mit ihrem ersten Roman öffentliche Anerkennung, die sich mit den folgenden Werken verstärkte.[19] Da ihre Romane in Amerika spielen und Amerikanisches thematisieren, befriedigten sie die Neugier der englischen Nachbarn ebenso wie sie sich von Anfang an der Aufmerksamkeit derer erfreuten, die am Aufbau einer amerikanischen Nationalliteratur interessiert waren. Sedgwick galt, zusammen mit Irving, Cooper und Paulding, als eine der Begründerinnen einer genuin amerikanischen Literatur. Als sie sich 1835 der Didaxe zuwandte, gewann sie noch mehr an Ansehen. Viele der Rezensionen zu Sedgwicks politisch-didaktischen Werken sind geradezu euphorisch, was sie sicherlich ermutigte, in dieser Richtung weiterzuschreiben.[20] Sedgwick illustrierte in diesen Texten Prinzipien und Verhaltensmaximen, die geeignet schienen, Amerika zu der vorbildlichen Gesellschaft zu machen, die es sein sollte. Die Texte sind unzweideutig in ihrer demokratischen und christlichen Überzeugung und entsprachen damit dem gesellschaftlichen Erlösungsauftrag, den der Diskurs der Autorin zuwies, was ihre hohe Akzeptanz verständlich macht. Interessanter im Hinblick auf den Literaturdiskurs und seine Prägungen sind jedoch die Reaktionen auf ihre Romane. Denn zum einen zeigen diese Romane ein durchaus ambivalentes Verhältnis zur amerikanischen Gesellschaft und verweisen, gerade im Zusammenhang mit Fragen nach dem gesellschaftlichen Ort von Frauen, auf ein Unbehagen, das in der Rezeption allerdings nicht thematisiert wird. Zum anderen wird an der Romanrezeption die Genese der diskursiven Konstruktion einer weiblichen Literatur sichtbar. Hierfür sind die z.T. sehr langen Rezensionen aufschlußreich, wie sie in der Konsolidierungsphase des Literaturbetriebs in den USA bis etwa 1840 noch häufig waren. Recht eigentlich handelt es sich um Literaturessays von manchmal 30 Druckseiten, die, zusätzlich zu seitenlangen Exzerpten aus dem zur Rezension anstehenden Text, oft allgemeinere literarische Fragen diskutieren. Gerade wegen dieser Kontextualisierung geben sie gute Hinweise auf den Stand der Literaturdiskussion der Zeit.

Während die Rezensenten der ersten beiden Romane zwar auf die weibliche Verfasserschaft hinweisen, die trotz der anonymen Publikationsform offensichtlich von Anfang an kein sonderlich gehütetes Geheimnis war, stellen sie in ihrer

Diskussion der Romane noch keinen Zusammenhang zu anderen Autorinnen her. James Fenimore Cooper verfaßte eine sehr positive, 34 Seiten lange Rezension von *New England Tale* (1822), in der er sich über Funktion und Aufgabe Literatur im Sinne des Horazischen *aut prodesse aut delectare* verbreitet. Der Roman wird im Hinblick auf dieses Konzept positiv beurteilt. Weder das Thema (der Roman behandelt religiöse Fragen, speziell negative Wirkungen des Calvinismus, anhand der Geschichte der Leiden der tugendhaften Jane Elton, einer Waise, die zum Schluß ihren Vormund, einen Quäker, heiratet) noch das Publikum werden von Cooper als weiblich markiert.[21] Auch die ausführliche Rezension von *Redwood* (1824), Sedgwicks zweitem Roman, die William Cullen Bryant für die *North American Review* schrieb, erwähnt zwar, daß es das Werk einer Dame sei, verhandelt dann aber 10 Seiten lang ganz allgemein die Anforderungen des historisch-romantischen Romans (*romance*) gegenüber dem Roman mit zeitgenössischer Thematik (*novel*), wobei es Bryant darauf ankommt zu beweisen, daß die USA für beide Genres vielfältiges Material bieten. Dies zeige gerade auch *Redwood*, eine „novel of real life" (251), die ihm sehr gelungen scheint.[22] Kritisch merkt er an, daß sich die Handlungsführung manchmal zu stark auf Zufälle und Unwahrscheinliches stützt. Ebenso wie bei Cooper bleibt seine Diskussion allgemein literarisch orientiert, Weiblichkeit ist über den Hinweis auf die Verfasserschaft hinaus kein Thema. Anders in einer Rezensenion von *Redwood* in der *United States Literary Gazette*, die recht unverblümt von weiblicher Verfasserschaft auf zu erwartende mindere Qualität schließt, indem sie sich verblüfft zeigt, daß eine Frau überhaupt so gut schreiben könne:

> Common fame attributes these works to a lady; if this be so, we can only say we think it surprising, – not that the pages should exhibit much eloquence and bright imagination, but that the style should be so singularly correct, and that its excellence should be so well sustained. Indeed, the literary execution of these volumes, would in no degree discredit an author who had disciplined and fortified his mind by severer studies than ladies are apt to love, and chastened his taste by diligent and profitable study of „the classics"... In other words, it is a work of much talent and excellent taste, but not of high and commanding genius. (101)

Dieser Kommentar erhellt die Zirkelhaftigkeit des Denkens, nach dem nur die klassische Bildung Strenge und Klarheit von Stil und Gedanken vermitteln kann. Da die Frauen von dieser Bildung ausgeschlossen sind, können sie solchen Anforderungen nicht genügen. Die Hierarchie zwischen klassischer und populärer Literatur, die hier entwickelt wird, siedelt die Frauen aufgrund der unterschiedlichen Bildungswege in den Niederungen an; sie machen notwendigerweise zweitklassige Literatur. Es bleibt festzuhalten, daß die Rezensenten der ersten beiden Romane noch nicht auf ein Konzept weiblicher Literatur Bezug nehmen.

Mit *Hope Leslie* (1827), Sedgwicks drittem Roman, ändert sich der Rezeptionskontext, in den Sedgwick eingebunden wird. Verstärkt wird nun auf die Vielzahl von Autorinnen hingewiesen, die es gebe, und es beginnt eine Beschreibung ihrer besonderen Qualitäten.[23] Die Weiblichkeit der „female authors" bekommt jetzt Gewicht und steht zur Beurteilung an, etwa in der Rezension von Francis Greenwood in der *North American Review*, die von 17 Druckseiten die ersten 9 für eine allgemeine Diskussion der Literatur von Frauen verwendet. Ihre geschlechtsspezifische Qualität steht für Greenwood fest; es sei evident „that female literature has its proper walks; that it is peculiar in its nature and distinct in its influence" (406). Aus der Natur der Frau ergeben sich ihre Bereiche in der Literatur: „instruction of youth" und allgemein die leichteren Sparten, „novels, tales, essays, and poetry" (406).[24] Die Formulierung der Gebote und Verbote, die aus den natürlichen und spezifisch weiblichen Qualitäten gefolgert werden, läßt sich begrifflich als Disambiguierung fassen. Mit der diskursiven Konstruktion einer weiblichen Literatur wird diese vereindeutigt. Greenwood konstatiert bei Sedgwick „a decided partiality for her own sex" (420), die er im übrigen gutheißt. Er klassifiziert Sedgwick als würdige Vertreterin der von ihm beschriebenen weiblichen Literatur und er tut ein übriges, wenn er ihre früheren Romane mit dem vorliegenden gleichsetzt. Zwar sei *Hope Leslie* das reifere Werk, doch zeichneten sich alle drei Romane durch dieselben Qualitäten aus:

> In the whole three ... there is the same purity and delicacy; the same generous, lofty sentiment; the same deep and solemn breathings of religion without parade, and of piety without cant or censoriousness; the same love of the grand and the lovely in nature, together with the same power so to express that love as to waken it up ardently, devotionally in others; the same occasional touches of merry with and playful satire, the same glowing fancy; and, spread through all, and regulating all, the same good sense, leading to a right apprehension of human life and human motives, restraining genius from extravagance (411-412)

Damit bewahrheitet er rückwirkend die Existenz und Identität der weiblichen Literatur, wie er sie zuvor konstatiert hat.

Die Tendenz, Sedgwicks Werke im Kontext von Weiblichkeit zu situieren und zu evaluieren, setzt sich mit ihrem vierten Roman *Clarence* (1830) weiter fort.[25] Ab diesem Werk findet sich praktisch kaum eine Rezension mehr, die nicht Sedgwicks gute Moral, ihre Religiosität, ihre Weiblichkeit lobend hervorhebt. George S. Hillard stilisiert Sedgwick in seiner 22-seitigen Rezension von *Clarence* in der *North American Review* zum Inbegriff positiver Weiblichkeit. Sieben Seiten verwendet er allein auf die allgemeine Beschreibung ihrer positiven weiblichen Qualitäten als Frau und Schriftstellerin, aus denen sich dann zwanglos auch ihre Unzulänglichkeiten ergeben, die wiederum zum Beweis ihrer Weiblichkeit herangezogen werden: Aufgrund ihrer eigenen Tugendhaftigkeit könne Sedgwick keine Schurken darstellen. Hillards Kommentar befleißigt sich einer höchst blumenreichen Sprache. Sedgwick

> does not know how to draw a villain; she has no idea of the spasms and convulsions of the mind, around which guilt and remorse have thrown their serpent-folds. Man in the pride of his imperial beauty, full of truth, and honor and grace, with high thoughts and generous affections, with reason sitting in his brow, and the pulse of joy in his veins, – woman, with her veil of gentle loveliness, her lily-like purity, her loving and trusting heart, – the light of friendship, the soul-exchanging glance of love, – these are the themes which call forth her finest powers, and it is in the delineation of these only, that her genius appears in its proper element. Her descriptions of childhood are full of the dewy freshness of life's morning hour. In this respect we know of no one who equals her, no one who draws in colors so speaking the image of a beautiful and happy child, with his heart of gladness and voice of silver-toned glee, his brave spirit, his frolic blood, and his winning tricks. (76)

Hillards Kritik ist jedoch nicht ohne Einwände gegen den Roman. Die Handlung sei unwahrscheinlich und zu romantisch, die Konfliktlösung zu willkürlich wunderbar. „This is a violation of one of the essential laws of fiction" (84). Die Verbindung von höchstem Lob für Sedgwicks Weiblichkeit als Autorin mit Einwänden gegen ihre literarische Gestaltung läßt zumindest implizit den Eindruck entstehen, daß eine Frau zu höchster literarischer Leistung selbst auf dem Feld des Romans wohl nicht fähig sei.

Diesen Eindruck bestätigt der *Southern Literary Messenger* in einer anonymen Rezension des fünften Romans von Sedgwick, *The Linwoods* (1835), deren Verfasser Edgar Allen Poe war. Poe setzt Sedgwick zwar ohne Schwierigkeiten an die Spitze der amerikanischen Autorinnen, doch den besten Männern stellt er sie nur gleich und das noch ein wenig zögerlich:

> By those who are most fastidious in matters of literary criticism, the author of *Hope Leslie* is the most ardently admired, and we are acquainted with few persons of sound and accurate discrimination who would hesitate in placing her upon a level with the best of our native novelists. Of American *female* writers we must consider her the first. ... We think *The Linwoods* superior to

> *Hope Leslie*, and superior to *Redwood*. … It cannot, however, be considered as ranking with the master novels of the day. It is neither an Eugene Aram [Roman von Bulwer, 1832] nor a Contarini Fleming [Roman von Disraeli, 1832]. (57; Hervorh. im Orig.)[26]

In dieser Darstellung macht Sedgwick zwar literarische Fortschritte, doch hinkt sie als Frau den Männern – naturgemäß – hinterher.

Die Qualifizierung von Sedgwick und ihren Romanen mit Prädikaten, die mit Weiblichkeit assoziiert werden, verstärkt sich analog zur Entfaltung des Diskurses der Geschlechterdifferenz in der Literatur. Zwar finden sich Bewertungen wie „pure morals“ und „healthful“ schon in den frühen Rezensionen. Diese Qualitäten sind jedoch noch nicht spezifisch weiblich, denn sie gehören ohnehin zu den Anforderungen an fiktionale Literatur, wie sie im frühen 19. Jahrhundert in den USA üblich waren. Die verstärkt feminin besetzten Attribute nehmen im weiteren Verlauf von Sedgwicks Publikationskarriere zu; eine Durchsicht von knapp 75 zeitgenössischen Rezensionen erbrachte, daß die folgenden Adjektive am häufigsten zur Charakterisierung verwendet wurden: *pure, healthy, charming, good*. *Delicacy* und *religion* werden immer wieder gelobt. Alle diese Ausdrücke gehören in das Wortfeld Weiblichkeit und kulminieren daher in dem Adjektiv *feminine*, das in den Rezensionen zu Sedgwick ab 1830 mit hoher Frequenz auftaucht. „Her style is perfectly feminine“ urteilte Hillard (75); die Rezension zur zweiten Ausgabe von *Clarence* (1849) in der *Literary World* sprach von „a happy feminine grace“, die das ganze Buch durchziehe (298). Der *New York Mirror* zitierte befriedigt die *London Literary Gazette*, die von *The Linwoods* schrieb: „This is a most delightful work – fresh, graphick [sic], yet exquisitely feminine“ (167); das *New England Magazine* eröffnete seine Rezension von *The Linwoods* mit der Erklärung: „Miss Sedgwick is a writer who disarms criticism; not only because she is a woman, but because her books are full of feminine grace, refinement and feeling“ (380), und im schon einmal zitierten *Southern Literary Messenger* urteilte Poe: „The character of her pen is essentially feminine“ (57). Mit der diskursiven Konstruktion einer weiblichen Literatur wurden Sedgwicks Texte als Ausdruck dieser Literatur wahrgenommen.

Die allgemein wohlwollende Resonanz, die Sedgwicks Romane fanden, verblaßt gegenüber der Begeisterung, die ihre didaktischen Schriften auslösten. Von dieser Art Literatur wünschte man sich mehr. Der Verfasser eines Artikels betitelt „The Novels of Miss Sedgwick“, bemängelt die ihm unwahrscheinlich scheinende Abenteuerlust ihrer Romanheldinnen und bevorzugt Sedgwicks erzieherische Texte: „In the story of Home Miss Sedgwick gives herself more scope for direct moral inculcation; and we prefer this form, therefore, to that of the more technical novel" (22). Bemerkenswert ist, daß Sedgwicks Schwerpunktverlagerung auf politisch-didaktische Literatur und Kinderbücher auch auf die Wahrnehmung ihrer Romane zurückwirkte. Verstärkt wurden sie durch die Brille wohltätiger Didaxe gesehen. Die Kommentare zu den Neuauflagen ihrer Romane betonen das Gemeinsame aller ihrer Schriften. Der *New York Mirror* begrüßte die zweite Auflage von *Hope Leslie* (1842) und kündigte an: „[A]ll will be again delighted with the benevolent feeling, delicate sentiment, and truly American spirit which characterize all the writings of Miss Sedgwick" (303). Die Neuauflage von *Clarence* (1849) veranlaßte *Graham's Magazine* zu der Äußerung: „Miss Sedgwick's writings are especially characterized by the sentiment of humanity, which pervades equally her narratives and reflections; and one always rises from her books refreshed in spirit" (94). Anläßlich der zweiten Auflage von *New England Tale* (1852) kommentierte die *Southern Quarterly Review*, der Roman sei, „like all the writings of this lady, ... healthful and moral in tone" (545).

Die Rezensionen zu Sedgwicks letztem Roman *Married or Single?* (1857) heben die Verdienste der Autorin hervor und betonen wiederum ihre moralischen Qualitäten. Dies fiel um so leichter, als Sedgwick die Titelfrage zugunsten der Institution Ehe entschied.[27] Andrew Preston Peabody nennt dieses Werk „the best of the series that bears her name" (563). Es ist auffällig, daß die Rezensenten den späten Wechsel zurück zum Genre Roman gemeinhin nicht kommentieren, obwohl Sedgwick selbst im Vorwort von *Married or Single?* darauf Bezug nimmt, indem sie sich als „stranger before the present public" (v) bezeichnet und erklärt, religiöse Didaxe gehöre nicht in den Roman: „the novel (and to that guild we belong) does not seem to us a legitimate vehicle of strictly religious teaching" (vi). In der Beurteilung werden jedoch kaum Unterschiede zwischen Sedgwicks Werken gemacht. *Harper's Monthly Magazine* schrieb: „[H]er latest work exhibits all the vitality, shrewdness of observation, delicacy of moral tone, warmth of affection, and sweet religious wisdom which marked the promise of her prime (549). Die einzige mir bekannte Rezension, die zu einem gänzlich negativen Urteil über *Married or Single?* kommt, ist die in *Russell's Magazine*, und sie kritisiert nun gerade, daß die Autorin sich selbst nicht treu geblieben sei, da sie mit dem halbherzigen Versuch, im Stil des „sensational and intense in literature" zu schreiben, dem Zeitgeschmack zu huldigen versucht habe: „[C]hief the fault of the work under review is, singularly enough, to be found in Miss Sedgwick's practical denial of her own principles as an artist" (572). Die Rezeption vereinheitlichte Sedgwick, indem sie sie im Kontext weiblicher Literatur situierte, der in ihrem Falle noch zunehmend auf Moralisch-didaktisches eingeengt wurde, und konstruierte so ein homogenes Gesamtwerk. Die experimentelle Dimension ihrer frühen Romane, die vor allem in den Frauenfiguren an die Oberfläche tritt, verschwand hinter der positiven, gesellschaftstragenden Botschaft ihrer späteren politisch-didaktischen Texte aus dem Blick. Das Beispiel Sedgwicks zeigt, wie der Literaturdiskurs eine Autorin vereinnahmte, indem er sie ermutigte, sich in die Richtung einer als legitim originär weiblich konzipierten, didaktischen Literatur zu entwickeln und indem er ihre fiktionalen Texte im Sinne einer weiblichen Literatur wahrnahm und Widersprechendes nicht aufnahm. Anderseits bestand zu einer Zeit, in der Amerikanisches zu thematisieren ein Desiderat der Institution Literatur war, wenig Neigung, die kritische Dimension von Sedgwicks Romanen zur Kenntnis zu nehmen.

Die öffentliche Anerkennung, die Sedgwick zuteil wurde, erlangte Elizabeth Stoddard nie. Ihre Karriere als Schriftstellerin ist eine der Entmutigung durch den Literaturdiskurs. 1823 geboren, gehörte sie einer Generation an, für die die Bedingungen der Literaturproduktion bereits wesentlich andere waren als zu Sedgwicks Anfängen. Als Stoddard in den 1850er Jahren zu publizieren begann, hatte sich der Bereich Literatur konsolidiert, waren weibliche Felder bereits markiert.[28] Stoddards Karriere als Literatin begann recht eigentlich als Kolumnistin. Von 1854 bis 1858 schrieb sie als „Lady Correspondent" zweimal monatlich eine Kolumne für die Zeitung *Daily Alta California* in San Francisco.[29] Erzählungen und Gedichte erschienen u.a. in *Putnam's Magazine*, *Harper's New Monthly Magazine* und dem *Atlantic Monthly*. 1862 wurde ihr erster Roman, *The Morgesons*, veröffentlicht, 1865 folgte *Two Men*, 1867 ihr letzter Roman, *Temple House*. An selbständigen Veröffentlichungen gab es danach nur noch ein Kinderbuch mit dem Titel *Lolly Dinks' Doings* (1874) und eine Sammlung ihrer Gedichte, *Poems* (1895), doch publizierte sie weiterhin in Zeitschriften.

Daß ihre drei Romane jeweils 1888/89 und 1901 wieder aufgelegt wurden, läßt vermuten, daß Stoddard als Schriftstellerin populär gewesen sei; dies ist jedoch nicht der Fall. Keines ihrer Bücher verkaufte sich jemals gut, keines wurde in eine andere Sprache übersetzt.[30] Der mäßige finanzielle Erfolg läßt sich wohl nicht in erster Linie auf die durch den Bürgerkrieg ungünstigen Umstände der Erstpublikation zurückführen, auch wenn dieses Argument bei den späteren Neuauflagen benutzt wurde, denn George Carleton, der *The Morgesons* 1862 herausbrachte, publizierte im gleichen Jahr Victor Hugos Roman *Les Misérables*, von dem er vor Ende des Bürgerkrieges 50 000 Exemplare verkauft hatte; außerdem verlegte er ab 1863 die Romanschriftstellerin Mary J. Holmes so erfolgreich, daß diese Kooperation beide reich machte (vgl. Tebbel I, 544, 348). Eher schon erschwerte Stoddards eigenwillige und gelegentlich widerborstige Sprache eine breite Akzeptanz ihrer Texte. Ein Fehlschlag in Hinblick auf die Kritik waren sie dennoch nicht; James Matlack spricht im

Zusammenhang mit *The Morgesons* sogar von bescheidenem Ruhm (227). Diesen verdankte Stoddard vielleicht in erster Linie bestimmten günstigen Voraussetzungen, die sie dennoch hatte und die bei der Einschätzung der Rezensionen zu berücksichtigen sind. Die Stoddards gehörten zu den literarischen Kreisen von New York City; Richard Henry Stoddard, Elizabeths Mann, war selbst Lyriker. Sie hatten gute Kontakte zu wichtigen Personen im Literaturbetrieb, und Richard Henry Stoddard bemühte sich vor dem Erscheinen jedes Romans seiner Frau um Vorankündigungen in wichtigen Zeitschriften und um wohlwollende Rezensenten (vgl. Matlack 219, 363, 440). Freunde der Stoddards wie George Ripley, George Boker und Edward Stedman, der spätere Herausgeber der *Library of American Literature*, zeigten sich hilfsbereit, wenn auch nicht uneingeschränkt lobend.[31] Dennoch sackte die Erfolgskurve von Roman zu Roman ab. Elizabeth Stoddard fand weder ausreichend künstlerische Anerkennung noch finanziellen Erfolg. Zwar schrieb sie auch weiterhin Erzählungen und Gedichte, doch das Genre Roman gab sie endgültig auf.

Stoddards Romane stellten für die Rezeption in den 1860er Jahren einen problematischen Fall dar, da sie sich nicht leicht in ein Konzept weiblicher Literatur einordnen ließen. Sie waren weder sentimental noch didaktisch, die Autorin enthielt sich moralischer Urteile, ja überhaupt jedes Kommentars. Stilistisch elliptisch sparte sie sich sogar oft genug die Redeindikatoren in langen Dialogpassagen. Die Texte machten die Atmosphäre Neuenglands eindringlich lebendig und doch paßten sie nicht recht zu anderen *local-color* Erzählungen. Obwohl realistisch (was noch nicht im Sinne eines explizierten literarischen Programms zu verstehen war), waren die Texte doch wiederum auch romantisch im Sinne der *romance*, anderseits leidenschaftlich, jedoch auch nicht der damaligen Sensationsliteratur vergleichbar. Fast alle Rezensenten zeigten sich irgendwie irritiert; die wohlwollenden nennen Stoddard originell. James Matlack urteilt über die Rezeption von *The Morgesons*: „[I]t is evident that her contemporaries were not sure how to describe her novel or define her art" (228).

An den Kommentaren zu Stoddards Werken ist weit weniger offensichtlich als bei Sedgwick der Versuch erkennbar, sie in einen Kontext von weiblicher Literatur einzubinden.[32] Das hat verschiedene Gründe. Zum einen spiegelt sich darin eine spätere Phase des Literaturdiskurses; die Geschlechterdifferenz in der Literatur ist zu diesem Zeitpunkt so weit etabliert, daß sie nicht mehr ausführlich begründet werden muß. Frauen sind als Autorinnen zudem so zahlreich, daß sich die Frage, ob sie schreiben dürfen oder können, nicht mehr stellt. Zum anderen hatte die fortgeschrittene Professionalisierung des Literaturbetriebs auch die Rezensionspraxis verändert, sie zumindest äußerlich standardisiert. Der lange Rezensionsessay, in dem anläßlich eines einzigen Textes allgemeine Themen wie Nationalliteratur oder weibliche Literatur breit behandelt wurden, wie er noch zu der Zeit als Sedgwick ihre Romane publizierte nicht selten war, hatte praktisch aufgehört zu existieren. Die Rezensionen waren nun sehr viel kürzer und beschränkten sich eher auf das zu besprechende Buch. Zum dritten machte Stoddards Eigenständigkeit die Anbindung an andere Autorinnen schwierig – insofern ist sie ein besonders interessanter Fall. Die durch den Literaturdiskurs geprägte Wahrnehmung läßt sich jedoch auch an diesen Rezensionen sehen und nicht nur an den Stellen, an denen sie die Geschlechterdifferenz explizit ansprechen. Die Erwartungen, die an die Literatur von Frauen gestellt wurden, kommen in den Einwänden und Verbesserungsvorschlägen der Rezensionen zutage, aber auch darin, was den Rezensenten überhaupt bemerkenswert ist. Folgende Aspekte wurden immer wieder kommentiert: Stoddards Stil und Erzählweise, ihre Charaktere, die Moral ihrer Romane.

Bei *The Morgesons* fiel zunächst der Stil auf. „The style is marked by uncommon terseness and piquancy“, schrieb Ripley (3). Boker bemerkte: „Mrs. Stoddard's style has some faults which further study of her own productions should remedy. It has an abruptness of movement that sometimes makes it hard and craggy“ (1). Stedman konstatierte ebenfalls, der Stil sei „sometimes crude and inarticulate“ (8), was zwar auch einen gewissen Reiz ausmache, doch in zukünftigen Werken verbessert werden könne.[33] Henry James bezeichnete *The Morgesons* in einer sehr negativen, damals unveröffentlichten Kritik von *Two Men* als „a long tedious record of incoherent dialogue between persons irresponsible in their sayings and doings even to the verge of insanity. Of narrative, of exposition, of statement, there was not a page in the book“ (*Literary Criticism* 614).

Die Figuren dieses Romans beeindruckten, wurden jedoch als ungewöhnlich abstoßend gesehen. Ripley schrieb: „They present the harsh, somber, unlovely features of character, which are repulsive enough in real life, with no attempt to relieve them by the softening graces of art“ (3). Der Rezensent von *Peterson's Magazine* war abgestoßen: „Nearly all the characters, to say the least, are unpleasing, and some are positively unnatural. We cannot regard the book, in any sense, as healthful in its influence“ (231). Im *Portland Transcript* war über *The Morgesons* zu lesen:

> An artistically written book, with life-like pictures of New England character and scenery, the true Yankee idiom, truthful local coloring, and a penetrative psychological insight, but materialistic in spirit, low in moral tone, and though deeply interesting, not on the whole a wholesome book. The heroine has no virtue save candor, and all the characters have a streak of eccentricity, oddity, or deviltry. There is not a lovable character in the book, unless it be poor Aunt Merce, and she is but half developed. (zit. nach Matlack 225).

Was den Rezensenten an Stoddards Text implizit auffällt, obwohl sie es nicht explizit positiv oder negativ als Unweiblichkeit bezeichnen, ist die Abweichung von dem, was vom Text einer Frau zu erwarten ist. Dies zeigt sich auch darin, daß sie gar nicht versuchen, den Roman als *woman's novel*, als Frauengeschichte zu etikettieren, obwohl die Konzentration auf eine Protagonistin und deren Entwicklung von der Kindheit bis zur Heirat einem in dieser Zeit von Frauen häufig benutzten Erzählmuster folgt.[34] Die beschreibenden Adjektive, die die Rezensenten wählen, gehören überwiegend nicht zum Wortfeld Weiblichkeit. Erst bei der Neuauflage des Romans 1889 bezeichnete Julian Hawthorne, der Sohn des Romanciers und ein guter Freund der Stoddards, das Buch als Ausdruck genuin weiblicher Natur. Sein Kommentar hat auffällige Anklänge an das ambivalente Lob seines Vaters für Fanny Fern. *The Morgesons*

> was one of the best novels ever written by a woman, and superior to all but a very few produced before or since by any American author. Some things in it – and some of the best things – *only a woman could have written.* Most women novelists try to write like men: Mrs. Stoddard writes like nobody else, and there is no aping of the masculine voice: yet the virility, austerity, and ... taciturnity of her style still less recall the conventional feminine tone (869; Hervorh. SO)

Die Rezensionen zum zweiten Roman, *Two Men*, ebenfalls ziemlich gemischt, wiederholen, was schon am ersten bemerkenswert schien. Stoddard sei originell, „imitating no previous author" (*New York Times*), das Buch sei „brutally crude" (Henry James) oder, wie William Dean Howells meinte, „very interesting" und „very curious" (537). Er hob den Stil hervor: „The style is exquisitely clear and sharp-cut" (538). Der Rezensent von *Two Men* im *Round Table* lobte die Individualität der Figuren, sah sich jedoch zu der Bemerkung veranlaßt: „[W]e think the characters unreal, or, at least, we never have met, and hope never to meet, such persons as figure in this book: they are all so cold and heartless". Der Fluchtpunkt der unterschiedlichen Einschätzungen ist immer noch die durch den Literaturdiskurs geformte Erwartung an Romane von Frauen, von der Stoddard abweicht. Dies wird stellenweise explizit, etwa wenn Howells als Auszeichnung formulierte:

> Two Men is one of the most original books written by an American woman; it is original in its goodness and in its badness; the author's faults ... like her merits, almost wholly her own, and not Miss Shepherd's, as in the works of Miss Prescott, nor Charlotte Brontë's, as in the works of Miss Hardinge [sic]." (537)

Als Grenzgängerin sah auch der Rezensent des *Round Table* Stoddard, in dem Matlack den Editor Charles Sweetser vermutet (vgl. 368), doch ging sie ihm entschieden zu weit für eine Frau:

> There remains one point to which we might not allude so pointedly were not the author a lady. We refer to the tone of the book as regards morality. ... when questions of morality are introduced, we have a right to claim better treatment of them than they receive in *Two Men*. Aside from the quiet ridicule cast upon Mrs. Rogers for her devotion to church matters, and the milksop characteristics attributed to the only clergyman who figures in the work, we wonder that Parke is allowed to ruin and indirectly kill a young girl without the slightest word of disapprobation, either by the author or by the characters of her creation. ... We had reason to expect something better than this from so gifted a writer – and a lady, besides. (148)

Stoddards dritter Roman, *Temple House*, produzierte wiederum ähnliche Reaktionen wie seine beiden Vorgänger. Immer noch wurde Stoddards Eigenständigkeit betont, sie imitiere niemanden. Das Ungewöhnliche an Stoddard brachte der Rezensent von *Putnam's Magazine* in einen direkten Zusammenhang mit ihrem Geschlecht: „We know of nothing in literature more remarkable than the strange accuracy, *for a woman*, with which she gives the technical talk of sailors, fishermen, stevedores, and retired sea-captains" (255; Hervor. SO). Im Vordergrund der kritischen Diskussion stand bei diesem Roman die Charakterdarstellung. *Putnam's Magazine* befand, Stoddards „characters are all strongly marked and vigorously drawn, like a charcoal cartoon; too roughly, perhaps, for popular appreciation" (255). Der *Round Table* lobte die Verfasserin von *Temple House*: „In the delineation of character lies the author's greatest strength", nur wenigen Autoren gelänge es, eine so große Zahl origineller Figuren zu schaffen, „and yet hope to pull them together in such perfect harmony as Mrs. Stoddard has succeeded in accomplishing".[35] Ripley bescheinigte Stoddard ein ganz eigenes Talent zur Darstellung von gänzlich unattraktiven Personen. „Her characters are not only destitute of the prestige of noble qualities and enchanting manners, but are singularly bare of the common elements of human interest". Andere würden solche Personen nicht unbedingt in den Vordergrund stellen, doch „Mrs. Stoddard never yields to a gentle weakness of this kind. ... she has neither sympathy nor pity for those who are frail enough to be repelled by the picture of coarseness and vulgarity". Ripleys Kritik war trotz allem wohlmeinend.[36] Ganz anders die des unbekannten Rezensenten der *Nation*, der seine vernichtende Kritik damit begann, daß er Stoddards Charaktere als Klischees konventioneller „female novelists" bezeichnete:

> The chief figure in „Temple House“ is Argus Gates, a man of the sort which female novelists, considered as intellectual beings, have been for a long time asking us to admire. Next is Sebastian Ford, a man of the sort which female novelists, considered as creatures of sentiment and poetic passion, depict as all but irresistible. Then we have John Carfield, who addresses himself to the animal side of female novelists.[37]

An dieser Kritik wird die Abwertung über die implizierte Zweitklassigkeit der Schriftstellerinnen evident – Frauen mangelt es an Originalität. Als Berufs- und Geschlechtsgenossin wird Stoddard deklassiert und den Geschlechtermachtverhältnissen unterworfen.

Die Rezensionen zu Stoddard, auch die der späteren Auflagen, verteilen sich über das ganze Spektrum von Anerkennung bis Ablehnung, wie es häufig der Fall ist. Es sollte deutlich geworden sein, daß auch in der Stoddard-Rezeption die Verknüpfung von Text und weiblicher Verfasserschaft als Bewertungskriterium von Bedeutung ist. Weiblichkeit wird bei Stoddard allerdings auch häufig ausgeblendet, weil sie sich nicht leicht in die diskursiven Konstrukte einordnet. Mit dem Verweis auf Stoddards Originalität umgehen manche Rezensenten das Problem.

Die Rezeption literarischer Texte spiegelt die Rede- und Verstehensgewohnheitsnotwendigkeiten einer Epoche. Geltende Diskurse können die Rezipienten nötigen, einen Text als subversiv aufzufassen oder ihnen dieses auch ersparen. Da die Sinnkonstitution literarischer Texte von den Textpartizipienten, also Verfasserinnen und Verfassern, Leserinnen und Lesern, geleistet wird, ändert sich unter gewandelten historischen und diskursiven Bedingungen auch der Sinn literarischer Werke. Das folgende Kapitel ist daher die exemplarische Wieder-Holung der Lektüre von Romanen zweier Schriftstellerinnen des 19. Jahrhunderts.

It will not do to mend our clothes and work muslin & read entertaining books and behave ourselves ‚ever so pretty' … we feel that we have capacities for something higher & next to the misery of undertaking what you cannot perform is the misery of not undertaking that which you ought to perform

Catharine Sedgwick an Eliza Cabot Follen, 14. Jan. [1824]

5. Die Frau als Andere und andere Frauen

In den vorausgegangenen Kapiteln habe ich argumentiert, daß amerikanische Schriftstellerinnen im 19. Jahrhundert in allen Bereichen des literarischen Feldes präsent waren, wenn auch nicht überall in gleichem Maße. Mein Ziel ist es deshalb nicht, ein besonderes weibliches Genre zu identifizieren, sondern die Funktion der Kategorie Geschlecht bei der Produktion und Rezeption von Literatur zu untersuchen. Ging es bisher um die Erarbeitung theoretischer, literarhistorischer und kulturhistorischer Kontexte, in denen Frauen und ihre Werke gesehen wurden und zu sehen sind, geht es in diesem Kapitel um die textbezogene Diskussion von Romanen, die auf unterschiedliche Weise vom Diskurs über weibliche Literatur geformt sind. Dies läßt sich mit guten Gründen an einer Vielzahl von Texten vornehmen, jedoch ziehe ich die exemplarische Analyse einzelner Texte einer Überblicksdarstellung vor, da sie den Vorteil bietet, konkreter werden zu können und zu müssen.

Die Diskussion von Werken von Catharine Sedgwick und Elizabeth Stoddard ist geeignet, unterschiedliche und konstante Momente des Literaturdiskurses einzufangen. Von Sedgwicks Romanen behandle ich *Hope Leslie* (1827), weil dieses Werk deutlich als weibliche Literatur gelesen wurde und insofern als Schwellentext bezeichnet werden kann. Von Stoddard ist *The Morgesons* (1862) der Roman, der thematisch am klarsten eine Frauengeschichte ist und dennoch nicht als solche rezipiert wurde. Beide Werke eignen sich gerade auch aufgrund der Tatsache, daß sie formal die beiden wichtigsten und zeitlich aufeinanderfolgenden Erzählarten der viktorianischen Epoche repräsentieren: *Hope Leslie* ist vorwiegend eine historische Romanze; *The Morgesons* ein weitgehend realistischer Roman. Im Zusammenhang mit dem Literatur- und Weiblichkeitsdiskurs gesehen, interessiert das in der zeitgenössischen Rezeption nicht Thematisierte; d.h. an *Hope Leslie* besonders das ikonoklastische Moment oder die Momente und Verfahren, mit denen Ambiguierung erreicht wird; *The Morgesons* interessiert dagegen als *woman's novel*. Diese Aspekte werden in den breiteren Rahmen der Erzählkonventionen der jeweiligen Entstehungszeit der Texte eingebunden.

Was ihre literarische Qualität angeht, befinden sich beide Texte auf dem künstlerischen Niveau ihrer Entstehungszeit; Sedgwick ist literarisch sicher so gut wie Cooper, der wie sie nicht ohne Schwächen ist. Der Qualitätsanstieg der amerikanischen Literatur um die Jahrhundertmitte zeigt sich auch an dem als Roman sehr gelungenen *The Morgesons*; als realistischer Roman ist dieser Text seiner Zeit partiell voraus. Als Kriterium für die Betrachtung von Literatur muß das der Qualität jedoch um das der Relevanz ergänzt werden; beide Werke sind relevant, weil ihre Fragestellungen im zeitgenössischen Kontext der Debatte um Weiblichkeit und Geschlechterverhältnis stehen und sich mit dem Selbstverständnis der viktorianischen Gesellschaft Amerikas auseinandersetzen.[1] Bis heute sind beide Autorinnen von der Literaturkritik noch nicht ihrer Bedeutung entsprechend gewürdigt worden.

„[H]istory, real solemn history, I cannot be interested in … the men all so good for nothing and hardly any women at all – it is very tiresome. And yet I often think it odd that it should be so dull, for a great deal of it must be invention“

Jane Austen, *Northanger Abbey* 123

„I met with a note in Herodotus, the most picturesque of historians, the other day that charmed me. The writer of the note says there is no mention whatever of Cyrus in the Persian history. If history then is mere fiction, why may we not read romances of our own choosing?“

Catharine Sedgwick, *The Linwoods* 64

5.1. Catharine Sedgwicks „Hope Leslie“

Der historische und der sentimentale Roman sind zwei Formen fiktionaler Präsentation, die im literarischen Diskurs zur Schreibzeit von *Hope Leslie* besonders geläufig waren. Beide haben institutionenstabilisierende Funktion: der historische Roman stützt die staatlichen Institutionen und die nationale Einheit, der sentimentale Roman die Institution der Ehe und Familie. Sedgwick verband traditionelle Elemente beider Genres in diesem Werk; einige allgemeine Bemerkungen zu diesen Genres stehen deshalb am Anfang dieses Kapitels. Der Text reflektiert mit diesen Formen sowohl die Konsensideologie als auch den Weiblichkeitsdiskurs der Epoche. In der Rezeption des 19. Jahrhunderts traten die staatstragenden Aspekte in den Vordergrund. Das erklärt das doppelt positive Echo, das *Hope Leslie* als nationale und als weibliche Literatur fand. In der Rezeption des 20. Jahrhunderts spiegeln sich die Wandlungen des literaturwissenschaftlichen Diskurses. An die Darstellung der Beurteilungen, die der Roman in unserem Jahrhundert gefunden hat, schließe ich eine ergänzende und weiterführende Interpretation von Hope Leslie an.

Sedgwick präsentiert ihr amerikanisches Material und Thema in der Form des historischen Romans, der durch Sir Walter Scotts *Waverley*-Romane in den

USA enorm populär geworden war. Anders als die sonstige Romanliteratur, deren moralisch-verderblicher Einfluß so gern kritisiert wurde, stand der historische Roman in hohem Ansehen. Im Hause der Familie Beecher durften Romane nicht gelesen werden, einzig Scott war erlaubt. Die Verehrung für den Schotten war beispiellos.[1] Für die Amerikaner hatte die schottische Nationalliteratur Modellcharakter, da sie sich trotz gleicher Muttersprache und vieler gemeinsamer Traditionen von England unabhängig gemacht und eine gewisse Eigenständigkeit erlangt hatte. Scotts historische Romane, erschienen seit 1814, wurden zum Vorbild für Autorinnen und Autoren, die in den USA in der ersten Hälfte des 19. Jahrhunderts in diesem Genre schrieben.

Das immer noch grundlegende Werk über die Entstehung dieser Untergattung ist die Studie von Georg Lukács, *Der historische Roman.* Ausgehend hiervon sind folgende Aspekte des Scottschen Romanwerks von besonderem Interesse. Scott setzt das veränderte Geschichtsbewußtsein seiner Epoche, der Romantik, literarisch um, indem er Mensch und Gesellschaft als Produkt historischen Wandels darstellt und diesen Wandel selbst zum eigentlichen Thema des Romans macht. Trotz abenteuerlicher Handlung sowie Typisierung und Idealisierung im Stil der *romance* sind seine Texte in weiten Teilen realistisch in der Schilderung von Figuren, Milieu und Details. Im Mittelpunkt der Darstellung stehen nicht die großen historischen Persönlichkeiten und ihre Sicht des Geschehens, sondern der „mittlere Held", der Durchschnittsmensch. Er wird zum Repräsentanten seiner Epoche, während die Führer zu Exponenten einer historischen Entwicklung werden. Aus der Sicht des Durchschnittsmenschen präsentiert, läßt Scott das Publikum die großen Strömungen einer Zeit und ihre führenden Vertreter quasi hautnah miterleben. Hierdurch und durch die Auswahl einprägsamer historischer Schauplätze und Augenblicke macht er Geschichte in bis dahin unbekannt dramatischer Weise mitempfindbar. Diesem Modell folgten Cooper ebenso wie Sedgwick in beträchtlichem Maße.

Mit der Darstellung von geschichtlichem Wandel eignete sich das Genre historischer Roman besonders zur Betrachtung der neuen sozialen Ordnung in Amerika. Konstruktion und Reflexion eines nationalen Selbstbildes wurde in Amerika von der Konsensideologie dominiert, wie sie Sacvan Bercovitch neuerdings ausführlich als Konsens über die Ausnahmestellung Amerikas und seine stete Verbesserbarkeit, als mythischen Glauben an den ständigen Fortschritt Amerikas und der Amerikaner beschrieben hat.[2] Während die anderen damals entstehenden Nationalstaaten zur Bildung nationaler Identität auf ihre historische oder mythische Vergangenheit zurückgriffen, war in Amerika die Rückschau auf die Vergangenheit immer verknüpft mit dem Blick auf die glorreiche Zukunft. Amerikanische historische Romane des frühen 19. Jahrhunderts stellen Geschichte aus der aktuellen Perspektive der Schreibgegenwart dar und beziehen sich auf sie. Sie sind geleitet von der Frage, „to what extent this social order had already fulfilled the promise of a new and superior stage of civilization associated with the idea of America from its very beginning", wie Fluck schreibt („Power and Failure" 8). Der Fortschritt als nationales Identitätsmerkmal erlaubt dabei die Verbindung von Kritik an den Unzulänglichkeiten der Vergangenheit mit der versöhnlichen Vision einer besseren Zukunft. Das Trauma der Massenvernichtung und Vertreibung der Ureinwohner konnte auf diese Weise dem nationalen Bewußtsein präsent gehalten werden, ohne einen nationalen Schuldkomplex zu erzeugen.

Der empfindsame oder sentimentale Roman, wie er in England im 18. Jahrhundert entstand, ist die zweite literarische Tradition, die Sedgwick für ihre Präsentation amerikanischer Geschichte nutzt.[3] Der Sentimentalismus als eine Form des Gefühlskultes des 18. Jahrhunderts war zunächst eine Gegenreaktion auf die Zweckrationalität der Aufklärung. Gegen das Gesellschaftsmodell des Rationalismus, das auf Kosten-Nutzen-Abwägungen fußte und den Erfolg des einzelnen trotz der oder gegen die Konkurrenz der anderen im Blick hatte, setzten die Sentimentalisten ein Modell der Gesellschaftsharmonie, das auf dem Ausgleich zwischen praktischer Vernunft und sozialen Gefühlen wie dem Mitgefühl für andere beruhte. Dieses Modell basierte auf der Annahme, daß der Mensch im Grunde gut sei, und daß das Gefühl eher als der Verstand geeignet sei, dieses Gute im Menschen und damit die Gemeinsamkeit menschlicher Interessen wirksam werden zu lassen. Diese Art des Sentimentalismus setzt das Vorhandensein eines allgemeinverbindlichen Sittenkodex voraus, dem der echt fühlende Mensch normalerweise folgt. Die emotionalen Fähigkeiten des Menschen sind damit zumindest ebenso wichtig wie die rationalen. Von daher ist einsichtig, daß dem sozialen Gefühl, dem Mitfühlen und dem Mitleiden, ein besonderer Stellenwert zukommt, denn aus solchem Mitgefühl kommt der Anstoß zum moralisch guten Handeln für andere. In *Hope Leslie* entspringen die guten Taten der Figuren im besonderen dieser Fähigkeit zum Mitgefühl. Der Roman nimmt jedoch auch typische Handlungsmuster dieser literarischen Gattung auf. Diese lassen sich beschreiben als Bedrohung der Unschuld, Bedrohung der wahren, nämlich zur Ehe führenden Liebe oder Bedrohung der bereits bestehenden Familie durch Schurken, eigene Schwächen oder durch äußere Einflüsse, seien es gesellschaftliche oder Naturereignisse. In *Hope Leslie* wird in der Nebenhandlung um Rosa und Sir Philip Gardiner die Geschichte der verlorenen Unschuld präsentiert und in den Nachstellungen dieses Herrn, denen Hope ausgesetzt ist, die der Bedrohung der Unschuld, im weiteren damit auch die Geschichte der bedrohten, wahren Liebe.

Sedgwick fügt sich jedoch nicht nur in diese literarischen Traditionen, sondern stellt ihre Grundaussagen in Frage, indem sie diese Schemata gleichsam gegeneinander aussagen läßt. Dies werde ich in meiner Interpretation des Textes ausführen. Zunächst jedoch ist zu erklären, warum die Zeitgenossen Sedgwicks Roman weitgehend unproblematisch rezipieren konnten und wie die literaturwissenschaftliche Rezeption im 20. Jahrhundert zu ihren anderen und kontroversen Auffassungen über *Hope Leslie* kam.

In ihrer konzeptuellen Schicht transportieren fiktionale Texte das diskursiv erzeugte Wissen ihrer Zeit in ähnlicher Weise wie es theoretische Text einer Epoche tun. Die Wichtigkeit, die den Frauenfiguren im sentimentalen Roman zukommt, läßt daher erwarten, daß der Weiblichkeitsdiskurs der Zeit in diesem Genre besonders deutlich zum Tragen kommt, ebenso wie die Vergangenheitsbewältigung im Sinne der dominanten Konstruktionen nationaler Identität ihren literarischen Ort im historischen Roman hat. Aufgrund der besonderen Verfahren, die der Literatur durch die Fiktionalität zur Verfügung stehen, sind poetische Texte über die Entfaltung dominanter Diskurse hinaus geeignet, diese auch zu dekonstruieren. Solange die epochenspezifische Version eines Diskurses noch Gültigkeit hat, der Diskurs also als wahr gilt, bleibt jedoch wahrscheinlich, daß die Rezipienten das ihnen Vertraute wahr- und zur Kenntnis nehmen, gerade wenn sie selbst in den Diskurs eingebunden sind, d.h. seine Aussagen ihnen „Wahrheit" sind. Die Infragestellung akzeptierter, also selbstverständlicher Wahrheiten ist verwirrend und wird deshalb tendenziell abgewehrt, üblicherweise mit Ausblendung und Verdrängung. Dies ist zwar nicht notwendig der Fall, doch im Sinne der Systemstabilität wahrscheinlich. Von hierher erklärt sich, daß ein Text von den Zeitgenossen als Bestätigung epochengültiger Auffassungen rezipiert werden kann und sein epochenkritisches Potential weniger ins Auge fällt. Aus der historischen Distanz dagegen, wenn sich die Diskurse und damit die geltenden Wahrheiten gewandelt haben, ist das diskurskritische Potential eher erkennbar, sofern es nicht durch die dann dominanten Diskurse verdeckt wird. Dies war lange durch den Alteritätsdiskurs, wie ich ihn in Kapitel 1.3. beschrieben habe, der Fall, demzufolge man von Frauen konventionelle Literatur zu gewärtigen hatte. Im 19. Jahrhundert wurde an Sedgwicks Text herangetragen, was man damals vom historischen Roman einerseits und vom Roman einer Frau anderseits erwartete bzw. erwarten konnte.

Von der Literatur von Frauen wurde vor allem Eindeutigkeit in moralischer Hinsicht verlangt, eine unzweideutige und christliche Moral, wie sie auch von der tugendhaften Frau gefordert wurde. Wie wir gesehen haben, handelte es sich hierbei um eine Übertragung der Normen des Weiblichkeitsdiskurses auf die Literatur. *Hope Leslie*[4] spielt zwar in der Kolonialzeit im Amerika des

17. Jahrhunderts, doch präsentiert der Text das bürgerliche Ideal der Frau und Mutter aus Sedgwicks eigener Epoche. Wir finden es in einer frühen Szene des Romans, in der Mrs. Fletcher, umgeben von ihren Kindern, die Heimkehr ihres Mannes William erwartet. Die Fletchers leben in Springfield, Massachusetts, an der damaligen Siedlungsgrenze, direkt am Rande der Wildnis. Mutter und Kinder gruppieren sich auf der Veranda vor dem Haus zum Familienidyll: die Mutter im Schaukelstuhl, die Kinder werden vom ältesten Sohn neben ihr arrangiert. Der freudigen Erwartung der Familie („All was joy in Mrs. Fletcher's dwelling" 60) korrespondiert die frühlingsfrohe Natur mit ihrer „spring-note of joy". „It was one of the most beautiful afternoons at the close of the month of May. The lagging spring had at last come forth in all her power; her ‚work of gladness' was finished, and forests, fields, and meadows were bright with renovated life" (61). Die Fruchtbarkeit dieses Ideals zeigt die Umgebung des Hauses:

> The grounds about Mrs. Fletcher's house had been prepared with the neatness of English taste; and a rich bed of clover that overspread the lawn immediately before the portico, already rewarded the industry of the cultivators. Over this delicate carpet, the domestic fowls, the first civilized inhabitants of the country, of their tribe, were now treading, picking their food here and there like dainty little epicures. (61)

Das hier dargestellte Ideal der Häuslichkeit als holder Friede, Fleiß und Eintracht durchdringt auch die unkultivierte Natur. Der Text fährt fort:

> The scene also had its minstrels, the birds, those ministers and worshippers of nature, were on the wing, filling the air with melody; while, like diligent little housewifes, they ransacked forest and field for materials for their housekeeping. (61)[5]

Der sich anschließende narrative Kommentar rundet das Bild ab: „A mother, encircled by healthful sporting children, is always a beautiful spectacle – a spectacle that appeals to nature in every human breast" (61). Sedgwicks Text zaubert buchstäblich ein Gemälde mit Worten; die Idylle wird den Lesern als Bild, nicht als Geschehen vorgeführt.[6] Passagen wie diese, die Weiblichkeit und Häuslichkeit naturieren und in sentimentaler Diktion zelebrieren, vermitteln Werte, die mit den Normen des Weiblichkeitsdiskurses übereinstimmen und die Rezeption des Textes als weibliche Literatur nachvollziehbar machen. Obwohl oder auch gerade weil diese Idylle im Roman durch einen Überfall der Indianer zerstört wird, bleibt sie Vorbild. Über die Gestaltung solcher Szenen hinaus nutzt der Text den Weiblichkeitsdiskurs seiner Entstehungszeit auch auf der symbolischen Ebene, insbesondere das positive Assoziationsfeld des diskursiven Konstrukts „Mutter", zur Gestaltung eines Handlungsprinzips der *kindness* und einer Ethik der Fürsorge für andere. Dies findet vorwiegend auf der symbolischen Ebene statt, da Mütter als handlungstragende Figuren im Text kaum eine Rolle spielen. Sedgwick favorisiert diese Ethik der Fürsorge sozusagen als moralischen Imperativ, unabhängig von biologischer Mutterschaft oder auch nur dem weiblichen Geschlecht.

Als historischer Roman thematisiert *Hope Leslie* amerikanische Geschichte und zwar auch im Sinne eines positiven nationalen Selbstverständnisses, indem der Text die Leistungen der Puritaner als Grundlage der neuen sozialen und moralischen Ordnung würdigt, die Amerika im Gegensatz zur Alten Welt zum Symbol der Hoffnung macht. Der Glaube an den Fortschritt der Zivilisation in sozialer und moralischer Hinsicht und an die besondere Auserwähltheit Amerikas, wie ihn die Rising Glory-Gedichte der frühen amerikanischen Literatur illustrieren, spricht aus Passagen wie den folgenden:

> The character of man, and the institutions of society, are yet very far from their possible and destined perfection. Still, how far is the present age in advance of that which drove reformers to a dreary wilderness! – of that which hanged quakers! – of that which condemned to death, as witches, innocent, unoffending old women! But is is unnecessary to heighten the glory of our risen day by comparing it with the preceding twilight. (16)

Doch selbst ihre Verirrungen können die positiven Leistungen der Puritaner nicht abwerten. Ihre Nachfahren im 19. Jahrhundert verdanken ihnen ihre Errungenschaften:

> In the quiet possession of the blessings transmitted, we are, perhaps, in danger of forgetting, or undervaluing the sufferings by which they were obtained. We forget that the noble pilgrims lived and endured for us – that when they came to the wilderness, they said truly, though it may be somewhat quaintly, that they turned their backs on Egypt – they did virtually renounce all dependence on earthly supports – they left the land of their birth – of their homes – of their fathers' sepulchres – they sacrificed ease and preferment, and all the delights of sense – and for what? – to open for themselves an earthly paradise? – to dress their bowers of pleasure and rejoice with their wives and children? No – they came not for themselves – they lived not to themselves. An exiled and suffering people, they came forth in the dignity of the chosen servants of the Lord, to open the forests to the sun-beam, and to the light of the Sun of Righteousness – to restore man – man oppressed and trampled on by his fellow; to religious and civil liberty, and equal rights – to replace the creatures of God on their natural level – to bring down the

> hills, and make smooth the rough places, which the pride and cruelty of man had wrought on the fair creation of the Father of all.
> What was their reward? Fortune? – distinctions? – the sweet charities of home? No – but their feet were planted on the mount of vision, and they saw, with sublime joy, a multitude of people where the solitary savage roamed the forest – the forest vanished, and pleasant villages and busy cities appeared – the tangled foot-path expanded to the thronged high-way – the consecrated church planted on the rock of heathen sacrifice.
> And that we might realize this vision – enter into this promised land of faith – they endured hardship, and braved death (73)

Daß die Puritaner, wie sie hier dargestellt sind, sich eben nicht die Belohnungen der bürgerlichen Welt des 19. Jahrhunderts, die „sweet charities of home", gönnten, kontrastiert mit der zitierten häuslichen Idylle, die dadurch um so prophetischer wird. Gegenwartsbezug und Zukunftsausblick dieser Passage entsprechen dem nationalen Diskurs des 19. Jahrhunderts, der die amerikanische Geschichte als eine Entwicklung zum Guten legitimierte. Soweit die Rezeption, wie sie in Zeitschriften der Zeit nachlesbar ist, ein Indiz für die öffentliche Meinung sein kann, wurde Sedgwick von ihrem amerikanischen Publikum in diesem Sinne gelesen.[7] Sie selbst erklärt in einem Brief an den Schweizer Historiker Sismondi, daß sie eine positive Würdigung der Vorfahren beabsichtigt habe. Interessanterweise war Sismondis Leseeindruck ein anderer. Zwar ist sein Kommentar zu *Hope Leslie* nicht erhalten, doch ist er erschließbar, denn Sedgwicks Antwort ist eine Richtigstellung, zugleich aber wiederholt sie ihre Kritik an den Puritanern:

> The notice you have bestowed on ‚Hope Leslie' has made me anxious to redeem a fault I have unintentionally committed in so delineating the Pilgrims as to degrade them in your estimation. I meant to touch their characters with filial reverence. Their bigotry, their superstition, and, above all, their intolerance, were too apparent on the page of history to be forgotten. But these were the vices of their age, and they were only partially disengaged from the chains that bound their contemporaries. They deserved, in a good degree, the opinion you have entertained of them. (15. März 1828. Anzilotti 61-62)

Die Kritik an den Vorfahren, die Sismondi in dem Roman gesehen hatte, und die Sedgwick in ihrem Brief noch einmal formuliert, ist ein Aspekt, der in der Rezeption des späteren 20. Jahrhunderts eine starke Rolle spielt.

Für die wissenschaftliche Rezeption von *Hope Leslie* im 20. Jahrhundert sind die Darstellung von Weiblichkeit und Historie ebenfalls die wichtigsten Fragestellungen. Diese Rezeption ist gezeichnet vom Alteritätsdiskurs, wie ich ihn im

Kapitel 1.3. beschrieben habe. Der Roman wird häufig in literarhistorischen Werken gestreift, doch ist die Zahl der ausführlicheren Diskussionen überschaubar.[8] Wie nicht anders zu erwarten, reichen die Bewertungen zu jedem Zeitpunkt über das gesamte Spektrum. Wofür Sedgwick gelobt oder getadelt wird, ist nicht zuletzt abhängig vom Verhältnis der Kommentatoren und Kommentatorinnen zur Kategorie Weiblichkeit; wenn Weiblichkeit und Sentimentalität pejorativ verknüpft sind, wird dies zur Abwertung des Romans verwendet. Es lassen sich drei Phasen in der Rezeption unterscheiden. Die erste reicht von den 1930er Jahren bis in die 1970er Jahre. Danach entsteht eine Lücke von gut 10 Jahren. Ich zähle dieses Schweigen als zweite Phase; eine Null-Phase, da das Nicht-Thematisieren ebenfalls zum Diskurs gehört. Erst 1985 und mit der Einbeziehung feministischer Fragestellungen lebt das kritische Interesse an diesem Roman wieder auf, der nun von manchen auch als deutlich subversiv gesehen wird.

Unter den früheren Kommentaren sind die von Mary Welsh, Michael Bell und Edward Foster erwähnenswert. Mary Welsh, die 1937 eine Dissertation über Sedgwicks Werke verfaßte, findet die Frauengestalten im gesamten Romanwerk „exceedingly well-drawn" (31). Wie alle ihre Romane sei auch Hope Leslie „decidedly romantic. The author has used material that is historical and has treated it idealistically" (26). Welsh, die zu einem positiven Gesamturteil kommt, präsentiert Sedgwick als gute, gelegentlich innovative Autorin, mit einer Neigung zu Didaxe und Idealismus. In Michael Davitt Bells Einschätzung kommt *Hope Leslie* schlechter weg. Er sieht den Wert des Romans, der für ihn nur noch historisches Interesse hat, einzig im hohen Grad seiner Konventionalität. Konventionell sei die vermittelte Vorstellung von Geschichte als Fortschritt und ebenso konventionell die Vermittlung dieser Auffassung über ein Heiratsplot, „in which historical progress becomes identified with the romantic attachment of hero and heroine" (214). Bell lehnt sich dabei an David Levin an, der diese Geschichtsauffassung als eine Bewegung vom Artifiziellen zum Natürlichen beschreibt. Die Charaktere erscheinen Bell ebenfalls als Verkörperungen von Tugenden und Lastern: die Titelheldin liest er als Symbol für amerikanische Freiheit und Fortschritt, sie steht für die sanfte Natur, ihre Freundin Esther personifiziert puritanische Artifizialität; die Indianerin Magawisca verkörpert die Gefahren der wilden Natur und ist außerdem die „dunkle Heldin" der traditionellen *romance*, Konkurrentin von Hope um die Liebe des Helden. Sir Philip Gardiner repräsentiert europäische Verderbtheit. In Bells Urteil ist Sedgwicks symbolisches Anliegen „essentially simple" (219). „She is defining American progress, the American ‚natural', as against wild nature, European tyranny and Puritan artificiality" (219). Bells Umgang mit dem Text ordnet die literarische Welt im Sinne des Alteritätsdiskurses in konventionell schreibende Frauen und originell schreibende Männer, letztere lesenswert, erstere als Negativbeispiele von Bedeutung. Eine solche reduktionistische Lesart von *Hope Leslie* ist typisch für die Präsentation des Textes in literarhistorischen Werken. So widmet Richard Slotkins *Regeneration Trough Violence* (1973) *Hope Leslie* vier Seiten mit fehlerhafter Inhaltsangabe (451-454). Slotkins Darstellung zielt ebenfalls darauf, den Roman als konventionelles Beispiel neuenglischer Frontierliteratur zu präsentieren.

Edward Foster sieht Sedgwick zwar wohlwollend, doch wegen ihrer geringeren Themenvielfalt deutlich nach Cooper rangierend. Wertvoll scheint sie ihm als Regionalistin, die lange vor einer substantiellen Regionalliteratur Geschichte und Gebräuche Neuenglands porträtierte, und wegen ihrer überzeugenden Frauenfiguren (*Catharine Maria Sedgwick* 141). In seinem Vorwort zu *Hope Leslie* weist Foster auf den Bezug des Romans zu seiner Enstehungszeit hin. Die Titelheldin, „one of the most convincing women in American fiction before the Civil War", sei „an individual of the 1820's living in the surroundings of the seventeenth century" (viii), die indianische Heldin Magawisca eine romantische, edle Wilde (ix). Foster hebt die Zweischichtigkeit des Romans als *novel of manners* und *historical novel hervor* (viii). Die gesamte erste Rezeptionsphase zeichnet sich dadurch aus, daß der Text nicht als komplex gesehen wird. Keiner der Interpreten kommentiert beispielsweise das auffällige Wortspiel des Titels, die Homophonie von „Hope Leslie" und „hopelessly", die zu einer Interpretation des Romans als unproblematischer Vermittlung einer Ideologie historischen Fortschritts doch zumindest in einiger Spannung steht.

Daß der Alteritätsdiskurs die Literatur von Frauen nicht nur konventionalisierte, sondern letztlich zu ihrem Verschwinden aus der literaturwissenschaftlichen Diskussion führte, spiegelt die zweite Phase der Sedgwick-Rezeption, in der *Hope Leslie* auch als literarisch unoriginielles Werk nicht mehr diskussionswürdig war; der Text wurde weitgehend mit Stillschweigen übergangen und geriet in Vergessenheit. Aus dieser diskursiven Versenkung konnte der Roman wieder auftauchen, weil mit der Genese und Etablierung einer feministischen Literaturwissenschaft das Interesse an Texten von Frauen neu erwachte und eine Welle der Lektüre von Werken von Frauen einsetzte. Da der Alteritätsdiskurs dafür gesorgt hatte, daß die Texte von Frauen, mit Ausnahme der kanonischen Ausnahmefrauen, insgesamt als minderwertig galten, war die erneute kritische Begegnung mit diesen Texten nicht mehr durch die Unterscheidung in gute und schlechte Texte präformiert – alle diese Texte befanden sich außerhalb des dominanten kritischen Diskurses, und ihre Relevanz mußte neu etabliert werden. Dieser Prozeß dauert noch an.

Die dritte Phase der Rezeption reflektiert daher die Entwicklung des literaturwissenschaftlichen Diskurses, in dem nunmehr die Rolle der Frauen mit gewandelter Aufmerksamkeit betrachtet wird. Der Alteritätsdiskurs ist damit jedoch nicht einfach außer Kraft gesetzt. Lawrence Buell präsentiert in seiner 1986 erschienen Studie *New England Literary Culture* eine Variante davon, wenn er *Hope Leslie* überhaupt nicht als historischen Roman sieht, sondern nur als Melodrama. Der Text gehört für ihn zu der Klasse von „romances that do little more, by way of touching base with history, than invoke the Puritan era as a symbolic backdrop against which to lay out a melodrama, pitting individual against society, that belongs to no particular realm of time except the realm of romance" (242).

Eine ernsthaftere Auseinandersetzung mit dem Text begann 1985 mit dem Aufsatz von Suzanne Gossett und Barbara Ann Bardes, „Women and Political Power in the Republic". Die Autorinnen analysieren Sarah Josepha Hales Roman *Northwood* und *Hope Leslie*, die beide 1827 erschienen sind. *Hope Leslie* sehen sie als Bestätigung der zur Schreibzeit herrschenden politischen Kultur, „characterized by shared beliefs such as political egalitarianism and confidence in the nation's destiny" (14). Auch Sedgwick hat Anteil an der damals verbreiteten Bewegung der Restauration republikanischer Tugenden, das Besondere an ihrer Version ist jedoch, daß sie den für sie höchsten Wert individueller Freiheit durch ihre Frauenfiguren ausdrückt. „Sedgwick chooses to emphasize individual judgment and personal liberty rather than the common good" (15). An ihren Frauenfiguren illustriert sie die Spannung zwischen Individuum und Gesellschaft; in der Darstellung der Familie bleibt sie allerdings gänzlich orthodox. Gossett/Bardes machen als implizites Thema von *Hope Leslie* „civil disobedience" aus, zu der Frauen aufgrund ihrer Machtlosigkeit im politischen System genötigt sind (21).

Sandra Zagarell kommt in ihrem Artikel „Expanding ‚America'", in dem sie Hope Leslie mit Lydia Sigourneys *Sketch of Connecticut* (1824) vergleicht, zu weitgehend gegensätzlichen Schlüssen. Ihrer Auffassung nach stellt der Roman die amerikanische Geschichte nicht als Fortschritt dar:

> *Hope Leslie* refuses to see history as a matter of progress or regression; in fact, it pays little attention to the movement of history at all. Its interest is in problematizing the Puritan founders' beliefs and policies. In particular, it elucidates the attitudes towards white women as the domestic analogy of their view of Indians. (236)

Auch Zagarell verweist auf den hohen Stellenwert, den der Text dem Konzept Freiheit einräumt; sie argumentiert allerdings, der Roman definiere Freiheit aus der Perspektive einer Frau, die das Gemeinwohl mit einschließe: „It is not the capacity for individual development, which canonical literature such as Emerson's ‚Self-Reliance' would enshrine, but the commitment to principled action on behalf of others who are, like oneself, enchained" (238).

Die ausgewogenste Interpretation des Werks ist Mary Kelleys Einleitung zum Reprint des Romans von 1987. Kelley konstatiert zwei thematische Anliegen des Textes: Die Unterwerfung der einheimischen Bevölkerung durch die Puritaner und die Darstellung einer Liebesgeschichte zwischen Puritanern. Durch die Verknüpfung der Liebeshandlung mit der Erzählung der Vertreibung von Indianern entsteht eine Struktur, die es der Autorin erlaubt, sowohl den nationalen als auch den weiblichen Charakter zu untersuchen (xxi). Kelley kommentiert Sedgwicks Gebrauch historischer Quellen sowie ihren Umgang mit der Historie und geht auf die Verschiedenheiten und Gemeinsamkeiten der Frauenfiguren ein.

Christopher Castiglias Auslegung „In Praise of Extra-Vagant Women" hebt an *Hope Leslie* die Subversion rassistischer und misogyner Stereotypen der traditionellen Frontiermythologie hervor, wie sie bei Cooper entwickelt wird; darüber hinaus unterminiert der Roman jedoch auch allgemeinere Definitionen von Weiblichkeit. „Using a ‚domestic' perspective to render Cooper's wilderness more humane, Sedgwick also deploys the frontier romance to dismantle many of the assumptions of domestic literature, bringing the wilderness – and American history – into the home" (4). In Castiglias Deutung wird der Text vorwiegend modern und vor allem subversiv. Seine Überlegungen sind häufig anregend, aber auch historisch und literarhistorisch ungenau; gelegentlich paßt er den Text seiner Interpretation an. Interessant ist Dana Nelsons „Sympathy as Strategy in Sedgwick's *Hope Leslie*", das bei der sentimentalen Erzählstrategie des Textes ansetzt. Der Umgang mit Gefühlen und Appellen an die Lesersympathie ziele auf die Vermittlung einer alternativen Gesellschaftsvision und relativiere die kulturelle Überlegenheit der Puritaner gegenüber den Indianern. Nelson sieht bei Sedgwick eine eindeutig historisch-kritische Intention, die allerdings nicht durchgehalten werde. „The ‚garden' in *Hope Leslie* is not simply a domestic space, but a political and moral space which provides proof of the superiority of, and justification for, the dominance of the Anglo-Americans" (202). Carol Singley sieht den Roman als radikale Frontierromanze, die die repressive Härte der Puritaner gegenüber Indianern und Frauen kritisiert.[9] Ihrer Meinung nach wird das Heim in diesem Roman nicht glorifiziert: „Home … is not a comforting haven, … but a precarious site of danger" („Catharine Maria Sedgwick" 46), und die präsentierte Frontiermythologie sei nicht die des domestizierten Gartens (50).

In den Interpretationen der letzten Jahre erhält Sedgwicks Roman oft eine ausschließlich gesellschaftskritische Färbung. Diese Lesarten sind partiell ebenso reduktionistisch wie jene, die das Werk vor allem als konventionell gesellschaftstragend sehen. In beiden Fällen geht das Strukturprinzip des Romans verloren: die Entfaltung verschiedener Diskurse und ihrer Positionen, ihre Reibung und der dabei entstehende Verlust, ohne daß einer der Diskurse völlig dekonstruiert oder Ausgleich, Harmonisierung zwischen ihnen erzielt würde.

Das Gegeneinanderstellen von Positionen findet bereits im Vorwort des Romans statt. Dort thematisiert Sedgwick die Überlegung, daß Wahrheit, Recht und Moral in der historischen Auseinandersetzung der Puritaner mit den amerikanischen Ureinwohnern nicht einfach einer Seite zugeordnet werden können. Über die Puritaner heißt es:

> The first settlers of New-England were not illiterate, but learned and industrious men. They seem to have understood the importance of their station. The Massachusetts colony, and some other establishments sparsely scattered on the coast, were illuminated spots, clear and bright lights, set on the borders of a dark and turbulent wilderness. Those who have not paid much attention to the history or the character of these early settlements, if they choose to turn their attention to this interesting subject, will be surprised to find how clear, copious, and authentic are the accounts which our ancestors left behind them. (5)

Diese positive Würdigung der Puritaner, denen sich die Erzählinstanz samt ihren Lesern durch das vertrauliche „*unsere* Vorfahren" naherückt,[10] wird im folgenden durch den expliziten Hinweis auf die interessen- und standortgebundene Einseitigkeit der Indianerdarstellung in den puritanischen Quellen qualifiziert:

> The Indians of North America are, perhaps, the only race of men of whom it may be said, that though conquered, they were never enslaved. They could not submit, and live. When made captives, they courted death, and exulted in torture. These traits of their character will be viewed by an impartial observer, in a light very different from that in which they were regarded by our ancestors. In our histories, it was perhaps natural that they should be represented as „surly dogs," who preferred to die rather than live, from no other motives than a stupid or malignant obstinacy. Their own historians or poets, if they had such, would as naturally, and with more justice, have extolled their high-souled courage and patriotism. (6)

Die moralische Bewertung der Indianer durch die Puritaner kann von einem unvoreingenommenen Beobachter, wie es heißt, nicht geteilt werden. Damit aber ist auch die Rechtfertigung ihrer Unterwerfung und Vernichtung fragwürdig. Die hohen Tugenden, die den Ureinwohnern zuerkannt werden, stellen die traditionelle Hierarchisierung von Wilden und Zivilisierten, recht eigentlich sogar die Differenz zwischen ihnen, in Frage.

> The liberal philanthropist will not be offended by a representation which supposes that the elements of virtue and intellect are not withheld from any branch of the human family; and the enlightened and accurate observer of human nature, will admit that the difference of character among the various races of the earth, arises mainly from difference of condition. (6)

Sedgwick versucht jedoch, die Indianer nicht nur als Spezies, sondern auch als Individuen in die Geschichte einzuschreiben. In einer Reihe von Anmerkungen zum Text belegt die Autorin mit Quellenzitaten, daß ihre Indianerdarstellung der Wirklichkeit entspricht. Ausdrücklich wird zudem die indianische Heldin Magawisca verteidigt als eine Person, die tatsächlich hätte existieren können.[11]

Die Erzählinstanz komplimentiert die Leserinnen und Leser in die Rolle von gerechten und unvoreingenommenen Betrachtern. Was sie zu sehen bekommen, erklärt der erste Absatz des Vorwortes:

> The following volumes are not offered to the public as being in any degree an historical narrative, or a relation of real events. Real characters and real events are, however, alluded to; and this course, if not strictly necessary, was found very convenient in the execution of the author's design, which was to illustrate not the history, but the character of the times. (5)[12]

Mit der Verlagerung der Darstellung von „history" auf „character of the times" kommt, so jedenfalls läßt es sich interpretieren, eine moralische Kategorie ins Spiel. Als Amerikaner des 19. Jahrhunderts kennen die Lesenden ja den Fortgang der Geschichte, stehen selbst an einem Endpunkt. Was ihnen zur Beurteilung nahegelegt wird, ist die Frage der historischen Gerechtigkeit. Damit trifft auf Sedgwicks Roman strukturell zu, was Heinz Ickstadt für Coopers Lederstrumpf-Zyklus behauptet: Daß die Romane nämlich einem Gerichtsverfahren ähnelten, „where the claimants argue their case and justice is spoken in accordance with the highest law – that is, the law sanctioned by the upward movement of history" (20), nur mit dem Unterschied, daß die Rechtmäßigkeit des Gesetzes nicht eindeutig ist. Liegt hierin nun die Hoffnungslosigkeit des Titels?

Hope Leslie wiederholt das Prinzip des Gerichtsverfahrens jedoch nicht nur strukturell, sondern auch als Handlungselement; insgesamt dreimal sitzen Puritaner über Indianer, bzw. Indianer über Puritaner zu Gericht. In jedem Fall wird Recht gesprochen nach den Rechtsprinzipien der jeweiligen Gruppe (und immer sind es Todesurteile), aber die Vollstreckung des Urteils wird verhindert, womit dem Rechtsempfinden der Lesenden entsprochen wird. Also doch kein

Grund zur Hoffnungslosigkeit? Betrachten wir zunächst den Fall, den Sedgwick präsentiert.

Zum Inhalt: Der Roman beginnt in England, wo der junge Puritaner William Fletcher seine geliebte Cousine Alice nicht heiraten darf, weil er seinem puritanischen Glauben nicht abschwören will. Alice wird von ihrem Vater mit Charles Leslie verheiratet, aus dieser Ehe stammen zwei Töchter, Alice und Mary. Fletcher geht 1630 mit Winthrop nach Amerika. Er hat inzwischen die brave Puritanerin Martha geheiratet. Die Familie siedelt am Rande von Springfield, Massachusetts, an der Siedlungsgrenze. Fletcher übernimmt die Vormundschaft für die beiden Töchter seiner Cousine und Jugendliebe Alice Leslie, die nach dem Tod ihres Mannes nach Amerika übersiedeln will, aber auf der Überfahrt stirbt. Alice und Mary werden auf die puritanischen Namen Hope und Faith umgetauft. Während Faith mit Begleitung schon nach Springfield vorausgeschickt wird, werden Fletcher und Hope aus Krankheitsgründen mehrere Monate in Boston aufgehalten.

In den Haushalt der Fletchers in Springfield kommen zu dieser Zeit als Dienstboten Magawisca und Oneco, Kinder des Pequod-Häuptlings Mononotto, die gefangengenommen wurden als die Kolonisten den Stamm der Pequods in einem Massaker weitgehend vernichteten. Magawisca und Fletchers 16-jähriger Sohn Everell sind bald unzertrennlich, ebenso Faith und Oneco. Während die Familie die Ankunft von Fletcher und Hope erwartet, überfallen Indianer das Haus, angeführt von Mononotto, der seine Kinder zu sich holen und sich an den Weißen rächen will. Sie töten Mrs. Fletcher mit all ihren Kindern bis auf Everell und Faith, die sie mitnehmen. Everell soll als Sühneopfer für Mononottos von den Kolonisten ermordeten Sohn sterben. Magawisca ist hin- und hergerissen zwischen ihren Liebes- und Loyalitätsgefühlen für Everell und die Familie Fletcher einerseits und für ihren Vater und Stamm anderseits. Sie rettet Everell das Leben, indem sie sich dazwischenwirft, als der Tomahawk auf Everell niedersaust; Mononotto hackt so der eigenen Tochter den Arm ab. Auf Magawiscas Aufforderung flieht Everell; niemand hält ihn auf, da seine Rettung als Tat einer höheren Macht gesehen wird.

Die Handlung wird sieben Jahre später fortgesetzt. Everell weilt zum Studium in England und wird von seiner Ziehschwester Hope brieflich über die Ereignisse daheim unterrichtet. Jetzt erst tritt Hope als die Haupakteurin, als Titelheldin, im Text auf. Sie ist eine ausgesprochen selbständig denkende und handelnde junge Frau, die nur ihrem guten Herzen folgt und sich auch über Entscheidungen des Magistrats hinwegsetzt, wenn sie diese für Unrecht hält. So befreit sie die wegen Hexerei zum Tode verurteilte Indianerin Nelema aus der Haft. Dankbar verspricht Nelema, Hope zu einem Wiedersehen mit ihrer Schwester Faith zu verhelfen. Hopes Eigenwilligkeit mißfällt Gouverneur

Winthrop; er nimmt sie unter seine Fittiche in seine Familie nach Boston, wo sie Demut und Gehorsam gegenüber der Obrigkeit lernen soll, wie sie mustergültig die Nichte des Gouverneurs, Esther Downing, vorlebt, die bald Hopes engste Freundin wird.

Als Everell aus England zurückkehrt, wird Hope vorschnell zum Werkzeug von Winthrops Plänen, indem sie die Verlobung von Esther und Everell arrangiert, obwohl dieser eigentlich sie liebt und Hope sich ihrer Liebe zu ihm zu spät bewußt wird. Ihr selbst stellt Sir Philip Gardiner nach, der seiner Geliebten, Rosa, die er als Pagen verkleidet mit nach Amerika genommen hatte, inzwischen überdrüssig ist. In Amerika mimt der aristokratische Lebemann Gardiner den frommen Puritaner und erschleicht sich das Vertrauen von Gouverneur Winthrop; dabei ist er insgeheim Katholik und damit politischer und religiöser Gegner. Mit Hilfe Magawiscas kommt ein heimliches Treffen von Hope mit ihrer Schwester Faith zustande, die mittlerweile Onecos Frau geworden ist. Hope versucht vergeblich, ihre Schwester zur Rückkehr in die Zivilisation zu überreden; Faith ist äußerlich und innerlich Indianerin geworden. Durch Gardiners Intrige wird das Treffen verraten. Faith und Magawisca werden gefangengenommen; Hope wird von dem wartenden Oneco als Geisel genommen, doch kann sie ihm wenig später entfliehen. Magawisca stellt man als Anstifterin einer indianischen Verschwörung gegen die Kolonie vor Gericht. Hope verhilft ihr, unterstützt von Everell, zur Flucht. Faith wird von Oneco befreit. Die indianischen Figuren verschwinden in den Wäldern des Westens. Hope entgeht dank einer Verwechslung einem Entführungsplan Gardiners, der sie mit dem Schiff nach England verschleppen will. Das Schiff wird samt Gardiner und Besatzung von Rosa in die Luft gesprengt. Als schließlich noch Esther Downing die Verlobung mit Everell löst, weil sie einsieht, daß Everell und Hope sich lieben, steht der Heirat der Heldin mit dem Helden nichts mehr im Wege. Doch nicht das Heirats-Happy-End beschließt den Roman, sondern das Happy-End der Geschichte Esthers, die unverheiratet bleibt. „She illustrated a truth, which, if more generally received by her sex, might save a vast deal of misery: that marriage is not *essential* to the contentment, the dignity, or the happiness of woman“ (349-350; Hervorh. im Orig.).

Aus dieser Zusammenfassung wird bereits ersichtlich, daß Sedgwick Konventionen des historischen Romans und des sentimentalen Romans verwendet. Die jeweiligen genrespezifischen Verfahren werden in *Hope Leslie* jedoch genutzt, um in einer Vielzahl von Wiederholungen, Brechungen und Echos eine Analyse der symbolischen Ordnung zu leisten. In der Friktion von Genreerwartung und Genrerealisierung wird der Fortschrittsglaube des amerikanischen historischen Romans mit den Elementen des sentimentalen Romans unterminiert; der sentimentale Roman wiederum wird auf zweifache Weise gebrochen: einerseits durch die Alteritätsthematik des historischen Romans, das Aufeinandertreffen von Weißen und Indianern, indem die ethnozentrische Perspektive der Heldin problematisiert wird, anderseits durch die Namenssymbolik. Doch auch innerhalb der Genres entsteht Reibung zwischen Genreerwartung und Genrerealisierung. Typische Figuren und Handlungen werden genutzt und durch Abweichungen vom Muster durchbrochen; Muster und Inversionen ergeben ein Wechselspiel von Bestätigungen und Infragestellungen. Meine Interpretation des Romans verfolgt zunächst traditionelle Elemente der beiden Genres und ihre Umkehrungen sowie die auffällige Namensgebung. Am Beispiel des Umgangs mit Natur läßt sich sodann die Weiterung der Problematisierungen zeigen, die ich anschließend ausführlicher an der interkulturellen und intrakulturellen Alteritätsthematik, dem Umgang mit dem Anderen, diskutiere.

Wie im historischen Roman Scottscher Prägung läßt Sedgwick in *Hope Leslie* berühmte historische Persönlichkeiten auftreten: Gouverneur John Winthrop und seine Frau Margaret, William Pynchon, den Indianermissionar John Eliot, den Pequod-Häuptling Mononotto und Sir Philip Gardiner, der sich an die historische Person des skandalumwitterten Sir Christopher Gardiner anlehnt. Der zum Katholizismus konvertierte Protestant mit seinem Titel zweifelhaften Ursprungs kam 1630 mit seiner Geliebten Mary Groves, die er als seine Cousine ausgab, in die amerikanischen Kolonien.[13] Diese schillernde Figur eignete sich gut, um auch als aristokratischer Bösewicht des sentimentalen Romans zu fungieren, als der er in *Hope Leslie* ebenfalls auftritt. Während der historische Gardiner nach England zurückkehrte, und Mary Groves in Amerika heiratete und dort blieb, schreibt Sedgwick Gardiner und seiner bei ihr Rosa genannten Geliebten einen gewaltsamen Tod zu und folgt damit den Mustern, die die Literatur der Zeit für gefallene Frauen bereithielt, allerdings mit einer signifikanten Umkehrung. Rosa, obwohl weitgehend die stereotype verführte Unschuld des sentimentalen Romans, verharrt nicht in der traditionellen Opferrolle, die dieses Genre für sie bereitstellt. Nach dessen Konventionen bliebe für sie wie für Charlotte Temple in einem der populärsten Romane des 18. Jahrhunderts nur der Tod. Rosa kommt zwar um, aber sie wird vom Opfer zur Rächerin, indem sie ihren Verführer tötet und zur Retterin, wenn sie sich opfert, um eine andere vor seinem Zugriff zu bewahren.[14]

Rollen und Funktionen, die genretypisch sind, werden in *Hope Leslie* häufig variiert. Der jugendliche Held des historischen Romans existiert zwar in der Person von Everell Fletcher, doch übt er seine konventionelle Funktion als Handlungsträger nicht aus; diese Rolle übernehmen die weiblichen Hauptfiguren.[15] Die zentrale Bedeutung der Frauengestalten ist wiederum Merkmal des sentimentalen Romans, dessen Konvention ebenfalls mehrfach gebrochen wird: die geläufige Doppelung in eine helle und eine dunkle Heldin wird hier auf fünf Frauen ausgeweitet. Hope, Faith, Magawisca, Esther und Rosa werden jedoch nicht nur kontrastiert, sondern positiv miteinander verbunden, worauf ich später am Beispiel der Verwendung der Schwesternmetapher eingehen werde. Nicht nur die Heldin Hope wird als Ausnahmefrau idealisiert, deren Verstöße gegen die Ordnung moralisch gerechtfertigt werden, sondern alle fünf jungen Frauen sind auf ihre Weisen Rebellinnen für die moralisch gute Sache; sie komplementieren einander und stellen damit das Schema der einen, literaturwürdigen Ausnahme in Frage.[16] Die Liebeshandlung, Bestandteil beider Romanformen, wird zwar bestätigt, insofern Hope und Everell schließlich heiraten dürfen, doch zugleich auch unterlaufen, weil der Roman mit einer expliziten Absage an die Ehe endet, die an Deutlichkeit nichts zu wünschen übrig läßt: „marriage is not *essential* to the contentment, the dignity, or the happiness of woman" (350; Hervorh. im Orig.).

Rollenumkehrungen und -vertauschungen sind auch häufiges Handlungselement: wenn mit Gardiner der Schurke zwar dem amerikanischen Negativ-Stereotyp des Katholiken entspricht, der die Reformation und damit den Fortschritt der weltlichen und religiösen Geschichte verrät, dann aber ein weiterer Katholik, der Italiener Antonio, die Heldin Hope aus höchster Not rettet und später den Entführungsplan seiner Kumpane verrrät. Die Scheinidentitäten wechseln über die Kultur- und Geschlechtsgrenzen hinweg, wenn sich Oneco als Matrose verkleidet, um seine Frau zu befreien, und nicht nur die Bewohner des Winthropschen Haushalts, sondern auch die Leserinnen und Leser nicht sicher sein können, ob es sich nicht um Antonio handelt; wenn Rosa in Männerkleidern versteckt wird, wenn Magawisca und Hopes Lehrer bei der Befreiung aus dem Gefängnis Kleider tauschen; wenn Hope und Faith bei ihrer Wiederbegegnung von der jeweils anderen Seite gefangengenommen werden und damit die Rollen wechseln. Scheinbar stabil abgegrenzte, unveränderbare Kategorien wie kulturelle und geschlechtliche Identität verwischen sich.

Der Vervielfältigung der positiven Heldinnen korrespondiert eine weitere Umkehrung herkömmlicher Plots, in denen die schöne Frau die allseits begehrte ist. Hier ist es ein Mann, der von mehreren Frauen geliebt wird. Magawisca, Esther und Hope lieben Everell, dessen Name ihn „for ever and all" zu qualifizieren scheint. Aber gerade über die Namensgebung werden Erwartungen geweckt und enttäuscht.[17] Everell hat zwar die guten Eigenschaften des jugendlichen Helden, doch mißlingt ihm vieles; insbesondere als Beschützer und Retter von Frauen (seiner Mutter, Magawiscas, Hopes) ist er glücklos. Zudem ist er es, der den Schurken Sir Philip Gardiner ins Haus des Gouverneurs mitbringt, wo er von Winthrop gutgläubig aufgenommen wird. Dabei plant Gardiner, der sich als Puritaner ausgebende Katholik, die Zerstörung der Kolonie, und Sedgwicks Änderung des Vornamens Christopher in Philip, den Pferdefreund, ist ein Hinweis auf Gardiners Rolle als trojanisches Pferd. Gardiner versteht es jedenfalls, andere für sich einzunehmen, was ihm auch bei Hopes Tante gelingt, Mrs. Grafton, einer beharrlichen Anglikanerin, die eine Schwäche für Mode, Manieren und vor allem für ihre Nichten hat. Sie ist eine komische, aber auch liebenswerte Figur, deren Name ihr Streben nach Veredelung ausdrückt, *to graft* heißt nämlich im gartenbautechnischen Sinne ‚veredeln'. Doch ist bei ihren Bemühungen um ihre Nichte Faith durchaus fragwürdig, ob es sich um Veredelung oder Verelendung handelt, wie wir noch sehen werden.

In den Namen der Titelheldin und ihrer Schwester wird die Namensgebung als kulturelles Zeichensystem, über das Charakter ausgedrückt wird, augenfällig problematisch. Alice und Mary werden in der Neuen Welt auf die Namen Hope und Faith getauft, womit sie eine neue und im puritanischen Sinne eindeutige Identität bekommen. Doch entsteht gerade durch die Umbenennung, die dem religiös motivierten Wunsch nach Festlegung des Charakters entspringt, die fatale Verbindung mit dem beibehaltenen Nachnamen. Die Schwestern selbst tun beides; sie verkörpern ihre Namen und widerlegen sie. Faith Leslie erweist sich durch ihre Konversion zum Katholizismus in der Tat als ohne Treu und Glauben – *faithlessly* –, aber diese Wertung ist eben nur aus puritanischer Sicht zutreffend, denn ihrer indianischen Familie und Kultur ist sie treu. Daß sie durch einen französischen Priester zum katholischen Glauben bekehrt wurde, kann ebenso als Gewinn wie als Verlust von Glauben gesehen werden; immerhin ist ihr ursprünglicher Name Mary. Hope Leslie straft ihren Gesamtnamen Lügen, da sie entgegen allen Schwierigkeiten die Hoffnung behält, und es ihr vielfach möglich ist, große Hindernisse zu überwinden, indem sie sich über Beschränkungen hinwegsetzt. Anderseits zeigt gerade sie, die Heldin, immer wieder eine durch ihre Kultur und deren Werte beschränkte Sicht und Wortwahl, von der sie sich kaum distanzieren kann. Auch Hope hat Anteil an der Gewalttätigkeit, die von der symbolischen Ordnung ihrer Kultur ausgeht. Der Ambivalenz ihres Namens entspricht ihre zweifache Funktion: als Trägerin der Ordnung *und* als subversive Person. Was die Liebeshandlung angeht, kann sich Hope die Wiederholung des unglücklichen Schicksals ihrer Mutter ersparen und wird durch die Heirat mit Everell belohnt. Damit gewinnt sie an Eindeutigkeit im Namen, aus Hope Leslie wird Hope Fletcher, doch fragt sich, ob dies wirklich Anlaß zu Hoffnung ist. Schließlich endet der Roman mit dem Glückwunsch der Erzählinstanz an Esther Downing zu ihrer Ehelosigkeit. Ist nicht eher sie, die ihren Namen behält, auf Daunen gebettet? Und das, obwohl die biblische Esther im gleichnamigen Buch des Alten Testaments gerade als kluge Ehefrau des Königs Ahasver ein Massaker an ihrem Volk, den Juden, verhindern kann.

Mit dem sentimentalen Roman teilt *Hope Leslie* die Konvention des Frauennamens als Titel, doch pflegte sich dieses Genre mit dem Vornamen zu begnügen; die Zusammenschau von Vor- und Nachnamen im Fall von *Hope Leslie* beunruhigt durch den Vornamen geweckte Hoffnung. Das auffällige Wortspiel signalisiert eine für dieses Genre untypische Ambivalenz, die wiederum, als Titel des Gesamtbuches, über die Person Hope Leslie hinaus in den historischen Roman hinüberreicht, der aus der Geschichte Amerikas erzählt. Und das soll die Geschichte eines steten, auch moralischen Fortschritts sein? Als Bezeichnung dieser Geschichte bleibt der Titel wiederum ambivalent, es könnte sich um Frage oder Urteil handeln. Was der Text besonders nachdrücklich über die Namensgebung in Frage stellt, ist die inhärente Eindeutigkeit der Zeichen. Sie wird immer wieder in Zweifel gezogen und durch Offenheit ersetzt.

Die Reibung der Diskurse deckt auf, was unvereinbar ist, was sich nicht harmonisieren läßt. Der Text gestaltet das Problem bereits pointiert am Umgang mit der amerikanischen Landschaft, indem er zeigt, wie unterschiedliche Naturvorstellungen ihren Sinn und ihre Schönheit haben, jedoch nicht nebeneinander existieren können. Der Naturbegriff wird als kulturelles Definitionsmerkmal besonders da wirksam, wo es um die Abgrenzung von anderen Kulturen geht; räumlich gesehen ist dies die *frontier*, weswegen das Thema in der *frontier fiction* seinen Platz hat. Doch verweist die Naturthematik, die Sedgwick wichtig nimmt, auch auf die Naturbegeisterung ihrer Epoche, der Romantik. Das 18. Jahrhundert hatte allmählich neue Erlebnisbereiche und ästhetische Gegenstände in der freien Natur gefunden; die wilde, nicht vom Menschen nutzbar gemachte Natur wurde in der Romantik zum Gegenstand der Dichtung. Neu daran war auch der emotionale Einklang zwischen Mensch und Natur, der Versuch der Dichter, sich als Teil der Natur zu fühlen und damit als Teil eines universalen Prinzips, das Geistiges und Physisches, Schönes und Bedrohliches vereint.

Während für die europäischen Romantiker die Natur zum Refugium wird, ist ein Grundmuster des amerikanischen Umgangs mit Natur ihre konzeptuelle Öffnung ins Weite, Grenzenlose. Sedgwick beschreibt Natur in den ästhetischen Begriffen des 18. Jahrhunderts: des Schönen, des Erhabenen, auch des Pittoresken. Die amerikanische Landschaft erscheint als paradiesischer Garten und als Wildnis; beides vertraute Bilder, letzteres die geläufige puritanische Diktion. Für die Puritaner war diese Natur das Versprechen künftigen agrarischen Reichtums, für den es galt, die Wildnis zu bezwingen. Zur spezifisch amerikanischen Variante des Umgangs mit Natur gehört, daß die freie Natur nicht frei bleiben darf, daß sie der Nutzung erschlossen werden muß. Dies tut auch der ästhetische Umgang mit Natur, der das gebotene Material in Kunst transformiert, es dadurch festhält, wie die Landschaftsbilder der Maler der *Hudson River School.*

Ästhetische und wirtschaftliche Nutzung sind Formen von Vereinnahmung; beides geht in *Hope Leslie* Hand in Hand. Wir sehen dies in einer Szene, in der Sedgwick die Benennung von Mount Holyoke bei Northampton erzählt. Berichtet wird aus der Perspektive Hopes, die an Everell schreibt. Hope, ihr Lehrer, ihr Vormund William Fletcher sowie Mr. Holioke[18] besteigen einen Berg bei Northampton, um einen weiten Blick ins Land zu gewinnen. „[W]e looked down upon a scene that made me clap my hands, and my pious companions raise their eyes in silent devotion" (99).[19] Alle sind begeistert von der Schönheit des Wäldermeers, das in den Herbstfarben leuchtet. „My senses were enchanted on that high place", beschreibt Hope ihre Empfindungen (101). Naturästhetische Sensibilität entpuppt sich jedoch rasch als eine Form der Aneignung. Hope fragt sich:

> Have these beautiful vallies of *our* Connecticut, which we saw from the mountain, looking like a smile on nature's rugged face, and stretching as far as our vision extended, till the broad river diminished in the shadowy distance, to a silver thread; have they been seen and enjoyed only by those savages, who have their summer home in them? (100; Hervorh. SO)

Die Aneignung vollzieht sich zunächst mit Blicken, sogleich aber auch in der Phantasie. Hopes Überlegung wird von Holioke weitergesponnen, der zu Fletcher sagt: „‚Why may we … not surmise that the spirits of those who have died for liberty and religion, have come before us to this wilderness, and taken possession in the name of the Lord?'" (100). Damit sind die Puritaner die rechtmäßigen Erben der Wildnis, die sie nun zu kultivieren haben. Die beiden Männer „were noting the sites for future villages, already marked out for them by clusters of Indian huts. The instinct of these children of the forest guides them to these rich intervals, which the sun and the river prepare and almost till for them" (100), kommentiert Hope, deren Wortwahl die Überlegenheit der Kultur gegenüber den „Kindern des Waldes" bekräftigt. Die Inbesitznahme wird schließlich in einem Taufakt symbolisch vollzogen. Hopes Vorschlag, „‚let me stand sponsor for it … while you christen it Holioke'" (101), trifft offene Ohren. Damit ist die Geltung christlicher Symbolik eingeführt, aber auch der Sündenfall: Beim Abstieg vom Berg wird Hopes Lehrer von einer Klapperschlange gebissen – und kann nur von der indianischen „Hexe" Nelema gerettet werden.

Die fortschreitende Kultivierung des Landes, die aus der puritanischen Perspektive unproblematisch erschien, wird an anderer Stelle ambivalenter geschildert:

> The gentle Housatonick wound through the depths of the valley, in some parts contracted to a narrow channel, and murmuring over the rocks that rippled its surface; and in others, spreading wide its clear mirror, and lingering like a lover amidst the vines, trees, and flowers, that fringed its banks. Thus it flows now – but not as then in the sylvan freedom of nature, when no clattering mills and bustling factories, threw their prosaic shadows over the silver waters – when not even a bridge spanned their bosom – when no trace of man's art was seen save the little bark canoe that glided over them or lay idly moored along the shore. (83)[20]

Weder die Schönheit der unberührten Natur, die eine sinnliche Qualität hat, noch der sie zwangsläufig verändernde technische Fortschritt wird eindeutig privilegiert; klar ist nur, daß sie einander ausschließen, sie können nicht gleichzeitig am selben Ort existieren. Die Fortsetzung der Passage folgt demselben Prinzip der Empathie für zwei Seiten, die unvereinbar sind. Sie handelt vom unterschiedlichen Umgang, den die weißen Siedler im Gegensatz zu den Indianern mit der Natur pflegen, wobei das bekannte Rechtfertigungsargument für die Landnahme aufgenommen wird, die Indianer hätten das Land nicht genutzt.

> The savage was rather the vassal, than the master of nature; obeying her laws, but never usurping her dominion. He only used the land she prepared, and cast in his corn but where she seemed to invite him by mellowing and upheaving the rich mould. He did not presume to hew down her trees, the proud crest of her uplands, and convert them into „russet lawns and fallows grey." The axman's stroke, that music to the *settler's* ear, never then violated the peace of nature, or made discord in her music.
>
> Imagination may be indulged in lingering for a moment in those dusky regions of the past; but it is not permitted to reasonable instructed man, to admire or regret tribes of human beings, who lived and died, leaving scarcely a more enduring memorial, than the forsaken nest that vanished before one winter's storm. (83. Hervorh. im Orig.)

Die Hervorhebung durch die Kursivschreibung macht deutlich, daß, was Musik in den Ohren der Siedler ist, zugleich die Verletzung des natürlichen Friedens bedeutet, Mißklang. Anderseits hat der sanftere Umgang der Wilden mit der Natur nichts Bleibendes geschaffen, in den Augen der Sedgwick-Epoche keine Kulturleistung hervorgebracht. In der Passage klingen Bedauern und Bewunderung an, ohne daß einer Seite letztlich Recht gegeben würde.

Normen und Werte, die innerhalb einer symbolischen Ordnung eindeutig genug sind, geraten ins Zwielicht, wenn sie mit anderen Normen und Werten konfrontiert werden, ohne daß sich eine Hierarchie selbstverständlich etablieren ließe. Im Nebeneinander der Perspektiven, Positionen und Beschreibungen eröffnet sich dem Blick, was verloren geht, solange man sich in einem einzigen diskursiven Rahmen bewegt. Die Alteritätsproblematik behandelt der Roman in einer Serie von Spiegelungen und Wiederholungen: interkulturell in der Begegnung von Puritanern und Indianern und intrakulturell im Kontakt der Generationen und Geschlechter. Dabei ist die Begegnung der Kulturen historisch eine des Konflikts, in dem die Indianer von den Kolonisten zunehmend verdrängt werden. Dieser stetige Prozeß der gewaltsamen Vertreibung, der im 19. Jahrhundert mit der *Indian Removal Policy* der Regierung Jackson keineswegs zivilisierter vonstatten ging als im 17. Jahrhundert, wurde auf puritanischer Seite mit göttlichem Sendungsauftrag gerechtfertigt. Sedgwick kann das Ergebnis der Konfrontation der Kulturen, die Vernichtung ganzer Stämme und die Vertreibung derer, die nicht vernichtet wurden, nicht schreibend korrigieren, doch muß die Geschichte nicht als Geschichte des Siegers erzählt werden, wie sie die Quellen erzählen, die die Autorin verwendet hat und die sie des öfteren zitiert.[21]

Mit dem Gedanken, daß sich je nach Standpunkt nicht nur die Sichtweisen unterscheiden, sondern auch die Bewertungen differieren, kompliziert Sedgwick vereinfachende Sichtweisen, die die jeweils anderen vereinnahmen. In ihrem Text wird neben den Blick der Weißen auf die Indianer der der Indianer auf die Weißen gesetzt. Dabei sind für die Ureinwohner die Neuankömmlinge aus Europa gelegentlich auch nur unkultivierte Andere. Vom Stamm der Housatonick, der im abgelegenen unteren Tal des gleichnamigen Flusses lebt, heißt es:

> These inland people had heard from the hunters of distant tribes, who occasionally visited them, of the aggressions and hostility of the English strangers, but regarding it as no concern of theirs, they listened, much as we listen to news of the Burmese war – Captain Symmes' theory – or lectures on phrenology. One of their hunters, it is true, had penetrated to Springfield, and another had passed over the hills to the Dutch fort at Albany, and returned with the report that the strangers' skin was the colour of cowardice – that they served their women, and spoke an unintelligible language. (85)

In der Anordnung, in der Sedgwick die Auseinandersetzung zwischen Indianern und Puritanern schildert, wird die Differenz der Perspektiven pointiert. Hier ist von Bedeutung, daß der Roman in England beginnt, wo die Puritaner ihrerseits verfolgt und vertrieben werden. Die Berechtigung ihres Wunsches nach Glaubensfreiheit, für die sie hohe persönliche Opfer zu bringen bereit sind, steht außer Frage. Allerdings wird gleich eingangs die mangelnde Umsetzung ihrer Prinzipien thematisiert. William Fletcher

> was mortified at seeing power, which had been earned at so dear a rate, and which he had fondly hoped was to be applied to the advancement of man's happiness, sometimes perverted to purposes of oppression and personal aggrandizement. He was shocked when a religious republic, which he fancied to be founded on the basis of established truth, was disturbed by the outbreak of heresies; and his heart sickened when he saw those, who had sacrificed whatever man holds dearest to religious freedom, imposing those shackles on others from which they had just released themselves at such a price. (16)

Er zieht sich deshalb mit seiner Familie von Boston nach Springfield zurück und siedelt dort noch in einiger Entfernung vom Fort, das den Siedlern Schutz bieten soll. Die Gefahren der Wildnis schätzt er gering. Sein Heim heißt Bethel, was „Ort der Verehrung Gottes" bedeutet und auf Genesis 28.17 Bezug nimmt. Doch in Fletchers Abwesenheit wird das Anwesen von Indianern überfallen, die die friedlichen und schutzlosen Bewohner auf grausame Weise töten. Einer der Angreifer nimmt Mrs. Fletchers Baby, „tossed him wildly around his head, and dashed him on the doorstone" (65). Aus puritanischer Sicht bestätigt der Überfall in all seiner Grausamkeit die Natur der Wilden als „ruthless, vengeful" (72) und „wolfish" (21). Doch wird die puritanische Perspektive konterkariert, indem vor der Beschreibung dieses Massakers Magawiscas Erzählung der Vernichtung ihres Stammes, der Pequods, durch die Puritaner steht.[22] Im Augenzeugenbericht Magawiscas, die damals gefangengenommen wurde, erweist sich dieser Angriff ebenfalls als Gemetzel an Frauen und Kindern (47-53). Der Erzählkommentar thematisiert die Wirkung der unterschiedlichen Versionen auf den Zuhörer Everell, der die Ereignisse als Abenteuergeschichte schon gehört hatte, doch „in the language of the enemies and conquerers of the Pequods; and from Magawisca's lips they took a new form and hue" (52). Der im Handlungsablauf unmittelbar sich anschließende Angriff der „original possessors of the soil" (53), des Pequod-Häuptlings Mononotto auf Bethel, wird dadurch verstehbar als ein Akt der Vergeltung, dem aus seiner Sicht die Berechtigung nicht fehlt; über die Logik des Gleiches mit Gleichem vergeltenden Rechts hinaus ist er zusätzlich moralisch gerechtfertigt, weil er damit seine Kinder befreit.

Sedgwick präsentiert den Konflikt damit in den moralischen Kategorien des 19. Jahrhunderts als die Zerstörung von Heim und Familie, als Vernichtung von Frauen und Kindern. In diesem Konflikt stehen sich die Taten beider Seiten in nichts nach; trotz ihrer kulturellen Differenz zeigt sich keine einer Kultur inhärente Überlegenheit. Ausgebaut wird dieses Modell der Multikulturalität durch die Spiegelung selbstlos heroischer Taten von Frauen auf beiden Seiten. Nach dem Massaker an der Familie Fletcher verhindert Magawisca die Hinrichtung von Everell Fletcher, eine in den Augen ihres Vaters Mononotto gerechte

Vergeltung, indem sie sich vor den Tomahawk ihres Vaters wirft. Magawisca wird so zur Retterin und übernimmt damit eine im kulturellen Symbolsystem üblicherweise Männern vorbehaltene Handlung, allerdings um den Preis ihrer Verstümmelung, die einen Mann wohl als Helden auszeichnen und attraktiv machen könnte, sie als Frau jedoch kastriert, weil sie sie entweiblicht; sie ist nun für Everell nicht mehr als Liebesobjekt wählbar, wie er selbst sagt: „‚[B]efore she had done the heroic deed, to which I owe my life – Yes ... I might have loved her – might have forgotten that nature had put barriers between us'" (214). Diese symbolische Kastration ist sinnfälliger Ausdruck für den Potenzverlust, der die Folge der Konfrontation der Kulturen ist. Daß dies an der indianischen Seite dargestellt wird, ist insofern stimmig, als sie in der historischen Begegnung nicht nur mehr geben mußte, sondern auch mehr verlor; während Leben auf beiden Seiten eingesetzt wurden, verloren die Indianer auch noch ihren Lebensraum. Was Magawisca jedoch nicht verliert, ist ihre Liebesfähigkeit und ihre Funktion als Dolmetscherin und Übersetzerin ihrer Kultur. Daß ihr später Hope Leslie das Leben rettet, indem sie sie aus dem Gefängnis befreit, ist die Entsprechung zu Magawiscas Tat. Auch hier wird Gleiches mit Gleichem vergolten zwischen den Kulturen, aber als Geschenk des Lebens. Freilich riskiert Hope nicht ihr Leben, setzt nicht ihre Gesundheit und Attraktivität ein. Sie muß dies auch nicht, weil es im Gegensatz zu Mononottos Tribunal nicht um ein Opfer geht, der Verfolgung Magawiscas also trotz puritanischer Rhetorik die religiöse Überhöhung fehlt.

Die Möglichkeiten der kulturellen Begegnung, die der Text entwickelt, sind an zwei Prinzipien orientiert: Zum einen an dem hierarchischen der Unterwerfung des Anderen unter das eigene Gesetz, was im Roman Tod und Vernichtung zur Folge hat. Dieses Prinzip zielt auf die Auslöschung der Differenz, auf die endgültige Negation des Anderen. Am auffälligsten wird dies in den Prozessen, die Everell bzw. Nelema und Magawisca gemacht werden. Das zweite Prinzip ist das lebenserhaltende der gegenseitigen Hilfe, was ich als Prinzip der *kindness* bezeichne. Die Ethik der Fürsorge umfaßt Toleranz für den Anderen. Ersteres wird mit männlicher Autorität assoziiert, letzteres steht ihm als weiblich besetztes Prinzip entgegen; entgegen auch deshalb, weil beide Frauen für ihre Handlungen das Gesetz ihrer jeweiligen Kultur brechen müssen.

In einer Wiederholung des Handlungsmusters der Rettung eines Weißen durch eine Indianerin werden diese beiden Prinzipien noch einmal zusammengeführt. Diesmal findet das Ereignis im Territorium der Puritaner statt und damit im Geltungsbereich puritanischen Rechts. Hope Leslie bittet die heilkundige Indianerin Nelema um Hilfe für ihren Lehrer, der von einer Klapperschlange gebissen wurde und nach allgemeiner Ansicht sterben muß. Nelema gewährt Hope die Bitte und heilt den Kranken in einem Ritual, zu dem auch gehört, daß sie sich tanzend wie eine Schlange bewegt. Dies kolportiert eine puritanische Hausangestellte als Beweis, daß die Indianerin mit dem Teufel im Bunde sei. Obwohl Hope Leslie, die Augenzeugin der Therapie war, für sie aussagt, wird Nelema als Hexe zum Tode verurteilt. Ebenso wie der Hope in Liebe zugetane Ziehvater William Fletcher beharren die Richter auf dem durch die Bibel autorisierten Gesetz. Dank günstiger Umstände ist es Hope möglich, Nelema zur Flucht zu verhelfen. Das Geschenk des Lebens, das Nelema macht, wird von Hope vergolten. Allerdings bleibt auch dieser Tausch insofern ungleich, als die Indianerin mehr gibt: sie muß fliehen und ihren Lebensraum aufgeben. Auch sie ist unfruchtbar gemacht worden: alle ihre Söhne und Enkel „have fallen like our forest trees, before the stroke of the English axe" (37).

In dieser Szene wird der ethnozentrische Blick als Problem der fehlgeleiteten interkulturellen Kommunikation deutlich. Die Puritaner akzeptieren die Bedeutungsvielfalt der Zeichen nicht; für sie ist die Schlange eindeutig das Zeichen des Teufels und die Tänzerin, die sich wie eine Schlange windet, mit diesem im Bunde; für Nelema ist die Schlange dagegen Zeichen ihrer Identität und Auszeichnung zugleich.[23] Auch Hope Leslie schaudert beim Anblick der Schlangentätowierung auf Nelemas Arm. Die aber weist sie zurecht:

> „Foolish child!" she continued, for she saw me shudder; „it is a sign of honour, won for our race by him who first drew from the veins the poison of the king of all creeping things. The tale was told by our fathers, and sung at our feasts; and now am I, the last of my race, bidden to heal a servant in the house of our enemies." (104)

Die vorherrschende öffentliche Meinung der Puritaner, daß die Indianer Kinder des Teufels seien (286), legitimiert ihre Vernichtung. Selbst die humaner wirkende Position, die der Indianerapostel John Eliot im Text artikuliert, man solle die Eingeborenen bekehren und nicht töten (283), kann die Differenz der Anderen nicht bestehen lassen. Der ethnozentrische Blick der Puritaner drückt sich auch in den Bemerkungen positiver Charaktere wie Martha Fletcher aus, die die Überlegenheit der eigenen Kultur und Religion ganz selbstverständlich, dabei ohne Böswilligkeit, feststellen und eben der Differenz der Anderen kein Existenzrecht einräumen. Was für Magawisca Gefangenschaft bedeutet, ihr Aufenthalt im Haus der Fletchers, stellt ihr Martha Fletcher als Rettung dar: Sie solle es als Gnade empfinden, daß sie von den Wilden weg in eine christliche Familie gekommen sei, teilt sie Magawisca bei ihrer Ankunft im Haushalt mit. Und sie werde bald begreifen, „,that our civilized life is far easier – far better and happier than your wild wandering ways, which are indeed, as you will presently see, but little superior to those of the wolves and foxes'" (24). Wahrnehmung zeigt sich hier als eine Funktion der symbolischen Ordnung, an die die Charaktere gebunden bleiben.

Dies gilt nicht zuletzt für die Heldin Hope Leslie, die eine Version der Ereignisse von Everells Rettung produziert, in der sie die kulturellen Normen wieder in ihr Recht setzt. Augenfällig wird, daß die schriftliche oder bildliche Umsetzung von Geschehen abhängig ist von den Diskursen eines gesellschaftlichen Systems. Hope Leslie schreibt Everell, der in England studiert, einen Brief. Die Stelle ist im Handlungsablauf als zeitlicher Bruch markiert; zwischen der Flucht Everells und Hopes Brief liegen sieben Jahre, im Text folgen diese Szenen unmittelbar aufeinander. Hope beschreibt ein Bild, das sie gerade gemalt hat:

> The scene is a forest glade – a boy is sleeping under a birch tree, near a thicket of hazle bushes, and from their deepest shadow peeps a gaunt wolf in the act of springing on him, while just emerging from the depths of the wood, in the back ground, appears a man with a musket levelled at the animal. (95)

In dieser Bearbeitung des Themas sind die Rollen der an dem Drama Beteiligten im Sinne der Wahrnehmungsmuster der puritanischen Kultur korrigiert und vereindeutigt. Als Knabe und dadurch, daß er schläft, wird Everell als unschuldig gezeichnet; der rächende Indianer wird auf die reißende Bestie reduziert und aus der indianischen Frau und Retterin, die ihren Arm drangibt, wird der weiße Mann und Retter mit seiner Waffe, englisch *firearm*. In der damit vorgenommenen Verschiebung sind die Indianer als menschliche Wesen eliminiert; der Konflikt der Kulturen wird als Konfrontation von Zivilisation und Wildnis präsentiert, eine Version, in der nur noch weiße, männliche Menschen vorkommen. Daß dies der puritanischen Sichtweise entspricht, macht zudem William Fletcher deutlich, der bei der täglichen Familienandacht, wie Hope sie beschreibt, der vergangenen Ereignisse in eben solchen Metaphern gedenkt:

> [W]hen he came, in his prayer, to his customary mention of his absent child – when he touched upon the time when his habitation was made desolate – and then upon the deliverance of his son, his only son, from the savage foe, and the ravening beast – his voice faltered (96)

Das Bild, so kommentiert eine Figur, „will be a kind of history for Mr. Everell's children, when we, and the forest too, are laid low“ (96), d.h. wenn das Land gerodet und besiedelt ist. Deutlich wird, wie die Auf-Zeichnung eine moralisch komplexe Situation, in der Bedrohung wie Rettung vom indianischen „Feind“ ausgehen, uminterpretiert in eine, die dem eigenen Weltbild und seiner Verteilung von Gut und Böse korrespondiert, auch in der Rollenverteilung: Retter sind Männer. Hope Leslies Bild demonstriert Perspektivengebundenheit und die gilt für historische Aufzeichnungen bildlicher und schriftlicher Art. Auch die Chronik, also die scheinbar nur Tatsachen auflistende Niederschrift geschichtlicher Ereignisse in zeitlicher Abfolge, schafft ein reduziertes Bild der Vergangenheit. In diesen Zusammenhang fügt sich, daß Hope Leslie ihren langen Brief an Everell „my Bethel chronicles" (111) nennt.

Wie ist der Umstand zu bewerten, daß es die Heldin ist, deren Sichtweise als so beschränkt gezeigt wird? Hope hat dieses Bild ihrem Vormund William Fletcher geschenkt, den sie liebt, wie sie Everell mitteilt („I love your father – with my whole soul I love him" 114), und der sie liebt als Abbild ihrer Mutter, seiner ersten Liebe Alice. Hopes Bemerkung, „[l]ove can paint as well as fear" (96) läßt sich als Kommentar zu ihrem Bild lesen: die Anderen auf's Animalische zu reduzieren, mag der Furcht vor den Anderen entspringen, aber auch der Liebe zu den Eigenen. Aus dieser Liebe erwächst Loyalität gegenüber denen, die die eigene Tradition und Ordnung verkörpern. Die Version der Tochter kann ihren Grund auch in ihrer Liebe zum Vater haben.[24]

Wahrnehmung als Ergebnis kultureller Sozialisation schafft soziale Wirklichkeit, die nicht einfach transzendiert werden kann. Pointiert wird der Konflikt zwischen den Sichtweisen, die sich als soziale Konstrukte erweisen, in der Wiederbegegnung der beiden Schwestern Hope und Faith. Faith Leslie hat den Indianer Oneco, Mononottos Sohn, Magawiscas Bruder, geheiratet, ist zur Indianerin und zudem katholisch geworden. Da Faith ihre Muttersprache verlernt hat, sind die beiden Schwestern auf Magawisca als Vermittlerin, als Hermeneutin, angewiesen. Als Hope Faith wiedersieht, spielt sich folgendes ab:

> Her sister was there. At this first assurance, that she really beheld this loved, lost sister, Hope uttered a scream of joy; but when, at a second glance, she saw her in her savage attire, fondly leaning on Oneco's shoulder, her heart died within her; a sickening feeling came over her, an unthought of revolting of *nature*; and instead of obeying the first impulse, and springing forward to clasp her in her arms, she retreated to the cliff, leaned her head against it, averted her eyes, and pressed her hands on her heart, as if she would have bound down her rebel feelings.
>
> Magawisca's voice aroused her. „Hope Leslie," she said, „take thy sister's hand."
>
> Hope stretched out her hand, without lifting her eyes; but when she felt her sister's touch, the energies of *nature* awoke, she threw her arms around her (227) …
>
> Hope knew not how to address one so near to her by *nature*, so far removed by habit and education (228; Hervorh. SO)

Natur selbst wird hier zum Problem; gegen Faith als Indianerin rebelliert Hopes Natur, aber die Kräfte der Natur sind es wiederum, die sie die Schwester um-armen lassen. Schwester und Indianerin sind für Hope Leslie unvereinbare Konzepte und doch ist Faith beides; das ist Sedgwicks sinnfälliger Ausdruck kultureller Differenz und Gleichwertigkeit. Mit diesem Modell ist aber auch Hope Leslie überfordert. Sie kann die Schwester nicht die Andere sein lassen. „,I cannot help it, Magawisca; I am driven to try every way to win back my sister'" (230).

In Hopes Umgang mit Faith wiederholen sich Umgangsweisen mit der Anderen, die historische Vereinnahmungsversuche reflektieren. Keiner dieser Versuche findet die Zustimmung der Anderen. Um die Fremdheit der Schwester zu verdecken, legt Hope ihren Mantel über deren indianische Kleidung, doch Faith „seemed instantly to comprehend the language of the action, she shook her head, gently disengaged herself from the cloak, and resumed her mantle" (228). Hope versucht daraufhin, über Magawisca in Faith die Erinnerung an den Tag ihrer Gefangennahme und Verschleppung durch die Indianer zu wecken.

> „Ask her," said Hope, „if she remembers the day when the wild Indians sprung upon the family at Bethel, like wolves upon a fold of lambs? – If she remembers when Mrs. Fletcher and her innocent little ones were murdered, and she stolen away?"
> „She says, ‚she remembers it well, for then it was Oneco saved her life.'" (229)

Es wiederholt sich also mit umgekehrten Vorzeichen, was Mrs. Fletcher als Magawiscas Rettung bezeichnete, und was für diese Gefangenschaft war. Faith sieht sich als gerettet, wo Hope sie geraubt glaubt; dabei entspricht Hopes Wortwahl ihrer bildlichen Umsetzung. Ihre verbale Rollenverteilung in Wölfe und Lämmer macht ihre puritanische Perspektive sehr deutlich; doch der Wahrheitsanspruch ihrer spezifischen Bewertung der Ereignisse erweist sich eben als nicht durchsetzbar. Hope versucht daraufhin, Faith mit ihren glitzernden Diamanten zu verführen, sie sozusagen mit Glasperlen zu kaufen. Doch Faith, wiewohl zunächst gelockt, zieht eilig die Ringe von den Fingern, als sie merkt, was gespielt wird. Faith beharrt auf ihrer Identität als Indianerin. Die Durchbrechung der für den historischen Roman stereotypen Hierarchie der Kulturen wird hier wiederum mit den Mitteln des sentimentalen Romans geleistet. Indem sie ihrer Liebe treu bleibt, bleibt Faith eine sentimentale Heldin, auch wenn sie anderseits demonstriert, daß die sogenannte Zivilisation nicht zwangsläufig die bessere Lebensform ist.

Faiths Aufenthalt im Hause Winthrop setzt sie den Wiedereingliederungsbemühungen ihrer Familie aus, speziell ihrer Tante Grafton, der das Bestreben nach „Veredelung" bereits in den Namen geschrieben ist. Faith jedoch hält an ihrer indianischen Kultur fest. Die sogenannte Zivilisation hat keinen ideellen oder materiellen Wert für sie, der sie sie ihrer indianischen Kultur und ihrer Liebe zu ihrem Mann vorziehen ließe. Auch hier sind wieder die Prinzipien der Auslöschung von Differenz durch Vereinnahmung der Anderen und der Toleranz für die Andere gegeneinandergestellt. Während für Mrs. Grafton die Wertehierarchie der kulturellen Zeichensysteme Kleidung und Schmuck fraglos die englische Kultur privilegiert und sie Faith am liebsten alles Indianische – in ihren Augen Wertlose – wegnehmen möchte, verteidigt Hope Faiths Beharren auf ihrer indianischen Kleidung und ihrem Schmuck: „Let her have her own way ... she may have some reason for preferring those shells that we do not know'" (267). Das Toleranzprinzip gesteht der Anderen Standpunkt und Perspektive zu, ohne sie von vornherein abzuwerten, und impliziert damit die Anerkennung der Eingeschränktheit der eigenen Perspektive, die Verneinung eigener Allwissenheit. Das aber fordert zuzugestehen, daß es mehr als eine richtige Perspektive, mehr als ein Recht und mehr als eine Moral geben kann. Damit wird es illegitim, das Fremde einfach auszulöschen oder durch Integration der eigenen Kultur einzuverleiben. Gerade an der Heldin Hope illustriert der Text die Mühsal, vielleicht auch die Unmöglichkeit, Differenz wirklich zu akzeptieren. Hope will nicht nur ihre Schwester zurück–, sondern auch Magawisca für das Christentum gewinnen (332), wobei sie trotz aller *kindness* immer wieder die den kulturellen Konstrukten immanente Wertehierarchie bestätigt. Als Magawisca sich von Hope und Everell verabschiedet, nennt sie als ihr Ziel Moscutusett (332), also einen konkreten Ort, dessen Zugehörigkeit zum indianischen Kulturraum der indianische Name signalisiert. Hope jedoch bezeichnet den Rückzug als Verwilderung: „‚[Y]our noble mind must not be wasted in those hideous solitudes'" (332). Magawisca muß diese Sicht erst zurückweisen („‚[T]here is no solitude to me'"), bevor Hope die Gewalt, die von den eigenen kulturellen Begriffen ausgeht, wahrnimmt und die Sicht der Indianerin akzeptieren kann.

In der interkulturellen Begegnung ist es vor allem Magawisca, die auf die Übergriffe der Weißen hinweist und das Recht verteidigt, in ihrer Kultur zu leben, die die Puritaner nicht als Kultur lesen können. Sie tut dies auch in der großen Prozeßszene, wo sie die angebliche Überlegenheit des Christentums zurückweist (287).[25] Ebenso wie ihre Mutter vor ihr entzieht sie sich allen Missionierungsversuchen; sie ist gefestigt in ihrem Glauben. („‚[S]he neither fears death, nor will believe that eternal misery awaits her after death!'", stellt Esther hilflos fest. 279). In ihrer Rede vor dem Gericht bringt sie denn auch das Problem des interkulturellen Kontakts auf den Punkt, wenn sie ihren Richtern sagt, daß sie wohl die Macht, nicht aber das Recht haben zu richten: „‚I am your prisoner, and ye may slay me, but I deny your right to judge me. My people have never passed under your yoke – not one of my race has ever acknowledged your authority'" (286).

In diesem dritten Prozeß im Roman geht es nun nicht mehr um Sühne wie im Falle Everells, oder um Hexerei wie bei Nelema, sondern grundsätzlicher und allgemeiner um das Existenzrecht der Kulturen, die in Amerika aufeinandertreffen. Magawisca wird vorgeworfen, zusammen mit ihrem Vater eine Verschwörung der verfeindeten indianischen Stämme zu betreiben, mit dem Ziel, die englische Kolonie zu vernichten. Sie bestreitet die Vorwürfe nicht, bekräftigt im Gegenteil die Anklage:

> „Do you wait for him to prove that I am your enemy? Take my own word, I am your enemy; the sun-beam and the shadow cannot mingle. The white man cometh – the Indian vanisheth. Can we grasp in friendship the hand raised to strike us? Nay – and it matters not whether we fall by the tempest that lays the forest low, or are cut down alone, by the stroke of the axe." (292-293)[26]

Die Passage thematisiert die Begegnung der Kulturen als Vernichtung des Anderen, die auch die Vernichtung des Lebensraums des Anderen sein kann. Die zum Schlag erhobene Hand setzt das Gesetz der Vergeltung in Kraft, das friedliche Koexistenz ausschließt, weil es bis zum Sieg einer der beiden Seiten gilt. Daß sich der Umgang mit den Anderen auch am Toleranzprinzip orientieren könnte, hat der Text an anderen Stellen aufgezeigt. In Magawiscas Prozeß wird kein Urteil gesprochen, da die Verhandlung unterbrochen werden muß und die Gefangene dann befreit wird. Die Beurteilung des Falles wird damit an die Leserinnen und Leser delegiert. Ähnlich bleibt auch die Beurteilung des interkulturellen Kontakts dem Publikum überlassen.

Die Prozeßstruktur des Romans, das Plädoyer der beiden Seiten, wiederholt sich auf der Erzählebene, indem die Erzählinstanz sich mal der einen, mal der anderen Seite annähert, Perspektiven gegeneinanderstellt und die Perspektivengebundenheit der Seiten deutlich macht durch das Konterkarieren von Darstellungen mit Ereignissen der erzählten Handlung, die dazu im Gegensatz stehen. Diese literarische Modellierung der Friktion der Kulturen, Normen und Perspektiven verzichtet darauf, eine Utopie von Harmonie zu entwickeln. Die Fiktion des harmonischen Miteinander der in Amerika sich begegnenden Kulturen und Glaubensrichtungen wird in einer Szene, in der Vertreter aller Gruppen, auch Indianer, bei Gouverneur Winthrop dinieren, satirisch entlarvt (144-150).[27] Das gemeinsame Mahl fungiert als Metapher für die sozialen Spannungen der Kolonialzeit, für das schlechte Zusammenspiel der Beteiligten. Schon die Sitzordnung ist revisionsbedürftig, weil den indianischen Ehrengästen ein Seitentisch zugewiesen wurde, mit dem diese nicht einverstanden sind. Auf ihren Protest hin wird umarrangiert. Im weiteren sorgen versehentliche Zusammenstöße und eine Serie von verbalen Ausrutschern, die durch gutgemeinte Rettungsversuche noch verschlimmert werden, dafür, daß das Diner schließlich in allgemein verstimmtem Schweigen endet.

Die Möglichkeiten des friedlichen interkulturellen Umgangs sind in Sedgwicks Text ebensowenig idyllisiert wie die des intrakulturellen Umgangs. In weiteren Spiegelungen und Wiederholungen wird der Umgang mit dem Anderen innerhalb einer Kultur, hier der puritanischen, reflektiert. Die Ähnlichkeiten sind nicht zufällig, da dieselben Mechanismen am Werke sind. Im Verhältnis der Geschlechter wiederholt sich strukturell die Problematik von Differenz und Hierarchie, die im Verhältnis der Kulturen auftrat.[28] Die Interessengebundenheit der Perspektive reduziert wiederum Alterität auf ein Konstrukt eigener Vorstellungen. Die Doppelsicht auf die Frau als sexuelles und asexuelles Wesen vermittelt der Text in zwei unmittelbar aufeinanderfolgenden Szenen. Hope gerät auf der Flucht vor Oneco (ihrem Schwager), der sie als Geisel genommen hatte, in eine Gruppe von Matrosen. Sie bittet diese, sie zu retten und verspricht reiche Belohnung. Doch die betrunkenen Seeleute sehen in ihr nur das sexuelle Freiwild („‚There's no reward could pay for you, honey'" 239). Vor der drohenden Vergewaltigung fliehend rettet sich Hope in ein Boot, in dem sich ein weiterer Matrose, Antonio, befindet, der sie nun aber für eine Erscheinung der heiligen Jungfrau hält. Hope weist die Rolle der Muttergottes zurück, „‚I am not, my friend, what you imagine me to be'" (241), aber der gläubige Katholik ist nicht davon abzubringen, in ihr wenigstens eine Heilige zu erkennen. Eine ganze Reihe von Heiligen probiert er aus, bevor er sie als seine persönliche Heilige, die (apokryphe) Petronilla, identifiziert: „‚Thou smilest!' he cried exultingly; ‚thou art then my own peculiar saint – the blessed lady Petronilla'" (241).[29] Hopes Zeichen der Verlegenheit, ihr Kopfschütteln, ihre Verneinung, ihr Lächeln, liest er jeweils als Bestätigung seiner Deutung. Auch Hope wird bei ihrer Gefangennahme durch Oneco und Mononotto Opfer ihrer kulturgeprägten Erwartungen. Sie fürchtet das Schlimmste: „[A]ll that she had heard or imagined of Indian cruelties, was present to her imagination; and every savage passion seemed to her to be embodied in the figure of the old chief" (236). Doch die Indianer haben gar nicht die Absicht, ihr etwas anzutun. Die englischen Matrosen scheinen ihr dagegen als Angehörige ihrer eigenen Kultur weniger gefährlich und erweisen sich als die massivere Bedrohung.[30]

War ein Problem im Umgang der Puritaner mit den Indianern ihr Ethnozentrismus, so ist es innerhalb der puritanischen Gemeinschaft der Androzentrismus und die damit einhergehende Hierarchisierung der Geschlechter. „[T]hat age of undisputed male supremacy" (16), wie die Erzählinstanz die Kolonialzeit nennt, konstruiert die Frau als die Andere und verpflichtet sie auf „passive obedience“ (16) und „meek and pleased dependence“ (209).

Die Analogie der Konzepte der Frau und des Fremden faßt Sedgwick, wie wir gesehen haben, in das Bild der Schwestern, die unterschiedlichen Kulturen angehören. Faith ist und bleibt Hopes Schwester, zudem ist Magawisca, durch die Heirat von Faith und Oneco, ihre Schwester („sister-in-law“) geworden. Der Text breitet die Schwesternschaften auch in der englischen Kultur aus: Hope und die Nichte des Gouverneurs Winthrop, Esther, stehen einander nah wie Schwestern, und selbst Rosa, als Geliebte Sir Philip Gardiners eine gefallene Frau, ist für Hope „a fallen, unhappy sister“, für deren christliche Bestattung sie sorgt (348). Wieder wird das Symbol der Schwestern zur Gestaltung und Exploration von Differenz und Gleichheit genutzt. Hope und Esther sind höchst gegensätzlich in ihrem Wesen und Verhalten; die eine impulsiv und, wenn nötig, bereit zu zivilem Ungehorsam, die andere ein Muster an Tugend und Gehorsam gegenüber der Autorität, „the pattern maiden of the commonwealth“ (272). Doch Hope ist es, die schließlich in der Ehe endet, während Esther die traditionelle Frauenrolle verweigert und ledig bleibt, was ausdrücklich positiv gewertet wird: „Indeed, those who saw on how wide a sphere her kindness shone, how many were made better and happier by her disinterested devotion, might have rejoiced that she did not ‚Give to a party what was meant for mankind‘“ (350). Selbst Hope und Rosa, so unterschiedlich sie in den Augen der Gesellschaft sein mögen, haben Gemeinsamkeiten. Sie verbindet nicht nur, daß sie beide das Objekt der Begierde von Sir Philip Gardiner sind, der Rosa verführt hat und Hope verführen will. Beide handeln selbstlos im Interesse der jeweils anderen. Rosa sprengt das Schiff nicht, um ihrem Leben ein Ende zu bereiten, sondern um Gardiner auszuschalten und Hope zu retten. Ihre Tat ist Strafe und Hilfe zugleich, denn Rosa glaubt, sie bewahre damit Hope Leslie vor dem Schicksal, das schlimmer ist als der Tod, „the fate worse than death“, wie Vergewaltigung, aber auch Verführung, in der Diktion des Romans des 18. Jahrhunderts genannt werden.

Mehrere dieser Frauen retten einander und retten andere, ein Motiv, das Sedgwick auch in ihren anderen Romanen häufig benutzt.[31] Auch der Umstand, daß mehrere Frauen denselben Mann lieben, spaltet sie nicht, sondern verbindet und verbündet sie, weil sie nicht miteinander konkurrieren, sondern füreinander sorgen. Das Nebeneinander der wichtigen Frauenfiguren in diesem Roman, die als tatsächliche oder metaphorische Schwestern verbunden sind, zeigt nicht nur ein breites Spektrum an Rollenverhalten, sondern auch ein Spektrum des Aufbegehrens gegen die Disziplinierungen der Gesellschaft. Doch machen die Frauen in keinem Fall böswillig die Männer zu ihren Opfern; sie manipulieren sie höchstens für ihre besseren Zwecke. Die Autorin trägt den

Weiblichkeitsdiskurs ihrer Zeit mit, indem sie alle diese Frauen selbstlos und uneigennützig handeln läßt.

Anders als im sentimentalen Roman sind die Frauen in *Hope Leslie* nicht nur Opfer der schurkischen Ent- und Verführer, sondern auch der positiven männlichen Vertreter der gesellschaftlichen Ordnung. Diese Männer verkörpern im Roman eine Position, die die bestehenden Machtverhältnisse aufrechterhalten will. Hope Leslies Verstöße gegen die Ordnung setzen die Hilfe für die oder den Nächsten (*kindness*) über das Gesetz. In den Augen der Ordnungshüter, der puritanischen Autoritäten Pynchon[32] und Winthrop, ist sie damit „lawless" (121, 154) und bedarf der Disziplinierung. Das geeignete Mittel scheint Winthrop ihre Domestizierung durch Heirat, durch ihre Unterordnung unter „the modest authority of a husband" (154).[33] Der Gouverneur und seine Frau verkörpern das Eheideal dieser Ordnung. Die Erzählinstanz entwirft folgendes Bild des Verhältnisses von Gouverneur Winthrop und seiner Frau:

> His wife was admirably qualified for the station she occupied. She recognised, and continually taught to matron and maiden, the duty of unqualified obedience from the wife to the husband, her appointed lord and master; a duty that it was left to modern heresy to dispute; and which our pious fathers, or even mothers, were so far from questioning, that the only divine right to govern, which they acknowledged, was that vested in the husband over the wife. Madam Winthrop's matrimonial virtue never degenerated into the slavishness of fear, or the obsequiousness of servility. If authorised and approved by principle, it was prompted by feeling; and, if we may be allowed a coarse comparison, like a horse easy on the bit, she was guided by the slightest intimation from him who held the rein; indeed – to pursue our humble illustration still farther – it sometimes appeared as if the reins were dropped, and the inferior animal were left to the guidance of her own sagacity. (144-145)

Auch hier wird wieder die für den Text insgesamt typische Ambiguierung produziert. Was als Zustimmung heischende Darstellung beginnt, wird durch das Bild der Frau als gut zugerittenes Pferd fragwürdig. Die Erzählinstanz lockt ihre Leser in einen scheinbaren Konsens über eine vorbildliche Ehe, und begeht dann selbst die angesprochene Ketzerei der Infragestellung dieses göttlichen Rechts durch eine Metapher, die den Unterschied zwischen Mann und Frau als einen zwischen Mensch und Tier faßt und auf die Lastenverteilung dieser Beziehung satirisch hinweist, die die Frau aber auch zur Trägerin (und damit zur Stütze) männlicher Oberhoheit macht. Die göttlich verordnete Geschlechterhierarchie verliert in der Metapher von Reiter und Pferd einiges an Überzeugungskraft; das Lächeln der Zustimmung erstirbt sozusagen mitten im Absatz.

Dadurch, daß die Erzählinstanz immer wieder Bezüge zur Schreibgegenwart herstellt, entsteht ein dialogischer Kommentar zum „character of the times" auf zwei Ebenen: die eine illustriert die Zustände der Kolonialgesellschaft, die andere bezieht sich auf die Verhältnisse des frühen 19. Jahrhunderts.

Anhand des breit reflektierten Umgangs mit Alterität wiederholt der Roman die Infragestellung von Normen, aber eben auch die Infragestellung der Normengebung selbst, und damit Vorstellungen von Recht und Moral. Das Verhältnis von sozialer und moralischer Ordnung erweist sich als höchst konfliktträchtig. *Hope Leslie* beantwortet die Frage des historischen Romans nach der Einlösung des Versprechens, das Amerika als neue und höhere Stufe der Zivilisation festschrieb, mit dem Aufzeigen problematischer Strukturen. Ob Amerika ein hoffnungsloser Fall ist oder ob es, wie die Heldin Hope, die Ausweglosigkeit mancher Situation Lügen strafen kann, bleibt nicht nur für die Vergangenheit, sondern auch für die Gegenwart des frühen 19. Jahrhunderts zu beantworten. Indem der Roman zeigt, daß es nicht *eine* richtige Sicht gibt, weil menschliche Wahrnehmung begrenzt ist, bleibt nur die Hoffnung auf das Bemühen, schlichte ethno- und androzentrische Weltbilder aufzugeben.

From the middle of May till the middle of June I believe in God.

Elizabeth Stoddard an Lillian Whiting, 21. Mai [1889]

I have a Brother and a Sister – My Mother does not care for thought – and Father, too busy with his Briefs – to notice what we do – ... They are religious – except me – and address an Eclipse, every morning – whom they call their „Father".

Emily Dickinson, *Letters*, 404

5.2. Elizabeth Stoddards „The Morgesons"

Die Dekade, in der Elizabeth Stoddard ihre drei Romane schrieb, die 1860er Jahre, sind die Zeit des Übergangs von der literarischen Epoche der Romantik zum Realismus. Traditionell hat die Literaturwissenschaft diese Phase nicht als einen Prozeß allmählicher Veränderung beschrieben, sondern aus den beiden aufeinander folgenden Stilrichtungen einen scheinbar unversöhnlichen Gegensatz gemacht. Romantik und Realismus wurden im Alteritätsdiskurs mit der Geschlechterdifferenz analog gesetzt: einer femininen *genteel tradition* steht eine maskuline Wirklichkeitszuwendung gegenüber. Mit einer weiteren Dichotomisierung in *popular* und *dark romance* wurde die Romantik selbst in einen kulturtragenden und einen kulturkritischen Strang unterteilt. Die *popular romance* bekräftigt die universale moralische Ordnung, die *dark romance* problematisiert sie; erstere ist das Werk von Frauen und einigen Männern, die die Feminisierung der amerikanischen Kultur betreiben, letztere stammt von männlichen Intellektuellen, die sich den Werten der viktorianischen Kultur entfremdet fühlten und gegen diese Feminisierung protestieren.[1] Wo immer das feminine Element in diesen Argumentationen vorkommt, bleibt nur ein Schluß: Das ewig-Weibliche zieht uns hinab.

Die Interessengebundenheit dieser Argumentation, die die Kategorie Geschlecht verwendet, um eine bestimmte Machtverteilung zu etablieren und zu stabilisieren, habe ich in den vorausgegangenen Kapiteln erläutert. Winfried Fluck argumentiert in seiner Studie zum amerikanischen Realismus, *Inszenierte Wirklichkeit*, überzeugend, daß es ergiebiger ist, *romance* und Realismus als konkurrierende, aber nicht unverbundene, gelegentlich sogar komplementäre

Formen kultureller Selbstverständigung innerhalb desselben kulturellen Systems zu sehen. Um diese Zusammenhänge zu klären, liefere ich im folgenden zunächst einige Erläuterungen zu Viktorianismus, *genteel tradition* und dem Frauenroman, weil dies für *The Morgesons* relevante Kontexte sind. Danach stelle ich die Rezeption dieses Werks im Überblick dar und schließe daran eine Diskussion einiger Unterscheidungsmerkmale von Romantik und Realismus an. Was der Autorin bisher zum Nachteil gereichte, nämlich der Umstand, daß sie sich einer unproblematischen Einordnung in etablierte literarhistorische Kategorien entzieht, sehe ich als eine Qualität, die ihrem Werk besondere Spannung und Vielseitigkeit verleiht.

Während die Literaturgeschichtsschreibung traditionell den amerikanischen Bürgerkrieg als Einschnitt nimmt, der die Periode romantischer Literatur von der späteren des literarischen Realismus trennt, geht die Kulturgeschichtsschreibung von einer Epoche kultureller Kontinuität aus: grob gesprochen zwischen 1830 und 1900 ist die hegemoniale Kultur Amerikas der Viktorianismus. Die Benennung nach der britischen Königin Viktoria verweist auf die kulturelle und ökonomische Interdependenz, die im 19. Jahrhundert zwischen den USA und England herrschte. Daniel Walker Howe, auf dessen sehr gute Überblicksdarstellung „American Victorianism as a Culture“ ich mich im folgenden stütze, nennt den Viktorianismus zu Recht „a transatlantic culture“ (508). Damit ist die Besonderheit des amerikanischen Kontextes nicht bestritten, der sich durch eine wesentlich größere ethnische Vielfalt auszeichnete, weswegen von einer homogenen Kultur in Amerika nie die Rede sein konnte. Amerikanische Ureinwohner, Afroamerikaner, Immigranten aus anderen Kulturen und Mitglieder der zahlreichen, unterschiedlich langlebigen utopischen Gemeinschaften, die alternative Lebensformen erprobten, ließen sich in die viktorianische Kultur nicht oder nur teilweise integrieren. Anderseits läßt sich argumentieren, daß die viktorianische Kultur in den Vereinigten Staaten sogar stärker zum Tragen kam als in England, weil aristokratische Strukturen in Amerika nur schwach ausgebildet waren. Wichtiger noch war die stark protestantische Färbung des Viktorianismus. Seine Wurzeln sind im „bourgeois evangelicalism“ (508) lokalisiert worden und die damit verbundene Bevölkerungsgruppe, die sich in England an der Peripherie politischer und kultureller Macht befand, war in Amerika wesentlich einflußreicher. Sie dominierte die ökonomischen, sozialen und politischen Institutionen der USA.

Der amerikanische Viktorianismus ist, wie jedes kulturelle System, ein komplexes Phänomen, in sich vielfältig und keineswegs frei von inneren Widersprüchen. Zwei Aspekte können als definitorische Merkmale der viktorianischen Kultur dienen: einerseits läßt sie sich als ein Kommunikationssystem betrachten, das auf der englischen Sprache und einer bis dahin unbekannten

Wichtigkeit von Druckmedien beruhte. Das 19. Jahrhundert war sicherlich „an age of print" (521), das das gedruckte Wort zum wichtigsten Kommunikationsmittel machte. Dieses Kommunikationssystem wirkte über ein weitreichendes Bildungssystem und ganz allgemein über Texte, von der Zeitschrift bis zum Roman. Anderseits kennzeichnet den Viktorianismus sein Wertesystem. Zu den Werten dieser Epoche gehört auf individueller wie gesellschaftlicher Ebene die Hochschätzung von Moral und (rationaler) Ordnung. Die Sprache der Zeit ist durchsetzt von moralischen Termini. Besonders wirksam ist der selbst durch den Darwinismus nicht zu erschütternde Glaube an ein Universum, in dem sich ein moralisches Gesetz ausdrückt, und nicht zuletzt der Glaube an einen stetigen Fortschritt und damit verbunden das Streben nach Verbesserung. Von hierher erklärt sich der ernsthafte, didaktische Impuls dieser Kultur, der durch den protestantischen Evangelismus noch verstärkt wurde. Die Überzeugung, daß gerade auch moralische Disziplinierung, Belehrung und Kontrolle notwendig sei, zeigt sich in allen öffentlichen Institutionen, von Schulen bis zu Gefängnissen und Irrenanstalten, und wurde, wie wir gesehen haben, nicht zuletzt als Aufgabe für die Literatur von Frauen formuliert.

Für das Wertesystem des amerikanischen Viktorianismus ist als negativ besetzter Begriff auch die Bezeichnung *genteel tradition* geläufig, die der Philosoph George Santayana 1911 in einer berühmt gewordenen Ansprache in diesem Sinne verwendete. Santayana bediente sich in seiner Kritik des Geschlechtergegensatzes zur Etablierung einer Wertehierarchie:

> America ... is a country with two mentalities ... The American Will inhabits the sky-skraper; the American Intellect inhabits the colonial mansion. The one is the sphere of the American man; the other, at least predominantly, of the American woman. The one is all aggressive enterprise; the other is all genteel tradition. (zit. nach Tomsich, *A Genteel Endeavor* 1-2)

Zumeist polemisch gebraucht, bezeichnet der Begriff alle als konventionell empfundenen Aspekte der Kultur der Epoche. Deren negative Assoziation mit Weiblichkeit schrieb etwa Ann Douglas fort mit ihrem pejorativ verwendeten Ausdruck „Feminisierung" der amerikanischen Kultur. Das Konglomerat aus *genteel*, feminin und konventionell hat sich gerade auch zur pejorativen Klassifikation der Literatur eingebürgert.

Allerdings wird mit *genteel* auch spezifischer eine bestimmte, konservativ-idealistische ästhetische Position bezeichnet. Zum engsten Kreis des *genteel circle*, einer seit der Jahrhundertmitte einflußreichen Gruppe von Autoren und Kritikern, gehörte Richard Henry Stoddard, Elizabeths Mann. John Tomsich beschreibt in *A Genteel Endeavor* diesen Zirkel, der aus acht zum Teil eng befreundeten Männern bestand, von denen einige schon als Rezensenten von

Elizabeth Stoddards Werk erwähnt wurden: Stoddard, Thomas Bailey Aldrich, George Boker, Bayard Taylor, George William Curtis, Charles Eliot Norton, Richard Gilder und Edmund Stedman. Kulturkritisch sahen sie ihre Aufgabe darin, nivellierenden Tendenzen in der Literatur entgegenzutreten und ihnen einen literarischen Idealismus entgegenzusetzen, der als Mittel zur Höherentwicklung der amerikanischen Zivilisation geeignet schien. „Behind the literary idealism that united the genteel group lay their continued commitment to poetry as the noblest of arts. ... None of them was sympathetic to ... realism" (Tomsich 189). Gegen den sich entwickelnden literarischen Realismus wurde die moralisch-ästhetische Normsetzung ihrer Position besonders nach 1870 zunehmend rigider. In der Zeit vor dem Bürgerkrieg war die Gruppe weniger konservativ und insgesamt optimistischer gewesen. Keiner dieser Autoren war ein religiös inspirierter Viktorianer, sie waren oder wurden alle Agnostiker.[2] Richard Stoddard lehnte schon 1850 das Christentum explizit ab und befand sich damit auf einer Linie mit Elizabeth, die sich 1855 in einer ihrer Kolumnen für die Zeitschrift *Alta California* selbstironisch charakterisierte: „[S]inner that I am, I confess to secular habits entirely" (*The Morgesons & Other Writings* 315).[3]

Welche Rolle spielte Elizabeth Stoddard in diesem Kreis? Tomsich sieht sie als Unruhestifterin, die dem Idealbild der meisten von einer schicklichen Frau nie entsprach, doch erwähnt er sie nur am Rande.[4] Elizabeth Stoddard hielt nichts von vornehmer Zurückhaltung oder davon, die Kunst den Männern zu überlassen. Sie war selbstbewußt genug für eigene Überzeugungen und äußerte sie mit bedenkenloser Offenheit. Die Stoddards führten nicht nur einen literarischen Salon, sondern auch eine literarische Ehe, in der literarästhetische Fragen diskutiert wurden und die Ehepartner die Texte des jeweils anderen lasen und kritisierten. Elizabeth Stoddards Lyrik zeigt in mancher Hinsicht Übereinstimmung mit ästhetischen Idealen Richards und der anderen, deren Credo „[t]he art of the beautiful" war (Tomsich 23).[5] In ihrer Prosa kommt ihre Eigenständigkeit sehr viel stärker zum Ausdruck.

Zunächst scheint eine solche Behauptung kaum gerechtfertigt, denn *The Morgesons* läßt sich durchaus dem Genre zuordnen, das Nina Baym *woman's fiction* genannt hat, auch wenn sie Stoddard in dieser Studie nicht erwähnt.[6]

Woman's Fiction war nach Baym im Zeitraum von 1820-1870 die dominante Form des Erzählens von Frauen.[7] Diese Form bestimmt sie inhaltlich über die erzählte Handlung, die einer allen Texten gemeinsamen Linie folgt, dem *overplot.* In Kapitel 1.3. habe ich gezeigt, wie Bayms verdienstvolle Studie selbst an den Stereotypen des Alteritätsdiskurses teilhat und sie bestätigt. Die Rigidität, mit der sie über die Kategorie Geschlecht ein literarisches Genre abgrenzt, dem sie dann die gesamte Erzählliteratur von Frauen unterordnet und das sie auf eine weibliche Leserschaft festlegt, ghettoisiert Autorinnen trotz aller revisionistischen Absichten. Gleichwohl ist nicht zu bestreiten, daß eine Vielzahl von Literatinnen im 19. Jahrhundert immer wieder eben die Geschichte erzählen, die für Baym das Genre *woman's fiction* konstituiert: die Entwicklung einer Frau von ihrer Kindheit bis zum Erwachsensein. Die Geschichte der Heldin exemplifiziert nach Baym

> the difficult but successful negotiation of the undifferentiated child through the trials of adolescence into the individuation of sound adulthood. The happy marriages with which most – though not all – of this fiction concludes are symbols of successful accomplishment of the required task and resolutions of the basic problem raised in the story, which is in most primitive terms the story of the formation and assertion of a feminine ego. (12)

Die Romane beschreiben den Weg vom sozialen Ort des weiblichen Kindes zu dem gesellschaftlichen Ort der Frau. Insofern sind sie Entwicklungs- oder Bildungsromane, zwei Erzählformen, deren Grenzen fließend ineinander übergehen. Der Grad der Modellhaftigkeit dieser Entwicklung variiert auf einem Spektrum, an dessen einem Ende die paradigmatische Gestaltung eines vorbildlichen Lebens und an dessen anderem Ende der ganz eigene Werdegang einer unverwechselbaren Person steht. Das Spezifikum dieser Literatur ist es, daß sie eine Frau in den Mittelpunkt stellt; sie thematisiert also Weiblichkeit und ihre besonderen gesellschaftlichen Bedingungen. Es ist offensichtlich weder notwendig noch sinnvoll, daraus zu folgern, daß nur Frauen diese Geschichte gelesen oder geschrieben hätten, auch wenn sie Frauen ein wichtiges Anliegen war. Eine Bezeichnung wie *woman's novel* hat ihre Berechtigung, sofern damit nicht mehr und nicht weniger als die thematische Konzentration auf die Geschichte der Entwicklung einer Frau gemeint ist. Die besondere Häufigkeit dieses Subgenres im 19. Jahrhundert macht es wünschenswert, mit einem eigenen Begriff darauf hinzuweisen.

Eine inhaltliche Bestimmung des Genres hat den Vor- und Nachteil, daß damit die Erzählweise nicht festgelegt ist. Auch Baym tut dies nicht; *woman's fiction* wurde unterschiedlich erzählt:

> I use the word ‚novel' to refer to all their long fiction, but in fact there are several generic variants, along a scale at one end of which is the moral fable, at the other the romance, and in between the novel proper, that is, a story of probability in a recognizably realistic setting. (33)

Mit der Eingrenzung eines Genres auf eine bestimmte Geschichte wird im Grunde bereits die Festlegung auf Prosa problematisch, und in der Tat erfüllt beispielsweise Elizabeth Barrett Brownings Versroman *Aurora Leigh* (1857), sieht man einmal von der Nationalität seiner Verfasserin ab, die Anforderungen von Bayms *overplot*. Der Unterschied, den Baym zwischen amerikanischer *woman's fiction* und beispielsweise Charlotte Brontës *Jane Eyre* macht, wirkt konstruiert: „Jane's goal in the Brontë novel is dominance while the goal of all the American heroines is independence – not at all the same thing" (30) – angesichts des Heiratsendes der meisten dieser Romane ist dies eine fragwürdige Aussage. Das Problem mit Bayms Argumentation ist jedoch nicht ihre inhaltliche Bestimmung des Genres, sondern der Umstand, daß sie dabei nicht stehenbleibt, sondern auch das Geschlecht von Konsumenten und Produzenten dieser Literatur diktiert, zudem den Autorinnen die Negation eines künstlerischen Anspruchs für ihre Texte unterstellt und sie stattdessen auf eine bloß didaktische Intention festlegt. Die Autorinnen wollten so etwas wie praktische Lebenshilfe leisten und in diesem Sinne belehren, meint Baym (16 f). Ein didaktischer Impetus ist jedoch keineswegs Frauensache, die Autorinnen teilen ihn mit ihren männlichen Kollegen, denn er gehört ganz wesentlich zum amerikanischen Viktorianismus.[8] Am großen Zivilisierungsprojekt der viktorianischen Kultur Amerikas beteiligten sich, das hat Fluck überzeugend gezeigt, nicht zuletzt auch die Autoren des literarischen Realismus, die ihre Charaktere (und Leser) exemplarischen Lernprozessen unterwerfen: „Der amerikanische Realismus kann in seiner klassischen Phase geradezu als Genre derart exemplarischer Lernprozesse angesehen werden" (*Inszenierte Wirklichkeit* 21).[9] Die Botschaften selbst mochten differieren, doch selbst diejenigen, die gegen die viktorianische Gesellschaft rebellierten, taten dies oft genug im Namen wichtiger Werte der viktorianischen Kultur.

Die Ursachen für die weite Verbreitung des Frauenromans im 19. Jahrhundert sind in seiner kulturellen Funktion zu suchen. Diese Geschichten über Frauen sind literarische Modellierungen des Weiblichkeitsdiskurses, der Redegewohnheitsnotwendigkeiten über die Frau, und die Frau war vielleicht, in einer Formulierung Virginia Woolfs, „the most discussed animal in the universe" (27). Weil diese Geschichten Entwicklungsprozesse vom Kind zur Frau in den Mittelpunkt stellen, thematisieren sie mehr als andere Erzählformen die Bedingungen, Beschränkungen und besonderen Möglichkeiten, die für das weibliche Geschlecht jeweils gelten. Schriftstellerinnen bezogen mit ihren Versionen der Frauengeschichte Positionen im diskursiven Spektrum, dessen Bandbreite von Disziplinierung bis zu Aufbegehren reichte. Sie entfalteten in ihren Werken den hegemonialen Weiblichkeitsdiskurs jedoch nicht nur, sie gestalteten ihn in ihren Fiktionen auch, denn durch die Fiktionalität ist eine experimentelle Dimension gegeben, in der die Spannung zwischen individuellen Vorstellungen und Erfahrungen von Weiblichkeit mit kulturell vorgegebenen Erklärungsmustern bearbeitet werden kann, in der Dekonstruktionen und andere Konstruktionen von Weiblichkeit durchgespielt werden können. Über ihre literarischen Texte konnten Frauen in der Öffentlichkeit mitreden und sich an der ständig stattfindenden diskursiven Konstruktion von Geschlecht beteiligen, damit aber auch an der diskursiv geregelten Machtverteilung dieser Geschlechtskonstruktionen.

Daß viele Frauen an diesem Diskurs als Autorinnen und Leserinnen interessiert waren, erklärt sich aus ihrer persönlichen Betroffenheit; daß die Heldinnen, die manche Autorinnen konzipierten, unkonventioneller sind als die, die männliche Autoren erzählten, wird verständlich in der Spannung zwischen Disziplinierung und Aufbegehren, die zum Diskurs gehört; die Ausweitung weiblicher Bewegungsfreiheiten war nicht jedermann ein Anliegen. Ob politisch konservativ oder subversiv, die Texte loten Phasen, Wege und Orte des Frau-Seins aus. Susan K. Harris nennt sie daher mit einigem Recht „exploratory novels". Dieser Romantyp „explores … extensions beyond the realm of approved female behavior, an exploration that takes place as much on the formal level as the thematic" (*19th-Century American Women's Novels* 20). Die *cover story*, deren Muster Harris allgemeiner beschreibt als „abandonment, adventure, and redemption", sieht sie nicht als frauentypisch. Ishmael in *Moby-Dick* mache dieselben Stadien von „alienation, adventure and reconciliation" durch wie die Protagonistinnen der Frauenromane (20).

Ob Frauenroman oder *exploratory novel*, solche Klassifizierungen sind retrospektive Konstruktionen der Literaturwissenschaft. Die zeitgenössische Rezeption sah diese Texte keineswegs als eine Genreeinheit, wie Baym selbst deutlich macht. Die Rezensenten unterschieden zwischen den Werken verschiedener Autorinnen und identifizierten individuelle Stärken und Schwächen.

> The contemporary critics were particularly alert to each writer's contribution to the depiction of American social life, especially to regional differentiations in manners and character types. But on the whole they showed themselves uninterested in the story that this fiction tirelessly repeated (*Woman's Fiction* 23)

Ich habe jedoch argumentiert, daß die Rezensenten sehr wohl von weiblicher Verfasserschaft Kenntnis nahmen und an die literarischen Texte von Frauen spezifische Maßstäbe anlegten. Das diskursive Konstrukt weibliche Literatur hatte, wie in Kapitel 2. ausgeführt, deutliche Konturen. Mit seiner Entfaltung des Weiblichkeitsdiskurses gehört der Frauenroman in dieses Feld. Stoddard nimmt mit *The Morgesons* bestimmte Konventionen weiblicher Literatur auf, überschreitet aber an anderen Stellen die Grenzziehungen dieses Konstrukts: die Moral des Werks war, in viktorianischer Terminologie, „unhealthy". Eine Protagonistin, die einen verheirateten Mann begehrt und sich ihrer sexuellen

Natur nicht schämt, aber dafür von ihrer Verfasserin weder bestraft noch getadelt wird, mußte fragwürdig sein. Problematisch war zudem das Fehlen einer positiven, religiösen Dimension, eines nach christlicher Überzeugung geordneten Universums.[10] In dieser Hinsicht war *The Morgesons* ein irritierender Text, und daher einer, der nach den in Kapitel 4. erläuterten Mechanismen tendenziell ausgeblendet wurde. Trotz mehrerer Neuauflagen verschwanden Stoddards Texte immer wieder sehr rasch aus der Diskussion.

Im literaturwissenschaftlichen Diskurs des 20. Jahrhunderts wurde Stoddard bis zur Mitte der 1970er Jahre kaum erwähnt. Gordon Haight widmete ihrem Werk einen Absatz in der von Robert Spiller herausgegebenen *Literary History of the United States* (3. rev. ed. 1963); Willard Thorp erwähnt sie im selben Werk in dem Abschnitt über die *genteel tradition,* „Defenders of Ideality", in einem Nebensatz, in dem er ihr das Kompliment macht, ihre vergessenen Romane „show her to have been gifted with an imagination finer than that of any member of the group" (810). Dabei blieb es dann. Da Stoddard schon im 19. Jahrhundert nicht populär gewesen war, taucht sie nicht unter den Negativbeispielen der Bestsellerautorinnen auf. Als Ehefrau eines als zweitklassig eingestuften Dichters war ihr das Desinteresse quasi per Sippenhaft sicher. Lawrence Buell und Sandra Zagarell, die Herausgeber des neuesten Reprints von *The Morgesons* von 1984, versuchen in ihrer Einleitung, die Ausblendung Stoddards durch die Literaturwissenschaft zu entschuldigen, indem sie die Verantwortung dem literarischen Bekannten- und Freundeskreis der Autorin zuschreiben: ihr Werk wäre wohl nicht so lange ignoriert worden, „had her literary associates not conspired to embalm her for posterity as Richard's talented but eccentric wife. Such a tribute scarcely tempted further inquiries" (xxi). Einleuchtender als die Verschwörungstheorie ist jedoch, daß sich das überlieferte Stoddardbild nahtlos in die Argumente des Alteritätsdiskurses fügte.

Mehr Recht haben Buell/Zagarell mit ihrer Vermutung, daß Stoddard literaturwissenschaftlichen Grenzziehungen zum Opfer gefallen sei: „The present scholarly practice of dividing nineteenth-century American fiction into two subspecializiations – antebellum (‚romantic') and postwar (‚realistic') fiction" – has perhaps contributed to the belatedness of serious attention to her work" (xxii). Einiges davon spiegelt auch noch die Stoddard-Rezeption der letzten Jahre wider. Dabei ist die Zahl der wissenschaftlichen Kommentare zu Stoddard gering; die Zahl ihrer Verfasserinnen und Verfasser noch geringer, da dieselben Personen sich mehrfach geäußert haben. Es ist nahezu typisch für Stoddards prekäre Stellung am Rande der kritischen Unsichtbarkeit, daß die umfassendsten Studien zu ihrem Leben und Werk zwei bis heute unveröffentlichte Dissertationen sind: James Matlacks „The Literary Career of Elizabeth Barstow Stoddard" (1968), eine über 600-Seiten starke, literarisch-biographische Studie und nach wie vor die wichtigste Quelle zu Stoddards Leben, und Ann Jerome Croces „Phantoms from an Ancient Loom: Elizabeth Barstow Stoddard and the American Novel, 1860-1900" (1988).

Die veröffentlichte Rezeption beginnt recht eigentlich erst in der Phase des literaturwissenschaftlichen Diskurses, die durch das wiedererwachte Interesse am Werk von Schriftstellerinnen gekennzeichnet ist; der erste Aufsatz zu *The Morgesons* erschien 1976. Dies ist auch der Roman, auf den sich die meisten Kommentare konzentrieren; er gilt als Stoddards bester. Nur Croce vertritt die Ansicht, Stoddard habe sich in ihren folgenden Romanen künstlerisch weiterentwickelt und *Temple House*, der letzte der drei Romane, sei der gelungenste. Da für meinen Diskussionszusammenhang *The Morgesons* ebenfalls der wichtigste Roman ist, gebe ich im folgenden einen kurzen Überblick über die Forschungsmeinungen zu diesem Werk.[11] Weil dies für meine Interpretation des Werks von Bedeutung ist, erwähne ich die jeweilige Zuordnung Stoddards zu romantischem oder realistischem Erzählen. Wie zu sehen sein wird, besteht hier ein auffälliger kritischer Dissens.

Die früheste Interpretation findet sich in James Matlacks Dissertation. Für Matlack zerfällt der Roman in zwei Partien von unterschiedlicher Qualität. Er lobt Stoddard für ihren *regional realism*, die Darstellung Neuenglands und der Entwicklung der Heldin vor diesem Hintergrund, kritisiert aber Liebesgeschichte und Happy-End als konventionell und konstruiert. Die Elemente des sentimentalen Romans seien nicht sehr geschickt gehandhabt. Matlacks Interpretation hebt stark auf Autobiographisches ab. Den Kapiteln, die Kindheit und Jugend beschreiben, spricht er fiktionalen Status gänzlich ab, diese „could safely be labeled ‚memoirs'" (235); zugleich sind dies die Kapitel, die er am gelungensten findet.[12] Richard Foster verweist in seiner Einleitung zum Reprint des Romans von 1971 auf moderne Aspekte.[13] In ihrer Darstellung der Intensität der sexuellen Anziehung und des Machtkampfes zwischen den Geschlechtern nehme Stoddard D. H. Lawrences Beschäftigung mit dem Geschlechterkampf vorweg. Er hält sexuelle Leidenschaft für Stoddards Hauptinteresse in diesem Text, den er als symbolistischen Roman bezeichnet (xviii). Auch diese Einleitung war nicht in der Lage, das Interesse an der Autorin wiederzubeleben; die Neuauflage ihres Werks von 1971 blieb ohne Resonanz, wie Sybil Weir berichtet: „although the novels were offered for review, no one bothered" („The Morgesons" 428).

Weir kommt das Verdienst zu, *The Morgesons* wieder in die kritische Diskussion eingebracht zu haben. 1976 erschien ihr sehr guter Artikel „*The Morgesons*: A Neglected Feminist *Bildungsroman*", in dem sie die Originalität des Textes in seiner Darstellung der Entwicklung weiblicher Subjektivität herausarbeitet und Stoddard als Vorläuferin der literarischen Moderne einordnet. Für Maurice

Kramer ist Stoddard dagegen konventionell und zu Recht nur eine Fußnote in der Literaturgeschichte. Sein Aufsatz „Alone at Home with Elizabeth Stoddard" zeigt einmal mehr die stereotpyen Muster des Alteritätsdiskurses. Wie schon Bell bei Sedgwick schätzt er an Stoddards Werk gerade, daß es die Konvention verkörpert. Stoddards Werk sei typisch für einen repräsentativen Zug der amerikanischen Romantik: die skeptische Selbstbefragung, die mit dem Streben nach dem Ideal einhergeht. Obwohl Kramer gelegentlich auch etwas Positives über Stoddards schriftstellerische Fähigkeiten zu sagen weiß, meint er doch gleich eingangs, die Qualität ihrer Romane „need not be exaggerated. The writing is uneven, the characterization often obscure, and the plots less than compelling" (159). Mit dieser Bewertung und der Einschätzung, daß Stoddard einen Hang zur melodramatischen Handlungsführung habe, sind die Texte insgesamt als trivial klassifiziert. Erschwerend kommt das Urteil über die Autorin hinzu, Stoddard sei „herself too much a creature of her time to make a major plot out of the concerns of women" (162).[14]

Für Lawrence Buell und Sandra Zagarell ist Stoddard dagegen „the most strikingly original voice in the mid-nineteenth-century American novel" (xi). In ihrer biographisch-kritischen Einleitung zum Reprint von 1984 stellen sie die Autorin als Übergangsfigur unter den Autoren Neuenglands vor, die die Hawthornesche *romance* mit der Regionalliteratur der Region im späten 19. Jahrhundert verbindet. Sie weisen auf die schauerromantischen Aspekte des Romans und Stoddards Bewunderung für die Brontë-Schwestern hin, sowie auf ihren erzählerisch experimentellen Sprachgebrauch. Sowohl Buell als auch Zagarell führten ihre Überlegungen zu Stoddards Roman jeweils noch einmal in anderen Publikationen weiter aus. Zagarells Aufsatz „The Repossession of a Heritage" verfolgt das Motiv der „possession", im Sinne von Besitzen und Besessen-Sein, im Text. Für Zagarell ist Stoddards Roman eher eine Kritik an der männlichen Form des Bildungsromans als der Versuch, das Genre der weiblichen Sphäre anzupassen, wie andere amerikanische Autorinnen der Zeit dies taten. Stoddard produziere vielmehr eine den Brontës nahestehende Version des Genres, das Ellen Moers *female gothic* genannt hat. Die Verbindung zu den Brontës und dem Schauerroman ist auch Buells Ansatzpunkt. Er behandelt den Text als *provincial gothic* in dem gleichnamigen Kapitel von *New England Literary Culture*. Darunter versteht er den Gebrauch schauerromantischer Konventionen „to anatomize the pathology of regional culture" (351). Buell vergleicht *The Morgesons* ausführlich mit Hawthornes *The House of the Seven Gables*; beide Autoren gehörten zu den bedeutendsten Schöpfern des von ihm untersuchten Subgenres. Buell geizt nicht mit Lob für Stoddard: Sie sei „a genuinely first-rate talent ... for whose best work absolutely no apology is needed to place it alongside that of Melville, Hawthorne, and Poe" (354). Die ehrenwerte Gesellschaft, in die Buell Stoddard damit einreiht, macht auch deutlich, daß er sie als Romantikerin, nicht als Realistin sieht.

Bezüge zu Hawthornes *The Scarlet Letter*, besonders zwischen den Kindern Pearl und Cassandra, stellt Susan K. Harris in „Stoddard's *The Morgesons*: A Contextual Evaluation" her. Sie plaziert den Roman außerdem im Kontext der Romane von Stowe, *The Minister's Wooing*, Warner, *The Wide, Wide World* und *Queechy*, und Cummins, *The Lamplighter*, wobei sie herausarbeitet, welche thematischen Konventionen Stoddard mit diesen Autorinnen teilt und zu welch anderen Zwecken sie sie häufig einsetzt. „Stoddards book stands out as an iconoclastic attempt to portray a woman's consciousness ..., an attempt that puts Stoddard in the vanguard of nineteenth-century experimental fiction, technically and ideologically" (11). Besonders in ihrer expliziten Ablehnung der Religion unterscheide sich Stoddard von fast allen zeitgenössischen Autorinnen und Autoren. Dieser Aufsatz ist die Grundlage für das Stoddard-Kapitel in Harris' *19th-Century American Women's Novels*, in dem sie den Roman ausführlicher darstellt. Die Gewichtung der Interpretation ist hier leicht verschoben; so schenkt Harris etwa narrativer Modellierung und Erzählstrategie mehr Beachtung, wodurch ihre Interpretation insgesamt gewinnt.

Der psychologische Realismus von Stoddards Darstellung ist der Aspekt, den Ann Jerome Croce in ihrer Interpretation von *The Morgesons* besonders betont (vgl. 189-225). Die komplexe und ambige psychologische Darstellung der Protagonistin verbinde Stoddard mit den späteren Realisten. Croce hebt den Anti-Sentimentalismus der Autorin hervor, argumentiert jedoch auch, daß Stoddard einige Voraussetzungen des Sentimentalismus teile. Dies zeige sich in der positiven Darstellung der häuslichen Rolle, die Cassandra nach dem Tod ihrer Mutter übernimmt; „[T]his leap into domesticity is presented as evidence of her growth into full womanhood" (219). Ähnliches signalisiere die abrupte Rückkehr von Cassandras Liebhaber Desmond und die glückliche Verbindung der beiden. Nach Croces Ansicht stehen diese Schlüsselstellen in unglücklichem Kontrast zur übrigen Struktur und Sicht des Romans, der insofern ungelöste Spannungen aufweist.

Alfred Habegger läßt in *Henry James and the ‚Woman Business'* keinen Zweifel an seiner Einschätzung des Werks: „no doubt *The Morgesons* is flawed. It and the author's later novels are less impressive all in all than the massive output of the male realists, or the work of the best local colorists" (87). Dennoch lobt er Stoddard für das, was ihr beinahe gelungen wäre. Sie sei „the one prose writer among the women agonists of the 1860s whose work demands recognition" (86), und ihre Heldin Cassandra sei „infinitely bolder than any of Howells's or James's American girls" (89). Obwohl diese Untersuchung Habeggers weniger stark vom Alteritätsdiskurs geprägt ist als noch sein *Gender, Fantasy, and*

Realism, das ich in Kapitel 1.3. kommentiert habe, hat er es doch auch hier wieder eilig mit der Abqualifizierung der Autorin: Stoddards „chronic problem as a novelist" diagnostiziert er als ihre Unfähigkeit, die Ereignisse, die ihre Handlungskonzeption erforderte, überzeugend umzusetzen (90). Weiterhin kommt er zu einigen wenig zwingenden Schlüssen, so wenn er Cassandras Schwester Veronica, die er „this beautiful, elusive, useless person" (91) nennt, einordnet als Stoddards Version des „angel-child" in der Tradition von Stowes „litte Eva" und Dickens' „little Nell" (92).[15] Immerhin behandelt Habeggers Kapitel auch Stoddards *Two Men* und Henry James' furiosen Verriß dieses Werks. Habegger arbeitet etliche Widersprüchlichkeiten in der Rezension heraus, die er „irrational" nennt und in der James selbst eben das tue, was er der Autorin vorwerfe. Dennoch kann Habegger der Jamesschen Aggression etwas Gutes abgewinnen: Unter anderem Stoddards Werk habe in James die nach Harold Bloom nötige „ferocity of imagination" geschaffen, die dann in *The Portrait of a Lady* fruchtbar zu Buche schlug (101).

Der jüngste Beitrag, Stacy Alaimos „Elizabeth Stoddard's *The Morgesons*: A Feminist Dialogue of *Bildung* and Descent", argumentiert partiell gegen Weirs Genreeinordnung als Bildungsroman. Alaimo sieht das Werk als Verbindung von schauerromantischen und realistischen Elementen, die in einem dialogischen Verhältnis und in ungelöster Spannung zu einander stehen. Ihrer Ansicht nach partizipiert *The Morgesons* an beiden Untergattungen, *gothic novel* und Bildungsroman, mit dem Effekt, daß „the juxtaposition of the realistic and gothic intensifies the gothic" (36). Als Schauerroman beschreibe *The Morgesons* den Abstieg der Heldin von einer freien und wilden Kindheit zu einer Existenz als Frau, die häuslichen Beschränkungen unterworfen ist und Pflichterfüllung und Selbstverzicht fordert. Alaimo erkennt darin eine feministische Kritik an der Weiblichkeitsideologie der Zeit.

Die Interpretationen von *The Morgesons* weisen die übliche Bandbreite an Werturteilen auf, von eher konventionell bis innovativ, je nachdem, wo im kritischen Vorverständnis der der Autorin angemessene Ort ist. Was Stilrichtung und Genrezuordnung angeht, werden immer wieder einzelne Elemente aufgezählt, wobei kaum je der Mischcharakter des Textes selbst thematisiert und nach der spezifischen Logik und Funktion dieser Konzeption gefragt würde. Begreift man die Entwicklung eines literarischen Systems als eine Form kulturellen Handelns, „das in der Auseinandersetzung mit einer sich immer neu problematisierenden Wirklichkeitskonstruktion ‚dialogisch', d.h. unter ständiger wechselseitiger Einwirkung und in Prozessen komplexer Verhandlung und Vermittlung voranschreitet" (Fluck, *Inszenierte Wirklichkeit* 12), so wird einsichtig, daß der Wechsel von einer Darstellungsform zur folgenden sich allmählich vollzieht. Gerade ein Text, der am Übergang steht, müßte speziell unter dem Aspekt seiner Verbindung beider Richtungen von Interesse sein.

Zunächst ist zu fragen, was konstitutive Unterscheidungsmerkmale der beiden Subgenres *romance* und realistischem Roman sind. Hier ist die Arbeit von Fluck, *Inszenierte Wirklichkeit*, hilfreich, der das Problem diskutiert und auf dessen Überlegungen ich mich stütze.[16] Traditionell werden *romance* und *novel* als negative Kontraste gedacht und scharf getrennt: während letztere Form angeblich die wirklichkeitsgetreue Darstellung der gegebenen Tatsachen und natürlichen Verhältnisse leistet, erhebt die *romance* keinen Anspruch auf empirische Wirklichkeitstreue, sondern besteht auf dem Freiraum der Fiktionalität zur Darstellung einer inneren, moralischen Wahrheit. In der pejorativen Version dieser Differenz wird die *romance* als eskapistisch und wirklichkeitsentstellend abgetan, wie dies lange gerade beim Frauenroman der Fall war. Ein solches Verständnis von *romance* und *novel* ist naiv, weil es die Konstruiertheit jeder fiktionalen Welt, also auch der des realistischen Romans, übersieht. Nützlicher ist es, sie als „konkurrierende Genres literarischen Weltverständnisses" (89) zu sehen, und, wie Fluck dies im Anschluß an Robert Post vorschlägt, das Wirklichkeitsverständnis, das der *romance* und dem realistischen Roman jeweils zu Grunde liegt, zum Ausgangspunkt der Analyse zu machen.

Bei aller gebotenen Vorsicht gegenüber Pauschalaussagen, die immer nur eingeschränkt richtig sein können, liegt hier – idealtypisch gesehen – ein wesentliches Unterscheidungsmerkmal dieser beiden Formen: die Wirklichkeitskonstitution der *romance* ist dadurch gekennzeichnet, daß sie eine metaphysische Ordnung voraussetzt oder eine solche zumindest ihren Hintergrund und außerliterarischen Bezugsrahmen bildet, während der realistische Roman nur noch auf einen sinnvoll geordneten Zusammenhang der Welt vertraut, jedoch ein metaphysisches Erklärungsprinzip der Welt aufgegeben hat. Während die *romance* auf die transzendentale Bedeutungsstruktur hinter den Erscheinungen der empirischen Wirklichkeit verweist, die durch konventionelle Wahrnehmungsweisen eben nicht zugänglich ist, muß eine literarische Form, die auf den Glauben an diese Metaphysik verzichtet, gerade die empirisch erfahrbare Welt wichtig nehmen, denn nunmehr kann der Wirklichkeit ihr Sinn „nur noch in einem tendenziell endlosen Prozeß kausaler Relationierung des Beobachteten und Erfahrenen abgewonnen werden" (64). Eine verborgene „eigentliche" Wirklichkeit hinter der äußeren Erscheinung gibt es nicht mehr. In der *romance* geht es damit primär um die Wirkungsgesetze und die Wirkungsweise einer metaphysischen Ordnung, wohingegen der realistische Roman gesellschaftliche und historische Einflüsse auf das Individuum präsentiert. Der Realismus bemüht sich, „die Ordnung in der Wirklichkeit" zu erkennen (64):

> Die Wirklichkeit wird aus metaphysischen Bezügen herausgelöst, die sich nur subjektiver Intuition und Spekulation erschließen, und wird zur ‚gewußten' Wirklichkeit, deren historische, soziale und psychische Kausalität allgemeiner Beobachtung zugänglich ist. ... Eben dabei fällt dem realistischen Roman eine wesentliche Aufgabe zu: In der Verdeutlichung historischer und sozialer Wirkungszusammenhänge soll er dem gemeinsamen Wahrnehmungsprozeß (und das heißt auch: dem gesellschaftlichen Konsens) auf die Sprünge helfen. (64-65)

Aus dem Wirklichkeitsverständnis dieser Erzählformen lassen sich auch die erzählerischen Merkmale der Genres ableiten. „Handlung, Gesprächsformen und Charaktere wollen in der *romance* keinen Anspruch auf empirische Wirklichkeitstreue erheben. Denn das würde bedeuten, der bloßen Oberflächenrealität verhaftet zu bleiben" (63). Die Charaktere der *romance* sind, da sie letztlich bestimmte moralische, philosophische oder ästhetische Positionen verkörpern, eher stilisierte, manchmal nahezu allegorische Figuren, deren Wesen in der erzählerischen Darstellung enthüllt wird, während der realistische Roman gemischte Charaktere in ihrer Entwicklung darstellt. Die Figuren werden dabei gesellschaftlich und historisch genau verortet, denn um das Schicksal des einzelnen verstehbar zu machen, sind die besonderen Umstände seiner sozialen und gesellschaftlichen Existenz von entscheidender Bedeutung. „Charaktere werden auf diese Weise im Realismus zu soziologisch und psychologisch erklärbaren Figuren, deren moralische Identität sich relativiert" (66).

Diese Differenzierung von *romance* und realistischem Roman betont in idealtypischer Weise den Kontrast um der begrifflichen Klarheit willen. Die kulturhistorische Situierung dieser Phänomene läßt eine ähnliche Trennschärfe nicht zu. Romantische und realistische Darstellungsformen lassen sich wohl von ihrem gegensätzlichen Wirklichkeitsverständnis her unterscheiden, doch gehen solche Wandlungen allmählich und nicht abrupt vor sich, d.h. der Verzicht auf ein metaphysisches Erklärungsprinzip der Welt bedeutet nicht zwangsläufig, daß damit auch sofort jede Erwartung einer moralischen Ordnung aufgegeben würde, sie mag nur anders begründet werden, z.B. nicht mehr metaphysisch sondern aus dem Evolutionsgedanken. Zu berücksichtigen ist außerdem, daß jede Form selbst einem fortlaufenden Modifikationsprozeß unterworfen ist, wie Fluck am Beispiel der *romance* ausführt. Diese Form, für die die Gewißheit einer metaphysischen Ordnung konstitutiv ist, wird mit dem allmählichen Abbau transzendentaler Sinnstrukturen auch zur Problematisierung dieser Erkenntnisprämisse benutzt. Dies ist kein Widerspruch, denn die radikalen Erkenntniszweifel etwa Herman Melvilles sind, nach Posts Meinung, die negative Spiegelung seiner ursprünglichen Erwartung einer objektiven moralischen Ordnung (vgl. 68). Doch sogar in konventionelleren Versionen der *romance* werden bereits Zweifel an der moralischen Verfassung des Universums erkennbar, wenn etwa über undurchsichtige Handlungsabläufe, Intrigen und Schicksalsschläge, denen die Charaktere fortwährend ausgesetzt sind, immer wieder die Frage aufgeworfen wird, ob das denn gerecht sei, und ob es überhaupt noch eine höhere Gerechtigkeit gebe. Insbesondere das Melodrama lebt „von der geheimen Furcht, die moralische Ordnung des Universums könne den Held oder die Heldin im Stich gelassen haben" (69). Dieser Zweifel wird erst am Romanende mit der Lösung aller Verstrickungen und der gerechten Verteilung von Lohn und Strafe entkräftet.

Betrachtet man den Realismus „als Erkundung der Möglichkeit eines neuen Wirklichkeitsverständnisses" (72), so rückt eher der Prozeßcharakter der Veränderungen in den Vordergrund. Dies scheint mir wichtig, da die Entwicklung auch literarischer Darstellungsformen ja nicht unabhängig von den bereits existierenden, sondern in der Auseinandersetzung mit ihnen, im Aufgreifen, Umschreiben, Verändern, vonstatten geht. Autorinnen und Autoren reagieren auf das vorhandene Repertoire an Texten und bedienen sich aus dem zu ihrer Schreibzeit zur Verfügung stehenden Pool von literarischen Gestaltungsmitteln für Stil und Form selbst zur Vermittlung sich wandelnder Sichtweisen. Der amerikanische literarische Realismus begann als eine Suche nach zeitgemässen Darstellungsweisen und blieb bis zur Jahrhundertwende eine Mischform; auch deshalb, weil er Teil der viktorianischen Kultur war und eine Strategie im kulturellen Erziehungsprojekts des Viktorianimus. Der Übergang von der Romantik zum Realismus vollzog sich schrittweise:

> Mit den Wertbildungs- und Wahrnehmungsmustern, die die populären Versionen der *romance* affirmierten und die *dark romances* problematisierte, stand der nachfolgenden Generation ein Interpretationsschema zur Verfügung, dessen Brauchbarkeit für die Auseinandersetzung mit einer sich verändernden Realität sie testete, kritisierte und in aufeinanderfolgenden Schritten korrigierte. (71)

Stoddards *The Morgesons* steht nicht nur am Übergang von romantischem und realistischem Erzählen, sondern handelt von diesem Übergang. Der Paradigmenwechsel im Wirklichkeitsverständnis wird im Roman selbst erzählt als Wandel in der Betrachtungsweise der Protagonistin; ihre Entwicklung ist ein Lernprozeß, in dessen Verlauf sie ein anderes Verständnis der Wirklichkeit gewinnt. Insofern liefert die Frage nach der zugrundegelegten Wirklichkeitskonstitution einen Zugang zum Text. Von hierher erklärt sich auch der Mischcharakter des Werkes nicht als Folge mangelnder künstlerischer Konsequenz, sondern als funktional für die Gestaltung seines Themas. Stoddard greift vertraute literarische Konventionen auf und verbindet sie mit Ungewohntem, sie macht Anleihen bei romantischen Formen und transformiert sie ins Realistische. So benutzt sie für ihren ersten Roman die Form des Frauenromans, verstanden als Roman, der die Entwicklung einer Frau schildert, und bewegt sich damit innerhalb eines Feldes, das der Diskurs Autorinnen freigegeben hatte, verwendet jedoch dieses Genre zur „Inspektion der Herrenkultur",[17] zur Analyse und Dekonstruktion der Muster der patriarchalen Ordnung und der weiblichen Subsysteme, die sich im Kontext dieser Ordnung gebildet haben und über die Verquickung mit ihr Macht ausüben.

Zum Text. Die Handlung spielt zwischen 1830 und etwa 1850, Schauplätze sind die fiktiven neuenglischen Orte Surrey, Barmouth, Rosville und Belem. Die etwa 30-jährige Protagonistin Cassandra erzählt in der Rückschau ihr Leben bis zu ihrer Heirat. Der Roman ist chronologisch aufgebaut und wird strukturiert durch drei Reisen, die die Protagonistin unternimmt. Nach jeder dieser längeren Abwesenheiten kehrt sie wieder ins Elternhaus zurück.

Cassandra Morgeson aus Surrey ist die Tochter von Locke und Mary Morgeson. Die Familie lebt seit Generationen in dem kleinen Küstenort, doch gibt es weder besonderes Traditionsbewußtsein, noch Familienstolz. „*Morgeson-Born-Lived-Died*-were all their archives" (9).[18] Locke Morgeson, Cassandras Vater, hat es, dank der Vorsorge seines namensgleichen Großvaters als erster zu nennenswertem Wohlstand gebracht, er besitzt eine Werft und ist Kaufmann. Die Mutter Mary stammt aus einem armen und streng calvinistischen Haus, ihr Vater ist Schneider in Barmouth. Marys Schwester Mercy führt dem verwitweten Vater den Haushalt. Cassandra ist das älteste der Kinder; ihre Schwester Veronica ist 4 Jahre jünger, später wird noch ein Sohn, Arthur, geboren. Cassandra und Veronica sind gleichermaßen eigensinnig und eigenwillig, aber sehr verschieden. Cassandra ist extrovertiert, voller Gesundheit und Lebenshunger, Veronica ist exzentrisch, kränklich und introvertiert. Die beiden Schwestern verbindet eine Haß-Liebe, die erst als sie erwachsen sind, einer ruhigeren, gegenseitigen Zuneigung Platz macht.

Auf Vorschlag von Tante Mercy zieht Cassandra, die wegen schlechten Benehmens der Schule verwiesen wurde, nach Arthurs Geburt für ein Jahr zu Tante und Großvater nach Barmouth und besucht dort eine Schule für junge Damen. In Barmouth erlebt Cassandra das rigide, religiöse Regiment des Großvaters, „a little, lean, leather-colored man ... a Puritan, without gentleness or tenderness" (28). In der Schule wird sie von den anderen Mädchen verspottet und nie akzeptiert. Cassandra ohrfeigt eine Mitschülerin, die andeutet, es gebe Gerüchte über Liebesangelegenheiten, die Cassandras Mutter als junge Frau gehabt habe. Cassandras Schulbesuch endet, als eine Klassenkameradin beim Schaukeln einen Unfall provoziert. Cassandra stürzt und verletzt sich am Kopf. Nach einem Jahr kehrt sie nach Hause zurück; sie ist fast 16 Jahre alt.

Charles Morgeson, ein Fabrikbesitzer aus Rosville und entfernter Cousin, besucht die Familie und lädt Cassandra ein, ein Jahr nach Rosville zu kommen und die dortige Akademie zu besuchen. Cassandra, mittlerweile 18 Jahre alt, lebt bei Cousin Charles, seiner Frau Alice und den drei Kindern. Zwischen Cassandra und Charles baut sich eine immer stärker werdende, sexuelle Spannung auf. Dennoch hat Cassandra ein gutes Verhältnis zu Alice, die sie in das gesellschaftliche Leben einführt. Sie schließt Freundschaft mit ihrer Mitschülerin Helen und lernt den verkrachten, aber wohlhabenden Harvardstudenten Ben Somers kennen. Ben Somers macht ihr den Hof und ist eifersüchtig auf Charles, doch Cassandra erwidert Bens Gefühle nicht. Die Familie Somers ist ebenfalls mit den Morgesons entfernt verwandt, was es Ben Somers erlaubt, Surrey zu besuchen, wo er sich in Cassandras Schwester Veronica verliebt. Charles erklärt Cassandra seine Liebe. In den nächsten Wochen bemühen sich beide, ihre Gefühle zu kontrollieren, Cassandra fährt nicht mehr mit Charles aus. Sie verläßt die Akademie. Auf ihren Wunsch hin nimmt Charles Cassandra auf eine Kutschfahrt mit seinem neuen und sehr heftigen Pferd mit. Als er wegen eines Gewitterregens das Verdeck aufklappt, geht das Pferd durch. Bei dem Unfall kommt Charles ums Leben, Cassandra bricht sich den Arm, im Gesicht bleiben ihr drei Narben. Nach ihrer Genesung reist sie nach Hause.

Cassandras Mutter geht es gesundheitlich schlecht. Ben Somers besucht die Morgesons und verlobt sich mit Veronica. Er lädt Cassandra zu seiner Familie nach Belem ein. Die Somers-Pickergills sind extrem reich. Eine besondere Vermögensregelung bestimmt, daß die Kinder erst über ihren Anteil am Familienbesitz verfügen können, wenn der jüngste Sohn volljährig ist. Mrs. Somers hat gerade erst ein späten Sohn geboren. Ben hofft, Cassandra könne seine Familie für seine Verbindung mit Veronica einnehmen, doch wagt er es nicht, seiner Mutter seine Heiratsabsichten mitzuteilen. Sie gibt im Haus der Somers den Ton an, sie herrscht über die Familie, sie hat das Geld in die Ehe gebracht. Ihr Mann ist von der Gicht geplagt und bettlägerig. Mrs. Somers ist hochmütig und unfreundlich zu Cassandra. Bens intellektuelle Schwester Adelaide beeindruckt Cassandra. Sie verliebt sich in Bens Bruder Desmond, der ebenso wie Ben Alkoholiker ist. Desmond verliebt sich in Cassandra.

Bei ihrer Heimkehr findet Cassandra ihre Mutter tot auf. Bald darauf muß ihr Vater Konkurs erklären. Cassandra übernimmt die Pflichten der Hausfrau. Desmond ist ins Ausland gegangen, um von Alkohol loszukommen. Im folgenden Jahr heiraten Veronica und Ben, der von seiner Mutter enterbt wurde. Lokke Morgesons Geschäfte bessern sich, er heiratet Alice Morgeson, die Witwe von Charles, die sein Unternehmen weitergeführt hat. Cassandra erklärt ihrem

Vater ihre Beziehung zu Charles und bittet ihn, Alice nicht zu heiraten, doch ist die Trauung bereits vollzogen. Locke Morgeson zieht nach Rosville, Veronica und Ben, dessen jüngster Bruder gestorben ist, in ein eigenes Haus. Auf Cassandras Bitte hin vermacht ihr Vater ihr das Elternhaus, wo Cassandra mit einer Dienstbotin lebt. Nach zwei Jahren kehrt Desmond von seiner Trunksucht geheilt zurück. Er und Cassandra heiraten und gehen nach Europa. In der letzten Szene berichtet Cassandra, daß sie in ihrem alten Haus den Sommer verbringen, wo sie ihre Geschichte geschrieben hat. Zusammen mit Tante Mercy, Veronica und deren Kind sind sie in Cassandras altem Zimmer. Veronica ist in sich selbst zurückgezogen, ihr Kind offensichtlich behindert. Ben ist ein halbes Jahr vorher im Delirium Tremens gestorben. Der Roman endet mit den Worten Desmonds, die er nach Bens Tod zu Cassandra gesagt hatte:

> [W]e clung together with faint hearts, and mutely questioned each other. „God is the Ruler," he said at last. „Otherwise let this mad world crush us now." (253)

Wie diese knappe Inhaltsangabe deutlich macht, weichen Handlungselemente und Charakterkonzeption nicht von anderen Romanen von Frauen (oder Männern) ab: eigensinnige Mädchen, wesensverschiedene Schwestern, sexuell attraktive Männer, herrschsüchtige Frauen, sterbende Mütter, geschäftlich scheiternde Väter und dem Alkohol ergebene Herren gehören zum Standardrepertoire; die Entwicklung eines ungebärdigen Mädchens zu einer durch Erfahrung gereiften Frau ist die Geschichte des Frauenromans schlechthin. Was Stoddard von anderen unterscheidet, ist ihre Präsentation dieses konventionellen Materials und ihr Umgang damit. Radikal ist die Individualisierung des Schicksals der Protagonistin: Cassandras Weg ist kein modellhafter, sondern nur aus ihrer spezifischen Persönlichkeitsstruktur zu erklären, die wiederum aus ihren besonderen Familien- und Lebensumständen, den sie prägenden sozialen Einflüssen begreiflich wird. Bemerkenswert ist die völlig unsentimentale, gelegentlich ironische, auch selbst-ironische Sprache der Erzählerin und die konsequente Beschränkung der Perspektive auf die Protagonistin, mit der die Autorin sich jeden Kommentars enthält und keinerlei Leserführung anbietet. Die Eliminierung der meisten Redeindikatoren in den Dialogpassagen macht es manchmal nicht nur schwierig zu wissen, wer gerade spricht, sondern überläßt die Interpretation des Gesagten in wiederum radikaler Weise den Leserinnen und Lesern, weil meistens auch die Angaben zum Ton des Gesagten zurückgenommen sind, so daß die Lesenden genötigt sind zu entscheiden, ob eine Figur ironisch, ärgerlich, freundlich oder anders spricht. Hierdurch entsteht ein hohes Maß an „narrative ambiguity", wie Susan Harris dies nennt (*19th-Century American Women's Novels* 153). Vergleichbar mit der Vielfalt der semantischpragmatischer Bezüge in Emily Dickinsons Lyrik erreicht Stoddard dadurch Bedeutungsoffenheit.[19] In der weitgehend kommentarlosen Wiedergabe von Dialogen werden unterschwellige Spannungen und unterschiedliche Bedeutungsebenen der Kommunikation spürbar. Da Cassandra so wenig bewertet, sind die Leser gezwungen, selbst zu deuten, sind dabei aber auch mit der Unsicherheit ihrer eigenen Interpretation konfrontiert. Die Lesenden sind damit in ihrem Umgang mit dem Text ständig auf das verwiesen, was nach Fluck eine zentrale Frage des realistischen Projekts ist: die Frage „nach den Möglichkeiten einer angemessenen Wahrnehmung und ‚Lektüre' von Wirklichkeit" (225).

In ihrem Verzicht auf auktorialen Kommentar und in der Zurücknahme narrativer Passagen gegenüber den Figurendialogen, kam Stoddard der „dramatischen Methode" nahe, die für William Dean Howells als Theoretiker des literarischen Realismus ein wesentliches Kriterium realistischer Darstellung war.[20] 1862 jedoch war eine solche Erzählstrategie Anlaß zu Kritik, beispielsweise von Henry James.[21] Radikaler als die späteren Realisten, die sich einer auktorialen Erzählerfigur bedienen, die die Entwicklungen überblickt und deren kausale Bedingtheit im permanenten Dialog mit den Lesern erklärt und verstehbar macht, verzichtet Stoddard auf diese Interpretationsinstanz, was anderseits wiederum ihre Nähe zu den Autoren der *American Renaissance* zeigt. Stoddard war sich des Risikos bewußt. Kurz vor dem Erscheinen von *The Morgesons* schrieb sie an Stedman:

> I endeavored to make a plain transcript of human life – a portion as it were of the great panorama without taking on a moral here or an explanation there. Perhaps I have failed. Indications are that it will be misunderstood. (22. Juni 1862; zit. nach Matlack, 217)

Mit dem Verzicht auf auktoriale Erklärungen fordert die dargestellte Entwicklung selbst zum Kommentar auf. Cassandras Werdegang ist eine Erkundung von Möglichkeiten, der Möglichkeiten des Frau-Seins in der neuenglischen Gesellschaft mit ihrer puritanisch-calvinistischen Tradition, ihren Verhaltensnormen, ihrem Gesellschafts- und Standesdünkel. Das neuenglische Erbe enthält biologische, psychologische und materielle Erblasten. Die Bildungs- oder Entwicklungsthematik wird durch die Schulbesuche der Protagonistin zusätzlich betont. An *The Morgesons* als einem Frauenroman am Übergang von Romantik zu Realismus sind besonders zwei Aspekte von Interesse, mit ihnen und ihren Wechselwirkungen werde ich mich im folgenden beschäftigen: Die Entwicklung des Wirklichkeitsverständnisses der Protagonistin und ihre Entwicklung als Frau. Während Cassandras Selbst-Bewußtsein und ihr Verständnis für die Welt nicht zuletzt durch ihre Bewegungen im gesellschaftlichen Raum erweitert werden, führen ihre Reisen sie als Frau immer wieder zu ihrem

Ausgangspunkt zurück. Ihre Entwicklung ist ebenso sehr ein Emanzipationsprozeß wie ein Prozeß der Disziplinierung. Das individualpsychologische und das gesellschaftsanalytische Moment sind gleichermaßen wichtig.

Der Roman stellt die Frage nach der Beschaffenheit der Wirklichkeit, aber damit zugleich die Frage nach der angemessenen „Lektüre" dieser Wirklichkeit, da beides dialogisch miteinander verknüpft ist. Wenn tradierte Wahrnehmungs- und Orientierungsmuster einer symbolischen Ordnung nicht mehr selbstverständlich gelten, entsteht Unsicherheit und die Notwendigkeit, neue zu etablieren. Dies geschieht in sozialer Interaktion, in der die Fähigkeiten zur Entzifferung und Revision von Wirklichkeit geschult werden, gerade auch über Mißverständnisse und Korrekturen dieser Fehleinschätzungen. Der Entwicklungs- oder Bildungsroman ist für die literarische Präsentation dieser Problematik ein sehr geeignetes Genre, da die geistige Entwicklung vom Kind zur Erwachsenen eben das Hineinwachsen in eine symbolische Ordnung über den Prozeß der Begegnung und Auseinandersetzung mit ihren Zeichensystemen in den Mittelpunkt stellt. Wie die Welt zu lesen sei, ist für Stoddards Protagonistin eine entscheidende Frage. Schon das Kind Cassandra ist eine wache und aufmerksame Beobachterin, die recht ungeniert ihre Umgebung betrachtet und ihre Eindrücke registriert. Ihre Neugier zeigt sich schon in der ersten Szene des Romans, in der sie als 10-jährige auf eine Kommode klettert, um sich ihre Lieblingslektüre, ein Buch über Entdeckungsreisen, zu holen. Auf eine äußere und innere Entdeckungsreise wird sie im folgenden gehen, dabei unterschiedliche Sichtweisen kennenlernen und prüfen und ihre eigene in Auseinandersetzung mit anderen korrigierend konstruieren. Die zentrale Rolle, die Wahrnehmung und davon abhängig Wirklichkeitsverständnis im Roman spielen werden, unterstreicht der erste Satz, der ein Kommentar über Cassandra, wie andere sie wahrnehmen, ist: „‚That child', said my aunt Mercy, looking at me with indigo-colored eyes, ‚is possessed'" (5). Tante Mercy ist ebenso wie Cassandras Mutter Mary puritanisch erzogen und ihre Weltsicht dadurch geprägt. Nach puritanischer Doktrin exemplifiziert Cassandras Verhalten die natürliche Verderbtheit des Menschen („natural depravity"). Obwohl Mary und Mercy selbst unter ihrer repressiven Erziehung gelitten haben und beide weniger orthodox calvinistisch als ihr Vater sind, haben die beiden Schwestern den calvinistischen Glauben und damit die Prädestinationslehre nicht aufgegeben. Cassandras Mutter kann deshalb nur hoffen, daß ihre Tochter irgendwann den Weg zu Gott finden wird. Als Cassandra von ihrem Jahr beim Großvater mütterlicherseits zurückkommt, gilt denn auch die erste Frage der Mutter ihrem Seelenheil. Ob sie während des *revivals* in Barmouth eine Veränderung an sich bemerkt habe, fragt die Mutter eilig (50). Der Aufenthalt in Barmouth sollte, das war außerdem ihre Absicht, Cassandra Einsicht vermitteln in die Bedingungen, unter denen sie selbst hatte aufwachsen müssen (46). Im Haus des Großvaters sind sogar die Spinnweben sauber, „[c]lean cobwebs hung from its rafters" (29), aber das Leben dort ist ohne Freude, ohne Wärme, ohne Abwechslung, bestimmt von der Regelmäßigkeit, mit der der Großvater als Hausvorstand die Gebete spricht, „not a word of which was heard; for his teeth were gone, and he prayed in his throat" (30). Während ihres Jahres beim Großvater erfährt Cassandra, daß transzendentale Sinnstrukturen wie sie für ihre Mutter existieren, für sie nicht angemessen sind. Dies wird ihr eindeutig, als sie im Selbstversuch die Kraft der Hostie prüft. Tante Mercy hatte für den Gottesdienst ungesäuertes Brot gebacken, die Reste hatte der Großvater wieder zurückgebracht:

> When the remains were brought back, I went to the closet, where they were deposited, and took a piece of the bread, eating it reflectively, to test its solemnizing powers. I felt none, and when Aunt Mercy boiled the remnants with milk for a pudding, the sacred ideality of the ceremony I had seen at church was destroyed for me. (45)

So bleibt sie auch ungerührt von dem religiösen *revival*, das sie in Barmouth erlebt, und antwortet dem zu Besuch weilenden Geistlichen, der an sie gerichtet Matthäus 11, 28 zitiert: „„,[C]ome unto me all ye that labor and are heavy laden, I will give you rest." ‚But I do not want rest; I have no burden'" (48).[22] Harris weist zu Recht darauf hin, wie ungewöhnlich diese offene Zurückweisung der Religion in einem Roman der Zeit ist, doch sieht sie die Funktion dieser Ablehnung nicht im Zusammenhang mit dem Thema der Wirklichkeitskonstitutionen im Roman.

Cassandra überlebt die Zeit in Barmouth, indem sie sich mit Essen vollstopft. Zugleich schärft sie ihre Wahrnehmung für Äußeres und Inneres, für Diskrepanzen zwischen Worten und Verhalten, für Details. Ihre Lehrerin in Barmouth beschreibt sie folgendermaßen: „She had crenelated black hair, large black eyes, a Roman nose, and long white teeth. She bit her nails when annoyed" (35). Genauso wie Cassandra die Hostie testet, überprüft sie Anschauungsweisen anderer, sieht sich mit deren Augen. Dieses Gewahrwerden ihrer äußeren Erscheinung beginnt an ihrem ersten Schultag in Barmouth, als sie die Klasse betritt und 40 Augenpaare sie anstarren. Zu Hause betrachtet sie sich daraufhin das erste Mal im Spiegel. Im Fortgang des Romans wird sie immer wieder ihr Spiegelbild ansehen, doch bleibt diese Selbstbetrachtung auf ihre äußere Erscheinung beschränkt. Der Spiegel wird nicht zum Medium der tieferen Selbsterkenntnis, wie das in der Romantik üblich war, seine Oberfläche reflektiert nur ihre Oberfläche.

Dem Charakter von *The Morgesons* als Brückentext zwischen Romantik und Realismus entspricht, daß aus dem Umstand, daß transzendentale Sinnstrukturen für die Protagonistin keine Gültigkeit erlangen, nicht unmittelbar der Verzicht auf jedwede universale Ordnungsmacht folgt. Im weiteren tritt nämlich romantische Naturverehrung an die Stelle eines nach göttlicher Vorsehung geordneten Universums. Im Spiegel der Natur scheint sich die Seele wiederzufinden, das Meer wird zum Analogon von Cassandras Seele. Die materielle Natur als Spiegel der inneren Realität von Cassandra wird jedoch letztlich ebenfalls transzendiert.

Auf die Bedeutung des Meeres als Symbol weisen viele Kommentatoren hin mit unterschiedlichen Auslegungen. Nach Weir ist das Meer „throughout the novel a symbol of immersion in life and death" (429), Zagarell sieht darin „the novel's symbol of life" (51), Buell ein „emblem of her [Cassandra's] passionate desire" (362). Für Croce steht das Meer durchgängig als Spiegel von Cassandras Natur, „showing it to be irresistibly powerful, destructive and nourishing, moving and hauntingly incomprehensible" (189). Das Problem mit solchen Interpretationen ist, daß sie die Vielfalt des Symbols auf eine schlichte Gleichung reduzieren und Transformationen und Dynamik in Stoddards Handhabung nicht genügend berücksichtigen. Stoddards Umgang mit dem Meer als physischem Element und als Symbol ist eindrucksvoll; analog zum Grad der Bewußtheit ihrer Protagonistin entwickelt sie daran allmählich eine zweite, symbolische Ebene. Zwei Dinge fallen auf: zum einen, daß das Meer im Fortgang der Erzählung zunehmend wichtiger wird. Symbolisch konnotiert taucht es auf den ersten hundert Seiten des 250-Seiten Romans nur zweimal auf, jedoch zehnmal auf den nächsten 150 Seiten. Zum zweiten werden Cassandras Begegnungen mit dem Meer nur dann ausführlicher erzählt, wenn sie zu Hause ist, an dem Ort, an dem die „Bildung", die sie bei ihren Aufenthalten andernorts gewonnen hat, getestet wird. Im Gleichklang mit ihren Bewegungen im Raum sind Cassandras Aufenthalte im Elternhaus eher statisch und Phasen der Reflexion, während ihre Besuche an anderen Orten Phasen der Exploration sind.

Zu Anfang des Romans ist das Meer noch ohne spezifische symbolische Assoziation, es ist ein Teil der Küstenlandschaft Neuenglands, die auf den ersten Seiten des Romans eindrucksvoll beschrieben wird:

> We lived in a New England village, Surrey, which was situated on an inlet of a large bay that opened into the Atlantic. From the observatory of our house we could see how the inlet was pinched by the long claws of the land, which nearly enclosed it. Opposite the village, some ten miles across, a range of islands shut out the main waters of the bay. For miles on the outer side of the curving prongs of land stretched a rugged, desolate coast, indented with coves and creeks, lined with bowlders of granite half sunken in the sea, and edged by beaches overgrown with pale sedge, or covered with beds of sea-

> weed. Nothing alive, except the gulls, abode in these solitary shores. No lighthouse stood on any point, to shake its long warning light across the mariners' wake. Now and then a drowned man floated in among the sedge, or a small craft went to pieces on the rocks. When an easterly wind prevailed, the coast resounded with the bellowing sea, which brought us tidings from those inaccessible spots. ... Behind the village, the ground rose toward north, where the horizon was bounded by woods of oak and pine, intersected by crooked roads, which led to towns and villages near us. The inland scenery was tame; no hill or dale broke its dull uniformity. Cornfields and meadows of red grass walled with gray stone, lay between the village and the border of the woods. (7-8)

Die Südseite des Hauses der Morgesons ist dem Meer zugewandt, die Nordseite landeinwärts. Wir erfahren, daß Cassandra öfter am Strand spielt und Veronica den Anblick des Meeres nicht ertragen kann. Erst nach ihrer Rückkehr aus Barmouth entwickelt sich Cassandras besondere Beziehung zum Meer. Nachdem Charles Morgeson ihre Aufmerksamkeit darauf lenkt, indem er Cassandra bei ihrer ersten Begegnung fragt, ob das Meer Einfluß („influence" 62) auf sie habe, beginnt ihr das Meer bewußt zu werden. An dieser Stelle läßt sich gut zeigen, wie Stoddard, die es meisterlich versteht, vielfältige Assoziationsmöglichkeiten auf engstem Raum zu komprimieren, die symbolische Verbindung ebenso unaufdringlich wie überzeugend aufbaut. Auf Charles' Frage antwortet Cassandra noch, sie habe darüber noch nicht nachgedacht, wenige Zeilen danach aber verwendet sie das Meer als Vergleich für die Augenfarbe ihrer Mutter. Dies ist scheinbar unmotiviert; psychologisch läßt sich jedoch argumentieren, daß Charles' Frage in ihrem Unterbewußten weiterwirkt und ihr diesen Vergleich nahelegt. Die Homophonie von *see* und *sea* greift zusätzlich. So wird der Blick der Figuren und der Lesenden auf das Meer gelenkt:

> Cousin Charles's hawk eyes caught the look, and he heard me too, when I tapped her shoulder till she turned round and smiled. I whispered, „Mother, your eyes are as blue as the sea yonder, and I love you." She glanced toward it; it was murmuring softly, creeping along the shore, licking its rocks and sand as if recognizing a master. And I saw and felt its steady, resistless heaving, insidious and terrible. (63)

Charles hat gerade die Besuchseinladung für Cassandra ausgesprochen und seine Präsenz gibt dem mehrschichtigen, sinnlichen Nebeneinander von Liebeserklärung und Meer eine weitere, heterosexuelle Dimension.

Nach dem Tod von Charles und ihrer Rückkehr nach Hause fängt Cassandra an, das Meer als ein Element zu betrachten, das ihre Empfindungen ausdrückt.

„It was as if I saw the sea for the first time. A vague sense of its power surprised me; it seemed to express my melancholy" (127). In seiner Bewegtheit erkennt sie die wechselvolle Heftigkeit ihrer Gefühle wieder. Sie setzt sich damit immer stärker in Beziehung, indem sie beispielsweise ihr Zimmer neu einrichtet, wobei sie vorwiegend blauen Stoff verwendet (143). Und sie liest den Ozean wie ein Barometer ihrer Stimmungen:

> A habit grew upon me of consulting the sea as soon as I rose in the morning. Its aspect decided how my day would be spent. I watched it, studying its changes, seeking to understand its effect, ever attracted by an awful materiality and its easy power to drown me. By the shore at night the vague tumultuous sphere, swayed by an influence mightier than itself, gave voice, which drew my soul to utter speech for speech. (142-143)

Cassandra leistet in diesen Reflexionen ein Stück Trauerarbeit nach dem Tod von Charles, doch führen sie ihre Gedanken ans Jenseits schließlich wieder zum Diesseits zurück. Letztlich unterliegt die Natur keinem metaphysischen Gesetz mehr, und deshalb bleibt auch die Protagonistin nicht an eine Naturbetrachtung gebunden, in der der Natur die Wesensentsprechung eingeschrieben ist. Dieser Wandel in Cassandras Wirklichkeitsverständnis ist als dramatischer Wendepunkt markiert; just in dem Moment, in dem die Erkenntnis einer metaphysischen Welt von Cassandra Besitz zu ergreifen scheint, wendet sich Cassandra von ihr ab und gewinnt ein Stück Handlungsfreiheit zurück. Die Szene, in der dies geschieht, ist analog konstruiert zu der, in der Cassandra mit Charles zum letzten Mal ausfährt: bevor das Erwartbare sich ereignet und die Leidenschaft der beiden von ihnen Besitz ergreift, gibt es mit dem Unfall eine dramatische Wende, durch die Cassandra die Verfügung über sich zurückerhält. Während es in dieser Szene ein äußeres Ereignis ist, das Cassandra „rettet", handelt es sich in der späteren Szene um einen inneren Vorgang, mit dem „die Lesbarkeit der Welt"[23] auf ihre Oberfläche zurückgeführt wird. Dies wird nicht als intellektuelle Entscheidung präsentiert, sondern über eine physische Bewegung ausgedrückt. Der Rückzug von einem metaphysischen Weltsinn impliziert in Stoddards Darstellung auch einen Verlust an Tiefe und führt zur Konzentration auf die Anforderungen des praktischen Lebens.

Geschildert wird ein Spaziergang am Strand, den Cassandra nach der Beerdigung ihrer Mutter unternimmt:

> One day I went to walk by the shore, for the first time since my return [from Belem, SO]. When I set my foot on the ground, the intolerable light of the brilliant day blazed through me; I was luminously dark, for it blinded me. Picking my way over the beach, left bare by the tide, with my eyes fixed

downward till I could see, I reached the point between our house and the lighthouse and turned toward the sea, inhaling its cool freshness. (213-214)

Mit Lichtmetaphorik leitet Stoddard die Erkenntnisszene ein. Cassandra klettert auf einen vom Wasser umspülten Felsen und betrachtet einen Tümpel, in den die Strömung Pflanzen und kleine Lebewesen treibt. Vom Grund des Tümpels kehrt ihr Blick an die Oberfläche zurück:

> [T]he pool showed me the motionless shadow of my face again, on which I pondered, till I suddenly became aware of a slow, internal oscillation, which increased till I felt in a strange tumult. I put my hand in the pool and troubled its surface.
> „Hail, Cassandra! Hail!"
> I sprang up the highest rock on the point, and looked seaward, to catch a glimpse of the flying Spirit who had touched me. My soul was brought in poise and quickened with the beauty before me! The wide, shimmering plain of sea ... mingled its essence with mine.
> ... As the tide rolled in I retreated ... I stopped on the verge of the tide-mark; the sea was seeking me and I must wait. It gave tongue as its lips touched my feet, roaring in the caves, falling on the level beaches with a mad, boundless joy!
> „Have then at life!" my senses cried. „We will possess its longing silence, rifle its waiting beauty. We will rise up in its light and warmth, and cry, ‚Come, for we wait.' Its roar, its beauty, it madness – we will have – *all.*" *I turned and walked swiftly homeward* (214-215; Hervorh. im letzten Satz SO)

Auf dem Höhepunkt dieser mystisch-sinnlichen Vereinigung von Mensch und Meer, wendet sich Cassandra ab. Diese Abkehr markiert, wie die unmittelbar sich anschließende Szene deutlich macht, klimaktisch die Aufgabe einer metaphysischen Weltsicht. Einem romantisch-transzendentalistischen Weltverständnis folgt die Hinwendung zu einem pragmatisch-praktischen Realitätsprinzip. Cassandra geht nach Hause und übernimmt dort die Führung des Haushalts. Ihr gewandelter Blick ist sofort spürbar: sie schimpft, daß die Gischt die Fenster besprüht (215), sie also verschmutzt. Einer aufsässigen und halsstarrigen Dienstbotin entzieht sie die Kontrolle des Haushalts und kehrt damit buchstäblich auf den Boden der Tatsachen zurück. Sie reißt das Tischtuch vom gedeckten Tisch: „I pulled off cloth and all – the dishes crashed, of course – and sat down on the floor, picking out the remains for my repast" (215).

Dreimal wird das Meer danach noch erwähnt, doch gibt es in den folgenden Begegnungen keine Kommunikation mehr, der Ozean ist nur noch physische Realität. Cassandra spricht dies beim nächsten Sturm an: „The waves were hoarse with their vain bawling, and the wind shrieked at every crevice of chimney, door, and window. No answering excitement in me now! I had grown older" (219-220). Merklich „bedeutungslos" ist auch ein nächtlicher Spaziergang ans Meer, wo sie einschläft und erst am Morgen erwacht. In nur sechs Zeilen berichtet Cassandra davon, das Meer ist dabei ohne besondere symbolische Kraft; die Elemente kommunizieren miteinander, nicht mehr mit ihr: „[W]hen I started homeward, there was a pale reflection of light in the east, and the sea was creeping quietly toward it with a murmuring morning song" (243). Ihren letzten Kommentar zum Meer gibt sie aus der Entfernung ihres Zimmers heraus am Ende des Romans: „I write in my old chamber. Before its windows rolls the blue summer sea. Its beauty wears a relentless aspect to me now; its eternal monotone expresses no pity, no compassion" (252).[24]

Cassandras gewandelte Wahrnehmung der Wirklichkeit ist ein innerer Emanzipationsprozeß, der Erkenntniszuwachs und Desillusionierung verbindet. Sie befreit sich damit nicht nur aus dem Anschauungs-, sondern auch aus dem Normenkorsett ihrer Gesellschaft – soweit dies einem Individuum, das in ein soziales Gefüge eingebunden bleibt, möglich ist; Stoddard ist in dieser Hinsicht nicht sonderlich optimistisch. Erzählt wird dies an Cassandras Beziehung zu dem verheirateten Charles Morgeson. In dieser Episode wird sich Cassandra allmählich der Existenz eigener sexueller Wünsche bewußt, die sie nach einigem Zögern als zu ihrer Persönlichkeit gehörend akzeptiert und zu befriedigen bereit ist.[25] Zwar verhindert der tödliche Unfall, daß der Ehebruch tatsächlich stattfindet, doch wagt Cassandra sogar Charles' Witwe Alice gegenüber, ihr Begehren offen auszusprechen: „‚Alice!' I whispered, ‚you may or you may not forgive me, but I was strangely bound to him. And I must tell you that I hunger now for the kiss he never gave me'" (123).

Die Beziehung von Charles und Cassandra gestaltet Stoddard als einen Kampf mit und gegen ihre Gefühle, aber auch als Kampf um die Vorherrschaft in ihrem Verhältnis. Croce führt unter anderem in Dialoganalysen aus, wie raffiniert die sexuelle Dimension in die Kommunikation der beiden eingearbeitet ist (vgl. 197-203). Man mag hier, wie Foster, vor allem den Geschlechterkampf sehen, doch steht im Zentrum dieser Episode Cassandras allmähliches Gewahrwerden ihrer sexuellen Empfindungen, sowie die Verwirrung und Beunruhigung, die dies in ihr auslöst. Von Anfang an sind Charles und Cassandra von einander sexuell angezogen, doch ist sich Cassandra, anders als Charles, der ein lebenserfahrener Mann von Mitte Dreißig ist, über die Art ihrer Gefühle länger im unklaren. Die erotische Spannung zwischen den beiden bleibt freilich anderen nicht verborgen. Cassandras Vater fragt zweimal, ob sie Charles möge, Cassandra antwortet in aller Unschuld, Charles sei sehr aufmerksam („attentive" 79), eine Antwort, die den Vater nicht gerade beruhigt. Mit feinsinniger

Ironie versieht Stoddard die Kommunikation mit einer unterschwelligen sexuellen Bedeutungsebene: Cassandra bittet ihren Vater brieflich um Geld für ein Ballkleid, „telling him I had nothing to wear. He answered with haste, begging me to clothe myself at once“ (87).

Die Zeit in Rosville ist für Cassandra eine Phase der Selbstbegegnung mit ihrer inneren Wirklichkeit, ihrem auch physischen Begehren. Bis dahin waren ihre physischen Bedürfnisse auf das Essen gerichtet, ihr großer Appetit entsprach ihrem Lebenshunger. Bei ihrer Ankunft in Rosville, wohin die Mutter sie begleitet, gibt es ein sehr feines Abendessen, bei dem die Gastgeber aber nur so wenig zu sich nehmen, daß Cassandra nicht wagt, sich satt zu essen. Ihre große Sorge ist deshalb, sie werde dort nicht genügend zu essen bekommen. Doch sie gewöhnt sich schnell an die kleinen Portionen. Ihrem Alter angemessen erlebt sie nun einen anderen Hunger, der im Verhältnis zu Charles seine Nahrung findet. Auch hier entwickelt Stoddard ganz unaufdringlich aus dem Alltäglichen, Normalen mehrschichtige Bedeutungsebenen. Dies ist einer der Aspekte, in denen Stoddards Text bereits den Anforderungen an Literatur zuvorkommt, die ein Theoretiker des literarischen Realismus wie Howells später formulierte. In ähnlicher Weise drückt der Wechsel zwischen Cassandras Aufenthaltsorten auch die Erweiterung ihrer inneren Grenzen und die Rückkehr zu sich selbst aus. In Rosville findet die Erkundung neuer, eigener Möglichkeiten statt; die Reflexion und Verarbeitung dieser Entdeckungen geschieht in Surrey. In einem Dialog mit einer inneren Stimme betrachtet Cassandra die moralische Seite ihres Erlebnisses mit Charles. Nach gesellschaftlichen und religiösen Kriterien hat sie sich schuldig gemacht. Doch erkennt sie, daß die Geltung dieser sozialen Verhaltensnormen auch davon abhängig ist, ob sie sie mitträgt. In einem sich anschließenden Dialog mit ihrer Mutter wird dies weiter ausgeführt. Cassandra deutet ihrer entsetzten Mutter ihre Gefühle für Charles an:

> „No, no, no.“
> „Yes.“
> „Then I understand the riddle you have been, one to bring a curse.“
> „There is nothing to curse, mother; our experiences are not foretold by law. We may be righteous by rule, we do not sin that way. There was no beginning, no end, to mine.“
> „Should women curse themselves, then, for giving birth to daughters?“
> „Wait, mother; what is bad this year may be good the next.“ (133)

Cassandra erklärt ihrer Mutter hier, daß es kein universales moralisches Gesetz gibt, keine zwangsläufigen Entwicklungen, Belohnungen oder Strafen außerhalb der gesellschaftlich gemachten Ordnung. Selbst Gut und Böse können sich dynamisch in der Zeit verändern. Stoddard unterstreicht dies mit der

Verwendung konventioneller Elemente der Verführungsgeschichte. In einer universalen moralischen Ordnung müßte Cassandra die Strafe treffen für ihr illegitimes Verlangen, müßte sie verzweifeln und schuldig bleiben oder könnte, wie in anderen Romanen, nur über innere Läuterung und den Weg zu Gott Gnade finden. In jedem Fall impliziert dies in der Literatur dieser Zeit die Aufgabe von Sexualität.[26] Doch über die Umkehrung hinaus, daß statt ihrer der Verführer zu Tode kommt, wird Cassandra durch dieses Erlebnis nicht entsexualisiert. Auch daß sie mit den Narben in ihrem Gesicht von dieser Erfahrung gezeichnet bleibt, verstümmelt nicht ihr sexuelles Potential, ihre Weiblichkeit; ganz im Gegenteil werden die Narben zu ihrer Auszeichnung, denn an ihnen entzündet sich das Interesse von Desmond Somers an Cassandra. Cassandra akzeptiert ihre Sexualität mit einer für ihre Umgebung durchaus irritierenden Offenheit.

Cassandras Entwicklung zur Frau steht in einem dialogischen Verhältnis zum Weiblichkeitsdiskurs der Zeit. In Kontrastierungen und Gemeinsamkeiten entwickelt Stoddard in ihrem Text weibliche Individualitäten, die jeweils eigenständige Persönlichkeiten sind. Sie beschränkt sich nicht auf die konventionelle Doppelung von Frauenfiguren, sondern breitet ein Spektrum aus, das durch die Lokalisierung der einzelnen Personen in ihrem spezifischen sozialen Rahmen und ihren Beziehungskontexten zusätzliche Tiefenschärfe gewinnt. Obwohl ihre Frauenfiguren jeweils eigenständige Persönlichkeiten und keine Typen sind, werden praktisch alle Lebensmöglichkeiten einer bürgerlichen amerikanischen Frau der Jahrhundertmitte über diese Individuen dargestellt; hierdurch entsteht ein gesellschaftliches Panorama von Weiblichkeit und ihren Möglichkeiten in dieser Gesellschaft.

Cassandras Weiblichkeit kommentiert und wird kommentiert durch die ihrer Mutter und vor allem die ihrer Schwester Veronica, die ebenso willensstark wie Cassandra ist, deren Persönlichkeit sich jedoch besonders durch die ihr aufgenötigte Auseinandersetzung mit ihrer Krankheit ganz anders formt. Daß Veronica als Kontrast zu Cassandra konzipiert ist, ist offensichtlich; doch ist sie keineswegs nur ein konventionell-viktorianisches Gegenmodell von Weiblichkeit, wie Habegger meint. Die Schwestern sind sich in aller Unähnlichkeit eben auch ähnlich, und nicht umsonst heiraten sie in Ben und Desmond zwei Brüder, für die dies *vice versa* ebenfalls gilt. Veronica verhält sich zwar in sexueller Hinsicht normkonform, und ihre Barmherzigkeitsmissionen für Arme und Kranke in der Nachbarschaft entsprechen gesellschaftlichen Anforderungen an soziales Verhalten von Frauen, doch ist sie anderseits unfähig, die praktischen Angelegenheiten des häuslichen Lebens zu bewältigen, und zudem trotz aller Scharfsicht zu Fürsorge für die Mitglieder ihrer eigenen Familie nicht in der Lage; sie nimmt auch an der Beerdigung ihrer Mutter nicht teil

(211). Mary Morgeson wiederum ist anders als ihre Töchter und doch ähneln beide auch ihrer Mutter: Veronica in ihrer selbstgewählten Gebundenheit an das Haus, das sie, wie ihre Mutter, nur ungern und selten verläßt, Cassandra in ihrer sinnlichen Lebenslust, die die Mutter als junge Frau zum Gerede der Leute in Barmouth machte.

Cassandras Schwester, Mutter und Tante sind familienbezogene Frauen, deren Ambitionen sich in diesem Rahmen entfalten. Dies gilt zunächst auch für Alice Morgeson, die Frau von Charles, für die ihre Kinder der Mittelpunkt ihres Lebens sind, solange ihr Mann lebt. Nach seinem Tod jedoch beschließt sie, die Leitung der Fabrik zu übernehmen, und führt erfolgreich die Geschäfte weiter. Cassandra konstatiert anläßlich eines Besuches von Alice in Surrey:

> I liked her better than ever. She was business-like and observant. Her tendencies, never romantic, were less selfish; it was no longer society, dress, and housekeeping, which absorbed her, but a larger interest in the world independent of caste. None of her children were with her; had it been three years earlier, she would not have left home without them. (153)

Alice lebt in dieser Phase das Leben einer selbständigen und finanziell unabhängigen Frau. Erst in Belem, dem letzten und am weitesten von zu Hause entfernten Ort, an dem Cassandra sich längere Zeit aufhält, lernt sie noch andere Frauen kennen, die über Rang und Besitz verfügen, der sie einflußreich und mächtig macht. Belem ist eine Gynokratie, die nur in den Kategorien soziale Klasse und finanzieller Besitz denkt. Alle gesellschaftlich wichtigen Personen, die Cassandra trifft, sind Frauen, einige davon so reich, daß sie es nicht nötig haben werden zu heiraten und es sich leisten können, beliebig intellektuell zu sein. Adelaide Somers, Bens und Desmonds Schwester, beeindruckt Cassandra als die erste intellektuelle Frau, die ihr begegnet. In dieser Umgebung fühlt Cassandra sich zunächst geistig und sozial minderwertig, bis sie auch hier erkennt, daß dieses System nur so lange Macht über sie ausüben kann, wie sie es selbst akzeptiert und seine Regeln gelten läßt.

Bellevue Pickersgill, Cassandras künftige Schwiegermutter, ist, anders als ihr Name verspricht, kein besonders erfreulicher Anblick. Sie ist reich und beherrscht tyrannisch alle Mitglieder ihrer Familie, die von ihr abhängig sind. Wie eine Spinne hält sie alle in ihrem monetären Netz gefangen. Stoddard symbolisiert dies über einen konkreten Gegenstand, in dem Geldwert und Frauenherrschaft in Beziehung gesetzt sind: „Mrs. Somers gave me some tea from a spider-shaped silver tea-pot, which was related to a spider-shaped cream-jug and a spider-shaped sugar-dish" (168). Mrs. Somers' Welt ist so vom Geld bestimmt, daß sie Cassandra nur als Mitgiftjägerin sehen kann. Da Cassandra gegen den Somersschen Geldadel ihre innerliche Unabhängigkeit bewahren kann, trägt sie in der mehrfach eskalierenden Konfrontation der beiden letztlich den Sieg und die Liebe des Sohnes Desmond davon. Für Cassandra ist Mrs. Somers ein negatives Modell, doch ähnelt sie ihr auch; ihre Nachfolge wird Cassandra antreten, wie sie bei ihrem Besuch schon eines ihrer Zimmer bewohnt und für ihre Kleider die Kleider von Mrs. Somers aus Schränken und Truhen entfernt werden.

Die erzählten Ehen kommentieren Zustände des Geschlechterverhältnisses. In den meisten dieser Beziehungen sind die Männer tonangebend, doch nicht so bei den Somers. Mr. Somers hat seine Frau ihres Geldes wegen geheiratet: „Marrying Bellevue Pickersgill for her money, he married his master, and was endowed only with the privilege of settling her taxes" (169). Von ihm heißt es, „[h]e skated on the ice of appearances, and that was his vocation in his family" (168). Charles Morgeson dagegen ist der Herr seines Hauses. „Not a leaf dropped in the conservatory that he did not see; not a meal was served whose slightest detail was not according to his desire" (112). Matlack ebenso wie Harris haben darauf hingewiesen, daß Stoddard mit Charles Morgeson und Desmond Somers Byronsche Helden verwendet,[27] doch wiederholt sich auch hier die Transformation des Romantischen ins Realistische. Diese beiden Männer haben zwar ein herrisches Wesen und strahlen Kraft und sexuelle Potenz aus, aber keiner von beiden hat die mysteriöse, geheimnisvolle Aura ungeklärter Herkunft eines Heathcliff. Charles Morgeson ist nicht nur sinnlich-gefährlich, sondern auch ein durchaus glaubhafter Fabrikbesitzer, dessen Hobbys, Blumenzüchten und schnelle Kutschfahrten mit temperamentvollen Pferden, ins Bild passen. Zugleich kann Stoddard mit diesen alltäglichen Details ihre romantischen Assoziationscodes aufrufen; die Blumen liefern die Symbole für die erblühende Liebe von Charles und Cassandra, die Lust der beiden an wilden Pferden wird Sinnbild ihrer ungebändigten Leidenschaft.[28] Desmond Somers, ein weiterer Pferdeliebhaber, ist ebenso überzeugend als gelangweilter Sproß einer reichen Familie, der nichts zu tun hat, als auf sein Erbe zu warten, und die Zeit bis dahin vertrinkt.

Sein erster Auftritt im Roman macht ihn unsympathisch; er prügelt einen Hund. Wenn jedoch, anders als in der *romance*, die äußere Erscheinung eines Menschen nicht mehr als zuverlässiger Ausdruck seines inneren Wesens gelesen werden kann, stellt sich die Frage der richtigen oder falschen Wahrnehmung von anderen mit neuer Brisanz. Im Verhältnis der Geschlechter verschärft sich diese Problematik, weil gerade da die Wahrnehmung vorwiegend auf die öffentlich präsentierte Erscheinung angewiesen bleibt und die Gefahr der Projektion oder Verklärung besonders groß ist. Die Heiraten der Somers-Brüder mit den Morgeson-Schwestern exemplifizieren das Problem. Beide Ehen sind Liebesehen, doch scheitert die Beziehung von Ben und Veronica an den Konstruktionen des Geschlechterdiskurses, den Konzeptionen davon, was Mann und Frau für einander zu sein haben. Ben überhöht seine Frau („she is so pure, so delicate" 160), erwartet von ihr aber auch emotionale und moralische Fürsorge und Führung. Ihre Liebe werde ihm helfen, seinen Alkoholismus zu kontrollieren. Doch Frauen sind in diesem Roman nicht die besseren Menschen. Veronica ist unfähig, Ben zu retten und überläßt ihn sich selbst, wenn er trinkt. Desmond dagegen hofft nicht auf Reform durch Cassandra, sondern übernimmt die Verantwortung für sich selbst. Erst als er vom Alkohol losgekommen zu sein glaubt, kehrt er zu Cassandra zurück.

Wenn die Beziehung von Cassandra und Desmond eine Verbindung zweier gleichwertiger Individuen zu werden verspricht, so liegt es daran, daß sie beide innerlich selbständig geworden sind und nicht erwarten, daß sie einander vervollkommnen oder retten müßten oder könnten. Hierin liegt auch ein gehöriges Maß an Desillusionierung. Cassandra sieht ihre Verbindung ungeschönt von romantischer Verbrämung: „the chain between us. Not a bright one at the best, nor garlanded with flowers, nor was it metal, silver, or gold. There was rust on it, it was corroded, for it was forged out of his and my substance" (227). Aus der Anerkennung der eigenen Unvollkommenheit bezieht diese Bindung eine wenn auch fragile Hoffnung.

An das Ende von Cassandras Entwicklungsprozeß setzt Stoddard nicht nur eine sehr gedämpfte Hoffnung auf Glück, sondern auch die Einsicht in die Begrenztheit menschlicher Einsicht. Als zurückblickende Erzählerin vermittelt Cassandra den Leserinnen und Lesern, daß dem Verständnis anderer Grenzen gesetzt sind. Selbst eine so vertraute Person wie ihre Mutter bleibt im Grunde undurchschaubar („I never understood her" 17); die Distanz zu ihrer Schwester ist nicht zu überbrücken: „The distance which had kept us apart was shortened, but not annihilated" (219). Veronica bleibt Cassandras *alter ego*, das sie nie ganz verstehen lernt, wie sie auch sich selbst nicht völlig versteht. Stoddard läßt ihre Figuren für einander letztlich nicht durchschaubar sein; Äußerungen bleiben unvollständig und mehrdeutig. Die Erzählerin Cassandra, deren Name die Abkehr von der puritanischen Tradition markiert, ist mit dieser Botschaft der antiken Prophetin Cassandra ebenso verbunden, weil deren Weissagungen niemand glaubt, wie von ihr verschieden, weil die moderne Cassandra die Wahrheit der Personen und Dinge eben nicht völlig zu ergründen vermag.[29]

Die Autorin verschränkt realistische Darstellungsziele mit den erzählerischen Ordnungsmustern des Frauenromans. In dieser Form steht die Beschäftigung mit den Bedingungen der Möglichkeit von Frau-Sein in der Gesellschaft im Zentrum. Von viktorianischem Fortschrittsglauben ist bei Stoddard allerdings nichts zu spüren. Sie beschreibt an Cassandra einen Emanzipationsprozeß, in dessen Verlauf diese ein Wirklichkeitsverständnis entwickelt, das nicht auf

Verdrängung, sondern auf das Wahrhaben der äußeren und inneren Realität zielt. Doch führt dies nicht aus ihrem gesellschaftlichen Ort heraus. Die Familie verläßt Cassandra nie, denn selbst auf ihren Reisen bewegt sie sich immer nur in der weitverzweigten Verwandschaft und von jeder dieser Reisen kehrt sie nach Hause, an ihren Ausgangsort zurück. Aus diesem Rahmen gibt es kein Entkommen, die Familie bleibt der Lebensraum für die Frau, der zugleich ihre Selbstverwirklichung behindert.

In zwei Aspekten spiegelt sich Cassandras Emanzipation am Ende ihrer dritten und letzten Reise nach Belem: Sie reist erstmals in ihrem Leben ohne Begleitung zurück. Dies tut sie ohne Schicklichkeitsbedenken. In eine andere Art der Selbständigkeit wird sie gezwungen, denn zu Hause findet sie ihre Mutter tot. Diese Emanzipation aus der Tochterrolle bringt ihr keine Freiheit, sondern bedeutet Disziplinierung. Wenn Cassandra nach dem Tod ihrer Mutter deren Führungsrolle im Haus übernimmt, entscheidet sie sich für eine Pflichterfüllung, die die Aufgabe oder jedenfalls Hintanstellung eigener Wünsche mit sich bringt. Auf Tante Mercys Frage, „„Oh, Cassandra, *can* you give up *yourself?*“, antwortet sie, „„I must, I suppose‘“ (215), und kommentiert die geforderte Selbstlosigkeit eben nicht metaphysisch als Natur, sondern ironisch mit der Mitteilung des Profanen, sie werde von nun an nie mehr Erkältungen haben, da sie nie mehr etwas für sich alleine zu haben gedenke. Die geforderte Selbstlosigkeit bedeutet inneren Stillstand: „„I remain this year the same. No change, no growth or development! The fulfillment of duty avails me nothing; and self-discipline has passed the necessary point‘“, reflektiert Cassandra (243).

Von der weiblichen Pflicht zur Selbstaufgabe ist sie nach der Wiederheirat des Vaters und dem Umzug von Ben und Veronica in ein eigenes Haus befreit.

> The day they moved was a happy one for me. I was at last left in my own house, and I regained an absolute self-possession, and a sense of occupation I had long been a stranger to. My ownership oppressed me, almost, there was so much liberty to realize. (248)

Doch die Freiheit der Selbstbestimmung ist die Freiheit der Einsiedlerin. Der Verzicht auf soziale Bindungen macht sie unabhängig, aber auch einsam. In Cassandra erwacht das Bewußtsein „of the yearning, yawning empty void within me“ (250). Ihre Bindung an Desmond beendet die Einsamkeit, aber auch ihre Stellung als unabhängige Frau. Das Heim ist in *The Morgesons* nicht die „all-sufficient basis for satisfaction and fulfillment“, zu der andere Autorinnen es machen, wie Tompkins schreibt (168), sondern ein Ort der Beschränkung. „Home … was her sphere“, hatte der Vater von Veronica gesagt, „[a]ll that she required he thought he could do“ (60). Doch am Ende betrachtet Cassandra ihre Schwester: „Her face, thin and melancholy, is still calm and lovely. But her eyes go no more in quest of something beyond. A wall of darkness lies before her, which she will not penetrate" (252). Die Familie ist nicht Wunschziel, Heimstatt und ideale Aufgabe für die Frau, sondern wird zum Ort, der ihre Identität konstitutiert und sie zugleich in seinen Schranken hält. Und Frauen sind nicht moralisch höhere Wesen, sondern (wie Männer) Individuen, die mehr oder weniger lebendig, mehr oder weniger liebes- und leidensfähig sind, im Rahmen einer potentiell traumatisierenden sozialen Welt. Der entromantisierte Blick, den Stoddard auf geltende kulturelle „Wahrheiten" über Familie und Heim, Frau und Mann, das Verhältnis der Geschlechter warf, ließ diesen viktorianischen Werten wenig Glanz.

I see a thousand curves and threads crossing each other, making a great web, that rises and rises like a balloon in the sky. It is all words; and where is it trying to get to?

Elizabeth Stoddard, *Lolly Dinks' Doings*

After such knowledge, what forgiveness?

T. S. Eliot, „Gerontion"

6. Schluß

Die Beschäftigung mit amerikanischen Autorinnen des 19. Jahrhunderts und ihren Texten ist immer noch zu einem gut Teil Spurensuche, aber auch Entdeckungsfreude; für die Verfasserin dieser Arbeit war es ein bereicherndes Unterfangen, wenn auch die überwältigende Masse der vorhandenen Literatur anfängliche Illusionen, es werde möglich sein, die wichtigsten Autorinnen in einem Buch zusammenzufassen, schnell zunichte machte. Der ungeahnte Umfang des gewählten Forschungsgegenstandes führte zwangsläufig zu Fragen nach Gründen dafür, warum diese diverse und so reichhaltige Literatur, die Hunderte von Frauen in dieser Epoche schufen, und ihr Anteil an der literarischen Kommunikation ihrer Zeit aus dem literaturwissenschaftlichen Bewußtsein weitgehend verschwunden war. Welche Funktion erfüllte die Verdrängung dieses Materials einerseits und seine Trivialisierung anderseits für die Literaturwissenschaft? Und welche Rolle spielten die Autorinnen zu ihrer Zeit? Wie wird, wie wurde von ihnen geredet und wie redeten sie selbst? Diesen Fragen nachzugehen, machte die vielfache Widersprüchlichkeit sozialer Wirklichkeiten und des Machtgefüges, das sie jeweils konstitutiert, deutlich. Um die Verquickung von Wahrheit und Macht darzustellen, bot sich ein diskurstheoretischer Rahmen an, den ich abschließend noch einmal kurz skizziere.

Diskurse als Rede- und Verstehensgewohnheitsnotwendigkeiten stabilisieren die symbolische und soziale Ordnung. Diese ist ein Machtverhältnis, das in einem permanenten Konstruktions- und Rekonstruktionsprozeß interaktiv von den Gesellschaftsmitgliedern produziert wird. Weil es sich um ein komplexes, dynamisches System handelt, das sich in der Zeit verändert, und in dem alle Faktoren einander beeinflussen, unterliegt es ständigen, mehr oder minder starken Verschiebungen. Dies bedeutet für die Machtverhältnisse einer solchen Ordnung, daß sie immer nur relativ gesichert sein können. Ein wesentliches Moment der Dynamik sozialer Systeme liegt darin, daß ihre Differenzierungskategorien immer kontextabhängig funktionieren; sie können, aber sie müssen nicht aktiviert werden. Die Legitimierung der herrschenden Ordnung wird diskursiv geleistet über die Ordnung der Wahrheit, der geltenden Wahrheiten, die ihrerseits wiederum einem ständigen Revisions- und Anpassungsprozeß unterliegen.

Einen solchen Anpassungsprozeß haben die vorangegangenen Kapitel für die US-amerikanische Gesellschaft im 19. Jahrhundert nachgezeichnet: Die Verknüpfung von Literatur mit weiblichem Geschlecht durch die Übertragung eines diskursiv konstruierten weiblichen Geschlechtscharakters auf die Literatur, an der dieser dann wiederum expliziert wurde. Dies legitimierte die Geltung der Wahrheit der Geschlechterdifferenz, nach der Männer und Frauen sich von Natur aus unterschieden, was im Wechsel ihre Differenz als soziale Wesen erklärte und rechtfertigte. In der viktorianischen Gesellschaft Amerikas war die Geschlechterdifferenz konstitutiv für die Identität der Gesellschaftsmitglieder und Grundlage der sozialen Ordnung mit ihrer weitgehend geschlechtlichen Arbeitsteilung.

Im Bereich Literatur hatte sich ein Legitimierungsbedarf dadurch ergeben, daß die Produktion fiktionaler Literatur zu einem Faktor der Ökonomie geworden war und sich damit ein Berufsfeld auftat, das im Gegensatz zu den anderen Berufsfeldern keine nach Geschlecht geregelten Zugangsschranken hatte. Damit wurde die legitimierende Grundlage der Naturhaftigkeit der geschlechtlichen Arbeitsteilung problematisch. Betrachten wir die Verkettung von symbolischer und sozialer Ordnung unter dem Gesichtspunkt der Ökonomie: Solange Literaturschreiben keine ökonomische Relevanz hatte, konnten sich beide Geschlechter im Rahmen ihrer Möglichkeiten daran beteiligen. Mit dem Aufstieg von Literatur zum Berufsfeld ergab sich ein Widerspruch zur Aufgabenverteilung der Geschlechter, nach der zu diesem historischen Zeitpunkt die materielle Reproduktionsarbeit in der Welt des bürgerlichen Mittelstandes allein dem männlichen Geschlecht zukam. Bürgerliche Frauen hatten literarische Tätigkeit demnach zu rechtfertigen und sie konnten dies beispielsweise mit dem Hinweis auf die soziale Not der Familie tun. Dieses Argument wurde daher häufig benutzt, einerseits, weil es zutraf: die Verfügbarkeit der ökonomischen Versorgungsleistung eines Mannes war aus vielen Gründen unzuverlässig, anderseits, weil es die herrschenden Machtverhältnisse scheinbar nicht in Frage stellte. Ebenso wie die geltende Ordnung der Legitimierung bedarf, bedürfen auch die Individuen in dieser Ordnung der Legitimierung, die sie sich durch die verfügbaren Identitätskonstruktionen schaffen. Die Schriftstellerinnen der viktorianischen Zeit waren vor sich selbst und ihrer Gesellschaft genötigt, sich als Autorinnen zu autorisieren. Mit dieser Situation gingen sie, wie wir gesehen haben, individuell und kontextbezogen unterschiedlich um. Hier zeigte sich das Eingebundensein der Subjekte in die Diskurse ebenso wie die diversen Positionierungsmöglichkeiten der Subjekte im interdiskursiven Raum.

Über die diskursive Konstruktion einer weiblichen Literatur, also einer Literatur, die dem Wesen der Frau entsprach, wurde die Geschlechterdifferenz Referenzrahmen für die Produktion, aber auch die Rezeption von Literatur. Wir sahen dies an der Wahrnehmung und Beschreibung der Texte von Frauen in Bezug auf ihre Weiblichkeit oder Unweiblichkeit. Damit war ein sozialer Raum literarischer Weiblichkeit geschaffen, in dem sich weibliche Identität konstruieren ließ, der aber auch die Ausgrenzung von Frauen und die Etablierung männlicher Identität über die Abgrenzung vom weiblichen Anderen beherbergte. All dieses gab es und auch die weitere Möglichkeit, das Differenzkriterium Weiblichkeit zu ignorieren. Die Hierarchisierungsfunktion dieser Differenzierung für die Institution Literatur drängte sich immer wieder auf. Differenz und Hierarchie produzierten im 19. Jahrhundert Disziplinierung und Aufbegehren als einen dialogisch voranschreitenden Prozeß.

Für das 20. Jahrhundert, mit seinen in einer gewandelten historischen Situation immer noch patriarchalen Strukturen, zeigte der Blick auf die Redegewohnheitsnotwendigkeiten der Literaturwissenschaft, wie weibliches Geschlecht weiterhin zur Differenzierung und Hierarchisierung benutzt wurde. Erst die Reflexion darüber, wie die Kategorie Geschlecht unsere Wahrnehmung, unser Denken und Schreiben bestimmt, kann die Wirkkraft dieser Denkgewohnheitsnotwendigkeit offenlegen und damit die Möglichkeit eines differenzierten Umgangs mit Literatur von Männern und Frauen eröffnen. An den Autorinnen Sedgwick und Stoddard wurden die Verstehensgewohnheitsnotwendigkeiten des 19. Jahrhunderts und des 20. Jahrhunderts im Einzelfall erläutert. In meinen Interpretationen habe ich versucht, deutlich zu machen, wie sich ihre Texte in die Konstruktionen ihrer Zeit einfügen und wie sie sie überschreiten.

Das Konstrukt weibliche Literatur war ein Rahmen, ein „Passepartout", das auf die Vielfalt der von Frauen produzierten Texte aufgelegt wurde und dieser Vielfalt Grenzen setzte. Grenzen der Wahrnehmung, Grenzen des Zugestehens von Qualität. Die Erzählstrategie der Verfasserin dieser Arbeit bestand darin, Kontexte zu beschreiben, in denen das Schreiben von Frauen dieser Epoche stattfand, und mit Geschichten, Interpretationen und vielen Zitaten aus Briefen, Tagebüchern, Essays und literarischen Texten Lebendigkeit und Relevanz dieses Schreibens zu vermitteln. Dies geschah in der Absicht, die Leserinnen und Leser meiner Arbeit zu verführen, diese Literatur für sich und andere (wieder) zu entdecken und sich ernsthaft und kritisch auf sie einzulassen. So bleibt am Ende dieser Arbeit, was für mich ihr Ausgangspunkt war: die Auseinandersetzung mit den Schriftstellerinnen des 19. Jahrhunderts als ein Desiderat wissenschaftlicher Forschung.

Anmerkungen

Anmerkungen zu 1.1.

1 Veröffentlicht von Carey, Lea and Carey in Philadelphia. Aus verkaufstaktischen Gründen waren solche Jahrbücher, *annuals* genannt, bereits im Herbst des vorhergehenden Jahres verfügbar; d.h. *The Atlantic Souvenir for 1830* war schon 1829 zugänglich. Sedgwicks Erzählung erschien außerdem 1829 in der Wochenzeitschrift *The New York Mirror* VII (Oct. 10, 1829): 105-107. Die britische Autorin Mary Russell Mitford, die mehrere Sammlungen amerikanischer Erzählungen in England herausgab, nahm Sedgwicks Geschichte in den Sammelband *Stories of American Life* auf (London, 1830): 97-140. Ich zitiere nach der Ausgabe in Sedgwicks *Tales and Sketches.*

2 Almanache und *annuals* waren zwischen 1825 und 1865 in den USA eine verbreitete Mode. In prachtvoller Aufmachung vor allem als Weihnachts- und Neujahrsgeschenke gedacht, erschienen in solchen Sammlungen Gedichte, Geschichten und Essays von makelloser Moralität und gemischter literarischer Qualität. Auch die meisten bedeutenden Autorinnen und Autoren trugen zu solchen *gift-books* bei: Cooper, Hawthorne, Stowe und Sedgwick selbst, um nur einige zu nennen.

3 Vgl. Hans Joachim Langs Untersuchung der Prosaerzählungen des *Atlantic Souvenir.*

4 Caroline Howard Gilman (1794-1888) stammte aus Boston, zog aber nach ihrer Heirat nach Charleston, South Carolina. Ihre Sympathien gehörten dem Süden. Sie gründete 1832 eine der ersten Zeitschriften für Kinder, *The Southern Rosebud.* Die Zeitschrift wird in Motts *History of American Magazines* nicht weiter erwähnt, erscheint nur in seiner chronologischen Übersicht. Gilman produzierte in vielen Genres, wie die meisten Autoren der damaligen Zeit; sie schrieb Erzählungen, Gedichte, Reisebeschreibungen und Romane. Ihren erfolgreichen Roman *Recollections of a Housekeeper* (1834) beschreibt Baym folgendermaßen: „Written in a style of exquisite clarity and spareness, the work gives a vivid picture of domestic routines in the early nineteenth century.“ (*Woman's Fiction* 68). Gilman ist nicht verwandt mit Charlotte Perkins Gilman (1860-1935), der Verfasserin der mittlerweile zum Klassiker avancierten Erzählung „The Yellow Wallpaper“ (1899).
Um Verwirrung durch unterschiedliche Namen zu vermeiden, nenne ich im folgenden alle verheirateten Autorinnen mit ihrem Ehenamen, selbst wenn sie zum Zeitpunkt einer bestimmten Veröffentlichung noch nicht verheiratet waren. Ich folge damit der Praxis des umfangreichsten biographischen Nachschlagewerks zu amerikanischen Autorinnen, *American Women Writers.*

5 Gewissermaßen wiederholt sich dieses Phänomen in dieser Arbeit, da ich mit der Schwerpunktsetzung auf Geschlechterdifferenz andere Differenzen und Alteritäten zwecks begrifflicher Klarheit weitgehend ausklammere.

6 Daß es sich dabei um einen Verdrängungsakt handelt, beweisen neuere Forschungen, die z.B. den Literaturbeitrag afroamerikanischer Autorinnen rekonstruieren, vgl. neuerdings Frances Smith Foster für den Zeitraum von 1746-1892. Das Verschweigen dieser Autorinnen, auch durch die Zeitgenossen, bestätigt Fosters Studie, die belegt, daß schwarze Frauen zwar schrieben, ihren literarischen Texte jedoch häufig nur mit Schweigen begegnet wurde. Ethnische Differenz thematisiert Diane Lichtenstein in ihrer Untersuchung jüdisch-amerikanischer Autorinnen des 19. Jahrhunderts.

7 Mary Henderson Eastman (1818-1887) ist bemerkenswert wegen ihres ethnographischen Werks *Dahcotah; or Life and Legends of the Sioux around Fort Snelling*, das 1849 erschien. Während eines siebenjährigen Aufenthalts in Minnesota lernte sie Lakota und sammelte das Material für dieses Buch, das ihr Mann illustrierte. Ihr Roman *Aunt Phillis's Cabin; or, Southern Life as It Is* (1852), in dem sie die Sklaverei verteidigt, ist einer von nahezu dreißig, die als Antwort auf *Uncle Tom's Cabin* geschrieben wurden. Zu *proslavery novels* siehe Jeanette Reid Tandy, Jane Gardiner und Thomas F. Gossett.

Anmerkungen zu 1.2.

1 Zum Geschlechterverhältnis in nicht-patriarchalischen Gesellschaften bietet der Band *Frauenmacht ohne Herrschaft* von Lenz/Luig interessante Einzelstudien sowie einen Überblick mit dem Artikel „Geschlechtssymmetrische Gesellschaften" von Ilse Lenz.

2 Die folgenden Ausführungen beruhen vor allem auf den Überlegungen von Michel Foucault und Mary Douglas. Die Arbeiten von Foucault zu Diskurs und Macht und die von Douglas über die Wirkungsweise von Institutionen berühren dieselben Problemkreise. Foucault erwähnt Douglas allerdings nicht; Douglas nimmt gelegentlich auf ihn Bezug. Es geht mir nicht um eine kritische Auseinandersetzung mit den Problemen, die diese theoretischen Ansätze aufwerfen, ich möchte vielmehr ihre Anregungspotentiale nutzen. Eine kritische Diskussion von Foucaults Diskursbegriff bietet Manfred Frank.

3 Gildemeister/Wetterer beziehen sich mit dieser Beschreibung auf die Arbeit der Sozialanthropologin Mary Douglas, besonders deren Buch *How Institutions Think* (1986). Douglas, die ich in deutscher Übersetzung zitiere, definiert Institution als „jede legitimierte soziale Gruppierung ..., ob es sich dabei nun um eine Familie, ein Spiel oder eine Zeremonie handelt" (81). „Im Minimum ist eine Institution lediglich eine Konvention" (80). Wie Gildemeister/Wetterer ausführen, „werden im soziologischen Begriff der Institution bzw. Institutionalisierung die *Regulativmuster* menschlichen Handelns und menschlichen Zusammenlebens thematisiert, und zwar insbesondere solche, die durch eine Verankerung in den Handlungsorientierungen und Sinngebungsmustern der Gesellschaftsmitglieder gekennzeichnet sind" (237). Sie betonen die Doppelbödigkeit des Begriffs von Institution und Institutionalisierung, der sowohl Handlungsmuster anspricht als auch eine Ebene im Handeln repräsentiert, die der Verfügbarkeit des Individuums entzogen ist (238). Beispiele sind Verwandschaft, Ehe, das Recht auf Eigentum.
Johann A. Schülein gibt einen Überblick über die vielfältigen Institutionenkonzepte in der europäischen und amerikanischen Soziologie.

4 Ein guter Überblick über Entwicklungslinien feministischer Theoriebildung und ihre Beziehungen zu poststrukturalistischen Ansätzen findet sich bei Ruth Seifert.

5 Mary Douglas gibt ein einprägsames Beispiel für Entscheidungen, die von den Mitgliedern unserer Gesellschaft nicht mehr als sinnvoll akzeptiert werden können: Wenn eine lebensrettende medizinische Therapie wie die Nierendialyse nur in begrenztem Umfang zur Verfügung steht, wessen Ansprüche würden dann als berechtigt empfunden? Wenn der Präsident der USA eine Nierendialyse benötigte, käme er vermutlich sofort an die Spitze der Warteliste und der Protest dagegen hielte sich in Grenzen. Gänzlich unverständlich wäre es dagegen, „wenn man diese Behandlung denen vorbehielte, die eine

lebenslange Freiheitsstrafe verbüßen, damit sie nicht durch einen unnötigen Tod der gerechten Strafe entgehen" (201-202).

6 Die z.T. radikalen Wahrheitswechsel der Vergangenheit scheinen besonders deshalb markanter als die gegenwärtig stattfindenden, weil wir zu letzteren weniger Distanz haben. Thomas Laqueur hat sich mit dem Wandel in den Auffassungen vom männlichen und weiblichen Körper befaßt, der sich im 17./18. Jahrhundert ereignet. Nach dem älteren Körpermodell sind der männliche und der weibliche Körper homolog, wobei Norm und Maßstab der männliche ist. D.h. die Fortpflanzungsorgane der Frau entsprechen denen des Mannes, nur daß sie bei ihr nach innen gewendet sind: die Vagina ist der nach innen gestülpte Penis, die Eierstöcke sind die weiblichen Hoden usw. Der weibliche Körper entspricht in allen Organen dem männlichen, nur ist er nicht voll entfaltet; die Frau in ihrer geringeren Vollkommenheit steht damit und seit der Antike in der europäischen Rangfolge der Schöpfung an zweiter Stelle. Das spätere Körpermodell, das sich mit der Aufklärung durchzusetzen beginnt, entdeckt dagegen die grundsätzliche Verschiedenheit der Körper von Mann und Frau. Die Andersartigkeit der Frau wird zum Gegenstand wissenschaftlicher Beschreibung. Exemplarisch zeigt sich dies an anatomischen Skelettzeichnungen, die Londa Schiebinger untersucht hat. Im späten 18. Jahrhundert finden Anatomen es erstmals notwendig, das Skelett der Frau zu zeichnen. Bis dahin war das männliche Skelett Modell für das menschliche, der möglichen Verschiedenheit des weiblichen Skeletts schenkten Wissenschaftler keine Aufmerksamkeit.
Wie Laqueur zeigt, läßt sich die zur Gegensätzlichkeit des weiblichen und männlichen Körpers gewandelte Auffassung nicht etwa neuen wissenschaftlichen Entdeckungen zuschreiben, denn die Forschungen über die Entwicklung des Embryo z.B. wiesen eher auf den gemeinsamen Ursprung des Lebens des Foetus. Die Geschlechtsunterschiede werden zu dem Zeitpunkt relevant, als sie auch politische Brisanz gewinnen. „Instead of being the consequence of increased scientific knowledge, new ways of interpreting the body were rather ... new ways of representing and indeed constituting social realities" („Orgasm, Generation, and the Politics of Reproductive Biology" 4). Vgl. auch Claudia Honegger, die in *Die Ordnung der Geschlechter* die wissenschaftlichen Erkenntnisbemühungen um das „eigentliche Wesen" der Geschlechterdifferenz zwischen 1750 und 1850 nachzeichnet.

7 Gedächtnis und Erinnerung, ebenso wie Wahrnehmung (vgl. übernächste Anmerkung) beruhen ebenfalls auf Konventionen, die im kulturspezifischen Sozialisationsprozeß erworben werden. Auch sie sind Zeichensysteme. Insofern sind sie Funktionen der sozialen und symbolischen Ordnung. Was erinnernswert ist und was nicht, wird auf individueller wie auf gesellschaftlicher Ebene von den gesellschaftlichen Institutionen geregelt. Douglas nennt als Beispiel die Geschichtsschreibung:

> Wenn wir uns die Konstruktion vergangener Zeiten genauer ansehen, dann erkennen wir, daß der Vorgang nur wenig mit der Vergangenheit und viel mit der Gegenwart zu tun hat. Institutionen erzeugen dunkle Stellen, an denen nichts zu erkennen ist und keine Fragen gestellt werden. Andere Bereiche dagegen zeigen sie in feinsten Details, die genauestens untersucht und geordnet werden. Geschichte entsteht als nichtintendierte Gestalt aufgrund von Aktivitäten, die auf unmittelbar praktische Ziele ausgerichtet sind. Wenn wir uns ansehen, wie diese Aktivitäten selektive Prinzipien erzeugen, die manche Ereignisse ins Licht rücken und andere im Dunkeln belassen,

dann sehen wir damit, wie die Sozialordnung auf den individuellen Verstand einwirkt. (113-114)

8 Gildemeister/Wetterer weisen zurecht darauf hin, daß der implizite Rückgriff auf Natur eine spezifisch neuzeitliche Variante der Begründung und Legitimierung ist (210).
Ein Beispiel: Wenn sexuell gewalttätiges Verhalten von Männern in diesem Sinne natürlich ist, dann ist Vergewaltigung letztlich Triebschicksal, und man kann nur noch versuchen, Frauen zu schützen und sie wehrhaft zu machen, Vergewaltigungen selbst aber nicht völlig ausschließen. Dies ist eine zur Zeit in westlichen Gesellschaften verbreitete Auffassung, die durch ethnologische Funde des Fehlens sexueller Gewalt in einigen Gesellschaften widerlegt wird. So waren die Irokesen zwar aggressiv und gewalttätig gegenüber Kriegsgefangenen, doch wie die Quellen übereinstimmend berichten, vergewaltigten irokesische Männer niemals eine Frau (vgl. Lenz, „Geschlechtssymmetrische Gesellschaften" 42). Wenn Vergewaltigung nicht mehr den Status einer andrischen Naturkonstante hat, kann über ihre Funktion im Rahmen gesellschaftlicher Machtverhältnisse nachgedacht werden.

9 Der Psychologe John Bowlby referiert in *Attachment and Loss* die für den hier diskutierten Zusammenhang relevante, neuere Forschung zur physiologischen und psychologischen Seite des Wahrnehmungsvorgangs. Demnach ist Wahrnehmung ein Prozeß, mit dem Informationen, sensorische Reize im weitesten Sinne, zu Bedeutung verarbeitet werden. Die Informationen durchlaufen eine Reihe von Stadien der Selektion, Interpretation und Einschätzung, von denen die meisten unterschwellig und außerhalb des Bewußtseins bleiben; der Verarbeitungsprozeß findet mit hoher Geschwindigkeit statt. Der Informationsinput wird dabei zu bereits im Langzeitgedächtnis gespeicherten Informationen in Beziehung gesetzt. Die Ankunft eines sensorischen Reizes setzt eine Reihe von Analysen in Gang. Gleichzeitig löst die Situation, in der die sensorischen Ereignisse stattfinden, Erwartungen aus, die auf früheren Erfahrungen und erlerntem Wissen basieren. Die Erwartungen erzeugen eine konzeptionelle Verarbeitung, bei der Vermutungen angestellt werden, was der Input bedeuten könnte. Im Prozeß des Erkennens laufen diese beiden Formen der Verarbeitung immer gleichzeitig ab und greifen ineinander. Da der Vorgang in Sekundenbruchteilen vor sich geht und stark auf Erwartungen gründet, die aus früheren Erfahrungen und Wissen abgeleitet sind, vergrößert sich die Möglichkeit des Irrtums, wenn etwas außerhalb des Erfahrungsbereichs liegt. Versuchspersonen, die kurz eine schwarze Karo-Drei sehen, nehmen sie meist falsch als Pik-Drei wahr, d.h. sie versuchen, das Gesehene zu Gewohntem in Verbindung zu setzen. Unsere Wahrnehmung tendiert zur Konventionalisierung.
Experimentell wurde nachgewiesen, daß sensorischer Input außerhalb des menschlichen Bewußtseins bis zu einem Stadium verarbeitet werden kann, in dem ein Großteil seiner Bedeutung bereits erfaßt ist. Danach kann er das darauffolgende Verhalten ebenso wie die verbalen Reaktionen einer Person beeinflussen, ohne daß sie sich dessen bewußt ist.
Als Psychotherapeut interessiert sich Bowlby vor allem für das, was bei der Verarbeitung des Informationsinputs ausgeschlossen wird, für Wahrnehmungsabwehr und Wahrnehmungsblockaden. Da der größte Teil der Informationen, die einen Menschen erreichen, ausgeschlossen wird, nimmt Bowlby an, daß unter pathologischen Bedingungen signifikante Informationen ausgeschlossen worden sind. Entsprechend könnten analytische Therapien als Verfahren verstanden werden, die eine Person in die Lage versetzen sollen, bisher ausgeschlossene Informationen zur Verarbeitung zuzulassen.

Das Gegenstück zu Wahrnehmungsabwehr ist die Wahrnehmungswachsamkeit. Der experimentelle Befund ergibt, daß die Verarbeitung von sensorischem Input zu Bedeutung außerhalb des Bewußtseins neben der Beeinflussung von Urteil und automatischen Reaktionen auch den weiteren Input ähnlicher Informationen beeinflussen kann. Der Input kann reduziert oder gesteigert werden (44-74).

Bowlbys Darstellung macht erkennbar, welch hohen Stellenwert die symbolische Ordnung für die Wahrnehmung des Individuums hat. Sehen und Erkennen geschieht anhand der Bedeutungssysteme, die mit der Sozialisation erlernt werden. Stärker noch als beim Erstspracherwerb bleibt die kulturspezifische Grammatik der Wahrnehmung dabei weitgehend unbewußt. Hierin liegt auch ein wichtiges gesellschaftsstabilisierendes Element. Vereinfacht gesagt, wird in einer Gesellschaft mit institutionalisierter Geschlechterhierarchie diese über die erlernten Wahrnehmungskonventionen der Gesellschaftsmitglieder gestützt. Die institutionalisierte Geschlechterdifferenz sorgt dafür, daß Frauen und Männer verschieden wahrgenommen werden, selbst wenn sie sich identisch verhalten. Erst die Bewußtmachung dieses Umstandes ermöglicht eine geänderte Wahrnehmung.

Die Soziologin Arlie Russell Hochschild, die über die Kommerzialisierung der Gefühle in der modernen Industriegesellschaft geforscht hat, macht darauf aufmerksam, daß auch Gefühle in enger Beziehung zur Wahrnehmung stehen. Gefühlszustände sind Indikatoren unserer Wahrnehmung der äußeren und inneren Umwelt. Gefühle sind Körpererfahrungen, die auch zur Ausführung von Handlungen in der Phantasie bereitstehen. Hochschild nennt den Versuch, Gefühle aktiv zu beeinflussen, Gefühlsarbeit. Gefühlsarbeit ist eine wichtige soziale Tätigkeit, die an den geltenden gesellschaftlichen Gefühlsnormen orientiert wird. Diese Arbeit wird vom Individuum geleistet, aber auch gefordert. Hochschild untersucht an den Dienstleistungsberufen Flugbegleiter und Versicherungsvertreter, zwei Berufe mit hohem Frauen- bzw. Männeranteil, die massive Einflußnahme der Unternehmen auf die Gefühle ihrer Angestellten zum Zweck der Profitsteigerung.

10 In ähnlicher Weise wird die Geschlechterhierarchie mit den Konventionen der heterosexuellen Paarbildung naturalisiert. So gilt in unserer Kultur die Konvention, daß in heterosexuellen Paaren der Mann die Frau körperlich zu überragen habe. Zwar sind Männer im Durchschnitt tatsächlich etwas höher gewachsen als Frauen, aber doch keineswegs alle. Die Konvention funktioniert jedoch so gut, daß aus statistischen Unterschieden soziale werden.

11 Im Vorwort zu *Die Ordnung der Dinge* zitiert Foucault einleitend einen Text von Jorge Luis Borges, der wiederum „eine gewisse chinesische Enzyklopädie“ zitiert (oder zu zitieren vorgibt). Dort wird eine Klassifikation der Tiere vorgenommen, die unser Denken frappiert, weil die zugrunde gelegten Ähnlichkeiten (wie Verschiedenheiten) uns vollkommen willkürlich erscheinen:

> a) Tiere, die dem Kaiser gehören, b) einbalsamierte Tiere, c) gezähmte, d) Milchschweine, e) Sirenen, f) Fabeltiere, g) herrenlose Hunde, h) in diese Gruppierung gehörige, i) die sich wie Tolle gebärden, k) die mit einem ganz feinen Pinsel aus Kamelhaar gezeichnet sind, l) und so weiter, m) die den Wasserkrug zerbrochen haben, n) die von weitem wie Fliegen aussehen. (zit. nach Foucault, *Ordnung der Dinge* 17).

Dieses Beispiel macht sichtbar, daß Gleichheit ein Konstrukt ist. In der Konstruktion von Gleichheit besteht auch die Leistung vieler wissenschaftlicher Theorien. Indem sie klassifizieren, bestimmen sie, was als gleich gelten muß.

12 Im englischen Sprachgebrauch hatte sich zunächst eine Unterscheidung in *sex* als biologisches Geschlecht (Anatomie, Physiologie, Hormone etc.) und *gender* als kulturelle Ausformung von Geschlecht, also Männlichkeit und Weiblichkeit, etabliert. Zunehmend wurde allerdings auch die Vorstellung von einem klar abgrenzbaren biologischen Geschlecht problematisch. Physische Geschlechtsunterschiede werden z.T. sozial produziert durch unterschiedliche Ernährungsgewohnheiten, Bewegung, Arbeit etc. Hormonale Unterschiede erlauben ebenfalls keine klare Grenzziehung. Die meisten Menschen produzieren sowohl Androgene als auch Östrogene und diese werden vom Körper ineinander konvertiert, d.h. Androgene werden zu Östrogenen und umgekehrt. Ihrer endokrinen Natur nach ist die menschliche Spezies hermaphroditisch (vgl. Briscoe). Nicht einmal Menstruation, Laktation, Schwangerschaft sind eindeutig auf Frauen beschränkt; manche Frauen menstruieren nicht, manche Männer haben Milchfluß. Physiologische Unterschiede zwischen Männern und Frauen sind quantitativ, nicht absolut. Die soziale Differenzierung besteht dagegen auf einer kategorischen Trennung (vgl. Lorber, „Dismantling Noah's Ark" 356).
Da biologisches Geschlecht also kaum als gegeben betrachtet werden kann, benutzen die meisten Autoren nun durchgängig den Ausdruck *gender*. Candace West und Don Zimmerman haben jüngst vorgeschlagen, zwischen *sex*, *sex category* und *gender* zu unterscheiden:

> Sex is a determination made through the application of socially agreed upon biological criteria for classifying persons as females or males. The criteria for classification can be genitalia at birth or chromosomal typing before birth, and they do not necessarily agree with one another. Placement in a *sex category* is achieved through application of sex criteria, but in everyday life, categorization is established and sustained by the socially required identificatory displays that proclaim one's membership in one or the other category. In this sense, one's sex category presumes one's sex and stands as proxy for it in many situations, but sex and sex category can vary independently; that is, it is possible to claim membership in a sex category even when the sex criteria are lacking. *Gender*, in contrast, is the activity of managing situated conduct in light of normative conceptions of attitudes and activities appropriate for one's sex category. Gender activities emerge from and bolster claims to membership in a sex category (14-15, Hervorh. im Orig.)

Grundlegend für die Forschungen zur sozialen Konstruktion von Geschlecht wurden die Arbeiten von Ethnomethodologen, v.a. die klassische Studie von Harold Garfinkel über die Transsexuelle Agnes (1967). Die Arbeit mit Transsexuellen, also Personen, deren physische Geschlechtsmerkmale nicht dem Geschlecht entsprechen, dem sie sich zugehörig fühlen, ist in diesem Zusammenhang deshalb besonders aufschlußreich, weil sie das scheinbar natürliche Geschlechterverhalten erst lernen müssen und damit den Prozeß seiner Konstruktion verstehen lassen. Aufbauend auf Garfinkels Arbeit legten Suzanne Kessler und Wendy McKenna mit *Gender: An Ethnomethodological Approach* (1978) die nach wie vor umfassendste, grundlegende Studie zu Geschlecht als sozialem Konstrukt vor. Interessant finde ich nicht zuletzt ihre Forschungen zur Entwicklung von Geschlechtsidentität bei Kindern. Kinder wissen noch nicht, ob sie Mädchen oder Jungen sind. Erst mit etwa drei Jahren können sie auf die Frage, ob sie Junge oder Mädchen seien, wiederholt „richtig" antworten, d.h. in Übereinstimmung mit der Zuordnung, die

die Erwachsenen an, für und mit ihnen seit ihrer Geburt vorgenommen haben. Erst mit fünf bis sechs Jahren akzeptieren sie, daß diese Kategorien nicht veränderbar sind (vgl. 81-111). Ein weiterer wichtiger Beitrag war Erving Goffmans Artikel „The Arrangement between the Sexes" (1977). Die Konstruktion von Geschlecht in Gesellschaften, die nicht zum euroamerikanischen Kulturbereich gehören, thematisiert der Sammelband von Sherry Ortner und Harriet Whitehead, *Sexual Meanings: The Cultural Construction of Gender and Sexuality* (1981). In den letzten Jahren ist die englischsprachige Forschung in diesem Bereich enorm angewachsen. An neueren Publikationen sei daher stellvertretend auf die Beiträge in dem Sammelband von Lorber, *The Social Construction of Gender* (1991) verwiesen, (dort auch der Beitrag von West und Zimmerman), sowie auf Thomas Laqueurs Studie *Making Sex: Body and Gender from the Greeks to Freud* (1991).
Auch die deutsche Frauenforschung und Soziologie befassen sich seit einiger Zeit vermehrt mit Fragen der Konstruktion von Geschlecht. Zu nennen sind hier vor allem der Aufsatz von Hartmann Tyrell, „Geschlechtliche Differenzierung und Geschlechterklassifikation" (1986) und der von Carol Hagemann-White und Maria Rerrich herausgegebene Band *FrauenMännerBilder* (1988), sowie die Publikationen von Regine Gildemeister. Stefan Hirschauers Artikel „Die interaktive Konstruktion von Geschlechtszugehörigkeit" (1989) beschreibt im Detail den Prozeß der Herstellung von Geschlecht im gesellschaftlichen Umgang. Geschlechtskonstruktion läßt sich in die Leistungen des Zuschreibens und des Darstellens von Geschlecht trennen; beides Prozesse, die ihre Konstruktivität verbergen. Hirschauer bezieht sich, was die Geschlechtszuschreibung angeht, auf die genannte Studie von Kessler/McKenna:

> Statt eines einfachen ‚Sehens' von Geschlechtern stellen sie [Kessler/McKenna] einen komplizierten *Attributionsprozeß* fest. Sie zeigen, wie er durch das Alltagswissen von der Zweigeschlechtlichkeit gesteuert wird, indem es Teilnehmer zwingt, *entweder* Männer *oder* Frauen zu sehen und außerdem, wenn diese Entscheidung getroffen wurde, die Zuschreibung auch gegen andere ‚Evidenzen' fortzusetzen, weil sie eben wissen, daß Personen ihr Geschlecht dauerhaft haben und nicht einfach wechseln können. (103; Hervorh. im Orig.)

Für die Geschlechtsdarstellung greift Hirschauer auf die Arbeiten von Garfinkel und Goffman zurück. Mit dem Darstellungsbegriff läßt sich die Bildförmigkeit sozialer Wirklichkeit ausdrücken. „Die soziale Ordnung wird auch *gezeigt*, d.h. in Darstellungen vollzogen, die Teilnehmern eine Wirklichkeit vor Augen führen, in deren Kontext eine Darstellung selbst ‚accountable' ist. Die Wirklichkeit (z.B. das Geschlecht einer Person) wird in ihnen ‚gelesen'" (104; Hervorh. im Orig). „Bilder" meint hier die körperlichen Anschauungsbilder der Alltagswirklichkeit, in die Teilnehmer geistig, sinnlich und praktisch involviert sind. (104). In sozialen Interaktionen wird Geschlecht immer mit Hilfe erlernter, kultureller Repertoires konstruiert und damit werden auch politische Bedeutungen reproduziert.

> Geschlechtsdarstellungen zeigen also sich selbst als identifizierbare Gestalt, die Geschlechtszugehörigkeit des Darstellers und seine ‚Männlichkeit' oder ‚Weiblichkeit' bzw. den besondern ‚Typ'. Sie demonstrieren aber auch die Geschlechtszugehörigkeit des Interaktionspartners, die ‚Eigenarten' der Geschlechter ‚im allgemeinen', die kul-

turell normalen Geschlechterbeziehungen mit ihrer erotischen und hierarchischen Dimension und die Zweigeschlechtlichkeit als selbstverständliche Tatsache. (104)

Welche Probleme und Möglichkeiten die soziale Konstruktion der Zweigeschlechtlichkeit als theoretischer Ansatz für die Frauenforschung schafft, diskutiert ausführlich der Aufsatz von Regine Gildemeister und Angelika Wetterer, „Wie Geschlechter gemacht werden" (1992).

13 Auch für die feministische Theorie stellt sich das Problem der Ontologisierung der Kategorie „Frau". Vgl. hierzu vor allem die Arbeiten von Denise Riley und Teresa De Lauretis.

14 Vgl. vor allem Claudia Honeggers *Die Ordnung der Geschlechter.* Daß die universale Rede vom Menschen die Rede vom männlichen Menschen zu sein pflegt, jedenfalls in einer Gesellschaft, die das männliche Geschlecht privilegiert, war schon früh Zielscheibe feministischer Kritik, speziell auch feministischer Sprachkritik. Für den deutschen Sprachraum sind hier vor allem die linguistischen Untersuchungen von Senta Trömel-Plötz und Luise Pusch zu nennen.

Joan Acker weist nach, daß z.B. auch die allgemeine Rede von Arbeitsplätzen, Beschäftigungshierarchien und betrieblichen Organisationsstrukturen, die Geschlecht ungenannt läßt, eigentlich auf einen männlichen Beschäftigten rekurriert:

> [M]en's bodies, sexuality, and relationships to procreation and paid work are subsumed in the image of the worker. ... The positing of gender-neutral and disembodied organizational structures and work relations is part of the larger strategy of control in industrialist capitalist societies, which, at least partly, are built upon a deeply embedded substructure of gender difference. (139)

15 Röttgers nennt Diskurse auch „Redegewohnheitsnotwendigkeiten" (330):

> Mit dieser fast paradoxen Formulierung, in der sich „Gewohnheit" und „Notwendigkeit" im Widerspruch zu reiben scheinen, ist die ambige Mittelstellung des Diskursbegriffs zwischen Normativität des Sprachsystems und der Faktizität des Redens angesprochen. Im Hinblick auf die Vielfalt des tatsächlichen Redens haben Diskurse apriorische normative Kraft. (330)

Röttgers hat sich in *Spuren der Macht* ausführlich mit dem Zusammenwirken von Diskurs und Macht befaßt (bes. Kapitel 9-12). Er schlägt vor, Macht als eine grundlegende soziale Relation zu sehen, die unlösbar mit der Sprachpraxis verbunden ist. „Jede Kommunikation aktiviert unvermeidlich Macht" (411). In seiner ansonsten sehr umfassenden Begriffsgeschichte und Systematik der Macht vernachlässigt Röttgers leider weitgehend die feministische Forschung zu diesem Komplex und bietet damit selbst ein Beispiel für Negation. Zum Stand der feministischen Machtdiskussion vgl. Knapp, „Macht und Geschlecht".

16 Hierzu vgl. Röttgers, bes. Kapitel 9. Er unterscheidet konstitutive und soziale Funktionen von Kommunikation. Die konstitutiven Funktionen sind die des Ausdrucks (jemand äußert sich), die der Intentionalität (die Äußerung ist auf etwas gerichtet), und die der Sinnbildung. Daneben stellt er die sozialen Funktionen von Kommunikation: die distanzierende, die dialektische und, durch diese beiden vermittelt, die Vergemeinsamung der Kommunikationspartner im Hinblick auf Ausdruck und Intentionalität:

Kommunikation ist der dialektische Prozeß der Auflösung und Begründung von Einheit, und zwar genau indem Unterredung (Dia-Lektik) stattfindet. Die distanzierende Funktion hebt den Anderen in der Kommunikation als Anderen heraus, z.B. als Zuhörer, während ich rede. Die dialektische Funktion nimmt diese Distanz auf einer höheren Ebene zurück. Der Andere ant-wortet, d.h. er ist einer *wie ich*, und ich höre seiner Antwort zu, d.h. ich bin einer wie er. ... Schwachstelle aller kommunikativen Prozesse, aller Texte auch, ist die dialektische Funktion, von deren Gelingen die komplexeren Vergemeinsamungsprozesse abhängig sind. Statt eines Kontinuums der Nähe in Vergemeinsamungsprozessen zu begründen, kann die Dialektik immer auch zu einer Dialektik der Negation ausgestaltet werden, die stets neue und immer vermitteltere Distanzierungen ermöglicht. Das ist der Ursprung der Macht in Vergemeinsamungsprozessen. (295-96)

Als Beispiel für eingeschränkte Kommunikation nennt Röttgers Prüfungen und Verhöre, bei denen der Andere zwar antworten darf, ihm aber nicht mehr geantwortet wird. Im anderen Fall „darf der Andere gar nicht erst reden, obgleich es Pausen in meinem Reden gibt, in denen der Schein entsteht, ich könnte vom Reden zum Zuhören wechseln. ... ‚Taceat mulier in ecclesia'" (296).
Auch Foucault sieht Macht als Auswirkung und innere Bedingung von Differenzierungen:

Machtbeziehungen verhalten sich zu anderen Typen von Verhältnissen (ökonomischen Prozessen, Erkenntnisrelationen, sexuellen Beziehungen) nicht als etwas Äußeres, sondern sind ihnen immanent. Sie sind einerseits die unmittelbaren Auswirkungen von Teilungen, Ungleichheiten und Ungleichgewichten, die in jenen Verhältnissen zustande kommen, und anderseits sind sie die inneren Bedingungen jener Differenzierungen. (*Sexualität und Wahrheit* I, 115)

17 Cocks' sehr lesenswerte Studie *The Oppositional Imagination* verbindet die Analyse von machttheoretischen Überlegungen von Stuart Hampshire, Edward Said, Michel Foucault, Antonio Gramsci und Raymond Williams mit der Anwendung auf die spezifische kulturelle Ordnung der Geschlechter, die sie „the Regime of Masculine/feminine" [sic] nennt, und der gegenkulturellen Kritik eines „radical feminism", wie sie Adrienne Rich, Mary Daly, Susan Griffin, Kathleen Barry, Andrea Dworkin und Catherine MacKinnon geleistet haben.
Insbesondere Kapitel 9, „A Regime without a Master", behandelt die Frage, ob diejenigen, die das Privileg sozialer Macht genießen (und dieses verteidigen), tatsächlich das Denken derer kontrollieren können, über die sie herrschen:

Do those who control the production of public culture always design in an originative and knowing way, the whole universe of classifications, ideas, desires, and purposes in which a subordinate group is imprisoned – to the extent that it is imprisoned there? Surely the sordid history of domination and subordination, in which the powerful have proved to be at least as much in the dark about the real source and significance of their thought and action as anyone else, points in the opposite direction. But the logical argument is just as telling. For think what self-conscious authorship in domination would mean. It would mean, of course, that the dominant group would produce and reproduce hegemonic ideas with energy and fervor. That group would strike up self-aggrandizing conversations, present sermons on its own natural right to rule, print tracts on the weak character of its subordinates that require them to be governed for their own sake. Alternatively, it would testify to the achievements of individual equality and freedom as if no systematic power in social life actually obtained. If it did not spew out this constant stream of ideas on its own behalf, certainly no one else would. But as it would have devised such ideas in a calculating way for the purposes of delusion and manipulation, it would be fully aware of the deceit. And as it quite knowingly would have carved the whole established classificatory order out of the perhaps infinitely wide universe of possible orders, it would understand that order as something invented and artificial. The recognition of a regime of truth as deceptive in that it functions to obscure the realities of dominative power, as fortuitous in that it has no objective ontological and cosmological ground, by definition occurs outside the pale of that regime. There it can precipitate all sorts of iconoclastic adventures or it can stop with itself, but in either case it is a fundamentally heretical recognition. Thinking outside the truths it has devised for the purpose of mystifying others, uninhibited in its private musings by its public pronouncements, any master of a regime of truth thus would be its first heretic at least in the intellectual sense. (183-84)

Allerdings ist der Austritt aus der einen Ordnung der Wahrheit, d.h. die Erkenntnis ihrer Legitimierung einer spezifischen Machtverteilung, nicht der Schritt in die völlige Freiheit oder die Anarchie. „What lies beyond those bounds [of an order of truth], in turn, must be expected to be never a „free land" but rather another order, if not discovered as already existing in some other geographical place, then emergent out of the dissolutions and transfigurations of the old" (190).

Ähnlich argumentiert Röttgers, der die Frage, „ob die Ausbrüche aus den Diskursen wirklich noch als Auszug aus Ägypten zu deuten sind" (415), negativ beantwortet: „[W]er den Diskurs A verläßt, findet nicht den auf sich selbst gestellten Text und die Freiheit des Ausdrucks, sondern er befindet sich in Diskurs B. Ob er sich dort besser befindet, wird sich herausstellen" (415).

18 Dem Psychoanalytiker Jacques Lacan verdanken wir den wichtigen Hinweis, daß das Unbewußte „wie eine Sprache strukturiert" (117) ist, also den Regeln dieses Zeichensystems folgt und darüber mit der symbolischen Ordnung verknüpft ist. Dietmar Peschel-Rentsch hat mich darauf aufmerksam gemacht, daß der Satz auch umgekehrt einleuchtet: die Sprache ist wie ein Unbewußtes strukturiert. Gewissermaßen lassen sich Vergessen und Verdrängen als negative Wahrnehmungsfunktionen verstehen, die durch die symbolische Ordnung strukturiert sind. Damit aber läßt sich der von Lacan angesprochene individuelle Bereich in Richtung des sozialen Raumes überschreiten.

Lacans Arbeiten sind von Teilen der feministischen Forschung stark rezipiert worden. Vgl. Juliet Mitchell and Jacqueline Rose, *Feminine Sexuality*; eine kritischere Haltung bei Judith Butler, *Gender Trouble.*

19 Douglas referiert zu den Prozessen kollektiven Erinnerns und Vergessens die Forschungen des Soziologen Robert Merton und des Sozialanthropologen Edward Evans-Pritchard. Merton befaßte sich in den 1950er und 60er Jahren mit der Frage, warum in der Naturwissenschaft die Originalität von Entdeckungen einen so hohen Stellenwert besitzt und der Umstand, daß andere Wissenschaftler dieselbe Tatsache schon früher bemerkt und dieselbe Theorie schon früher ausgearbeitet hatten, immer wieder vergessen

und verdrängt wird. Evans-Pritchard ging das Problem quasi von der anderen Seite an in seiner Studie über die Nuer, ein sudanesisches Hirtenvolk. Seine Feldforschungen fanden in den 1930er Jahren statt. Er befaßte sich mit dem systematischen Erinnern der vielen Generationen von Ahnen, die die schriftlosen Nuer im Gedächtnis behalten. Interessanterweise bleibt die Zahl der erinnerten Vorfahren ständig konstant, obwohl doch immer neue Generationen dazukommen. Evans-Pritchard untersuchte, nach welchen Prinzipien das kollektive Gedächtnis der Nuer funktioniert; vgl. Douglas, 113-132.
In diesem Zusammenhang ebenfalls von Interesse ist Leon Festingers Theorie kognitiver Dissonanz, nach der das Individuum Widersprüche möglichst zu verdrängen sucht; vgl. *A Theory of Cognitive Dissonance.*

20 Vgl. Helmbrecht Breinig: „Man kann wohl davon ausgehen, daß das Erzählen eine universale, jedoch für einzelne Bedürfnisse mehr oder weniger stark kulturell und situationsbezogen differenzierte, mehr oder weniger bewußte und künstliche Art der Wirklichkeitsbewältigung ist" (*Satire und Roman* 42).

21 Am Anfang dieses Abschnitts habe ich Karl Popper zitiert, für den die Beschäftigung mit der Vergangenheit gerade darin ihre Berechtigung findet, daß sie die Gegenwart erklärlich macht. Popper schließt daraus jedoch nicht auf eine Teleologie historischer Abläufe. Seine im Titel des Abschlußkapitels gestellte Frage, „Hat die Weltgeschichte einen Sinn?", beantwortet er negativ. Michel Foucault äußert sich ähnlich: „Die Geschichte hat keinen ‚Sinn', was nicht heißen soll, daß sie absurd oder inkohärent ist. Im Gegenteil, sie ist intelligibel und muß bis in ihr allerkleinstes Detail analysierbar sein" („Wahrheit und Macht" 29). Foucaults eigene Analysen zeigen, daß Geschichtsschreibung als Methode der Aneignung der Vergangenheit nicht notwendig bestehende Machtstrukturen legitimieren muß.
Mary Douglas erinnert daran, daß Lehrbücher, und das gilt auch für Geschichtsbücher und Enzyklopädien etc., regelmäßig überarbeitet werden müssen, was zum Teil auf den inzwischen geleisteten neuen Forschungsergebnissen beruht. Zum Teil sind sie aber auch deswegen revisionsbedürftig, weil ihre Gewichtungen nicht mehr den vorherrschenden Ansichten entsprechen.

> In den inzwischen vergangenen Jahren sind manche Slogans lächerlich geworden, manche Worte erscheinen sinnentleert, andere wiederum nur allzu stark aufgeladen, weil sie für moderne Ohren zu grausam oder zu bitter klingen. Einige Namen wiegen schwerer, während andere bedeutungslos geworden sind und gestrichen werden. Die Revision hat nicht zum Ziel, die vollkommene optische Oberfläche zu schaffen. Der Spiegel – sofern denn Geschichte ein Spiegel ist – wirft nach der Revision ein ebenso verzerrtes Bild zurück wie vorher. Ziel der Revision ist es, die Verzerrung den Stimmungen der Gegenwart anzupassen. (113)

22 Dies bestätigen die Funde der historischen Frauenforschung, die mittlerweile sehr umfangreiches Material vorgelegt hat, das Frauen und ihre Leistungen in der Geschichte wieder sichtbar macht. Damit hat sie zweierlei erwiesen: einerseits, daß Frauen bevorzugtes Objekt der Verdrängung einer männerorientierten Geschichtsschreibung sind, anderseits, daß die Spuren des Verdrängten auffindbar bleiben. Vgl. Röttgers, der für seinen Spuren-Begriff auf Lévinas zurückgreift. Demnach sind Spuren ebenfalls Zeichen, jedoch aber solche, „die niemand hat setzen wollen" (33). „Die Spurenkundigen (Semiologen ...) verstehen sich darauf, aus dem Abwesenden im Gegenwärtigen, oder sagen

wir: aus dem bloß symptomatisch (als Spur) Anwesenden auf die Merkmale des Abwesenden zu schließen" (Röttgers 32-33).

23 Foucault ist zu Unrecht immer wieder vorgeworfen worden, seine Theorie schlösse Widerstand aus. Einwände gegen die angebliche Bedeutungslosigkeit des Individuums in Foucaults Theorie erhob vor allem Jürgen Habermas.

24 Röttgers schlägt Textualität als Modell auch für menschliches Selbstverständnis vor:

> Menschen *sind* zwar keine Texte, ja Texte stehen doch als Relationengefüge und -prozesse zwischen den Menschen, hatten wir gesagt, aber die Umkehrung gilt genausogut. Menschen sind Relationengefüge prozessualer Art, die zwischen den vielfältigsten Texten stehen. Und welcher Text („Substanz") an mich herantritt, bzw. mich einbezieht, das entscheide ich aufgrund jenes reflexiven Selbstverständnisses, das wir Identität nennen.
> Textualität als Modell (sogar auch für menschliches Selbstverständnis) bedeutet, relationales Denken zu favorisieren und sich von einer Substanz-Metaphysik herkömmlicher Art zu verabschieden. „Substanzen" ergeben sich im relationalen Denken als „Knotenpunkte" im Relationengefüge und als „Identitäten"-im-Prozeß. (336-337)

25 Foucault nennt eine Reihe von Diskursen, die seit der Neuzeit das europäische Individuum formen: Körperdiskurse, der Sexualitätsdiskurs, Diskurse der Medizin, der Biologie, des Strafrechts, der Psychiatrie.

26 Mary Douglas spricht davon, daß Institutionen Etikettierungen hervorbringen und zugleich eine Rückkopplung stattfindet, die in der Art der *self-fulfilling prophecy* die Benennungen füllt. „Die Etikettierungen stabilisieren den Strom des sozialen Lebens und schaffen zum Teil sogar erst die Realität, auf die sie sich beziehen" (163-64). Sie referiert die von Foucaults Arbeiten angeregte Analyse, die Ian Hacking zur Beziehung zwischen Etikett und Wirklichkeit durchführte. Hacking nennt diesen Prozeß „Menschen durch Etikettierung machen", wobei es unterschiedliche Verfahren gibt, die sichern, daß die Menschen den betreffenden Etiketten entsprechen. Er benutzt statistisches Material aus dem 19. Jahrhundert, das sich auf abweichendes Verhalten und dessen Kontrolle bezieht. Er kommt zu dem Schluß, daß sich die Etikettierungen im 19. Jahrhundert enorm vermehrt haben und mit ihnen die Menschenarten.

> Eine Flut von Zahlen strömt seit etwa 1820 aus den statistischen Ämtern der europäischen Staaten. Als die Praxis des Zählens erst einmal begonnen hatte, brachte sie gleichsam selbsttätig Tausende von Untergliederungen hervor. Mit derselben Geschwindigkeit, mit der neue (bis dahin unbekannte) medizinische, kriminalwissenschaftliche, sexualwissenschaftliche oder moralische Kategorien erfunden wurden, traten spontan und in Massen neue Arten von Menschen hervor, um die Etiketten aufzunehmen und sich entsprechend zu verhalten. Die Empfänglichkeit für neue Etiketten spricht für eine außerordentliche Bereitschaft, sich einordnen und das eigene Ich umdefinieren zu lassen. (Douglas 164)

Wir werden später noch sehen, daß mit der diskursiven Etablierung einer „weiblichen Literatur" im 19. Jahrhundert in der Tat zahlreiche Autorinnen auftauchen, die diesem Etikett entsprechen.

Maureen A. Mahoney und Barbara Yngvesson haben jüngst einen subjekttheoretischen Ansatz vorgestellt, der versucht, dominante kulturelle Diskurse und die Beziehungskontexte, in denen Bedeutung produziert wird, zu verbinden.

27 Vgl. Röttgers' Beschreibung der Rezeptionsseite:

> Diskurse sind nicht nur Instrumente der Steuerung der Textproduktion. Sinnkonstitution in kommunikativen Texten wird nicht einem Autor zugeschrieben, so daß im Verstehen der Texte nur eingelagerter Sinn wie aus einer Rübenmiete freizulegen wäre. Vielmehr steht Kommunikation zwischen Textpartizipienten stets unter dem Postulat der Sinnkonstitution im Text. Die Rolle der Diskurse für die Sinnkonstitution kommunikativer Texte können wir daher letztlich nicht nur als Redegewohnheitsnotwendigkeiten begreifen, sondern ebensowohl als Verstehensgewohnheitsnotwendigkeiten. Daher kann es uns unter Umständen schließlich sogar der Diskurs ersparen, einen Text als subversiv auffassen zu müssen. Und darin genießt der Hermeneut seine Macht. (388)

Anmerkungen zu 1.3.

1 Susan K. Harris würdigt Pattees Pionierleistungen auf dem Gebiet der Amerikanistik und betont ebenfalls die Wichtigkeit von *Feminine Fifties*: „[T]he text occupies an important place in the critical history because it so crudely exhibits assumptions guiding many subsequent critics' evaluations" (*19th-Century American Women's Novels* 2). Pattee war jedoch nicht ausschließlich an einer Devaluierung von Autorinnen interessiert, wie sein Gesamtwerk deutlich macht. Eine differenzierte Betrachtung bietet Hans-Joachim Lang, *Studien zur Entstehung der neueren amerikanischen Literaturkritik*, bes. 161-174.

2 Papashvily benutzt die Bezeichnung umfassend und rechnet auch Romane wie *Uncle Tom's Cabin* dazu (69). Ihrem Text ist nicht zu entnehmen, daß Frauen im 19. Jahrhundert andere Romane geschrieben hätten.

3 *Legacy* hat seit Band 9.1 (1992) den Fokus erweitert und widmet sich jetzt Autorinnen vom 17. Jhd. bis in die 1920er Jahre.

4 Harris bietet den neuesten kritischen Überblick über die relevante Literatur in diesem Bereich; vgl. *19th-Century American Women's Novels* 2-12). Zur Sekundärliteratur vgl. auch Mary Kelley „The Sentimentalists".

5 Natürlich ist es nicht Hawthorne anzulasten, daß seine private Bemerkung, die sich auf das Verhältnis von Auflagenhöhe und literarischem Niveau bezog, von der Literaturwissenschaft zum Schlagwort erhoben und für ihre Hierarchisierungszwecke benutzt wurde.
Auf das Phänomen der permanenten Wiederholung des Hawthorne-Wortes wird oft hingewiesen, allerdings ohne ihre Funktion zu klären. Susan Geary meint, „its petulant sincerity and patent quotability make it too good a *bon mot* for most researchers to pass up" (365). Vgl. hierzu Opfermann „Vom Umgang mit amerikanischen Schrifstellerinnen".
Papashvily nutzt die Bezeichung als Kapitelüberschrift (46). Signalwirkung bekommt sie in Aufsatztiteln wie „Hawthorne's ‚Scribbling Women'" (Frederick), „The Scribbling Women and the Cosmic Success Story" (Smith), „The ‚Scribbling Women' and Fanny

Fern“ (Wood), alle aus den 1970er Jahren. Die ungebrochene Popularität des Begriffs bestätigt z.B. in jüngster Zeit die *Columbia History of the American Novel* (1991). Im ersten Teil, „Beginnings to the Mid-Nineteenth Century“ taucht die Bezeichnung „scribbling women“ in den Beiträgen von Cathy Davidson (5), Michael T. Gilmore (62) und Lora Romero (110) auf.

6 Die Lyrik von Frauen blieb weiterhin populär und ihre Erzählliteratur war es schon vorher. Baym schätzt, daß im Zeitraum 1800-1850 mindestens 80 Amerikanerinnen Lyrikbände publizierten und mehr als 160 Lyrikerinnen in Zeitschriften veröffentlichten („Rise of the Woman Author“ 296). Die Zahl der Prosaschriftstellerinnen dieses Zeitraums ist mindestens ebenso hoch anzusetzen. Die Behauptung, Frauen hätten den literarischen Markt dominiert, hält genauerer Überprüfung nicht stand (vgl. Reynolds). Ausführlicher hierzu s.u.

7 Zu dieser Einschätzung gelangte Ann Douglas noch 1977, als sie mit ihrer These von der Feminisierung der amerikanischen Kultur, für sie ein negativ zu bewertendes Ereignis, die Diskussion um die kulturgeschichtliche Rolle der Schriftstellerinnen des 19. Jahrhunderts wieder aufnahm.
Dieselbe Autorin veröffentlichte unter dem Namen Ann D. Wood einige Jahre vorher einen Aufsatz, in dem sie die Autorinnen und ihre Schreibmotivation untersucht und wesentlich positiver darstellt als in ihrem späteren Text; vgl. „The ‚Scribbling Women‘ and Fanny Fern“.

8 Browns Eskapismusvorwurf richtet sich auch gegen die Werke sentimentaler Schriftsteller wie Donald G. Mitchell und George Curtis. Sie sind unmännlich, denn sie genießen „the luxuries of a roseate world“ (360) und verschließen die Augen vor den „atemberaubenden Ereignissen“ ihrer Zeit, die Brown voller Leidenschaft beschreibt: „The rise of the common man on the wings of the new democracy, the conquest of a continent, the voice of the West imperiously demanding to be heard in the councils of state, the widening breach between the planting and the commercial interest culminating in the victory of industrialism ...“ (358).
Jane Manthorne folgte Pattee alliterierend und benannte eine dreiteilige Artikelserie aus dem Jahr 1967 „The Lachrymose Ladies“.

9 Frank Luther Mott setzt in *Golden Multitudes* folgendes Kriterium für einen Bestseller an: die Zahl der verkauften Exemplare muß mindestens 1% der Gesamtbevölkerung der kontinentalen USA im Jahrzehnt der Erstveröffentlichung des Werkes erreichen.

10 Auch hier zeigt sich diskursiver Zwang, denn im Gefolge von Pattee wurde die Publikationsgeschichte dieses Romans ermüdend oft wiederholt. Frank Luther Mott erzählt die Geschichte in *Golden Multitudes* (1947), ebenso James Hart (95). Papashvily beginnt ihr erstes Kapitel mit der Nacherzählung der Veröffentlichung von *The Wide, Wide World.* Berichtet wird dieses Ereignis ebenfalls von Henry Nash Smith, Susan Geary, u.a. *The Wide, Wide World* war keineswegs sofort ein Verkaufsschlager. Im ersten Jahr war der Absatz eher schleppend, was, wie Geary vermutet, am geringen Werbeaufwand des Verlegers Putnam lag. Seine wesentlich intensivere Werbung für Warners zweiten Roman *Queechy* (1852), hatte auch auf den Verkauf des ersten Romans eine positive Rückwirkung (vgl. Geary 380). Geary weist darauf hin, daß für einen hohen Absatz vor allem neue Werbetechniken verantwortlich waren. So gut wie kein Text der Zeit nach 1850 wurde ohne massive Werbung zum Bestseller. Das gilt auch für den erfolgreichsten Roman des 19. Jahrhunderts, *Uncle Tom's Cabin.*

Selten erwähnt wird auch der Umstand, daß der Bestseller *The Wide, Wide World* seine Verfasserin keineswegs reich machte. In Anna Warners Biographie über ihre Schwester Susan Warner wird berichtet, daß die gesamten Einkünfte aus den Erfolgsromanen *The Wide, Wide World* und *Queechy*, sowie die aus Annas Roman *Dollars and Cents* (1852) von den Schulden, Fehlinvestitionen und Prozeßkosten ihres Vaters verschlungen wurden. „Their dream of making a quick fortune and living as ladies for the rest of their lives had evaporated by 1857, and the sisters resigned themselves, although with considerable bitterness at least on Susan's part, to a lifetime of hard labor and looking after father" (Baym *Woman's Fiction*, 142).

11 Warner blieb zwar ihrer politisch konservativen Haltung treu, beschäftigte sich später jedoch auch mit anderen Themen. In *Diana* (1877) erzählt sie die Geschichte einer Frau, die sich auf eine Ehe ohne Liebe einläßt, nachdem ihre Mutter die Beziehung zu ihrer großen Liebe intrigant verhindert hat. Thema des Romans ist der Konflikt zwischen dem physischen Begehren, das die Protagonistin nach wie vor für ihren früheren Liebhaber empfindet, jedoch nicht für ihren Mann, und den moralischen Verhaltensnormen der Institution Ehe.

Daß die Romane vieler Autorinnen dieser Zeit keineswegs homogene und narrativ platte Schemaliteratur sind, hat unlängst Susan Harris mit ihren intelligenten Interpretationen gezeigt. Ihre Studie *19th-Century American Women's Novels* ist die erste umfassendere, differenzierte textkritische Auseinandersetzung mit vor allem neun Romanen unter Anwendung von rezeptionsästhetischen und formalistischen Verfahren. Die bei Harris zentralen Texte sind Rowsons *Charlotte Temple*, Sedgwicks *A New-England Tale*, Evans Wilsons *St. Elmo*, Warners *Queechy*, Fanny Ferns (d.i. Sara Parton) *Ruth Hall*, Southworths *The Deserted Wife*, Stoddards *The Morgesons*, Alcotts *Work* und Phelps Wards *The Silent Partner*.

12 Die patriarchale Norm impliziert Männlichkeit bereits; sie ist sozusagen das Nullmorphem und braucht nicht extra genannt zu werden. Weiblichkeit wird als Abweichung von dieser Norm ausdrücklich bezeichnet und damit differenziert.

Was das Feminine an *feminine fiction* ist, bleibt auffällig unpräzise. Es wird nicht deutlich, ob *feminine fiction* feminin ist, weil sie von Frauen verfaßt ist, von Frauen handelt oder von Frauen bevorzugt gelesen wird. Im Deutschen bleibt der Begriff „Frauenliteratur" ähnlich unbestimmt. Es können, wie bei „Jugendliteratur", das intendierte Publikum gemeint sein, aber wie bei „Indianerliteratur" auch Autoren und/oder Themen.

13 Die Geschlechterdichotomie wird auch weiterhin zur Abgrenzung genutzt etwa des Konventionellen (und damit weniger hoch geschätzten) vom Originellen, Innovativen. Hierfür liefert Michael Davitt Bell ein gutes Beispiel, das ich an anderer Stelle ausführlicher analysiert habe (vgl. Opfermann „Vom Umgang mit amerikanischen Schriftstellerinnen" 416-418). Bell erhebt Catharine Sedgwicks Roman *Hope Leslie* (1827) zum Inbegriff des Konventionellen im Genre der *historical romance*, um genau darin dann den Wert des Werks zu finden. Impliziert ist, daß ein literarisches Meisterwerk Konventionen überschreitet.

Vgl. auch Jehlen, die den literarischen Kampf der Geschlechter auf den Gegensatz von Herman Melville und Susan Warner pointiert, wobei sie mit ihren Sympathien nicht hinter den Berg hält: „If the choice is between Susan Warner and Melville, why were we not all born men?" (589).

14 Der Diskurs der frühen amerikanistischen Literaturwissenschaft über die Literatur von Männern ist sichtlich das Gegenstück zum Alteritätsdiskurs, also ein Identitätsdiskurs, denn er gesteht der männlichen Gruppe größere Differenziertheit zu, indem Autoren gut oder schlecht sein können, Autorinnen jedoch undifferenziert gleich schlecht sind.

15 Für den Zeitraum der *American Renaissance* nehmen Blair et al. in *The Literature of the United States* (1946) und H.M. Jones et al. in *Major American Writers* (rev.ed. 1945) jeweils eine einzige Frau auf; die ersteren Caroline Kirkland, die letzteren Emily Dickinson. Vgl. hierzu auch Fetterly und Schulz, „The Status of Women Authors". Lauter gibt in „Race and Gender" einen Überblick über den Geschmackswandel wie er in Anthologien amerikanischer Literatur zwischen 1920 und 1950 ablesbar wird.

16 Es ließe sich einwenden, daß im Kanon der englischen Literatur des 19. Jahrhunderts mit zumindest Jane Austen, den Brontës und George Eliot auch schon vor der feministischen Literaturwissenschaft Frauen vorkommen konnten. Dies scheint mir kein Gegenargument. Die Entwicklung der Romantradition in den USA fand gegenüber England mit zeitlicher Verzögerung statt. Das Prinzip der Etablierung einer klassischen Erzähltradition, die durch Abgrenzung von Erzählerinnen männlich wird, funktionierte auch für die englische Literatur, allerdings ist sie hier bereits früher anzusetzen. Die Begründer der Tradition des modernen Romans werden für England im 18. Jahrhundert lokalisiert. Drei Männer, Defoe, Richardson und Fielding, wurden, etwa in der klassischen Studie von Ian Watt, als Gründerväter ausgemacht. Diese drei Individuen überragen die Masse der Romanschriftstellerinnen ihrer Zeit. Gegen Ende seines Textes erwähnt Watt: „The majority of eighteenth-century novels were actually written by women, but this had long remained a purely quantitative assertion of dominance" (339). Erst Jane Austen „challenged masculine prerogative" (339). Damit bleibt die „Erfindung" des Romans eine Männerleistung, selbst wenn Frauen später in diesem Genre anerkannt Hochwertiges schreiben. Frauen sind damit Ausführende eines Konzepts, nicht dessen Autorinnen (vgl. Elisabeth Schmid). Inzwischen sind eine Fülle von Einzel- und Überblicksstudien zu den britischen Autorinnen des 18. Jahrhunderts erschienen; vgl. bes. Dale Spender, *Mothers of the Novel.*

17 Zu den Begriffen „domestic" und „sentimental" und ihrer Verwendung vgl. Baym, *Woman's Fiction* 25-27. Der Sentimentalismusbegriff wird von Jochen Barkhausen ausführlich erläutert (bes. 14-22).
Die Klassifikation „domestic novel" war schon im 19. Jahrhundert gebräuchlich, wurde aber nicht auf Texte von Frauen beschränkt, wie Bayms verdienstvolle Studie über die Romanrezeption im 19. Jahrhundert deutlich macht:

> The ‚domestic novel' was ... defined partly by subject matter (the everyday doings of ordinary, usually rural or small-town people), partly by setting (mostly indoors, in the home), and partly by its low-key, quiet style. Though associated with women writers, it was not confined to them, nor they to it. (*Novels* 201)

Beispielhaft läßt sich dies an William Cullen Bryants Rezension zu Catharine Sedgwicks Roman *Redwood* (1824) sehen: „This is a story of domestic life, the portraiture of what passes by our firesides and in our streets, in the calm of the country, and amidst a prosperous and well ordered community" (245). Bryant hebt im übrigen hervor, daß Sedgwick sich mit diesem in der Schreibgegenwart spielenden Roman eine wesentlich schwierigere Aufgabe gewählt habe, als sie ein romantisch-historischer Roman böte, der die Abenteuer der Kolonialzeit oder des Unabhängigkeitskrieges darstellt. Im letzten Fall seien die Lesererwartungen bereits positiv vorgeprägt: „In reading narratives of the romantic kind, our curiosity comes in aid of the author. We are eager to learn the issue of adventures so new to us. The imagination of the reader is also ready with favorable offices." Wohingegen die Leser gegenüber einer Gegenwartsgeschichte kritischer seien: „We have seen the original, and require that there be no false coloring or distortion of the copy" (247).

18 Kelley rechtfertigt ihre Begriffswahl wenig überzeugend: „I have proposed that these female writers be designated *literary domestics*, for in both their published prose and their previously neglected letters, diaries, and journals these women reported on their own phenomenon and became unwitting witnesses to both the public event and their own private experiences" (viii). Der von ihr geprägte Terminus (im Deutschen etwa: „literarische Domestiken") ist womöglich noch pejorativer als die Begriffe „sentimentalists" oder „scribbling women", die sie mit der Begründung zurückweist, „those terms have a pejorative and ahistorical quality about them" (viii); vgl. auch ihre Anmerkung 2 (345).
Kelleys *Private Woman, Public Stage* ist eine materialreiche Untersuchung von 12 Schriftstellerinnen, von denen 9 auch von Baym in *Woman's Fiction* ausführlich behandelt wurden, allerdings mit anderem Schwerpunkt. Kelley bietet für diese Autorinnen interessantes soziohistorisches Material aus Briefen und Tagebüchern; insofern ergänzen sich die beiden Studien. Zugleich setzte sich durch die hohe Zahl der beiden gemeinsamen Autorinnen die homogenisierende Tendenz früherer Arbeiten fort.

19 In solcher Naturierung der Texte von Frauen liegt meiner Ansicht nach auch der Grund für die so häufig anzutreffende Vermutung, Texte von Frauen seien vorwiegend autobiographisch. Pattee verwandte dieses Argument zur Herabsetzung des von Hawthorne gelobten Romans *Ruth Hall*. Hawthorne habe nicht gewußt, daß das Buch kaum verhüllte Autobiographie sei und damit recht eigentlich keine imaginative Leistung (vgl. 120).

20 Hart nennt die Quelle nicht. Es handelt sich um eine ausführliche und negative Rezension des Romans von Sara Parton [Fanny Fern] *Ruth Hall*, der mit dem Urteil „inspired mediocrity" belegt wird. Der Text sei das Lieblingsbuch des mittelmäßig intelligenten Mittelklassepublikums, das dann im folgenden jedoch nicht als vorwiegend weiblich dargestellt wird, sondern das die Durchschnittsleser „Nancy" und „William" repräsentieren.

21 Diesem zweiten Teil ihrer Begründung sieht man die Entstehung des Textes in den 1950er Jahren deutlich an.

22 Zur Frage der Leserschaft der frühen amerikanischen Literatur vgl. bes. Cathy Davidson, *Revolution and the Word*, 3-79. Barbara White forderte bereits 1985 die Überprüfung der akzeptierten Wahrheit eines weiblichen Lesepublikums in einem Artikel zur Quellenlage für das Studium der Literatur von Frauen, den sie mit einem den Großteil der Sekundärliteratur zutreffend beschreibenden „recipe for a ‚scribbling women' article" beginnt („Notes Toward a Bibliography" 6).
Nancy Armstrong weist die Annahme eines überwiegend weiblichen Publikums für die *domestic novel* in England zurück („Rise of Feminine Authority", 128, Anmerkung 5).

23 Dies ist ein Topos, den u.a. Tabitha Tenney literarisch thematisierte in ihrem satirischen Werk *Female Quixotism* (1801), „a true uncoloured history of a romantic country girl, whose head had been turned by the unrestrained perusal of Novels and Romances" (I, iv). Schuld daran ist übrigens der Vater der Heldin, ein leidenschaftlicher Romanleser,

der es versäumt hat, seine Tochter zur Zurückhaltung bei der Lektüre zu erziehen. Dorcasina wird in immer neuen Episoden Opfer ihrer Romanlektüre, bis sie schließlich ihre romantische Verblendung durch die Liebesromane erkennt. Sie widmet daraufhin den Rest ihres Lebens karitativer Tätigkeit - und dem Romanlesen, denn nützliche Bücher langweilen sie zu Tode:

> I am obliged, therefore, to take in those very books, which, by perverting my judgment, and filling my fancy with visionary expectations, have occasioned most of the serious evils of a very eventful life. They now amuse me without the power of injuring me, for, in that respect, they have already done their utmost. I read them with the same relish, the same enthusiasm as ever; but, instead of expecting to realize scenes and situations so charmingly portrayed, I only regret that such unallayed felicity is, in this life, unattainable. (II, 212)

24 „For the perusal of the young and thoughtless of the fair sex, this Tale of Truth is designed" (35); mit diesen Worten beginnt Susanna Rowson das Vorwort zu *Charlotte, a Tale of Truth* (1791), besser bekannt als *Charlotte Temple.* Diese Verführungsgeschichte eines jungen Mädchens wurde zum Bestseller in Amerika und behielt seine enorme Popularität durch das ganze 19. Jahrhundert. Um die Jahrhundertmitte waren Ausgaben des Romans für jeden Geldbeutel verfügbar, von kostbar ledergebundenen mit Goldrand bis zu reißerisch aufgemachten, billigen Zeitungsausgaben. Im Trinity Churchyard in New York City gab es seit dem ersten Jahrzehnt des 19. Jahrhunderts ein Grab von Charlotte Temple, das bis ins 20. Jahrhundert von weit mehr Personen aufgesucht wurde als das benachbarte Grab von Alexander Hamilton (cf. Davidson, „Ideology and Genre").
In England war der Roman kein Bestseller. Den Grund für seinen ganz überragenden Erfolg in USA vermutet Cathy Davidson, die sich mit der Rezeptionsgeschichte befaßt hat, auch darin, daß die amerikanischen Leser und Leserinnen in der Verführung und dem Verrat von Charlotte eine amerikanische Geschichte lasen: „one of the first and paradigmatic failures of an American dream" („Ideology and Genre", 313).

25 Der Nachlaß von Catharine Sedgwick, die nach Baym zu den Begründerinnen von *woman's fiction* gehört, enthält eine ganze Reihe von begeisterten Briefen männlicher Leser ihrer Werke, von denen einige sich auch ihrer Tränen wenig schämen. So schreibt ein Mr. Thorndon am 7. Februar 1842:

> When I was in College I read your works with pure and unabated delight - I was once on the point of quarreling with my best friend – ... because he had the impudence to forestal me in an essay on the character of your writings – ... I have even shed not a few natural tears – of which pictures of suffering, drawn by you, were the moving cause – Why did you let that poor boy in „Clarence" die, who was so beautiful and so endearing (CMS Papers II, 2.1)

Samuel Howe verfaßte einen euphorischen sieben-seitigen Brief nach der Lektüre von *Hope Leslie*, in dem er u.a. die Szene, in der William Fletcher vom Massaker an seiner Familie erfährt, mit einer Szene aus *Macbeth* vergleicht - zu Sedgwicks Vorteil (1. Juli 1827; CMS Papers II, 1.6). William Minot teilte mit, daß er *Married or Single?* nicht habe aus der Hand legen können:

> I began the book, in the cars just after leaving Pittsfield and read it driving all the journey down, continued reading it that evening, and after nearly putting my eyes out, I

> left the last thirty pages for Sunday morning, and was in an agony of wonder all the night, as to how it would end - I was entirely delighted with the book (21. Juli 1857; CMS Papers II, 3.6)

John Greenleaf Whittier schrieb ihr 1866, „[l]ong years ago ... I used to read thy writings and think of thee with a mingled feeling of admiration & reverence" (CMS Papers II, 4.11).

Diese Beispiele zeigen, daß es notwendig ist, tatsächliche Leser nicht gleichzusetzen mit denen, die der literarische Text konstruiert, und für die Gerald Prince den Terminus *narratee* vorgeschlagen hat als Entsprechung zum *narrator*, der Erzählfigur.

26 Habeggers spätere Studie *Henry James and the „Woman Business"* (1989), in der er die These vertritt, Henry James sei wesentlich frauenfeindlicher gewesen als bisher angenommen, ist differenzierter.

27 Zu Davis vgl. Sharon M. Harris' *Rebecca Harding Davis and American Realism*: „Davis had a well-developed literary theory of the ‚commonplace' nearly two decades before Howells shaped his own version of the concept; in her theory, Davis also exposed the quotidian realities of life and challenged contemporary literary modes and values" (9). Josephine Donovan arbeitet in *New England Local Color Literature: A Women's Tradition* eine realistische Erzähltradition von Frauen heraus. Als frühe Beispiele nennt sie Texte von Harriet Beecher Stowe, Rose Terry Cooke, Elizabeth Stuart Phelps Ward u.a.

28 Habegger zitiert Aussagen über Romanschriftsteller und ihre Leser aus dem 19. Jahrhundert und liest sie tendenziös als Belege für die Weiblichkeit des Lesepublikums. So zitiert er Noah Porter, den Präsidenten der Universität Yale:

> „No class of writers exercises so complete a control over their readers as novelists do. ... The fascination which they exercise becomes of itself a spell. ... A favorite novelist becomes, for the time being, often more to his enamored and enchanted reader than preacher, teacher, or friend, and indeed than the whole world besides. ... The entranced and admiring reader runs to his favorite when he can snatch an hour from labor, society, or sleep. He broods over his scenes and characters when alone." (zit. nach Habegger, *Gender, Fantasy* 4. Habeggers Ellipse)

Nur weil Habegger davon ausgeht, daß im wesentlichen Frauen die Autorinnen und Leserinnen waren, kann er diesen Text mit den rein männlichen Pronomina als Bestätigung seines Publikumsbildes lesen. Sobald die Weiblichkeit des Publikums in Zweifel gezogen wird, verliert seine Argumentation an Überzeugungskraft.

29 Warner dient Habegger auch als exemplarische Autorin, mit der er den Effekt der Literatur von Frauen auf Frauen belegt. Olive Schreiner, selbst Literatin, habe einen Roman Warners mit Begeisterung gelesen, „largely for the pleasing fantasy of being carried off by a man" (13).

30 So warnt etwa Ella Rodman Church, die Verfasserin eines Ratgebers *Money-Making for Ladies* (1882), der einen Überblick über Erwerbstätigkeiten für bürgerliche Frauen gibt, vor allzu hoch gesteckten Erwartungen, was die Verdienstmöglichkeiten im Bereich Literatur und Journalismus angeht: „That a person of good average education, who needs money badly, can, with a little practice, make literature a means of support, is a very pleasing fallacy, but one that has very little foundation in fact" (91).

Gründe für die ungünstige Einkommenssituation von Autoren in den USA waren neben der schwankenden Wirtschaftlage und der im 19. Jahrhundert erst allmählich entstehenden Infrastruktur des Buchgewerbes vor allem der mangelnde Schutz der Urheberrechte. Durch billige Raubdrucke britischer Literatur verschlechterten sich die Absatzmöglichkeiten amerikanischer Autoren und durch Raubdrucke im jeweils anderen Land gingen britischen und amerikanischen Autoren Honorare verloren. Besonders populäre Schriftsteller wie Charles Dickens und Harriet Beecher Stowe hatten durch unhonorierte Übersetzungen weitere Verluste. Der International Copyright Act kam erst 1891 zustande. Zur Erwerbssituation von Schriftstellern in USA vgl. die Untersuchungen von William Charvat. Zum Verhältnis von Autorinnen und ihren Verlegern siehe Susan Coultrap-McQuin mit Einzelstudien zu E. D. E. N. Southworth, Harriet Beecher Stowe, Mary Abigail Dodge, Helen Hunt Jackson und Elizabeth Stuart Phelps Ward.

31 In einem vielzitierten und anthologisierten Beitrag zur Kanondebatte, „Melodramas of Beset Manhood", weist Baym nach, wie bestimmte literaturtheoretische Ansätze von vorneherein Autorinnen ausschließen. Daß auch Fragestellungen, die Frauen in den Mittelpunkt rücken, an ihrer Inferiorisierung teilhaben können, zeigt ihr eigenes Werk *Woman's Fiction.*

32 Eine differenziertere Betrachtung ihrer eigenen These und anderer Ansätze des kritischen Umgangs mit Autorinnen bietet Baym in ihrem Aufsatz „Rewriting the Scribbling Women" (1985).

33 Mit dem Aufstieg der bürgerlichen Gesellschaft gewinnt der Geschlechtsdiskurs als Geschlechteropposition enorme Wichtigkeit. Der Gegensatz von männlicher und weiblicher Natur wird zur grundlegenden Dichotomie, zum Modell für alle anderen Dichotomien, die innerhalb der Kultur Bedeutung tragen. Die als unveränderbar und gegensätzlich begriffene Natur von Mann und Frau kann daher metaphorisch für alle anderen Gegensätze einstehen. So wurde der Geschlechtergegensatz, in Armstrongs Worten, „a new way of packaging cultural information that changed the entire surface of social life" (*Desire* 93). Eine solche Veränderung ist weder als punktuelles Ereignis noch als Leistung einer Einzelperson vorstellbar. Armstrong fährt fort:

> More likely, the change worked through the persistent use of certain terms, oppositions, or figures until sexual differences acquired the status of truth and no longer needed to be written as such. Taking on the power of a metaphysics, then, these categories had the power to influence not only the way people understood work, but also how they viewed, and thus experienced desire for, the world of objects. (*Desire* 93-94).

34 Lange Zeit begannen beispielsweise Veröffentlichungen zur Literatur von Frauen mit solchen überraschten und oft auch begeisterten Bekenntnissen. Typisch ist Judith Fetterleys Reaktion:

> When I first began to read extensively in the prose literature of nineteenth-century American Women, I was primarily curious. In four years of undergraduate and five years of graduate training, I had not been asked to read, much less study, a single piece of this literature. ...
> By the end of my first eight months of extensive reading, I had discovered that there was in fact an extraordinarily rich, diverse, and interesting body of prose literature written in the nineteenth century by American women. (*Provisions* 1)

Wie stark die Kenntnisnahme der Werke von Frauen das Bild eines Bereichs verändern kann, belegt Lawrence Buells Untersuchung der Naturprosa („literary nature writing").

Gleich zweimal formuliert Buell sein Erstaunen über die hohe Präsenz von Frauen in diesem Bereich:

> While researching literary nature writing from Thoreau's day to ours, I was surprised to discover the degree of interdependence between the „major" male figures and the work and commentary of women writers less well known. Roughly half the nature essays contributed to the *Atlantic Monthly* during the late nineteenth century ... were by female authors. Among early appraisals of Thoreau, I found, to my surprise, given the predominant notion of Thoreau as appealing more to men than women, that commentaries by women were much more likely to be favorable than those by men. The first book, to my knowledge, published by an outsider to the Transcendentalist circle that celebrates nature as a refuge from hypercivilization, with explicit invocation of Thoreau as a model and precursor, was written by a woman. The first Thoreau Society was founded by a group of young women in 1891; the first doctoral dissertation on Thoreau was written by a women (1898). („American Pastoral Ideology" 14)

35 Vgl. Fetterleys Sammlung von Prosatexten von Autorinnen aus der Zeit von 1830 bis 1865, *Provisions*. Siehe auch ihre Einleitung zu diesem Band (9, 10). Ein frühes Beispiel eines amerikanischen Gesellschaftsromans ist Rebecca Rushs *Kelroy* (1812), „a novel of manners which not only meets but fulfills generic possibilities", wie Kathryn Derounian schreibt (117). Zur Entwicklung des literarischen Realismus von Frauen siehe Donovan.

36 Beispielsweise erwähnt Reynolds ohne Quellenangabe einen Artikel von Sedgwick aus dem Jahr 1839 mit dem Titel „The Rights of Women", der in keiner Sedgwick-Bibliographie verzeichnet ist, auch nicht in *Bibliography of American Literature* (348). Nach Reynolds' Inhaltsangabe von Partons *Ruth Hall* endet der Roman mit der Heirat der Protagonistin (405); ungenau sind die Zusammenfassungen von Stoddards *The Morgesons* (410) und Rebecca Harding Davis' Novelle *Life in the Iron Mills* (411).

37 Auch Reynolds Studie ist in ihren Bemerkungen zu „Frauenliteratur" vom Alteritätsdiskurs geprägt (394). Er spricht von einem Paradox der Frauenliteratur:

> Here we come upon a central paradox of American women's fiction, indeed of women's literature in general: that is, it most often succeeds artistically when it leaves behind feminist politics. In this sense, it becomes women's *literature* when it refuses to be women's *propaganda* and asserts its power as an expression of universal themes. (394; Hervorh. im Orig.)

Das so beschriebene Paradox ist jedoch nicht eines der Literatur, sondern eines dieser literaturwissenschaftlichen Beschreibung. Denn die obige Aussage läßt sich natürlich auch auf die literarischen Texte von Männern münzen, wie leicht ersichtlich wird, wenn die Geschlechtsmarken geändert werden. Letztlich wiederholt Reynolds einen klassischen Topos literarischer Wertung: Literatur ist dann Kunst, wenn sie auf Propaganda verzichtet und unpolitisch bleibt, weil sie dann universale Themen ausdrücken kann. Das ist ein traditionelles Kunstverständnis und nicht ein Spezifikum der Literatur von Frauen.

38 Wrights Bibliographien listen einige Autoren auf, die wegen ihrer hohen Publikationszahl als professionelle Schriftsteller bezeichnet werden müssen. Zu zehn dieser Autoren konnte ich keine biographischen Angaben ermitteln - keines der biographischen Standardwerke verzeichnet sie, auch nicht das umfassende *American Biographical Archive*. Ich

vermute daher, daß sie sich auf Sensationsliteratur spezialisiert hatten. Unter den Verlagen, in denen ihre Werke erschienen, taucht häufig das Bostoner Verlagshaus F. Gleason auf. Neben dem unten noch ausführlicher erwähnten George Thompson handelt es sich um Charles E. Averill, Benjamin Barker, Osgood Bradbury, Newton Mallory Curtis, den pseudonymen Harry Halyard, Justin Jones, James A. Maitland, John Henry Mancur und Henry Llewellyn Williams.

39 Sie tat dies wohl ebensowenig wie die viktorianische Gesellschaft Amerikas die alternativen Lebens- und Gesellschaftsexperimente mißachtete, die im 19. Jahrhundert von zahlreichen religiösen und nichtreligiösen Gruppierungen unternommen wurden. Gemeinschaften wie die Shaker, die Fourieristen, die Harmonisten, die Perfektionisten führten der amerikanischen Gesellschaft Lebensanschauungen vor, die ihre Grundsätze in Frage stellten und die gerade deswegen ihre Blicke auf sich zogen.

40 Die Zahlen müssen sicher insgesamt etwas nach oben korrigiert werden, da die vollständige Erfassung sämtlicher Werke nicht anzunehmen ist.
Wright macht für den ersten Band der Bibliographie, die den Zeitraum 1774-1850 umfaßt, keine Angaben zum Geschlechterverhältnis, die Zahlen habe ich ermittelt. Soweit die Verfasser anonymer und pseudonymer Werke mittlerweile bekannt sind, habe ich sie in die Zählung mit einbezogen. Werke ungeklärter Autorschaft machen bis 1850 etwa 20 % der Gesamtzahl aus. Die Zahl anonym publizierter Werke ging im Zeitraum 1851 bis 1875 zurück.

41 Eine Schätzung des Frauenanteils unter den britischen Schriftstellern im 19. Jahrhundert bietet Richard Altick. Bis zum Jahr 1900 habe er sich relativ konstant auf nur 20 % gehalten. Neuere Forschungen von Peter Garside erlauben differenziertere Aussagen über das Verhältnis von schreibenden Männern und Frauen in England. Demnach läßt sich die verbreitete Annahme, Frauen hätten im 18. Jahrhundert die Mehrzahl der Romane verfaßt, nicht halten. Garsides statistisches Material macht deutlich, daß es erstmals ab den 1780er Jahren eine Mehrheit von Autorinnen hab. In den 1820er Jahren kehrt sich das Verhältnis um; 2/3 der Autoren sind Männer. Ich entnehme diese Informationen dem gegenwärtig noch unveröffentlichten Vortragsmanuskript, „The English Novel in the 1820s: Consolidation and Dispersal".

Anmerkungen zu 2.1.

1 Vgl. die feministische Grundlagenstudie von Simone de Beauvoir, *Le Deuxième Sexe* (deutsch: *Das andere Geschlecht*), in der sie argumentiert, daß in einer patriarchalen Kultur das Männliche als das Positive oder die Norm gesetzt wird, das Weibliche als das Negative oder das Andere.

2 Auf diesen Umstand weist der Titel eines Bandes zu Black Women's Studies hin: *All the Women Are White, All the Blacks Are Men, But Some of Us Are Brave.* Hgg. von Gloria T. Hull et al.

3 Ich bezeichne als Feministen und Feministinnen Personen, die im Diskurs des Geschlechts Positionen der Gegenmacht artikulieren. Zum Geschlechtsdiskurs gehören wie zu jedem Diskurs Macht und Gegenmacht. In den patriarchalen Verhältnissen des 19. Jahrhunderts legitimierte die Macht die Unterdrückung der Frauen und die Gegenmacht im Bewußtmachen der Unrechtmäßigkeit dieser Unterdrückung das Aufbegehren dagegen.

4 Im weiteren beschreibt der Artikel die besondere Anfälligkeit der Frau für Krankheiten während der Pubertät, während Schwangerschaft, Stillzeit und Abstillzeit und während der Wechseljahre. Erst danach stabilisiere sich ihre Gesundheit. Zur bis in die Antike zurückreichenden medizinischen Tradition, die Frau als wesensmäßig krank zu sehen, vgl. die medizinhistorische Untersuchung von Esther Fischer-Homberger, *Krankheit Frau.*

5 Die Differenz der Geschlechter wird als körperliche Differenz wissenschaftlich abgesichert. Zum Wandel in den Körperauffassungen vgl. Thomas Laqueur, dessen Untersuchung in Kap. 1.2., Anmerkung 6 referiert wird.

6 Die Ungleichheit der Geschlechter ist an der Länge der Einträge ablesbar: 4 1/2 Spalten für die Frau, 2 1/4 für den Mann, der darin noch vorwiegend als Spezies Mensch verhandelt wird. In neueren Konversationslexika, amerikanischen oder auch deutschen, ist dieses Ungleichgewicht weiterhin vorhanden. Immer noch ist die Frau erklärungsbedürftiger, da sie als Abweichung vom impliziten referentiellen Standard Mann behandelt wird.

7 Ein früher Ansatzpunkt feministischer Forschung war die Aufarbeitung der Frauenbilder des 19. Jahrhunderts. Neben den bereits im Text genannten Untesuchungen stellen wichtige Aspekte dar: Ruth Bloch, „The Gendered Meanings of Virtue in Revolutionary America", zur Genese des Konzepts weiblicher Tugend. Für das 19. Jahrhundert siehe Nancy Cott, *Root of Bitterness*, Blanche Glassman Hersh, „The ‚True Woman' and the ‚New Woman'", Carroll Smith-Rosenberg, *Disorderly Conduct.* Zur weiblichen Sexualität bes. Nancy Cott, „Passionlessness".

8 Bloch benennt zwei gegensätzliche Frauenbilder, die in der Kolonialzeit in Amerika kursierten. Beide waren, wie die in Amerika gelesene Literatur überhaupt, Importe aus England, wobei Literatur hier fiktionale und nicht-fiktionale Texte meint. Das erste war das von der Frau als Gehilfin und Gefährtin ihres Gatten („help-meet"), das in seiner puritanischen Version besonderes Gewicht auf den Gehorsam der Frau gegenüber dem Mann legte. Das zweite Frauenbild betonte weibliche Grazie und Charme, „women were exquisite beings - beautiful, delicate, pure, and refined" (103). Dieses ursprünglich aristokratische Frauenbild hatte vor allem für die nach Vornehmheit strebenden Teile der Mittelklasse in England und Amerika Anziehungskraft.
Die Erfindung und Naturierung von Mutterliebe als Spezifikum der weiblichen Natur hat Elisabeth Badinter in Europa am Beispiel Frankreichs untersucht. Vgl. *Die Mutterliebe.*

9 Zur interaktiven Konstruktion von Geschlecht im sozialen Umgang und der geschlechtlichen Konnotierung von Handlungen und Verhaltensweisen vgl. Stefan Hirschauer, „Die interaktive Konstruktion von Geschlechtszugehörigkeit".

10 Hier unterscheiden sich die Verhältnisse in den USA nicht wesentlich von denen in England, die Mary Poovey in *Uneven Developments* untersucht hat. Das idealisierte Bild der Frau im Heim, schreibt sie,

> constituted the basis both for the oppositional economy that seemed to (but did not) rest on a binary opposition and for the fundamental model of male identity in capitalist society. On the one hand, this man was structurally suited to the aliented labor of the capitalist economy; on the other hand, his internal alienation ... was translated into a narrative of personal development, which one woman inaugurated and another rewarded. (9)

11 Ein konkretes Beispiel hierfür bietet die Institution Universität, wo auf jeder Ebene der Hierarchie der Zugang für Frauen zunächst auf große Widerstände trifft, die erst sehr allmählich überwunden werden können. Dabei wiederholen sich mit schöner Regelmäßigkeit Diskussionen über die „natürlichen" Aufgaben und Fähigkeiten der Geschlechter, ein Indiz dafür, daß die Stabilität von Geschlechtsidentität, die die Institution und ihre einzelnen Hierarchieebenen leisten, unter Druck geraten ist.

Selbst heute, nach 90 Jahren Frauenstudium, sind Frauen in der Universität auf der obersten ihrer Hierarchiestufen, den Professuren, eine verschwindend kleine Minderheit und noch weit von den 15 % entfernt, die in der Soziologie als die Schwelle gelten, nach der eine minoritäre Gruppe ihren Alibistatus zu überwinden beginnt. Die Zahlenverhältnisse für die Universität Erlangen bieten ein ernüchterndes Bild. 1993 betrug der Anteil von Frauen unter den beamteten Professoren (C3 und C4) an der Universität Erlangen 2,6 %; in absoluten Zahlen heißt das: von 538 Professuren haben Frauen 14 inne; vgl. hierzu Andrea Abele-Brehm, „Frauen an der Friedrich-Alexander-Universität".

12 Ein besonders beeindruckendes Beispiel einer weitgehend auf Selbststudium basierenden Arbeitsleistung stellen die Bibelübersetzungen dar, die Julia Evelina Smith (1792-1886) von 1847 bis 1855 anfertigte. Was als Überprüfung der Weltuntergangsprophezeiung des Adventisten William Miller begann, wurde zu einer philologisch genauen, wörtlichen Übersetzung der gesamten Bibel, die die verschiedenen Versionen vergleichbar machen sollte. Julia Smith aus Glastonbury, Connecticut, übertrug den Bibeltext insgesamt fünfmal, zweimal aus dem Griechischen, zweimal aus dem Hebräischen und einmal aus dem Lateinischen. Latein und Griechisch hatte sie zu Hause und in der Schule gelernt, Hebräisch hatte sie sich selbst beigebracht. Eine Veröffentlichung hatte sie zunächst nicht beabsichtigt. 1876, im Jubiläumsjahr der Vereinigten Staaten, publizierte sie ihre Übersetzung dann doch. Im Vorwort erklärt sie die Entstehungsgeschichte:

> It may seem presumptuous for an ordinary woman with no particular advantages of education to translate and publish alone, the most wonderful book that has ever appeared in the world, and thought to be the most difficult to translate. ...
> Over twenty years ago, when I had four sisters, a friend met with us weekly, to search the Scriptures, we being desirous to learn the exact meaning of every Greek and Hebrew word, from which King James's forty-seven translators had taken their version of the Bible. We saw by the margin that the text had not been given literally, and it was the literal meaning we were seeking. ...
> ... I was so much interested and entertained to see the connection from Genesis to Revelation, that I continued my labors [die Übersetzungen] and wrote out the Bible five times, twice from the Greek, twice from the Hebrew, and once from the Latin – the Vulgate. ... It may be thought by the public in general, that I have great confidence in myself, in not conferring with the learned in so great a work, but as there is but one book in the Hebrew tongue, and I have defined it word for word, I do not see how anybody can know more about it than I do. It being a dead language no improvements can be made upon it. As for the Latin and Greek, I have no doubt many have searched deeper into the standard works than I have, but I think no one has given more time and attention to the literal meaning of the Bible texts in these languages. (zit. nach Madeleine Stern, *Books and Book People* 185)

Das Manuskript dieser Übersetzung umfaßt 10 000 Seiten und befindet sich in der Connecticut Historical Society. Gedruckt wurde „Miss Smith's Bible", wie sie genannt wurde, von der American Publishing Company, die vor allem als Mark Twains Verlagshaus bekannt ist. Julia Smith und ihre Schwester Abby waren im übrigen Feministinnen und aktiv in der Frauenwahlrechtsbewegung (vgl. Stern).

13 Im Gefolge des Bürgerkriegs wurde Krankenpflege zu einem Beruf für Frauen. Ansatzweise hatten Frauen schon vorher in Heil- und Pflegeberufen gearbeitet, doch Ärztinnen wie Elizabeth Blackwell mußten noch in Europa studieren.
In Kriegszeiten läßt sich häufig beobachten, daß die geschlechtliche Konnotierung bestimmter Tätigkeiten außer Kraft gesetzt wird, wie z.B. im Falle der männlich besetzten Arbeit in der Rüstungsindustrie während des Zweiten Weltkriegs. Hieran läßt sich auch sehen, wie der Zugang zu Institutionen wieder verschlossen werden kann. Die Frauen wurden zugunsten der Kriegsheimkehrer weitgehend wieder aus diesem Tätigkeitsbereich verdrängt; vgl. Carol Hymowitz/Michelle Weissman, *A History of Women in America*, bes. 311-314.

14 Zur Geschichte der Frauenbildung in der amerikanischen Geschichte und dem Zugang von Frauen zu akademischen Berufen vgl. Barbara Harris, *Beyond Her Sphere.*

15 Zum Wandel der Erwerbsmöglichkeiten im 19. Jahrhundert als Überblick Carl N. Degler, *At Odds*, bes. 364-394. Zur Berufstätigkeit von Frauen in der amerikanischen Geschichte siehe die Dokumentargeschichten von Elliot und Mary Brownlee, *Women in the American Economy* (1976) und *America's Working Women* (1976), hgg. von Rosalynn Baxandall et al., sowie das Standardwerk von Alice Kessler-Harris, *Out to Work: A History of Wage-Earning Women in the United States* (1982).

16 Derbys anekdotischer Bericht nennt weder Jahreszahl noch Details der Kontroverse. Leonard Woods (1774-1854) wurde 1808 mit der Eröffnung des Andover Seminary dessen erster Professor für Theologie und blieb es 38 Jahre. Woods, ein moderater Calvinist, führte einen berühmt gewordenen theologischen Disput mit Henry Ware (1764-1845), Professor in Cambridge. In der sogenannten „Wood'n Ware Controversy", von den Kontrahenten von 1820 bis 1822 schriftlich geführt, ging es um die Auslegung einiger calvinistischer Doktrinen.

17 Die Vorlesungen, u.a. über George Eliot, wurden nie veröffentlicht. Die Einträge zu Phelps Ward im biographischen Nachschlagewerken des 20. Jahrhunderts erwähnen die Vorlesungsreihe nicht mehr. Vgl. die Einträge in *Dictionary of American Biography* (1936), *American Authors* (1938), hg. Kunitz, *Notable American Women* (1971) und *American Women Writers* (1982).

18 Relevante Literatur zur feministischen Rechtsgeschichte und speziell zu den Bereichen Besitzrecht, Scheidungsrecht und Verfassungsrecht nennt der Forschungsbericht von Norma Basch, „The Emerging Legal History of Women in the United States" (1986). Zu Scheidungsgründen im 19. Jahrhundert siehe Robert Griswold, „The Evolution of the Doctrine of Mental Cruelty" (1986). Sozialgeschichtliche Aspekte des Rechtsstatus von Frauen untersuchen Carl Degler, *At Odds* (1980) und die zwei von Kelly Weisberg herausgegebenen Bände *Women and the Law* (1982). Zu Familienrecht im 19. Jahrhundert siehe Michael Grossberg, *Governing the Hearth* (1985).

19 Harriet Beecher Stowe schien letzteres der beste Weg, nicht übervorteilt zu werden. An Sara Parton schrieb sie ca. 1868:

I can scold my husband bravely when I have him all alone, & can advise him to speak up but a snuffling yankee business man takes me in hook & line & does pretty much as he pleases with me - I have concluded that there is no way but to let a lawyer (my brother in law say), do the talking for [me] & make my contracts. I tell him what I want & he does the talking & they dont get him to unsay & tread back as they w[oul]d be sure to do me. (Parton Papers 2.29; Hervorh. im Orig.)

20 Eine derjenigen, die für mütterliches Sorgerecht sprach, war Sara Parton. Ihre Kolumne im *New York Ledger* von 4. April 1857 trug den Titel: „Has a Mother a Right to Her Children?" und begann mit den Worten: „Most unquestionably, law or no law".

21 Zu Stowes feministischer Position in ihren fiktionalen und nichtfiktionalen Werken vgl. Josephine Donovan, „Harriet Beecher Stowe's Feminism".
Die Feministin und Abolitionistin Sarah Grimké (1792-1873) hatte 1838 in ihren *Letters on the Equality of the Sexes, and the Condition of Women* von der Unsichtbarkeit der Frau in der Ehe gesprochen, die sie zu „a cipher in the nation" mache (74). Auch Catharine Sedgwick trat entschieden für die Besitzrechte verheirateter Frauen ein. „Might *versus* Right", eine ihrer politisch-didaktischen Erzählungen, die in der Zeitschrift *Sartain's Magazine* im Januar 1850 erschien, plädiert für Gütertrennung und eine Art Zugewinnausgleich. In dieser Erzählung diskutieren zwei Ehemänner die Rechtslage und der vorbildliche Mr. Hutton, der für das Recht der Ehefrau auf eigenständigen Besitz eintritt, erläutert, daß er nach seinen Prinzipien bereits gehandelt habe: „„I secured before my marriage, to my wife's separate use, her own property, and I have since made over to her half of what I have acquired"" (78). Sedgwick war eine häufige Beiträgerin von *Sartain's Magazine*, das damals von Caroline Kirkland herausgegeben wurde.

22 Ihr 1871 abgefaßtes Testament setzte James Parton und den Verleger Robert Bonner als Vollstrecker ein und begünstigte ausschließlich ihre Tochter und ihre Enkelin (Parton Papers 1.12).

23 In England wurden solche Regelungen erst später, 1870 und 1882, verabschiedet. Mary Poovey diskutiert die Besitzrechtsfrage am Beispiel von Caroline Norton; vgl. bes. Kap. 3 von *Uneven Developments.*
Die feministische Rechtsgeschichte hat diesem Gebiet große Aufmerksamkeit gewidmet. Basch kommentiert wichtige Literatur (103, Anmerkung 23).

24 Meine folgenden Bemerkungen stützen sich auf Paula Baker, „The Domestication of Politics". Baker diskutiert Fragen der politischen Beteiligung von Frauen zwischen 1780 und 1920. Sie vertritt keinen diskurstheoretischen Ansatz.

25 Dieser Umstand wirkte zusammen mit der Entstehung eines nationalen Zwei-Parteiensystems und trug zu einer Maskulinisierung von politischer Betätigung im öffentlichen Bereich bei, die z.B. in der Rhetorik der politischen Parteien, in einem fraternisierenden sozialen Umgang, aber auch in Wahltagsritualen Ausdruck fand.

26 Ein solch punktueller Anfang ist problematisch. Barbara Berg untersucht in *The Remembered Gate* die historischen Wurzeln der amerikanischen Frauenbewegung in der ersten Hälfte des 19. Jahrhunderts.
Dem Frauenwahlrecht galt schon früh das Interesse feministischer Geschichtsforschung. Die Literatur zu diesem Gebiet ist umfangreich. Eine gute Gesamtdarstellung bietet Eleanor Flexner, *Century of Struggle* 1966). Grundlegend ist das umfassende, sechsbändige Werk, *History of Woman Suffrage* (1889-1922), das drei Führerinnen der Frauen-

wahlrechtsbewegung des 19. Jahrhunderts, Elizabeth Cady Stanton, Susan B. Anthony und Matilda Joslyn Gage herausgaben.

27 Im Laufe des 19. Jahrhunderts wurde die Wahlrechtsforderung zunächst nur von einer radikalen Minderheit vertreten, die Gleichberechtigung forderte aufgrund der Gleichwertigkeit der Geschlechter und nicht in erster Linie wegen spezifischer weiblicher Qualitäten. Baker vermutet, daß die Wahlrechtsforderung allmählich höhere Akzeptanz fand, weil sie verstärkt mit einer Argumentation über Geschlechtsspezifika verknüpft wurde. Sie nimmt an, daß der Widerstand gegen das Frauenwahlrecht u.a. deshalb nachließ, weil die Formen politischer Beteiligung sich gewandelt hatten (639). Einerseits waren Parteidisziplin und Identifikation einer eher themengerichteten Interessengruppenpolitik gewichen. Dadurch war nicht mehr vorwiegend die Männlichkeit der politischen Kultur identitätsstiftend. Für eine interessenorientierte Politik war das Frauenwahlrecht weniger bedrohlich. Anderseits war der sozialpolitische Bereich, in dem Frauen sich vorwiegend engagiert hatten, gegen Ende des 19. Jahrhunderts zum Aufgabenbereich der Regierung geworden (639f). „Liberalism came to be understood not as individualism and laissez faire but as a sense of social responsibility coupled with more activist, bureaucratic, and ‚efficient' government. This understanding of government and politics meshed nicely with that of women's groups" (641). Baker nennt diesen Wandel die Domestizierung der Politik (642).

Anmerkungen zu 2.2.

1 Die Institution Literatur besteht zu dieser Zeit aus Literaten, Literaturkritikern und Zeitschriftenherausgebern, aus Literaturproduzenten im technisch-ökonomischen Sinn, also Druckern, Buchhändlern, Verlegern, sowie aus Literaturkonsumenten. Literaturwissenschaftler gehören noch nicht dazu. Die genannten Funktionen werden für den Bereich der schönen Literatur, auf den ich mich im folgenden konzentriere, praktisch ausschließlich von Männern und Frauen der weißen Mittelklasse ausgefüllt, wobei Frauen vorwiegend als Leserinnen und Autorinnen, seltener als Kritikerinnen und Editorinnen, und kaum je als Produzentinnen erscheinen. Wichtige Teile des Literaturbetriebs unterliegen damit weitgehend männlicher Kontrolle.

Nach John Tebbel erscheinen Frauen erst gegen Ende des 19. Jahrhunderts in respektabler Zahl im Verlagswesen. In der Kolonialzeit und mancherorts noch im 19. Jahrhundert arbeiteten Frauen im Druckgewerbe, meist indem sie als Witwen das Geschäft weiterführten. Der Frauenanteil sank, als durch die Industrialisierung das Gewerbe den Rang einer Heimindustrie verlor; vgl. *A History of Bookpublishing* II, 174-175.

Zu den Frauen, die als Herausgeberinnen von Zeitschriften einflußreich waren, gehören Sara Josepha Hale (1788-1879), die seit 1827 das *Ladies' Magazine* herausgab, das 1837 mit Louis Godeys *Lady's Book* fusionierte. Hale blieb Chefredakteurin der nun *Godey's Lady's Book* genannten Zeitschrift bis 1877. *Godey's* war eine der führenden Zeitschriften des 19. Jahrhunderts und Hale eine der bekanntesten und einflußreichsten Frauen dieser Zeit. Zu den Beiträgern der Zeitschrift gehörten bedeutende Autorinnen und Autoren, u.a. Sedgwick und Stowe, Poe und Hawthorne; vgl. Mott, *A History of American Magazines*, I, 580-594 und Chielens, *American Literary Magazines*, 144-150. Caroline Kirkland gab von 1847 bis 1851 *Sartain's Magazine* heraus, eine Zeitschrift, die viel Literarisches brachte, u.a. von Sedgwick und Child, Longfellow, Whitman und Thoreau;

vgl. Mott I, 769-772. Zu den Herausgeberinnen von Zeitschriften für Jugendliche gehören Lydia Maria Child mit ihrem *Juvenile Miscellany* (1826-1829) und Eliza Follen mit *Child's Friend* (1843-1858).

2 Ich rede hier wie im folgenden von der sogenannten schönen Literatur, an der ich meine Überlegungen entwickle. Der Hinweis ist jedoch angebracht, daß die Kommentare aus dem 19. Jahrhundert, die ich anführen werde, gewöhnlich einen erweiterten Literaturbegriff verwenden, der auch nichtfiktionale Genres wie Historiographie und Biographie, Philosophie und theologische Schriften umfaßt.

3 Ich beschränke mich auf die Darstellung der literatursoziologisch wesentlichen Entwicklungen. Literarhistorisch ist diese Phase gekennzeichnet durch einen deutlichen, allgemeinen Qualitätsanstieg der Literatur in den USA. Stilwandel, Wertewandel, Säkularisierung der Literatur und ihre Anbindung an philosophische Debatten wie den Transzendentalismus markieren diesen Zeitraum, ebenso wie die Teilung der Literatur in, grob gesprochen, zwei Stränge: einen gesellschaftlich, didaktisch und national orientierten und einen intellektuell innovativen und explorativen. Für eine knappe Überblicksdarstellung siehe Michael Colacurcio, „Idealism and Independence".

4 Dies ist zum Beispiel ablesbar im Vorwort der 11-bändigen Anthologie zur amerikanischen Literatur, *A Library of American Literature*, herausgegeben von Edmund Clarence Stedman und Ellen Mackay Hutchinson (1890). Obwohl in dieser sehr umfangreichen Anthologie auch sehr viele Frauen vertreten sind, nennt das Vorwort zum ersten Band, das einen gerafften Überblick über die Entwicklung der amerikanischen Literatur gibt, ausschließlich Männer als Vertreter und Meister sämtlicher Genres.

5 Die New Yorker Zeitschrift *The Critic* forderte 1884 ihre Leser auf, 40 Personen zu benennen, die würdig wären, in eine solche Institution aufgenommen zu werden. Die Umfrage geht auf den Vorschlag eines Leserbriefs von H.O.W. zurück. Gewählt werden sollten ausschließlich noch lebende „native American authors of the sterner sex" (169). Das Ergebnis wurde am 12. April 1884 unter dem Titel „Our ‚Forty Immortals'" präsentiert. Oliver Wendell Holmes machte das Rennen mit 130 Stimmen. Knapp dahinter James Russell Lowell mit 128 Stimmen, danach John Greenleaf Whittier mit 125. Der Historiker George Bancroft kam auf den vierten Platz, dicht gefolgt von William Dean Howells. Henry James wurde 13., Samuel Clemens 14. und Walt Whitman 20.
Charles W. Balestier verfaßte einen Begleitartikel, in dem er die Stimmabgabe für Personen kommentierte, die nicht den Auswahlkriterien entsprachen. „Two gentlemen ... were voted for, whose only claim to eligibility consisted in the fact that they were born, and have always lived, on American soil. One is known as Frederick Douglass, the other as Sitting Bull" (170). Hier zeigt sich das nicht genannte und gleichwohl wirksame Ausschlußkriterium Rasse, jedenfalls im Fall von Douglass, denn dessen Status als Autor konnte nicht in Frage stehen. Er findet sich sogar in der von Stedman und Hutchinson herausgegebenen Anthologie *A Library of American Literature* (1890).
12 Frauen wurden öfters genannt:

> Of native American authors not of the sterner sex, the following were oftenest mentioned: Harriet Beecher Stowe, Helen Jackson (H.H.), Julia Ward Howe, Constance Fenimore Woolson, Harriet W. Preston, Mary Mapes Dodge, Margaret J. Preston, Elizabeth Stuart Phelps [Ward], Harriet Prescott Spofford, Mary Abigail Dodge (Gail Hamilton), Maria Mitchell, and Edith M. Thomas. (170)

6 William Cox (1805?-1847), war ein englischer Autor, der längere Zeit in New York City lebte, wo er häufig für den *New York Mirror* schrieb. Eine Auswahl seiner satirischen Erzählungen erschien 1833 anonym unter dem Titel *Crayon Sketches.*

7 Die genannte Lady Morgan hieß mit bürgerlichem Namen Sidney Owenson (1776-1859) und war eine vielseitige und produktive englische Autorin irischer Herkunft, die mit dem Roman *The Wild Irish Girl* (1806) berühmt wurde. Sie war bekannt für ihr freizügiges Leben. Cox nennt sie aber wohl vor allem wegen ihrer feministischen Schriften als Negativbeispiel. 1840 erschien *Woman and Her Master,* ein Text, in dem sie nicht nur die Gleichheit der Geschlechter behauptet, sondern in vielen Punkten die Überlegenheit des weiblichen Geschlechts.

8 W. B. O. Peabody, ein regelmäßiger Beiträger zur *North American Review,* beginnt seine Kommentare über die literarischen Leistungen von Frauen mit der Zurückweisung eines Urteils von Madame de Staël. In der ersten Nummer des *Analectic Magazine,* unter der Herausgeberschaft von Washington Irving, war ein Artikel von Madame de Staël mit dem Titel „Female Literature" erschienen. De Staël reflektierte über das Schicksal der Literatin in einem monarchischen gegenüber einem republikanischen System:

> I shall begin by considering what is the fate of literary women in a monarchy, and also what awaits them in a republic. My first object must be to characterize the principal differences which may arise from these two political situations in the destiny of such females as may aspire to literary fame; and afterwards consider at large, what degree of happiness those women who pretend to celebrity may reasonably expect from it.
> In a monarchy they have ridicule to fear, and in a republic hatred. (356)

9 Lesen und Schreiben waren Fertigkeiten, die nicht notwendig zusammen gelehrt wurden. Lesen als Vorausetzung für die Bibellektüre wurde meist den Kindern männlichen und weiblichen Geschlechts beigebracht, Schreiben als besondere, zusätzliche Qualifikation oft nur den Jungen. Neuere Forschungen zur Frauenbildung lassen vermuten, daß im späten 18. Jahrhundert, jedenfalls in Neuengland, ein sehr hohes allgemeines Niveau im Hinblick auf diese Grundfertigkeiten erreicht war. Um 1790 konnten wohl 80-90% der erwachsenen Frauen Neuenglands lesen und schreiben. Nach dem Zensus der USA von 1850, dem ersten Zensus, der Lese- und Schreibkenntnisse berücksichtigte, betrug die Rate der Analphabeten in den Neuenglandstaaten weniger als 1 %; vgl. Joel Perlman und Dennis Shirley, „When did New England Women Acquire Literacy?".

10 Auf eine allgemeine historische Skizze der Entwicklung des Buch- und Verlagswesens, zu dem auch die Wechselwirkungen zwischen Verlegern, Autoren und Lesern gehören, verzichte ich, da dies im Detail zu umfangreich wäre und im Überblick schon oft geleistet wurde. Relevante Literatur zu wichtigen Aspekten dieses komplexen Zusammenhangs bietet der folgende bibliographische Exkurs.
1950 kritisierte der amerikanistische Literatursoziologe William Charvat die allzu schlichte Auffassung der Literaturhistoriker, Literaturgeschichte ließe sich adäquat als lineare Beziehung zwischen Autoren und Lesern darstellen.

> Actually, instead of being merely linear, the pattern is triangular. Opposite both the writer and the reader stands the whole complex organism of the book and magazine trade ... In this triangle, cultural force and influence runs in both directions. The book trade is acted upon by both writer and reader, and in receiving their influence the

book trade interprets it and therefore transmutes it. Correspondingly, writer and reader dictate to, and are dictated to by, the book trade. (*Profession* 284)

Aspekte dieses Zusammenhangs thematisieren die folgenden Untersuchungen: Das Standardwerk zum Verlagswesen in Amerika ist John Tebbel, *A History of Book Publishing in the United States.* Band I und II dieses vierbändigen Werks beschreiben das Buchwesen von der Kolonialzeit bis zum Ende des Ersten Weltkriegs. Tebbel ordnet sein umfangreiches Material nach historischen Perioden und geographischen Zentren. Dazu kommen Überblicksessays, in denen allgemeinere Entwicklungen dargestellt und an Beispielen belegt werden, etwa die Finanzierungspraxis für Druckwerke, Autorenhonorare, Verkaufstechniken, Verteilungsprobleme, technische Neuerungen etc. Für das 19. Jahrhundert siehe bes. Band I, „A General Survey of Publishing between 1800 and 1865", 203-262, und Band II, „A General Survey of Book Publishing, 1865-1919", 1-183.
Tebbel stützt sich u.a. auf die Arbeiten von Charvat, *Literary Publishing in America* und *The Profession of Authorship in America.* Charvat entwickelt die These, daß der Aufstieg der Städte Boston, Philadelphia und New York zu den dominierenden Verlagszentren des 19. Jahrhunderts im wesentlichen von ihrer geographischen Lage und den Möglichkeiten der Verkehrsanbindung über Wasserwege und später die Eisenbahn abhing. Er macht auch auf die Verschiebung des Absatzmarktes für Literatur aufmerksam, die im 19. Jahrhundert beobachtbar ist. Während der Mittelwesten zunehmend wichtiger wird, ist der Süden seit der Jahrhundertmitte als Absatzmarkt von geringer Bedeutung, was die verlegerische Rücksichtnahme auf die Kunden in den Südstaaten weitgehend überflüssig macht (*Profession* 301). Weitere grundlegende Untersuchungen Charvats gelten der Professionalisierung des Schriftstellerberufs, mit Fallstudien zu Autoreneinkünften (Cooper, Longfellow, Melville), Verkaufstechniken und dem Einfluß des Publikumsgeschmacks auf die Literaturproduzenten. Einige seiner nach wie vor sehr lesenswerten Texte sind leider ohne Quellenangaben. Den Wandel der Buchdistributionsmethoden um die Jahrhundertmitte, ein Prozeß der Spezialisierung und Funktionstrennung, untersucht W. S. Tryon in einer Fallstudie des renommierten Bostoner Verlagshauses Ticknor and Fields.
Zu neueren Arbeiten, die die Wechselwirkungen von Markt, Literaturproduktion und -rezeption auf breiter Materialbasis thematisieren, gehört, allerdings mit regionalem Schwerpunkt, Lawrence Buell, *New England Literary Culture.* Umfassender ist David S. Reynolds *Beneath the American Renaissance,* das ich in 1.3. ausführlicher kommentiert habe. Michael Gilmores Überblick über Markt und Literatur der ersten Jahrhunderthälfte, „The Book Marketplace" ist vom Alteritätsdiskurs bestimmt und daher von eingeschränkter Nützlichkeit. Einen kurzen Überblick über Markt und literarische Kommunikation gibt Helmbrecht Breinig, „Einleitung". Die Situation am Ende des 19. Jahrhunderts stellt Nelson Lichtenstein dar mit „Authorial Professionalism and the Literary Marketplace, 1885-1900".
Mary Kelley, *Private Women, Public Stage,* legt ihren Schwerpunkt auf das Bild und Selbstbild der von ihr untersuchten Prosaautorinnen im Literaturbetrieb des 19. Jahrhunderts und bietet insofern Material zum Verhältnis von Autorinnen, Verlegern und Lesepublikum. Im Mittelpunkt von Susan Coultrap-McQuin, *Doing Literary Business,* steht die Wechselbeziehung zwischen Verleger und Autorin. Ihren fünf Fallstudien stellt Coultrap-McQuin zwei allgemeinere Kapitel zum kulturellen Kontext für Autorinnen im 19. Jahrhundert und zur Beziehung von Verlegern und Autorinnen voran.

Gar nicht zu unterschätzen ist die Bedeutung der bereits im 19. Jahrhundert enorm vielfältigen und zahlreichen Zeitschriften für die Literaturproduktion und -rezeption in den USA. Das Standardwerk für diesen Bereich ist Frank Luther Mott, *A History of American Magazines*. Robert B. Winans, „The Growth of a Novel-Reading Public in Late-Eighteenth-Century America", zeigt, daß bereits im späten 18. Jahrhundert viele Zeitschriften große Mengen von fiktionalen Texten enthielten und das, obwohl die Lektüre solcher Texte vielfach verdammt wurde. Speziell das Genre Roman stand in dem Ruf, unmoralisch und unwahr zu sein. Die Beschäftigung damit galt daher als Zeitverschwendung. Offensichtlich blieb die lautstarke Opposition gegen die Erzählliteratur praktisch irrelevant. Hierfür spricht auch die starke Zunahme von Leihbüchereien, über die Bücher einem breiteren Publikum zugänglich waren. Romane waren gewöhnlich nur ein kleinerer Teil des Bestandes solcher Bibliotheken, wurden jedoch, soweit sich das feststellen läßt, ganz besonders häufig ausgeliehen.
Als Index der Popularität von Literatur ist die kritische Rezeption, die sich in den Zeitschriftenrezensionen des 19. Jahrhunderts niederschlug, wenig aussagekräftig, aber sie ist aufschlußreich für den Literaturdiskurs der Periode. Nina Baym, *Novels, Readers, and Reviewers* untersucht die Romanrezeption vor allem in der Zeit von 1840-1860.
Ronald Zboray, „Antebellum Reading and the Ironies of Technological Innovation" problematisiert die Beziehung zwischen technischen Neuerungen in der Druckindustrie und dem Anwachsen des Lesepublikum, die gewöhnlich in einem direkten Zusammenhang gesehen werden. Eine wichtige Rolle spielten auch andere technische Mittel. So erleichterte die Eisenbahn nicht nur die Buchverteilung, sondern schuf auch eine neue Lesegelegenheit. Weitere relevante Faktoren, die sich auf das Lesepublikum auswirken, sind die Kosten für Lesehilfen wie Beleuchtung und Augengläser. Zboray weist darauf hin, daß die preisgünstigeren Stahlbrillen, Nachfolger der teureren Brillengestelle aus Edelmetallen, erst um die Jahrhundertmitte allmählich verfügbar waren.
Susan Geary, „The Domestic Novel as a Commercial Commodity" macht auf die Bedeutung von Werbung für den Absatz von Romanen aufmerksam. Um die Jahrhundertmitte fingen Verleger an, hohe Beträge in Werbekampagnen für einzelne Bücher vor und nach der Veröffentlichung zu investieren. Am Beispiel von Fanny Ferns Roman *Ruth Hall* zeigt Geary, wie ein Bestseller strategisch geplant und gemacht wurde. Der Erfolg ließ sich allerdings nicht programmieren. Kontraproduktiv war die verbreitete Neigung von Verlegern, Erfolgsschemata zu wiederholen oder erfolgreiche Bücher zu imitieren, was bald zur Übersättigung dieses Marktes führte. Dies war beispielsweise der Fall mit den zahlreichen Folge- und Antwortromanen auf Harriet Beecher Stowes *Uncle Tom's Cabin*, den wohl erfolgreichsten amerikanischen Roman des 19. Jahrhunderts.
Aufschluß über die populärsten Werke des 19. Jahrhunderts gibt Frank Luther Mott in *Golden Multitudes*, wo er für den Zeitraum von 1690 bis 1945 die erfolgreichsten Werke jeder Dekade darstellt. Nach Motts Maßstab ist ein Buch dann ein Bestseller, wenn seine Verkaufsziffer in der Veröffentlichungsdekade 1% der Gesamtbevölkerungszahl der Kontinental-USA erreicht (7). Für den Zeitraum 1750-1759 beläuft sich das auf 12 000 Exemplare, für die 1850er Jahre sind es immerhin 225 000 Exemplare und 625 000 für das letzte Jahrzehnt des 19. Jahrhunderts. Motts Studie stellt zudem eindeutig klar, daß die literarische Qualität eines Textes für den Verkaufserfolg nicht hinderlich sein muß: „Upon a re-examination of the over-all best seller list we find not only the ‚low brow' successes but many admitted masterpieces. Most of the first-rank American and English

Authors appear at least once" (4). Als Beispiele nennt er Shakespeare, Poe, Longfellow, Whitman, Defoe, Emerson u.a. Ein weiteres Standardwerk zur Populärliteratur ist James D. Harts *The Popular Book*, eine Art Geschmacksgeschichte. Harts Darstellung ist androzentriert. Von den 282 Büchern, die er für den Zeitraum 1800 bis 1900 anführt, sind nur 44 oder 15,6 % von Frauen. Sowohl Mott als auch Hart beziehen auch Werke nichtamerikanischer Autorinnen und Autoren mit ein.
Das Verhältnis von Verlegern und Autoren in England hat John Andrew Sutherland untersucht: *Victorian Novelists and Publishers*. Wie sich die Situation von Autorinnen und Autoren im Literaturbetrieb Englands im 19. Jahrhundert unterschiedlich veränderte, ist Gegenstand von Gaye Tuchman, *Edging Women Out*.

11 Wrights Zahlen müssen vermutlich nach oben korrigiert werden, dürften aber die Tendenz angemessen wiedergeben.

12 Die Außenperspektive zeigt eine englische Rezension desselben Romans im *Monthly Review* von 1825. Hier wird sehr wohl die Geschlechterdifferenz thematisiert; die Verfasserin von *Redwood* hält dem (sichtlich physischen) Vergleich mit Cooper und Neal nicht stand. Ihr Roman, den der Rezensent „undoubtedly very creditable to the female literature of America" (432) nennt,

> cannot boast the same strength and energy, the same vivid and correct pictures both from nature and mankind, with the same experience and accurate description of events and scenes in which the writer has been either an actor or a witness, as we find in the publications of Mr. Cooper and Mr. Neill [sic]. Its features, as we might expect, are wholly of a milder and more serious cast; its principle is instructive and devotional; and in no way, perhaps, except in the occasional beauty of its descriptions, – certainly not in extent of intellect and strong natural powers, – can it be said to bear any kind of resemblance to the works above mentioned. (430)

Die körperlichen Merkmale der Geschlechter gewichten hier augenfällig die Texte; das schwächere Geschlecht schreibt die schwächere Literatur.

13 Sedgwick kam der Bitte offensichtlich nach. Der Zettelkatalog von Harvards Widener Library kennzeichnet mehrere ihrer bis 1827 erschienen Bücher als „gift of the author". Derselbe Zusatz findet sich auch auf der Katalogkarte einer frühen Ausgabe von Lydia Maria Childs Roman *Hobomok*. Es ist daher anzunehmen, daß Child ebenfalls aufgefordert worden war, ihr Buch zu spenden.

14 Wie oben bereits vermerkt (vgl. Anm. 2), wird der Literaturbegriff bei Duyckinck, Griswold u.a. noch sehr weit gefaßt und schließt z.B. historische, theologische, politische Schriften mit ein. Integriert werden darüber hinaus auch Autoren, die nicht gebürtige Amerikaner sind. Die Absicht ist darzustellen, was auf amerikanischem Boden geschrieben wurde, wie es in der Einleitung zur *Cyclopedia* heißt: „[T]o exhibit and illustrate the products of the pen on American soil" ([v]).

15 Die erste Ausgabe der *Cyclopedia* von 1856 enthält u.a. Brooks, Child, Chesebro', Judson, Kirkland, Sedgwick, Sigourney, Southworth, Stowe und Warner. Griswolds *Prose Writers of America* (1847) enthält 71 Einzelbiographien, davon 5 zu Frauen. Eine erweiterte Ausgabe aus demselben Jahr kommentiert 190 Personen, davon 18 Frauen. Nimmt man die Berücksichtigung in solchen Anthologien als Maßstab für Renommee, so waren Child, Sedgwick und Kirkland die angesehensten Erzählliteratinnen der ersten Hälfte des 19. Jahrhunderts, denn sie wurden immer aufgenommen.

Cheryl Walker nimmt fälschlicherweise an, Griswold habe *The Poets and Poetry of America* von vornherein rein männlich konzipiert: „Griswold's final separation of male and female poets placed only men in *The Poets and Poetry of America.* Women were relegated to a separate volume: *The Female Poets of America*" (*Nightingale's Burden*, 56). Walker geht davon aus, daß die Lyrik von Frauen immer schon als eine besondere und zweitklassige differenziert und hierarchisiert wurde und übersieht, daß es sich um einen diskursiven Prozeß der Disziplinierung hin zu einer Frauenlyrik handelt, der in Bestrebungen nach einer Nationalliteratur auch gegenläufige Tendenzen hatte.

16 Vgl. das umfangreiche Werk von Sara Josepha Hale, *Woman's Record; or Sketches of All Distinguished Women, From the Creation to A.D. 1850*, das 1850 in erster Auflage erschien und 1855 erweitert und wieder aufgelegt wurde. Die zweite Auflage umfaßt Einträge zu ca. 2500 Frauen.

17 Analog funktioniert das Kriterium Rasse. Es dient ebenso zur Unterdrückung wie es das Kriterium darstellt, über das eine gemeinsame Identität etabliert werden kann, die es wiederum erlaubt, als Gruppe zu agieren.

18 Sara Parton karikierte die Einstellung zur Erwerbsarbeit von Frauen:

> As a general thing there are few people who speak approbatively of a woman who has a smart business talent or capability. No matter how isolated or destitute her condition, the majority would consider it more „feminine" would she unobtrusively gather up her thimble, and, retiring into some out-of-the-way-place, gradually scoop out her coffin with it („A Bit of Injustice" 318)

19 Für England stellte William R. Greg im *National Review* nämliches fest: „There are vast numbers of lady novelists" (147).

20 Fernsehredakteure berücksichtigen dieses Phänomen beispielsweise bei der Zusammenstellung von Diskussionsrunden. Zwei Frauen in einer Runde von sechs Personen scheint viel. Vgl. auch die Forschungen zum Gesprächsverhalten von Männern und Frauen, wie sie Senta Trömel-Plötz oder Dale Spender durchgeführt haben. Demnach reden Männer in gemischtgeschlechtlichen Gruppen mehr als Frauen und ihre einzelnen Redebeiträge sind länger, ohne daß dies von den Teilnehmenden als ungewöhnlich oder ungerecht empfunden wird. In feministischen Veranstaltungen werden Männer, die mit selbstverständlicher Ausführlichkeit nach dem Wort greifen, meist zu ihrer Überraschung sehr bald deswegen kritisiert. Da ihnen gar nicht bewußt ist, daß sie überdurchschnittlich lang sprechen, empfinden sie im Gegenzug Feministinnen als intolerant. Dale Spender folgert aus ihrer Untersuchung: „in general a woman is allowed up to about one third of the conversation time in interactions with male peers. Beyond this point, *both women and men* are likely to perceive the contribution of the woman as domineering" (*The Writing or the Sex?* 10, Hervorh. im Orig.). Vgl. auch die interessanten Aussagen von Cathy Davidson, Marilyn French, Annette Kolodny, Susan Koppelman, Joanna Russ und Elaine Showalter im Appendix von Spenders Buch (195-201).

21 Gegenüber Männern hatten Frauen den Nachteil, daß sie als Autorinnen auf die Unterstützung ihrer Familien angewiesen waren, sofern ihre Schriftstellerei nicht genügend einbrachte. Viele Autoren hatten dagegen zeitweise öffentliche Ämter inne, die ihren Lebensunterhalt sicherten. Die Zollämter, die u.a. Nathaniel Hawthorne, Herman Melville und Richard Henry Stoddard zeitweise ernähren halfen, könnten als staatliche Kunstförderungsinstitution in die Literaturgeschichte eingehen.

1 Der Vorwurf mangelnden Humors oder eines banalen Humors ist ein stereotypes Mittel zur diskriminierenden Abgrenzung in Alteritätsdiskursen; er wurde auch Indianern und Afroamerikanern gemacht. Humor als Kategorie der feineren Selbststilisierung, als Zeichen intellektueller (Selbst-)Distanz und Souveränität gehört zu den Autostereotypen einer Gruppe.

2 Die Protagonistin von Rebecca Harding Davis' Roman *Frances Waldeaux* (1897) verdient ihren Lebensunterhalt als Verfasserin einer satirischen Kolumne für eine Zeitschrift. Eine Rezension dieses Romans nimmt auf die angebliche weibliche Humorlosigkeit ironisch Bezug. Die Protagonistin sei mit ihrem Beruf eine völlig widernatürliche Kreation: „It was long ago decided by the most infallible of male critics that there never had been, was not, and never could be a woman possessed of a sense of humour like unto a man's sense of humour" („Novel Notes" 167).
1884 befaßt sich Alice Wellington Rollins in zwei Artikeln in *The Critic* mit der Frage des Humors von Frauen in der Literatur und im Leben und bemüht sich, mit Beispielen das Vorurteil zu widerlegen. Gleichzeitig konstatiert sie Unterschiede zwischen männlichem und weiblichem Humor, wodurch die Geschlechterdifferenz erhalten bleibt. Was Humor in der Literatur angeht, hält sie sogar an einer Hierarchie fest: Humor hätte einen geringeren Anteil in Werken von Frauen als von Männern:

> As we have had no feminine Artemus Ward, so we have had no woman novelist in whose work humor has even so prominent a part as it has in Dickens; nor have women, as a rule, grasped or conceived a sustained comic situation. ... But herein lies the very glory of woman's humor: being imaginative rather than perceptive („Woman's Sense of Humor" 146)

Rollins' Beiträge zeigen Aufbegehren gegen Festschreibungen des Alteritätsdiskurses, dem sie zugleich verhaftet bleiben, weil sie zwar seine Hierarchisierungen in Frage stellen, seine Grundannahme von Differenz jedoch beibehalten. Diese Position bleibt Teil des diskursiven Spektrums und reflektiert nicht über den Diskurs selbst.

3 Ähnliches wird auch für die britische Literatur festgestellt. George Henry Lewes, George Eliot u.a. treffen Unterscheidungen, was Männer, was Frauen können. Männern gelinge allgemein die Handlungskonstruktion und die Charakterschilderung besser, befindet Lewes (175). Auch in England wurde die Besonderheit der Literatur von Frauen damals häufig kommentiert. Siehe etwa George Henry Lewes, „The Lady Novelists" (1852); George Eliot, „Silly Novels by Lady Novelists" (1856); William Rathbone Greg, „False Morality of Lady Novelists" (1859); „Literary Women" (1864).

4 Ann Stephens (1810-1886) ist als die Verfasserin der ersten Dime Novel in die Literaturgeschichte eingegangen. Mit *Malaeska: the Indian Wife of the White Hunter* begann das Verlagshaus Beadle 1860 seine erfolgreiche Serie. Die Erzählung war bereits über 20 Jahre alt – Stephens hatte sie 1839 als Fortsetzungsgeschichte in *The Ladies' Companion* veröffentlicht. Die Brüder Irwin und Erastus Beadle zahlten $ 250 für das Wiederabdrucksrecht. Die Beadles sicherten sich für ihr Serienexperiment mit Stephens eine damals schon lange Zeit sehr populäre Schriftstellerin. Der Erfolg der Reihe ist bekannt; *Malaeska* war so beliebt, daß die Beadles in späteren Jahren mehrfach wieder darauf zurückgriffen. Schon seit den 1840er Jahren war Stephens eine namhafte Autorin, deren

Erzählungen neben denen von Cooper, Poe, Longfellow und Hawthorne in *Graham's Magazine* erschienen. Poe nahm sie in seine Literati-Serie auf. Stephens hatte beste literarische und politische Kontakte. Sie spezialisierte sich später auf historische Romanzen, die sie in großer Zahl produzierte, einige davon erschienen wiederum als Dime Novels. 1886 starb sie als hochangesehene Autorin. Eine 23-bändige Werkausgabe wurde in ihrem Todesjahr publiziert. Zu Stephens vgl. Stern, *We the Women* 29-54. Zu Konzept und Erfolg der Reihe siehe Tebbel, *History of Book Publishing I*, 248-251.

5 Die Frage der Rangfolge der Geschlechter wird dort im Handstreich gelöst: „We do not propose to enter upon an inquiry as to the equality of man to woman. We waive the question, or yield the point, and allow that he is not inferior to us. But he is different" (306). Der hier zitierte Text ist gleichzeitig Beleg und Beispiel für das Aufbegehren gegen die diskursive Disziplinierung.

6 Zum amerikanischen Realismus in der Nachbürgerkriegsphase vgl. Winfried Fluck, *Inszenierte Wirklichkeit* (1992).

7 George Eliot beginnt ihre Rezension von *Dred* (1856) mit einer Beschreibung der von Stowe verzauberten Leserschaft:

> At length we have Mrs. Stowe's new novel, and for the last three weeks there have been men, women, and children reading it with rapt attention – laughing and sobbing over it – lingering with delight over its exquisite landscape, its scenes of humour, and tenderness and rude heroism – and glowing with indignation at its terrible representation of chartered barbarities. Such a book is an uncontrollable power („Three Novels" 325)

8 Das Verhältnis der Ehegatten als eines, in dem der Mann die Rolle des Kindes einnimmt, ist in dieser Konzeption vorbildlich:

> [S]ooner or later the true wife becomes a mother to her husband; she guides him, cares for him, teaches him, and catechises him all in the nicest way possible. ... Some jackanapes or other, I read once, said every woman wanted a master, and was as forlorn without a husband as a masterless dog. It's a great deal truer that every man wants a mother; men are more forlorn than masterless dogs, a great deal, when no woman cares for them. (98)

9 In *Uncle Tom's Cabin* hatte Stowe bereits eine matriarchale Gesellschaftsutopie entwickelt in der Darstellung des Quäker-Haushalts, den Mother Halliday leitet. In diesem Roman wird die Muttermacht nicht nur idyllisiert, sondern auch als strafende Übermacht gezeigt: „[P]erfect love is the most fearful torture" (529) heißt es über die Mutterliebe, die der brutale Sklavenbesitzer Simon Legree zurückweist und die ihn dann im Wahnsinn enden lassen wird.

10 Joanne Dobson hat erst jüngst wieder darauf hingewiesen, wie divers und vielschichtig die Literatur ist, die sich dieser Verfahren bedient:

> Central to what has been designated as the sentimental imagination is an orientation toward feeling, and nineteenth-century women writers did use the term *sentimental* in that sense. Yet „feeling" is a vast category, encompassing a multitude of experiences, both emotional and physical, many of which are not usually associated with the term *sentimentalism.* Sentimentalism as construed by American women in the nineteenth century ... is a complex imaginative phenomenon comprised, yes, of feeling, but of

feeling constellating around and valorizing a distinctive set of emotional priorities and a specific moral vision. I think it is accurate to say that the sentimental imagination at its core manifests an irresistible impulse toward human connection; sentimentalism in its pure essence envisions – indeed, *desires* – the self-in-relation. („The American Renaissance Reenvisioned" 170)

11 Das besondere Talent, das den Frauen hier für die leichte Literatur bescheinigt wird, hat u.a. mit ihrer „delicacy of perception" (84) zu tun und verweist damit zurück auf die Vorstellung von der zarteren weiblichen Physis.

12 Die Darstellungspraxis, in der Richardson als Erfinder des sentimentalen Romans gehandelt und damit aus der literarischen Kommunikation seiner Epoche herausgelöst wird, so als sei er unberührt von der Literatur seiner Zeit geblieben, entspringt einem monokausalen Denken, das problematische Implikationen hat. Damit ist nichts gegen Richardsons literarische Leistung gesagt, sondern vor allem etwas gegen eine literaturwissenschaftliche Fiktion von solitärer (männlicher) Zeugungskraft. Die Konzeption solitärer weiblicher Gebärkraft verleugnete ebenso die diskursive Konstruktion und Konstitution kulturellen Handelns.

13 In George Eliots *Middlemarch* (1871/72) macht Mr. Casaubon seine Frau Dorothea darauf aufmerksam, daß ihr eine eigene Meinung nicht zusteht: „‚Dorothea, my love, this is not the first occasion, but it were well that it should be the last, on which you have assumed judgment on subjects beyond your scope' (410)." Die deutsche Übersetzung von Ilse Leisi ist exzellent: „‚Dorothea, mein Liebstes, es geschieht nicht zum erstenmal, doch wäre es gut, wenn es zum letztenmal geschähe, daß du dir ein Urteil über Dinge anmaßest, die außerhalb deiner Begriffe liegen'" (513-14).

14 Das Stereotyp der sentimentalen Literatin wurde im 19. Jahrhundert von vielen Autorinnen parodiert, was zugleich die Konstanz dieses diskursiven Konstrukts belegt. Nancy Walker verfolgt die satirische Darstellung dieser Figur am Beispiel von Texten von Fanny Fern, Caroline Kirkland, Frances Whicher, Gail Hamilton und Marietta Holley; vgl. „Wit, Sentimentality".

15 Die kindliche Dichterin war ein bekannter Typus im 19. Jahrhundert. Cheryl Walker nennt in ihrer Anthologie *American Women Poets of the Nineteenth Century* Lucretia Davidson (1808-1825), deren sehr erfolgreiches Werk posthum von ihrer Mutter publiziert wurde, „the outstanding example ... of a type: the precocious female poet who died young and afterward became a legend" (93). Davidsons Werk erreichte 15 Auflagen und wurde 1844 ins Deutsche und 1906 ins Italienische übersetzt (Walker 93).

16 Adelaide Anne Procter (1825-1864), deren Vater als Barry Cornwall Lyrik verfaßte, schrieb zahlreiche Gedichte für die von Charles Dickens herausgegebene Zeitschrift *Household Words*. Dickens verfaßte nach ihrem Tod eine Gedenkschrift. Proctor war eine erfolgreiche Dichterin und Reformerin. Das Zitat entstammt dem Artikel über Procter in *British Women Writers* (548).

17 Alice Kahler Marshall stellt eine Auswahl von vorwiegend amerikanischen und britischen Kommentaren und Karikaturen über die Schriftstellerin zusammen und gruppiert sie unter den Rubriken: The Bluestocking, The Tramp, The Domestic Slacker, The Castrating Wife, The Social Misfit, The Unnatural Mother, The Poor Soul, The Poor *Old* Soul, The Frump, The Spinster, The Self-Dramatizers, The Sensationalists (73-92). Die Liste ließe sich ohne Schwierigkeiten erweitern.

18 Das Verdrängungspotential bzw. die Vereinheitlichungstendenz dominanter Versionen wird an den vorgeführten Belegen auch in anderer Hinsicht deutlich. Differenzierungen nach Klasse oder Rasse sind den Texten kein Anliegen.

19 Die Sekundärliteratur sitzt immer wieder den diskursiven Konstrukten auf oder verstärkt sie, indem sie besonders die *domestic novel* als Literatur von und für Frauen behandelt und eben nicht sieht, daß sie damit eine Geschlechtsgrenzziehung übernimmt, die unsichtbar macht, daß es sich um ein literarisches Verfahren handelt, das zwar vorwiegend von Frauen benutzt wurde, aber nicht notwendig benutzt werden mußte. Dasselbe gilt für die Leserschaft, die ebenfalls nicht notwendig ausschließlich aus Frauen bestand (vgl. Abschnitt 1.3. Anmerkung 25).

Den Unterschied zwischen weiblicher Literatur und weiblicher Schreibweise erhellen auch Arbeiten zur Narrativik. Robyn Warhol untersucht in *Gendered Interventions* Verfahren der direkten Leseranrede im sozialkritischen, englischen realistischen Roman des 19. Jahrhunderts in Texten von Männern und Frauen. Dabei unterscheidet sie *distancing* und *engaging narrators.* Während Männer häufiger distanzierende Erzählstrategien verwenden, bevorzugten Frauen die ernsthafte, direkte Leseranrede. Ersteres Phänomen ist von der Forschung ausführlich kommentiert worden, letzteres weitgehend vernachlässigt, was Warhol im Zusammenhang mit dem niedrigen Status der Literatur von Frauen in der Literaturwissenschaft sieht. Ihre sehr überzeugende Studie weist nach, daß die Verfahren der direkten Leseranrede jeweils mit einem Geschlecht assoziiert waren, und insofern zu der von mir so genannten männlichen bzw. weiblichen Schreibweise gehörten, daß sie von Autorinnen und Autoren jedoch wechselweise eingesetzt wurden, um bestimmte Wirkungen zu erzielen. Ebenso wie die direkte Leseranrede eine literarische Technik ist, die allen Schreibenden zur Verfügung steht, ist es die weibliche Erzählperspektive. Die fiktionale weibliche Perspektive hat Ruth Nestvold-Mack in Romanen von Frauen und Männern vom 17. bis zum 20. Jahrhundert untersucht.

In Charlotte Brontës Erklärung, warum sie und ihre Schwestern Pseudonyme wählten, die nicht eindeutig als Frauennamen zu identifizieren waren, klingt die weibliche Schreibweise an:

> [W]e did not like to declare ourselves women, because – without at that time suspecting that *our mode of writing and thinking was not what is called ‚feminine'* – we had the vague impression that authoresses are liable to be looked on with prejudice; we had noticed how critics sometimes use for their chastisement the weapon of personality, and for their reward, a flattery, which is not true praise. („Biographical Notice" 359; Hervorh. SO).

20 Indirekt wird dies auch in der Literaturkritik des 20. Jahrhunderts bestätigt, wo nicht selten gerade ein Text eines Mannes als perfekte Illustration etwa der sentimentalen Tradition angeführt wird, womit dann die Verknüpfung von Weiblichkeit und Sentimentalität aufgehoben ist, allerdings meist ohne weitere Kommentierung. Klaus P. Hansen findet das in der Kritik vernachlässigte Subgenre, das er „novel of the angelic child" nennt, souverän von Timothy Shay Arthur gehandhabt in dessen „short and skillfully written novel" *The Angel of the Household* (1854). Dieses Genre sei von Bret Harte in „The Luck of Roaring Camp" (1870) parodiert worden („Realism and Myth" 24). Ergänzend sei angemerkt, daß Rebecca Harding Davis die Engelskindkonvention ebenfalls parodierte in ihrer Erzählung „A Faded Leaf of History" (1873).

21 Das Werk war im gleichen Jahr bereits vorher in Charleston, South Carolina, unter dem Titel *The Sword and the Distaff* erschienen.

22 Männliche Autoren litten ebenfalls unter Selbstzweifeln und Identitätskonflikten, die z.T. der Auffassung einer ihrem Geschlecht unangemessenen literarischen Tätigkeit oder Neigung entsprangen; Hawthorne ist ein bekannter Fall. Henry James, der zu Beginn seiner literarischen Karriere sehr viel rezensierte, scheint sich systematisch die damals bekannten Autorinnen vorgenommen zu haben und verriß eine nach der anderen sicher auch deshalb, um sich gegen sie abzugrenzen.

23 Ein typisches Beispiel findet sich etwa in den populären Vorträgen von Edwin Percy Whipple zum Themenbereich Literatur, die er später als *Lectures on Subjects Connected with Literature and Life* veröffentlichte. In der ersten Lektion erklärt er seine umfassende Absicht: „My object will be to set forth their [the authors'] moral and intellectual influence, the physical necessities which have modified the direction of their powers, and the discrepancies between their internal and external existence" (8). Zwanzig Seiten später wird eindeutig, daß sich seine allgemeinen Bemerkungen auf ein Geschlecht beschränken: „We now come to a delicate part of the subject ... the relation of authors to domestic life, their glory or shame as lovers and husbands ... a great many [authors] have been unhappily married" (30), und im folgenden erläutert er an Beispielen seine Überzeugung, daß Ehefrauen von Dichtern zumeist ohne Kunstverstand und rechte Xanthippen seien.

Anmerkungen zu 2.4.

1 Um Mißverständnissen vorzubeugen, sei hier noch einmal betont, daß Frauen zwar in stärkerem Maße, jedoch nicht alleine der Disziplinierung unterlagen. Die Literaturkritik des 19. Jahrhunderts fungierte als Hüterin gesellschaftlicher Werte und achtete auch bei Männern darauf, daß das Dekorum nicht verletzt wurde. An Frauen wurde jedoch aufgrund ihres moralischen Wesens ein höherer Anspruch an Respektabilität gestellt. Es ist außerdem zu berücksichtigen, daß die Literaturkritik der Zeit nur beschränkte Einblicke in die Rezeption zu geben vermag; die Leserschaft ließ sich auch damals nicht unbedingt von der kritischen Meinung leiten, wie die Popularität der durchweg als unmoralisch verdammten Sensationsliteratur beweist. William Charvat hat schon früh auf die Interessengebundenheit der Literaturkritik verwiesen, die daher nicht einfach als repräsentativ für die Rezeption angesehen werden kann; vgl. *Profession of Authorship*, 290-292.

2 Die Praxis ist allgegenwärtig und läßt sich beliebig veranschaulichen, etwa an Edgar Allan Poes Serie über „The Literati of New York" in *Godey's Lady's Book*, in der er zahlreiche Autorinnen vorstellte, u.a. Catharine Sedgwick. Poes Bemerkungen, die keineswegs unfreundlich sind („one of our most celebrated and most meritorious writers"), thematisieren Sedgwicks Weiblichkeit im Vergleich mit anderen:

> Miss Sedgwick has now and then been nicknamed „the Miss Edgeworth of America;" but she has done nothing to bring down upon her the vengeance of so equivocal a title. That she has thoroughly studied and profoundly admired Miss Edgeworth may, indeed, be gleaned from her works – but *what woman has not?* Of imitation there is not the slightest perceptible taint. ... In the Englishwoman there is far more of a certain Scotch prudence, in the American more of warmth, tenderness, sympathy for the

> weaknesses of her sex. Miss Edgeworth is the more acute, the more inventive and the more rigid. Miss Sedgwick is *the more womanly.* („Catherine [sic] M. Sedgwick" 130; Hervorh. SO)

Nachdem er sich lobend über einzelne Werke, speziell *The Linwoods* geäußert hat, ordnet er Sedgwick literarisch ein, indem er sie mit zeitgenössischen Autoren vergleicht. Daß er dann ausschließlich von Autorinnen spricht, markiert deren Differenz:

> We must permit [nothing] ... to bias the critical judgment as it makes estimate of her abilities in comparison with those of her *present* contemporaries. She has neither the vigor of Mrs. Stephens nor the vivacious grace of Miss Chubbuck, nor the pure style of Mrs. Embury, nor the classic imagination of Mrs. Child, nor the naturalness of Mrs. Annan, nor the thoughtful and suggestive originality of Miss Fuller; but in many of the qualities mentioned she excels ... She is an author of marked talent, but by no means of such decided genius as would entitle her to ... precedence among our female writers (131; Hervorh. im Orig.)

3 Zur epochencharakterisierenden Bezeichnung Viktorianismus vgl. Kap. 5.2., 224ff.

4 „[T]he devil himself always seems to get into my ink-stand" schrieb Hawthorne an James T. Fields am 26.4.1860 (*Letters 1857-1864*, 272). Dieser leicht ironische Kommentar ist nicht unähnlich den Worten, in die Hawthorne sein Kompliment an Sara Parton für ihren Roman *Ruth Hall* kleidete: „the woman writes as if the devil was in her; and that is the only condition under which a woman ever writes anything worth reading" (*Letters* 307). Allerdings mit dem wichtigen Unterschied: während der Teufel in der Frau steckt, sie ihn also verkörpert und keine Distanz zu ihm hat, bewahrt der männliche Körper seine Integrität, er ist nicht besessen und der Teufel übt keine Kontrolle über diesen Leib aus.

Natürlich kann man argumentieren, daß „devil" in den zwei Zitaten unterschiedlich konnotiert sei, einmal als Kommentar zur Thematik, das andere mal als Kommentar zur Schreibart. Ich meine, daß in den Zitaten gleichwohl Hawthornes Verhältnis zu männlicher und weiblicher Körperlichkeit zum Ausdruck kommt.

5 James' Rezensionen sind in den von Leon Edel herausgegebenen Bänden *Henry James: Literary Criticism* zugänglich (218-229). Daß sich James mehr oder weniger systematisch die wichtigen Autorinnen seiner Zeit vornahm, wird dadurch unterstrichen, daß er seine Besprechungen z.T. unaufgefordert einsandte, bzw. von sich aus anbot, bestimmte Werke zu rezensieren. Sein kritischer wie persönlicher Umgang mit den (noch) bekannteren Kolleginnen war ausgesprochen arrogant. Louisa May Alcott, die mit ihren *Hospital Sketches* (1863) und *Moods* (1865) renommiert hatte, begegnete dem damals 22-jährigen James im Januar 1865 und berichtete: „Henry Jr. wrote a note of ‚Moods' for the ‚North American', and was very friendly. Being a literary youth he gave me advice, as if he had been eighty and I a girl" (Cheney, *Louisa May Alcott* 165).

6 Fluck erklärt zu Recht, daß diese prinzipiell experimentelle Dimension grundsätzlich allen fiktionalen Texten eigen und keineswegs nur ein Merkmal postmoderner Texte ist. Auch wenn nicht alle Texte das der Fiktion inhärente subversive Potential in gleicher Weise nutzen, so gilt doch generell, daß Fiktion,

> weil sie „durch eine vorläufige, und d.h. auch: zurücknehmbare Setzung" (Landwehr) einen zunächst probeweisen und daher handlungsentlasteten Neustrukturierungsver-

such [historischen bzw. kulturellen Materials] ermöglicht, in dem die Spannung zwischen kulturell vorgegebenen Erklärungsmustern, individuellem Wunsch und erfahrener Welt „spielerisch" bearbeitet und Implikationen neuer Setzungen durchgespielt werden können. (*Inszenierte Wirklichkeit* 12)

7 Sedgwick, die selbst nicht heiratete, entschied sich letztlich, die fiktionale Ordnung aufrecht zu erhalten. Ihr Vorwort zu diesem Roman ist ein Bekenntnis zur Doktrin der getrennten Sphären, die sie als verschieden aber gleichwertig darstellt. „We have given (we confess, after some disposition to rebel), the most practical proof of our allegiance to the ancient laws of romance, by making our hero and heroine man and wife" (vi). Doch entläßt sie ihre Leserinnen und Leser nicht in die Fiktion, ohne mit aller Deutlichkeit auf der Gleichwertigkeit der Alternative zu bestehen:

> But we raise our voice with all our might against the miserable cant that matrimony is essential to the feebler sex – that a woman's single life must be useless or undignified – that she is but an adjunct of man – in her best estate a helm merely to guide the nobler vessel. Aside from the great tasks of humanity, for which masculine capacities are best fitted, we believe she has an independent power to shape her own course, and to force her separate sovereign way. (vi)

Der Text wiederholt in seiner Wortwahl, die eher asymmetrisch denn das Gegenteil ist, das Spannungsverhältnis der behaupteten Gleichwertigkeit der Alternativen.

8 Susan Harris erklärt von hier aus textuelle Ambivalenzen. Das konventionelle Heiratshappyend, das so viele Romane von Frauen des 19. Jahrhunderts benutzen, speziell die sogenannte *domestic novel*, diente der Verschleierung ihrer subversiven Explorationen weiblicher Möglichkeiten, die sie in den Selbstgestaltungsprozessen der Heldinnen vor deren Unterbringung in der Ehe erzählen. Harris schlägt deshalb die Bezeichnung „exploratory novels" vor statt der eingeführten Klassifizierungen dieser Romane als „sentimental", „woman's fiction" oder „domestic" (vgl. *19th-century American Women's Novels* 12-30). Vgl. auch Beverley Voloshin, „The limits of domesticity", zum weiblichen Bildungsroman in den USA zwischen 1820 und 1870: „The popular female *Bildungsroman* gives evidence of the tension between the values of domesticity and the opposing values of independence and equality even for those authors and readers who ostensibly accepted the domestic ideal" (284).

9 Elaine Showalter belegt es in *A Literature of Their Own* (1977) im Zusammenhang mit englischen Autorinnen des 19. Jahrhunderts an vielen Beispielen; vgl. bes. Kap. III, „The Double Critical Standard and the Feminine Novel", 73-99. Unter neueren Untersuchungen ist die von Dale Spender zu nennen, die die Kontinuität des Phänomens etwa in der gegenwärtigen Rezensionspraxis dokumentiert. Der Titel ihrer Studie spricht für sich: *The Writing or the Sex? or, Why you don't Have to Read Women's Writing to Know it's No Good* (1989). Literatinnen selbst haben den Doppelstandard oder Frauenmalus und seine Wirkungsweisen thematisiert. Die Traditionen des Verschweigens, die Auswirkung von äußeren Umständen auf die literarische Kreativität von Frauen, werden von Tillie Olsen in *Silences* (1978) einfühlsam beschrieben. Eine geistreiche und provokative Darstellung ist Joanna Russ' *How To Suppress Women's Writing* (1983). Thematisiert wurde das Phänomen nicht erst im 20. Jahrhundert. Anne Bradstreet sprach den Frauenmalus in *The Tenth Muse* bereits 1650 an:

I am obnoxious to each carping tongue
Who says my hand a needle better fits,
A poet's pen all scorn I should thus wrong,
For such despite they cast on female wits:
If what I do prove well, it won't advance,
They'll say it's stol'n, or else it was by chance.

(„The Prologue" [To Her Book], Vers 25-30)

10 Kirkland publizierte den Text unter dem Pseudonym Mrs. Mary Clavers. Es handelt sich um kulturkommentierende „ethnographic fiction" (vgl. Zagarell, „Introduction" xxix), die realistische Beschreibung von Lebensbedingungen und Leuten an der Michigan Frontier in den 1830er Jahren. Das Werk wurde positiv rezipiert als frisch und originell; Poe verfaßte ein lobendes Porträt von Kirkland („one of our best writers") in der Serie „The Literati of New York". Bis in die 1880er Jahre kommt Kirkland in nahezu allen Anthologien und Enzyklopädien zur amerikanischen Literatur vor, danach gerät sie in Vergessenheit.
Kirkland gilt als Pionierin des amerikanischen Realismus. Die ältere Sekundärliteratur, die sich fast ausschließlich auf *A New Home* konzentrierte, vernachlässigte weitgehend die Literarizität dieses Textes. Obwohl Kirklands Frühwerk aufgrund neuerer Forschung eine gewisse Renaissance erlebt hat, sind viele Facetten ihrer vielseitigen literarischen Produktion, etwa als Schulbuchautorin und Verfasserin einer Biographie von George Washington, aber auch als Kulturkritikerin und Herausgeberin von *Sartain's Union Magazine* noch nicht aufgearbeitet. Einen Überblick gibt William Osborne, *Caroline M. Kirkland* (1972). Auf die spezifisch weibliche Perspektive von *A New Home* und ihre Funktion haben vor allem Annette Kolodny, *The Land Before Her* (1984) und Judith Fetterley, *Provisions* (1985) aufmerksam gemacht. Sandra Zagarells Einleitung zum Reprint von *A New Home* (1990) in der American Women Writers Series enthält biographische Informationen, diskutiert den Text im Zusammenhang mit den Genres Village Sketch und Communal Narrative und hebt Kirklands kulturkritische satirische Erzählweise hervor.

11 Ich stütze mich im folgenden auf den Kommentar von Judith Fetterley zu diesem Aspekt von Kirklands Werk. Fetterley sieht Kirklands Thematisierung der Weiblichkeit von Künstlerin und Kunst, vorgetragen in einem Ton von spielerischer Ironie, als eine Strategie des Selbstschutzes und der Selbstdefinition (vgl. *Provisions* 123).

12 Der digressive Erzählstil steht natürlich in der Tradition von Sternes *Tristram Shandy* und war insofern männlich besetzt; relevant ist hier jedoch, daß Kirkland ihn ironisch zur angeblich weiblichen Natur erhebt. Die digressive Erzählnatur der Frau wurde als Pose besonders von Marietta Holley für ihre Figur Samantha, Josiah Allen's Wife, genutzt. Samantha ist „a folksy, common-sense character" voller Mutterwitz, die Dialekt spricht und unerschütterlich für Frauenrechte eintritt, gegen die klassisch patriarchalen Positionen ihres Mannes Josiah. Holleys Samantha Bücher erschienen zwischen 1873 und 1914. Ihre Popularität als Humoristin stand der von Mark Twain angeblich nicht nach. Ihr Beitrag zur amerikanischen humoristischen Literatur des 19. Jahrhunderts war insofern ein besonderer, wie Jane Curry schreibt, „because she was the only humorist whose main character was a woman who spoke specifically about women's rights" („Introduction" 1). Viele ihrer Texte haben gerade wegen dieser Thematik ihre Aktualität behalten.

Ein Reprint, Marietta Holley, *Samantha Rastles the Woman Question*, herausgegeben von Jane Curry, erschien 1983. Biographisches und bibliographisches Material zu Holley enthält das Porträt von Kate Winter, „Marietta Holley" in *Legacy*.
Während die sogenannte sentimentale Literatur von Frauen im literaturwissenschaftlichen Diskurs des 20. Jahrhunderts ein Dasein als Negativfolie für die Männerliteratur fristen durfte, verschwand die humoristische Literatur von Frauen so gut wie ganz aus dem literaturwissenschaftlichen Bewußtsein.
Kate Sanborn veröffentlichte 1886 eine Anthologie mit dem Titel *The Wit of Women*. Zum literarischen Humor amerikanischer Autorinnen vgl. die Anthologie *Redressing the Balance* (1988), herausgegeben von Nancy Walker und Walkers *A Very Serious Thing: Women's Humor and American Culture* (1988).

13 Dieses kontrastierende Prinzip verwendet Kirkland auf verschiedenen Ebenen. Im Text gibt es eine merkbare Spannung zwischen Form und Inhalt: die Erzählerin bedient sich für die narrativen Passagen einer literarischen Sprache, die stark kontrastiert mit der Redeweise ihrer einfachen Nachbarn. Dieselbe Spannung besteht zwischen ihrer Aufmachung der Kapitel, die sie mit Motti aus der Literatur verziert und in die Zitate sowie gelegentlich französische Wendungen eingeflochten sind, und dem, wovon darin die Rede ist. Da wird nämlich auch von Dingen gesprochen, die im Leben, aber nicht in der Literatur vorkommen, zum Beispiel von Abtreibungen (vgl. Kapitel 28).

14 Vgl. Kapitel 2.3. Kirkland ist freundlich genug, Eloise Fidler von ihren romantischen Flausen durch aufrichtige Gefühle für ihren späteren Ehemann genesen zu lassen.

15 Beide Darstellungsweisen stellen einander dadurch wechselseitig in Frage. Harris interpretiert den Roman als „double-directed discourse" im Sinne Mikhail Bakhtins; vgl. *19th-Century American Women's Novels*, 111-127. Harris' Interpretation ist die bei weitem anspruchsvollste. Unter inhaltlichen und thematischen Aspekten diskutieren Baym in *Woman's Fiction* und Kelley in *Private Woman* den Roman, wobei Kelley den biographischen Parallelen viel Aufmerksamkeit widmet (251-253; 153-157). Warren kommentiert in ihrer informativen Einleitung zur Neuauflage des Romans u.a. die stilistischen Wechsel zwischen sentimentaler und satirischer Erzählart. Von älteren Arbeiten ist der Artikel von Ann [Douglas] Wood, „The ‚Scribbling Women' and Fanny Fern" (1971), zu nennen, der Biographie und Textdiskussion verbindet und Parton im Kontext anderer Autorinnen ihrer Zeit plaziert.

16 Mrs. Skiddys Geschichte (92-96 und 103-109) wiederholt auf komische Weise Motive der Haupthandlung. In der Ehe der Skiddys hat sie die Hosen an. Mr. Skiddy möchte nach Kalifornien, um mit Goldsuche reich zu werden. Seine Frau hat für solche Flausen nichts übrig. Schließlich gelingt es ihm, den Argusaugen seiner Frau zu entkommen, die er mit drei Kindern zurückläßt. „Just one half hour our Napoleon in pettycoats spent in reflection" (108), dann reorganisiert sie die Pension, die das Ehepaar betrieb, und das Geschäft floriert. Als Skiddy ein Jahr später gescheitert und reumütig seine Frau brieflich um das Geld für die Heimkehr bittet, ist ihre Antwort kompromißlos: „N-e-v-e-r!" (109).

17 Vgl. Warren, *Fanny Fern* 124. Die deutsche Übersetzung von G. Cleeves wurde zusammen mit einem früheren Werk von Parton unter dem Titel *Fanny Ford und Ruth Hall. Zwei Erzählungen aus dem häuslichen Leben* 1856 veröffentlicht. Über den Absatz in Frankreich, Deutschland und England ist nichts bekannt.

18 *Putnam's Magazine* verurteilte Parton:

Having read Fanny Fern's Ruth Hall; and considering what we suppose to be the fact, and to have been already discovered by most of its readers, that it is, in substance, a furious bombardment of her own family, we think, that very seldom has so angry a book been published. It is full and overflowing with an unfemininely bitter wrath and spite. ... As a work of art, the book is extremely imperfect. („Editorial Notes" (Feb, 1855): 216)

19 Vgl. das Schlagwort: Die gleiche Behandlung von Ungleichen schafft nicht Gleichheit sondern die Fortsetzung von Ungleichheit.
Als Marginalie von Interesse ist ein anderer Beleg für die gleichbleibend hohe Relevanz der Kategorie Geschlecht im Hinblick auf die Autorschaft eines Textes. Ein Brief des Redaktionsbüros der Zeitschrift *The New Yorker* an Ethel Parton, die Enkelin von Sara Parton, dokumentiert die große Wachsamkeit der Redaktion in dieser Hinsicht. Der *New Yorker* brachte 1936 einen Artikel von Ethel Parton über ihre Großmutter und erläuterte brieflich, warum einige Korrekturen der Verfasserin nicht berücksichtigt wurden:

[S]ome [corrections] we just had to leave out because we didn't agree with them ... The chief one is that we simply had to leave it „adopted in my motherless girlhood" instead of „babyhood" *because it seemed to us important to establish at the beginning of the piece that the author was a lady and not a gentleman.* This is a technical prejudice of ours which may seem silly but on the whole we think it is sound. You can understand how a reader might be puzzled otherwise. The fact that we put the signature of the author at the end instead of at the beginning of our articles probably causes this trouble but it's too late to change all that now. (June 9, 1936. Parton Papers; Unterstreichung im Orig.; Kursive SO)

Ethel Parton war selbst Autorin von Jugendbüchern. Sie verfaßte eine Biographie ihrer Großmutter, die allerdings nicht veröffentlicht wurde. Das Manuskript befindet sich bei den Parton Papers in Smith College.
Ethel Parton hieß ursprünglich Ethel Thomson und war die Tochter von Grace Eldredge Thomson, einer Tochter aus Sara Partons erster Ehe mit Charles Eldredge. Nach dem frühen Tod von Grace wurde Ethel von Sara Parton zusammen mit ihren dritten Mann James Parton adoptiert. Als sie volljährig wurde, änderte sie ihren Familiennamen zu Parton.

20 Dieser Vorgang der Dissoziierung von literarischer Qualität und (weiblichem) Geschlecht ist auch in unserem Jahrhundert noch zu beobachten an den wenigen Autorinnen, die in den Kanon aufgenommen wurden, bevor die große Kanondebatte begann; man denke an den Umgang, den die Sekundärliteratur mit Emily Dickinson und Gertrude Stein pflegte.

1 Basil Hall (1788-1844), Sohn des Geologen Sir James Hall, Marineoffizier, ist bekannt wegen seiner Reiseberichte über den Orient, Lateinamerika und die USA. Über seinen USA-Aufenthalt schrieb er ein dreibändiges Werk, das in Amerika heftig kritisiert wurde. Frances Trollope, die Mutter des englischen Romanciers Anthony Trollope, schrieb 1830 von Washington aus an die britische Autorin Mary Mitford: „Captain Hall's book (and himself too, by the way) has put the Union in a blaze from one end to the other. I never on any occasion heard so general an expression of contempt and detestation as that which follows his name" (Mitford, *Friendships* 158). Halls *Travels in North America in the Years 1827 and 1828* (1829) erwähnt kurz die Begegnung mit Sedgwick, allerdings ohne ihren Namen zu nennen: „I was gratified in a very high degree by making acquaintance with the accomplished author of several admirable works of fancy – ‚Redwood', ‚Hope Leslie', and others" (vol. III, 74).

2 Halls britische Überheblichkeit wird besonders in seiner Kritik an Sedgwicks Sprachgebrauch deutlich. Er bemängelt neun Stellen im Text, die er mit Seitenangaben anführt:

> P. 94 Jeopard – this verb is not in use in England. Why not say endanger?
>
> ...
>
> P 203 Variant – for various is a word I never heard before – it is very ugly & certainly not in use now.
>
> ...
>
> P 240 „To remark on" is very low English: the expression should be „To call his attention to" – or something else – But not as it stands certainly.
> P 244 – The use of the word „Sir" by a lady to a gentleman is indicative in England, of the worst possible style of breeding. I know it is used here – but is is very offensive to our ears.
> P 244 A <u>piece</u> of meat is also general – but not at all in England except in very low company – we say a bit – a slice – some – a little
> ... (CMS-Papers II, 1.7)

Sedgwick geht ausführlich auf jeden einzelnen seiner Kritikpunkte ein:

> I am aware that ‚jeopard' is rarely, though I believe sometimes still used in good authorities, – but is our language so rich that we can allow a word to become obsolete for which there is no exact equivalent? Is not jeopard a stronger word than ‚endanger' – I would apply the same justification to the phrase ‚to remark on' – If ‚not in use now' as Johnson says or ‚not in use in England' as you say should it not be used by those whose philosophy teaches them to prefer the expression of a certain sense to an exact obedience to the pedantry of the schools? – „The use of the word Sir" you say, „by a lady to a gentleman is indicative in England of the worst possible breeding" — In England it may be, but not in America – and I am describing Am[erica]n manners, & must be allowed to claim for my own country as I would for France or any other civilized and polite nation a right to independent & <u>peculiar</u> manners. We do not admit that we are governed by English standards & surely if there is anything in the usage of such a term that does not belong to mere conventional politeness – if it has anything intrinsic – the use is to be preferred to the omission as it is expressive of deference or respect. But I am content to rest on my first ground – The term may be now going out of use in

our fashion[abl]e circles, but 20 years ago a lady who whould have omitted it would have been deemed guilty of a gross pertness, & Hope Leslie in her day would certainly for such an offence have been banished from Gov Winthrop's parlor – Indeed I believe she might with more safety have set a witch free than have uttered No without the gentle addition of Sir ——"A piece of meat is" you say „general here, but not at all in England except in very low company." Again I must plead our Independence of English rules – there is certainly no more intrinsic propriety in saying a bit or a slice than a piece – However I have no pertinacious attachment to piece and as piece or slice would equally remind me of Capt H[all]'s kind interposition in my behalf – Slice it shall be in a future Edition – (CMS-Papers I, 1.11; Hervorh. im Orig.)

3 Englische Schriftstellerinnen des 18. und 19. Jahrhunderts reagierten in ähnlicher Weise auf ihre ambivalente Situation. Vgl. Mary Poovey, *The Proper Lady and the Woman Writer*, bes. 35-47.

4 Die Neuengländerin Caroline Lee Whiting Hentz (1800-1856) übersiedelte nach ihrer Heirat mit dem französischen Entomologen Nicolas Hentz in den amerikanischen Süden. Caroline Hentz gebar fünf Kinder. Sie schrieb neben Lyrik und Romanen ein preisgekröntes Drama, *DeLara; or, The Moorish Bride* (1843), das in Boston und Philadelphia aufgeführt wurde. In *The Planter's Northern Bride* (1854), als Entgegnung auf *Uncle Tom's Cabin* verfaßt, verteidigte sie die Sklaverei.

5 Das Verfahren wird heute noch häufig genutzt, z.B. von Luise Pusch in ihren Glossen; vgl. *Das Deutsche als Männersprache.*

Partons Glossen, aber auch andere Texte, erschienen hauptsächlich in der Wochenzeitschrift *The New York Ledger*, mit dem sie für ihr Pseudonym Fanny Fern seit 1856 bis zu ihrem Tod 1872 einen Exklusivvertrag hatte und für den sie wöchentlich eine Kolumne schrieb. Sammlungen ihrer Texte aus dem 19. Jahrhundert wie *Fern Leaves*, Second Series (1854), *Fresh Leaves* (1857), *Folly as it Flies* (1868), *Ginger-Snaps* (1870), *Caper-Sauce* (1872) sind nicht leicht zugänglich. Eine Auswahl von 105 Artikeln findet sich im Reprint von *Ruth Hall & Other Writings*, den Joyce W. Warren herausgegeben hat. Von Warren stammt auch die Biographie *Fanny Fern: An Independent Woman* (1992).

6 Die Reformerin Dorothea Lynde Dix (1802-1887) setzte sich politisch und persönlich unermüdlich für die bessere Unterbringung von Geisteskranken ein, die bis dahin oft unter unwürdigsten Bedingungen in Gefängnissen gehalten wurden.

7 Die Autorin als Instrument, als Medium lebt auch in der Postmoderne des 20. Jahrhunderts weiter. Alice Walker fügte ihrem Erfolgsroman *The Color Purple* (1982) folgende Danksagung hinzu. Die Vorbemerkung lautet: „*To the Spirit:*/Without whose assistance/ Neither this book/Nor I/Would have been/Written"; die Nachbemerkung: „I thank everybody in this book for coming./A.W., author and medium."

Im amerikanistischen Diskurs des 20. Jahrhunderts war Sigourney (1791-1865) für die Lyrik, was Susan Warner für die Prosa war, der Inbegriff von Sentimentalität, Konventionalität etc. Als „the sweet singer of Hartford" wird sie immer bezeichnet, und das ist auch der Titel der vorläufig einzigen Biographie von Gordon Haight aus dem Jahr 1930. In jüngster Zeit gibt es Ansätze, Sigourney als Autorin ernst zu nehmen. Sandra Zagarell, „Expanding ‚America'" und Nina Baym, „Reinventing Lydia Sigourney" sehen Sigourney als Autorin mit politischen Anliegen.

8 Mary Russell Mitford (1787-1855) kam aus einer wohlhabenden Familie. Ihr Vater war ein Spieler und Spekulant. Nachdem er sein eigenes Vermögen durchgebracht hatte, heiratete er Mary Russell, die aus dem Fürstenhaus der Bedfords stammte, und verspielte das nicht unbeträchtliche Erbe seiner Frau. Die Familie lebte unter armseligen Bedingungen in einem Londoner Vorort, als der Vater seiner Tochter Mary ein Lotterielos schenkte, was sich als der mit der enormen Summe von 20 000 Pfund dotierte Hauptgewinn erwies. Auch dieses dritte Vermögen verlor der Vater in kürzerer Zeit und war für den Rest seines Lebens auf die Einkünfte seiner Tochter angewiesen, die ihn ernährte und verehrte (vgl. Todd, *British Women Writers* 470-471).
In einem Brief an Sedgwick vom 6. September 1830 findet sich folgende Selbstdarstellung:

> Our family losses made me an authoress; for although I had, when a very young girl, published two or three very rapidly written volumes of poetry, which had much more success than they deserved, and some of which (‚Poems on the Female Character', ‚Blanch', and the ‚Rival Sisters') had the honour of being reprinted in America; yet I am confident that, having repented those sins of my youth, I should have abstained from all literary offences for the future, had not poverty driven me against my will to write tragic verse and comic prose; thrice happy to have been able, by so doing, to be of some use to my dear family. (Mitford, *Life of Mitford* 306)

Als Mitfords wichtigstes Werk gilt heute *Our Village* (1832), eine Sammlung von Skizzen und Erzählungen, die sich durch genaue und unsentimentale Darstellung des Landlebens auszeichnen.

9 Die Autorenerklärungen, meist in Vorworten untergebracht, mögen mehr oder weniger bescheiden didaktisch sein, wie die Sedgwicks für *The Linwoods*:

> The writer has aimed to exhibit the feeling of the times, and to give her younger readers a true, if a slight, impression of the condition of their country at the most – the only suffering period of its existence, and by means of this impression to deepen their gratitude to their patriot-fathers; a sentiment that will tend to increase their fidelity to the free institutions transmitted to them. (xi-xii)

Aus dieser Bemerkung zu schließen, daß sich die Autorin ausschließlich an jüngere Leser wenden will, hieße übersehen, daß die Belehrungsabsicht den Text rechtfertigt und die Jugend nach verbreiteter Auffassung belehrt werden muß.

10 Das Spiel mit Wahrheit und Wahrscheinlichkeit betreibt Caroline Kirkland im Vorwort zu *A New Home, Who'll Follow?* (1839):

> I felt somewhat tempted to set forth my little book as being entirely, what it is very nearly – a veritable history; and unimpeachable transcript of reality ... But conscience prevailed, and I must honestly confess, that there be glosses, and colourings, and lights, if not shadows, for which the author alone is accountable. ... I would desire the courteous reader to bear in mind, however, that whatever is quite unnatural, or absolutely incredible, ... is to be received as literally true. It is only in the most commonplace parts ... that I have any leasing-making to answer for. (1)

11 Es folgt eine Beschreibung der New Yorker Ballsaison mit ihren Gepflogenheiten. Andere Stellen im Tagebuch wie die Beschreibung eines *Revival-meeting*, eines Bekehrungs-

gottesdienstes, könnten für dieses Buchprojekt vorgesehen gewesen sei. Möglicherweise war das Werk inspiriert durch die von ihr und anderen als höchst unrichtig empfundene Darstellung der USA und ihrer Gesellschaft in den damals beliebten Reisebüchern wie dem schon erwähnten von Hall.

12 Jean Charles Léonard Simonde de Sismondi (1773-1842) verfaßte neben seinen nationalökonomischen Schriften, in denen er die ökonomischen Auffassungen des englischen Liberalismus vertrat, umfangreiche historische Werke, u.a. die *Histoire des républiques italiennes du moyen âge* (1807-1818) in 16 Bänden, ein Werk, das Einfluß auf die Führer des Risorgimento hatte, und die *Histoire des Français* (1821-1844) in 31 Bänden, außerdem eine Literaturgeschichte *De la littérature du Midi de l'Europe* (1813-1829), 4 Bände. Sedgwick korrespondierte mit ihm von 1827 bis zu seinem Tode 1842. Auf ihrer Europareise 1840 besuchte sie die Sismondis in Genf. Sedgwick initiierte die Korrespondenz, indem sie Sismondi ihre Übersetzungen einiger seiner Artikel übersandte. Sismondi und sie sandten einander über Jahre hinweg ihre Werke zu. Sedgwick übersetzte noch öfters Texte von Sismondi und nennt ihn als Inspirationsquelle für ihre historische Erzählung „Le Bossu", die 1832 in einem Sammelband *Tales of Glauber-Spa* erschien. Obwohl der Briefwechsel, von dem leider Sismondis Teil fehlt, mit 19 Briefen nicht sehr umfangreich ist, ist er besonders interessant wegen Sedgwicks Darstellungen der amerikanischen Verhältnisse, v.a. der politischen Situation der USA. Ein Schwerpunkt ist die Diskussion der Sklaverei und mögliche Abhilfen; vgl. Sedgwicks Briefe an Sismondi in Anzilotti.

13 Am 31. März 1837 notierte sie nach Beendigung von *Live and Let Live:*

> I hope it will do some good – I donot [sic] expect for it the popularity of the ‚poor – rich man' – It will offend some & shock many – but I am satisfied that it is in the main right & in the consciousness of having written in the hope of doing some little good to the high & the humble I commend it to God's blessing." (CMS-Papers I, 11.10)

Ihrem Bruder Charles schrieb sie am 4. Februar 1836, daß sich die Einkünfte aus ihrer schriftstellerischen Tätigkeit unter den gegebenen amerikanischen Marktbedingungen weiterhin auf ein paar hundert Dollar jährlich beschränken werden:

> However, I am as eager to make money as you are – to make it for me. ... I shall have a successor for *Home* out in the spring. It will not be nearly as good as that, and it is far from being as strong an illustration of my subject (poverty and riches) as I hoped to have made it, but then I think there are good notions, suited to the American market, in it. (*Life and Letters* 252)

14 „A Friend of Humanity" schrieb Sedgwick am 2. August 1837:

> With exquisite delight, some months since, I read your admirable book „The Rich Poor Man, and the Poor Rich Man", ... I have just finished your latest work „Live and let Live", and as I have read and wept, – ...
> Without the least desire to injure the very extensive and respectable firm to whom you entrusted the publicaton of your late works, – I would beg leave to suggest that as they are rich and need not the assistance of any popular author to insure their success; would it not be an agreeable occasion for exercising that benevolence which, from your writings, I am convinced you must possess, to allow some of the young and enterprising publishers to bring your books before the public? (CMS-Papers II, 1.12)

15 Zur Kontroverse zwischen Dodge und Fields siehe neuerdings Coultrap-McQuin, *Doing Literary Business* 120 ff. Der Hawthorne-Biograph Randall Stewart stellt Dodges Protest gegen die ihr angetane Ungerechtigkeit negativ dar, vgl. „'Pestiferous Gail Hamilton'". *Gail Hamilton's Life in Letters* (1901), von Augusta Dodge herausgegeben, verschweigt die Auseinandersetzung mit Fields gänzlich.

16 Die *Times* verniedlichte den Sachverhalt als „misunderstandings" und kritisierte die Fiktionalisierung, die es dem Leser nicht erlaube, die Sache zu beurteilen (March 25, 1870: 2). *The Nation* unterstellte der Autorin, das Gespräch mit den Verlegern nicht gesucht und von Anfang an den Appell an die Öffentlichkeit geplant zu haben. „[B]oth in a worldly and a literary point of view she has committed a serious blunder" (March 31, 1870: 209).

17 Vgl. Frank Lentricchia, der auch von einigen wenigen Verteidigern von Stowe berichtet. Doch selbst diejenigen, die der Meinung waren, Stowe befinde sich im Recht und ihre Version sei wahr, wie William Dean Howells, Oliver Wendell Holmes und Mark Twain, neigten später dazu, die Unannehmlichkeiten der Affäre Stowe anzulasten. Zu Twains satirischer Verarbeitung vgl. Howard Baetzhold, 281f und Paul Baender. Zur Affäre insgesamt neuerdings Susan Wolstenholme.

18 „It is published edited & half written by myself", schrieb der Redakteur James Freeman Clarke über den *Western Messenger*, einer Monatszeitschrift aus Cincinnati. (Brief an Sedgwick, CMS-Papers II, 1.2)

19 Vgl. auch William C. Bryants Brief an Charles Sedgwick, den Bruder von Catharine, in dem er die durchsichtige Anonymität von *Redwood* scherzhaft kommentierte: „[T]he production of an anonymous writer, whose name was so well concealed that it did not come to the knowledge of the public much sooner than the work itself" (10. Juli 1824. Zit. nach Glicksberg 629).

20 Buchhändler konnten sich über Anonymitätswünsche von Autoren hinwegsetzen. Sedgwicks zweiter Roman *Redwood* erschien in französischer und italienischer Übersetzung mit Verfassernamen – allerdings nicht ihrem, sondern Coopers, der in Europa damals der bekannteste amerikanische Romancier war. „An artifice of the booksellers to enhance, as I presume, the sale of the work", kommentierte Sedgwick (Brief an Sismondi, 22. August 1827. Anzilotti 60). Die New York Public Library hat ein Exemplar der italienischen Fassung. Auf dem Titelblatt heißt es: „Romanzi / di / M. Cooper"; der Innentitel lautet: „Redwood / Romanzo Americano / Di / M. Cooper".

Vgl. auch den Fall, den Sutherland berichtet: Als Verfasser des Erstlingswerks des englischen Schriftstellers Anthony Trollope, *The Macdermots* (1845), nannte der Verleger Newby in der Werbung Mrs. Trollope, die damals berühmtere Mutter von Anthony (47).

Am 27. September 1855 fand in New York ein gesellschaftliches Großereignis statt. Die New York Publishers' Assocation lud 600 Gäste zu einem „Complimentary Fruit and Flower Festival", das sie für Schriftsteller gab, um die harmonischen Beziehungen zwischen Autoren und Verlegern zu feiern. In seiner Ansprache verneigte sich George Putnam, Geschäftsführer der Vereinigung, vor den Literatinnen mit einer eleganten Verknüpfung verschiedener Buchtitel aus weiblicher Feder: „The *New England Tale* is reechoed from the *New Home* of the Far West; and from a *Cabin* on the banks of the Ohio, a touch of Nature vibrates among *The Lofty and the Lowly* through *The Wide, Wide World*" (zit. nach Stern, „Fruits of Authorship" 104). Die Namen dieser Schriftstellerinnen waren ein offenes Geheimnis.

21 Als Charlotte Brontës Pseudonym Currer Bell noch nicht entschleiert war, argumentierte James Parton in einem Artikel auf der Titelseite des New Yorker *Home Journal*, daß nur eine Frau *Jane Eyre* und *Shirley* verfaßt haben könne und zwar u.a. aus folgenden Gründen: Die Perspektive sei weiblich, weibliche Charaktere zentral, das Leserinteresse auf Frauen konzentriert. „No man could thus completely unsex himself". Die Vertrautheit mit den Finessen der weiblichen Garderobe, „a kind of familiarity which men never have", entlarve zudem die Verfasserin. Partons pfiffigstes Argument ist das folgende: Der Text weise viele französische Zitate und nur wenige und sehr allgemein bekannte lateinische auf; offenbar sei der Autor, obwohl gebildet, mit der lateinischen Sprache nicht vertraut. Dies indiziere weibliche Verfasserschaft, denn in Europa lernten nur die Knaben die alten Sprachen, die Mädchen dagegen die modernen. Die intime Kenntnis des Französischen und Unkenntnis des Lateinischen sei ein Hinweis auf die Autorin. „[S]he quotes French like a *governess*, and she quotes Latin like a governess; a governess she is, or at least was" („Jane Eyre and Shirley" 1).

22 Am 30. Dezember 1854 gab der Herausgeber der Bostoner Sonntagszeitung *True Flag*, William U. Moulton, Fanny Ferns Identität preis. Moulton war wütend, weil er Fern als Beiträgerin verloren hatte. Zudem hatte Fern ihn in *Ruth Hall* als Mr. Tibbetts wenig schmeichelhaft porträtiert (Warren, *Fanny Fern* 123). Einen Tag später war in der New Yorker Sonntagszeitung *New York Atlas* zu lesen, Fanny Fern sei „Miss Sarah Willis of Boston", Schwester des bekannten Autors und Dandys Nathaniel Parker Willis. Der *Atlas* vergaß auch den Umstand nicht zu erwähnen, daß ihre zweite Ehe auf ihr Betreiben hin geschieden wurde, was damals höchst anrüchig war. Parton versuchte diese zweite Ehe und Scheidung geheimzuhalten, verarbeitete sie aber literarisch in ihrem zweiten Roman *Rose Clark*.
Moulton ist wohl auch der Verfasser von *The Life and Beauties of Fanny Fern*, 1855 anonym erschienen, ein Buch, das „Leben und Werk" von Parton bloßlegte. Den böswilligen Intentionen des Autors angemessen, ziert den Einband eine Schlange, die sich um ein Richtschwert windet; vgl. hierzu Adams, *Fanny Fern* 10-11. Parton verwahrte sich gegen dieses Werk (Warren, *Fanny Fern* 180-181).

23 Parton unterschrieb auch private Korrespondenz mit diesem „Künstler"-Namen. Vor Gericht erstritt sie 1856 ihren alleinigen Anspruch auf die Verwendung dieses Namens (vgl. Warren, *Fanny Fern* 158).

24 Sukey Vickery schrieb am 13. Februar 1802 an ihren Verleger Isaiah Thomas: „It is, and ever has been, my wish to remain unknown" (zit. nach Davidson, „Female Authorship" 8). 1893, als 62jährige, erklärte Virginia Terhune, die unter dem Pseudonym Marion Harland jahrelang erfolgreich Romane und Erziehungsbücher verfaßt hatte: „My reason for choosing a ‚pen name' at all was the desire of a young writer to screen her personality from even her intimate friends" (zit. nach Kelley, *Private Woman* 132). In einem Beitrag über die Schriftstellerin Harriet Prescott Spofford für den Sammelband *Our Famous Women* (1883) rief Rose Terry Cooke, selbst eine Erzählerin von Rang, emphatisch aus: „Happy is she who … is not forced to encounter that publicity and comment from which every true woman shrinks with real pain" (583).

25 Vergleichende quantifizierende Untersuchungen zur Häufigkeit von Pseudonymwahl bei Männern oder Frauen sind mir nicht bekannt. Zum Problem der Pseudonymität vgl. Gerhart Söhn, *Literaten hinter Masken*.

26 Arthur und Ingraham waren Vielschreiber und verfaßten an die 100 Romane. Arthur

publizierte *Confessions of a Housekeeper* (1852) als Mrs. John Smith und nutzte auch noch mit dem Titel die Nähe zu einem erfolgreichen Buch einer Frau: Caroline Gilmans *Recollections of a Housekeeper* (vgl. Kap. 1.1. Anm. 4). Ingraham benutzte für *The Sunny South* (1861) das Pseudonym Kate Conynghan. Barnard posierte als Mrs. Maria Gilman für *My Ten-Rod Farm; or How I Became a Florist* (1869) und als Jane Kingsford für *The Soprano: A Musical Story* (1869).
Heute erscheinen die billigen Heftchen-Romances unter einem Frauennamen, obwohl sie von Autorengruppen und oft genug von Männern produziert werden. In pornographischer Literatur, die sich hauptsächlich an Männer richtet, verwenden männliche Autoren ebenfalls oft weibliche Pseudonyme. Dem Leser wird damit die Möglichkeit eröffnet, sexuelle Szenarien als Phantasien von Frauen zu goutieren. Diese Verschiebung kann durch die Vermeidung von Schuldgefühlen einen besonderen Kick schaffen; vgl. Susanne Kappeler, *The Pornography of Representation.*

27 Es war bekannt, daß dieser Name ein Pseudonym war. Die Popularität der Erzählungen, von denen die erste 1878 im *Atlantic Monthly* erschien, führte zu Spekulationen über die Identität des Verfassers. Daß sich dieser als Verfasserin entpuppte, war eine werbewirksame Sensation.

28 Madeleine B. Stern und Leona Rostenberg entdeckten in den 1940er Jahren Alcotts Doppelexistenz als Autorin (vgl. Stern, *Books and Book People* 165-173). Einige von Alcotts Sensationsgeschichten sind unter den Titeln *Behind a Mask* und *A Double Life*, beide herausgegeben von Stern, wieder zugänglich.

29 Parton alias Fanny Fern machte sich nicht ohne Selbstironie über blumige, alliterierende Pseudonymwahl lustig. In einem Beitrag zur Bostoner Zeitschrift *True Flag* vom 9. April 1853, später in *Fern Leaves* gesammelt, riet sie angehenden Literatinnen:

> In choosing your signature, bear in mind that nothing goes down, now-a-days, but *alliteration.* For instance, Delia Daisy, Fanny Foxglove, Harriet Honeysuckle, Lily Laburnam, Paulena Poppy, Minnie Mignonette, Julia Jonquil, Seraphine Sunflower, etc., etc. („Borrowed Light" 232)

30 Den Verlauf der Beziehung zeichnet Bertha-Monica Stearns anhand von Briefen und Tagebuchmaterial nach; vgl. „Miss Sedgwick observes Harriet Martineau".

31 In einem Brief an Lydia Maria Child, damals noch Miss Francis, vom 12. Dezember 1827, bezog Sedgwick das Darstellungsproblem auf die Literatur:

> Madame Clottin [?] somewhere objects to our craft because it requires the publicity of feelings that from their nature should be private – it produces as gallery portraits those images which should be worn next the heart – I too have felt this most painfully, & the out-breakings of my heart have been written over & over till what burst forth as a fountain was dead as a stagnant pool – ... There are feelings that can no more bear the full light that [sic] our shadowy visitants from another world; they are dissolved when you would make them palpable — and so one must be contented with being thought by half the world ignorant & insensible – But I have wandered from the subject I began upon (CMS-Papers III, 3.7; Hervorh. und Ellipse im Orig.)

Romane verlangen die öffentliche Darstellung persönlicher Gefühle und die unterliegen öffentlicher Zensur. Vieles darf nicht gesagt werden, manches kann nicht gesagt werden.

Und doch spricht Sedgwick auch hier mit Selbstverständlichkeit von „craft", einem Gewerbe, einem Handwerk, das sie ausübe.

32 Concord, ein Dorf etwa 20 Meilen nordwestlich von Boston gelegen, war im 19. Jahrhundert Wohnsitz der Führer des Transzendentalismus. Ralph Waldo Emerson, Bronson Alcott, Henry David Thoreau lebten dort ebenso wie zeitweise Nathaniel Hawthorne. „Redcoats" ist eine Anspielung auf die roten Uniformen der britischen Soldaten während des amerikanischen Unabhängigkeitskrieges.

33 1830 hatte Hawthorne dieselbe Assoziation von Nacktheit und Weiblichkeit in der Öffentlichkeit, bewertete sie da allerdings negativ. In einem Artikel über Ann Hutchinson sah er „a certain impropriety in the display of a woman's naked mind to the gaze of the world" („Mrs. Hutchinson" 4).

34 Obwohl das *Atlantic Monthly* zu dieser Zeit die Namen der Beiträger im Inhaltsverzeichnis aufführte, erschienen die Texte von Rebecca Harding Davis in den ersten Jahren nur identifiziert als „by the author of Life in the Iron Mills". Dies war ihre erste Erzählung im *Atlantic Monthly*, die im April 1861 publiziert wurde und als sozialkritischer realistischer Text viel Aufmerksamkeit erregt hatte. Der Vorschlag, anonym zu bleiben, kam von James T. Fields, dem Herausgeber der Zeitschrift, der meinte, ein Roman wie „A Story of To-day" (1862 in Buchform als *Margret Howth*) „might create untoward attention for a single woman", wie Sharon Harris schreibt. Davis war wohl weniger besorgt; als junge Autorin respektierte sie jedoch Fields' Rat. Sie stimmte ihm zu, schrieb ihm aber auch, „I don't think the public will wonder to any alarming extent" (17. August 1861. Zit. nach Harris, Anmerkung 38, 316). Daß „the author of Life in the Iron Mills" eine Frau war, war bald bekannt. In den nächsten Jahren veröffentlichte Davis anonym, unter ihrem Geburtsnamen Harding und unter ihrem Ehenamen. Außer für das *Atlantic* schrieb Davis auch für *Peterson's Magazine*, später für *Putnam's Magazine*, *Galaxy* und andere Zeitschriften.
Von April 1861 bis 1867 erschienen im *Atlantic Monthly* regelmäßig Erzählungen und Romane in Fortsetzungen von ihr, insgesamt 16 Texte. Danach gab es eine mehrjährige Pause bis zum Januar 1873. Die Pause wurde der nachlassenden literarischen Qualität ihrer Arbeit zugeschrieben (Olsen, „Biographical Interpretation" 154). Es war jedoch zu einem Zerwürfnis zwischen Davis und Fields gekommen. Fields hatte sie von der Liste der Autoren des *Atlantic* gestrichen, u.a. wohl weil sie ihren Bürgerkriegsroman *Waiting for the Verdict* (1867) ohne vorherige Rücksprache mit ihm in der besser zahlenden Zeitschrift *Galaxy* publiziert hatte. Als das *Atlantic* 1873 „A Faded Leaf of History" brachte, diesmal mit dem vollen Namen der Verfasserin, hatte Fields die Herausgeberschaft der Zeitschrift an William Dean Howells abgegeben (vgl. Harris, 126, 138-139).

35 Davis verehrte Hawthorne. Als Kind hatte sie in einer Sammlung von *Moral Tales* einige anonyme Erzählungen gelesen, von denen sie erst später erfuhr, daß sie von Hawthorne stammten. Die Texte hatten sie damals tief beeindruckt, weil sie zeigten, daß das Alltägliche ein Thema von Literatur sein kann, daß „the commonplace folk and things which I saw every day had mystery and charm … belonged to the magic world [of books] as much as knights and pilgrims" (zit. nach Olsen, „Biographical Interpretation" 71. Vgl. auch Harris 59).

36 Vgl. 108-114. Das läßt sich auch noch durch die Beschreibung von Hesters Heimatort stützen. Liebevoll erinnert sich die Erzählerin an Concord als den Ort, wo „doors of thought stood wider open to welcome truth than anywhere else on earth" (7). Davis iro-

nisiert die Sicht der Erzählerin durch ihre Metaphern, die Concord als eine Totenwelt beschreiben: „The slow-dropping river, the thoughtful hills, the very dust-colored fern that covers its fields, which might grow in Hades ... The soul had space to grow there!" (7).

37 Vgl. Judith Fetterley's einleitende Bemerkungen zum Wiederabdruck von *Angel* in *Provisions*: Phelps „records both the struggle and the cost [of writing], and reveals ... her essential sense of failure. The story posits a different solution to the conflict than the one Phelps herself chose" (206). Phelps läßt ihre Protagonistin Mrs. James von der Rolle des Subjekts zu der des Objekts zu wechseln. Sie gibt die Autorschaft ab und wird statt dessen zu einer Figur in einem göttlichen Text: „Imagining herself in her dream as a character in a divine text, Mrs. James gives over to God the power of authorship, the task of making pattern and meaning out of the chaos of her life" (Fetterley 206). Eine weitere Interpretation dieser Erzählung, die z.T. gegen Fetterley argumentiert, bietet Carol Holly, „Shaming the Self".

Zu *Avis* siehe Ruth Nestvold-Mack, die auch darauf hinweist, daß William Dean Howells für seine Beschreibung einer gescheiterten Ehe in *A Modern Instance* (1882) wohl Anregungen von Phelps Ward übernahm. Henry James' *The Portrait of a Lady* (1881) weist bemerkenswerte Parallelen zu *Avis* auf; vgl. *Grenzüberschreitungen*, bes. 140-150.

38 Ähnliche Selbstverständlichkeit findet sich in den Äußerungen britischer Schriftstellerinnen. Vgl. Mrs. Oliphants Aussage: „,I have written because it gave me pleasure, because it came natural to me'" (zit. nach Showalter, *A Literature of Their Own*, 83).

39 Am 30. Juli 1874 schrieb George Boker an Bayard Taylor über einen Abend bei den Stoddards, an dem Elizabeth Stoddard zu den Anwesenden gesagt habe, sie seien alle

> „dreary failures as poets. Not one of you has won even a third class position as a poet. ... It was not time you lacked ... to become known, but poetic ability. The world is not unappreciative of real genius, as you flatter yourselves in your case, only you are not up to the required standard. You are all failures; and the sooner you stop writing the things that no public will read, the better for your peace of mind". (zit. nach Matlack, 447)

Boker pflichtete Stoddards Einschätzung bei. Vgl. auch John Tomsichs Beschreibung des Abends (156-157).

40 Stoddard führte von April bis Oktober 1866, während ihrer Arbeit an ihrem dritten Roman *Temple House* ein Tagebuch, das in Buell/Zagarell abgedruckt ist (347-359). Trotz guter äußerer Bedingungen, wie sie meinte, ging die Arbeit langsam und oft mühsam voran. „My novel lags, and so do I" (6. Juni 1866, 355). „I thought how I had failed to write out the power that has passed and repassed in my life" (5. Sept. 1866). Trotzdem behauptete sie sich: „I am convinced that I am on the track of some underlying element (emotional) in men and women which has not been expressed by those who have described men & women in novels", schrieb sie der Essayistin und Sozialreformerin Caroline Dall am 21. Dezember 1867 (Caroline Dall Papers 4.19).

41 Karl Follen (1796-1840), Jurist und einer der Führer des radikalen Flügels der Burschenschaftsbewegung, floh 1824 nach einer Anklage wegen Demagogie in die USA, wo er in Harvard Ethik, Geschichte und später Deutsche Sprache und Literatur lehrte. Beeinflußt von der deutschen Turnbewegung gründete Follen in Harvard das erste College Gymnasium; ein Beispiel, dem bald andere Universitäten folgten. Wegen seines abolitio-

nistischen Engagements mußte er die Fakultät 1835 verlassen und wirkte dann als unitarischer Geistlicher.
Eliza Cabot Follen (1787-1860), die sich wie ihr Mann in verschiedenen Reformbewegungen engagierte, machte sich vor allem als Verfasserin von Erzählungen und Lyrik für Kinder einen Namen. Darüber hinaus schrieb sie einige Romane, gab die erste amerikanische Ausgabe von Grimms Märchen heraus und verfaßte eine Biographie ihres Mannes, „a sympathetic but unsentimental treatment of her husband's life" (*American Women Writers*, Bd. 2, 59).

42 An Lillian Whiting schrieb sie anläßlich der Neuauflage ihrer Romane in den 1880er Jahren: „I think that my readers at a second reading overcome the obscurity of my style, or rather get through it" (Kate Fields Papers Vol.9, No. 971). Kritik an ihrem Stil übte ihr Mann, wie sie derselben Korrespondentin mitteilte. In für Stoddard typischer Weise mischen sich in dieser Bemerkung Ironie, Ärger über seine Kritik, aber auch Akzeptanz:

> I shall *never* come up to his requirements. I can see now too, ... that I have been kept down far more by him than by the public – The constitution of my mind he cannot understand, given the ability he accedes [?] to, it is an irritation [?] a wonder that my style is not smooth, melodious perfect – the tears of rage he has cost me, the more, because he was right (Kate Fields Papers Vol. 9, No. 973; Hervorh. im Orig.)

43 Das Gedicht wird von Johnson auf das Jahr 1862 datiert. Meine Interpretation stützt sich z.T. auf Suzanne Juhasz, „Writing Doubly: Emily Dickinson and Female Experience".

44 Barbara Welter zitiert in „The Cult of True Womanhood" den ersten Satz dieses Zitats von Lippincott (und einen weiteren mit falscher Quellenangabe) als ernsthafte Aussage der Autorin (vgl. 378 und Anm. 46). Die Möglichkeit von Ironie zieht sie nicht in Betracht. Die Frage ist schwierig zu entscheiden, da der Text starke Spannungen zeigt und in seinen Aussagen über weibliches Genie, Schreibmotivation und Anerkennung ambivalent bleibt. Anderseits war Lippincott eine Frau, die zeitlebens ohne Scheu für Frauenrechte und Reformanliegen eintrat. In einem Text in *Greenwood Leaves*, 2nd series (1851) greift sie männliche Arroganz und Kritik an Literatinnen „as a class" an und stellt sich ganz entschieden in diese Gruppe („Women Writers on Women Writing" 9).
Partons *Fern Leaves* lehnt sich in Titel und Textmischung offensichtlich an *Greenwood Leaves* an, das großen Erfolg hatte; Walt Whitmans Titelwahl für seinen ersten Gedichtband *Leaves of Grass* war wohl nicht unbeeindruckt von diesen populären Werken. Whitman war zeitweise befreundet mit Fanny Fern und ihrem Mann James Parton. Diese Freundschaft ging in die Brüche als Whitman Geld, das er sich von den Partons geliehen hatte, nicht zurückgab. Zur Whitman-Parton Kontroverse siehe Joyce W. Warren, „Subversion versus Celebration" und John Francis McDermott, „Whitman and the Partons". Bemerkenswert an *Greenwood Leaves* eine Serie von Lyrik und Prosastücken, in denen Lippincott Stil und Themen bekannter Autorinnen und Autoren der Zeit nachahmt, die sie unter dem Titel „Copyright, Authors, and Authorship" die Leiden der unwürdig entlohnten Literaten Amerikas erzählen läßt. Zu den Parodierten gehören Whittier, Poe, Melville, Willis, Longfellow, Holmes, Osgood, Sigourney, Chubbuck Judson (vgl. 283-308).

1 Manchmal wurde sogar gemischtgeschlechtliche Verfasserschaft „erkannt". Ohmann zitiert Edwin Percy Whipples Rezension in der *North American Review*, in der Whipple argumentiert, daß *Jane Eyre* Züge sowohl weiblicher als auch männlicher Verfasserschaft aufweist, woraus er schloß, daß ein Geschwisterpaar das Werk gemeinsam geschrieben hatte. Den Bruder hielt er für den alleinigen Autor von *Wuthering Heights* (907).

2 Vgl. meine Ausführungen zur interaktiven Konstruktion von Geschlecht unter 1.2., sowie den Artikel von Hirschauer. Zum sozialen Vergessen siehe die Arbeiten von Mary Douglas und Leon Festinger.

3 Ich verzichte an dieser Stelle darauf, Davis' sehr bekannte Erzählung zu referieren und verweise auf die ausführliche Interpretation von Sharon Harris in *Rebecca Harding Davis and American Realism*, 27-59. Harris kontextualisiert das Werk und diskutiert Bezüge zu Naturalismus und Realismus.

4 Hawthorne war von „Life in the Iron Mills" so angetan, daß der berühmte Autor der bis dato unbekannten Davis schrieb und bat, sie auf einer geplanten Reise besuchen zu dürfen. Weil der Bürgerkrieg ausbrach, kam die Reise nicht zustande. Davis lernte Hawthorne kennen, als sie 1862 auf Einladung von James T. Fields und seiner Frau Annie nach Neuengland kam. In Concord wohnte Davis bei den Hawthornes (Olsen, „Biographical Interpretation" 89, 105).
Zu den Disziplinierungsversuchen von Fields im Umgang mit Davis vgl. Kapitel 2.4. Seine Reaktion auf „Life in the Iron Mills" nennt Sharon Harris enthusiastisch (57).

5 James nimmt in seinen Rezensionen zu Davis' Romanen *Waiting for the Verdict* (1867) und *Dallas Galbraith* (1868) auf „Life in the Iron Mills" nur mit einer Andeutung in seiner Besprechung von *Waiting* Bezug, die allerdings pauschal vernichtend ist:

> The author has made herself the poet of poor people – laborers, farmers, mechanics, and factory hands. She has attempted to reproduce in dramatic form their manners and habits and woes and wants. The intention has always been good, but the execution has, to our mind, always been monstrous. (*Literary Criticism* 221)

6 Southworth wurde als Inbegriff der populären Schrifstellerin karikiert. Die Zeitschrift *Yankee Notions* druckte 1866 eine Karikatur mit dem Titel „Female Genius", in der sie über Southworth und ihresgleichen spottet und zugleich die fatalen Folgen dieser weiblichen Schreibwut für Heim und Familie anprangert. In der Bildmitte steht ein offensichtlich überforderter Mann mit einem Kleinkind auf dem Arm, der hilfesuchend auf die Autorin blickt, und mit der Hand auf drei weitere Kinder am rechten Bildrand zeigt, die zwischen umgestürzten Stühlen in einem Haufen weinend am Boden liegen. Die Autorin sitzt mit gedankenschwerer Miene am Schreibtisch und hebt abwehrend die Hand zum Zeichen, daß sie nicht gestört werden möchte. Die Bildunterschrift lautet:

> „The celebrated Mrs. M.E. Southworth Braddon Cobb, engaged in writing her last sensation novel, to contain 25 elopements, 43 separations from ‚bed and board', and 742 divorces for neglect, abandonment, etc., etc., etc." (zit. nach Branch 215)

7 Zu Southworths Erfolg und ihrer Beziehung zu ihren Verlegern siehe Coultrap-McQuin, *Doing Literary Business*, bes. 51-78. Southworths Niedergang in den Augen der Literaturkritik ihrer Zeit thematisiert Alfred Habegger in „A Well Hidden Hand".

8 Auf einem Gemälde mit dem Titel „Authors of the United States", das Thomas Hicks 1866 schuf, ist Southworth noch eine der 44 abgebildeten Personen. Die anderen acht Frauen sind Fuller, Kirkland, Sedgwick, Stowe, und die Lyrikerinnen Alice Cary, Lydia Sigourney, Amelia Welby und die vor allem als Dramatikerin bekante Anna Cora Ritchie. Eine andere Auslassung in Stedmans Anthologie zeigt ebenfalls, wie der Diskurs zur selektiven Wahrnehmung führt. Stedmans Sammlung enthält zwar Texte von Frederick Douglass, dem Afroamerikaner, und Phyllis Wheatley, der als Wunderkind bestaunten schwarzen Dichterin des 18. Jahrhunderts, aber die bekannteste schwarze Lyrikerin des 19. Jahrhunderts, Frances E.W. Harper, ist nicht vertreten. Von Harpers *Poems on Miscellaneous Subjects* (1854) wurden 12 000 Exemplare in 4 Jahren verkauft; von ihren ersten beiden Gedichtbänden sogar über 50 000 Stück (Walker, *Nightingale's Burden* 85). Daß Stedman diese bekannte Autorin überging, könnte ein Hinweis sein, daß im Selbstbild des 19. Jahrhunderts Literatinnen Weiße waren. Wheatley konnte als Kuriosum der Frühzeit amerikanischer Literatur figurieren.

9 Er wurde zuerst im *New York Ledger* veröffentlicht. Erst nachdem der Text noch zweimal, 1868-69 und 1883, im *Ledger* abgedruckt worden war, erlaubte dessen Besitzer Robert Bonner 1888 die Publikation in Buchform. Der Roman wurde 1988 in der *American Women Writers*-Serie mit einer Einleitung von Joanne Dobson wieder aufgelegt.

10 Wie die meisten von Freemans Erzählungen gehört auch diese zur regionalen Literatur Neuenglands, der sogenannten *local-color-literature*, einem Genre, das zum großen Teil von Frauen gepflegt wurde. Zu den Konventionen dieses Genres gehört, daß häufig allein lebende, leicht exzentrische Frauen mittleren Alters im Mittelpunkt stehen. Nach Josephine Donovan ist eines der Hauptthemen dieser Literatur „the clash between dominant, colonizing, mathematizing disciplines and the rural, eccentric culture Foucault saw as having counterhegemonic potential" („Breaking the Sentence" 229).

11 In der ersten publizierten Sammlung von Dickinsons Gedichten, die 1890 von Thomas Wentworth Higginson herausgegeben wurde, war dieses Gedicht enthalten. „The Publication of *Poems by Emily Dickinson* by Roberts Brothers of Boston proved to be one of the literary events of 1890", schreibt Thomas H. Johnson in seinem Vorwort zu *Emily Dickinson: The Complete Poems* (ix). Es ist anzunehmen, daß Freeman die Sammlung kannte.

12 Insbesondere da Mrs. Caxton darauf hinweist, daß die kinderlose Betsey ihren Schmerz nicht richtig nachempfinden könne und Dichtung im Grunde auch nicht wirklich hilfreich sei: „,Oh, you don't know anything about it, Betsey. You never had any children!' … ,Nobody can do anything, and nothin' amounts to anything – poetry or anything else'" (144). Betsey selbst erkennt an, daß die persönliche Verlusterfahrung ihre Texte verändern würde, denkt sich deshalb jedoch nicht als inkompetent für das Thema:

> „I s'pose I can't feel about it nor write about it anything the way I could if I'd had any children of my own an' lost 'em. I s'pose it *would* have come home to me different," … „That's one trouble I've been clear of, anyhow," said she; „an' I guess I can enter into her feelin's considerable." (147)

Daß dies gelingt, beweist Mrs. Caxtons Reaktion: „,It's beautiful, beautiful', she said … ,It's jest as comfortin' as it can be … I feel real obliged to you'" (150).

13 Da der Name Lang im Englischen selten ist, wird die Assoziation noch gestärkt. Zudem kommentierte Lang als Kritiker des öfteren amerikanische Literatur und schrieb 1891

drei sehr negative Rezensionen über den besagten Band mit Dickinson-Gedichten, den er u.a. „this farrago of illiterate and uneducated sentiment" nennt (vgl. Lubbers 36-38).

14 Vgl. hierzu Winfried Fluck, „The Masculinization of American Realism", der die Gleichsetzung der Literatur des Realismus mit männlichen Werten von Stärke, Härte, Ehrlichkeit durch die Literaturkritik des 20. Jahrhunderts beschreibt.

15 Sedgwicks Lebensdaten (1789-1867) machen augenfällig, daß sie erst relativ spät mit dem Schreiben begann. Dies ist ein biographisches Muster, das sich auch bei anderen Autorinnen aus der ersten Hälfte des 19. Jahrhunderts findet. Eine Stichprobe ergibt eine Geschlechterdifferenz. Das Lebensalter bei der Erstpublikationen von selbständigen Werken (nach Wrights Bibliographie) liegt bei Frauen der Jahrgänge bis 1840 im statistischen Mittel deutlich höher als bei Männern. Berücksichtigt habe ich dabei nur „professionelle" Schriftsteller, d.h. Autorinnen und Autoren, die mindestens 5 (bei Männern, wegen der größeren Zahl: mindestens 10) selbständige Werke veröffentlichten. Für die Jahrgänge von 1778-1800 liegt das Durchschnittsalter der Frauen bei Erscheinen ihres ersten selbständigen Werks bei 38,5 Jahren, das der Männer bei 34 Jahren. Für die Jahrgänge 1820-1829 sind die Zahlen für Frauen 30 Jahre, für Männer 24 Jahre. Dieser Befund kann nur eine Tendenz andeuten und müßte genauer untersucht werden.

16 Generell läßt sich im Zuge der Viktorianisierung der amerikanischen Gesellschaft eine deutliche Aufwertung und höhere Nachfrage nach Literatur speziell für Kinder feststellen. Dieser Bedarf wurde großteils, jedoch nicht ausschließlich, von Frauen gedeckt. Auch Nathaniel Hawthorne verfaßte eine Reihe von Kinderbüchern: *Grandfather's Chair* (1841), *Famous Old People* (1841), *Liberty Tree* (1841), *Biographical Stories for Children* (1842).

17 Sedgwick schrieb *Home* auf Aufforderung des Geistlichen Henry Ware, Jr. Ware hatte vorgeschlagen, eine Reihe von Erzählungen zur Illustration christlicher Prinzipien zu verfassen. „I fancy that a succession of *Illustrations of Christianity* might be made to do as much for religion as *Illustrations of Political Economy* for that science", schrieb er ihr am 31. Januar 1834 und vergaß nicht den Hinweis: „You could hardly be engaged, I think, in a more useful service, or one of deeper interest" (*Life and Letters* 238-240).

18 Ihre übrigen Publikationen, am umfassendsten aufgeführt im Eintrag zu Sedgwick in der *Bibliography of American Literature*, sind vor allem Erzählungen, von denen eine Auswahl in zwei Serien gesammelt unter dem Titel *Tales and Sketches* 1835 und 1844 erschienen, die Reisebeschreibungen *Letters From Abroad To Kindred At Home* (1841) sowie Biographien der im jugendlichen Alter verstorbenen Lyrikerin Lucretia Maria Davidson und des New Yorker Philanthropen Joseph Curtis. Nach 1850 sinkt die Primärproduktion ab, es überwiegen kürzere Texte sowie die Neuauflage älterer Werke. Daß Sedgwick sich so spät noch einmal im Genre Roman versuchte, das sie so lange vernachlässigt hatte, mag auch damit zu tun haben, daß ihre Romane um die Jahrhundertmitte von George Putnam wieder neu aufgelegt wurden, und zwar in seiner *Library of American Authors*, einer repräsentativen Serie, in der zuvor die Werke von Irving und Cooper erschienen waren. Putnam brachte *Clarence*, *Redwood*, und *A New England Tale* (in dieser Reihenfolge) heraus, *Hope Leslie* war bereits 1848 von Harper wieder aufgelegt worden. Vielleicht waren noch andere Werke vorgesehen, doch machte Putnams Firma in der Wirtschaftskrise von 1857 Konkurs (vgl. Tryon, „Book Distribution" 216).

19 Von 75 Rezensionen, die ich zu den verschiedenen Werken von Sedgwick gesammelt habe, ist nur eine zu *Married or Single?* in *Russell's Magazine*, einer literarischen Zeitschrift

aus Charleston, gänzlich negativ. Kritik wurde gelegentlich geäußert, doch überwogen lobende Kommentare bei weitem. Meine Sammlung kann keineswegs Vollständigkeit beanspruchen, spiegelt jedoch die allgemeine Tendenz der Sedgwick-Rezeption. Zur englischen Rezeption von Sedgwick vgl. Welsh 144f.

Eine mir leider nicht zugängliche deutsche Übersetzung von *The Linwoods* und *Hope Leslie* wurde 1836 unter dem Titel *Miß Sedgwick's Erzählungen und Novellen* von Köhler in Leipzig veröffentlicht. Die Übersetzung besorgte L. Rellstab. Die Rezension dieser Übersetzung in den *Blättern für literarische Unterhaltung* lobt *The Linwoods*, kritisiert jedoch *Hope Leslie* als „Abguß Cooper'scher Romane" („Romanliteratur" 440).

20 Etwa jene 10 Seiten lange Besprechung von *The Poor Rich Man* im *American Quarterly Review* 21 (1837), die das Buch in jedem Haushalt sehen will: „We would, if we could, send it to every fireside in our land" (28). *Live and Let Live* sei ein Werk, so urteilte das *Knickerbocker Magazine* 10 (1837), „which should be in the hands of every mistress of a family and servants in the United States" (86). Der Rezensent von *Means and Ends* in der *Democratic Review* 6 (1839) lobt auf 15 Seiten Sedgwicks „very valuable though unpretending little work, which is the latest contribution to our American Literature" (127) und würde, wenn nur ein einziges Werk dieser Autorin vor einer allgemeinen Zerstörung, die der Himmel verhüten möge, gerettet werden könnte, dieses in Sicherheit bringen wollen („American Women" 128).

21 Coopers Kommentar benutzt allerdings bereits beschreibende Adjektive, die mit Weiblichkeit assoziiert sind. *New England Tale* ist

> original, natural, and beautiful; written with such simplicity, with such ‚a soul of goodness', with such purity of taste, style, and purpose; in such affinity with things lovely and honourable, and of good report, that it must be acceptable to minds in accordance with itself: and they who would correct what is evil, and cherish what is good, in the character of the society which it so truly describes, may be shown in this mirror of just representation, the weeds that are to be rooted out, and the virtues that are to be cultivated, in the fairest and happiest, as well as in the less favoured districts of this our blessed native land. (101)

Nina Baym sieht *New England Tale* als den Beginn des Subgenres *Woman's Fiction.*

22 Ebenfalls im Kontext amerikanischer Literatur wird *Redwood* von John Neal erwähnt. In einer heftigen Kritik an Cooper („We never thought very highly of Mr. Cooper, he has been greatly overrated by his countrymen") stellt Neal dessen *Lionel Lincoln* („not a real North American story, to be sure") zwei positive Beispiele gegenüber: „Where shall we go for a real North American story? is there such a thing, on earth?" Neal beantwortet seine Frage in einer Anmerkung: „*Brother Jonathan* is a real North American story; and *Redwood*, we have reason to believe, is another, and a very good one" („Late American Books" 163). *Brother Jonathan* ist Neals eigenes Werk.

Sedgwick widmete *Redwood* Bryant, mit dem sie und ihre Brüder eng befreundet waren. Bryant zögerte deswegen zunächst, den Roman zu rezensieren, kam dann aber der dringenden Bitte des Herausgebers der *North American Review* nach (vgl. Glicksberg 630). In seinen Erinnerungen an Catharine Sedgwick, die als „Reminiscences of Miss Sedgwick" Sedgwicks *Life and Letters* beschließen, kommentierte Bryant seine Rezension folgendermaßen:

> This was my most ambitious attempt in prose up to that time. I took it up the other day with some misgivings, not having looked at it for many years, and was a little amused to see that I had dispensed both praise and blame with as magisterial an air as if I had been the most experienced of critics. (440)

23 Der *New York Mirror* spricht z.B. in seiner Rezension von *Hope Leslie* von „a host of lady authors" und sieht Sedgwicks Stärke in der Darstellung des weiblichen Geschlechts: „It is in disclosing the secret and tender feelings of woman's heart that our authoress chiefly excels" (383). Die Rezension in der *Western Monthly Review* beginnt mit einer Aufzählung britischer und amerikanischer Autorinnen. Die Gleichheit der Geschlechter sei gerade in der Literatur ersichtlich auf dem Vormarsch.

24 Ganz konsequent im Sinne des bessernden moralischen Einflusses, den Greenwood den Frauen zuschreibt, erklärt er die Unanständigkeit der früheren britischen Literatur aus dem Umstand, daß es damals keine Autorinnen gegeben habe:

> We would hazard the opinion, that to their [women's] absence the prevailing licentiousness of old English literature is in some degree to be ascribed. There were no female authors in those days when ribaldry was deemed essential to the drama ...; and when a novel was thought none the worse, perhaps all the better, for describing scenes, which we trust would now be the proscription of any book whatever. (410)

Seine Vorstellung der weiblichen Natur, die sich durch „modesty and delicate feeling" (410) auszeichnet, läßt Autorinnen von Aphra Behn bis Elizabeth Inchbald aus seinem Blick verschwinden.

25 Der *New York Mirror* markiert den Stil als weiblich, wenn er ihn „chaste and beautiful" nennt. Er urteilt, „[a] salutary moral influence also obtains throughout these volumes. No one can read them without feeling the grasp of his darker passions loosened – his virtuous resolutions strengthened, and his whole heart improved" (394). Das Buch könne bedenkenlos auch Jugendlichen in die Hand gegeben werden.

26 Gut 10 Jahre später urteilte Poe strenger über Sedgwick. In seiner Serie „The Literati of New York" schrieb er: „She is an author of marked talent, but by no means of such decided genius as would entitle her to that precedence among our female writers which ... *seems* to be yielded her by the voice of the public" (131; Hervorh. im Orig.). Daß Sedgwicks Ansehen in Poes Meinung gesunken war, hatte sicher damit zu tun, daß sie sich nach 1835 vermehrt auf die Produktion von didaktischer Literatur verlegt hatte.

27 Sie schrieb den Heiratsschluß nicht ohne Zögern, wie sie im Vorwort vermerkt, und auf die dringende Bitte ihrer Wahltochter Kate Minot hin, wie unter 2.4. geschildert.

28 1852 erschien in der *Literary World* ein zweispaltiger Text mit dem Titel „Phases", den James Matlack als „midnight reverie" klassifiziert und als erste Publikation nennt. Matlacks unveröffentlichte Dissertation „The Literary Career of Elizabeth Barstow Stoddard" von 1968 ist bis heute die einzige umfassende biographische Studie zu Stoddard.

29 Damit bewegte sie sich in einem ähnlichen Feld wie Sara Parton. Daß diese Tätigkeit für eine Frau nichts Ungewöhnliches mehr war, legt die Bemerkung von Alice Neal nahe, die 1852 erklärte: „Every country newspaper has its quota of ‚our charming correspondents'" (145).

30 James Lorimer Graham (1835-1876), ein enger Freund von Elizabeth Stoddard, hatte allerdings versucht, für *The Morgesons* einen Übersetzer ins Deutsche zu finden. Am 29. Dezember 1862 schrieb er Elizabeth aus Florenz in Italien, daß er eine Absage

bekommen habe. Das Buch gefiele ihm zwar ausgezeichnet, habe der vorgesehene Übersetzer geantwortet, doch sei er überzeugt, „‚that the German reading public would take no interest in so specifish neu-englandisches [sic] a work' – meaning I suppose, a book so purely local in its interest" (Hervorh. im Orig. Richard and Elizabeth Stoddard Papers). Graham war u.a. Mitglied des *Century Club* und sehr aktiv in den Künstlerkreisen New York Citys, wo er seit 1856 lebte. Ab 1866 war er Generalkonsul der USA in Italien.

31 Stedman war lange Jahre ein enger Freund von Elizabeth Stoddard und treibende Kraft für die Neuauflage ihrer Romane 1888/89. Stedman, Richard Stoddard, Boker u.a. werden der *genteel tradition* zugerechnet, die Tomsich in *A Genteel Endeavor* ausführlich untersucht hat. Innerhalb des amerikanischen Viktorianismus vertrat diese Gruppe ästhetisch eine relativ konservative Position. Sie orientierte sich an einem Ideal des Schönen als Ausdruck tieferer Wahrheit und Harmonie des Universums und schrieb diesem Ideal eine moralisch erhebende und damit zivilisatorische Wirkung zu. Die Poesie setzte die Gruppe über alle anderen literarischen Gattungen; vgl. hierzu ausführlicher 5.2.

32 Die Materiallage ist in Stoddards Fall schwierig. Häufig erschienen Rezensionen in Tageszeitungen, und die sind auch in amerikanischen Archiven selten vollständig vorhanden. Ich stütze mich daher auch auf die Darstellung der Rezeption der drei Romane bei Matlack, der allerdings der Debatte um Weiblichkeit keine besondere Aufmerksamkeit widmet. Alles in allem konnte ich 26 Rezensionen zu Stoddards Werken sammeln.

33 Stilistische Glättungen nahm beispielsweise Thomas Wentworth Higginson vor, als er 1890 eine erste Sammlung von 115 Gedichten von Emily Dickinson für die Veröffentlichung auswählte. „[H]e undertook to smooth rhymes, regularize the meter, delete provincialisms, and substitute ‚sensible' metaphors" (Johnson ix).

34 Für ihre folgenden Romane wählte Stoddard andere Erzählmuster, nicht mehr den Entwicklungsroman.

35 Matlack identifiziert den anonymen Rezensenten als einen ansonsten unbekannten Mr. Sedley (vgl. 441).

36 Stoddard hielt nichts von Ripleys Rezensionen ihrer Werke. Bei Mrs. Dall beklagte sie sich am 11. Februar 1868: Ripley sei „possessed to analyze my mind instead of my books" (zit. nach Matlack 443). Anläßlich der Neuauflage von *Two Men* schrieb sie Lillian Whiting am 20. Juni 1889:

> You mention Mr Ripley – Stoddard and I always called him the Jesuit of Literature … He and I used to have little tournaments of words – but his reviews of me are worthless – Of that dark under-current in the soul and head of man he was either ignorant of or he resolutely shut his eyes – (Kate Fields Papers Vol. 9, No. 971)

37 Im weiteren wird zwar nicht mehr auf weibliche Literatur abgehoben, doch werden die Vorwürfe nicht weniger bissig:

> We may as well secure the reader of the story from a possible disappointment by informing him that „Temple House" is a story that has no end. Properly enough, too, for it has almost no plot, and should have no catastrophe – no ultimate result to which various actions tend. Not, for the matter of that, that it is uncommon to find writers as clever as Mrs. Stoddard putting into the last pages of a novel some inconsequent event, calamitous or fortunate, which is to be accepted as the natural upshot of the events of the other pages. But Mrs. Stoddard, whatever other mistakes she has fallen into, has not fallen into this one. We hardly know why. She has an inveterate habit of

dealing in hints and innuendoes; perhaps that is the reason; perhaps to her the conclusion seems perfectly intelligible, though we make nothing of it, or, if we make anything, it is this – that a woman needs two men. But we are not willing to say that the novel is meant to teach this lesson, and say sincerely that we distrust our own judgment in the matter. (74)

Anmerkungen zu 5.

1 Zum Begriff Viktorianismus und seiner Anwendbarkeit für Amerika vgl. Abschnitt 5.2., 224ff.

Anmerkungen zu 5.1.

1 Einen Eindruck von Emotionalität und Pathos dieser Verehrung kann ein Brief an Sedgwick vom 22. Oktober 1832 geben. Die Vereinigung „Grecian Ladies" aus dem kleinen Ort Canandaigua im Staat New York informierte Sedgwick über die Errichtung eines Ehrenmals für Scott und eine Zeremonie mit mitternächtlichem Fackelzug, die stattfinden sollte, sobald die Nachricht von Scotts Tod einträfe. Als einzige amerikanische Schriftstellerin war Sedgwick für würdig befunden worden, daß ihr Name zusammen mit denen anderer literarischer Größen das Denkmal für Scott zieren sollte.

„Miss Sedgwick

Be pleased to be informed that John Greig Esq. of this Village, has caused a monument to be erected to the memory of Sir Walter Scott, which is to be dedicated as soon as we hear of his death – the Mon[umen]t is a noble Rock of Granite raised upon a foundation of stones, is very lofty and exceedingly unique enclosed in a belt of brass 12 Inches broad – upon which are engraved the names of „Shakespear Milton – Johnson – Burke – Goldsmith – Richardson – Pope. Newton – Burns – Roscoe – Currie – Moore – Byron – De Witt Clinton – Cooper – W[ashington]n Irving – and others I donot recollect of Ladies – Hannah Moore – Mrs Hemans – Jane Porter – and Miss Sedgwick — the only american authoress voted worthy – the latter name is engraved between Sir Walter Scott's and De Witt Clinton's. A splendid vase from Italy is to crown the whole, – and George Clinton son of the late Gov[eno]r is to give by torch light, a Eulogy upon the spot as soon as the fatal, but momently expected news arrives, a band of Music will be in attendance, and His [unleserliches Wort] age will also be struck upon the bell of the Episcopal Church at Midnight – those items are to be given at these hours [unleserliches Wort] because its voted the point of time accords most with the solemnity of funeral rites – with the hope, that the preceding tributes to the fame of ‚Waverly' will meet your Ladyship's approbation,

I remain your
Ob[edien]t Servant
the agent of the
„Grecian Ladies"

should ‚Hope Leslie' be offended by this use of her name, with this Galaxy of Genius – Gov[erno]r Frank Granger must answer" (CMS-Papers II, 1.9; die Schreibung folgt dem Orig. SO)

John Greig (1779-1858), gebürtiger Schotte, der seit 1800 in Canandaigua lebte, war Jurist, Präsident der Ontario Bank, Vize-Kanzler des Board of Regents of the University und 1841-1842 Kongreßabgeordneter.

2 Vgl. Bercovitch, *The Rites of Assent: Transformations in the Symbolic Construction of America*, New York: Routledge, 1993, bes. Kapitel 2, „The Ritual of Consensus", 29-67.

3 Zum literarischen Sentimentalismus in England vgl. Jochen Barkhausen, *Die Vernunft des Sentimentalismus*, Tübingen: Narr, 1983. Den sentimentalen Roman in Amerika behandelt Klaus P. Hansen in mehreren Beiträgen. Er betont die Bedeutung der englischen Vorbilder, die für die Entwicklung des sentimentalen Romans in den USA bestimmend waren. Die dominante Tradition im amerikanischen Sentimentalismus durch das 19. Jahrhundert hinweg sieht er in der auf Richardsons *Clarissa* zurückgehenden „novel of victimization", die die leidende, schutz- und wehrlose Heldin ins Zentrum stellt. Diese Heldin bekomme „im Rahmen der ‚domesticity' eine spezielle, für die Situation der Frau aussagekräftige Funktion" („Der sentimentale Roman der USA" 346). Der amerikanische sentimentale Roman macht nach Hansen vorwiegend Aussagen zur Situation der Frau. Hansens Aufsatz, „The Sentimental Novel and its Feminist Critique" ist in erster Linie eine Auseinandersetzung mit Cathy Davidsons *Revolution and the Word.*

4 Ich zitiere nach der Ausgabe des Romans durch die Rutgers University Press, 1987, herausgegeben von Mary Kelley.

5 Sedgwicks Text entspricht an dieser Stelle der Phantasievorstellung des Landes als domestizierter Garten, die Annette Kolodny in *The Land Before Her* als den literarisch dominanten Mythos der Frontier in Texten von Frauen herausgearbeitet hat.

6 In *The Last of the Mohicans* zeichnet James Fenimore Cooper ebenfalls ein Familienidyll. Er beginnt Kapitel 16 mit folgender Beschreibung:

> Mayor Heyward found Munro attended only by his daughters. Alice sat upon his knee, parting the gray hairs on the forehead of the old man with her delicate fingers; and, whenever he affected to frown on her trifling, appeasing his assumed anger by pressing her ruby lips fondly on his wrinkled brow. Cora was seated nigh them, a calm and amused looker-on; regarding the wayward movements of her more youthful sister with that species of maternal fondness which characterized her love for Alice. Not only the dangers through which they had passed, but those which still impended above them, appeared to be momentarily forgotten in the soothing indulgence of such a family meeting. It seemed as if they had profited by the short truce, to devote an instant to the purest and best affections: the daughters forgetting their fears, and the veteran his cares, in the security of the moment. Of this scene, Duncan ... stood many moments an unobserved and a delighted spectator. (184)

Cooper gruppiert die Idylle um den Vater und Patriarchen und setzt den wohlwollenden Betrachter Duncan Heyward als Bekräftigungsinstanz ein.

Hope Leslie ist häufig in Bezug zu Coopers ein Jahr vorher erschienenem *Last of the Mohicans* gesetzt worden (vgl. z.B. Foster, *Catharine Maria Sedgwick* 91-93; Singley). Sedgwick erlaubt sich in *Hope Leslie* den intertextuellen Verweis auf Coopers Roman, wenn sie die Beschreibung der Flucht der Indianer mit ihren weißen Gefangenen abbricht und durchaus ironisch kommentiert:

> It is not our purpose to describe, step by step, the progress of the Indian fugitives. Their sagacity in traversing their native forests; their skill in following and eluding an

enemy, and all their politic devices, have been so well described in a recent popular work, that their usages have become familiar as household words, and nothing remains but to shelter defects of skill and knowledge under the veil of silence; since we hold it to be an immutable maxim, that a thing had better not be done, than be ill-done. (81)

Hope Leslie als Sedgwicks Antwort auf *The Last of the Mohicans* zu lesen, ist sicher ein sinnvoller und profitabler Ansatz, der jedoch weiterzuführen wäre, denn der folgende Roman Coopers, der sich mit puritanischer Geschichte befaßt, *The Wept of Wish-ton-Wish* (1829), ist allem Anschein nach Coopers Antwort auf *Hope Leslie.* Hierfür sprechen der nahe zeitliche Bezug – *The Wept of Wish-ton-Wish* behandelt die historische Periode, die sich in etwa an die Handlung von *Hope Leslie* anschließt –, aber auch ähnliche Handlungselemente wie z.B. eine interethnische Ehe, die Cooper in *The Last of the Mohicans* noch energisch unterband, vielleicht als Antwort auf Lydia Maria Childs *Hobomok* (1824), die ihren indianischen Titelhelden eine Puritanerin hatte heiraten und aus dieser glücklichen Verbindung ein Kind hatte hervorgehen lassen. Sedgwick bezieht sich in *Hope Leslie* auch auf Harriet Cheneys Roman *A Peep at the Pilgrims* (1824) (vgl. 56, 358). Selbstverständlich kannten und lasen die Autorinnen und Autoren der 1820er Jahre einander. Child und Sedgwick korrespondierten beispielsweise; Sedgwick und Cooper kannten sich persönlich. Sedgwick erwähnt Coopers Romane gelegentlich in ihren Briefen an Eliza Cabot Follen und andere. Diese Schriftsteller standen, auch in ihren Kolonialzeitromanen, in einem literarischen Dialog, in dem sie sich auf einander bezogen, einander antworteten und umschrieben. Als Konkurrenten im gleichen Metier waren sie für einander wichtig. Die Trivialisierung der Autorinnen durch den literaturwissenschaftlichen Diskurs hatte die Verdrängung dieses Dialogs zur Folge, der erst rekonstruiert werden kann, wenn auch die literarischen Beiträge der Frauen ernst genommen werden.

7 Repräsentativ für die zeitgenössische Rezeption des Romans sind folgende Rezensionen, die alle anonym erschienen, deren Verfasser jedoch weitgehend identifiziert sind: William Cullen Bryant in der *New York Evening Post* (June 19, 1827); die Besprechung im *New York Mirror* 4 (June 23, 1827): 383; Timothy Flint in der *Western Monthly Review* 1.5 (Sept. 1827): 289-295; und Francis Greenwood in der *North American Review* 26 (April 1828): 403-420. Wie immer bei Sedgwicks Werken sind die Besprechungen sehr wohlwollend. Greenwood konstatiert, „our authoress, ... if the truth must be told, appears to entertain a decided partiality for her own sex. Nor can we blame her for it. We are in no humor, indeed, to find fault with her at all, or for anything" (420).

8 Es gibt zwei Monographien zu Sedgwick, die *Hope Leslie* behandeln: Die publizierte Dissertation von Sister Mary Michael Welsh, *Catharine Maria Sedgwick: Her Position in the Literature and Thought of Her Time up to 1860*, Washington, D. C.: Catholic Univ. of America, 1937, und Edward H. Fosters Monographie in der TUSAS-Reihe (No. 233), *Catherine Maria Sedgwick*, New York: Twayne, 1974. Die unveröffentlichten Dissertationen von Richard B. Gidez, „A Study of the Works of Catherine Maria Sedgwick" (Ohio State Univ., 1958) und Jane Giles, „Catharine Maria Sedgwick: An American Literary Biography" (City Univ. of New York, 1984) waren mir nicht zugänglich, ebensowenig die M. A. Thesis von Elizabeth Williams, „Catharine Sedgwick: A Study in Nineteenth-Century Womanhood" (Cornell Univ., 1980).

An Beiträgen von Artikellänge sind zu nennen: Edward Fosters Vorwort zum Reprint von *Hope Leslie* durch die Garrett Press, 1969; Michael Davitt Bell, „History and Romance Convention in Catharine Sedgwick's *Hope Leslie*", *American Quarterly* 22 (Summer, 1970): 213-221; Suzanne Gossett und Barbara Ann Bardes, „Women and Political Power in the Republic: Two Early American Novels", *Legacy* 2.2 (Fall 1985): 13-30; Mary Kelleys Einleitung zum Reprint von *Hope Leslie* durch die Rutgers University Press, 1987; Sandra Zagarell, „Expanding ‚America': Lydia Sigourney's *Sketch of Connecticut*, Catharine Sedgwick's *Hope Leslie*", *Tulsa Studies in Women's Literature* 6.2 (1987): 225-246; Christopher Castiglia, „In Praise of Extra-Vagant Women: *Hope Leslie* and the Captivity Romance", *Legacy* 6.2 (Fall 1989): 3-16; Dana Nelson, „Sympathy as Strategy in Sedgwick's *Hope Leslie*, in: *The Culture of Sentiment: Race, Gender, and Sentimentality in Nineteenth-Century America*, ed. Shirley Samuels (New York: Oxford UP, 1992): 190-202; sowie neuestens Carol J. Singley, „Catharine Maria Sedgwick's *Hope Leslie*: Radical Frontier Romance", erschienen in dem Sammelband *The (Other) American Traditions: Nineteenth-Century Women Writers*, hg. Joyce W. Warren, New Brunswick, NJ: Rutgers UP, 1993: 39-53.
Mary Kelleys *Private Women, Public Stage* bietet Informationen zur Entstehungs- und Publikationsgeschichte, behandelt den Roman jedoch nicht unter literarisch-ästhetischen Gesichtspunkten. Für Nina Baym gehören Sedgwicks historische Romane nicht zum Genre *Woman's Fiction*, das sie in ihrem gleichnamigen Buch entwickelt. Sie diskutiert deshalb nur die vier Romane von Sedgwick, die kein historisches Thema behandeln.

9 Leland Person Jr. klassifizierte *Hope Leslie* 1985 als eine feministische Variante der *frontier fiction*. Insofern sei der Roman eine interessante Alternative „[d]espite obvious flaws in plotting and excessive reliance on the conventions of sentimental fiction" (681).

10 Mit dem Begriff „Erzählinstanz" bezeichne ich die Funktion des Textes, die im Englischen *narrator* heißt. Da Sedgwick diese Instanz nicht eindeutig geschlechtlich spezifiziert, ihren Text also nicht als *his-story* oder *her-story* präsentiert, verwende ich den geschlechtsneutralen Ausdruck. Mit „Lesern" meine ich in diesem Zusammenhang das englische *narratee*, wie Gerald Prince es theoretisch fundiert hat, also die Leseinstanz als eine Funktion des Textes und eben nicht die tatsächlichen Leserinnen und Leser.

11 Sie rechtfertigt Magawiscas Heldentum im Vorwort aber auch mit dem Verweis auf Pocahontas:

> The writer is aware that it may be thought that the character of Magawisca has no prototype among the aborigines of this country. Without citing Pocahontas, or any other individual, as authority, it may be sufficient to remark, that in such delineations, we are confined not to the actual, but the possible. (6)

Daß eine Rechtfertigung nicht unnötig war, zeigt die ansonsten positive Kritik des Romans in der *Western Monthly Review*. Der anonyme Verfasser Timothy Flint erhob speziell gegen Magawisca Einwände. Nur durch „refinement of civilized life" sei ein Verhalten wie das ihre denkbar:

> Magawisca is the first genuine Indian angel, that we have met with; ... This angel, as she stands, is a very pretty fancy; but no more like a squaw, than the croaking of a sand-hill crane is like the sweet, clear and full note of the redbird. Dealers in fiction have privileges; but they ought to have for foundation, some slight resemblance to nature. (295)

Andere Rezensenten waren bereitwilliger, an Magawisca zu glauben. Francis Greenwood schrieb, ebenfalls anonym, in der *North American Review* zu Magawisca: „Some have questioned her verisimilitude as an Indian. They assert that she is too noble, too delicate, too spiritual for an Indian. This we are disposed to deny. ... that she is a possible Indian, we have no doubt whatever“ (418).

12 Damit wird nun aber nicht freie Erfindung in Anspruch genommen; die Autorin erklärt, sie habe alle verfügbaren Quellen studiert und sorgfältig darauf geachtet, daß das Porträt der Zeit stimmig sei (5-6).

13 Als bekannt wurde, daß Gardiners Adelstitel falsch war und er in England zwei Ehefrauen hinterlassen hatte, beschloß der koloniale Magistrat, ihn nach England zu deportieren. Gardiner ließ seine Geliebte zurück und entzog sich dem Zugriff durch Flucht in die sogenannte Wildnis, wurde jedoch von Indianern gefangengenommen und den Autoritäten in Plymouth übergeben, die ihn Gouverneur Winthrop in Boston überstellten. Da er in Amerika keine Straftat begangen hatte, blieb er straffrei und man erlaubte ihm sogar, im Land zu bleiben. 1632 kehrte er nach England zurück. Mary Groves blieb in den Kolonien und heiratete 1631 einen Siedler aus Maine. Diese Informationen finden sich bei Bradford T. Schantz, der die Darstellung der historischen Figur von Sir Christopher Gardiner in amerikanischer Literatur des 19. Jahrhunderts untersucht hat. Schantz' Kommentar zu *Hope Leslie* qualifiziert das Werk pauschal ab: „[T]he story ... is ridiculously sentimental and unsatisfactory“ (815).

14 Das im 18. Jahrhundert so häufige benutzte Motiv der verlorenen Unschuld wurde im Roman des 19. Jahrhunderts seltener; erst in der naturalistischen Literatur zum Jahrhundertende gewann es wieder an Bedeutung. Im literaturwissenschaftlichen Diskurs galt Hawthornes *The Scarlet Letter* lange als einzige nennenswerte, unkonventionelle Bearbeitung des Motivs der gefallenen Frau in der Literatur des 19. Jahrhunderts. Doch haben nicht nur Sedgwick, sondern auch andere Autorinnen der Epoche dieses Motiv umgeschrieben, wie ich an anderer Stelle am Beispiel von Sara Partons *Rose Clark* (1856) und Elizabeth Stuart Phelps Wards *Hedged In* (1870) gezeigt habe; vgl. „Vom Umgang“, bes. 410-416. Generell läßt sich sagen, daß sich im 19. Jahrhundert das Interesse an dieser Geschichte gewandelt hat. Nicht mehr die Verführung und ihr Hergang stehen im Mittelpunkt, sondern wie sich Gesellschaft und Heldin damit auseinandersetzen.

15 Slotkins Beschreibung, „[t]he hero of *Hope Leslie* is Everell Fletcher“ (451) ist nicht nur in dieser Hinsicht falsch. Slotkin unterschlägt William Fletcher, Everells Vater, und behauptet, Everell sei der Vormund von, wie er sie nennt, Hope und Mary, womit ihm zudem die Bedeutung der Namensgebung entgeht.

16 Ganz offen rebellieren Hope und Magawisca gegen Gesetz und Regelsysteme, wenn sie Gefangene befreien; Rosa, indem sie das Schiff sprengt und ihren Peiniger tötet. Bei Faith und Esther liegt das Aufbegehren im Widerstand: Faith akzeptiert die Überlegenheit der Zivilisation und des Protestantismus nicht, und Esther verweigert die Ehe, da sie sämtliche Heiratsanträge ablehnt.

17 Sedgwick setzt die Namenssymbolik gezielt ein, wie gerade hier deutlich wird, denn Everell ist weder als Vor-, noch als Nachname im Englischen geläufig.

18 Vermutlich Elizur Holioke (auch: Holyoke), gest. in Springfield, Mass., 1676, „a prominent man in the Massachusetts colony, ... [who] held various offices of trust under the government“, wie die *Genealogical and Memorial History of the State of New Jersey*, ed. F. B. Lee, 4 vols., 1910, verzeichnet; vgl. *American Biographical Archive*.

19 Der Blick von Mount Holyoke war zur Schreibzeit des Romans bereits eine Touristenattraktion. „Probably the richest view in America, in point of cultivation and fertile beauty, is that from Mount Holyoke. ... it is a fashionable climb for tourists", schrieb Nathaniel Parker Willis in *American Scenery*, London: Virtue, 1840. „View from Mount Holyoke, Massachusetts, after a Thunderstorm – The Oxbow", heißt eines der bekannten Bilder von Thomas Cole (1801-1848), dem Begründer und führenden Vertreter der Hudson River School, das 1836 entstand. Cole malte auch zwei Bilder zu Szenen aus Coopers *The Last of the Mohicans.*

20 Die Landschaftsbeschreibung geht noch über die zitierte Passage hinaus. Es handelt sich um die Schilderung von Sedgwicks Heimatort Stockbridge, Massachusetts, in den Berkshires, wie sie Sismondi mitteilte. Die Gegend sei „a highly cultivated and romantic country the natural features of which I have attempted to describe in the 7th chapter of ‚Hope Leslie'"; wenig später spricht sie von „the beautiful scenery of my native valley" (Anzilotti 65).

21 Sedgwicks wichtigste Quellen sind nach Foster folgende: William Hubbard, *Narrative of the Indian Wars in New England* (1677); John Winthrop, *Journal: The History of New England* (1825); Benjamin Trumbull, *A Complete History of Connecticut* (1797); Cotton Mather, *Magnalia Christi Americana* (1702), vgl. „Foreword" (vi). Kelley nennt zusätzlich noch Roger Williams, *A Key into the Language of America* (1643) und William Bradford, *History of Plymouth Plantation*, vgl. „Introduction" (xxvi, xxx). Zwei weitere Quellen identifiziert Sedgwick selbst in ihren Anmerkungen zum Text: John Gottlieb Heckewelder, *Account of the History, Manners, and Customs of the Indian Nations Who Once Inhabited Pennsylvania* (1819), ein Werk, das auch Cooper als Quelle benutzte, und Daniel Neal, *History of New-England* (1720); Sedgwick zitiert den Titel als *History of Boston.*
Zu den indianischen Figuren, die Sedgwick verwendet, siehe Foster, *Catharine Maria Sedgwick* 74 ff. Mononotto, Sassacus, Miantunnomoh und Monoca, Mononottos Frau, sind historische Personen. Hubbard spricht auch von Kindern Mononottos.

22 Kelley hat die Konterkarierung der Perspektiven für den historischen Bericht herausgearbeitet; vgl. „Introduction" xxx-xxxiv. Das historische Ereignis, das Sedgwick Magawisca darstellen läßt, ist der Angriff der Puritaner auf das Pequod Fort Mistic vom 26. Mai 1637, gefolgt vom sogenannten Great Swamp Fight am 13. Juli 1637; vgl. Foster, *Catharine Maria Sedgwick* 75-76.

23 Daß die Schlange auch im Abendland als Zeichen mit positiven Konnotationen gelesen werden kann, zeigt die Verwendung der Äskulapnatter für die heilende Leistung des Berufstandes der Mediziner, die sich damit zieren.

24 Castiglia interpretiert Hopes Bild als Sedgwicks Hinweis, „that history, authored for a white male audience, will erase the heroism of women – women of color in particular" (12), ohne zu kommentieren, daß eine Frau die Malerin des Bildes ist.

25 Wenn Magawisca den Großen Geist in allem Lebendigen feiert, so zeigt sich hierin eine tolerante und romantische Gedankenwelt, die sie zur geistigen Nachbarin der Autorin macht und über den Fanatismus der Puritaner erhebt (332). Diese Konzeption steht sicher dem Pantheismus näher als der magischen Auffassung der Indianer. Man könnte einwenden, daß Sedgwick ihre Überlegungen zu kultureller Differenz entwickelt, indem sie sich an den Begriffen ihrer eigenen Kultur orientiert. Im Gegensatz zu anderen ist sie jedoch zur impliziten Problematisierung ihres Blicks fähig. Außerdem waren vor der

Genese eines ethnographischen Diskurses andere Möglichkeiten kaum verfügbar. Eine amerikanische Historiographie entsteht auch erst um die Mitte des 19. Jahrhunderts.

26 Magawisca wiederholt die Aussage dieser Passage beim Abschied von Hope und Everell, wo sie deren (naive) Aufforderung, sie solle in ruhigeren Zeiten zu den Weißen zurückkehren und werde dann dort willkommen sein, nicht ohne Ironie zurückweist. „‚It cannot be ... My people have been spoiled – we cannot take as a gift that which is our own'" (330).

27 Anders als Sedgwick entfaltet Harriet Beecher Stowe in *Uncle Tom's Cabin* in einer ähnlichen Szene, in der im Quäkerhaushalt alle beim Essen versammelt sind, ihre Phantasie von einem harmonischen sozialen Miteinander. Elizabeth Ammons sieht hierin Stowes Sinnbild für die menschlich und geistig nährende Mutterschaft, ihre Matriarchatsutopie; vgl. „Stowe's Dream of the Mother-Savior".

28 Dieses Phänomen läßt sich vielfach auch für europäische Kontexte beobachten. Sigrid Weigel hat herausgearbeitet,

> wie sehr sich die Rede über die Frauen und die Rede über die Wilden im Diskurs der Aufklärung ähneln. Häufiger noch als über den direkten Vergleich funktioniert die Analogiebildung zwischen Wilden und Frauen über den Bezug zur Natur, über den Vergleich zur Kindheit oder über den Begriff der Unschuld. („Die nahe Fremde" 171)

29 Petronilla, nach den Legenden des 5./6. Jahrhunderts eine Tochter des heiligen Petrus, verweigert die Ehe, da sie lieber sterben als ihrem Keuschheitsgelübde untreu werden will. Sie bittet um eine dreitägige Frist und stirbt wunschgemäß am dritten Tag. Vgl. *Reclams Lexikon der Heiligen* 415-416.

30 Hierauf weist Leland Person hin, vgl. 680.

31 Sedgwick verwendet das Motiv der Frauen, die andere aus Gefangenschaft befreien, schon in *Redwood* und später noch in *The Linwoods*; vgl. hierzu auch Gosset/Bardes, bes. 23-24.

32 Wohl William Pynchon (1585-1662), der 1630 mit Winthrop nach Amerika kam, und später den Ort Springfield in Massachusetts gründete. Seine Tochter Mary heiratete Elizur Holyoke, den Sedgwick als Namensgeber von Mount Holyoke erzählt.

33 Sedgwick erlaubt sich an dieser Stelle einen hübschen metafiktionalen Scherz, wenn sie Winthrop William Hubbard als Ehemann für Hope vorschlagen läßt, den Autor der von Sedgwick als Quelle benutzten *Narrative of the Indian Wars in New England.* Winthrop erklärt Fletcher, Hubbard habe „‚a matrimonial intent towards'" Hope geäußert. Fletcher entgegnet, Hope habe keine Neigung zu „‚bookish men'". Kommentar der Erzählinstanz: „Thus our heroine, by her peculiar taste, lost at least the golden opportunity of illustrating herself by a union with the future historian of New-England" (154).

Anmerkungen zu 5.2.

1 Winfried Fluck weist ebenfalls auf die stereotype Schuldzuweisung hin, die in der kritischen Diskussion den Frauen gilt: „Das feminine Element legt dem maskulinen (=realistischen) Fußangeln, in denen sich der tapfere Kerl prompt verfängt" (*Inszenierte Wirklichkeit* 57).

2 Tomsich schreibt:

The group ... moved steadily away from religious conceptions of the universe. Most of them became agnostics and Norton eventually repudiated any kind of teleological thinking. It was the loss of religion, above all, that brought despair to the group, and reduced its mission to little more than a concern with manners. (8)

Eine zunehmende Säkularisierung ist generell kennzeichnend für die Entwicklung des amerikanischen Viktorianismus im späteren 19. Jahrhundert, vgl. Howe „American Victorianism".

3 Die Stoddards hatten im Dezember 1852 geheiratet. Elizabeth war zwei Jahre älter als Richard. Zur Biographie siehe James Matlack, „The Literary Career of Elizabeth Barstow Stoddard".

4 Vgl. Tomsich 156-157, 171. Tomsich zitiert einen Brief Aldrichs an seine Frau vom 15. Dezember 1863, in dem dessen Vorstellungen von der Aufgabe einer Frau deutlich werden. Elizabeth Stoddard hatte gerade ihr drittes Kind, einen Sohn, geboren, die ersten beiden Kinder waren gestorben. Aldrich schreibt, er sähe Elizabeth lieber „holding him [her child] to her bosom, than have her write the most superb American novel ever dreamed of. It will be better for her. She needed the softening influences which the cares of a fragil [sic] life will entail upon her" (zit. nach Tomsich 157).

5 Elizabeth Stoddard konnte der Lyrik Emily Dickinsons nichts abgewinnen: „An excentric arrangement of words – or ebullition of feeling do not constitute poetry" (Brief an Lillian Whiting, 27. Feb. [1891]; Kate Fields Papers Vol. 9, No. 968).

6 Daß Baym Stoddard in ihrer revisionistischen Studie nicht erwähnt, belegt, wie gründlich Stoddard aus dem literarhistorischen Bewußtsein verschwunden war. Das Wiederauffinden und Verfügbarmachen von Informationen über Frauen war eines der ersten ebenso aufwendigen wie schwierigen Projekte feministischer Forschung. Auch in einem frühen Standardwerk wie *Notable American Women* (1971), dem ersten größeren biographischen Nachschlagewerk, das versuchte, Frauen wieder sichtbar zu machen, findet sich Stoddard nicht.

In ihrem Beitrag zur *Columbia Literary History*, der den Titel „The Rise of the Woman Author" trägt, übergeht Baym Stoddard zwar nicht mehr, ordnet sie allerdings dennoch nicht der *women's fiction* zu:

> A writer who did not attain popularity, probably because her work disregarded certain formulaic requirements of typical women's fiction, was Elizabeth Stoddard, whose novel *The Morgesons* (1862) is a striking work of gloomy local color ... The novel also inverts the moral scheme of most women's fiction, centering its depiction of the home on bitter and sexually charged family politics, and celebrating a predatory heroine who sees other women as rivals and men as conquests. (302-303)

Bayms Argumente, Stoddard aus dem Genre *woman's fiction* auszuschließen, das Baym selbst ja inhaltlich definiert hat, können nicht überzeugen. In der Tat weicht Stoddard von anderen Autorinnen ab, jedoch erfüllt sie die formalen Anforderungen an das *plot*, das nach Baym das Genre konstituiert; vgl. *Woman's Fiction*.

7 Alternativ firmiert diese Form in der Literaturgeschichte als *domestic*, *sentimental* oder *woman's novel*. Zu diesen Klassifikationstermini, speziell den Begriffen *sentimental* oder *domestic*, vgl. Kapitel 1.3., Seite 43f. mit Anmerkungen 16 und 17. Anders als der oft explizierte Begriff *sentimental novel* kommt der in literaturwissenschaftlichen Abhandlungen häufig benutzte Terminus *domestic novel* in Handbüchern und Nachschlage-

werken zur Literaturwissenschaft selten vor. Damit bleibt dieser Begriff, der im 19. Jahrhundert schon eingeführt war, aber inkonsistent benutzt wurde, einigermaßen schwammig. Üblich sind generalisierende Bemerkungen wie die von Jack Salzman in seinem Beitrag zur *Columbia Literary History*: „the women's sphere ... formed the subject of the domestic novel" („Literature for the Populace" 562).

8 Dies hebt auch Daniel Howe hervor: „Victorian culture was profoundly didactic" („American Victorianism" 526).

9 Fortfahrend beschreibt Fluck die Lektion des amerikanischen Realismus:

> Immer wieder erzählt er die Geschichte einer Individuierung, in der Charaktere, deren Wahrnehmung durch kulturelle Konvention und – nicht zuletzt – durch Bücher verstellt ist, mit den schmerzlichen Konsequenzen ihres eigenen mangelhaften Wirklichkeitsverständnisses konfrontiert werden. In dieser Situation ist es Erfahrung, die verhindert, daß diese Charaktere in falscher Wahrnehmung verharren. Die Imagination wird nicht grundsätzlich als Quelle der Erkenntnis abgelehnt, aber sie muß diszipliniert und durch Erfahrung ausbalanciert werden. Der größte Fehler besteht darin, kulturell tradierten Versionen Glauben zu schenken. Im Gegensatz dazu lernen die repräsentativen Charaktere des klassischen amerkanischen Realismus – von Miss Ravenel über Isabel Archer und Huck Finn bis zu Annie Kilburn – schließlich ihrer eigenen Erfahrung als der einzig verläßlichen Erkenntnisinstanz zu vertrauen. (*Inszenierte Wirklichkeit* 21)

10 Der Rezensent von *Peterson's Magazine* beklagte im September 1862 „the utter want of faith" in *The Morgesons.*

> If writers cannot introduce tragic interest into their works, without making girls fall in love with other peoples' husbands, or men desire to marry their own daughters, if the heroine must be a snake, or the hero a satyr, then it is high time that books without tragic interest had the field to themselves. ... „The Morgesons" ... belongs to a bad school. ... Why is it that things which so many reverence are almost continually sneered at? (231)

1890 sah Helen Gray Cone in ihrem Überblicksartikel „Woman in American Literature" Stoddard zwar positiver, doch befand auch sie, Stoddards Werk sei „as remote as possible from the conventional notion of woman's writing" (926), ohne dies weiter auszuführen. Rezensionen zur Erstausgabe von *The Morgesons* erschienen anonym; Matlack identifiziert folgende Verfasser: Edmund Stedman, *Daily Evening Bulletin* (June 24, 1862): 8; George Boker *North American and United States Gazette* (June 28, 1862): 1; – beides Zeitschriften aus Philadelphia; Manton Marble in der New Yorker *World* (July 4, 1862): 6; und George Ripley, *New York Herald Tribune* (July 19, 1862): 3. Drei weitere Besprechungen sind nicht identifiziert: *New York Evening Post* (July 2, 1862): 1; *Portland Transcript* (Maine) 26.15 (July 12, 1862): 3; und *New York Times* (July 21, 1862): 3; vgl. Matlack 219-229.

11 Neben den beiden schon genannten, unveröffentlichten Dissertationen von Matlack und Croce, finden sich längere Kommentare zu *The Morgesons* in folgenden Arbeiten: Richard Fosters „Introduction" zum Reprint von *The Morgesons* durch die Johnson Reprint Corporation, 1971; Sybil Weir, „*The Morgesons*: A Neglected Feminist *Bildungsroman*", *New England Quarterly* 49 (1976): 427-439; Maurice Kramer, „Alone at Home

with Elizabeth Stoddard", *American Transcendental Quarterly* 47-48 (Summer/Fall 1980): 159-170; Lawrence Buells und Sandra Zagarells „Biographical and Critical Introduction" zum Reprint von *The Morgesons* durch die University of Pennsylvania Press, 1984; Susan K. Harris, „Stoddard's *The Morgesons*: A Contextual Evaluation", *Emerson Society Quarterly* 31.1 (1985): 11-22; Sandra Zagarell, „The Repossession of a Heritage: Elizabeth Stoddard's *The Morgesons*", *Studies in American Fiction* 13.1 (Spring 1985): 45-56; Lawrence Buell, *New England Literary Culture: From Revolution Through Renaissance.* Cambridge: Cambridge UP, 1986, bes. Kapitel 16, 354-370; Alfred Habegger, *Henry James and the „Woman Business"*, Cambridge: Cambridge UP, 1989, bes. Kapitel 4, 85-101; noch einmal Susan K. Harris, *19th-century American Women's Novels: Interpretative Strategies*, Cambridge: Cambridge UP, 1990, bes. Kapitel 6, 152-170; Stacy Alaimo, „Elizabeth Stoddard's *The Morgesons*: A Feminist Dialogue of *Bildung* und Descent", *Legacy* 8.1 (Spring 1991): 29-37.
Weitere Artikel zu Stoddard behandeln ihre Beziehung zu Nathaniel Hawthorne; vgl. James Matlack, „Hawthorne and Elizabeth Barstow Stoddard", *New England Quarterly* 50 (1977): 278-302. Zu Stoddards Tätigkeit als Kolumnistin siehe Matlack, „*The Alta California's* Lady Correspondent", *New York Historical Society Quarterly* 58.4 (1974): 281-303; und Sybil Weir, „Our Lady Correspondent: The Achievement of Elizabeth Barstow Stoddard", *San Jose Studies* 10.2 (1984): 73-91.

12 Vgl. Matlack, „The Literary Career of Elizabeth Barstow Stoddard", 229-263.
Elizabeth Stoddard hat sich immer gegen autobiographische Interpretationsansätze verwahrt, wohl nicht in erster Linie aus Gründen des Persönlichkeitsschutzes, sondern weil die Neugier über die Autorin den Blick auf die erzählte Geschichte verstellt. An Caroline Dall schrieb sie über deren Kommentar zu *Temple House* am 27. Dezember 1867: „Your letter saddens me, because like some other readers, you are led to my personality. This I think wrong for a critical starting point" (Caroline Dall Papers, 4.19).

13 Fosters Einleitung behandelt Stoddards Gesamtwerk; ausführlicher geht er auch auf ihr Kinderbuch *Lolly Dinks' Doings* ein, ein Werk, das mir leider nicht zugänglich war. Fosters Darstellung von Stoddards Leben legt viel Gewicht auf ihre Ehe und ihre Beziehungen zu anderen Männern. Ihr Wesen sieht er geprägt von „intense romanticism" (xlviii).

14 Ähnlich wie bei Bell schleichen sich auch bei Kramer Ungenauigkeiten in die Darstellung der Romaninhalte und in die biographischen Informationen ein: z.B. behauptet er, Stoddards erster Sohn sei gestorben, bevor sie begonnen habe, Romane zu schreiben (169). William starb jedoch im Dezember 1861, also erst nach der Fertigstellung des Manuskripts von *The Morgesons.* Es geht hier nicht um Besserwisserei; ich halte es vielmehr für symptomatisch, daß Kritiker, denen es vor allem auf die Feststellung von Mängeln und Fehlern ihres Forschungsobjektes ankommt, diese Absicht auf der Ebene des Unbewußten gewissermaßen wiederholen, indem sie oft selbst einen fehlerhaften Text produzieren. So ist auch offensichtlich unsinnig, wenngleich als patriarchales Wunschdenken verständlich, wie Kramer begründet, daß Stoddard aufhörte, Romane zu schreiben: „Her husband gained some reputation but never much money; one is certainly tempted to think that she gave up her career out of concern for or in deference to his" (169). Stoddard gab jedoch nur das Romanschreiben auf, und da war Richard ohnehin kein Konkurrent, ansonsten schrieb sie weiter Kurzprosa und sogar vermehrt Lyrik, bewegte sich also noch mehr als zuvor in Richards Domäne.

15 Die Bemerkung mag angebracht sein, daß Stowes Eva in *Uncle Tom's Cabin* nie „little Eva" genannt wird, obwohl praktisch die gesamte Sekundärliteratur sie nie anders bezeichnet; das ist ein Beitrag zur Verniedlichung und Trivialisierung dieser Figur, die für Stowe vor allem typologische Bedeutung hat.

16 Vgl. *Inszenierte Wirklichkeit*, bes. 57-72. Fluck selbst stützt sich auf Arbeiten von Robert Post und Jürgen Peper, die wesentliche Unterscheidungsmerkmale von *romance* und realistischer Darstellungsweise herausgearbeitet haben; vgl. Robert C. Post, „A Theory of Genre: Romance, Realism, and Moral Reality", *American Quarterly* 33 (1981): 367-390; und Jürgen Peper, *Bewußtseinslagen des Erzählens und erzählte Wirklichkeiten*, Leiden: Brill, 1966.

17 Ich leihe mir hier eine Formulierung, die Luise Pusch in anderem Zusammenhang gebraucht.

18 Ich zitiere nach der neuesten Reprint-Ausgabe des Romans, *The Morgesons & Other Writings, Published and Unpublished*, herausgegeben von Lawrence Buell und Sandra Zagarell, Philadelphia: University of Pennsylvania Press, 1984.

19 Dies wirkt sich auch in den Inhaltsangaben des Romans aus, die in dem Maße, in dem sie einen Sinnzusammenhang zu erklären versuchen, den Handelnden Motive unterstellen müssen und insofern nicht ohne zu interpretieren auskommen; vgl. etwa die Stoddard-Kapitel von Harris und Habegger.

20 Zur Roman- und Realismustheorie von Howells vgl. Ulrich Halfmann, „‚A Faithful Representation of Our Experiences of Life'". Die Lektüre von Turgenev 1872/73 wurde für Howells zum Schlüsselerlebnis:

> In its way, Turguenief's [sic] method is as far as art can go. That is to say, his fiction is to the last degree dramatic. The persons are sparely described, and briefly accounted for, and then they are left to transact their affair, whatever it is, with the least possible comment or explanation from the author. (zit. nach Halfmann, „A Faithful Representation" 249)

So ließe sich auch Stoddards *The Morgesons* charakterisieren. Für Howells, der 1862 erst 25 Jahre alt war, kam dieser Roman vielleicht zu früh. Er entwickelte seine literaturtheoretischen Vorstellungen vor allem im weiteren Verlauf der 1860er und 1870er Jahre, beeindruckt von seiner Lektüre russischer und französischer Autoren. In seinen Erinnerungen, *Literary Friends and Acquaintance* (1900), äußerte er sich positiv über Stoddard und konstatierte, daß ihre literarischen Leistungen nicht ausreichend gewürdigt worden seien:

> Her tales and novels have in them a foretaste of realism, which was too strange for the palate of their day, and is now too familiar, perhaps. It is a peculiar fate, and would form the scheme of a pretty study in the history of literature. But in whatever she did she left the stamp of a talent like no other, and of a personality disdainful of literary environment. In a time when most of us had to write like Tennyson, or Longfellow, or Browning, she never would write like any one but herself. (87)

21 James' Kommentar zu *The Morgesons* wirft der Autorin ausdrücklich mangelnde erzählerische Führung vor:

> It was a long tedious record of incoherent dialogue between persons irresponsible in their sayings and doings even to the verge of insanity. Of narrative, of exposition, of

> statement, there was not a page in the book. ... for the most part, the story was made up of disjointed, pointless repartee between individuals concerning whom the author had not vouchsafed us the smallest authentic information. She had perhaps wished us to study them exclusively in their utterances, as we study the characters of a play: but with what patience, it may be asked, does she suppose a play would be listened to, in which the action was at the mercy of such a method of development as she used in *The Morgesons*? With what success does she conceive that the bewildered auditor could construct the argument? (*Literary Criticism* 614)

Bei Erscheinen von *The Morgesons* war Henry James gerade 19 Jahre alt. Der zitierte Kommentar stammt von 1865; er steht am Anfang seiner damals nicht veröffentlichten Rezension von Stoddards zweitem Roman, *Two Men*. James selbst hatte sich damals noch nicht als Romanautor hervorgetan.

22 Cassandras Differenz zur Generation ihrer Mutter wird bei der Beerdigung des Großvaters noch einmal unterstrichen. Während ihre Mutter und Tante Mercy einander versichern, daß der Vater im Himmel sei und einander tröstend über die zukünftige Welt sprechen, spürt Cassandra ihre Diesseitigkeit: „[B]ut my mind was chained to the edge of the yawning grave into which I had seen his coffin lowered" (57).

23 So der Titel einer Arbeit von Hans Blumenberg.

24 Für Harris spiegelt sich Cassandras Entwicklung ebenfalls in ihrer Sichtweise des Meeres:

> Her final image of the sea illustrates her progress – whereas she had previously projected the sea as a reflection of her moods, now she describes it as simply a natural element, without relevance to her life or the lives of others. Far from being in touch with nature and nature's God, Cass recognizes that no supernatural force can reintegrate her „mad world". (*19th-Century American Women's Novels* 170)

25 Ungewöhnlich für die Zeit, darauf weist Sybil Weir hin, ist nicht der Umstand, daß Stoddard ihrer Heldin eine sexuelle Natur gestattet. Dies läßt sich beispielsweise auch von Hawthornes Hester in *The Scarlet Letter* sagen, ganz zu schweigen von der erotischen und Sensationsliteratur, der es an sinnlichen Frauen nicht mangelt. Ungewöhnlich ist vielmehr, daß dies nicht zur moralischen Disziplinierung der Heldin führt. Auch in ihren anderen Romanen und in Erzählungen wie „Lemorne *versus* Huell", enthalten in dem von Buell/Zagarell herausgegebenen Reprint von *The Morgesons*, fiktionalisiert Stoddard immer wieder, daß Sexualität als positive Qualität zum Wesen der Frau gehört. Ungewöhnlich ist Stoddard auch darin, daß weibliches Begehren in ihren Texten nicht ein bloßer Reflex auf das Begehrtwerden durch einen Mann ist. Ihre Heldinnen erwachen zum Bewußtsein, daß ihre Sinnlichkeit in ihnen selbst ist und sie sie wollen.

26 Eine solche Lösung konzipiert Elizabeth Stuart Phelps Ward in *Hedged In* (1871) für ihre gefallene Heldin; ein ähnliches Beispiel aus der englischen Literatur ist Elizabeth Gaskells *Ruth* (1853).

27 Vgl. Matlack, 259; und Harris, *19th-Century American Women's Novels* 163.

28 Cassandra sieht fasziniert zu, wie Charles sein neuestes und heftigstes Pferd für die Kutsche zu zähmen versucht und ist im Gegensatz zur besorgten Alice keineswegs abgeschreckt: „,I must have a ride, Alice'" (119).

29 „,Why, 'taint Scriptur'" (138) sagt eine Figur überrascht von Cassandras Namen. Großvater Locke Morgeson hatte die Namen für die Enkelinnen ausgesucht. In *Uncle Tom's Cabin* gibt es ebenfalls eine Cassandra, sie ist eine Sklavin und die ehemalige Geliebte des

Sklavenbesitzers Simon Legree. Sie ist zynisch und hat ihren christlichen Glauben verloren, doch ist sie auch mutig und klug. Sie rettet sich und die unschuldige Emmeline aus der Sklaverei. Stowe läßt sie nicht nur den Weg in die Freiheit, sondern auch den Weg zurück zu Gott finden.

Bibliographie

Manuskriptsammlungen

Catharine Maria Sedgwick Papers I-III, Massachusetts Historical Society, Boston.

Caroline Dall Papers, Massachusetts Historical Society, Boston.

Kate Fields Papers, Boston Public Library, Boston.

Richard H. Stoddard and Elizabeth Stoddard Papers, Rare Books and Manuscripts Division, New York Public Library, Astor, Lenox and Tilden Foundations.

Parton Papers, Sophia Smith Collection, Smith College, Northampton, Mass.

Primär- und Sekundärliteratur

[Abbot, A. W.]. Rez. von *A Trap to Catch a Sunbeam, Truth Stranger Than Fiction, Rural Hours. North American Review* 72 (Jan. 1851): 151-177.

Abele-Brehm, Andrea. „Frauen an der Friedrich-Alexander-Universität". *Uni-Kurier-Sonderheft. 250 Jahre Friedrich-Alexander-Universität: Visionen und Wirklichkeit.* 89 (Nov. 1993): 36-44.

Acker, Joan. „Hierarchies, Jobs, Bodies: A Theory of Gendered Organizations". *Gender & Society* 4.2 (June 1990): 139-158.

Adams, Florence Bannard. *Fanny Fern or A Pair of Flaming Shoes.* Privatdruck. West Trenton, NJ: Hermitage Press, 1966.

Alaimo, Stacy. „Elizabeth Stoddard's *The Morgesons*: A Feminist Dialogue of *Bildung* and Descent". *Legacy* 8.1 (Spring 1991): 29-37.

Alcott, Louisa May. *Behind a Mask: The Unknown Thrillers of Louisa May Alcott.* Madeleine Stern, Hg. New York: Quill, 1984.

Alcott, Louisa May. *A Double Life: Newly Discovered Thrillers of Louisa May Alcott.* Madeleine Stern, Hg. Boston: Little, Brown, 1988.

Allibone, Austin S. *Critical Dictionary of English Literature and British and American Authors Living and Deceased From the Earliest Accounts to the Latter Half of the Nineteenth Century.* Philadelphia: Lippincott, 1877.

Altick, Richard. „The Sociology of Authorship: The Social Origins, Education, and Occupation of 1,100 British Writers, 1800-1895". *Bulletin of the New York Public Library* 66.6 (June 1962): 389-404.

American Authors 1600-1900: A Biographical Dictionary of American Literature. Stanley Kunitz und Howard Haycraft, Hg. New York: H.W. Wilson, 1938.

American Biographical Archive: A one-alphabet cumulation of almost 400 of the most important English-language biographical reference works on the United States and Canada originally published between the 18th and the early 20th centuries. Mikrofiche-Sammlung. London etc.: K. G. Saur, 1986- .

American Scenery; or, Land, Lake, and River: Illustrations of Transatlantic Nature. Drawings by W. H. Bartlett, the Literary Department by N.P. Willis, Esq. 2 Bde. London: Virtue, 1840.

„American Women". Rez. von *Means and Ends. or Self-Training.* [Sedgwick]. *United States Democratic Review* 6 (1839): 127-142.

American Women: Fifteen Hundred Biographies with over 1,400 Portraits: A Comprehensive Encyclopedia of the Lives and Achievements of American Women During the Nineteenth Century. Frances E. Willard und Mary A. Livermore, Hg. New York: Mast, Crowell & Kirkpatrick, 1897.

„American Women of Letters". *Literary World* (Boston) 14 (April 21, 1883): 126.

American Women Writers From Colonial Times to the Present: A Critical Reference Guide. Lina Mainiero, Hg. 4 Bde. New York: Ungar, 1979-1982.

Ames, Mary Clemmer, Hg. *A Memorial of Alice and Phoebe Cary.* New York: Hurd and Houghton, 1873.

Ammons, Elizabeth. „Stowe's Dream of the Mother-Savior: *Uncle Tom's Cabin* and American Women Writers Before the 1920s". *New Essays on* Uncle Tom's Cabin. Eric Sundquist, Hg. Cambridge: Cambridge UP, 1986. 155-195.

Anzilotti, Rolando. „Un'Amica Americana Del Sismondi: Catharine Maria Sedgwick (con 19 lettere inedite"). *Studi e Ricerche di Letteratura Americana.* Firenze: La Nuova Italia, 1968. 51-119.

Armstrong, Nancy. *Desire and Domestic Fiction: A Political History of the Novel.* Oxford: Oxford UP, 1987.

Armstrong, Nancy. „The Rise of Feminine Authority in the Novel". *Novel* 15.2 (Winter 1982): 127-145.

Austen, Jane. *Northanger Abbey.* 1818. Penguin Classics. London: Penguin, 1985.

Austin, James C. „Success and Failure of Rebecca Harding Davis". *Midcontinent American Studies Journal* 3 (Spring 1962): 44-49.

Badinter, Elisabeth. *Die Mutterliebe: Geschichte eines Gefühls vom 17. Jahrhundert bis heute.* 1980. Übers. Friedrich Giese. München: dtv, 1987.

Baender, Paul. „Mark Twain and the Byron Scandal". *American Literature* 30 (1959): 467-485.

Baetzhold, Howard G. *Mark Twain and John Bull: The British Connection.* Bloomington: Indiana UP, 1970.

Baker, Paula. „The Domestication of Politics: Women and American Political Society, 1780-1920". *American Historical Review* 89 (1984): 620-647.

Balestier, Charles W. „Our ‚Forty Immortals'". *The Critic* 4 (April 12, 1884): 169-170.

Barkhausen, Jochen. *Die Vernunft des Sentimentalismus: Untersuchungen zur Entstehung der Empfindsamkeit und empfindsamen Komödie in England.* Mannheimer Beiträge zur Sprach- und Literaturwissenschaft 3. Tübingen: Narr, 1983.

Barry, Jackson G. „Narratology's Centrifugal Force: A Literary Perspective on the Extensions of Narrative Theory". *Poetics Today* 11.2 (Summer 1990): 295-307.

Basch, Norma. „The Emerging Legal History of Women in the United States: Property, Divorce, and the Constitution". *Signs* 12.1 (1986): 97-117.

Rez. von *A Battle of the Books.* [Dodge]. *The Nation* (March 31, 1870): 209.
Rez. von *A Battle of the Books.* [Dodge]. *New York Times* (March 25, 1870): 2.
Baxandall, Rosalynn et al., Hg. *America's Working Women: A Documentary History 1600 to the Present.* New York: Vintage, 1976.
Baym, Nina. „Melodramas of Beset Manhood: How Theories of American Literature exclude Women Authors". *American Quarterly* 33.2 (Summer 1981): 123-139.
Baym, Nina. *Novels, Readers, and Reviewers: Responses to Fiction in Antebellum America.* Ithaca: Cornell UP, 1984.
Baym, Nina. „Reinventing Lydia Sigourney". *American Literature* 62.3 (Sept. 1990): 385-404.
Baym, Nina. „Rewriting the Scribbling Women". *Legacy* 2.2 (Fall 1985): 3-12.
Baym, Nina. „The Rise of the Woman Author". *Columbia Literary History of the United States.* Emory Elliott, Hg. New York: Columbia UP, 1988. 289-305.
Baym, Nina. *Woman's Fiction: A Guide to Novels by and about Women in America, 1820-1870.* Ithaca: Cornell UP, 1978.
Beauvoir, Simone de. *Le Deuxième Sexe.* Paris: Gallimard, 1949.
Becker-Schmidt, Regina. „Verdrängung Rationalisierung Ideologie: Geschlechterdifferenz und Unbewußtes, Geschlechterverhältnis und Gesellschaft". *Traditionen Brüche: Entwicklungen feministischer Theorie.* Gudrun-Axeli Knapp und Angelika Wetterer, Hg. Freiburg: Kore, 1992. 65-113.
Rez. von *The Behaviour Book: A Manual for Ladies,* by Eliza Leslie. *The Literary World* 12 (May 28, 1853): 437-439.
Bell, Michael Davitt. „History and Romance Convention in Catharine Sedgwick's *Hope Leslie*". *American Quarterly* 22 (Summer 1970): 213-221.
Belsey, Catherine. „Constructing the Subject: Deconstructing the Text". *Feminist Criticism and Social Change.* J. Newton and D. Rosenfelt, Hg. London: Methuen, 1985. Repr. *Feminisms: An Anthology of Literary Theory and Criticism.* Robyn R. Warhol und Diane Price Herndl, Hg. New Brunswick, N.J.: Rutgers UP, 1991. 593-609.
Belsey, Catherine. *Critical Practice.* London, New York: Methuen, 1980.
Bercovitch, Sacvan. *The Rites of Assent: Transformations in the Symbolic Construction of America.* New York, London: Routledge, 1993.
Berg, Barbara J. *The Remembered Gate: Origins of American Feminism: The Woman and the City, 1800-1860.* New York: Oxford UP, 1978.
Bibliography of American Literature. Zus.gest. Jacob Blanck. Bd. 7. New Haven: Yale UP, 1983. 9 Bde. to date. 1955-1991.
Birdsall, Richard D. „William Cullen Bryant and Catherine [sic] Sedgwick – Their Debt to Berkshire". *New England Quarterly* 28 (Sept. 1955): 349-371.
Blair, Walter et.al. *The Literature of the United States: An Anthology and History.* 2 Bde. Chicago: Scott, Foresman, 1946.
Bleier, Ruth. *Science and Gender: A Critique of Biology and Its Theories of Women.* New York etc.: Pergamon Press, 1984.
Bloch, Ruth H. „The Gendered Meanings of Virtue in Revolutionary America". *Signs* 13.1 (Autumn 1987): 37-58.
Bloch, Ruth H. „American Feminine Ideals in Transition: The Rise of the Moral Mother, 1785-1815". *Feminist Studies* 4 (June 1978): 101-126.
Blumenberg, Hans. *Die Lesbarkeit der Welt.* stw 592. Frankfurt/Main: Suhrkamp, 1986.

[Boker, George]. Rez. von *The Morgesons.* By Elizabeth Stoddard. *North American and United States Gazette* (Philadelphia) (June 28, 1862): 1.
Bold, Christine. „Popular Forms". *The Columbia History of the American Novel.* Emory Elliott, Hg. New York: Columbia UP, 1991. 287-305.
Botta, Anne C. Lynch. *Hand-Book of Universal Literature, From the Best and Latest Authorities.* 1860. Boston: Houghton, Mifflin, 1883.
Bowlby, John. *Loss: Sadness and Depression.* Bd. 3 von *Attachment and Loss.* 1980. London: Penguin, 1991.
Branch, Douglas E. *The Sentimental Years, 1836-1860: A Social History.* 1934. New York: Hill and Wang, 1965.
Breinig, Helmbrecht. „Alteritätsdiskurs und Literatur: Nordamerikanische Lateinamerikaromane der Gegenwart". *Soziale Welt. Zeitschrift für sozialwissenschaftliche Forschung und Praxis.* Sonderband 8. *Zwischen den Kulturen: Die Sozialwissenschaften vor dem Problem des Kulturvergleichs.* Joachim Matthes, Hg. (1992): 179-193.
Breinig, Helmbrecht. „Alterity Discourse, Narrative and History: The Image of the Mexican Revolution in American Literature". *Zeitschrift für Anglistik und Amerikanistik.* 40.4 (1992): 330-345.
Breinig, Helmbrecht. „Einleitung: Amerikanische Literatur: Begriffsproblematik – Standardliteratur und andere Literaturen – Markt und literarische Kommunikation". *Die amerikanische Literatur bis zum Ende des 19. Jahrhunderts.* Helmbrecht Breinig, Ulrich Halfmann, Hg. Studienreihe Englisch 37. Tübingen: Francke, 1985. 9-46.
Breinig, Helmbrecht. *Satire und Roman: Studien zur Theorie des Genrekonflikts und zur satirischen Erzählliteratur der USA von Brackenridge bis Vonnegut.* Tübingen: Narr, 1984.
Brent, Linda –> Jacobs, Harriet.
Briscoe, A. „Hormones and Gender". *Genes and Gender.* E. Tobach, B. Rosoff, Hg. New York: Gordian Press, 1978. 31-50.
British Women Writers: A Critical Reference Guide. Janet Todd, Hg. New York: Continuum, 1989.
Brodhead, Richard H. *The School of Hawthorne.* New York: Oxford UP, 1986.
Brontë, Charlotte. „Biographical Notice of Ellis and Acton Bell." 1850. Repr. in: *Wuthering Heights.* Ian Jack, Hg. The World's Classics. Oxford: Oxford UP, 1981. 359-365.
Brown, Herbert Ross. *The Sentimental Novel in America 1789-1860.* 1940. New York: Octagon, 1975.
Browning, Elizabeth Barrett. *Aurora Leigh: A Poem in Nine Books.* 1856. Repr. als *Aurora Leigh and Other Poems.* London: Women's Press, 1978. 37-390.
Brownlee, W. Elliot und Mary M., Hg. *Women in the American Economy: A Documentary History, 1675-1929.* New Haven: Yale UP, 1976.
Bryan, Mary E. „How Should Women Write?" *Southern Field and Fireside* 1 (Jan. 1860). Repr. in *Hidden Hands: An Anthology of Women Writers, 1790-1870.* Lucy M. Freibert, Barbara A. White, Hg. New Brunswick, NJ: Rutgers UP, 1985. 369-373.
[Bryant, William Cullen]. Rez. von *Hope Leslie.* [Sedgwick]. *New York Evening Post* (June 19, 1827).
[Bryant, William Cullen]. Rez. von *Redwood: A Tale.* [Sedgwick]. *North American Review* 20 (April 1825): 245-272.
Bryant, William Cullen, Hg. *Selections from the American Poets.* New York: Harper and Brothers, 1840.

Buell, Lawrence. „American Pastoral Ideology Reappraised". *American Literary History* 1.1 (Spring 1989): 1-29.
Buell, Lawrence. *New England Literary Culture: From Revolution Through Renaissance.* Cambridge: Cambridge UP, 1986.
Buell, Lawrence, und Sandra Zagarell. „Biographical and Critical Introduction". *The Morgesons & Other Writings, Published and Unpublished by Elizabeth Stoddard.* Lawrence Buell, Sandra Zagarell, Hg. Philadelphia: University of Pennsylvania Press, 1985. xi-xxv.
Bulley, Amy A. und Margaret Whitley. *Women's Work.* London: Methuen & Co., 1894.
Butler, Judith. *Gender Trouble: Feminism and the Subversion of Identity.* New York and London: Routledge, 1990.
Cairns, William B. *British Criticisms of American Writings, 1783-1833.* 2 Bde. University of Wisconsin Studies in Literature and Language, nos. 1 & 14. Madison: University of Wisconsin, 1918-1922.
Capps, Jack. *Emily Dickinson's Reading: 1836-1886.* Cambridge: Harvard UP, 1966.
Cary, Alice. *Hagar, A Story of To-Day.* New York: Redfield, 1852.
Cary, Alice. *Married, Not Mated; or, How They Lived at Woodside and Throckmorton Hall.* New York: Derby, 1856.
Castiglia, Christopher. „In Praise of Extra-Vagant Women: *Hope Leslie* and the Captivity Romance". *Legacy* 6.2 (Fall 1989): 3-16.
Charvat, William. *Literary Publishing in America, 1790-1850.* Philadelphia: University of Philadelphia Press, 1959.
Charvat, William. *The Profession of Authorship in America, 1800-1870.* Matthew J. Bruccoli, Hg. Columbus: Ohio State UP, 1968.
Cheney, Ednah D. *Louisa May Alcott.* 1889. New York: Chelsea House, 1980.
Chielens, Edward E., Hg. *American Literary Magazines: The Eighteenth and Nineteenth Centuries.* New York: Greenwood, 1986.
Child, Lydia Maria. *An Appeal in Favor of that Class of Americans Called Africans.* Boston: Allen and Ticknor, 1833.
[Child, Lydia Maria]. *Hobomok: A Tale of Early Times.* 1824. Repr. als *Hobomok & Other Writings on Indians.* Carolyn L. Karcher, Hg. American Women Writers Series. New Brunswick, NJ: Rutgers UP, 1986.
Church, Ella Rodman. *Money-Making for Ladies.* New York: Harper, 1882.
Rez. von *Clarence.* [Sedgwick]. *New York Mirror* 7 (June 19, 1830): 394.
Rez. von *Clarence.* 2nd. ed. [Sedgwick]. *Graham's Magazine* 36 (Jan. 1850): 94.
Rez. von *Clarence.* 2nd. ed. [Sedgwick]. *Literary World* 5 (July 7, 1849): 297-298.
Clavers, Mary, Mrs. -> Kirkland, Caroline M.
[Clemens, Samuel]. Mark Twain. *Adventures of Huckleberry Finn.* 1885. Norton Critical Edition. Sculley Bradley, Hg. New York: Norton, 1977.
Cocks, Joan. *The Oppositional Imagination: Feminism, Critique and Political Theory.* London, New York: Routledge, 1989.
Colacurcio, Michael. „Idealism and Independence". *The Columbia History of the American Novel.* Emory Elliott, Hg. New York: Columbia UP, 1991. 207-226.
Cone, Helen Gray. „Woman in American Literature". *Century Magazine* 40 (May-Oct. 1890): 921-930.
Cooke, Rose Terry. „Harriet Beecher Stowe". *Our Famous Women.* Hartford: Worthington, 1884. 581-601.

Cooke, Rose Terry. „Harriet Prescott Spofford". *Our Famous Women.* Hartford: Worthington, 1884. 521-538.
Cooper, James Fenimore. Rez. von *A New England Tale* [Sedgwick]. Repr. in *Early Critical Essays (1820-1822) by James Fenimore Cooper.* James F. Beard, Jr., Hg. Gainesvill, Fla: Scholars' Facsimiles & Reprints, 1955. 97-131.
Cott, Nancy. *The Bonds of Womanhood: „Woman's Sphere" in New England, 1780-1835.* New Haven: Yale UP, 1977.
Cott, Nancy. „Passionlessness: An Interpretation of Victorian Sexual Ideology, 1790-1850". *Signs* 4.2 (Winter 1978): 219-236.
Coultrap-McQuin, Susan. *Doing Literary Business: American Women Writers in the Nineteenth Century.* Chapel Hill, NC: University of North Carolina Press, 1990.
Cowie, Alexander. „The Vogue of the Domestic Novel 1850-1870". *South Atlantic Quarterly* 42 (Oct. 1942): 416-424.
Cox, William. „Female Genius." *New York Mirror* 18 (Sept. 16, 1840): 108.
Croce, Ann Jerome. „Phantoms From an Ancient Loom: Elizabeth Barstow Stoddard and the American Novel, 1860-1900". Diss. Brown University, 1988.
[Cummins, Maria Susanna]. *The Lamplighter.* Boston: Jewett, 1854.
Dalke, Anne. „‚The Shameless Woman is the Worst of Men': Sexual Aggression in Nineteenth-Century Sensational Novels". *Studies in the Novel* 18.3 (Fall 1986): 291-303.
Dandurand, Karen. „New Dickinson Civil War Publications". *American Literature* 56 (1984): 17-27.
Davidson, Cathy. „Female Authorship and Authority: The Case of Sukey Vickery". *Early American Literature* 21.1 (Spring 1986): 4-28.
Davidson, Cathy. „Ideology and Genre: The Rise of the Novel in America". *American Antiquarian Society* 96, Pt. 2 (1987): 295-321.
Davidson, Cathy. *Revolution and the Word: The Rise of the Novel in America.* New York: Oxford UP, 1986.
Davis, Rebecca Harding. „A Faded Leaf of History". *Atlantic Monthly* 31 (Jan. 1873): 44-52.
[Davis, Rebecca Harding.] „The Wife's Story". *Atlantic Monthly* 14 (July 1864): 1-19.
De Lauretis, Teresa. „Eccentric Subjects: Feminist Theory and Historical Consciousness". *Feminist Studies* 16.1 (Spring 1990): 115-150.
Degler, Carl N. *At Odds: Women and the Family in America from the Revolution to the Present.* New York: Oxford UP, 1980.
Derby, James C. *Fifty Years Among Authors, Books, and Publishers.* New York: Carleton, 1884.
Derounian, Kathryn Zabelle. „Lost in the Crowd: Rebecca Rush's *Kelroy* (1812)". *American Transcendental Quarterly* 47-48 (1980): 117-126.
Dickinson, Emily. *The Poems of Emily Dickinson.* 3 Bde. Thomas H. Johnson, Hg. Cambridge: Harvard UP, 1955.
Dickinson, Emily. *The Letters of Emily Dickinson.* 3 Bde. Thomas H. Johnson, Hg. Bd. II. Cambridge: Harvard UP, 1958.
Dictionary of American Biography. 22 Bde. New York: Scribners, 1928-1937.
Dobson, Joanne. „The American Renaissance Reenvisioned". *The (Other) American Traditions: Nineteenth Century Women Writers.* Joyce W. Warren, Hg. New Brunswick, NJ: Rutgers UP, 1993. 164-182.
Dobson, Joanne. *Dickinson and the Strategies of Reticence: The Woman Writer in Nineteenth-Century America.* Bloomington: Indiana UP, 1989.

Dobson, Joanne. „Introduction". *The Hidden Hand or, Capitola the Madcap.* Joanne Dobson, Hg. American Women Writers Series. New Brunswick, NJ: Rutgers UP, 1988. xi-xlv.

Dodge, Augusta H., Hg. *Gail Hamilton's Life in Letters.* Bd. 1. Boston: Lee and Shepard, 1901.

Dodge, Mary Abigail. *A Battle of the Books, Recorded By an Unknown Writer, For the Use of Authors and Publishers.* Edited and published by Gail Hamilton. Cambridge: Riverside, 1870.

Dodge, Mary Abigail. *Gail Hamilton: Selected Writings.* Susan Coultrap-McQuin, Hg. American Women Writers Series. New Brunswick, NJ: Rutgers UP, 1992.

Dodge, Mary Abigail. „My Book". *Atlantic Monthly* 13 (Jan. 1864): 90-105. Repr. in *Gail Hamilton: Selected Writings.* Susan Coultrap-McQuin, Hg. American Women Writers Series. New Brunswick, NJ: Rutgers UP, 1992. 115-143.

Donovan, Josephine. „Breaking the Sentence: Local-Color Literature and Subjugated Knowledges". *The (Other) American Traditions: Nineteenth Century Women Writers.* Joyce W. Warren, Hg. New Brunswick, NJ: Rutgers UP, 1993. 226-243.

Donovan, Josephine. „Harriet Beecher Stowe's Feminism". *American Transcendental Quarterly* 47-48 (Summer/Fall 1980): 141-157.

Donovan, Josephine. *New England Local Color Literature: A Woman's Tradition.* New York: Ungar, 1983.

Douglas, Ann. *The Feminization of American Culture.* 1977. New York: Anchor-Doubleday, 1988.

Douglas, Mary. *Wie Institutionen denken.* Übers. Michael Bischoff. Frankfurt: Suhrkamp, 1991. Übers. von *How Institutions Think.* 1986.

DuPlessis, Rachel Blau. *The Pink Guitar: Writing as Feminist Practice.* New York: Routledge, 1990.

Duyckinck, Evert A., und George L., Hg. *Cyclopedia of American Literature.* 2 Bde. New York: Scribner, 1856.

„Editorial Notes – American Literature". Rez. von *Ruth Hall.* [Parton]. *Putnam's Monthly* 5 (Feb. 1855): 216.

„Editorial Notes: Literature". Rez. von *Fern Leaves from Fanny's Portfolio.* [Parton]. *Putnam's Monthly* 2 (1853): 103.

Eliot, George [Mary Ann Evans]. „Silly Novels by Lady Novelists". *Westminster Review* 66 (Oct. 1856): 442-641. Repr. *Essays of George Eliot.* Thomas Pinney, Hg. London: Routledge, 1963. 300-324.

Eliot, George [Mary Ann Evans]. „Three Novels". Repr. *Essays of George Eliot.* Thomas Pinney, Hg. London: Routledge, 1963. 325-334.

Eliot, Thomas Stearns. „Gerontion". 1920. *The Complete Poems and Plays of T. S. Eliot.* London: Faber and Faber, 1969.

Eminent Women of the Age: Being Narratives of the Lives and Deeds of the Most Prominent Women of the Present Generation. James Parton, Horace Greeley et al. Hartford, Conn.: S. M. Betts, 1869.

Emshwiller, Carol. „Mental Health and the Alternative". *Verging on the Pertinent: Stories by Carol Emshwiller.* Minneapolis: Coffee House Press, 1989. 82-89.

Encyclopedia Americana: A Popular Dictionary of Arts, Sciences, Literature, History, Politics, and Biography. Francis Lieber, Hg. 13 Bde. Philadelphia: Desilver, Thomas & Co. 1836.

Evans-Pritchard, Edward. *Kinship and Marriage among the Nuer.* Oxford: Clarendon Press, 1951.

Evans-Pritchard, Edward. *The Nuer: A Description of the Modes of Livelihood and Political Institutions of the Nilotic People.* Oxford: Clarendon Press, 1940.
Evans-Pritchard, Edward. *Nuer Religion.* Oxford: Clarendon Press, 1956.
„Female Writers". *Literary World* [Boston] (April 1, 1871): 168.
Fern, Fanny –> Parton, Sara
Festinger, Leon. *A Theory of Cognitive Dissonance.* 1957. Stanford: Stanford UP, 1962.
Fetterley, Judith, Hg. *Provisions: A Reader From 19th-Century American Women.* Bloomington: Indiana UP, 1985.
Fetterley, Judith und Joan Schulz. „The Status of Women Authors in American Literature Anthologies". *MELUS* 9 (1982): 3-17.
Fischer-Homberger, Esther. *Krankheit Frau: Zur Geschichte der Einbildungen.* Sammlung Luchterhand 498. Darmstadt: Luchterhand, 1984.
Fleischmann, Fritz. *A Right View of the Subject: Feminism in the Works of Charles Brockdon Brown and John Neal.* Erlanger Studien 47. Erlangen: Palm & Enke, 1983.
Flexner, Eleanor. *Century of Struggle: The Woman's Rights Movement in the United States.* Cambridge: Harvard UP, 1966.
[Flint, Timothy]. Rez. von *Hope Leslie.* [Sedgwick]. *Western Monthly Review* 1.5 (Sept. 1827): 289-295.
Fluck, Winfried. *Inszenierte Wirklichkeit: Der amerikanische Realismus 1865-1900.* München: Fink, 1992.
Fluck, Winfried. „The Masculinization of American Realism". *Amerikastudien* 36.1 (1991): 71-76.
Fluck, Winfried. „The Power and Failure of Representation in Harriet Beecher Stowe's *Uncle Tom's Cabin*". John F. Kennedy-Institut für Nordamerikastudien, FU Berlin. Working Paper 32 (1991). 1-39.
Foster, Edward Halsey. *Catharine Maria Sedgwick.* TUSAS 233. New York: Twayne, 1974.
Foster, Edward Halsey. „Foreword". *Hope Leslie; or Early Times in the Massachusetts.* By Catharine Maria Sedgwick. Edward Halsey Foster, Hg. New York: Garrett Press, 1969. [iii]-vii.
Foster, Frances Smith. *Written by Herself: Literary Production by African American Women, 1746-1892.* Bloomington: Indiana UP, 1993.
Foster, Richard. „Introduction". Elizabeth Stoddard. *The Morgesons.* New York: Johnson, 1971. vii-li.
Foucault, Michel. *Dispositive der Macht: Michel Foucault über Sexualität, Wissen und Wahrheit.* Berlin: Merve, 1978.
Foucault, Michel. *Die Ordnung der Dinge.* 1966. Übers. Ulrich Köppen. Suhrkamp Taschenbuch Wissenschaft. Frankfurt: Suhrkamp, 1974.
Foucault, Michel. *Die Ordnung des Diskurses.* Inauguralvorlesung am Collège de France – 2. Dezember 1970. Übers. Walter Seitter. München: Hanser, 1974.
Foucault, Michel. *Sexualität und Wahrheit.* 3 Bde. 1976-1984. Übers. Ulrich Raulff und Walter Seitter. Frankfurt/Main: Suhrkamp, 1977-1986.
Foucault, Michel. „Wahrheit und Macht". Interview mit Michel Foucault von A. Fontana und P. Pasquino. Übers. Elke Wehr. *Dispositive der Macht: Michel Foucault über Sexualität, Wissen und Wahrheit.* Berlin: Merve, 1978. 21-54.
Frank, Manfred. „Zum Diskursbegriff bei Foucault". *Diskurstheorien und Literaturwissenschaft.* Jürgen Fohrmann, Harro Müller, Hg. Frankfurt/Main: Suhrkamp, 1988. 25-44.

Frederick, John T. „Hawthorne's ‚Scribbling Women'". *New England Quarterly* 48 (1975): 231-240.
[Freeman, Julia Deane]. Mary Forrest. *Women of the South Distinguished in Literature.* New York: ohne Verl., 1861.
[Freeman], Mary Eleanor Wilkins. „A Poetess". *A New England Nun, and Other Stories.* 1891. New York, London: Harper, 1900. 140-159.
Fuller, Margaret Ossoli. *Woman in the Nineteenth Century.* 1855. New York: Norton, 1971.
Gallup, Donald. „More Letters of American Writers". *Yale University Library Gazette* 37 (July 1962): 30-35.
Gardiner, Jane. „The Assault Upon Uncle Tom: Attempts of Pro-Slavery Novelists to Answer *Uncle Tom's Cabin,* 1852-1860". *Southern Humanities Review* 12 (1978): 313-324.
Gardiner, Jane. „Pro-slavery Propaganda in Fiction Written in Answer to *Uncle Tom's Cabin,* 1852-1861: An Annotated Checklist". *Resources for American Literary Study* 7 (1977): 201-209.
Garfinkel, Harold. *Studies in Ethnomethodology.* Englewood Cliffs, N.J.: Prentice Hall, 1967.
Garside, Peter. „The English Novel in the 1820s: Consolidation and Dispersal". Vortragsmanuskript. 1993.
Gates, Henry Louis Jr. „Introduction". *Our Nig.* By Harriet E. Wilson. New York: Vintage, 1983. xi-lix.
Geary, Susan. „The Domestic Novel as a Commercial Commodity: Making a Best Seller in the 1850s". *Papers of the Bibliographical Society of America* 70 (1976): 365-393.
Gidez, Richard Banus. „A Study of the Works of Catharine Maria Sedgwick". Diss., Ohio State University, 1958.
Gilbert, Sandra M. und Susan Gubart. *The Madwoman in the Attic: The Woman Writer and the Nineteenth-Century Literary Imagination.* New Haven: Yale UP, 1979.
Gildemeister, Regine. „Geschlechtlichkeit als soziale Strukturkategorie: Einige Überlegungen anhand von Beispielen aus den Bereichen Arbeit und Soziales". *Beruf: Ungelernt. Arbeitsbiographien von Frauen. Dokumentation der Tagung vom 25.1.1990.* Bundesministerium für Arbeit und Soziales, Hg. Wien, 1991. 39-55.
Gildemeister, Regine. „Die soziale Konstruktion von Geschlechtlichkeit". *Feministische Vernunftkritik: Ansätze und Traditionen.* Ilona Ostner und Klaus Lichtblau, Hg. Frankfurt/Main, New York: Campus, 1992. 220-239.
Gildemeister, Regine und Angelika Wetterer. „Wie Geschlechter gemacht werden: Die soziale Konstruktion der Zweigeschlechtlichkeit und ihre Reifizierung in der Frauenforschung". *Traditionen Brüche: Entwicklungen feministischer Theorie.* Gudrun-Axeli Knapp und Angelika Wetterer, Hg. Freiburg: Kore, 1992. 201-254.
Giles, Jane. „Catharine Maria Sedgwick: An American Literary Biography". Diss., City University of New York, 1984.
Gilmore, Michael T. *American Romanticism and the Marketplace.* Chicago: University of Chicago Press, 1985.
Gilmore, Michael T. „The Book Marketplace I". *The Columbia History of the American Novel.* Emory Elliott, Hg. New York: Columbia UP, 1991. 46-71.
Gilmore, William J. *Reading Becomes a ‚Necessity of Life': Material and Cultural Life in Rural New England, 1780-1835.* Knoxville: University of Kentucky Press, 1989.
Glicksberg, Charles I. „Bryant and the Sedgwick Family". *Americana* 31.4 (Oct. 1937): 626-638.

Grimké, Sarah M. *Letters on the Equality of the Sexes and the Condition of Women.* Boston: Isaac Knapp, 1838.
Goffman, Erving. „The Arrangement between the Sexes". *Theory and Society* 4 (1977): 301-331.
Gossett, Suzanne and Barbara Ann Bardes. „Women and Political Power in the Republic: Two Early American Novels". *Legacy* 2.2 (Fall 1985): 13-30.
Gossett, Thomas F. Uncle Tom's Cabin *and American Culture.* Dallas: Southern Methodist UP, 1985.
Green, Nancy. „Female Education and School Competition: 1820-1850". *Woman's Being, Woman's Place: Female Identity and Vocation in American History.* Mary Kelley, Hg. Boston: G. K. Hall, 1979. 127-141.
[Greenwood, Francis William Pitt]. Rez. von *Hope Leslie; or Early Times in Massachusetts. North American Review* 26 (April 1828): 403-420.
Greenwood, Grace –> Lippincott, Sara Jane.
[Greg, William Rathbone]. „False Morality of Lady Novelists". Rev. von *Mildred Vernon: A Tale of Parisian Life*; *Léonie Vermont: a Scene of our Time*; *Kathie Brande*, by Holme Lee; *Ruth: A Novel*, by the Author of „Mary Barton"; *Frenleigh Hall. The National Review* 8 (Jan. 1859): 144-167.
Griswold, Robert L. „The Evolution of the Doctrine of Mental Cruelty in Victorian American Divorce, 1790-1900". *Journal of Social History* 20 (Fall 1986): 127-148.
Griswold, Rufus W., Hg. *The Female Poets of America.* Philadelphia: Cary and Hart, 1849.
Griswold, Rufus W. Hg. *Gems from American Female Poets, with Brief Biographical Notices.* Philadelphia: H. Hooker, 1842.
Griswold, Rufus W., Hg. *The Poets and Poetry of America.* Philadelphia: Cary and Hart, 1842.
Griswold, Rufus W. „The Intellectual History, Condition and Prospects of the Country". *The Prose Writers of America.* Philadelphia: Carey and Hart, 1847. 13-52.
Griswold, Rufus W., Hg. *The Prose Writers of America.* Philadelphia: Carey and Hart, 1847.
Griswold, Rufus W., Hg. *The Prose Writers of America.* 2. revidierte Aufl. Philadelphia: Carey and Hart, 1847.
Grossberg, Michael. *Governing the Hearth: Law and the Family in Nineteenth-Century America.* Chapel Hill: Univ. of North Caroline Press, 1985.
Grossberg, Michael. „Who Gets the Child? Custody, Guardianship, and the Rise of a Judicial Patriarchy in Nineteenth-Century America". *Feminist Studies* 9.2 (Summer 1983): 235-260.
Habegger, Alfred. *Gender, Fantasy, and Realism in American Literature.* New York: Columbia UP, 1982.
Habegger, Alfred. *Henry James and the „Woman Business".* Cambridge: Cambridge UP, 1989.
Habegger, Alfred. „A Well Hidden Hand". *Novel: A Forum on Fiction* 14.3 (Spring 1981): 197-212.
Habermas, Jürgen. *Der philosophische Diskurs der Moderne: Zwölf Vorlesungen.* Frankfurt/Main: Suhrkamp, 1985.
Hacking, Ian. „Making Up People". *Reconstructing Individualism: Autonomy, Individuality, and the Self in Western Thought.* Thomas C. Heller, Hg. Stanford: Stanford UP, 1985. 222-236.

Hagemann-White, Carol und Maria S. Rerrich, Hg. *FrauenMännerBilder: Männer und Männlichkeit in der feministischen Diskussion.* Forum Frauenforschung Bd. 2. Bielefeld: AJZ, 1988.

Hagemann-White, Carol. „Wir werden nicht zweigeschlechtlich geboren ...". *FrauenMännerBilder: Männer und Männlichkeit in der feministischen Diskussion.* Carol Hagemann-White, Maria S. Rerrich, Hg. Forum Frauenforschung Bd. 2. Bielefeld: AJZ, 1988. 224-235.

Haight, Gordon S. „Realism Defined: William Dean Howells". *Literary History of the United States.* Robert E. Spiller, Hg. 3rd. rev. ed. New York: Macmillan, 1963. 878-898.

Hale, Sara Josepha. *Woman's Record; or, Sketches of All Distinguished Women from the Creation to A. D. 1854.* 2. erw. Auflage 1855. New York: Harper, 1855.

Halfmann, Ulrich. „‚A Faithful Representation of Our Experiences of Life': Zur Romantheorie von William Dean Howells". *Englische und amerikanische Literaturtheorie: Studien zur historischen Entwicklung.* Rüdiger Ahrens und Erwin Wolff, Hg. 2 Bde. Heidelberg: Winter, 1979. 240-265.

Hall, Basil. *Travels in North America in the Years 1827 and 1828.* 3 Bde. Edinburgh: Cadell, 1829.

[Hall, L. J.] Rez. von *The Huguenots in France and America.* [Hannah Farnham Lee]. *Christian Examiner* 36 (Jan. 1844): 74-82.

Hamilton, Gail –> Dodge, Mary Abigail

Hansen, Klaus P. „Realism and Myth: The Sentimental Tradition in American Literature". *Amerikastudien* 36.1 (1991): 13-24.

Hansen, Klaus P. „The Sentimental Novel and its Feminist Critique". *Early American Literature* 26.1 (1991): 39-54.

Hansen, Klaus P. „Der sentimentale Roman der USA: Forschungsbericht und Ausblick". *Amerikastudien* 34 (1989): 333-348.

Harris, Barbara J. *Beyond Her Sphere: Women and the Professions in American History.* Westport, CT: Greenwood, 1978.

Harris, Sharon M. *Rebecca Harding Davis and American Realism.* Philadelphia: University of Pennsylvania Press, 1991.

Harris, Susan K. *19th-Century American Women's Novels: Interpretative Strategies.* Cambridge: Cambridge UP, 1990.

Harris, Susan K. „Stoddard's *The Morgesons*: A Contextual Evaluation". *Emerson Society Quarterly* 31.1 (1985): 11-22.

Hart, James D. *The Popular Book: A History of America's Literary Taste.* New York: Oxford UP, 1950.

Hart, John S. *The Female Prose Writers of America.* Philadelphia: E. H. Butler. 1852.

Hawthorne, Julian. „Novelistic Habits and ‚The Morgesons'". *Lippincott's Magazine* 44 (1889): 868-871.

Hawthorne, Nathaniel. *The Letters, 1853-1856.* Thomas Woodson et al., Hg. The Centenary Edition of the Works of Nathaniel Hawthorne 17. Columbus: Ohio State UP, 1987.

Hawthorne, Nathaniel. *The Letters, 1857-1864.* Thomas Woodson et al., Hg. The Centenary Edition of the Works of Nathaniel Hawthorne 18. Columbus: Ohio State UP, 1987.

Hawthorne, Nathaniel. *The Marble Faun or, the Romance of Monte Beni.* 1860. Thomas Woodson et al., Hg. The Centenary Edition of the Works of Nathaniel Hawthorne, 14. Columbus: Ohio State UP, 1980.

Hawthorne, Nathaniel. „Mrs. Hutchinson". *Salem Gazette* 7 (Dec. 1830): 4.
Hawthorne, Nathaniel. *The Scarlet Letter.* 1850. Norton Critical Edition. New York: Norton, 1962.
Helsinger, Elisabeth, Robin Lauterbach Sheets, William Veeder. *The Woman Question: Literary Issues, 1837-1883.* Bd. 3 von *The Woman Question: Society and Literature in Britain and America, 1837-1883.* New York and London: Garland, 1983.
Hersh, Blanche Glassman. „The ‚True Woman' and the ‚New Woman' in Nineteenth-Century America: Feminist-Abolitionists and a New Concept of True Womanhood. *Woman's Being, Woman's Place: Female Identity and Vocation in American History.* Mary Kelley, Hg. Boston: Hall, 1979.
[Hillard, George S.]. Rez. von *Clarence.* [Sedgwick]. *North American Review* 32 (Jan. 1831): 73-95.
Hirschauer, Stefan. „Die interaktive Konstruktion von Geschlechtszugehörigkeit". *Zeitschrift für Soziologie* 18.2 (April 1989): 100-118.
Hochschild, Arlie Russell. *The Managed Heart: Commercialization of Human Feeling.* Berkeley: University of California Press, 1983.
Hof, Renate. „La fête est finie? Literaturwissenschaft und (Post-)Feminismus". *Wozu Literaturwissenschaft? Kritik und Perspektiven.* Frank Griesheimer und Alois Prinz, Hg. UTB 1640. Tübingen: Francke, 1991. 277-296.
Holloway, Laura C., Hg. *The Woman's Story.* New York: John B. Alden, 1889.
Holly, Carol. „Shaming the Self in ‚The Angel Over the Right Shoulder'". *American Literature* 60.1 (March 1988): 42-60.
Holmes, George Frederick. „Review of *Uncle Tom's Cabin*". *Southern Literary Messenger* 18 (Dec. 1852): 721-731. Repr. (Auszug) in *Slavery Defended: The Views of the Old South.* Eric. L. McKitrick, Hg. Englewood Cliffs, NJ: Prentice Hall, 1963. 99- 110.
Honegger, Claudia. *Die Ordnung der Geschlechter: Die Wissenschaften vom Menschen und das Weib.* Frankfurt a.M., New York: Campus, 1991.
Hood, Thomas. „The Song of the Shirt". 1843. *The Works of Thomas Hood, Edited By His Son and Daughter.* 11 Bde. London: Ward, Lock and Co., [1882-1884]. Bd. 9. 27-30.
Rez. von *Hope Leslie.* [Sedgwick]. *New York Mirror* 4 (June 23, 1827): 383.
Rez. von *Hope Leslie.* [Sedgwick]. *New York Mirror* 20 (Sept. 17, 1842): 303.
Howe, Daniel Walker. „American Victorianism as a Culture". *American Quarterly* 27 (Dec. 1975): 507-532.
Howells, William Dean. *Heroines of Fiction.* New York: Harper, 1901.
Howells, William Dean. *Literary Friends and Acquaintance: A Personal Retrospect of American Authorship.* New York: Harper, 1900.
[Howells, William Dean]. Rez. von *Two Men.* Stoddard. *The Nation* 1 (Oct. 26, 1865): 537-538.
Hull, Gloria T., Patricia Bell Scott und Barbara Smith, Hg. *All the Women Are White, All the Blacks Are Men, But Some of Us Are Brave.* Old Westbury, NY: Feminist Press, 1982.
„Husband and Wife". *Encyclopedia Americana.* Francis Lieber, Hg. Philadelphia: Desilver and Thomas, 1836. Bd. 6: 488-491.
Hymowitz, Carol, und Michaele Weissman. *A History of Women in America.* New York: Bantam, 1978.
Ickstadt, Heinz. „Instructing the American Democrat: Cooper and the Concept of Popular Fiction in Jacksonian America". *James Fenimore Cooper: New Critical Essays.* Robert

Clark, hg. London, Ottowa: Vision, Barnes & Noble, 1985. 15-37.
„Ignatius". „Matter of Fact and Matter of Fiction". *Harper's New Monthly Magazine* 15 (June-Nov. 1857): 658-661.
Jacobs, Harriet [Linda Brent]. *Incidents in the Life of a Slave Girl.* Ed. Lydia Maria Child. 1861. San Diego etc.: HBJ, 1973.
James, Henry. *Literary Criticism. Essays on Literature, American Writers, English Writers.* Leon Edel, Hg. 2 Bde. New York: Library of America, 1984.
Jehlen, Myra. „Archimedes or the Paradox of Feminist Criticism". *Signs* 6.4 (Summer 1981): 575-601.
Johnson, Thomas H. „Introduction". *Emily Dickinson: The Complete Poems.* Thomas H. Johnson, Hg. London: Faber and Faber, 1970. v-xi.
Jones, Howard Mumford, et al. *Major American Writers.* Rev. ed. 1945. New York: Harcourt Brace, 1945.
Jones, W[illiam] A[lfred]. „Female Novelists". *Democratic Review* 14 (May 1844): 484-489.
Juhasz, Suzanne. „Writing Doubly: Emily Dickinson and Female Experience". *Legacy* 3.1 (Spring 1986): 5-15.
Kappeler, Susanne. *The Pornography of Representation.* 1986. Cambridge: Polity Press, 1988.
Keese, John, Hg. *The Poets of America: Illustrated by One of Her Painters.* New York: Colman, 1840.
Kelley, Mary. „Introduction." Catharine Maria Sedgwick. *Hope Leslie.* Mary Kelley, Hg. American Women Writers Series. New Brunswick, NJ: Rutgers UP, 1987. ix-xxxix.
Kelley, Mary. *Private Woman, Public Stage: Literary Domesticity in Nineteenth-Century America.* New York: Oxford UP, 1984.
Kelley, Mary. „The Sentimentalists: Promise and Betrayal in the Home". *Signs* 4.3 (1979): 434-446.
Kelley, Mary. „A Woman Alone: Catharine Maria Sedgwick's Spinsterhood in Nineteenth-Century America". *New England Quarterly* 51 (1978): 209-225.
Kent -> Parton, James
Kerber, Linda K. „Separate Spheres, Female Worlds, Woman's Place: The Rhetoric of Women's History". *Journal of American History* 75.1 (June 1988): 9-39.
Kessler Suzanne J. und Wendy McKenna. *Gender: An Ethnomethodological Approach.* 1978. Chicago: University of Chicago Press, 1985.
Kessler-Harris, Alice. *Out to Work: A History of Wage-Earning Women in the United States.* New York: Oxford UP, 1982.
Kettell, Samuel, Hg. *Specimens of American Poetry, With Critical and Biographical Notices.* 3 Bde. Boston: Goodrich, 1829.
Kirkland, Caroline M. „Literary Women". *Sartain's Union Magazine of Literature and Art* 6 (Jan.-June 1850): 150-154.
[Kirkland, Caroline M.]. Mrs. Mary Clavers. *A New Home, Who'll Follow? or, Glimpses of Western Life.* 1839. Sandra Zagarell, Hg. American Women Writers Series. New Brunswick, NJ: Rutgers UP, 1990.
[Kirkland, Caroline M.]. *Forest Life.* 1844. Repr. Upper Saddle River, N. J.: Gregg Press, 1970.
Knapp, Gudrun-Axeli. „Macht und Geschlecht: Neuere Entwicklungen in der feministischen Macht- und Herrschaftsdiskussion". *Traditionen Brüche: Entwicklungen Feministischer Theorie.* Gudrun-Axeli Knapp, Angelika Wetterer, Hg. Freiburg: Kore, 1992. 287-325.

Knapp, Gudrun-Axeli und Angelika Wetterer, Hg. *Traditionen Brüche: Entwicklungen Feministischer Theorie.* Freiburg: Kore, 1992.
Kolodny, Annette. *The Land Before Her: Fantasy and Experience of the American Frontiers, 1630-1860.* Chapel Hill: University of North Carolina Press, 1984.
Kolodny, Annette. *The Lay of the Land.* Chapel Hill: University of North Carolina Press, 1975.
Kraft, James. „An Unpublished Review by Henry James". *Studies in Bibliography* 20 (1967): 267-273.
Kramer, Maurice. „Alone at Home with Elizabeth Stoddard". *American Transcendental Quarterly* 47-48 (Summer, Fall 1980): 159-170.
Kunitz, Stanley, and Howard Haycraft, Hg. –> *American Authors.*
Lacan, Jacques. *Funktion und Feld des Sprechens und der Sprache in der Psychoanalyse.* Übers. Klaus Laermann. Bd. 1 Schriften. Frankfurt: Beltz, 1975.
Lang, Hans Joachim. „Die Prosaerzählungen des *Atlantic Souvenir.* Zur Situation der Kurzgeschichte zwischen Irving und Poe". *Jahrbuch für Amerikastudien* 10 (1965): 78-105.
Lang, Hans Joachim. *Poeten und Pointen: Zur amerikanischen Erzählung des 19. Jahrhunderts.* Erlanger Studien 63. Erlangen: Palm & Enke, 1985.
Lang, Hans Joachim. *Studien zur Entstehung der neueren amerikanischen Literaturkritik.* Britannica et Americana 8. Hamburg: Cram, de Gruyter, 1961.
Laqueur, Thomas. *Making Sex: Body and Gender from the Greeks to Freud.* Cambridge: Harvard UP, 1991.
Laqueur, Thomas. „Orgasm, Generation, and the Politics of Reproductive Biology". *The Making of the Modern Body: Sexuality and Society in the Nineteenth Century.* Catherine Gallagher und Thomas Laqueur, Hg. Berkeley: University of California Press, 1987. 1-41.
Lauter, Paul. „Race and Gender in the Shaping of the American Literary Canon: A Case Study from the Twenties". *Feminist Studies* 9.3 (1983): 435-463.
Leistner, Detlef Bernd. *Autor – Erzähltext – Leser: Sprachhandlungstheoretische Überlegungen zur Sprachverwendung in Erzähltexten. Sprachspielgrammatische Versuche zum poietischen Sprachspiel ‚Autor – Erzähltext – Leser'.* Erlanger Studien 5. Erlangen: Palm & Enke, 1975.
Lentricchia, Frank. „Harriet Beecher Stowe and the Byron Whirlwind". *Bulletin of the New York Public Library* 70 (1966): 218-228.
Lenz, Ilse. „Geschlechtssymmetrische Gesellschaften: Neue Ansätze nach der Matriarchatsdebatte". *Frauenmacht ohne Herrschaft: Geschlechterverhältnisse in nichtpatriarchalischen Gesellschaften.* Ilse Lenz, Ute Luig, Hg. Berlin: Orlanda, 1990. 17-74.
Lenz, Ilse und Ute Luig, Hg. *Frauenmacht ohne Herrschaft: Geschlechterverhältnisse in nichtpatriarchalischen Gesellschaften.* Berlin: Orlanda, 1990.
Levine, Lawrence W. *Highbrow/Lowbrow: The Emergence of Cultural Hierarchy in America.* Cambridge: Harvard UP, 1988.
Levine, Robert S. „Fiction and Reform I". *The Columbia History of the American Novel.* Emory Elliott, Hg. New York: Columbia UP, 1991. 130-154.
Lévi-Strauss, Claude. „Kein Erstaunen vor den Wilden: Montaignes skeptische Betrachtungen über die Entdeckung der Neuen Welt". Übers. Hans Horst Henschen. *Frankfurter Allgemeine Zeitung* 20. Juni 1992.
Lewes, George Henry. „The Lady Novelists." *The Westminster Review.* 1852. Repr. *Women's*

Liberation and Literature. Elaine Showalter, Hg. New York: Harcourt Brace Jovanovich, 1971. 171-183.

Lichtenstein, Diane. *Writing Their Nations: The Tradition of Nineteenth-Century American Jewish Women Writers.* Bloomington: Indiana UP, 1992.

Lichtenstein, Nelson. „Authorial Professionalism and the Literary Marketplace, 1885-1900". *Midcontinent American Studies Journal* 19.1 (Spring 1978): 35-53.

The Life and Beauties of Fanny Fern. New York: H. Long and Brother, 1855.

Link, Jürgen. „Literaturanalyse als Interdiskursanalyse: Am Beispiel des Ursprungs literarischer Symbolik in der Kollektivsymbolik". *Diskurstheorien und Literaturwissenschaft.* Jürgen Fohrmann, Harro Müller, Hg. Frankfurt/Main: Suhrkamp, 1988. 284-307.

Rez. von *The Linwoods* [Sedgwick]. *New England Magazine* 9 (Nov. 1835): 380-381.

Rez. von *The Linwoods* [Sedgwick]. *New York Mirror* 13 (Nov. 21, 1835): 167.

Rez. von *The Linwoods* [Sedgwick]. *North American Review* 42 (Jan. 1836): 160-195.

[Lippincott, Sara Jane]. *Greenwood Leaves: A Collection of Sketches and Letters.* Boston: Ticknor, Reed, and Fields, 1850.

Lippincott, Sara Jane. „Women Writers on Women Writing". Repr. aus *Greenwood Leaves,* 2nd series, 1851. *Legacy* 2.1 (Spring 1985): 9.

„Literary Lion Hunting. Coteries and Petti-Coteries". *Democratic Review* 36 (July 1855): 31-42.

„Literary Women". From the London Review. *The Living Age* (June 1864): 609-610.

Rez. von *Live and Let Live; or, Domestic Service Illustrated.* [Sedgwick]. *Knickerbocker* 10 (1837): 86.

Lorber, Judith und Susan A. Farrell, Hg. *The Social Construction of Gender.* Newbury Park: Sage, 1991.

Lorber, Judith. „Dismantling Noah's Ark". *The Social Construction of Gender.* Judith Lorber, Susan A. Farrell, Hg. Newbury Park: Sage, 1991. 355-369.

Lubbers, Klaus. *Emily Dickinson: The Critical Revolution.* Ann Arbor: University of Michigan Press, 1968.

Luhmann, Niklas. *Soziologische Aufklärung: Aufsätze zur Theorie sozialer Systeme.* Vol. 1. Opladen: Westdeutscher Verlag, 1970.

Lukács, Georg. *Der historische Roman.* 1936/37. *Werke,* Bd. 6: *Probleme des Realismus,* III. Neuwied, Berlin: Luchterhand, 1965.

McDermott, John Francis. „Whitman and the Partons: Glimpses from the Diary of Thomas Butler Gunn, 1856-1860". *American Literature* 29 (Nov. 1957): 316-319.

Mahoney, Maureen A. and Barbara Yngvesson. „The Construction of Subjectivity and the Paradox of Resistance: Reintegrating Feminist Anthropology and Psychology". *Signs* 18.1 (Autumn 1992): 44-73.

Marchalonis, Shirley, Hg. *Patrons and Protégés: Gender, Friendship, and Writing in Nineteenth-Century America.* New Brunswick, NJ: Rutgers UP, 1988.

McKitrick, Eric L., Hg. *Slavery Defended: The Views of the Old South.* Englewood Cliffs, NJ: Prentice Hall, 1963.

Manthorne, Jane. „The Lachrymose Ladies". *The Horn Book Magazine* 43 (1967): 375-384; 501-513; 622-630.

Marble, Annie Russell. „Pseudonyms and Sobriquets". *The Bookman* 71 (1930): 58-64.

[Marble, Manton]. Rez. von *The Morgesons.* By Elizabeth Stoddard. *The World* (New York) (July 4, 1862): 6.

Marchalonis, Shirley, Hg. *Patrons and Protégées: Gender, Friendship, and Writing in Nineteenth-Century America.* New Brunswick: Rutgers UP, 1988.
Rez. von *Married or Single?* [Sedgwick]. *Harper's New Monthly Magazine* 15 (1857): 549.
Rez. von *Married or Single? By Miss Sedgwick. Russel's Magazine* 1 (1857): 572.
Marshall, Alice Kahler. *Pen Names of Women Writers from 1600 to the Present.* Camp Hill, PA: Selbstverlag, 1985.
Martineau, Harriet. *Autobiography.* 2 Bde. 1877. London: Virago, 1983.
Martineau, Harriet. *Illustrations of Political Economy.* 9 Bde. London: Charles Fox, 1832-1833.
Martineau, Harriet. *Society in America.* 3 Bde. 1837. New York: AMS Press, 1966.
Matlack, James. „The *Alta California's* Lady Correspondent". *New York Historical Society Quarterly* 58.4 (Oct. 1974): 281-303.
Matlack, James. „Hawthorne and Elizabeth Barstow Stoddard". *New England Quarterly* 50 (1977): 278-302.
Matlack, James. „The Literary Career of Elizabeth Barstow Stoddard". Diss. Yale University, 1968.
Matthiessen, F. O. *American Renaissance: Art and Expression in the Age of Emerson and Whitman.* 1941. London, New York: Oxford UP, 1968.
Matzat, Wolfgang. *Diskursgeschichte der Leidenschaft: Zur Affektmodellierung im französischen Roman von Rousseau bis Balzac.* Tübingen: Narr, 1990.
May, Caroline, Hg. *The American Female Poets.* 1853. Philadelphia: Lindsay & Blakiston, 1856.
Merton, Robert K. „Priorities in Scientific Discovery: A Chapter in the Sociology of Science". *American Sociological Review* 22.6 (1957): 635-659.
Merton, Robert K. „Resistance to the Systematic Study of Multiple Discoveries in Science". *European Journal of Sociology* (Archives) 4.2 (1963): 237-282.
Merton, Robert K. „Singletons and Multiples in Scientific Discovery: A Chapter in the Sociology of Science". *Proceedings of the American Philosophical Society* 105.5 (1962): 471-487.
Mitchell, Juliet and Jacqueline Rose, Hg. *Feminine Sexuality: Jacques Lacan and the Ecole Freudienne.* New York and London: Norton, 1982.
Mitford, Mary Russell. *The Friendships of Mary Russell Mitford as Recorded in Letters from Her Literary Correspondents.* Rev. A.G. L'Estrange, Hg. New York: Harper, 1882.
Mitford, Mary Russell. *The Letters of Mary Russell Mitford.* Brimley Johnson, Hg. London: John Lane, 1925.
Mitford, Mary Russell. *The Life of Mary Russell Mitford: Related in a Selection From Her Letters to Her Friends.* Rev. A.G. L'Estrange, Hg. London: Bentley, 1870.
Mitford, Mary Russell. *Our Village: Sketches of Rural Character and Scenery.* 1824-1832. Anne Scott-James, Hg. Harmondsworth: Penguin, 1987.
Rez. von *The Morgesons.* Stoddard. *Peterson's Magazine* 42.3 (Sept. 1862): 231.
Rez. von *The Morgesons.* Stoddard. *New York Evening Post* (July 2, 1862): 1.
Rez. von *The Morgesons.* Stoddard. *New York Times* (July 21, 1862): 3.
Morse, James Herbert. „The Native Element in American Fiction" *Century Magazine* 26 (June 1883): 288-298; (July 1883): 362-375.
Mott, Frank Luther. *Golden Multitudes: The Story of Best Sellers in the United States.* New York: Macmillan, 1947.

Mott, Frank Luther. *A History of American Magazines, 1741-1930.* 5 Bde. Cambridge: Harvard UP, 1938-1968.

Neal, Alice. „American Female Authorship". *Godey's Lady's Book* 44 (1852): 145-148.

[Neal, John]. „Late American Books". Auszug repr. in *The Genius of John Neal: Selections from His Writings.* Benjamin Lease und Hans-Joachim Lang, Hg. Frankfurt: Lang, 1978. 163-170.

[Neal, John]. Omega. „Men and Women; Brief Hypothesis concerning the Difference in their Genius". *Blackwood's Edinburgh Magazine* 16 (Oct. 1824): 387-394.

Nelson, Dana. „Sympathy as Strategy in Sedgwick's *Hope Leslie*". *The Culture of Sentiment: Race, Gender, and Sentimentality in Nineteenth-Century America.* Shirley Samuels, Hg. New York: Oxford UP, 1992. 190-202.

Nestvold-Mack, Ruth. *Grenzüberschreitungen: Die fiktionale weibliche Perspektive in der Literatur.* Erlanger Studien 83. Erlangen: Palm & Enke, 1990.

Rez. von *A New England Tale.* 2nd. ed. [Sedgwick]. *Southern Quarterly Review* 22 (1852): 545.

Notable American Women, 1607-1950. 3 Bde. Cambridge: Belknap Press of Harvard UP, 1971.

„Novel Notes". Rez. von *Frances Waldeaux,* by Rebecca Harding Davis. *The Bookman: A Literary Journal* 5 (1897): 167-168.

„The Novels of Miss Sedgwick". *American Monthly Magazine,* n.s. 1 (1836): 15-25.

Ohmann, Carol. „Emily Brontë in the Hands of Male Critics". *College English* 32 (1971): 906-913.

Olsen, Tillie. „A Biographical Interpretation". *Life in the Iron Mills and Other Stories by Rebecca Harding Davis.* Tillie Olsen, Hg. New York: Feminist Press, 1972. 69-174.

Olsen, Tillie. *Silences.* New York: Dell, 1978.

Opfermann, Susanne. „Literatur und Geschlecht im 19. Jahrhundert: Zur diskursiven Konstruktion von ‚Frauenliteratur' in den USA". *Zeitschrift für Anglistik und Amerikanistik* 2 (1993): 133-146.

Opfermann, Susanne. „Vom Umgang mit amerikanischen Schriftstellerinnen des 19. Jahrhunderts". *Erlanger Anglistik und Amerikanistik in Vergangenheit und Gegenwart: Festschrift zum hundertjährigen Bestehen eines Instituts 1890-1990.* Ulrich Bertram, Dieter Petzold, Hg. Erlanger Forschungen Reihe A, Geisteswissenschaften Bd. 52. Erlangen: UB, 1990. 403-427.

Ortner, Sherry and Harriet Whitehead. *Sexual Meanings: The Cultural Construction of Gender and Sexuality.* Cambridge: Cambridge UP, 1981.

Osborne, William S. *Caroline M. Kirkland.* New York: Twayne, 1972.

Our Famous Women: Comprising the Lives and Deeds of American Women Who have Distinguished Themselves in Literature, Science, Art, Music, and the Drama, or are Famous as Heroines, Patriots, Orators, Educators, Physicians, Philanthropists, etc. Harriet Beecher Stowe, Kate Sanborn et al, Hg. Hartford, Conn.: A.D. Worthington, 1883.

Paley, Grace. „A Conversation with My Father". *Enormous Changes at the Last Minute.* 1974. London: Virago, 1979. 159-167.

Papashvily, Helen Waite. *All the Happy Endings: A Study of the Domestic Novel in America, the Women Who Wrote it, the Women Who Read it, in the Nineteenth Century.* 1956. Port Washington, NY: Kennikat, 1972.

Parton, James, et al. Hg. *Eminent Women of the Age.* Hartford: S.M. Betts and Co., 1869.

Parton, James, Hg. *Fanny Fern: A Memorial Volume.* New York: Carleton, 1873.

[Parton, James]. Kent. „Jane Eyre and Shirley: Is the Author a Man or a Woman?“ *The Home Journal* (Jan. 5, 1850): 1.
Parton, Sara. „A Bit of Injustice“. *New York Ledger* (June 8, 1861). Repr. in *Ruth Hall & Other Writings.* Joyce W. Warren, Hg. American Women Writers Series. New Brunswick, NJ: Rutgers UP, 1986. 318-319.
Parton, Sara. „Borrowed Light“. *True Flag* (April 9, 1853). Repr. in *Ruth Hall & Other Writings.* Joyce W. Warren, Hg. American Women Writers Series. New Brunswick, NJ: Rutgers UP, 1986. 251-252.
Parton, Sara. *Caper-Sauce: A Volume of Chit-Chat About Men, Women, and Things.* New York: Carleton, 1872.
Parton, Sara. *Fanny Ford und Ruth Hall: Zwei Erzählungen aus dem häuslichen Leben von Fanny Fern.* Übers. von G. Cleeves. Leipzig: Einhorn und Pesth: Hartleben, 1856.
Parton, Sara. *Fern Leaves from Fanny's Portfolio.* Auburn, Buffalo, Cincinnati: Derby, 1853.
Parton, Sara. *Fern Leaves from Fanny's Portfolio.* Second Series. Auburn and Buffalo: Miller, Orton, and Mulligan, 1854.
Parton, Sara. *Folly As It Flies; Hit At by Fanny Fern.* New York: Carleton, 1868.
Parton, Sara. „Fresh Leaves by Fanny Fern“. *New York Ledger* (Oct. 10, 1857). Repr. in *Ruth Hall & Other Writings.* Joyce W. Warren, Hg. American Women Writers Series. New Brunswick, NJ: Rutgers UP, 1986. 290-291.
Parton, Sara. *Ginger-Snaps.* New York: Carleton, 1870.
Parton, Sara. „Lady Lecturers“. *New York Ledger* (June 18, 1870). Repr. in *Ruth Hall & Other Writings.* Joyce W. Warren, Hg. American Women Writers Series. New Brunswick, NJ: Rutgers UP, 1986. 369-371.
Parton, Sara. „Mrs. Stowe's Uncle Tom“. *Olive Branch* (May 28, 1853). Repr. in *Ruth Hall & Other Writings.* Joyce W. Warren, Hg. American Women Writers Series. New Brunswick, NJ: Rutgers UP, 1986. 255-257.
Parton, Sara. „Male Criticism on Ladies' Books“. *New York Ledger* (May 23, 1857). Repr. in *Ruth Hall & Other Writings.* Joyce W. Warren, Hg. American Women Writers Series. New Brunswick, NJ: Rutgers UP, 1986. 285-286.
Parton, Sara. *Rose Clark.* New York: Mason, 1856.
Parton, Sara. *Ruth Hall.* 1854. Repr. als *Ruth Hall & Other Writings.* Joyce W. Warren, Hg. American Women Writers Series. New Brunswick, NJ: Rutgers UP, 1986.
Parton, Sara. „Two Impossibilities“. *New York Ledger* (April 6, 1861): 4.
Pattee, Fred Lewis. *The Feminine Fifties.* New York: Appleton and Century, 1940.
[Peabody, Andrew Preston]. Rez. von *Married or Single?* [Sedgwick]. *North American Review* 85 (Oct. 1857): 562-563.
[Peabody, William Bourn Oliver]. „Mrs. Sigourney and Miss Gould“. *North American Review* 41 (Oct. 1835): 430-457.
Pearce, Roy Harvey. „The Significances of the Captivity Narrative“. *American Literature* 19 (1947): 1-20.
Perlmann, Joel und Dennis Shirley. „When Did New England Women Acquire Literacy?“. *William and Mary Quarterly* 48.1 (1991): 50-67.
Person, Leland Jr., „The American Eve: Miscegenation and a Feminist Frontier Fiction“, *American Quarterly* 3 (1985): 668-85.
Rez. von „Petition of Certain Legal Voters of Boston and its Vicinity ... Praying for the Passage of an International Copyright Law“. *North American Review* 55 (July 1842): 245-264.

Petter, Henri. *The Early American Novel.* Columbus, Ohio: Ohio State UP, 1971.
Phelps, Elizabeth Stuart. *The Angel Over the Right Shoulder.* 1852. Repr. in *Provisions: A Reader From 19th-Century American Women.* Judith Fetterley, Hg. Bloomington: Indiana UP, 1985. 203-215.
Phelps, Elizabeth Stuart –> Ward, Elizabeth Stuart Phelps
[Poe, Edgar Allan]. Rez. von *The Linwoods* [Sedgwick]. *Southern Literary Messenger* 2 (1835-36): 57-59.
Poe, Edgar Allan. „The Literati of New York: Catharine M. Sedgwick". *Godey's Lady's Book* 33 (1846): 130-132.
Rez. von *The Poor Rich Man and the Rich Poor Man.* [Sedgwick]. *American Quarterly Review* 21 (1837): 18-28.
Poovey, Mary. *The Proper Lady and the Woman Writer: Ideology as Style in the Works of Mary Wollstonecraft, Mary Shelley, and Jane Austen.* Chicago: University of Chicago Press, 1984.
Poovey, Mary. *Uneven Developments: The Ideological Work of Gender in Mid-Victorian England.* Chicago: University of Chicago Press, 1988.
Popper, Karl R. *Die offene Gesellschaft und ihre Feinde.* 2 Bde. Übers. Paul Feyerabend. UTB Wissenschaft. Tübingen: Mohr, 1992. Übers. von *The Open Society and Its Enemies.* 1945.
Prince, Gerald. „Introduction to the Study of the Narratee". Übers. Francis Mariner. *Reader-Response Criticism.* Jane Tompkins, Hg. Baltimore: Johns Hopkins UP, 1980. 7-25.
„The Proper Sphere of Men: A Letter From One of the ‚Strong Minded'." *Putnam's Monthly* 4 (Sept. 1854): 305-310.
Pusch, Luise F. *Alle Menschen werden Schwestern: Feministische Sprachkritik.* Frankfurt/Main: Suhrkamp, 1990.
Pusch, Luise F. *Das Deutsche als Männersprache: Aufsätze und Glossen zur feministischen Linguistik.* Frankfurt/Main: Suhrkamp, 1984.
Quinn, Arthur Hobson. *American Fiction: An Historical and Critical Survey.* New York: Appleton, 1936.
„Rebecca H. Davis, Novelist, is Dead". *New York Times* (Sept. 30, 1910).
Reclams Lexikon der Heiligen und der biblischen Gestalten. Hiltgart L. Keller, Hg. 4. erg. Aufl. Stuttgart: Reclam, 1979.
Rez. von *Redwood; a Tale.* [Sedgwick]. *United States Literary Gazette* 1 (July 15, 1824): 101-102.
Reynolds, David S. *Beneath the American Renaissance: The Subversive Imagination in the Age of Emerson and Melville.* New York: Knopf, 1988.
Riley, Denise. *‚Am I that Name?': Feminism and the Category of ‚Women' in History.* Minneapolis: University of Minnesota Press, 1988.
Riley, Denise. „Does a Sex Have a History?: ‚Women' and Feminism". *New Formations* 1 (Spring 1987): 35-45.
[Ripley, George]. Rez. von *The Morgesons.* Stoddard. *New York Herald Tribune.* (July 19, 1862): 3.
[Ripley, George]. „Mrs. Stoddard's *Temple House*". *New York Herald Tribune* (Jan. 27, 1868): 6.
Robbins, Albert. „Fees Paid to Authors by Certain American Periodicals, 1840-50". *Studies in Bibliography* 2 (1949-1950): 95-104.
Röttgers, Kurt. *Spuren der Macht: Begriffsgeschichte und Systematik.* Freiburg, München: Alber, 1990.

Rollins, Alice Wellington. „The Humor of Women". *The Critic and Good Literature* 4 (June 28, 1884): 301-302.
Rollins, Alice Wellington. „Woman's Sense of Humor". *The Critic and Good Literature* 4 (March 29, 1884): 145-146.
„Romanliteratur". Rez. von *Miß Sedgwick's Erzählungen und Novellen.* Aus dem Englischen mit Einleitung von L. Rellstab. *Blätter für literarische Unterhaltung* 109 (19. April 1837): 439-440.
Romero, Lora. „Domesticity and Fiction". *The Columbia History of the American Novel.* Emory Elliott, Hg. New York: Columbia UP, 1991. 110-129.
Rowson, Susanna Haswell. *Charlotte Temple: A Tale of Truth.* 1791. Clara M. and Rudolf Kirk, Hg. Masterworks of Literature Series. Schenectady, NY: New College and UP, 1964.
Rowton, Frederic, Hg. *The Female Poets of Great Britain.* 1848.
Russ, Joanna. *How to Suppress Women's Writing.* 1983. London: Women's Press, 1984.
„Ruth Hall". Rez. von *Ruth Hall*, [Parton]. *Eclectic Magazine* 35 (June 1855): 196-200.
Rez. von *Ruth Hall*, [Parton]. *New York Atlas* (Dec. 10, 1854): 1.
Rez. von *Ruth Hall*, [Parton]. *Southern Quarterly Review* 27 (April 1855): 438-450.
Ryan, Mary P. *The Empire of the Mother: American Writing about Domesticity 1830-1860.* Women & History 2/3. New York: Haworth Press, 1982.
Salzman, Jack. „Literature for the Populace". *Columbia Literary History of the United States.* Emory Elliott, Hg. New York: Columbia UP, 1988. 549-567.
Samuels, Shirley, Hg. *The Culture of Sentiment: Race, Gender, and Sentimentality in Nineteenth-Century America.* New York: Oxford UP, 1992.
Sanborn, Kate. *The Wit of Women.* New York: Funk, 1886.
Sarbin, Theodore R., Hg. *Narrative Psychology: The Storied Nature of Human Conduct.* New York: Praeger, 1986.
Satterwhite, Joseph N. „The Tremulous Formula: Form and Technique in *Godey's* Fiction". *American Quarterly* 8.2 (Summer 1956): 99-113.
Schantz, Bradford T., „Sir Christopher Gardiner in Nineteenth-Century American Fiction". *New England Quarterly* 11 (Dec. 1937): 807-817.
Schiebinger, Londa. „Skeletons in the Closet: The First Illustrations of the Female Skeleton in Eighteenth-Century Anatomy". *The Making of the Modern Body: Sexuality and Society in the Nineteenth Century.* Catherine Gallagher und Thomas Laqueur, Hg. Berkeley: University of California Press, 1987. 42-82.
Schmid, Elisabeth. „Die Regulierung der weiblichen Rede: Zum Problem der Autorschaft im Briefwechsel Abaelard-Heloisa". *Der frauwen buoch: Versuche zu einer feministischen Mediävistik.* Ingrid Bennewitz, Hg. Göppingen: Kümmerle, 1989. 83-111.
Schülein, Johann August. *Theorie der Institution: Eine dogmengeschichtliche und konzeptionelle Analyse.* Opladen: Westdt. Verlag, 1987.
Schultz, Dagmar, mit Carol Hagemann-White. *Das Geschlecht läuft immer mit ...: Die Arbeitswelt von Professorinnen und Professoren.* Pfaffenweiler: Centaurus, 1991.
Schwenger, Peter. „The Masculine Mode". *Critical Inquiry* 5.4 (Summer 1979): 621-633.
Sedgwick, Catharine Maria. „Cacoethes Scribendi". 1829. Gesammelt in Catharine Sedgwick. *Tales and Sketches.* Philadelphia: Carey, Lea, and Blanchard, 1835. 165-181. Repr. in *Provisions: A Reader From 19th-Century American Women.* Judith Fetterley, Hg. Bloomington: Indiana UP, 1985. 49-59.

[Sedgwick, Catharine Maria]. *Clarence; or, a Tale of Our Own Times.* Philadelphia: Carey & Lea, 1830.
[Sedgwick, Catharine Maria]. *Home.* Boston: Munroe and Co., 1835.
[Sedgwick, Catharine Maria]. *Hope Leslie; or, Early Times in the Massachusetts.* 1827. Mary Kelley, Hg. American Women Writers Series. New Brunswick, NJ: Rutgers UP, 1987.
[Sedgwick, Catharine Maria]. „Le Bossu". *Tales of Glauber-Spa.* By Several American Authors. New York: Harper, 1832.
Sedgwick, Catharine. *Life and Letters of Catharine M. Sedgwick.* Mary Dewey, Hg. New York: Harper, 1871.
[Sedgwick, Catharine Maria]. *The Linwoods; or, „Sixty Years Since" in America.* New York: Harper, 1835.
[Sedgwick, Catharine Maria]. *Live and Let Live; or, Domestic Service Illustrated.* New York: Harper, 1837.
[Sedgwick, Catharine Maria]. *Married or Single?* New York: Harper, 1857.
[Sedgwick, Catharine Maria]. *Means and Ends, or Self-Training.* Boston: Marsh, Capen, Lyon & Webb, 1839.
Sedgwick, Catharine Maria. „Might *versus* Right". *Sartain's Magazine* 6 (Jan. 1850): 75-80.
[Sedgwick, Catharine Maria]. *A New England Tale.* New York: Bliss and White, 1822.
[Sedgwick, Catharine Maria]. *The Poor Rich Man, and the Rich Poor Man.* New York: Harper, 1836.
[Sedgwick, Catharine Maria]. *Redwood; a Tale.* New York: Bliss and White, 1824.
Seifert, Ruth. „Entwicklungslinien und Probleme der feministischen Theoriebildung: Warum an der Rationalität kein Weg vorbeiführt". *Traditionen Brüche: Entwicklungen feministischer Theorie.* Gudrun-Axeli Knapp und Angelika Wetterer, Hg. Freiburg: Kore, 1992. 255-285.
Showalter, Elaine. *A Literature of Their Own: British Women Novelists from Brontë to Lessing.* 1977. London: Virago, 1978.
Sigourney, Lydia Huntley. *Letters of Life.* New York: Appleton, 1866.
Sigourney, Lydia Huntley. *Scenes in My Native Land.* Boston: James Munroe, 1844.
Singley, Carol J. „Catharine Maria Sedgwick's *Hope Leslie*: Radical Frontier Romance". *The (Other) American Traditions: Nineteenth-Century Women Writers.* Joyce W. Warren, Hg. New Brunswick, NJ: Rutgers UP, 1993. 39-53.
Slotkin, Richard. *Regeneration Through Violence: The Mythology of the American Frontier, 1600-1860.* Middletown, CT: Wesleyan UP, 1973.
Smith, Elihu Hubbard, Hg. *American Poems, Selected and Original.* Litchfield: Collier and Buel, 1793.
Smith, Henry Nash. „The Sribbling Women and the Cosmic Success Story". *Critical Inquiry* 1 (1974): 47-70.
Smith-Rosenberg, Carroll. *Disorderly Conduct: Visions of Gender in Victorian America.* New York: Oxford UP, 1986.
Söhn, Gerhart. *Literaten hinter Masken: Eine Betrachtung über das Pseudonym in der Literatur.* Berlin: Haude & Spener, 1974.
„Some ‚Lady Novelists' and their Works: As seen from a Public Library". *Literary World* (Boston) 13 (June 3, 1882): 184-186.
Southworth, Emma D.E.N. *The Hidden Hand or, Capitola the Madcap.* 1859. Joanne Dobson, Hg. American Women Writers Series. New Brunswick, NJ: Rutgers UP, 1988.

Spencer, Benjamin T. *The Quest for Nationality: An American Literary Campaign.* Syracuse: Syracuse UP, 1957.
Spender, Dale. *Mothers of the Novel: 100 Good Women Novelists before Jane Austen.* London: Pandora Press, 1986.
Spender, Dale. *The Writing or the Sex? or Why You Don't Have to Read Women's Writing to Know it's No Good.* New York: Pergamon, 1989.
Spring, Elizabeth T. „Elizabeth Stuart Phelps". *Our Famous Women.* Hartford: Worthington, 1884. 560-580.
Staehelin-Wackernagel, Adelheid. *The Puritan Settler in the American Novel before the Civil War.* Bern: Francke, 1961.
Staël-Holstein, Germaine de. „On Female Literature". *Analectic Magazine* 1 (Jan. 1813): 355-363.
Stanton, Elizabeth Cady, Susan B. Anthony, and Matilda Joslyn Gage, Hg. *History of Woman Suffrage.* 6 Bde. 1889-1922. New York: Source Book Press, 1970.
Stearns, Bertha-Monica. „Miss Sedgwick Observes Harriet Martineau". *New England Quarterly* 7 (Sept. 1934): 533-541.
Stedman, Edmund C. and Ellen MacKay Hutchinson, Hg. *A Library of American Literature from the Earliest Settlement to the Present Time.* 11 Bde. New York: Charles L. Webster, 1890.
[Stedman, Edmund C.]. Rez. von *The Morgesons.* Stoddard. *Daily Evening Bulletin* (Philadelphia) (June 24, 1862): 8.
Stern, Madeleine B. *Books and Book People in Nineteenth-Century America.* New York, London: Bowker, 1978.
Stern, Madeleine B. „The Fruits of Authorship". *American Notes & Queries* 8.7 (Oct. 1948): 99-105.
Stern, Madeleine B. „Introduction". *Behind a Mask: The Unknown Thrillers of Louisa May Alcott.* Madeleine Stern, Hg. New York: Quill, 1984. vii-xxxiii.
Stern, Madeleine B. „Louisa M. Alcott's Self-Criticism". *More Books: The Bulletin of the Boston Public Library* 20.8 (Oct. 1945): 339-346.
Stern, Madeleine B. *We the Women: Career Firsts of Nineteenth-Century America.* New York: Schulte, 1963.
Stewart, Randall. „'Pestiferous Gail Hamilton', James T. Fields, and the Hawthornes". *New England Quarterly* 17 (Sept. 1944): 418-423.
Stoddard, Elizabeth. *Lolly Dinks' Doings.* Boston: Gill, 1874.
Stoddard, Elizabeth. *The Morgesons.* 1862. Repr. *The Morgesons and Other Writings, Published and Unpublished by Elizabeth Stoddard.* Lawrence Buell, Sandra Zagarell, Hg. Philadelphia: University of Pennsylvania Press, 1985.
Stoddard, Elizabeth. *Temple House.* 1867. New York, London: Johnson Reprint Corp., 1971.
Stoddard, Elizabeth. *Two Men.* 1865. New York, London: Johnson Reprint Corp., 1971.
Stowe, Harriet Beecher. *Lady Byron Vindicated: A History of the Byron Controversy, from its Beginnings in 1816 to the Present Time.* Boston: Fields, Osgood, 1870.
Stowe, Harriet Beecher. *Pink and White Tyranny: A Society Novel.* Boston: Roberts Brothers, 1871.
Stowe, Harriet Beecher. „The True Story of Lady Byron's Life". *Macmillan's Magazine* 20. 119 (Sept. 1869): 377-396.

[Stowe, Harriet Beecher]. *My Wife and I or, Harry Henderson's History.* 1871. Boston, New York: Houghton, Mifflin, 1896.
Stowe, Harriet Beecher. *Uncle Tom's Cabin or, Life among the Lowly.* 1852. Ann Douglas, Hg. Harmondsworth: Penguin Books, 1981.
Sutherland, John Andrews. *Victorian Novelists and Publishers.* Chicago: University of Chicago Press, 1976.
Sweat, Margaret. *Ethel's Love-Life: A Novel.* New York: Rudd & Carleton, 1859.
„Table-Talk". *Putnam's Magazine,* n.s. 4 (Oct. 1869): 510-512.
Tandy, Jeanette Reid. „Pro-slavery Propaganda in American Fiction of the Fifties". *The South Atlantic Quarterly* 21 (Jan. 1922): 41-50.
Tebbel, John. *A History of Book Publishing in America.* 4 Bde. New York: R. R. Bowker, 1975-1981.
Rez. von *Temple House.* Stoddard. *The Nation* 6 (Jan. 23, 1868): 74-75.
Rez. von *Temple House.* Stoddard. *Putnam's Magazine* n.s. 1 (Jan.-June, 1868): 255.
Rez. von *Temple House.* Stoddard. *Round Table* 7 (Jan. 18, 1868): 40-41.
[Tenney, Tabitha]. *Female Quixotism, Exhibited in the Romantic Opinions and Extravagant Adventures of Dorcasina Sheldon.* Boston: Thomas and Andrews, 1801.
Thorp, Willard. „Defenders of Ideality". *Literary History of the United States.* Robert E. Spiller, Hg. 3rd. rev. ed. New York: Macmillan, 1963. 809-826.
Todorov, Tzvetan. *Die Eroberung Amerikas: Das Problem des Anderen.* 1982. Übers. Wilfried Böhringer. Frankfurt/Main: Suhrkamp, 1985.
Tompkins, Jane. *Sensational Designs: The Cultural Work of American Fiction 1790-1860.* New York: Oxford UP, 1985.
Tomsich, John. *A Genteel Endeavor: American Culture and Politics in the Gilded Age.* Stanford: Stanford UP, 1971.
Trömel-Plötz, Senta, Hg. *Gewalt durch Sprache: Die Vergewaltigung von Frauen in Gesprächen.* Frankfurt/Main: Fischer, 1984.
Tryon, W. S. „Book Distribution in Mid-Nineteenth-Century America". *Papers of the Bibliographical Society of America* 41 (1947): 210-230.
Tryon, W. S. *Parnassus Corner: A Life of James T. Fields.* Boston: Houghton, Mifflin, 1963.
Tuchman, Gaye, with Nina E. Fortin. *Edging Women Out: Victorian Novelists, Publishers, and Social Change.* New Haven and London: Yale UP, 1989.
Rez. von *Two Men.* Stoddard. *New York Times* (Nov. 13, 1865).
Rez. von *Two Men.* Stoddard. *Round Table* 2 (Nov. 11, 1865): 148.
Tyrell, Hartmann. „Geschlechtliche Differenzierung und Geschlechterklassifikation", *Kölner Zeitschrift für Soziologie und Sozialpsychologie* 38 (1986): 450-489.
Voloshin, Beverly R. „The Limits of Domesticity: the Female *Bildungsroman* in America, 1820-1870". *Women's Studies* 10 (1984): 283-302.
Walker, Alice. *The Color Purple.* New York: Harcourt Brace Jovanovich, 1982.
Walker, Cheryl, Hg. *American Women Poets of the Nineteenth Century: An Anthology.* American Women Writers Series. New Brunswick, NJ: Rutgers UP, 1992.
Walker, Cheryl. *The Nightingale's Burden: Women Poets and American Culture before 1900.* Bloomington: Indiana UP, 1982.
Walker, Nancy und Zita Dresner, Hg. *Redressing the Balance: American Women's Literary Humor from Colonial Times to the 1980s.* Jackson: UP of Mississippi, 1988.

Walker, Nancy. *A Very Serious Thing: Women's Humor and American Culture.* Minneapolis: Univ. of Minnesota Press, 1988.
Walker, Nancy. „Wit, Sentimentality and the Image of Women in the Nineteenth Century". *American Studies* 22.2 (Fall 1981): 5-22.
Wallace, James D. *Early Cooper and His Audience.* New York: Columbia UP, 1986.
Walsh, Mary Michael. *Catharine Maria Sedgwick: Her Position in the Literature and Thought of Her Time Up To 1860.* Washington: The Catholic Univ. of America, 1937.
Ward, Elizabeth Stuart Phelps. *Chapters from a Life.* 1896. Boston and New York: Houghton, Mifflin, 1900.
Ward, Elizabeth Stuart Phelps. *Hedged In.* 1870. Boston: Houghton, Mifflin, 1884.
Ward, Elizabeth Stuart Phelps. *The Story of Avis.* 1877. Joyce W. Warren, Hg. American Women Writers Series. New Brunswick, NJ: Rutgers UP, 1986.
Warhol, Robyn. *Gendered Interventions: Narrative Discourse in the Victorian Novel.* New Brunswick, NJ: Rutgers UP, 1989.
Warner, Anna. *Susan Warner („Elizabeth Wetherell").* New York: Putnams, 1909.
Warner, Charles Dudley. *Backlog Studies.* Boston: James Osgood, 1873.
Warner, Susan. *Diana.* New York: Putnams, 1877.
Warner, Susan. *The Wide, Wide World.* 1850. New York: Feminist Press, 1987.
Warren, Joyce W. *Fanny Fern: An Independent Woman.* New Brunswick: Rutgers UP, 1992.
Warren, Joyce W. „Introduction". *Ruth Hall & Other Writings.* Joyce W. Warren, Hg. American Women Writers Series. New Brunswick, NJ: Rutgers UP, 1986. ix-xxxix.
Warren, Joyce W., Hg. *The (Other) American Traditions: Nineteenth-Century Women Writers.* New Brunswick, NJ: Rutgers UP, 1993.
Warren, Joyce W. „Subversion versus Celebration: The Aborted Friendship of Fanny Fern and Walt Whitman". *Patrons and Protégés: Gender, Friendship, and Writing in Nineteenth-Century America.* Hg. Shirley Marchalonis. New Brunswick, NJ: Rutgers UP, 1988. 59-93.
Watt, Ian. *The Rise of the Novel: Studies in Defoe, Richardson and Fielding.* 1957. Harmondsworth: Penguin, 1977.
Weigel, Sigrid. „Die nahe Fremde – das Territorium des ‚Weiblichen': Zum Verhältnis von ‚Wilden' und ‚Frauen' im Diskurs der Aufklärung". *Die andere Welt: Studien zum Exotismus.* Thomas Koebner und Gerhart Pickerodt, Hg. Frankfurt: Athenäum, 1987. 171-199.
Weir, Sybil B. „*The Morgesons*: A Neglected Feminist *Bildungsroman*". *New England Quarterly* 49 (1976): 427-439.
Weir, Sybil B. „Our Lady Correspondent: The Achievement of Elizabeth Barstow Stoddard". *San Jose Studies* 10.2 (Spring 1984): 73-91.
Weisberg, Kelly, Hg. *Women and the Law: The Social Historical Perspective.* 2 Bde. Cambridge: Schenkman, 1982.
Wells, Daniel A. „An Index to American Writers and Selected British Writers in Duyckinck's *Literary World*, 1847-1853". *Studies in the American Renaissance* (1978): 259-278.
Welsh, Mary Michael. *Catharine Maria Sedgwick: Her Position in the Literature and Thought of Her Time Up to 1860.* Washington: Catholic Univ. of America, 1937.
Welter, Barbara. „The Cult of True Womanhood: 1820-1860". *American Quarterly* (Summer 1966): 151-174. Repr. *The American Family in Social-Historical Perspective.* 3d ed. Michael Gordon, Hg. New York: St. Martin's Press, 1983. 372-392.
West, Candace and Don H. Zimmerman. „Doing Gender". *The Social Construction of Gender.* Judith Lorber, Susan A. Farrell, Hg. Newbury Park: Sage, 1991. 13-37.

Whipple, Edwin Percy. *Lectures on Subjects Connected with Literature and Life.* Boston: Ticknor, 1849.
White, Barbara A. „Notes Toward a Bibliography: Some Sources for the Study of Women's Fiction, 1790-1865". *Legacy* 2.1 (Spring 1985): 6-8.
Whitman, Walt. *Leaves of Grass.* 1855. New York: New American Library, 1958.
Wilkins, Mary Eleanor –> Freeman, Mary Eleanor Wilkins.
Willard, Frances, and Mary A. Livermore, Hg. –> *American Women.*
[Wilson], Augusta J. Evans. *St. Elmo.* 1867. New York: Grosset & Dunlap, o.J.
Wilson, Harriet E. *Our Nig; or, Sketches from the Life of a Free Black.* 1859. New York: Vintage, 1983.
Winans, Robert B. „The Growth of a Novel-Reading Public in Late-Eighteenth-Century America". *Early American Literature* 9 (1975): 267-275.
Winter, Kate. „Marietta Holley, ‚Josiah Allen's Wife' 1836-1926". *Legacy* 2.1 (Spring 1985): 3-5.
Winterson, Jeanette. *Sexing the Cherry.* 1989. London: Vintage, 1990.
Wolstenholme, Susan. „Voice of the Voiceless: Harriet Beecher Stowe and the Byron Controversy". *American Literary Realism* 19.2 (Winter 1987): 48-65.
„Woman in the Domain of Letters". *Knickerbocker Magazine* 64 (July 1864): 83-86.
Wood, Ann Douglas. „Mrs. Sigourney and the Sensibility of the Inner Space". *New England Quarterly* 45 (June 1972): 163-181.
Wood, Ann Douglas. „The ‚Scribbling Women' and Fanny Fern: Why Women Wrote". *American Quarterly* 23 (1971): 3-24.
Woolf, Virginia. *A Room of One's Own.* 1929. London: Grafton, 1987.
Wright, Lyle H. *American Fiction, 1774-1850: A Contribution Toward a Bibliography.* 2nd. rev. ed. San Marino, Cal: Huntington Library, 1969.
Wright, Lyle H. *American Fiction, 1851-1875: A Contribution Toward a Bibliography.* Rev. ed. San Marino, Cal: Huntington Library, 1965.
Yellin, Jean Fagan. „The ‚Feminization' of Rebecca Harding Davis". *American Literary History* 2.2 (Summer 1990): 203-219.
Zagarell, Sandra, „Expanding ‚America': Lydia Sigourney's *Sketch of Connecticut,* Catharine Sedgwick's *Hope Leslie*". *Tulsa Studies in Women's Literature* 6,2 (1987): 225-246.
Zagarell, Sandra. „Introduction". *A New Home, Who'll Follow? or, Glimpses of Western Life.* 1839. Sandra Zagarell, Hg. American Women Writers Series. New Brunswick, NJ: Rutgers UP, 1990. xi-xlvi.
Zagarell, Sandra. „The Repossession of a Heritage: Elizabeth Stoddard's *The Morgesons*". *Studies in American Fiction* 13.1 (Spring 1985): 45-56.
Zboray, Ronald J. „Antebellum Reading and the Ironies of Technological Innovation". *American Quarterly* 40.1 (1988): 65-82.

INDEX

Verzeichnet sind Personennamen sowie Primärwerke. Nicht erfaßt sind Rezensionen und unveröffentlichtes Manuskriptmaterial. Verheiratete Autorinnen sind unter ihrem Ehenamen aufgeführt.